创意的电商标题
与营销策划

创造力和策划力决定电商营销的成败

THE INTERNET OF MARKETING
STRATEGY BOOK

李贝林◎编著

中国出版集团
中译出版社

图书在版编目（CIP）数据

　　创意的电商标题与营销策划 / 李贝林编著. —— 北京：
中译出版社，2020.6
　　（互联网营销策略全书）
　　ISBN 978-7-5001-6294-0

　　Ⅰ.①创… Ⅱ.①李… Ⅲ.①电子商务—营销策划
Ⅳ.① F713.365.2

　　中国版本图书馆 CIP 数据核字（2020）第 070140 号

出版发行：中译出版社
地　　址：北京市西城区车公庄大街甲 4 号物华大厦六层
电　　话：（010）68359376，68359827（发行部）（010）68003527（编辑部）
传　　真：（010）68357870
邮　　编：100044
电子邮箱：book@ctph.com.cn
网　　址：http://www.ctph.com.cn

策　　划：北京瀚文锦绣国际文化有限公司
责任编辑：温晓芳
封面设计：孙希前

排　　版：张元元
印　　刷：三河市宏顺兴印刷有限公司
经　　销：全国新华书店

规　　格：870mm×1220mm　1/32
印　　张：36
字　　数：840 千字
版　　次：2020 年 6 月第一版
印　　次：2020 年 6 月第一次

ISBN 978-7-5001-6294-0　　　　　定价：210 元 / 套（全 6 册）

　　随着移动互联网的普及，电商已经从传统 PC 端转移到智能手机端，就此，一个新兴产业——移动电商登上舞台。随着移动电商的迅猛发展，传统的电商营销模式已经不能完全满足整个市场的需求。移动电商营销需要从移动互联网的特点出发，利用各种移动互联网平台和工具直接向目标受众定向传递个性化即时消息，开展与消费者的良性互动，以更精准和周到的服务满足消费者的需求。

　　时代不同，我们就必须以崭新的思想、崭新的态度去面对这个崭新的世界。在互联网的时代，各种"时代"纷至沓来——电商时代、社交时代、数据时代、数据时代、移动社交电商时代、微商时代……众多的"时代"概念蜂拥而至，以至于我们还来不及了解它，它却已经开始改变我们的生活，颠覆了我们固有的生活理念，并已经形成了自己的一整套完整体系。那么，如果我们想利用它帮助自己改变人生，我们究竟应该做点什么呢？

　　可以看到，在各大电商平台上都充斥着琳琅满目的产品。各种各样的标题吸引着人们的眼球，各种各样的营销活动争夺着人们的注意力。如何用充满创意的电商标题打动用户？什么样的营销活动更吸引人？无数经验证明：那些简洁、趣味性强、有利于引导消费的标题的转化率更高。那些直击消费者痛点且能满足消费者需求的营销策划，更容易达到预期目标。

本书将全面剖析电商标题的创作方法，告诉读者怎样快速抓住用户的痛点、痒点和兴奋点，让每一句电商标题都成为脍炙人口的吸金广告。在创意电商标题的基础上，本书还将详细阐述营销策划的思路和方法。首先从分析消费者出发，运用消费者心理学知识揭开电商营销的秘密。其次会讲述电商营销活动的策划技巧，并对这些过程和技巧进行详细分析与讲解，帮助读者在实战中进一步强化电商标题写作技巧和电商营销的策划能力。

本书由多年的文案创作经验浓缩而成，结构清晰，案例丰富，实战性强。在阅读的时候，仿佛一位经验丰富的电商实战专家，对读者进行全流程式创作与营销指导。书中结合了很多电商高手的营销经验，比如，如何通过关键词找标题切入点、如何在电商标题中体现产品优势、如何创作一个让顾客疯狂的标题、如何策划一个吸引人的营销活动……跟着本书一步步学习，我们将写出"超好卖"的电商标题，策划出"超火爆"的营销活动。

目录 Contents

第一章　电商标题：
小创意，大财富

　　别忽略了人生中任何一个标题，它是一张醒目的广告牌，随时都可能被人关注。关注的人越多，越有可能为我们带来丰厚的回报，我们的成功也就越有意义，越有价值。

第一节　好的电商标题有多重要？

有人说，好的标题就是一个醒目的广告牌。就一家电商而言，所有的卖点、消费者的痛点及着眼点都可以融入标题中。消费者扫一眼标题不过几秒钟，选择与否取决于标题能否钓足消费者的胃口，让消费者对我们的产品一见倾心。如果只能让消费者与我们擦肩而过，这无疑是一种损失。当然，如果能掌握一些可靠的标题文案策划技能，消费者可能就会瞬间被我们的一句话或者一个标题吸引，然后快速打开我们的空间，我们的产品就可以进入他们的视野，这时候，如果后续的文案做得到位，那么源源不断的财富就会在一次次的点击中向我们奔来，这就是当下电商营销文案的魅力所在。其实，大家卖的东西差别不大，那么为什么有的人卖得热火朝天，有的人却无人问津呢？所有的答案都在这里——我们需要一个好的标题。至于标题对于电商有多重要，市场会给我们答案。

那么怎样才能实现快速引流，利用标题增加点击率赚到钱呢？下面就让我们结合标题的真谛，来全方位了解标题对营销的价值及其无可替代的魅力。

第二节 电商标题 = 大流量、高排名

醒目的标题会让人觉得耳目一新，使"眼球效应"快速达成，从茫茫产品的海洋中脱颖而出，成为消费者眼中最愿意点开看的内容。所谓的排名、流量、成交概率都是从消费者做出选择的那一刻开始的。如何更贴近消费者的口味，如何强化消费者购买的意向，如何让消费者对产品产生信赖并持续购买，所有的文章都可以做在标题上——我们需要用醒目的标题告诉消费者：我值得选择，并且是最好的选择。

在电商平台上，消费者主要有五个类型：潜力型、兴趣型、意图型、行动型和交易型。其中最需要关注的购买群体就是潜在型消费者。浏览的人很多，真正下定决心购买的还在少数，所以如何获得稳定的购买流量，我们的标题起决定性作用。

第三节 关键词分类

要想锁定精准的标题，首先要锁定的是关键词。它可以帮助我们有效地锁定那些潜在客户，同时可以快速渗透到他们的意识。一般来说，一个好的标题需要的字数不超过三十个，所以如何让这三十个字充满活力，就需要我们在关键词上下功夫。

一般来说关键词大致分为三类：

（1）广义词

广义之所以被称为"广义"，主要的内涵在于一个"广"字。比如，类目词就是一个广义词，它的搜索量、展现量比重很大。这类词在新产品刚刚上市、需要打基础的时候运用是最为妥当的。这个时候，产品刚刚面世，为了最大限度地赢得关注，可以去尝试圈定一些有收藏加购行为的人群。

（2）长尾词

所谓"长尾词"，是指一种非常精确的营销专用词，一般在标题中选择两到三个就可以。我们可以将它们有机地组织起来，但是切记不要多用，因为在文字的表达上如果太过于精准，就会在产品的自我展现上受到限制，甚至可能因此失去表达上的优势。长尾词没有广义词竞争力大，但如果我们前期可以多关注这类词汇，就可以在后期帮助我们以极低的成本获取精准的流量。这是搭上直通车的一种方法，可以帮助我们有效地聚焦核心，精准地培养自己的购买群体和营销对象。

（3）热门词

所谓"热门词"指的是搜索量极大，而且非常有竞争力的新兴词汇。这类词容易调动消费者的消费情绪，更有利于促成线上交易。最重要的是以产品名称为主，比如，我们营销的内容是连衣裙、牛仔裤，这些都可以成为电商平台上的热门词汇。

如果我们是一家基础很好的店铺，那么就应该多选择几个热门词汇，创造尽可能多的点击量和购买机会。如果只是一家小店，那么这个时候踏踏实实地去竞争长尾关键词可能是更为明智的选择。

那么，如何经营好一家新店呢？其重点就在于我们一定要关注自己的点击率指标，将那些大的类目和小的类目相互区别，发现其中的不同。大类词汇有很多，所以选择长尾词汇是大多数宝贝的首选。但是如果此时我们的店面上出现了冷门类目那又该怎么办呢？总共就那么几个词，明智的取舍就是要从放弃长尾词开始。选词的方法很多，大家切记不要生搬硬套，而是要根据自己店铺的情况选出最适合自己的词。

讲了这么多，现在我们对标题中的学问略懂一二了吧？就标题而言，它是先入为主的重要核心，也是我们赢得消费者群体的敲门砖。我们需要打开这道门，需要创作出更适合自己营销的标题，唯有如此，才能快速地以标题打开市场，赢得主动权，成为消费者眼中最值得胜出的佼佼者。这就是标题之于产品的重要性。要想在万千产品中拔得头筹，就先从优化自己的标题开始吧！

第四节　找到优质词，打造黄金组合

在对电商产品设计标题时，关键词的组合是不断变化的。因此，当给宝贝添加关键词时，不能指望用一组特定的关键词就能给我们带来持续的流量。电商平台的信息一直在变化，所以有必要养成关注它的好习惯。我们需要经常浏览电商平台的下拉框，通过获得背景关键词、搜索框推荐等方式，关注关键词的最新变化，看这些词的变化趋势。如果这个趋势是向好的方向发展，我们可以朝着这个方向不断优化。

如何找到高质量的单词？

（1）参考直通车系统的建议

这是最常用的方法。直通车后台系统推荐的关键词都有适合的关键词，但不是全部。我们必须根据相关性、显示量、点击量、转换率等进行参考和选择，并找到一些适合我们产品的词，以期达到良好的交付效率。

（2）属性词

个人电脑用户和手机用户都喜欢搜索系统推荐。第一个是搜索下拉框推荐的关键词——这些词通常是经常被搜索的高质量的词。第二个是右边方框中推荐的属性词——这些词是较为流行的搜索词汇。这些潜在的词可以与宝贝本身结合使用，并适当地添加到宝贝的标题中，以更好地展示宝贝。

（3）搜索列表建议

当用户用手机搜索宝贝时，宝贝展示列表中的每一个定量宝贝都将被推荐出一些热门购买的关键词属性，这些词汇也是质量相对较高的潜在词汇，它们是一个个的热点，可以有效地推动购买行为的实现。它们可以和宝贝一起添加，不断暗示消费者，这样可以无形地催化消费的实现，同时让标题具有强大的吸引力。

关键词的竞价策略是什么呢？

（1）关键词

有些产品有时有不止一个中心词，尤其是服装类别。例如，羊毛外套在不同的地区会有不同的习惯叫法。虽然各地的习惯叫法都可以作为关键词，但它们在数据性能方面的表现是不同的。所以，可以根据词的数据比较分析选择什么样的词作为中心词，并需要从显示、点击、转换等多维度进行参考。在确定了中心词之后，我们应该在添加词时围绕它进行扩展。我们还应该在创意标题中包含我们独特的中心词，这样扩展词的推广可以提高我们中心词的权重，更好地突出我们的中心词。

（2）关键词显示

一个计划可以添加 200 个关键词。这些关键字都是围绕产品添加的，总会有相似的词。当消费者搜索关键词时，一些词将有机会同时显示。除了一致搜索外，显示原则将被赋予优先权，精确匹配也将被赋予优先权。此外，它还与宝贝的名字和创意名称有关。创意标题可以涵盖尽可能多的宝贝标题，所以关键字的初始权重将非常高，这也将首先显示。

关键词投标策略又是什么呢？

（1）提价法

从字面上讲，提价意味着一种由低到高的方法，不容易陷入恶性循环。首先，低出价和低位置导致低显示和低点击量、低质量分数和高平均点击成本。此时，我们将考虑通过降低出价来降低 PPC，从而减少显示。

（2）降价法

降价法与提价法相反，也是一种常见的方法。在早期，词的重要性可以很快培养出来。这就要求驾驶直通车的"车手们"，在前期一定要做好款式的测试和产品详情页的测试，这对车手是有一定的经验要求的。在直通车的开通前期，出价可适当高一些，争取一个领先的显示位置，这样点击率会高一些，从而提高广告位的质量。在前期预算有限的情况下，折扣可以调整为在渠道高峰期投资，在剩余时间减少。然后从高到低，慢慢降低出价，因为权重在上升，所以当出价降低时，排名不会受到太大影响。

由此看来，找到优质词对标题整体的视觉效应来说尤为重要。我们需要在三十个字的字数范围内找到合适的词汇，从而最大限度地发挥标题的作用。我们需要将优质的词汇融入消费者的思想意识，催化购买的结果。这是一个黄金的组合，也是不可分割的彼此，只要找到相应的技巧，就可以快速提升标题的效力，让我们在电商营销的过程中一经出马，便所向披靡。

第五节　取个财源滚滚的网店名字

常言道：赐予千金不如教子一技；教子一技不如赐予好名。网上店铺也是如此，因为好的店铺名称能够吸引更多在线消费者的注意力，并且是网上店铺财富的"吸盘"，好运会随之而来。

对于那些想做网上生意的人来说，他们店铺的名字一定不能马虎。这个名字也叫招牌。在古代，给自己的小店起的名字叫作"题定招牌"，它对生意的好坏有很大的影响。在给店铺起名字的时候有三个原则：第一，它应该名字响亮，易于理解，用词应该与众不同；第二，它应该与销售的产品有关；第三，要包含吉利的寓意。

首先要朗朗上口。招牌应该简洁明了，易于理解，读起来响亮，挂招牌的目的是让别人记住它，所以这很重要。如果招牌使用不寻常的词语，读起来很拗口，那招牌的功能将会丧失。

其次要与众不同，也就是说要用不同的词，使自己的店铺在招牌上显示出特别的含义。从现代商业运作的角度来看，一个独特的招牌意味着一种独立品位和风格，所以这也很重要。名字应该合适，标志的使用也应符合我们企业所属行业和业务的特点。人们可以一目了然地知道我们在做什么生意。销售什么产品，就以主要的产品为我们的店铺命名。通过这种方式，买家可以在搜索引擎中顺利地搜索到我们的小店，那不是很有趣吗？

按照中国人的规矩，名字一定是要吉祥的，这意味着一个好兆头，所以一定要特别注意。商业竞争的关键，就在自己命名的金字招牌，打好自己的品牌效应，是电商店面名称中最核心的任务。随着互联网用户的增加，网络消费已经越发地趋向于理性，未来的网络运营必然要走与传统运营相似的道路，这意味着，网店品牌对于锁定购买群体来说究竟有多么重要。优化自己的网络店铺命名方式，找到取名的方法就是我们接下来需要深入学习的内容。以下是为店铺命名的方法。

（1）借名增亮法

主要是借助个人名字和地名来命名自己的网上店铺。我国传统上采用"姓（名）＋记或业"，如老舍茶馆和王朔酒吧。借助地名通常是与当地特色相结合，如重庆麻辣小吃店、长白山补品店等。

（2）借用典故法

诗词歌赋蕴含着很高的文化和文学价值，能使人产生丰富的联想，因此，成为我们命名网上店铺的重要素材。例如，"天外音"乐器店，取自唐代诗人宋之问的"桂子月中落，天香云外飘"。

（3）借用产品特征

给网上店铺命名时可以表明它的特征，并且通常可以达到多种效果，如宣传网上店铺业务和网上店铺的网址等。一般来说，产品特征的借用可以从产品本身的特征和使用该产品的消费者的特征两个角度来考虑。

（4）投其所好

所谓投其所好，就是迎合消费者的需求，以流行或深受人民喜爱的事物为网店命名。说到这里，赢得消费群体最好的办法是迎合消费者的审美特征，让网上店铺的名字充满流行的或受欢迎的元素。一般来说，可以从以下五个方面考虑：迎合怀旧心理的需要、迎合时尚心理的需要、迎合喜庆的心理需要、迎合寻求好运心理的需要、迎合寻求猎奇的心理需求。

（5）熟练使用数字

用数字给网上店铺命名也是一个好方法，因为熟练使用数字有很多优点和好处。总的来说，优秀的数字命名简单易操作，易于识别，令人印象深刻，富有表现力。正如每个人都知道的电子商务网站"8848"，就是个好名字。

（6）良好的角度选择

可以分别从经营者、消费者、产品原产地、文化、竞争对手和其他角度来命名自己的店铺。

（7）考虑各种因素

考虑到种种因素，网上店铺很难实现一夜成名，应该综合多种因素进行全面考虑。

第六节　创意标题与长尾关键词

对电商产品来说，标题代表着一个简短的营销声明。好的标题高度概括了产品的特点、内容、卖点、材料和其他内容。那么，标题中的关键词是什么呢？关键词是为了在阿里巴巴等电商平台上快速找到想要的产品，电商所采用的特定的描述性称谓来描述他们的产品。习惯描述性称谓由以下要素组成：属性、品牌、型号、风格、颜色、尺寸、目的、材料、尺寸、促销、地区、流行元素、使用场景、产品名称等。

关键词的范围很广泛，以上这些都可以称为关键词！

从这里我们可以导出几个概念：什么是第一种词，什么是第二种词，什么是第三种词和什么是长尾关键词。例如，女性内衣，这是第一种词，属于基本词，概念大，范围广，人数多，竞争高，准确率低。但是内裤太多了，除非我是一个在C端卖女式内裤的新手，否则我会在阿里巴巴搜索关键词"女式内裤"？比如，我在C端卖内衣已经有这么长时间了。我发现纯棉内裤卖得很快，那么我就会直接寻找纯棉内裤。再如，我卖冰丝女式内衣很快，我会直接搜索冰丝女式内衣，简单而明确。

在产品上架的时候，同样需要设计产品标题。比如内裤，这属于第一类词。添加限定词"纯棉"来修饰第一类词"内裤"。第二类词＝修饰语＋第一类词，范围比第一类词小，比第三类词大。使用它们的人数少于第一类，多于第三类。竞争程度比一种词低，比三种词高。准确率高于一种词，低于三种词。

读完第二类词后，知道第三类词是什么吗？高腰纯棉内裤，这是一个第三类词。三种类型的单词＝修饰语＋修饰语＋一种类型的单词。

说完关键词，接下来介绍长尾关键词。长尾关键词是什么？严格来说，以上三类词已经属于长尾关键词的范畴。仍然以销售内衣的老板为例。我会问"有高腰大版纯棉女式内衣吗？"这里我们说的"高腰大版纯棉女式内衣"是一个超长尾巴的关键词，只要是用来描述具体产品的语句／词，都可以称为长尾关键词。

如果关键词的出发点是让更多的人看到我们的标题，那么标题的功能，是让更多对我们的产品感兴趣的人通过标题中的关键词找到我们。

这里，两个因素被权衡：覆盖面和准确性。

如何覆盖关键词？了解关键字矩阵。什么是矩阵？由四个线框界定的区域是矩阵。

可以将客户经常使用的所有修饰语和产品词放在 Excel 中，然后合理地匹配标题。将客户在日常生活中喜欢使用的所有修饰语和产品词汇进行框架化，矩阵就完成了，就可以形成客户的关键词覆盖范围。

关键词常见误解：

检查关键词，不要乱来。很多做生意的朋友，东挖一个洞，西挖一个洞，一直挖不到点上，可能一辈子都挖不出一口井。

也有一些老板内心非常坚强，但却忽视现实。他们有很强的诚信意识，但是他们做出来的东西给人的感觉是把关键词放在标题里凑字数。

还有一些其他的问题，比如，随机输入空格、随机分组关键字等。对这个问题，建议可以去搜索更多相关的行业产品，在"推荐下拉框"和"猜猜我们在找什么"以及直接在淘宝天猫上搜索行业关键词。系统会直接列出需要的大部分元素。接下来，我们可以把它拿来直接应用。用这种方法，基本上可以列出我们所在行业中 90% 以上的关键词。

如果有写标题的关键词，就把它写成标题。怎么写？整理了一些建议供大家参考。

（1）搜索引擎通常会将词从上到下切割。例如：纯棉内裤卖得很好，纯棉女式内衣也热卖。在绝对排他性因素模型下，当搜索"纯棉女士内衣"时，后者的排名显示了超越前者的领先地位。

（2）标题最多只能写 30 个汉字，一般我们写 26-30 个字是最合适的。

（3）不要在标题中添加自以为是的词语。许多公司都在犯这个错误。他们自己的企业注册一个品牌名称，然后在名称中加上他们自己的品牌名称。这样做并不能带来好的效果，所以没有必要。

（4）努力实现类别、标题、属性、细节的高度统一。

（5）不要堆砌关键词。

第七节　核心关键词＋优化组合＝黄金标题

做电商运营的同学都知道一个最基本的公式：流量＝显示×点击率。一个好的标题可以带来更多的显示，一个好的主图可以带来更多的点击。因此，如果我们需要获得流量，那么必须首先做好这两点。主图的设计我们先放到一边，那属于设计师的事。现在的主要焦点是如何制作一个优秀的标题。为了制作一个好的标题，首先我们需要选择一个好的关键词。以下是可供每个人选择的基本方法。

（1）淘宝主页－下拉搜索列表框－搜索关键词；

（2）快速列车－工具－交通分析－促销词汇下载；

（3）商务人员－市场条件－搜索条件查询。

通过以上的方法，我们可以有效地找到需要的关键词，并进一步地筛选，然后将那些关键词进行系统分类，核心词、属性词、营销关键词和目标关键词，每一个词汇都有它的作用。核心词汇，顾名思义，反映的就是产品的核心精髓，如服装、男鞋和牛仔裤；而属性的词汇反映的是我们整个产品的属性，如宽松、大号、韩版都是其中的重要属性；营销的词汇，是营销的关键词，如买一送一、多买所送等。

目标关键词指的是我们希望用作突破点的词，以获得筛选后的流量。它通常由核心词加上一个以上的属性词组成。我们可以通过"商务顾问－市场报价－搜索词"查询的方式过滤我们的目标关键词，找到与我们的产品有很好相关性的目标词。

比如，我们瞄准了一款不错的产品。下面就要查看 7 天的数据，重点是搜索人气、点击率、转化率、网上产品和购物中心的比例 5 个数据。然后我们可以创建一个新的 Excel 表单，并将所有这些关键字复制到表单中。然后我们就可以筛选了，这里有一个简单方便的筛选公式，用"竞争度"来筛选数据，竞争度 = 搜索人气 × 点击率 × 转化率 / 网上产品数量 × 10000。然后利用 Excel 表格的排序功能，将竞争程度从大到小排序，然后删除所有竞争程度低的单词，这些单词将保留下来。其次，如果我们是网店 C，所有占购物中心高比例的词，即天猫，都被删除了。最后，我们从其中选择与我们的产品更相关的词语。

在这个过程中，有几点需要强调：

第一，当选择关键词时，我们需要选择与我们的宝贝相匹配的词，比如背带，不管我们的宝贝是不是一个真正的背带；如果不是，那么就不要用这个词。

第二，关键词不应该互相冲突，如复古和西式、收腰和孕妇。我们最好不要同时使用这些矛盾的词。

第三，注意品牌词。未经商家授权，我们不能使用品牌词。

然后我们可以删除所有与我们的产品不一致的词，留下关键词。

所有关键词都列出来了。这里需要强调的是，标题只能是

30 个单字或 60 个字符，空格可以算作一个字符。因此，我们应该充分利用这些词，不要重复添加关键词。

例如，"香港夏装气质"和"香港夏装学生"，我们可以把它们组合成"香港夏装气质学生"。

在最终的组合中，核心关键词被放在前端或最后一个末端，因为淘宝搜索引擎捕获的关键词是从前端到中间捕获的，所以前端和最后一个末端的权重最高，我们应该合理利用它们。

通过将这些单词组合成一个优秀的黄金标题，我们可以为将来更多的展览打下良好的基础。此外，标题应该定期优化，一成不变的标题最终都会被淹没。一个好的标题不一定会带来源源不断的流量，因为新产品的关键词没有权重，所以我们需要逐步建立关键词权重，使我们的产品排在前面，从而获得更多的展示机会，并吸引买家点击进入网店。这是获得流量的正确方法。

第八节　黄金标题的打造技巧

当经营一家网店时，有必要掌握制作黄金头条的技巧。如果我们用一个准确的标题描述这个产品，并且有它自己的转换率，那么用户搜索这个宝藏的概率将会大大提高，从而给网店带来流量。下面将介绍如何打造一个黄金标题。

首先，最近听到了很多关于店铺所有权的争议，所以想在这里提醒大家，尤其是很多即将开店的卖家需要注意一件事，那就是：我们的淘宝店应该最好以自己的名义注册，以父母的名义注册也可以。最好不要以不熟悉的亲友的名义注册，这是为了避免风险，没有人知道将来会发生什么。为了不让店铺被收回，为别人做嫁衣，最好以自己的名义注册，以免在开店的过程中出现麻烦。

对那些还没有决定卖什么产品的卖家来说，当没有任何具体的打算的时候，可以做女装类，这是比较好的，因为女装的数据是最好的。当条件允许的时候，可以做一些更时尚的类别。然而，应该注意服装和鞋类产品有一个更麻烦的问题，即码数。这不仅是在后台交货和囤积货物的不便，也是买方收到货物后大小不合适带来的不便。当平时有空的时候，看看商业顾问，搜索热词，看看飙升的词，然后找到钱去做。

让我们回到黄金标题的话题。以包为例。首先，包的标题描述：ins 超火包，斜跨单肩学生复古女包！

我们可以看到在这个描述中使用的一个词是"超火包"。ins 在 2019 年年底开始流行。这是一个外国的社交软件，叫作 Instagram，一个非常时尚的社交平台，它的主要内容是发布图片。用户在里面发布的图片非常优雅大气，现在越来越多的中国人也在玩这个游戏。建议服装、包、鞋和其他产品的卖家可以下载这个软件，每天花一点时间刷刷图片，这对我们的选择很有帮助，热度非常好。如果我们的产品与 ins fire 模型有很高的相似性，或者是同一个模型，在标题中选择这个热门词将会促进产品的销售。

同样，由于我们的产品定位为"ins 超火包"，我们就需要确保该包确实与 ins 超火包一致。只有这样，标题才能被加权，并且描述与宝贝不一致。如果我们这样做，我们将会一无所获。我们不需要卖得这么便宜，因为喜欢这种款式的人通常更注重质量，而不是价格。如果网店里的产品处于这种调整状态，就没有必要廉价出售，39.9 元可以卖到 99.9 元。然后点击这个包的细节并查看它。可以看到这个包有明显的属性：迷我们和复古的颜色，包身有独特的三色条纹。这种包叫风琴包。

说到这里，我们可以基本理解这个包的一个主题和属性。在确定主题时，应该注意的是，必须尽可能准确。准确度越高，转换率越高。主题词：小方包(带夹口的小方包)、迷我们包和风琴包。确保属性字选择的属性必须与释放的宝藏相对应。如果不一致，则不推荐使用。属性词：夹口、宽肩带、条纹、对比色。下面将从商业顾问开始识别长尾词。

长尾词是"夹口小方包"。这是来自商业顾问的数据的一部分。从这个数据来看，我们选择的"夹口小方包"这个词其实不是很好。主词有一定的索引，但其他扩展词的索引特别低。如果只有主词有轻微的搜索流行度，其他词就没有什么流行度，这时，只有一个最好的选择是扩大这个词；在这里，让我们首先设置一个小的方形包锁，带一个复古和多功能的夹子开口。基本上，标题是这样决定的。然而，与其他热门词汇相比，这些词汇的组合似乎并不特别好。我们现在该怎么办？如果我们能在这个时候确认这个包，它可以和最近最流行的包建立一个侧面，我们可以改变一个关键字来搜索索引，并且我们将选择这个超级热的包。

根据导出的数据，这个词的索引非常高。这时，我们可以把这个单词做成一个标题：ins 超火包斜靠在复古百搭学生韩国女孩迷我们长尾 + 各种扩展词围绕一个主词，然后多个扩展词，以这种方式扩展，这将涵盖以上所有单词，并将搜索自己的产品。需要注意的一点是，这个词不能每天都作为超火包中的词使用。

如果我们想一直使用这个关键词，我们可以每天用一个扩展词来匹配它。例如，第一天，ins超火包倾斜；第二天，ins超火包是复古的。长尾词＋属性词＋长尾词，由于引流词的热度很高，但它们不一定符合我们的产品，我们建议在前面使用这个引流词，然后在后面添加一个更准确的主词。整体转换不会太差。不建议在正面和背面使用引流文字。这些词的权重可能不会增加。必须确保产品名称描述与宝贝本身高度一致。例如，以前流行的丑陋可爱的鞋子，可以通过自己印刷来定制鞋子，然后批量生产并再次销售，这样珍贵程度就非常高。因此，在正常情况下，当不确定产品是否会擦到边缘时，最好选择标题漏词和精确主题词的组合。例如：ins超火包，斜跨复古百搭韩版宽肩带迷我们夹小方包锁扣来提醒大家，自己紧跟潮流的款式。在这东西火之前就开始做，也是可以的，可以慢慢加强，当这个东西火了，我们的产品就会跟着大卖。下面以葡萄干为例：

点击单词并找到关键词的索引。如果宝贝的确切单词是黑加仑，它可以加在关键字前面。例如：黑加仑新疆超大免洗。正面或背面没有任何效果，但不要加在中间，它不会完全符合我们的关键字。这里需要注意的一个问题是，当我们写这个超大描述类的词时，一定不能使用限制词，比如"maximum"，因为我们不能保证我们的产品是最大的，这不利于关键字权重的提升，也违反了广告法。属性词可以非常直观地反映买家的需求。指数越高，需求越大。此时，卖方在选择产品时应该考虑。制作详细页面时，有必要直接展示这些卖点。例如，如果葡萄干太大，我们可以用硬币做一个比较，间接反映葡萄干的大小，然后避免洗涤。如果不需要洗，我们需要解释为什么可以不洗。最好直观地向买家展示生产过程，并告诉他们为什么我的产品是好的。详细页面可以与转换率相关。如果您的产品没有这些要求，请不要尽可能多地宣传这些卖点，以免让买家失望和给出糟糕的评论，并确保宝贝尽可能与描述的一致。关于标题有几个小问题需要注意：

1. 不要在标题中使用重复的词，这会造成浪费！

2. 找到单词后，不建议删除空格，以确保我们的单词与该单词100%匹配，这样标题中的整个单词都将被加权，空格前的单词也将被加权。有些人会说一个空格是半个字符，4个字符和2个字符，标题就会丢失。这件事需要考虑。这里的建议是看看扩展的单词是否好，如果好，保留空格；如果不好，去掉空格。原则上，空间是保留的，但空间不要太多。

3. 2019年，淘宝关闭了近24万家店铺。这是一个非常大的数字。这反映了淘宝对假冒产品的严格控制，相信淘宝将会越来越严厉打击假货的销售。一些网店经营的宝贝在与名牌产品竞争时需要特别注意。在选择标题时，尽量避免使用大名鼎鼎的名字，否则他们可能会被判假冒产品罪。

如果平时做这个珍贵的标题时，每次可以花20分钟左右的时间分析数据，转换率肯定比盲目设置标题要高得多。现在是数字化时代，一切都取决于大数据的辅助，我们这样做会有事半功倍的效果。

第九节　好的产品描述会说话

在网上做生意时，最重要的是如何准确地将产品信息传递给客户。如果想经营很长时间，就不能有任何欺骗顾客的想法。对宝贝的描述是必不可少的，也是图片信息的重要补充。众所周知，图片会传递给顾客最直观的印象。但是在宝贝描述中，我们仍然要写下宝贝的形状和颜色、性能、材料、产地、售后服务等信息。

为什么许多淘宝商家几乎没有描述性信息？许多淘宝电商非常简单，他们通常用几十个字就能完成。为什么会这样？并不是他们在网店运营上没有时间，也不是他们不勤奋，而是他们没有什么可写的，因为他们不知道从哪里收集信息。

描述性信息太简短是不好的，当然，也并不提倡冗长，我们应该简洁明了地描述宝贝的信息，以节省购物者的时间。我们必须把该告诉顾客的信息描述清楚，该写上去的一定不能落下。

一、宝贝信息来源

简单来说，宝贝的描述信息主要来自以下几个方面：

（1）向您的供应商询问详细的宝贝信息，包括宝贝照片不能反映出的信息。如宝贝材料、宝贝产地、宝贝售后服务、宝贝制造商、宝贝表现等。信息并不意味着每件事都应该写得非常详细，而只是为了那些比同类产品更有优势和特点的宝贝。有些重要的信息必须详细描述，这是产品的卖点。

（2）买方的问题及使用后的反馈。这是每个人收集宝贵描述性信息的重要方式。对于诡计多端的淘宝电商来说，他们通常非常重视这个信息渠道，因为他们可以完善自己的网络。网店的宝贝信息可以帮助我们找到新的卖点和细分市场。

（3）给同行参考，淘宝电商有许多优秀的人，让我们看看他们的网上网店，看看他们的宝贝描述是如何写的。应该特别关注同行中做得好的网上商家。

（4）关注生活，挖掘与宝贝相关的生活故事。这严格来说不属于宝贝描述信息，但是一个与宝藏相关的感人故事，更容易打动消费者。

二、宝贝描述的方式

宝贝描述要形式化吗？如何将其形式化？这是很多商家比较关注的问题。宝贝描述是指网络所有者向购买者(用户)介绍产品性能、结构、使用、维护和注意事项。描述的文案是对宝贝图片信息的补充。目前，许多淘宝商家在描述宝贝时并不规范。当顾客打开网上网店时，如果他们面对的是密密麻麻的文字，他们会感到头痛。因此，为了给我们的消费者更好的购物体验，从而试着简单有效描述我们的宝贝，并且有条理一些。

三、描述文案的三个部分

有些人认为，个人电子商务市场最应该倡导的内容是精神上的自由，这种自由精神应该建立在不要让我们的自由上花费太多的时间，这种成本不仅仅只有资本成本上的投入，还包括时间成本、运营成本等。所以我们写到宝贝描述的格式划分的时候，它主要被分为三个部分，那就是标题、正文和签名。

（1）标题

对于使用宝贝描述模板的店主来说，标题可以省略或写下来，我的建议是最好把它写下来。为了不与模板上的信息相冲突，最好更改标题，例如：××（产品）说明或××（产品）说明。对于不使用宝贝描述模板的店主来说，标题必须要添加，以便给人一种正式的感觉，而不是一个江湖骗子。

（2）正文

正文是宝贝描述的主要部分。最好把它写成条状，这样每个人都能看得清楚。每个最好只表达一条信息，要表达第二条信息，从另一行开始。如果我们能自己做一个描述模型板，也可以用图片来分割文本。一个一个地写下宝贝的基本表现，一个一个地写下宝贝的用法。注意这件事也可以重提。对于每一条描述性的信息，最好是把它写成条状。

（3）署名

完整的宝贝描述应该包括网店的署名，对于使用描述模板的店主来说，可能会忽略这一点。建议每个人在写完他们的宝贝描述信息后，把网店名称写在下面。

第二章 提炼卖点，打造吸金详情页

　　产品的卖点是我们营销策划中最为主推的部分。我们需要了解大众心理，并用产品的卖点尽可能迎合之。这个时候，就需要我们能写出爆款的文案，将产品的卖点用文案的形式恰当地表现出来，用文字来吸引财富。

第一节　巧用从众心理，写出爆款文案

无论是线上还是线下，卖货的市场大多都是营销人没有硝烟的战场。对电商来说，最为重要的营销工具就是爆款文案，它是销售业绩的有效保证，也是整个营销系统中的重要基础。在写卖货文案之前，我们先要进行供求分析。市场是由供求关系决定的，这个重要的原理在电商领域中同样适用。

那么在电商领域，我们究竟应该如何快速拉动需求增长呢？最关键的两个词就是底价和稀有。要想抓住消费者，让消费者具有一定的黏性，就必须从人性化的角度进行衡量。就拿天猫双 11 来说，商家仅仅依靠降价来拉动销量是不够的，活动期间，因为各个电商都在搞价格战。这个时候玩不出自己的特色，别人就无法关注到我们，我们的消费群体就会缩小。记住，降价只是标配，更重要的是辅以其他的手段，在能够快速抓住客户的购买心理的前提下，如何让降价看起来更加有趣，才是我们当前最需要解决的核心问题。如今年轻人的消费，不仅仅是一种消费，从某种角度来说它更像是一种娱乐，它要够奇特、够有趣。当然，奇特是一个非常广义的词汇。从营销角度来说，一个活动到底在多大程度上迎合了人性，完全都体现在我们的策划文案上，其两个最重要的出发点，就是消费者的好奇心和从众心理。如何对消费者最关心的几个核心问题进行完美解释，是文案能否助力产品大卖的重要因素。

一、低价

所有的二类电商都具有一个非常明显的特征，那就是采用低价营销策略。我们会经常从他们的文案标题上看到醒目的"一折"或"××折"字样。需要注意的是，"一折"是一种双重的低价，为什么这么说呢？首先，它体现了绝对的低价，体现了降价幅度之大。这对消费者而言其实是有双重诱惑的。

其次，低价的试错成本非常低。有些时候，哪怕这个东西消费者确实不需要，也会因为它的价格而被吸引过来，成为我们的转化客户。大家可以回想一下，在自己的消费旅程中，有没有过类似的经历。应该是有一些的。

由此，低价的诱惑力就显而易见地摆在这里了，对于有需求的客户而言，这将会有非常大的影响决策的作用；对于没有需求的用户而言，可能促使他们发生认购的转化，而且转化率可能会远超我们的想象。

从低价的策略来说，高仿可能是有着很强的诱惑力的，如劳力士手表一折白菜价的广告，其购买群体的转化率一定是非常高的。大家肯定会很好奇：为什么明明知道这就是假货，还有这么多人愿意去购买？其实大家购买的原因不在于它是不是正品，而在于他们有一个说服自己的理由，那就是"便宜"的价格可以满足自己的虚荣心。

二、稀有

正所谓"物以稀为贵"，相信大家都知道这一点。人类先天就具有很强的占有欲，先天就渴望自己能够拥有别人没有的东西，这也就是为什么那些限量版会卖得如此火爆的原因，"限量"二字会激发一个人的购买欲望和消费紧迫感，以此来满足自己的占有欲。因此，这也就成了电商营销策略中不可不迎合的一个点。

当然，我们的产品可能并不是限量版，但这并不代表着我们不能拥有一个限量版级别的创意文案。比如"本产品仅有一千件"，以此来提升对方的紧迫感；再比如"仅限今天，过时不候"，这样起码就会吸引一部分人进行围观。这样做的目的是营造出一种"限量"和"稀有"的感觉。

下面将举一个例子，了解带着"稀有感"的文案带给给消费者的体验有什么不一样的地方。

（1）保暖内衣 1 折大清仓，买一送一。

（2）保暖内衣 1 折大清仓，买一送一，仅剩 439 件。

用心思考，细致思考。看看其中哪句话会让我们的大脑波动更为厉害。肯定是第二句。稀缺不仅仅造成了"产品难买"的假象，还会让消费者暂时性地忽略价格。更重要的是，人类本能的心理是害怕失去和错过，越是稀有，越是会购买，为了不给自己留下遗憾，此时要做的就是掏出钱包去购买。

三、好奇心

"好奇心"这个名词的意义范围是非常大的：有时候可能会是我们觉得好玩，有些时候可能是内心会产生疑问，有些时候可能是我们作为消费者注意到了一些事情，有些时候又可能我们产生了一种共鸣。那么，对于这么神奇的一种存在，为什么不在文案中予以体现呢？

其实每个人都有好奇心，如果没有好奇心，那么人生就会无趣而单调。那么多黑科技和新产品，起初促销的战略莫过于激起受众的好奇心，然后让他们相信，这些新奇的东西能够给他们的生活带来新鲜和活力，帮助他们解决一些问题，促使他们产生强烈的好奇心，所以接下来，他们就该下单了。尽管有些时候我们自己都觉得这种营销文案着实有些离奇，甚至觉得它是在诈骗，但是它的存在有存在的意义，意义就在于它带来的"新鲜感"，还有随之而来的"好奇心"。

如果没有好奇心人生将会失去意义，我们会因此失去很多乐趣。为乐趣埋单，没有过多的理由，这是我们的需要，也是我们陶冶自己的方式。如果赚钱是我们的人生意义，那么我们的好奇心是不是应该放在如何赚更多这件事情上呢？这个目标是不是会让我们的行动变得更有意义呢？可不可以让我们对未来充满信心呢？现在就让我们自行判断。顺着这条主线一路思考下去，相信文案的亮点自然会显现。

四、从众

有人觉得随波逐流是一个非常难听的词，因为我们都希望在社会上成为鲜明的个体，过分地"从众"会有失个性。但即便如此，无论我们如何努力地张扬自我，大多数的选择和行为依旧是随大流，想要知道这到底怎么回事吗？答案也很简单，从众意味着有效地降低风险。大家都这么选择，即便选错了吃亏的也不是我一个人，大家都这么选，选对的概率会很大，别人的眼睛不是出气的，既然大家都觉得好，那我去选择总该不会错到哪去吧？

为什么消费者会从众？是为了心里的那份安全感，为了能够买到相对靠谱的产品。大家都喜欢物美价廉的产品，但更重要的东西不在"物美价廉"，而在于产品的质量。怎样才算真正买到值得的产品？怎样才能不上当不吃亏？这成了摆在消费者面前的一道难题。倘若这个时候有人买了并作出评价"这件产品非常好"，那么自己也就有了购买的信心；如果这个时候对方的回应是"这是什么烂货啊"，那么我们会发现消费者对这件产品的好感会迅速下降。别人都说好，我才会买，别人都说是烂货，我再去买不是傻子吗？这是人本性中不可忽略的特质：别人的想法有时候比自己的想法重要。

此外，从众效应的内核中还包括人性中最为虚荣的部分。大家都有的东西，自己没有就会不舒服，就是不合群的表现，也会因此产生一种自我缺失的感觉。从背后的人性来说，大家都喜欢表面的不孤独，也就是合群。但从内心出发，伤害自己往往是一种合群的表现，而失去了自己的人格和定位，导致自己表面不孤独，却是一种真实的空虚。从众的营销就是有效地利用了这一点，这种强力的合群心理，说得更直白一点，其实是一种很全面的人性心理学，由于领域不同因此被说成营销。营销心理学之所以被列为一门特殊的学问，其魅力就在这里。

第二节　热门文案主题，引发点击的欲望

想要做好淘宝店铺运营，电商文案的作用是不可忽视的。大家非常清楚，优质的文案能够带来怎样的推动作用。优质的文案可以在短时间内吸引访客的眼球，让消费者产生浓厚的购买兴趣，从而有效地促成交易。好的电商文案不用多么优美感人，也不需要过于曲折的过程，只需要简单明了，用明快的文字带给消费者一种直白，带去简洁而又不失强劲的购买欲望。我们需要用文案让用户直接了解到产品的优势，从而有效地促成交易。那么，怎样写出让人有购买欲望的产品文案呢？看看下面的一些内容，希望有助于我们进一步了解并优化我们的电商文案。

一、先了解，电商运营都需要哪些类型的文案

（1）主题文案：其内在的主要要求就是一定要简明扼要，一目了然，我们所要表达的是什么内容，要升华怎样的影响力，只要简单的几句话，便可让对方产生点击进去看看的欲望。这一般都是在促销活动中最常见的一种文案营销方式，而且屡试不爽，不管什么时候，它所带来的购买力都是有保障的。

（2）详情页文案：这里说的是我们产品宝贝的详细页面，它是一种循序渐进，层层递进的诠释，让买家越看越喜欢，越看越有立刻拍下的冲动，主要见于产品的详细描述和店铺公告中。

（3）品牌故事：这里的内容要依照不同的情况来予以设定。不过目前是有品牌故事肯定说明是好推广的一种产品，它有以情动人的基础，或者已经定位在一个很高端的级别，总之因为有故事，所以更能够取信于人，这样的故事总是能够最快速度地赢得对方的信任。

二、网店文案的写作要点

不管是主题文案还是详情页文案，甚至是品牌故事，这些文案在写作的过程中都应该注意的内容是：

（1）删去那些复杂的修辞与文字游戏。

（2）尽可能做到具体：与其"为您省下不少钱"，不如"为您省下 10 块钱"。

（3）对市场准确把握，消化产品的属性。

（4）一般情况下，文案和促销活动相结合，效果会更好。

（5）优化排版：好文案要有个好的排版，这与美工、运营有着重要的关系。

在进行写作电商文案的时候，我们一定要记住：任何脱离市场或脱离产品的文案都是无法触碰到消费者的内心的。倘若不能直达内心，就别想促成消费者的购买意识，购买行为就会受到阻碍。

三、感官化、体验式描写，赋予产品情怀

有情怀的文案，一定都是由文字功底的。其实，这验证了一句话：文案这个活，没有所谓的速成。所谓的"速成"，只是一种技巧的运用。但是就内功来说，我们还需要多读、多看、多了解、多体验，用心去感悟。想要成就一流的营销文案，先要让自己的感官鲜活丰盈起来。

四、怎样才能完成一个优质的文案

（1）可以通过谐音来增加趣味

如卖石材的："酷石代"＝"酷时代"。卖电视的："睛彩随身"＝"精彩随身"。卖口红的："唇唇欲动"＝"蠢蠢欲动"。卖干果的："枣想核我们在一起"＝"早想和我们在一起"。卖面膜的："这夏，无油无虑"＝"这下，无忧无虑"。

（2）用数字说话

对数字的感受是一种很直观的感受。倘若我们能够在详情页中剖析产品特性，那么我们便可以借此强化文案的真实性，这对提升消费者的信任度来说，是一种极佳的方式。

（3）变身

一件女装毛呢外套该怎么说？

文艺家说：我平凡，但从不落入庸俗。

哲学家说：找个哲学的精灵，超脱于一切物质之外。

小说家说：街头暗淡的灯光，我迷上了微醺的月色。

小清新说：最远的旅行，是从心到衣。

男屌丝说：穿上，你就是我的女神！

女屌丝说：所谓天生丽质，也不过如此吧！

人生体验家：平凡生活，演绎简约。

（4）写出文案的生命力

卖纯棉衣服的——我们能听到棉花绽放的声音。

卖灯的——让我们的人生从此没有阴影。

卖磨砂膏的——去掉我们的疲惫、灰心和不冷静，让我们的格调，因它焕然一新。

五、感情渲染

其实情感的渲染，无非就是去抓住人情感中的那些最脆弱的地方，确切地说是内心最柔软的存在。但就情感渲染这件事，值得注意的是，我们不要想太多，过分挖掘没有必要，相比较而言，简单的触碰更容易深入人心。人的心理其实很简单，回归他们的本性意识，让他们在更为宽泛自由的空间做出选择。我们要做的就是将自己作为试验田，看看我们的文案能不能第一时间打动自己，因为我们身上存在的那些特质，与大众无异，倘若我们自己感动到痛哭流涕，那么就打动别人而言，效果应该也差不到哪去，这就是一种情感渲染的文案自测方法。

总之，电商方面的文案要以诚信为原则，独创为上，用真情实意去打动顾客，让他们设身处地地感受到产品的温度，心甘情愿地花钱购买。

第三节　寻找卖点，利用产品卖点吸引消费者

寻找卖点，首先我们要对手头的产品进行一个全方位的了

解，这样才能有效地利用产品的卖点来吸引消费者，使消费者能够在看到文案和图片以后，就萌生购买的欲望，有了购买产品的理由。这就是卖点营销文案的魅力所在。它可以让消费者意识到自己的需要，勾起消费者的购买热情，以帮助自己解决问题，或是满足自己强烈的好奇心。

卖点营销顾名思义，集中在"卖点"两个字。它不可以拖泥带水，而是要言简意赅，一两句话就要把事情交代清楚，千万不要用过多的文字去诠释它，这样会让消费者失去阅读的耐心，不再有兴趣继续阅读下去，也就因此熄灭了购买的欲望，所以就文案策划而言，我们一定要用精简的文案，直冲消费者的心房，让他们无法抗拒购买的欲望，最终打消消费者内心的顾虑，直接进入下单的流程。

对于一个电商来说，使用卖点营销的时候，不要一次性放置太多的卖点，最好是选择其中最核心的卖点，这样才不会显得过于杂乱，还能具有一定的说服力。

例如"××活塞耳机，99元听歌神器"中以"听歌神器"为卖点，突出消费者欣赏歌曲时，拥有的一种舒适、愉快的感觉，以此来刺激消费者的购买欲望。很多电商企业在制作卖点营销文案的时候，常常会陷入一种"最"的误区，总以"第一""最好""最耐用"等词汇来突出自己的产品卖点，这样并不能够冲击到消费者的内心，反而会让消费者产生"这真的是最好的吗？质量真的是值得信赖的吗？"诸如此类的疑问，那么究竟文案应该怎样写才能直击卖点呢？看看下面的一些方法，相信可以帮助我们有效地拓宽自己的文案思路。

第一，打破传统思维

所谓打破传统思维，就是不随波逐流，通过反向的思维去诠释自己的卖点。当所有的企业都强调自己是第一的时候，如果自己的排名是第二，也许会取得不同凡响的效果。当其他的电商都说自己的产品是最好的时候，如果掷出产品怎样的情况下是不好的，也许会更能引起消费者们的关注。

由此可见，非传统的思维可以从概念上给消费者带来突破。尽管比较含蓄，但却能够给予对方更为新奇的影响力，对方会因此觉得更舒服，因为一眼望去千篇一律，没有任何新意，反其道而行之反而更容易使消费者产生亲近的感觉。

第二，运用励志的句子

每个人都想成功，外面市场上的成功励志书籍之所以会卖得那么火，就是因为人们都很关注成功励志的生活案例，想以此为借鉴优化自己的人生。或者说，这些故事更容易引发读者的乐趣，拥有一些特别的能量和借鉴，试想一下，倘若我们的文案可以做得更为励志，更富有启发性，那么就消费者而言，会不会更愿意买账呢？

比如"他 50 岁开始学习英语，成效惊人。""看看菜鸟是如何进入花旗银行工作的？3 天，顺利拿下外企 Offer……"这些文案的魅力究竟在何处，显而易见，它激起了一种励志的感情，别人能做到的事情，我也一定可以做到。

因为这些内容存在着励志的元素，所以就积极的生活信念而言，我们没有理由拒绝，不管此时的自己身处什么样的状态，我们都渴望改变自己的生活状态，依靠自己的努力拥有更好的人生，而这样的标志性文案，正好与我们的信念相符，购买了它就购买了一成信心，为什么不去做呢？

第三，用修辞手法衔接

电商企业可以运用比喻、夸张、拟人等修辞手法，将某些事物的特点与另一事物关联在一起，由此打造新鲜的视觉效果，博得消费者们的会心一笑，这也是吸引消费者的一种文案表现形式。例如"遮成'白眼圈'？不如大胆晒！防晒'小金瓶'，有它不用躲！""如果买卖厚道是犯二，我以犯二为荣。"这样生动的表现形式，我们舍得不在文案中去运用一下吗？

第四，设问式自答

选取人们熟悉的话题尽心发问，通过引发大家的思考来激发起对品牌产生的共鸣，也可以使文案给人们带来更深刻的影响。我们可以编辑出一系列精巧的问句，让对方一次次地问自己说："为什么不是这样呢？显而易见，我应该采取购买行动了。"

第五，有效地利用热点话题

在如今这个信息大爆炸的时代，热点话题往往是一段时间内大多数人关注的焦点。如何将卖点文案与当下流行的话题通过某些点有效地联系起来，如何拼接热点的话题提升消费者的关注概率，有效地吸引消费者的眼球，这就成为我们后续要努力在文案中关注的内容。我们需要用热点话题去升华我们的产品，这样我们的产品才会犹如热点所展现的那样：高级、优质、完美、特别。

第四节　用动听的文字去描述产品

描述产品价值是我们日常经验中的一种电子商务营销方法。它使用语言描述在人心中创造一些图像、声音、气味的感觉。不要等到顾客来到我们的门前，我们才去练习如何使用这种方法。在平时，我们就必须学习和练习用语言来创造情感。

下面将举例说明如何在营销中使用语言来描述产品的价值。

有一次，一个朋友告诉作者一种营养产品的效果。他生动地向作者讲述了一个原本肤色浅黄的女孩在吃了营养产品后，脸色变得红润。最初，我只是暂时打算简单听一听，但后来我被它感动了，我说："给我一瓶，兄弟。"这就是创造情感的语言艺术的魅力。

在与顾客交谈之前，我们不仅要考虑不同场合下的遣词造句，而且在表达时要更加注意我们的语气和语调。比如，"恨"这个词，一个女孩对一个陌生人讲，与和她的男朋友撒娇时讲，两种感觉完全不同。

请用不同的语调朗读下面三句话，并仔细理解语调所表达的不同感受：

我们真坏！（无助、玩笑、撒娇、仇恨）

我们怎么说？（怀疑、戏弄、愤怒、担忧）

我理解你们！（同情、不耐烦、讽刺、口是心非）

不可否认，声音是语言表达最为重要的工具之一。在介绍产品的过程中，我们一定要尽可能地利用好自己的语调、速度和语言的变化，使自己的表达丰富有生命力。没有热情的销售很难最终赢得客户的青睐，想要让自己的策划更富有感染力，首先最重要的是要让自己的表达更富有亲和力，这一点不管是电子商务营销，还是其他营销都是一样，我们不知道手机对面的客户究竟处于什么状态，但有一点是值得肯定的，那就是他们对文案的要求越来越高，倘若我们打动不了他们的心，那就无所谓其他了。

当我们的顾客走进我们的网店，我们上前和他交流时，我们说的每一句话都必须让顾客感到愉快和舒适，这样顾客才会愿意和我们交流。如果我们想知道我们的声音是否有吸引力，可以记录下我们的话，仔细听，然后就会知道我们的声音是什么样的。我们很快就会发现我们的声音缺少感知色彩或音调变化的地方，以及我们的声音听起来是高还是低。我们口齿伶俐吗？弱音和重音可以区分吗？如果没有，那就多练习。

如果我们想在表达中强调一个重要的句子，最好的方法是轻声说出句子的最后几个词。让我们以下面的句子为例来测试这个技巧。我们可以用正常的音量和语调说出这句话的前半部分，然后用柔和的语调说出最后几个词。

"如果我想强调哪一部分，我会——轻轻地说出来。"当使用这种技巧时，我们可能会发现顾客往往会俯身倾听我们在说什么。这证明我们已经完全吸引了顾客的注意，顾客被我们描述的产品的价值感动。

描述产品价值的另一种常见方式是暂停。它可以增强我们的语气，让我们思考得更好，让观众更有效地倾听、理解和记住我们说的话。此外，还可以使用停顿来观察听众是否理解和认可我们。在表达中，如果在某个地方停顿一两秒，就会发现它可以大大增强表达效果。读下面的句子，并在"那么"后停顿："如果我想引起顾客的注意，那么——我会暂停。"在我们停顿之后，我们会发现顾客已经给了我们认真的关注。因为这种停顿激起了顾客继续听下去的兴趣。

在与顾客交流时，应该保持热情、自信和风趣，这会让顾客认为我们是一个聪明而专业的电商人员，从而使他们会相信我们的推荐，并很有可能与我们达成交易。一定要注意，顾客非常关心我们对他的感觉，他会根据我们给他的影响决定是否向我们购买。

与顾客沟通不是我们说什么，而是我们说什么和顾客在产品价值描述中的感受。生活是一门艺术，交流和表达需要更多的技巧，不同的语言会产生不同的效果，这就是大师和普通人的区别。在所有销售开始时，顾客的兴趣是最好的产品。如果顾客对产品不感兴趣，就不会买。此外，还有许多类似产品的制造商。为了赢得顾客的青睐和信任，我们必须首先让顾客关注我们和我们的产品并产生兴趣。

在与客户沟通之前，我们应该问自己以下问题，并用一句话回答：

（1）我应该说什么？我的策略的基础是什么？我演讲的中心是什么？

（2）哪个表达最有可能实现目标？

（3）我可以充分证明这一说法吗？

（4）有没有其他合适的或与之相关的必要表达？

（5）这一陈述是否与我的客户的需求和利益相关？

顾客没有时间和我们反复讨论过程，他只关心结果。麦肯锡公司要求每个顾问在 30 秒内完成，说明我们的意图并将我们的方案营销给客户，我们能做到吗？

第五节　一定要注意的电商文案创作要点

电商文案是一种非常直接的销售型文体，从直观角度来说，它向消费者展示的是产品的卖点，继而让消费者最终受到情绪感染，随之完成交易。那么电商文案的内容，究竟有什么神奇的魔力呢？首要的就是锁定了产品真正的卖点，因为卖点渗透人心，便顺利推动了购买行为的发生。对于电商文案人员来说，因为不同的平台定位的目标消费人群不同，甚至即便是同一个平台，在大型促销活动的初期和非大型促销阶段中的文案定位是截然不同的，所以撰写文案首先要明确文案的目标导向，然后在撰写的时候，应该尽可能地呈现出消费者想看到的内容元素，从而说服消费者尽快决策进行购买。

那么究竟我们应该怎样有效地描述这些产品的特点呢？对于电商文案来说，如何有效运用简洁的文字，将产品最富有的魅力的要点巧妙地表达出来，是电商文案的核心所在。文案要和产品有效地结合在一起，否则消费者需要花费很多的时间去猜测文字所表达的意思，而这个过程中容易导致消费者丧失购买的冲动。由此看来，倘若我们的文案果真没有做到精致，忽略了它暗含的特点和内容，那么就推动成交而言，是存在一定局限性的。

优质的文案，可以让消费者自然而然地陷入其中，从而在一番回味过后，下定决心要购买。相反，索然无味的文案对消费者的耐心而言是一种消耗，这会让他们对产品失去耐心和信心，也没有兴趣做更进一步的了解，他们只是在空洞的阅读，而这种阅读对他们来说不能带来任何兴趣。所以，怎样有效地把握产品的特点，怎样有效地锁住客户群体，怎样更为深入优化自身的文案设计，巧妙地将文字与购买力联系在一起，是需要我们了解的东西。唯有了解了这些东西，我们才能在文案中灵活地运用智慧，吸引更多的眼球，促成更多的购买。

第一，了解产品

仅以电子产品为例。产品在开发、生产过程中，可能会因为开发的难度和项目规划等原因导致产品出现一些不足。对此，撰写文案时一定要尽可能地呵护和包容，及时发现问题，并通过文案的设计对其优缺点做出合理解释和说明。

第二，了解用户

写产品文案需要明确产品的用户，比如他们的年龄、文化程度、喜好等，甚至于他们的理解能力以及对表达所用语言的使用偏好。比如对于小米手机的发烧友来说，产品文案一样要充斥着一种前卫的创新意识，倘若其中没有新技术、新理念的词汇来有效地满足他们对产品的技术和参数情况进行了解的需求，那么可以肯定的是，这算不上一个能代表小米精神的优秀文案。

第三，产品描述

产品描述对于产品文案是非常重要的。如何用文字有效地描述产品设计产品，如何用语言的魅力给消费者带来一种前沿文化的完美体验，如何有效地用文案的形式升华产品的整体定位，这些问题都是在产品描述中最需要注意的内容。比如深受广大文艺青年喜爱的豆瓣网，它所提供的图书、电影、音乐唱片的推荐以及评论，都对当代的文化产业起到了一定带动作用，他们用自己的文字吸引了一群感性的人群，从而为网站打上了独特的文化标签。

第四，注入情感

情感化设计是很多产品和品牌所一直追求的。除了产品的功能要体现人文情感关怀以外，产品的文案设计也需要流露出情感的需求，我们一定要了解购买群体真正的需求所在，这样才能真正意义上以文字的能量去满足他们的需求，我们可以让对方情感的需求不断扩大，最终对产品产生黏性和依赖性，每当想到这个产品时，便会在大脑中浮现一连串的情感理念。他们购买的不仅仅是一个产品，更重要的还有一种无形的财富，是一种能颠覆了他们固有生活理念的东西，这东西要能够让他们以全新的方式经营自己的人生。如果这种感觉营造得足够美好，也十分诱人，只需要下单，成就感、喜悦感和自由感就会在他们的心中油然而生。

看了这些要点，相信我们对营销一定有了些前瞻性的了解。其实系统地了解下来，逻辑上并没有什么问题，关键是要看这把牌到底应该怎么玩，全局应该怎样把控。消费者就在那里，关键是我们怎么让他们注意到我们，我们应该先说些什么，然后在怎样一步步地渲染自己，这非常重要。如何让那些素未谋面的人，更深入地了解我们的产品，了解我们产品的文化，了解蕴含在产品背后的东西，同时玩出自己文案的花样，这才应该是我们的目的。或许这时我们正拿着笔在那里静静思考，但不要着急，这个世界没有一蹴而就的事，想要经得起考验，现在就开始到实践中去吧！

第六节　体现出专业，消费者才会信服

如今电商营销的核心就是全面、专业、让人信服的海量信息，这些信息能否做到让消费者信服，很大程度上影响着转化率的高低，也直接关系着电商的营收情况。那么，如何在详细的产品介绍页面中尽可能多地实现信息转化？在上传商品信息时除了详细之外，还有很重要的一点，那就是权威性。

也就是说在商品内容介绍时，要用精准的数值进行描述，但更重要的是让这些数值权威化。其实很多网民对于数值的概念并不是很清晰。这时候，如果商家懂得运用相对专业的术语进行刻画描述，会让客户更好地意识到商品的效果。

关于专业而言，我们不妨看看下面这个小故事：

很久以前，有两个卖樱桃的小贩。两个小贩是邻居，他们两家的樱桃树只隔了几米远，每年树上结的樱桃颜色、大小都差不多。

每年樱桃丰收之际，两个小贩就挑着樱桃分别去城里的东市集和西市集贩卖。可让人疑惑的是，在东市集卖樱桃的小贩每天卖不了几斤，而在西市集卖樱桃的小贩每天的樱桃都不够卖。

东市集的小贩心里很着急，他猜测一定是西市集的人流量比东市集的人流量多，于是就要求和西市集的小贩换换场地。

西市集的小贩很爽快地答应了。

可是一天下来，东市集的小贩在西市集依旧没有卖出多少樱桃，他还发现西市集的人流量根本没有东市集的人流量多。而西市集的小贩去了东市集后，依然将樱桃卖得精光。

东市集的小贩为了找到原因，特地休息了一天，专门去看西市集的小贩有什么卖樱桃的高招。他一来到西市集，就看见西市集的小贩在大声叫卖："大家快来看一看我的樱桃。我的樱桃树是从海外进口回来的，施的都是天然有机肥。我的樱桃都是从树上精心挑选出来的，个个又大又红，而且还非常甜。"

西市集小贩一声吆喝，人群全都围了过去，接着小贩又说起有关樱桃被人类发现的历史和人类的栽种史，还说了一些有关樱桃的趣事。原本还在观望的人群听他说完后，全都纷纷买了点。没一会儿，一大筐的樱桃全都被卖个精光。

东市集的小贩回想一下自己卖樱桃时的情景，他别说是介绍樱桃的，就连吆喝声都没有。也难怪卖不过西市集小贩了。

相信很多人都会有这样的购物经历：当你想要了解一件产品的性能时，销售人员不是半知半解，就是不知不解，遇到这种情况，再强烈的购物欲都会被扑灭。但当销售人员非常专业地和你说着产品的性能和优点时，哪怕他说的专业词汇你有很多不懂，你也会听得津津有味，并会生出强烈的购买欲。

做生意，其实也是销售。想要真正抓住一位客户，你除了要获得客户的好感外，更要获得客户的信任。因为有了信任，他才会接二连三地做你的生意。怎样才能获得客户的信任呢？最关键的在于你对所销售的产品有一个深刻的了解。

这里的产品可以是实质性的，也可以是虚拟的。只有当你十分专业地与客户诉说产品时，客户才会认为你是一个很有职业素养的人，专业知识特别扎实，同时也会对想要购买的产品有一个深层次的认知，继而产生购买欲。

李伟在一家商场工作，主要销售电脑。每一个季度，他的销售额都是最好的，这让其他销售员羡慕不已。当有销售员询问李伟是如何销售时，李伟都会卖一个关子，让其站在一旁看他如何销售。

这一天，有一位客人想要购买一台电脑，他在商场逛了一圈，最后看中了两台笔记本，他问李伟："您好，这两台电脑外观上差不多，怎么价格相差那么大？"

李伟说："因为这台电脑的性能和做工比这台电脑的好。"

"一分价钱一分货，这个道理我也懂。只是，这两台电脑在性能和做工上有哪些区别呢？"客户询问。

李伟笑着说："先生，这台贵一点的电脑采用的是目前最先进的处理器，它开机只需要几秒就能完成，处理速度也是目前笔记本电脑中最快的。而这一台电脑，它采用的是英特尔第五代处理器，相对于速度要慢上一些。您看，我给您演示一下。"

于是，李伟同时按了两台电脑的开机键。果然，贵的电脑比便宜的电脑开机速度要快很多。

　　这时，李伟又说起了电脑的做工："这台贵的电脑采用的是液晶显示器，它能高保真地展现图像与色彩，并且有护目的功效，而这台便宜的电脑相对来说要普通一些……"

　　之后，客户又追问了几个问题。

　　李伟都耐心地介绍着，向客户充分展现了自己对笔记本电脑的了解。最后，成功让客户买下了贵的那台。

　　其他销售员看到李伟非常专业的介绍，才终于明白他的销售秘笈在哪儿了。

　　作为一名成功的销售员，除了对客户有热情的服务态度外，还应对产品有详细认知。这里的认知需要做到，不管客户提出与产品相关的何种问题，销售员都要毫无迟疑并且准确地回答出来。只有将热情和对产品的深刻了解双管齐下，才能让客户成为你的忠实客户，永久客户。

　　那么，怎样才能让自己像一个专业人士呢？关键在于掌握所要销售的产品的信息。比如，你要销售出一台电脑，你需要掌握的信息有：这台电脑是哪家公司制造的；这家公司的电脑制造史有多久，制造技术成熟不成熟；电脑采用的是什么屏幕、屏幕又有多大尺寸；电脑外壳采用的是什么材料；电脑的配置、性能、系统等等是怎么样的。只有将所要销售的产品了解透彻，才能说出专业的话语，客户才会不疑有假，给予你信任。而对产品的信息与特征的了解具体有哪些呢？

　　首先，产品的名称和诞生史。每一个产品的名声与诞生历史都是几经波折的，非常具有意义。当你向客户介绍产品名称的含义和诞生史时，客户的注意力就会被吸引，继而全心全意地去观察这个产品。其次，产品的特性与功效。这里的特性包括很多方面，比如产品是用什么做工制成的，它的外观有什么特点，它的规格是什么等。而产品的功效其实就是产品的用途，这也是客户最想了解的地方。当然，还可以向客户介绍产品的售后服务。

当你想要了解一个问题，必然是想找专业人士来解惑。同理，一位客户想要购买一件产品，自然也想找一名专业人士来导购。所以，在电商的商品详情页面介绍中，不管你销售的是何种产品，都需要有扎实权威的专业知识，这样才能令客户信服，从而提升销量。

第三章 定价策略：电商里的数字魔法

自古产品皆有价，但很少有人去深究价格的本质。究竟何为价格？价格仅仅是一组数字吗？在定价策略上有什么样的玄机？看透价格的本质，了解价格与营销之间密不可分的关系，这是掌握电商营销的第一步。

第一节　自古产品皆有价

在任何一个交易场合，每一件产品都有它的价格。在买一件产品之前，几乎每个人都会在第一时间想到的是产品的价格，或者它值多少钱。那么，价格是什么？在电商交易中起什么作用？关于价格，最直接、最简单的理解是：价格＝价格＋品质。进一步分析，从产品的角度来看，品质＝质量＋价值，即价格＝价格＋质量＋价值，这是一个产品的完整价格含义。另外，质量决定价值，价值决定价格。每种产品的价格定位都离不开这三个方面。制造商也根据这三个方面对产品进行合理的价格定位。

俗话说："一分价钱一分货。"然而价格有时候并不是固定的，也不是死板的，而是千变万化、灵活多样的。于是，买方和卖方之间，围绕着价格问题，就发生了各种有趣的博弈游戏。

在电商销售过程中或与他人沟通时，我们不能回避的话题之一是产品价格与同行价格的比较。在电商平台上，最重要的数据是我们心中或客户心中的价格基准。但是，这只是一个价格定位，而不是一个价格体系。价格体系应反映在最终用户市场上，是以大多数买家的交易价格为标准的。它不是由客户或工厂决定的，而是由直接参与销售的一线电商人员决定的。

事实上，所谓的价格体系是由一线电商人员的心理价格形成的。例如，当我们拜访一个客户时，会预先设想各种各样的问题和场景，其中大部分是客户可能的还价和同行的报价。然后我们通常为自己设定一个底线，报价是多少，允许客户的交易价格是多少，合同价格是多少，等等。然后，在销售之前，我们的头脑中已经形成了一条价格曲线，在与客户交谈的过程中，我们会不断地诱导或被客户诱导接近我们头脑中预设的价格底线，最后会在底线上下成交。

心理学家说习惯是在 21 天内形成的，电商销售也是如此。当我们每次重复这种报价模式时，随着时间的推移，我们在心中就会固定下来这样一条价格曲线，最后，不敢报高价，也不敢与同行竞争。我们习惯性的价格定位就在我们心中。

当买方与卖方因为价格而产生争议时，应该怎样顺利地解决这个问题？

这里有两个方法，一是用其他问题来吸引客户，不再纠结于价格问题；二是分解价格。总而言之，就是要让客户觉得他的付出是值得的！

第二节 与客户争夺价格的主导权

价格是整个营销流程中非常关键的环节。一名经验丰富的电商人员，往往和客户能在一个融洽的氛围中，一边喝着咖啡，一边微笑谈判；一边礼尚往来，一边暗藏刀光。与客户讨价还价是一个艰苦的过程，但同时又是一个非常有成就感的过程，我们就是要在一个愉悦的交流过程中达成交易，达成我们的目标。

用一句话来总结："谁是价格的主导者，谁就是成功者。"

1. 客户最关注的往往是价格

不管是我们自己亲身经历的销售活动还是看到别人的销售活动，都可以看到电商人员与客户之间因价格而有所争议。客户最喜欢的就是与卖家还价，即便有时候电商人员已经把价格降到底线了，但客户对这样的价格仍然会觉得不满意，仍然会有异议。比如："怎么价格这么高，哪买得起啊……""好贵，感觉不太合算……""我看其他公司的报价要比我们的低很多呀……""如果还能再便宜一点，我可能会想买……"

由此可见，客户在销售活动中最在意的问题还是价格问题，因为在客户提出的那些反对意见中，其实大部分的用意都是为了压低价格而做的铺垫。而且，有很多优秀的电商人员都说，如果客户越希望与我们成交，他们对价格的高低就越在意。

所以，当客户因价格原因而不断向我们提反对意见时，电商人员不要因此而担忧，应该高兴才对，当客户开始因为价格问题而愿意与我们进行协商，希望能把价格尽可能地压低时，其实他们已经很希望能与我们成交了。这时我们首先要做的，就是要说服客户相信"一分价钱一分货"，我们这个价格绝对对得起产品的质量，甚至让客户觉得以这样的价格购买简直物超所值。如果电商人员能让客户产生这样的感受，那么离与客户实现成交就跨近了一大步了。

但是，当客户始终揪住这个价格而不肯松口时，电商人员也不要被客户影响，和客户一直就这个价格问题争论不休，这样便很容易失去主动地位，让客户占了上风。电商人员应该关注全局，放眼整个销售过程，了解为什么客户会认为这个价格偏高，然后再有针对性地进行突破，最终达到成交。

总之，当客户提出有关价格的反对意见时，电商人员不用担心因这个问题而失去一个客户，也不用感到紧张不知是否该再降低价格，不用在整个销售过程中都只围绕价格问题与客户纠缠，应该以积极的态度面对客户压低价格的做法，要引导客户看到价格背后更深层次的一面，比如，与价格相关的产品质量与服务质量，要让客户相信我们标出的这个价格绝对能让他感觉到物有所值，最终与我们成交。

2. 转移客户的注意力

在客户与我们讨价还价时，电商人员可以通过其他问题来吸引客户的注意力，让客户不再关注于价格问题，让客户把关注的重心转移到更吸引他们的问题上来。这种焦点转移的方式对于那些特别喜欢还价的客户很有效果。比如客户总是说价格太高而不愿意购买，但是我们确实不能在价格上再有所让步了，或者我们已经花了很长的时间在讨论这个价格上，却一直不能统一意见。

其实在销售过程中，客户只关心价格的高低，而且一直认为"太贵"不值得购买，主要是因为他们潜意识里一直将决定是否成交的因素归结到价格方面。所以，电商人员应该想办法让客户对其他的事情更感兴趣，并由这些因素来影响客户做出决定。

在真正销售的过程中，电商人员要一直保持积极的态度、亲切的语气，以询问、引导的方式向客户展示产品，并配合相应的说明与演示等方法。

案例一

客户："还是贵了点，我们可能无法承受……"电商人员："您有没有买过价格比较低的产品？或者您有没有见过别人买回去的一些低价产品，质量是不是要差很多？"客户："我确实遇到过价格很便宜但质量也很差的现象……"电商人员："我们都知道'一分价钱一分货'，如果钱也花了但买回的东西却不实用，那肯定心里也不好受，而且对于购买廉价物品的客户来说，他不仅没有省下钱，反而是浪费钱，还要花钱花精力去继续挑选货品。而我们公司的产品质量您可以看得到，您看看我们这个产品……"

注意：电商人员已经让客户开始关注产品质量了。

案例二

客户："我们公司的这款打印机明显比别家公司的要贵些，我先到处看一下，考虑考虑……"电商人员："我知道您说的是哪一款，但您觉得比起来哪家产品的质量要好一些呢？哪家的性价比最高？"客户："这个好像一下子也比不出来，但是那家公司的几款产品好像功能更全呢，他们那个打印机还能……"电商人员："我们公司有的产品也具有这样的功能，像您说的这几种功能，我们都有相应的产品，但是其实一般的公司用不到这些，那些功能都针对专业人士设计的，而贵公司的打印机使用比较频繁，人员也杂，打印量也大，所以我给您推荐这款，操作容易、打印速度快、字迹清晰，可打印量多，应该更适合贵公司的特点……"

注意：电商人员用产品的质量与性能替代了客户关注的价格问题。

第三节　价格并非营销的唯一要点

我们的产品再怎么好，价格再怎么便宜，假如是卖给一个对其没有用的顾客，事实上，再低的价格也很难对客户产生吸引力。相反，如果能够找到需要它的客户，并且针对客户的痛点做文章，那么就会很容易卖出产品。

价格并非是营销中的唯一要点，客户的需求才是重点。要想成为一个成功的销售员，我们首先要以顾客的利益为基准，去考虑产品对于顾客来说是否有用，能为顾客提供什么价值。当我们想明白这一点，那么销售对我们来说就会变得很简单。

要想成功地将东西在网上销售出去，首先就需要弄清楚客户的真正需求。

事实上，顾客在购买产品时，表面上是购买产品，实际是购买产品所带来的利益，因此，搞清楚顾客需要什么，是销售成功的首要步骤。

其次是要明白产品的竞争核心是什么。

销售员的狭义解释就是卖东西，那么，所谓"卖价值"自然就是指卖我们的产品的价值与自我销售的价值。怎样提炼产品的核心卖点，是"卖价值"的根本。"我们的产品是什么"并不重要，"消费者觉得我们的产品是什么"才最重要。那么怎样才能恰到好处地把握竞争的核心呢？看看下面的三个要点，相信我们一定会以此受到启发：

（1）每个产品都应当向消费者传播一种主张、一种建议、一种承诺，要让消费者知道购买产品能获得怎样的利益；

（2）这种承诺应是其他竞争对手无法提出或未曾提出的，要别具一格；

（3）这种承诺要以消费者为核心，易于理解与传播，具有强大吸引力。

确有其实：产品要确实具有我们所主张或提到的功效，要确实能满足消费者的一些需求，也就是产品的核心价值必须是真实的，不能欺骗顾客。我们都清楚产品的质量与品质是一个企业的生命，产品的核心概念依托产品的实际功效而生。但是，需要注意的是，在对产品进行核心概念的提炼，确定产品的功效诉求时，必须站在顾客的角度，以市场为基准，而不能仅以产品的功效排序来决定我们该把产品说成什么（这个时候产品发明人与科技人员的看法通常也会错误）。如果一种化妆品的功能排序是减皱、去斑、防晒、美白，但市场需求排序是美白、防晒、去斑、减皱，我们坚持的依据自然是要以市场需求为准则。

那么除了价格以外，我们究竟还应该注意哪些非营销的亮点呢？接下来就让我们结合这个问题系统地进行分析，看看除了价格理念以外，非营销的策略中究竟还含有哪些重要内容。

第一，确有其人

意思是说我们所描述的产品功效与卖点一定要有相当数量的受众，即一定的消费者或潜在数量足够大的消费者，不然我们就很难获得销量保证，盈利就变得相对狭小。假如有一种不仅能解决宇航员的头晕问题还能快速治疗感冒的药品，企业应当把它描述成哪一类药物呢？毫无疑问是后者。产品只有拥有足够的需求者才有其开发推广的价值。进行产品核心卖点的提炼务必让这一卖点是面向大多数人而非极少数人。需要注意的是，这绝对不是说诉说产品卖点时必须多多益善，如果我们希望自己的产品老少"皆宜"男女通吃，通常会失去自己的核心竞争力与消费人群。这个定位目标市场的问题要在具体权衡利弊之后，才能获得正确的判断。针对以上的例子来说，我们总不能指望全世界有限的几个宇航员给我们增加丰厚利润吧！

第二，确有其特

这里要说的是我们所提炼出来的产品核心诉求，必须要具备自己的特点，要能够与其他同类产品有所区别。目前，产品同质化的情况时有发生，而且越来越严重，特别在充分市场化的领域中，这样的事情显得尤为突出，面对这样的情况，要想拥有自己的特点，产品本身就要确实有自己的特点，有自己的卖点，才能使自己的产品有别于其他产品，从而快速抢占市场优势。

第三，确有其途

这个途指的是捷径。其意思在于，我们所提炼出的产品核心概念一定要有利于广泛传播，因此必须具有以下的一些特征：它必须是方便理解的、必须是好记的、必须是可以脱口而出的。产品核心概念的总结，应当尽可能地避免使用拗口、不易理解的学术用语，语言还要尽可能生动、亲切、具有启发性。其主要目的就是让大部分的普通消费者听得清楚，记得牢固，避免花费大量的人力、物力、财力对产品做无谓的解释。

第四节　价格谈判中要为自己保留余地

不管在什么时候、什么情况下都不要断了自己的后路，尤其是在面对任何时刻、任何情形下都可能对我们提反对意见的客户时，更要为自己保留适当的余地，这样我们才不会处于被动地位，而在整个销售过程中都可以处于上风。

在向客户营销产品时，有的电商人员觉得，一定要把公司产品的竞争优势向客户做一个全面介绍，介绍得越详细越容易促进成交。其实不然，在进行实际销售时，并不一定说我们把公司产品的竞争优势都一五一十地向客户介绍清楚，就会促使客户做出成交决定。其实，如果电商人员太早给客户透露了一些信息，反而会导致成交失败，因为在销售活动进展到后面，我们手中已经没有任何筹码了，在决定成交的关键时刻再没有任何可以吸引客户的有利条件，导致没有转圜的余地，这是根据客户的实际购买心理总结出的结论。

（1）客户以为还可以得到更多优惠

在销售活动过程中，客户通常会这样想：一定要靠自己去争取，才有可能得到更多优惠条件，电商人员肯定不会主动提出。因此，当电商人员过早给客户透露出自己的所有有利条件时，客户并不会认为这就已经达到电商人员的底线了，就算这个时候电商人员提出的那些有利条件已经能够解决他们提出的很多重要问题，甚至有可能比他们期望的条件还要诱人，但他们仍然会想要得到更多的优惠。

客户经常会有这样的想法，电商人员并不能埋怨客户"贪心不知足"或者"欲壑难填"，因为很多客户根据自己多次的购买经验会发现，只要坚持、努力争取，那么电商人员一定会做出退让，这样便能得到更多的优惠。其实客户只是根据自己的购买经验想要为自己争取到更多的利益罢了，这并没有什么不对的，相信大家应该都能理解。哪有人会愿意看着原本应该拿到手的利益白白地溜走，所以客户在销售过程中才会不断地向电商人员提条件。

因此，作为电商人员应该站在客户的角度考虑一下问题，理解客户的这个心理，并能根据这种心理随时调整自己的销售思路，以免在销售过程中失去主动地位。

（2）客户会对自己争取到的优惠更有成就感

客户在参与销售活动的过程中，对于吸引他们决定成交的条件，产生的感觉都会有所不同。比如，如果电商人员在销售活动初期进行产品介绍时就把这些条件都提出来，但是一直维持到客户要做决定之前都没有任何变化，那么客户通常都会有失望的感觉，因为他们没有为自己争取到更多的利益，就算这些条件已经能够满足他们的预期标准。如果电商人员能在开始提有利条件的时候保留一部分，然后让客户感觉是在自己的努力争取下得到了更多的优惠，那么即使这些条件没有任何变化，客户也会觉得更有成就感，因为他们参与了使电商人员让步的这个过程，这让他们觉得自己更胜一筹。

对于客户的这种心理我们应该理解，因为不管电商人员强调多少次他们已经把所有最优惠的条件全部说出来了，但客户仍然希望自己可以在销售过程中争取到一点主动权。他们觉得不断地努力为自己争取到利益就能体现他们的主动权，在销售过程中就能处于上风。所以，电商人员不要觉得过早透露所有有利条件就是对客户的真诚，应该还要考虑到客户这样的心理需求，让客户在销售活动中能感觉到自己拥有了主动权。

总之，多考虑客户的心理需求，在销售过程中为自己留有余地也是一种有效的成交手段。事实证明，在大多数的销售活动中，采用这种方法能更为有效地促进成交，并得到客户的赞许。因此，电商人员在进行营销时，不需要把所有的有利条件都全盘托出，可以保留一部分优惠条件，除非必要，或者到了紧要关头再作为撒手锏拿出来。

这种方法对于促进客户做出购买决定有明显的作用，而且有时候，电商人员还可以利用这些事先保留的有利条件换回客户的某些回报，这样既能尽早实现成交，又能帮助电商人员取得主动权。比如："您选择我们公司的产品可以获得三年的免费保养，如果能超过某个采购量，还可以免运费……"

第五节　打价格战，也是有技巧的

价格战是电商营销策划中一个关键的议题。尽管就文案来说，想锁定价格优势，着实需要一番智慧，但并不是没有规律可循，一切都是有技巧的。当我们利用文字一步步深化落实到进一步的分析，消费者便可以通过文案的营销模式更进一步地了解电商，了解他们竞争中所存在的价格优势，这一点对电商经营来说尤为重要，也是电商营销中一个不可忽略的重要内容。那么究竟有哪些技巧适用于这场价格战呢？不同的人用不同的战术，下面就让我们借用经典的案例，来进一步了解其中的奥秘所在。

（1）临界价格

走进电商商铺我们会发现很多产品的价格都是 99、9.9、998 这样的数字，明明就差一点点为什么不给个整数呢？答案就在于整数很容易给购买群体带来压力，而这样少了一点点的表达方法可以从心理上让消费者产生错觉，99 必定不是 100，自己的消费不是过百，而仅仅是两位数字，99 还不算贵，不如就买了吧！这样的价格技巧有一个学名，叫作临界价格。

临界价格最大的创意在于它可以给顾客一个视觉错误，给顾客留下一个潜在的暗示：产品并没有上百，所以并不算贵。因为有了这样错觉，消费者就可以相对轻松地把钱掏出来。

除此之外，这种临界价格也是一种促销手段。店铺使用这种

"临界价格"将顾客的心理防线击溃，但是和降价促销相区别的是，这种价格不会让商铺过分亏本，比如 100 和 99.99 之前，虽然存在距离，但根本算不上什么距离。

（2）阶梯价格

从定义上来说，阶梯价格指的是，为了提高对价格的应变能力，我们必须预先规定某一产品的各个生产阶段并相应地逐次降低价格的一种定价形式。所谓分级价格的实施，其内容分为以下几个阶段：

第一，在产品生产的初期，生产费用较高。在这一期间，实施阶段性价格的最高一级，可以获得一定盈利，同时还可以树立一定的价格标准。

第二，实际生产费用与计划费用大体是一致的阶段，在这样的一段时间内实施阶段价格的中间一级可以有效地保证计划盈利。

第三，在产品逐渐衰退的阶段，在这个特殊的时期实施阶段性的价格最低一级，是一种降低产品盈利水平的方法，它可以有效地促进老产品的淘汰和新产品的推广，并在其中形成一定的标准，以便进行后续的参考。

（3）降价加打折

降价打折顾名思义，打的是价格的招牌，为的是以价格取胜，让自己的产品在价格上占有一定的优势。这种方式是非常直接的，比纯粹的促销方式多了一道弯，可以帮助我们实现双重实惠叠加的效果。很显然，出于价格的考虑，很多顾客在购买产品时，首先最关注的就是价格问题，廉价物美的产品，足够颠覆消费者一直坚守的消费理性，他们会快速地被打折二字吸引，采取更不理性的消费行为，这也就是商家降价打折的意图所在，为此他们可以以此来进一步提高促销的效果，扩大消费群体，并得到更多的关注流量，但降价会提升产品的成本造成不必要的浪费，这是导致客体单价提升的原因所在。

（4）一刻千金

一刻无疑指的是时刻，在有限的时间内，以极低的价格出售自己的产品，这是电商活动中惯用的一种营销手段。这个时候，低廉的价格和局促的时间，会督促消费者快速地采取消费行动，这样做可以有效地促成交易，也可以帮助商家快速打出广告牌，让更多的人了解自己的产品，提升自身的市场影响力。比如，有些商家打出每天九点到九点半这段有限的抢购时间，将可以以最低的价格成交。实事求是地说，这对消费者确实极具诱惑力，可以有效地激励消费者的购买积极性，还能大量节省宣传的费用。所以，这样的营销策略尤为巧妙，它将销售与时间联系在一起，从而加速消费进程。

（5）超值一元

所谓"超值一元"指的是，在活动期间，所有产品都以一元的价格出售，而在此之前，这些产品的价格可能是几十元甚至上百元。看上去这样的价值和价格的比例是失衡的，却能够有效地提升店面的知名度，引发更多的关注流量，最大化地提升影响力。正所谓"醉翁之意不在酒"，用小鱼钓大鱼，锁定超值产品，仅售一元，而且数量有限，每个人只有一次购买机会，这样富有诱惑力的标题，谁又肯轻易错过呢？

用这种限量的超低价活动，可以有效地唤醒消费者的消费欲望，用一份礼品刺激消费者进行进一步的购买，提升关联产品的销售量。如果将其搞成分次的活动，还可以带来二次转介绍的效果，从而更加有效地促成交易，提升自身的影响力。

　　技巧大家已经知道了，这就是打开价格战优势的金钥匙。我们需要的是运用自身智慧，灵活采取应变措施，力求有效把握全局，拓宽自身的电商销售领域，在营销大战中取胜。

第四章 附加价值：让客户感到物超所值

　　物超所值的产品，总能在第一时间吸引客户。因此，增加产品的附加价值，无疑是一种非常可行的销售策略。很多业务员正因为掌握了这一技巧，从而使得销售业绩加倍增长。那么，怎样才能让客户感到物超所值呢，这里面的技巧可谓千变万化。

第一节　饥饿营销是电商运营的好伙伴

电商营销的指向性在众多的营销策略中来说都是相对明确的。它顾名思义就是以产品价格为讨论主体，制定最恰当的价格，实现最优销售结果。与之相比，饥饿营销的意义则不容易为大众所把握和理解。中国的消费者最早知道"饥饿营销"这个名词，还得从苹果手机进入中国市场说起。那时候，消费者们尚没能很清晰地体验到饥饿营销的魅力。在随后的几年里，手机市场上异军突起的小米手机，则用自己惊人的成长过程向全国的同行及消费者们充分展示了饥饿营销的强大力量。

饥饿营销与电商营销一样，在营销的学问里，作为独立的讨论对象的时间并不算长，但长久以来的实践告诉我们，这两个独立的个体，它们有着极为深刻的联系。

让我们从真实的案例说起。早在苹果手机尚未正式登陆市场时，乔布斯的推广团队就向全世界的消费者传达了"他们正在做一部手机"的信息，而这部手机显然是十分特殊的。在苹果正式面世前的一年里，各个论坛、微博、社区等网络平台关于这部手机的讨论一直都是火热的。直到 2007 年苹果手机终于诞生了，接下来的事情验证了管理大师德鲁克所说的"市场营销的目标是使营销成为多余"这个观点。

苹果手机的营销无疑是成功的，那么在这一过程中，电商营销是如何与它发生联系的呢？这一点还得先从"造势"说起。苹果手机首先以"时尚定位"来锁定目标受众，即年轻消费者，然后在年轻人聚集的网络平台上发布手机外形、功能等信息，挑起话题，使这一拨网络活动主力军自主开展热烈讨论，讨论越多关于苹果手机的信息量就越大。最后的落脚点在于，这样一部全新的高端智能机，它的价格是多少呢？

在消费者翘首以待的时候，iPhone 4 以不足 4000 元的定价被消费者欣然接纳。虽然这个价格依然高出当时的很多智能机，但苹果公司的产品向来价高。例如，当时要买一台苹果电脑，其配置最低的一款也需要几千到上万元，也就是说，在当时，买一台苹果电脑的钱可以买 2 到 3 部 iPhone 4。但当时三星最贵的智能机已经可以买一部三星的电脑。结论是，iPhone 4 的价格是苹果电脑的 1/3，但三星手机的价格已经赶超三星电脑了。因此，iPhone 4 的价格是合理的，而电商营销的关键点之一就是要给产品制定合理的价格。

再如，饥饿营销的另一个代表——小米手机。在广大同行眼中，雷军简直就是饥饿营销的最佳践行者。但雷军不光懂得饥饿营销的内涵，他更懂得电商营销的奥妙。在手机市场已经被苹果及其他智能机抢占得不留一丝缝隙的情况下，谁想来插一脚都是要冒很大风险的。但是雷军偏偏就敢于冒这个险，并且他还成功了。看到雷军如此容易就成功了，诸多同行心头泛起嫉妒的酸水，他们认为雷军完全是"玩弄了饥饿营销的鬼把戏"才侥幸成功。这是来自业内的负面评价，但同时，业内也有不少人肯定了雷军的做法。这部分人认为小米手机问世短短几年间就能为自己赢得一大批忠实粉丝，最关键的因素在于它"高配低价"的做法，雷军的成功在很大程度上来讲是走了"物美价廉"这样一条路线，让顾客赢得可心产品的同时，自己也赢得了客户。

　　与苹果手机采取的做法一致，在小米手机尚未问世前，雷军的团队就开始疯狂造势，网络上满是小米手机的配置和硬件设备是如何如何高端，而它的价格只需要 1999 元之类的信息。1999元！这与苹果手机或其他高端智能机动辄四五千的高价相比，可谓划算极了！我们不得不说，雷军走了一步"价格棋"。市场已经饱和了，什么能够快速获取受众的青睐呢？低价、高质，这两个条件不论放在哪个时代都是可以大做文章的，毕竟，谁不想花更少的钱买到更好的产品呢？

　　上文多次提到价格的问题。不论是饥饿营销，还是电商营销都无法脱离"制定适当的价格"这一条件而成功运营，从另一种角度来讲，饥饿营销是电商营销的好伙伴。

　　除此之外，不管是苹果手机，还是小米手机，他们都采取了类似的"限购""限时"等做法，这一点与电商营销也有着异曲同工之妙。所谓电商营销，并不是一味的低价销售，而是结合产品特性、受众特性以及市场环境变化，制定一个最合情合理且能让消费者感到舒适的价格。采取这种定价法的产品往往具有一定的时效性，或者产品本身的产量是有限制的。比如某高端产品在20 周年庆的时候决定展开一次回馈客户的行动，他们将一部分产品的定价调低，以一个平时绝对不可能采用的低价回馈客户，以报答新老客户对自己多年的支持。那么这一部分作为"报答"的高端低价产品当然不会是无限量的，如果无限量的低价销售，商家的运营和发展无疑会受到很大的挑战或打击。

　　因此，"限购""限时"并不是饥饿营销的专利，电商营销也需要如此。随着苹果手机与小米手机的热销，越来越多的业内人士给出了专业的评价和分析，我们已经知道苹果的运营商以及雷军并没有故意控制自己的产量。同为高端手机，他们面临着"产能不足"这个客观的现实阻碍，才有了后面一系列的"饥饿"状态。因此，饥饿营销中的种种"限制购买"与电商营销中的"特定回馈产品"是一样的。电商营销伴随了一定的"饥饿"状态，故而饥饿营销也是电商营销的好伙伴。

随着市场经济突飞猛进的多元化发展，营销的思想、策略和实施也在不断地发展和进化，任何一种营销手段都不可能在某一件产品的销售中贯穿始终地执行，如果只懂得"限量生产"而不懂得"价格适当"，优质不优价，让消费者感受不到来自商家的善意和亲切，那么消费者将无法给予商家想要的忠诚和拥护。因此，营销的思想必须宽广而灵活，特定的时期，更应该巧妙运用多种营销方式，相辅相成以获得最佳的销售效果。

第二节　卖给客户一种价值理念

销售其实是把我们的价值卖出去而不是把我们的东西卖出去。我们真正要做的是告诉我们的顾客我们在做什么，告诉他们我们营销的其实是一种理念，一种价值理念。

一位有名的演说家在一次讨论会上，手中高举一张 20 美元的钞票，面对会议室里满屋子的人，他问："你们谁要这 20 美元？"很多的手举了起来。然后他说："我会把这 20 美元送给你们其中的一个，但我现在要做一件事。"说着，他将钞票揉成一团问道："还有人要吗？"依旧有人举着手。

他接着说："如果我这样做会是什么样呢？"他将钞票扔到地上，用双脚来回踩了几个回合随后他捡起钞票，这时钞票已经又脏又皱。

"谁还要？"还是有人举着手。

"朋友们，我们已经上了一堂十分有意义的课。不管我怎样对待那张钞票，我们依旧想拥有它，那是因为它并没有贬值。它仍然值 20 美元。在人生的道路上，我们会很多次被自己的决定或碰到的逆境击倒，甚至被碾得粉身碎骨。我们认为自己一文不值。但不管发生过什么或者将要发生什么，我们在上帝的眼中永远不会失去价值。无论肮脏或洁净，衣着齐整与否，在他的眼里，我们依旧是无价之宝。生命的价值从不依赖于我们的作为，更不凭借我们结交的人，而是取决于我们每个人本身！每个人是独特的——永远要记住这一点！"

面对众多营销或者是顾客，我们应当做的不是把我们的产品卖给他们，而是把自己卖给他们，把我们的理念卖给他们。

那么，应当建立怎样的销售理念呢？

（1）我卖的产品就是我自己

我们个人的价值观念得到推广，其实就意味着我们的成功交易带来了一定收益，这种理念是长久且固定的。如果我们为了获得更多的利益把自己的产品的价格提高了，我们的理念其实就是在夸大自己的价值。倘若我们为了完成一次交易就放弃了今后的长期合作关系，那么，我们卖出去的仅是我们这一时的价值，也就意味着在交易成功以后，我已经失去了价值。

（2）我代表着诚实和守信

顾客在交易时都会觉得这其中存在很多谎言，包括价格的谎言或者产品的谎言。在他们面对我们时，本身就带有这种怀疑心理。假如我们还是继续着自己的谎言，我们得到的只能是拒绝。一个优秀的销售员，应当令别人可以用肉眼看到我们的诚实与守信。

（3）公平的交易

一个成功的销售员最基本的技能是：在交易的过程中，能够让顾客感觉到，这不仅是一次交易，也是顾客对我的一份信任。要使顾客从内心感到交易的公平性。

一个电商人员所产生的问题，其中大概 80% 的问题源于自身，获得方法与技巧只是治标不治本，要想训练出一个优秀的电商人员，最关键的是要先建立好正确的销售理念与态度，否则，问题只会变得更加错综复杂，最终难以解决。因此，方法与技巧只对一种人有益，那就是一个拥有健全销售心理的电商人员。

第三节　大客户营销中的"价值谈判"

每个企业都有自己的大客户，这些大客户因为自身实力雄厚，往往掌握着更多的话语权。由于他们每次采购的数量很大，总是希望在产品的价格上能够享受更大的优惠。于是在大客户的争夺中，企业之间不可避免地产生了价格战争。

在与大客户的沟通中，价格的谈判是一个不得不面对的问题。在这种谈判中，直接谈价格并没有多大的效果，因为竞争对手很多，他们的价格也很低。我们在了解到大客户的需求和问题之后，应该运用以下几个关键点来介绍产品：

（1）明确告诉顾客我们产品或品牌最大的优势及主要特点

事实上，只要我们善于发现和思考，不断地为自己的产品找出优势和特点其实不是一件多么困难的事。任何的产品，只要用心向内挖掘都是可以做到这一点。我们没有必要给自己找那么多理由，能不能做好，在客户那里会得到印证。不过，在我们的公司产品定位目标上，顾客的观念中我们的产品一定有我们产品的相对优势存在。

举个例子来说，如果我们是卖实木家具的，我们可以这样告诉顾客："我们的产品，最大的优势在于百分百的真材实料。另外，我们的家具还有一个重要的特点，它是环保产品，购买了我们的产品，您和家人的健康都是有保障的。"

这样介绍产品，既简单又有说服力，并且几句话就可以把我们的优势在客户面前合理地展现出来，告诉客户，只要选择了我们的产品，便可以就此安心，不用担心自己的身体健康问题。这种表达的技巧迎合了对方的购买心理，很容易打动消费者，在他们心中产生深刻的印象和好感。

（2）销售产品的过程中要善于利用顾客发问的机会

还以家具为例，当顾客自己观察家具的时候，通常难以听进我们所说的话，即使是听进去了，也不会产生多么深刻的印象。就营销而言，这个时候我们需要给客户一段自我选择的时间，而这段时间里，除了文字上的描述以外，我们需要的是凝神静气，去倾听对方的需求。当客户向我们提出问题时，我们所回答的任何内容，都是他感兴趣的焦点。原因很简单，这个问题是他提出来的。这时候我们所说的每一句话都会促使他对我们的产品产生印象，不管是好的还是不好的，为了能够优化对方的选择，我们首先要做的，就是审慎地回答好其中的每一个问题，这样才能更有利于产品营销的推广，才能让客户更愿意接受产品，了解产品，购买产品。

这个时候，客户可能会问我们"产品是什么牌子？""产地是哪里？""为什么这么贵""究竟是什么材质做成的？"等一系列问题，都在不断强化着他们对产品的印象和判断，他们正在以自己的标准对产品做出选择，而这个时候也是我们说服客户的最佳机会。要想在这场互动中成功胜出，我们需要提前做好一些功课，可以将客户常问的一些问题提前罗列出来，然后以最简单的语言去优化我们的答案，然后将这些内容烂熟于心，以便派上用场的时候自己便可以及时调取，而不是临时抱佛脚，不知道如何是从，如何是好。

（3）要察颜观色，把话说进顾客心里去

客户对产品自然有他自己的判断力，他看到的内容，并不意味着是我们想告诉他的内容，他内在的需求，也未必是我们这个时候信心满满要表达的事情。他有自己的判断力，他对产品有着自己的了解和认识，我们只需要认同他们的行为和心理，然后察言观色，看看现在他们究竟在想些什么，想了解什么，想知道什么，这时候在发表自己的见解就会更有针对性，因为都是自己想知道的，所以我们更容易把话说进客户心里去。

总之，在与大客户的互动博弈中，如果碰到了价格的瓶颈，一时间没有办法寻求突破，最好的办法就是转移一下自己的话题。比如，倘若我们可以了解客户之前使用其他同类产品的情况。一般来说，客户和之前的供应商，不想继续合作的原因无外乎就是产品质量的问题、售后服务好不好、价格是不是偏高，等等。当我们把这些内容了解清楚的时候，我们便就此把握了客户的购买心理，然后再有针对性地和客户去交谈，便可以有效地帮助客户解决内心的困惑和难题，只要这些问题解决了，后面的价格问题就变得容易了很多，毕竟，对方看中的不仅仅是价格，还有价格以外更多宽泛的内容。

第四节　让客户感觉物超所值

电商营销术就是调动客户的潜意识。对于潜意识，人们不能主观控制，而它却可以进行独立活动。一旦唤醒客户的潜意识，就可以去营销他们，使他们选择我们的产品。

外国的广告商曾在一家电影院做过一次奇特而有趣的广告试验。他和一些助手使用一种被称为"连续训练器"的设备，在电影放映的过程中，连续在银幕的旁边，以 1/3000 秒的速度，每隔五秒重复一次，不断地闪现以下两句广告词："饿了请吃爆米花，渴了请喝可口可乐。"

由于广告语的闪现时间极其有限，它所占用的时间很短，丝毫没有干扰到观众看电影的热情，直到电影放映完毕，观众中也没有一个人意识到自己看到了以上两句的广告词。然而令人大为高兴的是，当电影散场的时候，观众们都不约而同地蜂拥到电影院的小卖部，去买一桶爆米花和一瓶冰镇的可口可乐。在前面六个星期的实验过程中，电影小卖部的爆米花和可口可乐几近脱销，很显然，这样的策划尝试，推动了两样产品的购买力，可谓效果显著。

这一广告实验有效地证明了一件事：观众在看电影的过程中，从银幕旁所附带察觉到的产品广告，有效地刺激了他们的购买欲望，这种欲望无形之中作用于他们的潜意识，以至于让他们相信，在电影院过有爆米花、可口可乐的生活，应该是更明智、更舒服的一个选择。

所以当客户想要购买我们的产品时，我们也要通过标志的营销策划，来强化他们的潜意识，对他们进行合理的鞭策和暗示。例如，当一个孩子买一种食品的时候，我们就要告诉他："这个东西口味实在是太好了，现在所有的孩子都迷上了这种口味。"当一个姑娘试穿一款吊带裙的时候，我们要用自己的文案告诉她："这件衣服简直就是为你量身定做的，现在很多和你一样身材的明星都在穿它呢。"为了达到理想的效果，我们完全可以在自己的策划案上浓墨重彩地多说几句。相信经过我们的刺激性指导，连对方自己都会感到，这样的产品简直太适合自己了。

由此可以看出，为什么如今的广告大都采取了"星球大战"一般的战略，狂轰滥炸的广告信息充斥着消费者的眼球。很多人都对这些广告不屑一顾，甚至有了排斥心理，但是不可控制的广告信息却通过各种媒介渗透进我们的大脑和感官，并最终存留在了我们的潜意识里，以至于当我们看到某样产品的时候，一些影像就会自然而然地浮现在我们的眼前，我们因此被催化了消费的欲望，有了购买它的动机，这就是广告的魔力所在，只有这样才能强化宣传营销力度，切实有效达成营销目标。

当一段时期内广告促销活动起到的作用让消费者不断重复购买行为之后，以后再碰到同样消费选择时，思考就会弱化，潜意识的力量就会上升，他们就可以以极快的速度开始新一轮的购买行为了。

第五节　不可忽略的爆款力量

很多人说，在营销的过程中爆款文案一经问世，就可以带给这个世界一整片的惊讶，所有人都因这份精彩而擦亮了眼睛。爆款的能量和爆发力，显然是我们不可小觑的，于是所有的营销策划人都在向着爆款文案而努力，他们希望自己的文案能彰显出劲爆的火花，能够具有强大的吸引力。他们想要聚焦所有人的眼球，引导消费者作出选择，然后将这种选择重复下去。这就是爆款从劲爆到余温的演进过程。这种通过策划鼓动起来的力量，可以赢得万千人的关注，改变世界本来的样子，颠覆人们的思想。看起来，它好像是一种艺术的显现，但这种艺术，是以强化购买力为目标的。因为做到了精准，所以不应仅仅将它定位为一种产品的宣传，但因为它的宣传体系到位，让人更愿意在看到它的同时去体验它所代言的产品，这就是爆款文案的强大影响力。

然而打造爆款并不是一件简单的事情，我们首先要做的是看看究竟什么是爆款，爆款有哪些分类，以及打造爆款对于一个店铺经营和发展来说具有怎样的重要意义。

所谓爆款，顾名思义，指的是产品在销售中出现了供不应求的现象，成为整个店面的金字招牌，是销售体系中最火爆的一款产品。对它的应用广泛存在于电商和实体店面的营销过程中。

说到爆款，那就不如让我们更为深入地了解一些关于它的历史。实事求是地说，就连淘宝网的员工和打造爆款的电商专家都搞不清楚它是如何步入大众视野的。大致来说，爆款是随着 2008

年到 2009 年淘宝网的兴起而诞生的。

有一些卖家一款产品一年就卖出几十万甚至上百万件，毫不夸张地说一个爆款能够卖赢一个店。如何有效地打造爆款，要看的就是我们如何运用极致单品的策略。下面就让我们来了解一下极致单品策略对爆款来说具有怎样重要的意义。

所谓极致单品，通俗地讲就是将产品的外观、性能、体验同时做到让消费者忍不住尖叫的地步，这也可以被理解为将产品的价格相对的价值做到让用户尖叫的水平。

极致不等于完美，做产品最重要的事情就是不要刻意追求十全十美。倘若单一的某项成就了极致，那么不言而喻，我们已经做到了特别，已经做到了最好，已经开始根植于别人的眼球之中。对于"单点极致"一个比较好的描述就是，它可以"一针捅破天"，尽管不是完美的，但某一项的极致也足够一鸣惊人。过去做店铺必须把店铺做到够宽，而在互联网时代，我们可以在极小的地方将某一个领域的内容做到极致，最后由点成面，反而可以因此收获更大。单点的极致就是互联网备受推崇的理念。

"繁"代表着十全十美，但不等于完美。"简"是单点的极致，但不要求十全十美。十件事情，我们砍掉其中九件，目的不是砍掉这九件事，而是要把有限的资源用到某一件事情上，这就叫作单点的极致。

乔布斯重返苹果以后，把一百多款产品线砍到只剩下四款，最终做出影响世界的 IMAC，市面上的其他手机品牌在一年的时间内做出五六十款手机，但很多年轻人依旧推崇苹果。一年的时间，苹果只推出了一款手机，这种去繁从简的策略可以说是卓有成效，成了从简单到极致的经典案例。

很多人都用过苹果 iPhone。当库克接管苹果以后，就不再做黑色的苹果手机，黑色的 iPhone 会流出一个白边，这是任何工艺都无法解决的难题。乔布斯居然让工人用人工的方式把白边涂黑，可见他对于细节的在意程度远远超乎人们的意料。

爆款的用意就是极品，极品的精髓就是极致，要想做极致单品，更多的是要以生产商来更好地诠释爆款产品的经典之处。对于销售商来说，打造爆款其实本身即是一种打造单品的策略。因此，产品必须具有极致效应，不管是产品本身，还是其所配备的营销策略以及后续一系列的文案策划、广告推广都要堪称极致，将爆款的特别之处淋漓尽致地在消费者面前进行展示。爆款之所以称作爆款，是因为它自有其经典的地方，将这种经典不断升华，将自己与同类产品的不同不断凸显出来。尽管现在并不是所有人都手头宽裕，但是总有人更愿意为经典埋单，因为他们想活出自己的经典，所以"经典""爆款"的概念对他们来说始终具有着特殊的意义。

第五章 价格大战：电商营销"撒手锏"

　　价格是营销者必须考虑的一部分，如果在开展营销活动之前，不把价格因素考虑进去，很可能会前功尽弃。无论是打折促销，还是赠送活动，价格总是第一时间刺激着消费者的神经。这就是价格的宿命，注定与营销"相生相伴"。

第一节　三种产品定价，赢得消费者的青睐

就价格战而言，即便是有打折的支持，量型定价也是一门不可忽视的学问。要想赢得消费者的青睐，最有效的途径，就是从价格出发，给对方造成心理上的影响。我们要让消费者的潜意识随着价格的变动而动，不断提升他们的购买欲望，让他们觉得，此时出手就可以得到超值的优惠。价格的魅力，其实还不仅仅如此。事实证明，当一个人看到比内心定位的价格要低廉很多的商品的时候，即便是觉得这件产品可有可无，也可能会产生"买下来"的念头，因为他们担心错过，担心自己需要的时候，已经没有如此低廉的价格了。这就是一个产品在定价过程中要掌握的艺术，锁定核心的定价方式，我们将会因此而不断地赢得消费者的青睐，成为他们首选的对象。

那么到底应该如何定价呢？下面将介绍三种定价方法，了解一下优秀的电商究竟是如何有效地把控价格战的商机的。

第一，基础定价：成本定价法

成本定价，就是产品的生产成本与销售成本是整个定价过程中最核心的依据，它以利润核算为依托，制定出一个电商在销售上可以接受的价格。这可以说是最简单的定价方式，大多数公司都是按照成本和利润率来进行价格定夺的。其主要步骤如下：

（1）有效地估计生产成本和包装、物流成本；

（2）有效地估计人力成本和运营成本；

（3）将上述两种成本加上其他的一些成本和按目标利润率计算的一些利润额得出相应的售卖价格。

简单来看，就是每个产品的生产成本，加上人工、物流、场地、租金等成本，得出一个持平不至于亏损的价格，再加上一定的利润，就构成销售价格了。

这种定价计算法只要能卖出一定数额的产品，保证没有太大的库存，就可以最终盈利，十分简单易行。

根据完全成本加成定价法，能够保证公司所耗费的全部成本得到补偿，并在正常的情况下能够获得一定的利润。同领域的电商，都可以采用完全成本加成定价法，只要加成比例接近，价格就会变得更加透明。

第二，进阶定价：消费者认知定价法

消费者认知定价法是根据消费者对这个行业和对这个产品的感受和理解来判断消费者心理上的预期价格，或者根据消费者在某个时段的需求而上下浮动价格定价方法。其主要内容分为三个板块：

（1）营造销售氛围和知名度，迎合消费者的主观认知来定价

很多产品的性能、质量、服务、品牌、包装和价格等，在消费者的心中都有一定的认识和评判。消费者常常会根据他们对产品的理解和感受来评估同类产品的价格。他们会根据自己的购买经验，对市场行情对同类产品的了解，给产品估价，做出相应判断。当低于评估价格时，自然会觉得购买划算；当高于预期价格时，往往就会放弃购买，因为消费者的心中已经形成了认知定式。

（2）根据市场空白做出相应的定价

确定一个有一定客源，但是产品又较为稀少的价格区间，直接在这个价格区间内售卖自己的产品。这种定价相比于前者针对性更强，既能够抓住一部分客户，还能够避开与竞争对手正面的价格冲突。

假设我们是卖插座的，同时假设市场上从 9.9 元到 49.9 这个价格区间，唯独 39.9 元的价格没有太强的竞争对手，甚至没有竞争对手，那就定这个价格，只要产品的成本在 30 元以内，这样的定价是可以考虑的。

（3）竞争导向定价

通过研究竞争对手的生产条件、服务状况、价格水平等因素，依据自身的竞争实力，参考成本和供求状况来确定自己的产品价格。

要么可以稍贵一点点，要么可以稍微便宜一点点，怎么做都可以，关键是看谁的执行力和服务体验更好，谁就更能够赢得消费者的心。

第三，高级定价：品牌估值定价

根据已知的报道，苹果的成本居然只占其价格的 22%，利润高达 78%，这样看来，苹果定价绝对是贵得离谱。但是苹果依然坐拥强大的粉丝点击量，甚至出现了连夜排队购买的现象。苹果以自己产品良好的感官和精致的美感，创造了难以衡量的品牌估值定价，这就是品牌估值的作用所在。

以上就是三种最常见的产品定价方法。所有的产品都有属于它自己的价值，然而所有的价值都是由心而定的，要想让这种价值在消费者的内心发挥作用，那么最重要的一件事，就是商家要用心了解自己的产品，同时以产品为核心，做价格的文章，用价格的诱惑力不断推动消费者的消费心理。我们需要让消费者毫不犹豫地选择我们的产品，购买我们的产品，支持我们，成为我们的忠实粉丝。由此看来，价格战的艺术和学问确实是一门电商需要掌握的必修功课。我们需要预见到它的作用，并切实做到位，并持续进行优化，只有这样，才能最大限度地获得关注，赢得消费者的青睐，促成更进一步的营销。

第二节　提供千变万化的打折优惠

随着经济快速发展，市场经济逐渐成熟，供不应求的现象早已不复存在。为了在竞争激烈的市场中占有一席之地，越来越多的企业注重消费者的利益，并将"顾客是上帝"作为企业的座右铭。既然顾客是上帝，那么我们对待上帝，自然要客气，照顾周到。

为了更好地照顾"上帝"，很多企业推出了打折计划，7折、8折屡见不鲜，甚至有些企业推出了折上折的方式来吸引客户。但是这种千篇一律的生硬打折方法已经过时，客户再也不会轻易买那些便宜货。要想吸引客户的眼球，还需要有更多的妙招才行。

让我们看看下面这家航空公司是怎么做的吧！

有一位先生走进该航空公司的售票处，他对售票员说："我需要两张去英国的机票。"

售票小姐微笑着说："好的。不过，现在我们公司在做活动，购买去英国的机票可以享有折扣，种类不同，折扣不同，不知道您需要哪一种呢？"

"优惠？不知道都有什么种类呢？"

"是英国人吗？"

"哦，不是。我是美国人。这跟优惠有什么关系？"

"哦，是这样。我们这里有一种优惠是，如果英国本地人购买去英国的机票，那么我们可以给您 40% 的减价优惠，但是您是美国人，恐怕只能给 6% 的减价了。"

"原来是这样。那还有其他的优惠项目吗？"

"有，如果您是去英国探亲并可以出示证件来证明这一点，我可以给您减价 10%。"

"看来，这个也不符合我。还有其他的吗？"

"当然有，如果您是与您的太太一起旅行去英国，那么我们不但有一份特别的礼物相送，还会减价 15%。"

"唉，我还没有结婚呢。"

"是这样啊，太巧了，我们这里还有一个优惠项目，那就是如果您是单身，并且准备在 3 个月内再次去英国旅行，那么下次的机票可以有 20% 的优惠。"

"这个不好说啊。看来没有一项符合我的。"

"别着急，对了，先生，如果您现在还是学生，或者属于待业人员，我航特别提供 50% 的折扣。"

"便宜这么多？唉！可惜我已经毕业了，现在还有一份不错的工作。看来我真的是一项都没有赶上。算了，小姐，您就给我那 6% 的减价吧，非常感谢您的耐心。"

从上面的案例中可以看出，丰富多彩而种类繁多的优惠政策让客户兴趣倍增。虽然没有找到符合自己的优惠项目，但是相信他以后也会多关注这家航空公司，看看以后是否会出现自己用得上的优惠。航空公司不但让客户满意地买走了机票，同时宣传了自己。

在心理学上，"首因效应"是非常重要的，这里说的是电商人员给客户的第一印象。客户会从电商人员的穿着打扮、说话方式以及说话态度等方面给电商人员打分，这些分数直接影响顾客对一个电商人员的信任程度，而决定最终交易的成败。

电商人员一定要在顾客面前表现得成熟稳重，自信而诚恳，很多顾客会受到对方的影响，而做决定是否购买产品。许多电商人员在客户面前表现得不自信，而这种情绪会让客户产生怀疑，如果连卖产品的人都不觉得这个东西好，买的人自然不会去购买了。所以电商人员要非常自信，坚信自己的产品是最棒的，真诚地向客户推荐自己的东西，这样原本犹豫不决的顾客很有可能选择相信电商人员，决定购买。

这种方法比较适合于那些喜欢说话、不自负的顾客，当用诚恳的语气和他们进行交易的时候，一般情况下只要把话说到点上，让他们感觉这个东西确实是最好的，是他们需要的，他们就会购买。

但是，对那些自我感觉良好、非常自负的顾客，电商人员要装出一种漠不关心的模样，不能上来就去营销自己的东西，而是漫不经心地东拉西扯，尽量绕开交易上的问题，可以讲一些其他的趣事来吸引客户。客户被我们的这种绝口不提购买的方式吸引，对我们说的趣事产生了好奇，在跟我们闲聊的时候，我们就可以抓住机会来营销我们的产品，但不可过于直接，而应该让对方意识到这是一个特殊的机会。比如，我们可以告诉他，我们是不随便给人推荐东西的，只给那些符合条件的特殊人群推荐。这个时候，客户很有可能表示自己就是符合条件的人选，从而购买我们的东西。

第三节　出其不意的怪招攻破顾客防线

曾经有这么一位先生，他家里停放着一辆老车，这辆车子破旧不堪，已经完全不能发动起来了，现在他需要重新购买一辆车子。在得知这个消息以后，很多汽车销售人员来向他推销自家的汽车，类同的话语、类同的营销方式让这位先生深感厌恶，他拒绝了所有的销售人员。这甚至引发了他防御心理，一旦有人员来向他推销汽车，他便会恼怒地想："又来了，我绝对不会上这些家伙的当！"

通常情况下，销售人员们为了让他动心，都会说："我们开这么破旧的车子有失身份不说，而且还会造成危险。"或者说："我们花钱换掉了那么多的零件，根本不值得，那些钱再加一些钱，都可以购买一辆新车了。"这些话让这位先生深感被冒犯。

但是，这一天，来了一个看起来沉着稳重的中年人，当时他的直觉告诉他："不要被骗了，这个家伙是来卖车的。"

但是出乎他的意料，那个人先是仔细地查看了他的那辆破车，然后善意地对他说："先生，我们这辆车至少还可以用上一年，现在就换掉的话实在太可惜了，我建议，还是过一段时间再换吧！"

他说完，毕恭毕敬地递上一张名片，转身便离开了。

没有想到，在听到这个中年人善意的建议后，这位先生忽然产生了一种强烈的想要换一辆车子的冲动。于是，他按照名片上的联系方式拨了一通电话，表达了他想要立刻换车的意愿。

这位销售人员是智慧的。他的话语与其他人不同，并设身处地地为购买者考量，提出善意的建议，让那位先生完全出乎意料，并使那位先生迅速决定购买车子。现在，这位曾经非常痛恨汽车销售人员的先生已是那位中年人的忠实客户。

在和客户商谈的过程中，电商人员有时需要紧追客户的话，一环扣一环地跟进，让客户最后发现没有不购买的理由，以此促使交易成功。

例如，如果顾客说：

"这里不是我想要的那种地方，我希望房子外面山清水秀，风景优美。"

这个时候，我们可以按照他的话说下去：

"那么我可以给您再推荐一个有山有水的地方，而且价格上不变，您是否想购买呢？"

这种环环相扣，紧追客户想法的方式，对营销的进行有很大的好处。所以，无论对方是不是真的想要购买一个拥有山水环境的房子，无论他是否出自真心，只要我们紧跟他所说的话，满足他的条件，不要造成冷场，那么就有机会促成交易。而且这个时候，条件是客户提出的，我们抓住机会把他想要的摆到他的面前，他再去反悔，就会感觉十分尴尬，干脆顺水推舟答应购买。这样的情况在我们生活中屡见不鲜。

例如，电商人员在营销汽车的过程中，当碰到顾客对车子感兴趣但是又犹豫是否购买时，他会对我们说：

"这辆车子好是好，但是颜色太难看了，我钟爱的是那种红色款。"

"这个没有问题，我们可以提供红色款系列车型，是否有意向来看看呢？"

"哎呀，我没有带够现金啊，分期付款可以吗？"

"没有问题，如果您要分期付款，我完全可以代理帮您办手续，您觉得怎么样？"

"我刚发现，我们这个价格真是挺贵的，我也不是什么有钱人，就是想买辆便宜点的车子代步。"

"没关系，您不用着急，价格是可以商量的，您可以跟我们老板商量一下，尽量达到您满意的价格为止，您看可以吗？"

就这样，环环紧扣，牢牢紧跟，完全符合他的条件，跟上他的套路，让他别无选择，别无后路地选择妥协，让他相信，现在摆在他眼前的就是他所想要的。

第四节　释放压力，让客户接受我们的价格

俗话说，先下手为强，后下手遭殃，在营销产品的时候也是一样，不要等到客户把所有的事情都想得很缜密了，再去想办法营销我们的产品，一定要在之前就占住有利位置，给顾客施加压力。切记：给顾客施加压力不是说让我们使用粗暴的方式逼迫顾客来购买我们的东西，而是运用心理战术，促使客户做出购买的决定。

在施放压力的过程中，一定要巧妙运用这种手段，让客户感觉压力是他们自己给的，而不是电商人员强加给他们的。否则，这种方法非但不能帮助我们促进交易，还会让客户厌烦我们，甚至拒绝购买。所以，在运用这种方法的时候，我们要先审视自己是否有这种能力控制好施压的度，或者我们是否有施加压力的能力。这种方法，一般适用于说服力强、能够随机应变的电商人员。这类电商人员的共同点是：说话富有感染力，不但能对周边环境加以控制，而且能够灵活地变换。

下面将举例来说明这种方式。我们主要是通过语言技巧的展现，让大家更加了解在现实生活中这种方法是如何被运用的：

（1）"我们这里主要经营高档服饰，价格一般都在千元以上，我们主要的顾客是高端白领，所以我感觉我们的服饰可能不适合您的工作环境，您可以去对面看看，那里的服装价格比较便宜。"

（2）"怎么会贵呢？对于您来说只是多花了十几块钱，但是却能得到一个效果好得多的保健品。您想想，现在随便买点什么东西不是十几块钱呢？在停车场停一次车也得好几十块呢。只为了省这点钱而选一个效果不好的，多得不偿失？"

（3）"没有关系，因为我们做的是高端产品，您这个年纪买不起是非常正常的。我觉得您不用找我们领导去商量这件事情，他们也很忙，您可以再看看其他一些价格低廉的产品，再考虑一下，您觉得呢？"

在电商人员运用这种营销方法的时候，一定要注意以下两点：

（1）说话的时候要注意自己的态度和语气，不可过于生硬，要婉转，并且要连续不断地与客户沟通这件事情，直到顾客表明自己的态度为止。

（2）不排除有一些特殊的情况，像所谈问题的重点、敏感点，一定要在开始就进行解决。

为什么要商谈？因为双方都是有所求的。那么在商谈之中，最可怕的不是买方灵巧多谋，也不是卖方老谋深算，双方见招拆招比试耐久力，而是谈判桌上的冷战。冷战产生的影响是非常可怕的，有时候会让整个谈判陷入僵局，而双方在极其僵硬的气氛中，容易忘掉各自的目的，造成谈崩的后果。在这个时候，我们一定要记得我们是为什么坐在这个谈判桌前的，因为我们是有所求的。

既然"有所求"，那么我们就要付出代价，俗话说"有失才有得"。当然，要付出什么样的代价是需要我们控制的。在一些场合做出让步，退一步海阔天空，不要让气氛变得凝重。记住，对方是自己的同伴而不是敌人，冷战会毁掉一切。

如果商谈进入僵局，那么我们可以根据自己的原则以及利益的大小，还有自己可以做出让步的大小，做出应对反应。在秉持总体原则不变的情况下，做出一些让步，接受少许与对方的分歧，这样不但可以打破僵局，而且可以使双方都能感到满意。

这里有一个案例。在一次谈判中，双方就价格问题互不相让，僵持不下，这个时候，买方的谈判者提出："其实，除了价格上，我们没有达成一致，其他方面还是有很多统一意见的地方，比如：我们之间不通过代理商而直接发生交易，还有想尽快完成这笔交易。既然我们诚信购买，你们也想尽快谈妥这笔生意，那么这个小小的价格让步又有多重要呢？不如我们都往后退一步，你们说呢？"

案例中买方实际上是在缓和气氛。他做出的一点点让步多少迎合了卖方的想法，卖方这时会考虑是否满足买方的条件。这一番诚恳的话，不但把商谈的气氛缓和了，而且得到卖方的认可，为商谈走向成功奠定基础。

第五节　对待自以为是的客户，漠视不失为好方法

许多电商人员抱怨，他们经常会碰到这样一类顾客：他们自以为是，认为自己对我们销售的产品了如指掌，根本不需要我们向他们介绍。无论我们想向他们说什么，刚说出上半句，他们就会像在做抢答题一样，赶紧把下半句话说出来，并摆出一脸的不屑，好像我们在班门弄斧。在他们看来，电商人员根本就是多余，他们自己就可以买到最好的产品。

在对待这类顾客的时候，我们千万不要用以往的方式去套近乎，而是要摆出一副漠不关心的样子，让对方感觉到我们对这件事情根本不那么在意。

在我们对他爱搭不理的时候，这类人很容易被激怒，他们会迫切地想知道我们为什么漠视他。他们认为自己是应该受到别人

注意和追捧的，无法接受被晒在一边的情况。所以越是对他们冷漠，越是会激怒他们，越是能让他们在不理智的情况下，因为自尊心而买下我们的产品。

例如，在与他们谈话时，我们可以用下面的模式：

"女士，很抱歉，我们这里规定，不能随便向客户介绍产品，这会影响我们的声誉！"

这个时候，我们不要等着对方做出任何反应，也不要在意对方惊讶的表情，紧接着道出理由，让一切看似合情合理：

"我们公司规定，我们只能对那些特殊的顾客做介绍。我们不但需要对顾客严密核查和挑选，而且对于我们的服务项目，我们也会精心为他们量身定做。我想您能到我们这里来，一定对公司里的这条规定略有所闻吧。"

"当然，符合我们条件的客户并不多，所以有时候我们也会破例向一些不错的客户介绍我们的产品。我感觉您是一位有知识受过良好教育的人，就是一个不错的客户，您认为呢？"

这个时候，时机已经逐渐成熟，我们可以跟他们谈一些生意上的事情了：

"现在，如果您想了解我们公司的服务事项，我这边有一些资料可以供你参考。但是，您最好填写一下申请表，先办一下付款手续，这样能够节省您的宝贵时间，也方便了我们。"

如果这个时候客户没有反对，说明他们已经赞同了我们的提议，决定购买，这个时候我们一定要按捺住高兴的心理，表面上摆出一副不在乎的神情。然后，我们可以稍稍等一下，再改变我们态度，热诚地为他们介绍产品或者攀谈，直到交易成功为止。

犹豫是人之常情，特别是在买东西的时候，有些客户会因为顾虑很多问题，而迟迟下不了决心。这种情况一般是在需要花费一大笔钱的时候，客户经常会以"让我再考虑考虑"为借口，回避营销者的热忱，也给自己一个后退的理由。怎样才能使这类顾客突破他们的犹豫，大胆迈出一步，沿着我们的方案执行，这便是我们在这一节需要介绍的。

营销者在顾客犹豫不决的时候，不要一味催促他们赶紧做出决定，而是可以提出一些他们可能感兴趣的话题，从另一方面攻破他们，刺激他们的购买行为。例如，顾客在买房的时候，经常会说："我还是得再考虑一下。"我们会赞同他的说法：

"嗯。我完全可以理解您的这种心情，毕竟买房子要付那么一大笔钱，谁都得好好考虑周到才行。房子是以后要住一辈子的地方，应该慎重从事，我非常理解。"

说完这些，不要忘了给客户提个醒：

"了解了您的担心，我特意向公司申请，为您量身定做了一套方案。如果您今天决定购买，并交纳一定钱款以后，您可以和您的家人在房子里试住一段时间，如果满意，就付余款，如果不满意，我们会帮助您把房子卖掉。您可以在试住这段时间里，好好考虑一下，您觉得这个方案是否可行呢？"

这时，客户如果表示愿意接受这套方案，那么我们就成功了。当然也有可能他还是不能决定，那么这个时候，我们一定要旁敲侧击地告诉客户这个机会非常的难得，以后想要再申请下来是非常困难的。这时，就需要我们想办法鼓励对方不要再犹豫，引导客户按照我们的意图走下去。

第六节　用"稀缺性"和"紧迫感"拿回议价权

常言道，"过了这村没这店"。意思是说，人们要抓住眼前的机会，如果错了这次机会，那么就很可能造成很大的损失。

其实，这句话也适用于电商之中，而且还是很多成功电商营销最善于使用的手段。通常情况下，电商会营造出一种紧迫感，让客户觉得如果还不下定决心购买这件商品，就很可能失去了大好的机会。

比如，许多电商在销售过程中都会采用赠品策略，用赠品吸引消费者。但是赠品这个概念并非简单的"买一送一"，而是要有赠品的策略。例如，在买东西的时候，提示再过五分钟就没有赠品送了，或者说还有一小时商品就要变回原来的价格了，等等。这就是主动去营造一个商品的稀缺性和紧迫感，让客户觉得商品很稀缺，让人感觉有紧迫感，让客户觉得现在不买就没有机会买了。

所以，作为电商，主打商品一定要做到稀缺性和紧迫感；如果我们不能让商品做到稀缺性和紧迫感，就让商品赠品做到稀缺性和紧迫感。现在商家纷纷推行的"限量销售"其实就是利用这一销售手法，那些"限量版"商品有效地在客户心中营造出了一种紧迫感，让客户觉得一旦自己不赶快行动，就会失去拥有独一无二的商品的机会。而每个人都希望自己的东西是独一无二的，所以更多的人都会对于"限量版"的商品趋之若鹜。

某高档住宅小区就采取了这种"限量销售"的方法，他们只推出了 10 套极品海景房，而且该海景房的设计、环境都是最优的。

在销售的过程中，该销售上打出了"三亚只有 10 套的极品海景房"这样的广告。所以，尽管房价贵得惊人，很多人还是想要购买这里的海景房，拥有与别人与众不同的住房。

一天，一对夫妻来到售楼处，妻子立即被这种海景房吸引了，精明的推销员也看到了这一点。她立即对夫妻俩说："两位真有眼光，这种海景房是我们整个小区中最具有特色的，不论是从设计还是从环境来说都是精品中的精品。从阳台上，您可以看到海上日出的美景，还可以感觉到徐徐吹来的海风。可以说，在整个三亚，您都找不到这么完美的海景房。"

看到夫妻俩表现出浓厚的兴趣，推销员接着说道："我们小区只推出 10 套这样的海景房，而且现在只剩下两套。如果您不赶快做出决定，恐怕就会失去拥有这么完美的海景房的机会！"

妻子问道："这种海景房很抢手吗？它的价格那么贵？"

推销员笑着说："虽然它的价格贵，但是却是精品中的精品啊。整个三亚只有 10 套这样的房子，难道不值得拥有吗？而且我刚刚听到另一个推销员已经约了一个顾客下去看房子。所以，我建议你们尽快做出决定。"

虽然夫妻俩知道这推销员的话可能有夸张的成分，但是这海景房是"限量版"，又这么完美，所以他们还是不想失去这大好的机会。于是，他们很快就交了定金，决定买下这套海景房。

其实，在沟通的过程中，"整个三亚，只有 10 套这么完美的海景房""最后只剩下两套了""如果您不尽快做出决定，就再也没有这样好的机会"这些话是促使夫妻俩买下这房子的关键。因为这些话在他们的心中营造了一种紧迫感，让他们觉得：这样的海景房是独一无二的，而且这次不买以后就再也买不到了。

正是这种"过了这村没这店"的心理，让顾客患得患失，生怕失去这次唾手可得的机会。在推销的过程中，我们应该好好地利用顾客的这种心理，来促使销售活动的成功。

事实上，除了通过"限量销售"的方式，限时报价的方式也可以在顾客内心营造出一种紧迫感，让他们迅速地下定决心来购买商品。而这种方式，我们在电视购物中经常听到，比如"本节目结束前，打进电话订购的客户可以享受 8 折优惠！""我们的商品只在国庆这几天有优惠，过了国庆，就会恢复原价！"还有就是一些购物网站推出的双十一特惠活动、618 周年庆典等。

这样的宣传就给客户造成一种感觉：如果不立即购买，就会失去获得优惠的大好机会。所以，商家经常利用这种方式来推销自己的产品。而在实体商场中也采取这样的推销方式，比如国庆、五一等节日的折扣促销。

总之，在面对客户的时候，我们必须懂得抓住客户的心理，在客户内心营造出一种紧迫感。当客户产生"过了这村没这店""我不能失去这次机会"的想法时，那么你的销售就成功了。

如今，电商营销的大忌就是不懂得营造紧迫感与稀缺性，如果没有紧迫感，客户就会冷淡下来，可能会认为在没有你的产品的情况下，还是可以活得很好。因此，电商销售不妨试着对产品数量或购买时间设限，在客户认同他们需要你的产品或服务的情况下，用紧缺感和稀缺性来弱化客户对于产品价格的在意程度，从而使商家拥有更多的议价权。

第六章　新营销模式让产品迅速火起来

　　商场里的反季节产品促销、大张旗鼓的"买一赠一"活动、各种年终"大回馈"活动，无不让人怦然心动。消费者的钱，随着这些令人眼花缭乱的电商营销手段，迅速流进商家的口袋。究竟什么样的电商营销模式，能让产品迅速火起来？

第一节　深入挖掘客户需求

当电商人员已经与客户建立良好的合作基础之后，一旦发现客户对公司的其他产品有需求，那么这时我们需要紧紧围绕客户的这些需求展开进一步营销，这样建立在合作关系上的营销比开展新的营销活动往往能获得更高的成功率。

一些聪明的电商人员不会在实现原定的成交任务之后就满意收手，他们会根据客户言词间不经意吐露的需求展开进一步的营销。如果客户这方面的需求，刚好能促进公司产品销售量的提高，那么这些电商人员就会"得寸进尺"地针对客户的需求心理继续推荐其他产品。这些电商人员的行为绝不是贪得无厌，而是一种强烈进取心的体现，他们是在追求自己利益和对公司负责的态度驱使下的一种想客户所想的认真表现。如果客户实际上有这单交易以外的需求，而电商人员却因为自己工作不到位没有及时发现；或者发现了客户的某种需求，却没有与客户进一步交易的想法；再或者电商人员知道自己的公司能够提供客户需要的产品和服务，却不去积极争取合作的机会，那么这样的电商人员拿什么来对自己、对公司、对客户负责，而他自身的销售目标又将如何达成呢？

所以，在与客户进行当前交易的基础之上，电商人员针对客户潜在的需求展开进一步的营销活动，不仅是十分必要和非常重要的，而且有助于电商人员节省更多的营销成本。更重要的是，这样建立在原先合作关系上的营销活动往往更容易成功。之所以这样说，主要原因有以下两点：

（1）建立在已交易基础上的营销可以避免很多沟通障碍

电商人员可以计算这样一笔账：发展一个新客户事先需要做多少准备工作。至少，电商人员需要去主动了解新客户的一些基本信息，然后用这些基本信息和新客户进行必要的沟通，这时才可能有机会与新客户进行实质性的销售活动，而这种机会的可能性却并不是很大。如果能有幸与新客户进入实质性的销售活动中，要获得新客户的信任又是一个任务，我们要费很多心力与口舌让新客户对我们个人、我们的公司以及公司的产品和服务等方面产生信任。最后在所有这些工作都进展顺利的基础上，我们才可能与之达成交易。

用"路漫漫其修远兮"来形容这一过程一点儿都不夸张，电商人员发展一位新客户所花费的时间和精力都是巨大的。而与已经就公司某项产品或服务达成交易的客户开展进一步沟通，电商人员就可以省去很多沟通障碍，不必再去花费时间了解客户的相关信息，也不必费力将公司的一些基本信息向客户进行重申。

（2）建立在已交易基础上的营销更容易引起客户的认可

既然电商人员已经与客户就某项产品或服务达成交易，那么就表明客户在其他方面已经对我们、对我们的公司以及对我们公司的产品和服务产生一定程度的认同。

通常情况下，如果电商人员及其公司能够满足客户在其他方面的需求，而且在先前的成交过程中又没有出现较大的不愉快问题，那么"再营销"将会很容易获得客户的认同。这时，我们与客户的主要沟通工作就是协商彼此提出的交易条件，只要彼此的意见能够达成一致，那么这项针对其他产品的销售活动就会成功。

第二节　有技巧地了解客户的其他需求

电商人员若想在前一单生意交易成功的基础上对客户再进行进一步的营销，首先要确定的是，客户是否有其他方面的需求，以及我们的公司是否能够给予满足。如果电商人员没有去了解客户在其他方面的具体需求，那么进一步的营销活动是无法开展的。

因此，电商人员必须要对客户的其他需求进行深入了解和认真分析。在了解客户的其他需求时，电商人员应该讲究必要的技巧和方式，否则就可能了解得不够准确和充分，对我们的营销工作造成难度。在了解客户的其他具体需求时，电商人员需要注意以下两点：

（1）通过更广泛的途径了解客户的需求信息

虽然在前期的交易中，电商人员已经了解了客户的基本情况，可是在了解客户的其他需求信息时，电商人员不要仅仅局限于客户本身，而应该通过更广泛的途径去进行了解和考察，只有这样才能更充分、准确地把握客户的实际需求。

比如，电商人员可以结合客户平时不经意的询问，去向客户周围的有关人员进行了解，如客户身边的助理、秘书、有关工作人员以及介绍我们与客户认识的朋友等，确切地知道他是不是有这方面的需求；电商人员也可以根据自己以前对客户相关信息的掌握，进行必要的数据分析——对比客户以往的销售量和目前的销售方向，来分析客户对原材料的需求；或者，电商人员还可以进行切实有效的实际考察，来确定客户还需要哪些产品或服务。这些了解客户信息途径的方法，有助于电商人员掌握客户更充分的需求信息。做好这些工作，能为"再交易"提供更有力的保证。

（2）通过客户自身来了解他们的具体需求信息

如果电商人员能认真留心并有意向客户展开巧妙的询问，通常都可以从客户口中了解一些十分有用的信息。在通过这种方法了解客户的具体信息时，电商人员一定要注意自己的态度和方式，善于把握说话技巧。

对于那些疑心较重的客户，电商人员最好不要过于直接地进行询问，而要在留心客户的反应下通过旁敲侧击的方法来了解自己想要的信息。例如，"听说贵公司最近打算要在××地区新开一家分店，那一定需要不少基础设备吧？"而对于那些对先前的成交结果比较满意的客户，电商人员一定要在表明我们及我们的公司愿意为其提供更多方面的服务，愿意与其保持长期友好合作的愿望下，用诚恳的态度向其进行询问，例如："除了合金制作的乐器，我们公司还专门针对高档乐器网店设计了多种优质的木制乐器，现在这种木制乐器特别畅销，您可以先看一看它们具体的制作工艺，如果您比较感兴趣，咱们今天正好有时间谈一谈……"

围绕客户需求展开新一轮销售：

通过更广泛的途径和灵活的问话技巧了解到客户的具体需求之后，在公司能满足客户的这些需求的前提下，电商人员就需要围绕客户的具体需求展开新一轮的"攻势"。在新一轮销售过程中，电商人员完全可以借助先前的交易基础来说服客户，这会让我们的销售工作省时省力。

情景一

客户："我们确实有这方面的需求，可是目前却并不急着进行购买，因为已经有好几家公司与我们联系，我们需要进行多方面的比较和周全的考察后才能下订单。"电商人员："这个我理解，任何交易都不能有丝毫马虎。不过通过这么长时间的合作，您已经对我们公司的实力和产品的竞争优势有了很充分的了解，而且您也看到我们公司的办事速度与信誉保证，当初选择我们公司作为合作伙伴，不就是因为我们在行业中占有的优势吗？如果我们的合作能继续下去，您不觉得是一件很愉快的事吗？"

情景二

客户："我觉得一下子做出这样的决定有些太仓促，毕竟刚刚咱们才就××问题签署意向书，咱们过一段时间再谈这件事，好吗？"电商人员："正因为咱们之间已经建立了很好的合作关系，互相之间的了解更深了一步，所以您才可以更放心地与我们继续进行合作呀！况且，如果咱们现在能就这件事情谈妥，那么我们公司不仅可以让利几分，还能保证立刻发货，让您在利益和时间上都享有最大化的特别待遇。"

总而言之，在老客户身上开展新一轮销售活动的过程中，电商人员一定要紧紧围绕客户的实际需求采取相应的交易技巧，让客户始终感觉得到我们是在尽量满足其需求，这样才有助于交易的实现，也有助于今后的"再交易"。

虽然有了之前的友好成交作为基础，我们再向客户推荐其他产品时可以免除很多障碍。但是，在"再交易"这一过程中，电商人员也不要表现得过于急功近利，那样不仅难以达到成交目的，还会破坏先前我们在客户心目中的良好印象，不利于我们与客户友好合作关系的发展。

　　电商人员不要仅仅满足于与客户现有的交易，对于客户的其他需求，在我们能满足的情况下，如果放过了，就是错失良机。所以，这要求电商人员要善于从各种途径对客户的其他需求进行深层次的挖掘，而具体的挖掘的途径绝不限于客户本身。同时，在了解客户的其他需求时必须讲究一定的技巧，否则很可能会导致我们把错误的信息当成客户的真实需求，导致我们在新一轮的销售"攻势"中受挫。

第三节　投其所好，引发客户进一步了解的兴趣

　　卡耐基有句名言："我喜欢吃草莓，鱼喜欢吃蚯蚓。所以，垂钓的时候，我不以草莓而以蚯蚓为鱼饵。"这句话不仅适用于与人沟通之上，也适用于电商与客户的沟通上。在销售过程中，不管和任何人沟通，我们都应该弄清楚消费者的需求，了解他们的心理。只有从对方的需求和兴趣出发，投机所好，才能为我们的谈话营造轻松和谐的气氛，并且顺利地实现沟通的目的。

　　现在很多电商网店，包括很多大的网店详情页，属于堆砌卖点的类型。就是自顾自地表达材料、技术等一通的专业术语，一列就是七八条，卖家觉得自己是讲清楚了，专业也体现出来了，卖点很到位，可是消费者看了却不知所云。

　　要知道，电商的创意营销与经营模式都是异常重要的。如果电商能做到投其所好，让客户愿意进一步去了解产品，进一步与销售人员沟通，那么就会迅速地赢得客户的好感，并轻松地拿下一笔订单。

　　其实，投其所好真的非常简单，就像卡耐基所说的，鱼儿

喜欢吃蚯蚓，所以他就给它吃蚯蚓一样，我们应该站在对方的立场上思考问题，尽量从客户的需求和兴趣出发，谈论他们最感兴趣的、最熟悉、最骄傲的事情。这不仅仅是出于尊重和礼貌的问题，更是沟通技巧和心理学上的问题。

美国的保险推销员库尔曼，曾经是美国薪水最高的推销员之一。在 25 年的推销生涯中，他成功地推销出 40000 份寿险，平均每天就有 5 份。而他成功的秘诀就是：投机所好，满足顾客的需要，并且说客户想听的话，引起对方深入交谈的兴趣。

库尔曼遇到过很多难缠的客户，而一家工厂的老板罗斯先生就是其中之一。罗斯先生工作非常忙，性格也比较固执，所以很多推销员都无法成功地把自己的产品推销给他。但是，库尔曼却一次就取得了成功。

这一天，库尔曼来到罗斯先生的工厂，并且客气地说："您好，罗斯先生。我的名字是乔·库尔曼，是一家保险公司的推销员。"

此时，罗斯先生轻蔑地说："又是一个推销员，今天我这里已经来了 10 个推销员了。我的工作非常忙，现在没有时间听你说。你赶紧离开这里吧！"

库尔曼没有离开，而是快速地说："请你给我 10 分钟时间，我很快就能介绍完自己的产品。"

罗斯先生不耐烦地说："我没有时间听你介绍，而且我对保险也不感兴趣。你不要再浪费我的时间了。"说完，他就开始埋头工作，不再理库尔曼。

见罗斯先生如此不耐烦，库尔曼便没有说话，开始低头观察放在地板上的产品。然后问道："这些产品都是您公司生产的吗？"

罗斯先生没想到他会问这样的问题，便随意地回答了他：

"是的。"库尔曼接着问："这些产品真不错！你真的非常有能力，竟然把工厂做得这么好。您做这一行多长时间了？是怎么开始干这一行的？"

见库尔曼开始谈自己熟悉的产品和工厂，罗斯先生放松了下来，他说："我做这个已经有22年了，当初只是一个小小的工人……"随后，他开始谈论起自己的经历，包括创业的艰辛、产品的优势，市场情况等。最后，为了介绍自己的产品，他还热情邀请库尔曼参观自己的工厂。

那一次，库尔曼再也没有提过卖保险的事，但是却在不久之后成功地拿下罗斯先生的订单。之后，他们还成为无话不谈的朋友，而罗斯先生以及家人的保险都是从库尔曼那里购买的。

库尔曼为什么会成功地推销出保险，并且和罗斯先生成为要好的朋友。就是因为他懂得投其所好，说客户想听的话。当罗斯先生根本没有买保险的意愿时，他没有选择强行推销，而是选择转换话题，说罗斯先生感兴趣的话题——他的产品、工厂和创业经历。

因此，投其所好不仅可以让顾客心情愉快，也可以让电商销售人员在销售页面的沟通中达到自己的目的。这是与人沟通的最佳选择，更是推销过程中的上策。作为电商销售人员，我们一定要多了解消费者的需求，关心他们的个性、爱好，然后找到最佳的话题切入点。等到双方的交谈变得轻松和愉快，那么我们的推销就距离成功不远了。

总而言之，作为电商，要想让消费者快速听明白你所说的，你必须先要知道消费者想要的是什么，说他想要的，尽量做到投其所好，这样一来，让顾客对你说的感兴趣，才会进行进一步的沟通和了解。

第四节　在紧要关头使出"秘密武器"

如果电商人员在成交的紧要关头再把自己保留的"秘密武器"拿出来，客户一定会更加满意。如果能在销售活动中将这个成交技巧运用得炉火纯青，就算我们在销售过程中遇到麻烦也一定会峰回路转。所以，在开展销售活动时，电商人员一定要仔细观察当时的情况，为自己留下一手作为最后的突破，这样才能在关键时刻推动客户，实现成交。但在实际运用时，我们还要注意两个问题：

（1）所保留的余地要适度

为什么要保留余地？其实就是为了给后面的销售活动留有回转的余地，所以如果要选择这种方法，那么电商人员保证自己留下的是极具说服力的"秘密武器"，这样在紧要关头才能产生效果，才能说服客户。

如果电商人员保留的"秘密武器"说服力不够，那么就算我们在紧要关头表示可以作为客户成交后的补偿，但客户并不在乎这点点优惠，所以仍然不能实现成交。不过，电商人员在考虑保留余地的同时，一定要确保自己的销售活动能够顺利进行。

假如在销售过程中，只想着为成交的关键时刻留有余地，而忽视了自己前期的销售活动，这样也不能对客户进行有效的说服，甚至销售活动还没进行多久就引起客户强烈的不满，根本就走不到需要使出撒手锏的时刻。因此，在使用保留余地电商营销策略时，电商人员要把握好这个度，既要保证前期能通过产品的优势让客户对自己产品感兴趣，又要留有余地，在关键时刻可以促成客户决定成交。

比如，电商人员可以先给客户大致介绍一下公司产品的性能与服务优势，把一些关键的细节问题保留不说，虽然开始客户不会太关注这些小细节，但是越深入的交谈接近成交的时候，客户就会想要努力争取这些细节上的利益。例如，电商人员："我们公司的产品您完全可以放心，质量上乘、性能优良是我们最大的特点……"

客户："我仍然不太放心，毕竟很少听到咱们公司这个产品，而且从来都没有合作过，也不知道质量是不是真的有咱们说得那么好……"电商人员："我很理解您的心情，其实您想的这些我们早就考虑到了，您看，这是我们公司的产品手册和服务质量保证书，这里面有一条就是专门针对您所担心的这些问题的，如果在三年之内出现了任何质量问题，我们公司都负责免费维修或更换，而且……"

（2）甩出保留条件时机要恰当

当电商人员保留了某些有利条件后，接下来要做的就是选择一个恰当的时机，使这些条件发挥作用去促进客户作出成交决定。那么应该如何来选择时机呢？不可能凭电商人员的主观意识随便选择，一定要注意将客户的现场反应与具体的销售情形相结合，再做出决定。

一般而言，当客户表示对现有条件不满足时，电商人员可以拿出"秘密武器"进行劝说。在客户已经有了成交意向，但还是有点拿不定主意时，也可以采用这种方法。即使已经实现了成交，但仍然可以采用这种方法，借此消除客户心中最后那一点点担忧，或者为以后的长期合作打下基础。具体应该如何运用我们可以看一下以下的案例：

客户："一般公司都能保证产品的质量和性能，但我更关注产品的外观，因为我们是要将产品作为礼品送给其他客户的……"电商人员："我明白您的意思了，要不这样您看行不行，我们可以免费提供产品外观设计，您看您具体有哪些要求我们先商量一下，然后把协商后的结果补充到合同上，到时候……"

客户："你们的产品质量确实很好，在业界一直都有良好的口碑，服务品质也很好，但我不想这个时候买，说不定假期会打折呢！"电商人员："一看您就非常了解我们公司的产品，但您也许还不清楚，我们准备在假期时新推出另一个系列的产品，所以到时候新产品会做促销，但您喜欢的那款产品不会做活动，现在做的活动就是针对您喜欢的这款产品的。如果您现在购买，我可以跟经理申请一下，再给您一点折扣……"

客户："行吧，还是被你们说服了……"电商人员："您不是也达到目的了吗？而且我们还能免费送货，您只要回去等着验货就行了……"

不要过早地把所有有利条件都透露给客户，这样不仅得不到客户的信任，还会让客户不满足，觉得没有成就感，在万般无奈的情况下做出退让，反而会让客户做出成交决定。

如果我们一次性用完所有的筹码，当客户再提出新的问题时，我们就失去了有利地位，也没有可以与他们进行交换的条件，那么我们这次的销售活动可能就会失败。如果我们能为自己保留余地，在客户不断提条件时，再将我们的"秘密武器"呈现给客户，才有可能为自己争取到成功的机会，也会让客户对我们心存感激。

当然，就算已成交，我们也可以将我们保留的利益额外赠送给客户，这样他们会更满意我们的服务，更满意这次成交，为我们的长期合作打下基础。

我们为自己保留的余地一定要适当，如果说服力不强，那么在紧要关头，也就不足以用来说服客户实现成交；如果留有余地太多，客户可能会一直不断地提条件、穷追不舍而让我们手足无措，也有可能在销售前期就会引起客户的不满而导致销售活动夭折。

第五节　做好售后服务

虽然为客户提供良好的售后服务是售后服务部门的职责，但是这并不意味着电商人员就可以在交易结束之后完全脱离于客户服务之外，而应该在客户有需要时，电商人员就要随时做好为客户提供良好服务的准备，也就是说，电商人员要与售后服务人员相互配合，一起为客户提供优质的售后服务。

一些电商人员认为只要自己能够说服客户进行交易并完成公司的销售任务就万事大吉了，像售后这些事情大可以全部留给售后服务部门或其他相应的专业部门去处理。持有这种想法的电商人员大多是业绩不好或是缺乏全面的战略眼光的人。他们并不清楚，如果自己更加积极主动地协助其他部门的人员为客户提供更加优质的服务可以为自己带来怎样的回报。为客户提供良好的售后服务，这并不仅仅是企业的售后服务部门的职责，同时也是电商人员销售工作的一部分，做好这项工作对电商人员来说具有非常明显的积极作用。

做好售后服务的重要意义：

（1）有助于减少客户抱怨

如果电商人员能够配合售后部门的人员一起为客户提供更加积极主动且及时有效的售后服务，就是能大大减少客户对公司的抱怨，为公司赢得一个好口碑。

实际中，客户由于对售后服务感到不满而导致的客户投诉现象时有发生，造成这种现象的原因，一方面是因为企业目光短浅，只关心眼前的交易额而对交易后客户遇到的产品问题不闻不问，这样会导致公司只能拥有"一次性"的客户，要想得到长期稳定的合作关系是不可能的。另一方面是因为电商人员没有形成交易后的客户服务意识，不能积极主动地在交易后对客户进行售后服务。

一旦客户投诉得多了，企业就需要花费很多时间与精力进行处理，这无疑会增加成本。但是，如果一开始电商人员就能积极主动地为客户提供优质的服务，在交易结束后，能继续关注客户的需求，为客户提供满意的服务，那么就根本不会存在那些对企业极为不利的客户投诉。

（2）有助于巩固与客户的友好合作关系

积极主动地为客户提供良好的售后服务，是巩固与客户友好关系的重要方式，也是培养客户忠诚度的一种主要方式。很多企业的优秀电商人员都是通过这种方式来为自己赢得稳定且忠诚的客户的。

大多数电商人员都知道，长期良好的销售业绩，在很大程度上依靠于一大批忠诚客户的支持，他们往往是一个企业根本利润的重要来源。而要想获得大量忠诚客户且要得到他们长期的支持，这就要求电商人员不断地加强和巩固与这些老客户的友好联系，努力培养客户对企业的忠诚度。这需要电商人员尽可能地主动为客户提供超出他们期望值的优质服务，否则客户对企业的忠诚度将很难建立。事实上，很多企业之所以不能与客户保持长期的友好合作关系，客户对售后服务工作的不满意常常在诸多原因中居主要地位。

如果客户在成交之后不能享受到应有的或者能令其满意的售后服务，那么他就只是我们的"一次性"客户，而当一个企业不能抓住客户时，企业的销售额必定会受到严重损失。因此，电商人员如果想要获得更多的忠诚客户，想在今后最大限度地提升我们的销售业绩，那么我们就必须做好相应的售后客户服务工作，努力培养客户对公司的满意度和忠诚度。

（3）有助于增加新的潜在客户

如果电商人员做到了为客户提供良好的售后服务，那么不仅可以获得老客户的继续支持，还可以由此增加新的潜在客户。这些新的潜在客户一方面来自老客户的介绍，一方面来源于新客户对行情进行各项考察后做出的选择。

如果我们能坚持在我们的本职任务完成之后，仍然积极主动地询问客户有什么不满意的地方，并且尽最大努力满足他们的需要，那么这些客户就会对我们心存信赖和感激。这样一旦他们周围有人需要同类产品，这些老客户就会非常自然地将这些客户介绍给我们。另外，很多客户在购买之前都会对多家厂商进行各方面的综合比较，如果他们在选择时，发现我们始终能够提供良好的服务品质，他们就会主动与我们联系。

所以，电商人员积极主动地做好售后服务工作，不仅能抓住老客户，也有助于我们吸引潜在的新客户，从而在更大程度上增加我们的销售业绩。因此，电商人员必须尽自己最大的努力认真做好售后客户服务工作，而不要把这项服务当作额外的负担。

（4）有助于公司良好口碑的形成

当五花八门的广告宣传充斥在人们周围的时候，消费者似乎已经麻木了。商家在广告宣传上的良苦用心一律被认为是"王婆卖瓜"——无一能幸免自卖自夸的嫌疑。这样，商家用在宣传上的巨大资源花费，其中既有高居不下成呈直线上升的宣传成本，还包括大量的人力和物力，但这些却没有起到应有的宣传效果。

面对在广告宣传过程中的高付出、低回报现象，现代企业不妨换一种宣传方式——利用口碑传播的方式。这样不但可以加强广告宣传的影响力，而且可以降低宣传成本。更重要的是，良好的口碑形象对新客户的吸引力通常大大超过广告宣传的吸引力。老客户的口口相传是公司品牌形象的最好传播渠道。达到这种效果的前提是电商人员要积极主动地为老客户提供优质服务，自然地，那些感到满意的老客户就会将他们受到的优质服务对外宣传。这种来自老客户的口碑宣传对公司品牌形象的传播起到十分重要的作用。

因此，无论从自身短期效益来看，还是从企业的长远发展来看，电商人员都有十分的必要来配合其他服务人员为客户提供更好的售后服务。

第六节　快速进入粉丝经济时代

如今这个时代，粉丝是电商成功的资本。所谓的"粉丝"，就是对某物或者某人产生狂热的爱好和追随信念的人。在微博、百度空间各种网络媒介中，各种追捧无所不在，而"粉丝"这个名词在各大空间比比皆是。这里的"粉丝"，就是那些博主、空间主的支持者们。

对电商而言，如何拥有大范围的关注度，如何让自己的产品受到大众的追捧，成为摆在他们面前的一个重要问题。"粉丝经济"就是一种新的模式，可以于无形中增长电商的影响力和受大众关注的程度，毕竟，"粉丝"们的威力有目共睹。

"粉丝经济"是一种通过提升用户黏合性，以口碑营销形式获取经济利益的商业运作模式。商家借助一定的平台，通过某种兴趣点或利益点作为媒介，聚集海量的朋友圈、粉丝圈，给粉丝用户不断提供多样化、个性化的产品和服务，从而有效地转化成消费，最终实现盈利。

在众多"粉丝经济"中，最为典型的是音乐。在音乐产业中贡献产值最大的就是那些经过精细包装后产出的音乐艺人，他们有着俊俏的外表、迷人的歌喉，再加上美工细致加工后的唱片封面，外加他们出品的 CD、举办的歌友见面会，还有演唱会门票、彩铃、KTV 点歌的版权收入，等等，都可以带来海量的收入。

在美国，有这样一个理论：如果我们拥有 1000 个粉丝，那么我们这辈子一定可以活得很开心。这句话也可以这样解读：如今世界已经进入粉丝经济时代，拥有强大的粉丝支持者对于一个企业的运营来说非常重要。如何将"粉丝"这股力量凝聚起来，为我所用，需要每一个商家运用自己的智慧去实现。就经营"粉丝"而言，经营的不仅仅是人气，还有隐藏的价值：有了粉丝之后，我们可以做很多之前敢想却做不到的事情，那些事情可以深化企业的影响力，强化资本增长，同时给我们带来更多的商机。这种营销模式，有一个学名，叫作"粉丝营销"。

所谓"粉丝营销"指的是，企业利用优秀的产品或企业知名度拉拢庞大的消费者群体作为粉丝，利用粉丝互相传导的方式，最终达到营销目的。

平庸产品和伟大产品的区别很大程度上就在于有没有粉丝，但利用程式化的市场营销手段对塑造一个拥有巨大粉丝的平台来说，还是存在局限性的。

一个品牌之所以能够得到大量粉丝的用户，并不是因为营销手段有多么高明，而是因为这些品牌在媒体上不断催化的广告效应，而究其原因主要在于这些品牌本身就没有销售者和使用者的界限，也没有买和卖的绝对立场关系。

伟大品牌的创始人都狂热地热爱着自己的产品和工作，正是这个原因，电商才如此热衷于推崇客户体验价值，从而以此为动力，不断生产出更为高端的产品。

这就好像逻辑思维创始人罗振宇所说的那样："未来的品牌没有粉丝，早晚会把自己做死的。未来没有企业可以，没有自己的知名品牌也可以，但是我们不可以没有自己的粉丝会员，否则我们将难以应对日益激烈的互联网竞争。"这也再次说明粉丝对于电商营销而言有多么重要。

那么，怎样做好自己的粉丝营销呢？要想弄清这个问题，首先就要从这几点开始着手。

第一，宽松领域，拓宽粉丝营销多样性

粉丝的忠诚度与高黏性，让各路电商都开始重视这群人的经济效应，随着电商移动化的步伐越发迅猛，抛开消费频次与购买额度不说，如果能让用户时不时地就打开自己的电商 App，选择自己的产品，成为忠实用户，那将是一件多么有成就感的事情。因此，广泛吸粉成为摆在电商们面前的问题。电商们纷纷瞄准粉丝经济，模式也越来越多样化。他们用各种各样的形式拓宽粉丝

营销的领域，采用传媒、广告、电影、综艺节目等多种营销模式，既降低了成本，又趣味横生，给消费者带来新鲜感，吸引他们成为忠实粉丝。不可否认，这些都是相当不错的营销手段，而这就是经营粉丝经济的核心所在。

第二，维护好老客户，促进店铺稳定发展

老客户是店面的脊梁，也代表着电商的稳定收益。每到新品上市的时候，首先做出反应的就是这些老顾客，他们对产品和电商有着固有的信赖和支持，所以一定是率先尝试。与此同时，他们一定会给予商家第一手的宝贵评价，这些内容都可以快速地带来新粉丝的融入，越是好评如潮的产品就越是能够提升粉丝量。我们可以看到，当一个产品经过营销策划包装放在大家面前的时候，新客户觉得很好，但也觉得很陌生，而老客户就在这时候担负起了使命。他们会在留言中将新产品和老产品进行对比介绍，帮助宣传推广，这是一种良性的营销过程。倘若没有粉丝帮这个忙，那么，再冠冕堂皇的广告和营销，没有人跟在后面叫好也是一点用处没有的。电商要的就是一个人气，所以不管什么时候，都首先要考虑自己铁杆粉丝的利益，因为他们才是成就电商的资本。换句话说，想要有未来，就要从优待这些衣食父母开始。

第三，提高粉丝吸引力，建立和维护好客户朋友圈

经营网店一定要建立好属于自己的朋友圈，有效发挥朋友圈的优势，锁住自己的固定客户。店主可以在朋友圈内不断地发送新产品的宣传视频、彩页和广告内容，也可以分享一些自己的生活琐事，争取将顾客变成自己的铁杆粉丝。但这里需要注意的一点是，朋友圈晒产品的频率千万不能过高，我们需要的是赢得客户的主动参与，而不是给他们造成审美疲劳。每一个客户都是值得我们去用心维护的，通过一份礼物就可以很好地表达店家为顾客服务的真心，这个礼物代表的是一份美好、一份祝愿。当我们能够在朋友圈中进行有效的经营时，我们与客户的关系就不再仅仅是单一的买卖关系，更多的是友情，而友情的稳定程度是一定会高于买卖带来的关系的。

第七章　商战策略：如何玩转我们的营销思维

互联网时代的迅猛发展将网络带到各行各业。在这股明波暗涌中，电子商务俨然成为各行业的新型营销方式，很大程度上颠覆了传统渠道，同时亦催生了各种思维大战。

第一节　爆品思维

"与其门门通，不如一门精。"与其成为商场上的多面手，不如将某一款产品做到强大，成为众人眼中的经典，再以此为契机，不断扩充影响力，从而带动整个平台，这样的营销策划方式既可以有效地节省成本，又可以强化自己的产品销售力度，增强传播，扩大自身影响，可谓一举多得。

在当下这个崇尚社交的时代，移动互联网的产生对电商具有重大而积极的作用，既带来了强大的机遇，又带来了严峻的考验。从大企业到小商户，要想在广阔的市场中求得生存，就必须用自己手中的产品说话。我们需要不断以产品为手段，探寻、捕捉客户购买心理，找到他们的痛点和兴奋点，不断将产品推向市场，获得发展空间，让自己不断地发展下去。按照最保守的营销策略，主打几款甚至一款产品，也可以精益求精做到最好，力求将其培养成为开门第一炮，快速赢得消费群体的青睐，以此扩展自己的影响力。因此，如何将自己的产品做成爆品，如何有效地将单品推向极致，成为电商平台眼下最需要考虑的问题。最重要的核心问题就是：如何快速转变思路，将自己的思维与爆品并线，扩充营销灵感，并将灵感转变成极致的存在，成就属于自己的爆品思维营销模式。

作为最终依靠互联网社交渠道成功的电商企业，小米公司在打造爆品的时候，反复强调一定要依靠"专注、极致、口碑、快"这七字诀，来打造自己的爆品思维逻辑。

"专注"，主要就是集中电商手头的资本，专注做好一款产品，不为出风头，也无意被风头引领；"极致"指的是顾客产生超强体验以后，产品可以有效改变他们的心；而"口碑"，则意味着营销的集中化、社交化和可复制化，没有强大的口碑，爆品就无法从真正意义上产生作用；而"快"和"抉择"说明其所研发的产品一定要能快速占领市场，能迅速推广并更新换代。

总而言之，成功的爆品思维，最离不开的就是下面这四个关键问题。

（1）精准优良的策划

要考虑到产品的功能和价值、策划及其包装设计、产品色彩搭配和营销布局，包括产品营销的时间点和媒介渠道等，确保所有的策划工作都可以紧紧围绕爆品来有序实施。这样可以方便电商依靠爆品的形象传播赢得更好的销量和发展，创造出更好的业绩，有效提升消费群体的购买。

（2）传播能力超强的故事

所有的"爆品"都要有其自身的灵魂，而并不是仅仅凭借质量或价格。因此，具有爆品思维的电商，不光要做好产品本身功能和直观形象的宣传，更重要的是要塑造若干关于产品的具有个性特点的故事，利用故事可以广泛传播的特点，更好地打动特定群体，以此来直观和感性地改变潜在用户人群的看法。这样一来，爆品思维才能拥有可以依附然后发挥作用的载体。

（3）发挥产品的媒体价值

移动互联网最重要的核心就是它所存在的社交精神。它需要通过移动网络进行交往与分享，而想要有效发挥爆品思维，最需要谨慎选择的就是媒体渠道。我们需要将产品作为和顾客沟通的第一媒体，然后以此为契机，将自身的概念、品牌文化精神有效地传播出去。例如，在产品外包装上要印刷上二维码、提供顾客反馈沟通的网络空间等。这样，产品就会"说话"了。

（4）产品的娱乐能力

爆款产品最应该具有的特性就是娱乐性。它具体体现在社交的过程中，也就是说要让客户真实地体验到欣喜和快乐，并发自内心地在享受乐趣。某电商销售的爆品蛋糕曾经横扫淘宝，成为消费者争相订购的对象，其主要原因在于，这款蛋糕不仅具有独特的口感，还拥有可以让消费者自主点燃的涂层，产生酷炫的视觉效果，这让它征服了大量的潜在用户，成为大众眼中经典的爆品之选。

第二节　用户思维

互联网思维的核心是用户思维。想要快速地占领市场，电商最需要做的就是站在用户的角度思考问题。我们要知道用户的需求是什么，用户的要求是什么，他们具有怎样的生活概念，他们面对产品的时候会怎样做出选择以及做出怎样的选择，等等。搞清楚这些问题，便可以及时地调整自己的生产、服务、营销、推广等，力求与客户的需求接轨并增加客户的黏性。总之，我们需要重视客户的思维模式的积极作用。这是一门学问，也是一门艺术。但不管它到底是什么，只有真正站在用户的角度思考问题，才能精准地锁定市场需求，才能将自己的产品做到别人心里，才能让自己拥有更广泛的受众群体。

那么我们应该怎样解读用户思维呢？看看下面几点，希望对大家思路的调整有所帮助。

第一，激活用户多重的身份

很多电商起初觉得自己与客户之间的关系，无外乎是买卖关系，用户只是一个消费者而已。但事实真的是这样吗？就一个忠实客户而言，他的身份不仅仅局限于此。从营销策划上来看，专业的策划者更愿意将手中的用户视为具有多重身份的角色。比如，除了是产品的受益者以外，用户还很有可能是个倾听者，是个认同者，或者是支持者还有传播者，他们也可能是宣传者、推广者、倡导者或者代购者。这些多重的角色让电商与用户之间的关系更为亲密，想要赢得用户更多的青睐，就需要我们站在用户的多个角度去看待问题，怎样从客户所具有的各个身份出发，全方位地优化自身的产品、营销、推广、售后服务等等方面，满足其需求，快速赢得其支持，增加、维持他们对我们的黏性，这些内容才是当下我们需要进行调整的核心内容。我们需要以用户的思维去优化产品，同时也要以用户的思维来优化我们的思维，不要拘泥于盲目推广，要先静下来认真思考，谋定而后动。

第二，人性化、个性化和多样化

所谓用户思维，无外乎是从用户的角度出发，需要产品更贴合自己的利益，其表现的核心有三个：人性化、个性化和多样化。只要将这三个核心做到完善和精致，就会发现，我们已经不需要刻意再多做什么，用户已然看到我们的不同，更愿意进一步地了解我们，成为我们的用户、追捧者和推广者。

（1）人性化

无论是做产品还是做营销，我们都应该基于特定的用户进行规划。电商所做的一切准备工作，最终都要表现在用户身上，并要表现出人性的元素，比如：关心、信任、尊重和成就，甚至更为微妙的感情，比如：爱、温情、温馨，等等。

（2）个性化

所谓个性化，就是能够彰显用户的个性。产品的个性与用户的个性相吻合，就会更容易赢得用户的关注和青睐。产品不再是泛泛的大众化，而是要对用户的个性需求提供强有力的支持。在现在这个崇尚个性的时代，谁能满足客户的个性需求，谁就能快速占领市场。

（3）多样化

倘若一个产品只能满足用户的物质需求，那么可能很快就会被边缘化。但是倘若我们能够打一套组合拳，利用产品之外的服务及其他的关联元素带给用户更为多样的感受和选择，比如，在文化、情怀、精神、思想等层面的需求满足，这对维持用户与我们的关系是有正向作用的。当然，物质层面的需求仅仅是其中单一的方面，其他更深层面的需求是要通过对应的营销策略予以满足。

由此，我们可以看到一个更广泛的用户需求方向。说它"广泛"，它确实包括万象。但罗列出来之后，我们应该可以发现我们的着眼点，这些着眼点将是产品与客户之间最完美的契合点，持续优化它们既是我们对"用户思维"的实践，又可以促进我们自己的发展，同时带来用户的不断支持以及真金白银。

第三节　免费思维

所谓免费，顾名思义，就是没有投入就可以有所得。所谓免费思维，指的是电商利用某一部分产品或服务的免费特点，向用户提供他们难以拒绝的潜在价值。当一定量的用户被吸引来的时候，便可以通过低成本的营销，以广告、数据或产品的形式获得盈利。

其实，世上没有免费的午餐，想要真正意义上的免费，那是根本不可能的事情。这种想法也成为制约免费思维的瓶颈。然而，这里一定要明确的是，互联网的普世价值恰恰在于免费、消除壁垒和缩小差异。如果缺乏免费思维模式的助力，团队就将局限在传统营销思维之中，与普通的竞争者毫无差异。因为，免费只是一种营销模式，最终依然是要为盈利服务的。

那么如何有效利用免费思维呢？利用以下的组合，尝试着为自己的营销策划寻找灵感吧！

第一，基础免费、附加收费

当电商将一些产品和服务免费提供给顾客的时候，他们会在高品质、个性化等部分收取费用。这种费用看似出于无形，却在免费的表象中赢得更高的利润：消费者被免费吸引，又在进一步的体验中愿意接受附加费用的投入，这对于电商是一次难能可贵的盈利机遇，它让客户更进一步了解了自己，不管对于企业文化传播还是对于产品推广来说都是一个不错的契机。

例如，一家专门做精品咖啡豆的电商将免费思维发挥到了淋漓尽致的地步。该电商每个月定期抽取会员中的幸运者，赠送 50g 的咖啡粉，每一位顾客成本只需要不到十元。当这样的活动积累起一定的人气，很多会员产生浓厚兴趣时，该商家便向会员介绍 500g 容量的袋装咖啡，其销量盈利不仅涵盖了咖啡粉的成本，还有效地提升了业绩，从而获得了一笔相当可观的收入。

第二，服务免费，渠道收费

一家厨具电商向顾客提供免费的家庭厨房咨询服务，但在接受咨询之前，必须要下载一个 App 软件，关注商家的公众号，这样会有越来越多的人被导入营销渠道，为团队带来了巨大的流量。此后，该电商从 App 上盈利上千万元，远远超过了他们通过广告投入赢得的利润。

第三，前期免费、后续收费

某线上培训的电商，在其 App 上向用户发布免费的听课券，但只有十分钟的试听时间，一旦十分钟结束，用户便要选择是否付费继续听下去。这种免费的营销模式通常是更为适合已经有了一定用户基础的企业。

第四，个体收费、转介免费

所谓个体收费指的是要对单一顾客的消费行为进行收费，当其介绍新顾客前来的时候，电商会通过返还形式为顾客提供免费利益。这样便有效提高了顾客的积极性。为了获得免费利益，他们便会开始做转介绍。例如，一些摄影机构，对新顾客进行收费后，会引导他们将样片分享给更多的朋友，或是转发到朋友圈。一旦他们的朋友前来消费，便可以给予现金返还的优惠。这种方法主要适合于能够多次进行消费的产品或服务。

第四节　大数据思维

现在是一个充满了数据的时代。想要确定做一件事是不是有发展空间，最重要的不在于商业的计划，也不在于我们的营销设计方案，而在于历史数据。在电商团队占据移动互联网营销阵地的过程中，怎样让自己的营销渠道更为优化，怎样有效地将自己的产品推广出去，怎样有效地进行内部管理运用，以及如何最大限度降低成本，这些问题的答案都可以在我们对数据进行分析了解之后浮出水面，我们应该设法从对数据的分析中获得充分的优势。其中，对用户数据进行充分积累和挖掘，能够有效地帮助电商团队洞察先机，针对性设计产品，迎合用户的需求，而这正是大数据思维中电商可以有效崭露头角的机会。

例如，电商从一家实体家具连锁门店发展成移动互联网领域的家具店，从大数据思维的角度来说他们找到了自身的优势，但是在实体店面经营阶段，商家是难以具体分析转化率对自己的产品推广计划的影响。他们只能通过一段时间的经营，才能发现什么好卖，什么不好卖，什么东西应该进一步推广，什么东西应该果断放弃。但当他们进入移动电商运营转型以后，团队确定以转化率作为衡量经营状况的指标，他们将成交的订单数额和天猫店铺的访问总人数进行比较，发现转化率变化的规律以后，快速采取措施进行有效应对。这种对大数据思维的具体应用，可以有效明确移动互联网营销的管理评价指标。

另一家儿童玩具企业则以类似的方法找到了一条可以有效控制营销成本的捷径。该企业主要销售的产品是电动玩具，并需要使用特殊型号的充电器。在此之前，凡是购买产品的顾客都能得到充电器，因此他们的生产成本一路飙升。在推出官方 App 以后，该企业认真分析了数据，发现一对一的顾客服务对他们来说十分必要。于是，对老顾客，他们不再附赠充电器，而是改为其他服务内容。这不但得到了消费者的认可，品牌价值也得到了进一步的提升，更重要的是，他们的销售成本得到了有效控制，有效削减了不必要的成本开销，相应地，盈利情况也有好转。

仅仅了解数据的重要性，还只是移动电商的初级思维阶段。只有懂得在拿到数据之后，如何加以运用，才能体现出数据应有的威力。下面就让我们一起看看不同类型的数据可以给我们的营销带来怎样的改变。

第一，产品历史数据

大数据之所以能够正常发挥作用，主要依托的是对历史数据规律的挖掘。电商应该总结自身的历史数据，分析其重点，比如，数据体现了哪些不同品类商品的销售情况，销售量最大的是什么，销售量最小的又是什么，这些产品每周或每个季度的变化情况怎样，等等。通过对这些系统数据的分析，我们就可以依托历史业绩的表现，更为清楚地了解到产品与产品之间存在的差异，确定怎样的品类适合做促销活动，怎样的品类应该缩小产量并逐渐退出序列。

第二，用户互动数据

以某团体的官方社区为例，我们需要注意的是数据包括总注册用户数、每日登录的用户数、每日新用户注册数以及其他需要细致关注的，比如，每天老用户的登录数、每天被回复量最大的帖子数。通过仔细认真的解读，找到互动过程中所存在的问题，并采取积极措施，优化用户体验。

第三，提前预测

因为有具体数据的存在，电商可以通过大数据的分析，及时发现规律所在，以数据监控和提前预测来进行有效驱动，从而强化产品的营销。举个例子来说，某电商掌握了近年来每个月不同产品品类的销售增长率，就能够在一定程度上预测到未来的销售增长情况，从而进行有针对性的计划，帮助销售成绩稳步提升。

第四，分解数据

利用大数据的思维，意味着应对数据进行正确的分解。例如，电商可以将每年的数据分解到不同的季度，或者将同一产品的营销数据拆分成不同地域或不同的客户群组，深层次探索这些数据所产生的原因。

就数据分析而言，清晰的数据是我们进行决策之前的第一手资料。通过数据我们了解到采取什么样的措施会更有把握，采取什么样的服务模式最容易受到大众青睐。我们怎样有效地利用这些数据，决定我们今后以什么方式有效提升盈利水平，这与电商的营销目的息息相关。所以就大数据思维来说，这是每一个电商必须具有的重要思维模式。从明显的数据中分析、判断、预测，进行有效的调整，既能够有效提高收益，又不需要过多投入，却对我们弥足珍贵，也可以说这是给我们自己添了一份安全感。

第五节　口碑思维

对生意人而言，最佳的一张广告牌不是多么醒目的广告标语，而是我们在消费者面前的口碑和地位。倘若所有的消费者都说这家店是值得信赖的良心店，那么不用过多的营销投入，也可以很大限度地提升消费者的购买积极性。大家会口口相传，我们就有了名气，有了一群追捧我们、信赖我们的铁杆粉丝，正所谓"金杯银杯不如口碑"。由此看来，拥有良好的口碑对于一个企业来说有多么重要，所以我们必须树立起口碑思维，将它作为我们做事的前提。

时代在不断迈进，口碑思维也在不断革新。尽管精神不变，但是处理问题的形式已经有了很大的不同。旧传统的口碑思维显然已经跟不上时代，很难迎合今天移动电商的运营模式。在传统的口碑思维中，品牌主要通过亲友熟人的口口相传进行传播，这样尽管可以获得消费者的认同，却有着传播速度太慢、信息衰减严重的缺陷。这种赶不上节奏的状态会大量消耗运营成本，给商家带来不小的损失。但在移动互联网上，情况就大不相同了，品牌投入可以采用"以小博大"的方式凸显口碑的价值，而就效果而言，它可能会远远超过于广告传播的速度，成为一种新型的营销策划运营模式。

在这里电商需要认识的是，移动互联网上的口碑传播，能够有效地深入利用人际关系最核心的部分。那些建立网络社交关系的用户之间，原本就存在着或多或少的联系，相对于建立一个对陌生人进行促销、推广的体系来说，其可信度更高，成交效率也更高。同时，由于不同的消费群体内部存在共同观点和相近喜好，无形中组成了一个个小小的团体，只要影响了这些团体中的一个人，就容易带动一批用户，起到"牵一发动全身"的效果。

那么怎样完善口碑思维呢？想要达到更好的营销目的，首先应从以下几个方面着手。

第一，策划引爆点

好的开始是成功的一半。想要成功利用口碑效应，最初的步骤并不是要快速寻找到相应的渠道，而是要用心找到那个好口碑的引爆点。只有点燃了用户心中信任的火把，让他们对我们的产品产生兴趣和信赖，他们才愿意将我们的产品与更多人进行分享。唯有如此，我们的口碑才有进一步传播的可能。

当然引爆点的内容是多种多样的，但不管什么时候，都要围绕一般的用户最为重视最想得到满足的内容开始。比如，有不少产品最初是通过社交网络走红的，想要引爆购买者的口碑效应就要着重于产品的奇特，它可以让购买者脑洞大开，拥有新奇的购买体验，因为购买者自己觉得好玩，所以更愿意与别人分享。

第二，有效完善可沟通话题

在引爆点中首先要埋下一些伏笔，这些内容都是可以引导消费者深入探讨的问题。这样做的原因在于：口碑的形成不仅仅在于关注，还在于其有讨论的空间和价值。当用户以产品作为话题进行讨论的时候，其口口相传的作用力将会无比强大。

在这里需要强调的是，所设置的话题应该尽可能宽泛一些，不要仅仅局限在产品的质量、成色这样的狭窄方面，还要把商家的服务以及产品文化融入其中。我们甚至可以将大众对产品的青睐、将消费者购买的火爆场面也融入其中。这样一来，原本对品牌的陌生的潜在客户才会更愿意去了解我们，甚至参与到讨论中去。

第三，选择有效的传播渠道

传播渠道的选择是口碑思维中最不可或缺的一个重要因素。如果没有选择正确的传播渠道，即便能够得到少量粉丝，那么整个宣传效果也会大打折扣。所以一名优秀的电商一定要能全面认识到产品属性和目标用户群体之间的关系，这样才能有针对性地对传播渠道进行选择。

第四，随时监控口碑的传播

如何将口碑思维贯穿到营销的工作中，是电商口碑思维理念中又一个重要议题。我们应该对传播效果进行有效的监控。在企业实践中，口碑营销往往会搭配其他的营销手段，围绕渠道的特点加以把控。

第六节　痛点思维

每个人都有自己的痛点，对产品来说也是如此，用户在感受形形色色产品的过程中会发现有些自己关心的问题一直没有一个合适的解决方案。为了能够最大限度地消除用户的不满，电商在思维意识中将这些"痛"做一个系统的强化，形成属于自己的一套思维理论，这个思维理论的基础就是痛点思维。曾经有位老电商说："客户的痛就是我们自己的痛，我们需要牢牢地将这些痛记在心里，才能给用户带来更好的服务。这是一个契机，需要我们牢牢把握，我们需要在痛点思维的启迪下加快前进的步伐，用最好的产品和服务帮助消费者解决难题，这就是我们的希望，也是我们的财富所在。"

用户的痛点可以划分为以下两种：一种是明显的痛点，也就是渴望新产品能在旧产品的程度上加以改良，能够有更多的服务支持帮助自己解决眼下的困难。另一种是不明显的痛点，那就是用户已经从某种程度上习惯了现有产品的状态，但对得到更好的产品体验抱有期待。

当然不管是哪一种，我们都需要认真地进行思考，用心发现并消除它们。在痛点思维的实践中，我们需要解决好以下的问题：

第一，发现痛点

有一家做螺蛳粉外卖的本地电商，希望通过调查来确定顾客的痛点，究竟是螺蛳粉的味道，还是它的冷热，还是配送的速度。经过调查，他们发现城区的顾客更在乎螺蛳粉的口感和性价比，而比较远的顾客，关心的是配送速度。为此他们将自己的服务进行改良，针对不同顾客的需求，作出处理不同服务的承诺，最终他们赢得了顾客的一致好评，取得了相当不错的营销业绩。

这家电商就是成功捕捉到用户的痛点，并给予不同的解决。那么究竟怎样发现顾客痛点呢？看看以下四点内容，应该会对我们有所帮助。

（1）找到顾客的最大困惑

我们在寻觅顾客痛点的时候，最核心的内容就是先要搞清楚用户最大的痛点在哪里，方便我们有的放矢。

（2）顾客的痛苦程度到底有多强烈

针对产品的问题，我们还需要搞清楚这种痛苦的感觉有多强烈。我们需要挑选出那些高强度的痛点，尽快予以解决。

（3）顾客对于痛点解决的紧迫感

痛点的紧迫程度直接影响到营销的先后次序。倘若紧迫感很强烈，那么我们应该用最快的速度加以解决，倘若痛得没有那么强烈，则可以相应放缓行动。

（4）顾客是否能找到解决痛点的方案

通常来说，顾客大多是难以自行寻找到解决方案的。对那些有经验的电商而言，他们会对这种困境进行全方位分析，确保可以拿出最佳的解决方案。

①凸显对比

其实有些时候我们没必要直白地向顾客介绍自己是一家怎样优秀的电商，因为这不是顾客感兴趣的着眼点，也不是一个成功的营销方案。倘若利用痛点思维营销策略的话，可以最大限度地彰显自己的对比性，例如我们可以说："我们就相当于××领域的××专家"，也许就能够瞬间让顾客意识到区别。接下来我们就可以与顾客的痛点做关联，让他们相信我们是完全有能力帮助他们解决痛苦的。为此我们应该有效地定义好产品或服务的独特性，也就是在对比的过程中尤其突出自己产品的与众不同之处。

②证明价值

即便电商通过诊断和对比，已经完成了痛点营销的前期基础，但顾客依旧有很大可能停留在固有产品的使用禁锢中。他们无法彻底从过去解脱出来，也就不能更好地接受新产品给自己带来的便利。此时，团队需要用更为具体的证据向他们证明痛点究竟应该如何解决。

看了这些是不是对痛点思维有了更进一步的了解了呢？所谓痛点就是扎根于我们灵魂深处的伤痛，物有物的痛，人有人的痛，认清痛点所在，及时解决顾客的难题，让他们能因为我们的产品生活得更顺利，便可以顺利地赢得他们的青睐，这里面的学问需要我们带上真心，顾客的痛点加上我们的真诚，往往等同于顾客的双倍信赖，这便是痛点思维给我们带来的宝藏，不断将它深化，我们会收获更多财富以及忠实于我们的铁杆消费者。

第七节　跨界思维

要想在竞争激烈的市场条件下继续生存和发展，我们首先必须对成本进行有效的控制，在降低成本的同时提高效率，联合其他的团队进行产品的开发和组合，这是一种有效的"抱团取暖"。从实践来看，这样做并非寻求遥不可及的互助，而是选择了地位对等的合作伙伴进行跨界。这样做很可能要经历相应的风险，但也可以带来更多发展契机和利润回报。

　　跨界思维的形成，需要团队领导层规避以下的一些错误认知。第一种就是抱残守缺，这样的领导者不愿意突破现有的营销模式和产品范围，即便是坐拥良好的资源，也会白白浪费掉。第二种就是随意出走，这样的高层领导者对跨界营销的合作过于草率，因而总是逼着眼睛向前迈进而脚步并没有同步前进。

　　其实跨界思维并不需要刻意去追求，而是需要遵循颠覆性的创新原则，也就是在行业的边缘进行营销创新。所以电商应该跳出思维定式，以全新的角度来看待自己的团队，对自身的产品、技术、管理组织、推广模式等方面进行全面的思考和观察。

　　那么怎样才能利用好跨界思维，拓宽思路，争取利益最大化呢？从下面几点入手，我们将站在跨界思维的最前沿。

　　（1）产品组合

　　在移动互联网络平台上，我们将看似并没有直接关系的产品进行捆绑营销，其主要方法就在于力求要打造一个与众不同的体验情境，并以此情境展示产品的功能，给用户留下一个深刻的印象。

　　图书配上咖啡的香气，家具卖场来了一辆惊艳的奔驰，QQ群里婴儿餐具和美容护肤品齐聚一堂，看似不相关联的产品，因为走在一起散发出一股特有的气息。这些产品本没有什么实质的连接，却很有可能出现在同一种人的生活里，看似跨界，但确是一种崭新的融入体验。

　　（2）消费群体共享

　　与跨行业而没有实际竞争关系的团队进行线上线下合作，以便能够更好地分享消费群体。

　　例如，某少儿文学出版社与金融机构进行线上线下合作，针对孩子的教育问题，与家长齐聚一堂，开展了绘声绘色的演讲咨询活动，最终圈粉无数，拥有了大量的粉丝群体，其少儿读物也成为畅销品，被粉丝们广为传播。实际上这也是一种抓住用户人群相互覆盖的优势，主动向其他有关联的行业跨界，得到坚实的营销基础。

（3）营销渠道共享

移动电商还应该利用精准的判断力将营销渠道在跨界的基础进行共享，为了达到这个目的，我们必须抓住以下几个重要环节：

①新产品和原有业务共享

当电商团队推出新产品，进入新领域的时候，我们首先要做的并不一定是寻求崭新的渠道，花费更多的资源，是要从更高的维度上，定位自己跨界的标准，从原渠道出发，全方位看待渠道跨界问题。

我们可以通过充分利用原有的核心渠道，将原有的目的用户广泛集中起来，为进入新市场储存力量，逐步推动和影响，最终在建立新产品客户信赖效应的同时，为后续跨界业务赢得更为长久发展的机会。

②品牌理念一致的原则

品牌是消费文化的重要载体，其所体现的是不同消费群体的内在特征。在团队选择新渠道进行共享的同时，我们必须先对其中的消费群体进行必要的调查，确定消费群体对品牌的期待和电商团队理念的交点以后，通过适度夸大交点的方式，让理念的共鸣产生，只有这样才能在跨界营销的过程中产生由原有品牌联系到新品牌的效果，进而实现彼此之间更为紧密的关联。

③资源对等原则

电商跨界营销，应找到在品牌实力、能力战略和市场方面具有充分共性并对等的团队，只有这样才能有效地发挥协同合作的最佳效果。

当然，真正对等与否，靠的是实力，直接的衡量方法就是数字。我们可以依据潜在客户的转化率、粉丝数量、会员数、团队产品覆盖地域等指标，在跨界之前充分进行调研，才能实现真正有效的优势转移。

（1）有效规避跨界风险

在跨界营销中，出现风险的可能往往要比其他营销方式更大。为此，团队领导者需要提前做好以下的一些准备。

（2）保持原有强势的品牌

跨界能给电商带来很大的利润空间和盈利机会，但其中隐藏的风险也是巨大的。即便团队原有的业务发展一直处于优势，也应该在跨界营销的过程中保持必要的谨慎。这里尤其需要注意的是，我们不能因为渠道快捷而荒废原有的主业，更不能因此而丢弃团队文化和已经拥有的粉丝群体。

（3）渠道跨界应该选择一个好的时期

当电商团队步入成熟期时，电商便迎来了渠道跨界的最佳时机。例如，当电商团队发现自己原有的核心业务呈现稳步增长，但步调已经相应放缓的时候，就要积极进行新产品的研发和打造，并将全部的精力成本投入到渠道跨界上面来。

（4）强化渠道人才储备，完善团队内部架构体系

电商团队和传统企业的共同之处在于：在发展中会形成身份的管理架构和成功经验，但在渠道跨界以后，原有的人才队伍和人才将很可能无法适应电商的需要。这个时候，团队应该考虑

引入新的营销人才，否则很可能会在今后为自己带来严重的潜在风险。

第八节　整合思维

所谓整合思维营销模式，主要说的是我们要将自己现有的、想要有的、将会有的，有机整合起来，形成一个全套的体系思路，这意味着一次崭新的挑战，而最重要的，就是自身的综合素质。我们需要以整体的概念和角度去看待我们的营销，并将所有的优势和劣势进行全盘分析，最终拿出最好的方案，结合当下团队的特点，有效地进行协作努力，争取最大的营销利益。

移动电商时代的整合营销，意味着我需要对营销工具和手段有更为系统的把握能力。根据相对具体的任务，结合当下所处的环境，进行及时的自我调整，形成精准的营销方案，辅以信息、概念的有效传播，最终实现产品价值的增长。这样的思维定式是帮助移动电商从生存走向发展、从成长走向优秀的一个优秀工具。我们需要一个从领先走向卓越的机会，这是整个整合营销思维中不可忽略的部分。我们要的是整体幅度的强化和提升，要让消费者感受到自己的综合实力，不论是产品还是服务，每一个部分都有我们的心思，在每一个部分我们都力求完美。在高端的环境中购物，消费者会自然而然地有高端的体验，帮助顾客认同产品的价值。除了能够通过服务满足自我的虚荣心外，最重要的一点是，消费者能够在整个购买使用的过程中体验到踏实。

下面就让我们结合案例，看看一家普通的电商是如何通过整合思维，提升自己整体的营销实力的。

曾经有这样一家普通的电商，它所主打的产品是一款减肥奶酪。其主要目标群体是其所在城市的高档小区居民。通过调研，他们知道，现在小区内有很多女性客户都开始关注自己的身材问题，她们更愿意通过一些健康的减肥消费品来完美自己的身材。经过策划，该商户在本地论坛和 QQ 群里进行发展并积累了一大批兼职营销人员。经过系统培训之后，商户为所有的此类小区的用户建立了指导性营销策略：他们选择了 30 分钟以内能够到达区域的客户，而获得这些客户的方法，一个是要通过微信吸引粉丝，另一个就是要在线下有针对性地给目标客户发放广告传单。

由于在前期已经做好了培训，淘汰了一批不合格的营销人员，剩余的营销人员需要在一个月的时间内，每人吸引到 900 名精准客户，再通过个人朋友圈进行传播，其传播内容是减肥前和减肥后的强烈对比图，以真实的画面，不断强化消费者们的信心。一旦有顾客在微信上咨询，同时能够判断其购买意向的强弱，那么营销人员就直接可以进行预约和上门沟通服务，这是因为上门沟通的成交率远远要高于线上的沟通。

通过这样的方式，电商获得了不错的收益，这款产品在整合营销的过程中也树立起了良好的口碑，整体营销效果越来越好。

由此可以看到整合思维营销模式的好处：它可以帮助我们全方位地整合思路和资源，以此来更好地优化产品的推广流程，从而获得更高额度的销售利润。

第一，消费者处于核心地位

首先我们要知道是我们要对潜在客户进行深入全面的观察和了解，培养团队从上而下的"消费者核心"观念。

我们一定要学会站在消费者的角度去思考问题，了解他们的所思所想，了解他们的内在需求，了解他们当下对产品的期待，同时有效地深化自身的产品实力和服务标准，并有针对性地进行营销，这样才能将自己的品牌装进顾客的心里，赢得他们的认可、选择和青睐。

第二，传播一致信息

无论采取怎样的一种推广或引流的渠道模式，也无论是线上还是线下，其产品、服务的信息一定要保持协调统一，我们需要让自己的目标更为清楚明确，这样才能有针对性地提升自己整体的营销水平。

在不同的传播渠道中，我们首先要做的是我们必须保持"最后一公里"上的一致性，即用户无论是在线上还是线下，无论是通过 QQ 还是微信，其所能接触到的产品形象都是可以完全相同的。这种带有一定重复性的一致性，可以有效地提升顾客的印象和技艺，也有利于增强好感，令他们认为产品品牌是值得信任的。

第三，突破原有的传播手段

无论是线上还是线下，凡是能够将产品、品牌和市场希望知道的信息进行传播的过程，都可以有效被用作能够利用的传播载体与渠道。

原有的传播手段过于守旧，存在一定的局限性，团队要对每一个传播渠道进行深入了解，包括使用情况、平台风格、人群特点、是否都符合团队提升品牌影响的核心目标。虽然每一种渠道都有自己给予的优势和劣势，但在一般情况下，我们都可以通过多种渠道进行整合运营。

第三，系统化地进行管理

结合团队选择的营销模式，我们需要以整体的思维去有效地对资源进行合理的配置，包括团队中不同层次、部门和岗位，以及其总公司、分公司、产品供应商、零售渠道及相关合作伙伴等，围绕这些相同的营销理念进行协调行动，我们便可以通过自己的实力有效地打造属于自己的竞争优势。

第八章　线上包装：玩的就是诱惑

　　精准的定价策略、巧妙的价格变化，往往能起到意想不到的作用。那些精通电商营销的天才们，总是能够完成不可思议的销售任务，他们因此会显得比其他同行更加幸运。可是这些所谓幸运的天才，他们无一不是通过长期的积累才达到现有水平的。

第一节　完美主义者的平衡

在当今这个时代，人们对于产品的要求在不断地提升，完美主义者越来越多。他们渴望产品能够给自己带来更多，而且不用花费太多的精力、物力和财力，这种一举多得的想法在与现实中的解决方案寻找着平衡点。而这个平衡点，始终都在变化。为了能够不断满足客户的需求，电商唯一能做的除了优化自己的产品之外，更重要的是优化自己的营销策划方案，让自己的理念更切实地深入人心，让消费者觉得为快乐体验埋单是值得的。

在这些细致化的工作当中，可能会暴露出很多问题，我们应该怎样看待它们？是以一种必须做到更好的心态去面对，还是以一种控制自我的心态去面对？倘若想在不同的领域中塑造产品的完美体验，那我们又该怎么做呢？在营销中心，尽管人们都知道自己的目标是销售，但是就一个完美主义者而言，他们一般都不把钱直白地写在自己的文案里，他们要做的是教会人们用一种产品去经营一种不一样且更有趣的生活，这种生活是他们从来没有经历过的，也是值得去尝试的。这就需要营销者对手里的产品进行全方位的包装和诠释。

有太多的东西我们都还没有尝试过，比如，红茶配上绿茶、洗头水配上沐浴露、鸡蛋和酸奶放在一起、洋葱遇到了大蒜，这些碰撞出来的产物往往出乎我们的意料，可它就以它特别的方式真实地呈现在我们的面前，这就好比我们在电商平台选择衣服，总想给自己带来一个全新体验，恰巧这个时候一些新款衣服刚刚上线，自己便决定都拍下来，以便试一试不同风格的组合，然后照着镜子一看，突然觉得还蛮不错的。于是开始在朋友圈晒，末尾还不忘来上一句："怎么样，我的审美很特别吧？"其实营销也是如此，它会结合一些我们从来没有认识到的观点、逻辑，搭配概念对我们的视觉、听觉、味觉、影像感受，进行深化刺激，最终在促进大众感官体验的同时，颠覆了他们固有的思维模式。这种创意的感受能给对方带来更多的新奇体验和审美体验，他们开始意识到，在这个世界中总有一些自己尚未发现的东西，而这些东西都是如此有趣，好玩儿，值得探索，此时只需要买下一个小小的东西，它就可以因此把我们带到一个别样的世界。

完美主义者不是理想主义者。后者是期望面面俱到，前者则是针对自己擅长的事情持之以恒地达到最好，他们在工作中有一定的共性，就是对目标感的青睐和递进。可是我们必须清楚电子商务模式是一种"快模式"，它不仅反映在购物的层面，也反映在商业策略的层面，轻松地点点鼠标就能有收获，这本身就是一种技术的革新，也预示着一个绝佳的销售时机。倘若此时错过了，便失去一个完美的开始。倘若这个时候自己正是因为力求完美而放弃，那么很不幸，我们同样会错过一个完美的结局。

从某种意义上说，对文字、语言敏感的人，最容易出现完美主义障碍。他们会看着广告的文字发呆，久久难以回过神来。他们在想有没有什么更好的文字可以对这些内容加以替代，或是干脆以一种特殊语气的口吻，而事实上这些影响对我们来说到底有多大呢？如果仅仅只是针对一些文字，那么这些文字可能是翻天覆地的，但是如果针对的是再平凡不过的文字，那么一句话可能还不至于有如此强烈的影响。我们这里并不是说文字到底有多么重要，而是说对商业进行整体包装中细节与细节的组合，形成了一个崭新的逻辑，也呈现了一个精彩的策划。倘若这个时候我们的文字刚好可以快速地渗透进他们的内心，毫无疑问我们能猜到下一秒他们究竟会做些什么：点击，付款，然后继续翻看广告，他们就这样一次次地重复着，直到下单，直到带着新奇的感觉去体验，直到下一次下单，直到继续在广告面前观摩……看似有循环的顺序，其实是一种全新策划安排。

其实很多时候，出于完美的信念，很多人都会在购买时出现纠结。我们会在某个细节面前停滞不前，以至于让自己的完美主义耽误了选择。这时候就需要好好想想，我们所有的时间和金钱，每分每秒具有的创造力，为何不在倒计时阶段增加那些容易展现我们才能的价值呢？完美，本不需要那么着急。

最后看看我们是怎样看待这些话题的，有些时候换个角度，就会发现我们会因此而颠覆固有的逻辑，从复杂的痛苦中解脱，并简单快乐起来：

· 有人说和自己过不去这件事，证明我们的毅力超级强大。

· 有人说和细节过不去的人，是一种敏感，尤其是他们对待生活的时候。

· 如果是我，在力所能及的时候，美是一种保证，可就完美而言，那是一种精神层次的奢侈。

· 所谓稀缺的东西，就贵在不常出现。

· 如果我们只是为了追求一种存在感，那么就完美而言，我们与它的存在毫不相干。

就此，我们是不是可以真正意义上正视自己与完美之间的关系，当我们的营销策略与对方的完美达成一种平衡的时候，购买与销售就自然发生了。这看似是一件小事，一则广告，但或许就在此刻，它与客户之间的关系不仅仅拘泥于此，其背后的丰厚回报，有些时候是不能用简单的数字来诠释的。

第二节　慢慢来比较快

很多电商迫不及待地想要占有客户，以至于这种急功近利露出了马脚，本来鱼快要钓上来了，突然间我们一动，它便不愿意朝我们诱饵的方向游了。诱饵包装得再好，心急吃不上热豆腐，我们恨不得把所有的鱼用一张无形的大网给捞出来，一个人坐享所有的战利品，但事实上想要达成这个心愿并不是一件容易的事情。老子说得好："治大国如烹小鲜。"慢慢来，反而速度要比大步流星快得多，我们需要一点点地让对方接受我们，并告诉他们我们是为了他们好，我们并没有心中只存在着利益，相反，只想用一个礼物一样的产品改变我们的生活。这样别人会在相对安全感的状态中一点点地靠近我们，如同接触一个陌生人，初次看到这个产品，本能地会需要一个信赖的过程。这种信赖不是一面就能成就的，世间一见钟情的事情太少，我们更重要的是从中强化自己的品牌效应，让它变得更有亲和力，更值得信赖，我们需要给对方一些时间和机会了解自己，同时也需要花费更多的时间，去验证产品可以给他们带来的真实效果。

说到产品的推陈出新，我们总是说，看起来简单，做起来谈何容易，这样的话，经常在各大论坛的峰会上被人提起，但是推陈到底应该怎么推，可能需要我们花费大量的时间与金钱等成本，所以伤痛的事情大家都不愿意说，并且透露给他人推陈的陈看起来也都有一些不划算的地方。我们经常会听一些豪言壮语，也因此会思考什么是有价值的观念，案例多少能给人一些启发，而这种分享往往意味着一种无私的爱和本能的关切。但是一个例子的影响力到底能给人带来多么强大的震撼？结合实际，我们就会发现，有些更为细致的内容，还需要我们进一步去实践和推进，想让自己的策划深入人心，这些都是我们的必修功课。

那么怎样以最简单的形式去进一步地对自己的思想进行表达呢？主要内容有三个：看、学和练。

看的内容很浅显，这是我们直观的感受，我们需要看懂对方的思维、逻辑，以及看待问题的角度，同时要认真地审核自己营销条件和时机。这个过程是我们需要积累的过程，看完了，是很容易忘记的，与其看一遍就放在一边，不如花点时间把它们记下来，就像包装汽车香水一样，普通人只会说，它是橘子味儿的、苹果味儿的、草莓味儿的、蜜桃味儿的，但是好的营销策划者会通过一流的营销策划手段将橘子是什么味儿的进行一个完美的诠释，让人们在度假的过程中，体验到真实意义上的全面放松，于是他们不必手下留情，只是用心地在环境中进一步地渲染就好，它可以让我们的呈现与表达变得更为真实，让用户感觉到，此时海风正在身边轻轻地吹，海浪拍打着礁石，沙滩被一而再再而三地洗礼，海水的味道是咸咸的，闭上眼睛，眼前仿佛看到了蔚蓝的画面，海天一色，自己就惬意地坐在这样美好的氛围中，精神获得全然的放松，这种感觉实在是太美妙了。

所谓学，就是按照对方的思考方式去进行产品营销文案的策划，这需要一个怎样的思路和步骤，当我们用笔记记下了其中的关键点的时候，学的意义就这样有了它应有的价值。尽管每个人的思维方式是不同的，但无论是包装还是促销，学的过程最需要拿出耐心，我们明明知道一口吃不成胖子的道理，就要给自己更多宽裕的学习空间，尝试着对身边的物体下手。如果我们身边只有一个杯子，就该好好想想，怎样能够让它在网页中大放光彩；当然倘若它是一个冰棒，一部手机，一台电脑，或者其他东西，我们就应该好好想想，究竟应该以什么样的方法将它们以最合适的价格卖出去，不但为自己带来经济利益，同时还可以创造一个新奇好玩儿的概念。这是我们在营销策划中需要不断活跃起来的学习力和创造力，掌握了它我们才能给予产品与众不同的诠释，同时带动对方的购买力，对消费者产生本能的诱惑，以及固有概念逻辑的颠覆。

最后就是练，现在尝试着将我们经历过的案例与数据组合在一起，这里所说的数据或许是一次营销的发生，或许仅仅是一种结果，再或者是一种几十次或者上百次的综合数据，这些内容会告诉我们，在营销策划中所要争取到的最佳结果究竟是什么？这样一来我们应该可以理解为什么要慢，而且这种慢有时候是需要刻意地缓下脚步的。所谓的包装就是为了讲究刺激，因为消费者会被我们的包装和策划方案吸引，这个过程中往往要比我们想象得快很多。尽管它不过是短短的一瞬，却需要我们之前花费大量的精力，进行精心准备，我们看到的都是快速发生的事，而没看到的都是千百次对产品和大众心理的认知与磨炼。

由此看来，电商的营销策划还真不是一件简单的事情，尽管它的呈现看起来如此轻松和自然，但背后的学问实在是太深奥了，我们需要完善好自己的步调和节奏，需要不断地去体味慢下来之后所塑造出来的艺术，这是一种与众不同的诠释，不断要让客户陶醉其中，最重要的是，我们会在不断的自我磨砺中成长，以打动自己为起点，做出这个世间最好的文案，成为别人眼中灵魂的指引，当我们拥有了指向哪儿别人就会买到哪儿的能力，我们的运营，我们的电商，我们的财富，我们的机会，还愁找不到门路吗？

第三节　让我们的"影响"带来影响

"这款产品真的好用，没有三天的时间，我的体重就出现了下降，现在已经瘦了十多斤，这种感觉实在太好了，真的很值得信赖，对我这种老药罐来说，实在是太值了……"每当我们看到别人做出这样的评价，并秀出自己的美丽照片，这种现实版的直接感受，一定很具有诱惑力吧，别人都减肥成功了，为什么自己不可以，不就是几斤肥肉吗，买下产品把它干掉就是了。想到这里，我们便因此产生了购买冲动，不能忍了，真的再也不能忍了，尽管此时的自己也考虑过放弃，却不知道为什么，几天之内都无意识地看到这家店，于是我们又进去，发现这里的好评依旧如潮般地吸引着自己，于是我们对自己说："这一切都是真实的，要不就试试看吧！"于是就这样，我们开始无意识地被某种思绪牵引，然后认购，埋单，交易成功。

很多时候，消费者之所以购买，是因为已经有了前车之鉴，这种别人的评价让他们感觉到安全，而结果也对他们产生了极强的诱惑力，他们忍不住想要尝试，忍不住由着自己的好奇心，这种猎奇效应时不时就会占据他们全部的购买心理，他们心中或许在这样想："我倒要拍来看看，看看他们所说的是不是也是我所喜爱的。"这就是一种最为经典的影响力，通过别人的行为间接地影响了自己。

影响购买也可以归属到口碑营销的理念当中，其特点是一定要具备较高的可信度，而且还要具有很低的传播成本，因为我们影响了已经购买的消费者，之后他们的评价将会成为产品质量的最佳认证。当然，我们首先要做的，就是要让我们的产品具有实打实的能力。那么究竟用户什么情况下更愿意协助我们表达这种影响呢？看看下面的思路，相信你一定会对我们后续的营销策划有一定的真实意义和借鉴意义。

第一，要让消费者感觉到放心

想一下，生活中每当需求来到我们身边的时候，我们先相信谁？同样的产品摆在我们面前，为什么我们会有主观上的青睐，原因很简单，有人提前用过，这个人是自己的家人、朋友、邻居、同事，或是老师，因为他们说这个产品很好，所以自己更青睐于去相信他们，他们对自己的感情是真挚的，自然在推荐产品的时候也是没有任何私欲的，他们都是希望我们能够因此而变得更好，这一切都是毫无疑问，所以他们所推荐的产品，永远都是自己的首选，他们的人让我们放心，所以他们推荐的产品也更容易让我们放心。

第二，深层次了解自己的真实需要

倘若此时我们迫切想要解决生活中的某些问题，那么有针对性地关注，将会成为我们认购产品之前的积极行动，在这个过程中，我们需要找到快速有效解决问题的途径，而网页上那些以身试法的评论，就会成为我们一个值得信赖的依据。这是一种深层次的自我剖析过程，我现在要解决问题，究竟什么产品能帮助我解决问题，应该采取什么样的策略，为什么要相信这个产品，哪个质量更好，怎么有效地验证一切。就这样，我们对产品的价值观有了一个深入的理解，这不但是一种对产品价值的认定，从某种角度而言我们还在间接地认定我们的人生，我们对生活有了一个更好的选择，同时我们也在审美方向上有了进一步的升华。

以上两点的结合让我们意识到我们该做的是让这种影响发生在我们的用户身上，这就是为什么很多电商都做起了"推荐"送礼的事情，有的送积分，有的返现金，有的送礼物，有的打折扣，各种各样的花样只为了能把用户身边的用户也拉到自己身边，让自己的老用户去影响身边更多的人，为自己赢得更多的流量和生意。形式仅仅是一方面，用意是极为直接明显的。还有一些电商提出购物送彩票的想法，既不需要太多的投入，还可以达到稳赚的目的，又有什么不可以。因为用户体验到了一次富有新鲜感的购物，于是他们在推荐新朋友这件事上，有了更大的积极性。就此消费者的购买力有了很大的提升，电商的影响力也因此不断扩大，这些无形的营销手段将买方和卖方送入了一场游戏，大家在游戏中各取所需，买的开心卖的也乐意，大家都用自己的影响力影响着对方，因为这种影响力是真实且真诚的，于是彼此之间有了很好的互动合作关系，买方可以通过推荐的形式购买更多的产品，卖方则通过这种方式赢得了更多的客户，这本就是一种平衡互助关系，当这种影响力潜移默化地进入我们的生活时，我们会突然间意识到，原来此时自己已经成为对方营销策划中的一道洪流，它汇入了江海，带来无限的发展机遇。

这样的营销模式既给我们带来了快乐，同时在快乐中又拥有了更多丰富的内涵、更为丰厚的财富基础，和未来更为广阔的发展机遇。我们热衷于这种投入，因为它能给我们带来好处，而与此同时，策划者将更加热衷于其中的营销方式，他们需要更多海量的流量反映，只有这样才能让自己的回报更为丰厚，让自己在后续的营销战略中掀起狂潮，拥有更为丰厚的机遇和成果。

第四节　所谓的美人计，背后都有秘密

很多女人可能都做过这样的梦，拥有纤细曼妙的身材，穿着漂亮的外衣，在夏日的暖阳中点上一杯卡布其诺，不时看看外面的风景，直到很多英俊的男子朝自己投来爱恋的目光，那种内心的成就感，自然是自己内心渴望已久的。

很多男人或许也会做同样的梦，在明媚的午后，自己刚走出门的时候，就打对面迎过来一个英伦范儿的美女，长长的头发成金黄色，碧蓝的眼睛，纤细的身材，充满朝气地朝我们微笑，尽管我们解读不出对方微笑的含义，但是我们希望这时候我们的状态是绅士的、干净的、帅气的、风雅的，我们希望能够与她的状态更为相配，这样才能让自己的笑容更灿烂，更有信心，尽管我们不敢保证自己会跟他说些什么，但是这样的状态俨然成了自己内心的渴求。

这就是为什么我们看到电商营销策划中总是要把"美人计"作为自己营销策划的主旋律，不管是吃喝玩乐，还是日常的生活用品，我们总是能看到各种美女的照片、装扮和他们纤细婀娜的身材。爱美之心，人皆有之，美人的诱惑，男人需要，女人也同样需要。

现在让我们仔细回忆一下那些互联网的广告图，至少有百分之五十以上的互联网用户打开过以美人为素材的广告页面，其中多数并不是真的对产品多么感兴趣，而是对广告中的这个美人产生了微妙的好感。女人之所以过来购买了产品，是因为她们认为自己可以因此变得更美，即便不是这样，至少有一点可以肯定，她们拥有这个美人所宣传的全套装备，这无疑是对自己的一个激励，下一秒自己就要打响自己的追美保卫战了。

而男人的思想恐怕就要比我们想象得还要玄妙，他们买产品，有些时候纯属为了支持，在他们的内心里，已经对这个美人产生了莫名的好感，倘若能拥有这个美女所推广的一些物品，那也无疑是间接地和这个美女走到了一起，我们可以用她的呼吸方式呼吸，然后想象她已经光临到了自己的世界，我们看着她自然地运用着产品，然后模仿着在自己真实的世界里一样来过。这种感觉着实存在着某种诱惑力，这样的心声作为一个男人一般都有过，只不过它出自无形，我们只知道自己会下单，却不知道自己为什么会这么做，其中隐性的意识究竟是什么。

那么下面就让我们揭开神秘的面纱，看看美人效应后，更深刻的策划用意是什么？也许在下一秒我们就会看到，原来就美人计而言，在营销策划中还会有如此绝妙的概念和诠释。

第一，美人的话更容易被相信

试想一下，假如有一个外表普通的人在我们面前滔滔不绝，而旁边一个窈窕淑女款款走过来说他说的那些话都是不对的，我们更愿意相信谁呢？以貌取人是人的天性，面对美人的见解，没有拒绝的理由，她为什么这么美一定有道理的，我们会联想到她每天经历的生活，是小资的，高雅的，时尚的，还是土豪的？我们想要跟她一样，就一定要相信她的话，她推荐的商品统统都要成为自己的战利品，原因就是她美，美得实在太真实，真实得让自己向往。

第二，美人是一种陪衬

很多时候我们会发现，不管什么东西和美人放在一起就会显得越发的高端，伴随着对方迷人的眼神、热辣的穿着、惬意的表情，人们开始意识到，它身边的产品一定是高端的、时尚的、令人向往的，甚至是昂贵的。尽管美人不过是产品的陪衬，尽管在整个营销过程中她并没有说什么，但是她的出现已足够让产品具有强大的诱惑力。因为她美得让我们赏心悦目，所以产品也被提亮了肤色。她虽然是一种陪衬，但因为有了她，才有更多的人愿意拿出更多的时间和经历来观看广告，点击网页，了解产品，最终促成交易。

第三，美绝对不是一种欺骗

美人的美是真实的，所以她的美不是欺骗，我们应该信赖这种美，同时信赖美丽支持下的产品，这些东西一定都夹杂着美的成分，让我们如此这般有了向往之心，我们因此开始从对美人的热情和信赖，转移到对产品的热情和信赖，因为相信了美的印证，所以接受起产品来就更加轻松，更加直接。

看了这些内容，相信我们已经对美人计有了系统的了解。不是美人有多美，而是这个世界上没有人会排斥美，美人的陪衬在营销策略中百试不爽，我们为什么不能在此情况下来一个更为绚烂的升华呢？

第五节　适时幽默，有何大不了？

关于幽默这个名词，对所有人都意义非凡，世间如果没有幽默的存在，那么它应该变成灰色，当然灰色间，也有灰色的幽默，幽默无处不在，只是我们能不能真实地感受到它，能不能将自己的意识融入一场更有趣味的欢笑。幽默有自己的观点，能够在特定的时间给我们带来灵感的迸发，就幽默和策划者之间的关系而言，所有的人都希望他们足够幽默，这样才能有效地发动一场饶有兴趣的互动，能够随时让客户发笑，能够及时地挑逗他们，让他们将注意力全部集中在自己身上。幽默好像一盏聚光灯，随时随地凝聚着快乐的能量，尽管就生活而言，它并非事事顺利，但是我们却可以灌输给他们一些特别的概念，让自己融入一场游戏，总是带着欢笑的脸庞接收一切。

现在很多人都说，在电商营销运营中，最冷的幽默莫过于"呵呵"二字，"呵呵"很伤人，但也是一种幽默，它代表了一种心态，一种动作，以至于让我们觉得，幽默是有温度的。直白的幽默能够逗得人开怀大笑，不够直白的幽默，便在沉默中成为冷幽默。但不可否认的是，要想让顾客更为信赖我们的产品，我们多少要懂一点幽默的知识。看看它到底是怎么作用于我们，看看我们能为自己做些什么？那么就幽默的作用而言，我们无外乎分为两种：一种是放松人们的精神状态，另一种是描述内在的信心和自我。人们总是在犹豫的时候，呈现出莫名的紧张状态，幽默可以带来欢笑和轻松，使人们有效缓解僵持的局面，同时带着一种应该笑的暗示，会更容易应对对方的追捧和认可，并从中油然而生地产生喜爱之情。

谈及价值，这与唯物主义和唯心主义有关，为什么幽默能上升到哲学的层次，其真正的学问就在这里。唯物主义价值观的人对产品本身的质量更加看重，从而相对忽略了产品对个人心理的影响，这样的人群最看重产品的品质，因此从这两种价值观来看，幽默的路线显然是各不相同的。但有更多的人，既唯物又唯心，所以很难明确地讲出人群对于价值的统一看法。价值本身就是出自我们人类各自的判断和自由意志，而价值是在没有真正购买前，通过自身的感受认定的。我们的感受除了本能的一种以外，还有另外的一种，叫作"第二直觉"。

由此看来策划者一定要站在消费者的角度去思考问题，消费者要站在策划者的角度去思考问题，正所谓知己知彼，百战不殆，未来的策划营销将会越大地符合人类本真的心理，尽管它改变了我们的意识、理念和对某一领域的思想，但它是透明的，可以坦然相信的，出自我们本能内心的。明知道在幽默我，我就会更加配合幽默，明知道真要送我一个礼物，我却要花钱再买一份表示谢意。小聪明要不得，真正的营销是要具备大智慧的，而就大智慧而言，任凭花哨的包装千奇百怪，还不如以幽默的形式对待人生，还不如以幽默的形式来得真实可贵，我们只不过是微微笑笑，便能从这种微笑中赢得更多，倘若真的拥有这样的能力，又为什么不去加以利用呢？好的开始是成功的一半，学习营销，先从优化自己的幽默感开始吧！

第六节　好段子最能深入人心

如今电商营销变得越来越多元化，它不仅仅是单一的买卖消费模式，更多地依托于互动中的文化，想要让对方眼前一亮，想要让对方接受我们的产品，就必须让他们的需求更加生动化，更富有感官的刺激性。于是，各种各样的策划营销方案通过营销者大脑不断拓宽的脑洞涌现出来，最终他们发现，不管我们更擅长于哪种营销模式，产品故事是无法撇开的核心。我们需要将自己的产品融入生活，需要让购买者在购买产品的同时得到某种精神的启示，这样看起来，自己的产品将不仅仅是一个产品，它拓宽了应有的维度，变得更为高端，更为优质，同时带有着无穷无尽的想象力和创造力。

说到这里，不能省略的部分就是营销段子。它已经算不上什么稀奇了。段子起源于相声，而且与生俱来带有一定的幽默感，只要段子一出现就会给大众带来欢乐，迅速集中他们的注意力，将自己的思想以更为欢快的形式进行广泛传播，最终赢得大家的共鸣。一个非常能侃的段子手说："好段子总是可以深入人心，而且但凡是段子都是带有颜色的，红色、黄色、灰色，它已经不仅仅拘泥于娱乐，它是一种营销的手段，是可以随处用到的互动工具，所以想要让自己的产品有吸引力这事儿，真的要好好研究研究了。"

其实段子营销与图像营销类似，后者是看图领悟，前者是看字领悟，两者在一起就是结合领悟。现在的段子手，已经不是单一的相声形式，他们的段子或是煽情，或是小清新，或是带有一种超然的生活概念，他们希望以多元的形式进行传播，能够带给消费者耳目一新的感觉，能够改变他们的思维模式、生活态度，以及行为作风。他们用自己的方式不断向大众描绘着产品背后的故事，更加接地气，一个故事下来，让人分外亲近，好像字里行间说的都是自己，因为这份亲近感，便更愿意去投入购买，好像如果这次选择拒绝，那么最终拒绝的不是别人，是消费者自己，自己拒绝与自己的心理解，自己拒绝这种内在能量的强化，并不是所有人都有这样强大的毅力，况且有些时候，这样做对自己也并没有多大的好处。

那么怎样才能写出优质的好段子呢？怎样有效地通过这种模式更好地促进营销呢？看看下面的六条建议，希望对大家有所帮助：

第一，载体要明确，我们需要将自己转变成一个编剧

此时，电商的位置需要进行颠覆，因为我们不再是买卖关系，而是要一起来看一段故事，品味一段人生，从而受到启迪，在趣味中了解产品，在无尽的快感中寻找购物的乐趣。一个编剧颠覆的不仅仅是人们的视觉，他很可能改变的是一种固有的思维逻辑，我们需要有效地触动人心，才能最终在场景和故事中让消费者受到感染。与单纯的买卖关系相比，别人更容易接受一个故事，而接受了这个故事的时候，良好的消费动力已经开启了一半，剩下只是要不要做出决定，要不要在资金上进行投入。

第二，段子太长没人看，段子太短太难写

倘若这个时候，我们需要用不到一句话的长度完成一个故事的描述，很显然这样高难度的撰写方法是不符合逻辑的。即便有谁真的能办到，消费者能不能看得明白也是一个巨大的挑战，但与之形成强烈反差的是，消费者看懂了，却就此把手机扔到一边，从此再也不愿意点击我们产品，原因就是我们的长篇大论让他们累了。他们不愿意再花费时间埋单，因为我们已经在瞬时彻底抹杀了他们对于产品的期望。所以段子的字数，是一个量化，我们需要把握好火候，一切建立在刚刚好的位置上，这样才能有效地让自己的概念深入人心，获得消费者的认同和买账。

第三，再好的段子没人捧，也很难营造出气氛

好段子并不是都靠写的，有些时候还得在抄上有一定的功力，因为有人捧，就会顺势带来群体效应，大家会下意识地跟在受捧者的后面继续追捧，只要曝光的面积足够大，那些阅读率就会跟着稳步提升上来，阅读人数越多，喜爱者就越多。我们需要尽可能地形成一种气氛，一种让消费者捧到上瘾的积极氛围，唯有在这样的营销氛围中，消费者才更愿意对产品进行了解，同时在感性的涌动催化下实施购买行动，与对方长久互动，进而完成次数更多的认购交易。

第四，没有双重意义的段子不是好段子

营销的段子就是醉翁之意不在酒，段子一定要写得好玩儿，一定要写出新意，一定要保证质量，但其核心是我们要以它为工具推销我们的产品。这种感觉就好像隔山打牛、指桑骂槐，一个行为，却有着不同的用意，这是问题的核心，绝对不可以发生偏移，达不到营销目的的话，故事也仅仅是个故事，电商没有收益，我们也不过就是一个单纯的段子手罢了。

第五，段子是用来做公平竞争的，谁认真谁就输了

段子营销充满乐趣的背后是以商业为目的的，不必过于追求调侃或反驳，关键点在于娱乐大众而不是针对某个人、某件事或者某个物件进行不必要的攻击。我们要以放松的心态去看待段子，它仅仅是一种更能打动人心的营销模式，除此之外没有其他。

第六，时刻记得，我们是卖货的，段子面前见好就收最理性

把故事讲得太清楚就会让整个场景变得很逼真，把事情做得太逼真反而不真了，一切都要适可而止，给对方一定的想象空间，但凡是干扰营销的因素都要一并排除，包括段子的本身，以及多余的那些招数，一切要懂得点到为止，点到为止是画龙点睛，继续渲染就是画蛇添足。

第九章　那些电商营销中需要协调的事

　　营销不是一件简简单单的事情，很多事情需要调理规划，但是最重要的核心，就是我们需要合理地协调好一切，很多关系需要梳理，很多思路需要厘清，很多要点需要明确，很多症结需要打开，我们要与团队有效地采取合作，同时我们也要对自己提出一个更为深入的要求，假如时间仅仅是一瞬，那么把握好这一瞬，我们便因此拥有了一个崭新的开始，把握住了属于自己的人生亮点。

第一节　感性或理性，首先锁定我们的目标人群

在生活中有各种各样的人群，一般电商企业将目标人群分为感性消费人群与理性消费人群，并且针对不同人群进行不同的产品推广策略，我们需要设计自己吸引购买群体的方案，但前提是，我们要让自己产品的目标群体更为精确，只有这样才能有效地锁定受益，让自己的产品得到最大限度的推广，快速打入市场，获得消费者的认可。

一、感性消费

所谓感性消费是一种情绪，它是一种基于个人感性认识的一种消费形式，这一类的消费者一般是以个人爱好、兴趣作为购买标准的。

心理学家认为，人的一般心理活动有三个基本的过程，即认识过程、情绪过程和意志过程。

产品的外观造型、色彩、气味、味道、音质等外在特征会对感性消费者在感官上形成一个直接的刺激，而电商网站或店铺的布置又会对消费者进行感性上的刺激，从而导致消费者的感性消费。

电商企业只需要有效地突出产品自身显著的特征，如绚丽的色彩、夸张新颖的造型、动感的设计等，都容易引起消费者的注意。所以，产品包装的设计、品牌的命名和创意的推广、网站或店铺的布置等，都可以成为消费者感性消费的一个完美开端。

　　一般来说，感性的消费者更倾向于对精神生活的关注。他们对外界事物很好奇、很敏感，即便是购买一件产品，也更偏向于自己的感觉，倘若这个产品让他们浮想联翩，一见倾心，那么感性的内在便会支配着他们做出购买的决定。这样的购物者一般不会经历货比三家的体验，而是更希望享受购物中的快乐轻松的感觉，他们的生活或许是慢调的，或许很小资，他们的购物与其说是单一的购物意愿，不如是一种陶冶心情的方式。

　　因此电商企业针对感性消费者的营销活动应该以情感为主，将情感这根主线直接贯穿于整个营销活动的全过程。除了有效地研制开发出更适应顾客情调的产品以外，我们还需要有效地采用充满人情味的促销手段，只有这样才能更好地触动感性消费者的感性神经，从而进一步促进产品销售的进程。

二、理性消费

　　在崭新的互联网环境中消费者开始学会了有效利用来自其他消费者的产品质量信息做参考，更少地依赖营销人员传递的质量代替物，如品牌、忠诚度、价格等因素。倘若消费者更多地依赖于自己对产品的评价、专家的认定，乃至于网上其他消费者的评语，那么就可以认定，这样的消费者是属于理性消费者。

　　比如说消费者要购买某家店铺的鞋子，第一反应就是翻开电商页面累计的评价，倘若这个时候评价大多数都是好评，就会开始推进下一步的购买，但是倘若这个时候消费者发现，在众多评价中出现了差评，那么将会毫不犹豫地放弃自己购买的欲望。如果有卖家秀，消费者会第一时间关注到卖家的秀，因为卖家提供的产品模特图片一定经过修图，只有消费者购买后拍的图片才是足够真实的。

当消费者开始依靠其他消费者对产品的点评以及其他的一些信息来源进行分析的时候，他们对品牌的直观感觉和忠实度也就没有那么重要了。他们的购买还可能受到购物环境的影响。在这种情形下，消费者变得越来越理性，也越来越不容易被营销人员传递的信息影响。

在如今这个崭新的消费环境下，电商企业想要引起理性消费者的兴趣，就要有效地根据目标人群的需求，秉持求真务实的信念去向对方推广自己的产品，并且营销人应该进一步地走进市场，了解消费者用意评估产品质量的各个信息源，除了这些以外，营销人还要从以下四个方面着手：

第一，了解消费者自身的购买偏好、信仰和个人经历。

第二，确定来自营销人的有效信息，包括包装、价格和广告等。

第三，收集来自亲友、家庭和同辈人之间的信息。

当我们将这些信息有效地收集起来，形成充分的调查问卷的时候，我们便可以通过有效的数据进行分析，制定针对理性消费者的营销活动。

第四，目标人群的需求。

随着网购日益兴旺，越来越多的消费者趋向于网上购物，而电商企业很难将产品功能丰富到所有对同类产品有需求的消费者。因此企业一般会根据自身的能力向目标人群提供更符合他们需求的产品。

由此看来为了通过目标客户群体为企业带来更好的效益，企业需要从消费者的行为、态度、信仰、购买动力等各个方面出发，来更深一步地了解消费者的需求，了解他们的购买初衷，了解他们分属于怎样的购买群体，自己的产品是不是更适合他们的选择，由此他们才能更进一步地锁定目标群体，以更对其口味的营销方式和服务模式，将他们固定下来，以此来促成更多的交易，实现产品的推广和营销计划的成功。

第二节　不如坐下来好好谈谈

即便策划再完美，团队不能有效执行，一切也只能是空谈。很多时候我们不知道问题出在哪了，团队之间，各自秉持着沉默，谁也不去帮助谁，谁也不主动去协调，每个人都坚持着自己的意见，每当营销策划出现问题的时候，就互相推脱，都说不是自己的错，都说不是自己的问题，可问题究竟出在哪里呢？我们不是一定要纠结于谁对谁错，而是要找到问题的原因，然后及时地解决它。但就人各自自私的想法而言，很多时候，这些重要的事情在讨论中都变得不重要，谁也不愿意过分地承担起"错误在我"的责任，以至于最终问题究竟在哪里，始终没有一个确切的结论，最终，所有的问题就这样被堆积起来成为后续营销的混沌积累，我们总是找不到解决问题的方法，尽管可以暂时视而不见，但不加以解决的话，问题永远都作为问题放在那里。我们每个人都想得到自己应有的那一份，少承担自己可以不承担的内容，但如何将自己的营销策略向前推进，这些利己的思想始终都是彼此互动中前进的障碍。或许这个时候最好的办法就是放下那些对错的拘泥和利益的需要，让心态平静下来，一起坐下好好聊聊，我们可以认真地倾听彼此内在的想法和需求，同时也可以更好地协调彼此的关系，最终达成一致，在心理上获得一种自然解放的共鸣，以轻松愉悦的状态投入下一轮的战斗，这或许是解决问题最好的方法，我们只需要对彼此工作之间的连接进行调试，就可以很好地解决这个问题。

而另外一个重点在于，倘若我们与团队之间出现对抗情绪，所酿成的结果可能比我们想象的还要可怕。犯错本没有什么关系，每个人都会犯错，只要改正过来就好，可怕的就是我们没有意识到错误的存在，而别人又不愿意把我们的错误告诉我们，或者，他们也并不是不愿意，只不过从来没有把注意力专注于我们身上。在营销团队中，我们需要尊重每个人的意见，但不包括那些毫无意见可谈的人，因为他们从来都没意见，便从来都不会发现自己的错误究竟在哪里，倘若连自己的优势和劣势都分不清楚，又怎能更好地进步呢？

我们应该有不同的声音出现在营销的会议上，哪怕我们说的是错的，为了我们能够验证谁是对的，谁是错的，就需要我们有人站出来，提出相应的反驳或者改进的意见，这一点显得尤为重要。提出建议的人需要从"目标、设想、方法、实施"四个方面来任意选择一个角度，提出自己的想法和建议，这样才能有助于大家对整个营销局面做出一个系统的调整。人与人之间说赞成的话不会超过三句，但到了彼此反驳的时候，便是长篇大论，甚至出现争吵的局面，这个时候最重要的核心就是发挥我们的专业性，让彼此就专业层次来探讨个人的意见，时刻保持警觉的习惯，如此一来，探讨就将在相对平稳的态势中延续下去，这将是一个一举两得的好机会。这不意味着对制订计划的人是不公平的，这恰恰是一种帮助及肯定。团队首先要肯定自己制订的计划，其次要让更多的智慧融入营销方案中，使其更加完美，这是一件相当严谨的事情，一定不能出现次序的混乱。

那么，现在让我们探讨一下下面的几个问题：

·目标：目标是一个什么样的目标？其实质是什么，而表面的目标又是什么？

设想：假如有些情况发生，我们将怎样采取应对措施，或者说我们觉得它将对营销产生什么样的影响呢？

方法：什么样的方法才是我们最佳的选择？其中的利弊各是什么？倘若可以换一种方法的话，我们认为什么是最好的选择？

实施：我们应该怎样有效地分解自己的任务，需要怎样采取协作的措施？又要怎样介绍自己现实的情况呢？

越是激烈争辩，越是容易出现好方法。实力仅仅是一方面，但我们的态度却价值百万，倘若我们能够站着发表意见，人的主观意识会对当下的一切做出选择，尽管我们随时都有扭头走开的可能，但本着友好交流的原则，我们必须构建一个相对平静柔和的团队互动氛围。它不一定是封闭的，倘若视野可以更开阔，更能够调节一个人的身心，那么这样也不失为一个好的选择。总之怎样都可以，关键是我们能坐下来一起心平气和地聊聊，只要围绕营销策划方案或创意的话题能够延续下去，我们就必然会从中大有收获。我们可以充分利用纸张将所有的思路记下来，加深自己和他人之间的互动内容印象，同时使他人更加了解自己，我们可以肯定的是，一个团队不在于有多少人，而在于有多少对策划有意见的人，我们不要害怕冲突的产生，因为冲突不会毁掉我们的团队，并且我们也应该知道"一加一大于二"的意义对我们来说是最有利的，眼下这个加法就是我们最应该做的事情，让他们能够愿意和自己坐在一起，好好谈个痛快。当我们把身边的每一个人都看成局内人的时候，我们就会发现他们所提出的每一个意见都是有利于自己的，我们可以下意识地对一切进行改良，直到大家赢得了全然的认同和统一，这时候我们会发现，所有人的想法都慢慢地合并成一种梦想，我们在为自己的事情而努力，而就他们而言，其内心所感受的与我们相同，只有当大家都在为自己而做事的时候，那种动力才能最积极的，所以，现在就开始预备好一场交谈吧！把彼此的心声说出来，要不然又有谁会了解，又有谁会明白，又有谁能够对后续的一切加以改善呢？

第三节 重视客户的每一份反馈，做出恰当的回应

眼下，许多电商对客户反馈的态度仅限于，只要客户满意，给出好评即可，这其实是一个误区，在电商营销的过程中，我们必须重视客户的每一份反馈，因为可以通过客户反馈了解用户的想法，从而进一步改进我们的营销策略。

在传统销售模式中，想要做成一单生意，关键在于你与客户的沟通。在沟通过程中，如果客户心情愉悦，这单生意十有八九会成功；如果客户心情很糟糕，这单生意绝对不会做成。如何才让客户感到愉悦与满意呢？前提就是要将客户当成上帝。

比如，在你与客户接触时，你的身份是服务人员，而客户是被服务人员，你的目的就是要让客户感到满意。客户说的每一句话，你不仅要认真聆听，还要将它听懂，并做出恰当的回应。只有当客户心理得到满足，你的生意才有做成的可能。

小林从事保健品的销售工作，他的专业知识非常过硬。按理说，他的销售业绩应该很不错，可事实上，每次他的销售业绩都垫底。领导非常疑惑，选择了一天悄悄站在一旁看小林是如何销售的。

这一天，有一位客户上门了，是一位上了年纪的老大爷。客户挑选了一款产品，小林说得非常专业，让客户当下表示要购买，整个过程顺利极了。在小林开单的时候，客户闲得无聊，聊起了家常。

客户叹了口气说："你说这人啊，上了年纪哪哪儿都不舒服，就我这腰，每到阴雨天气，就疼得下不了床，那叫一个受罪。"

小林一边听，一边在购物单上填写购买的商品的信息，一边很不走心地说："是吗？"

客户说："是呀。就我一个老朋友，前两天还跟我在公园里下象棋，结果这几天都没有来，我稍微打听了一下，你猜怎么着？"

小林依旧埋着头，没有回答。

客户皱起了眉头，说："人突然没了。晚上睡觉的时候，突发脑出血，送医院都抢救不过来了。哎，世事太无常，说不准哪天……"

就在客户说得尽兴时，小林突然打断他。

小林礼貌地说："大爷，单子填好了，请您到收银台付下款，您就可以带走……"

然而，不等小林说完，客户就打断了他，冷着脸说："我刚刚想了一下，我还是不买了！"说完，头也不回地离开了。

这让小林目瞪口呆，实在想不明白，明明生意谈成了，怎么又突然不买了呢？倒是站在旁边的领导看得一清二楚。她对小林说："你的生意做不成，是因为你不仅没有认真聆听客户的心里话，而且没有给予他热情的回应。你敷衍了事的态度将客户惹得不愉快，他又怎么会再做你生意呢！"

小林没做成生意的原因正如领导所说，在客户谈论自己的事情时，小林不仅没有认真地听，也没有给予回应，只是一个劲在写单子。这样的行为无疑会让客户觉得自己不受重视，也感到自己没有被尊重。所以，即便先前答应要购买，最后也因为不愉快而选择反悔。

然而，在现实中，很多销售人员做不到将客户当成上帝。往往客户在滔滔不绝地说着，他们却听得心不在焉。试想一下，当客户询问你对他说的话有何看法时，你因为没有认真聆听而回答不上来，或是要求客户再说一遍，这无疑会惹得客户心生不满，甚至因为你的不关注而恼羞成怒。这样的情况下，能做成一单生意算是奇迹了。

如今的电商销售同样也是如此，只是把客户的沟通反馈转移到了网络层面而已。当客户下单付款之后，不要以为事情结束了，可以不将客户放在心上了。请一定要记住，客户的每一句你都要认真聆听，且给予客户适当的回应。即使是在交易完成后，也不能忽视客户的话，依然要将客户的话放在心头，不仅要认真地去聆听，还要礼貌地回答。因为你的客户并不是一次性的客户，你得体的言行举止会让客户成为你的老客户。

此外，认真聆听客户的话会让你获得非常有用的信息，比如客户喜欢什么、不喜欢什么。当你与顾客交谈时，说些投其所好的话，也会加大成单的概率。当然，即使不是客户，当你与之交谈时，也要认真聆听，热情回应，因为这体现了一个人的素养。有时候，当你认真聆听一个人的话语时，还会发现意外之喜。

肖斌和凌美是同事，两人都从事保险销售工作。每一次，肖斌的销售业绩都垫底，而凌美的销售业绩却次次第一。

肖斌很好奇，凌美的销售业绩是怎么做到这么好的。于是，他开始留意凌美。他发现，不管是凌美的朋友还是亲戚，全都一个不漏地在她那儿买保险。再看看自己的朋友和亲戚，鲜少有在他这儿买保险的。每次他打电话给这些朋友亲戚推销保险，他们像是商量好了一般，不是说买过了，就是说自己现在很忙。

这一天，凌美的一个朋友找到公司，想在凌美这儿买一份商业医疗保险。这位朋友什么都没问，就让凌美帮她做主，看一看买哪些项目。趁着凌美办保险单之际，肖斌就跟这位客户聊了起来。

肖斌说："你什么都不咨询，就直接在凌美这儿买保险，说明你很信任她，你们俩一定是相交多年的好友。"

客户摇了摇头，笑着说："并不是。事实上，我和她只认识一周。"

在肖斌吃惊之余，客户说起了她和凌美是怎么相识的。

原来，客户有一天与男朋友吵架了，她伤心气愤之下在公共场合大哭起来。所有人都在对她指指点点，只有凌美站出来安抚她，并将她带去了一家咖啡厅。整个下午，凌美都在听着她说着与男朋友的点点滴滴，并不断地开导她。这让客户觉得，一个初次见面的陌生人愿意帮助你，且愿意听你说一下午的话，非常难得。而这样的朋友，又有什么理由不相交呢！之后，两人留下的联系方式，凌美也一直关注着她，时不时询问她的生活和感情状态。在得知凌美是保险销售员后，她想也不想就来她这儿购买保险了。

肖斌听后，不禁回想起自己，他打电话给朋友，几乎都是在推销保险，朋友有时候问他在不在，或是有烦心事找他说一说，他都说没有空。就这样一个相处方式，这些朋友又怎么会成为他的客户呢！

事实上，在电商销售过程中，客户反馈越多，越有助于你的产品优化、服务优化。客户每天都在使用你的产品，你可能一直都在想象他们有什么需求。但无论你怎么想，都没有通过客户反馈，或者在聊天群里了解他们的看法来得实在。客户不经意间提到的一些要点，可能就是你超越竞争对手的秘法。

曾经有一家电商营销公司，在网络上做了一个"留言墙"，将客户对公司产品和服务的所有表扬都放上去。这么一个空间，不仅可以让潜在客户了解产品有什么优点，还可以让员工知道，他们的努力工作得到了肯定，而现有客户也会了解到这家公司有多在意他们的反馈，更愿意提供更多建议。

毕竟，用户的使用反馈能为其他消费者提供很多实用的产品使用技巧，帮助他们更好地使用产品，这也是用客户带来客户的一种策略。因此，对于留下有价值反馈的客户，售后部门可以给他们发送电子邮件，感谢他们，并可以给他们发送产品预告等。

最重要的是，可以让客户知道，他们的反馈是有价值的，这是一个长期的可持续的过程。

著名的化妆品销售大师玫琳凯曾经说过："听他人诉说痛苦，并给予理解和尊重，就是一种有效的疗伤，不但能帮助他人，他人也会感激你。"对你来说，你的认真聆听花费的只是一点时间，但对诉说者来说，你的一点时间与回应却能影响和改变他的一生。

因此，不论是已经成交的客户，还是只询问过一次的潜在客户，作为电商营销人，都应该认真地聆听，并且给予回应。说不准，这些人中就有潜在客户。

第四节　小心，不要跟陌生人说话

很小的时候，我们的父母就告诉我们："注意，不要跟陌生人说话。"好像陌生人脸上都戴着面具，我们一不小心就会被他们带到地狱里，从此我们的人生会因为一个不经意的交谈而发生改变，很显然，陌生人代表着危险、警惕和内心的不安全感。事实上，我们每个人每天都要用心地寻觅着属于自己安全感，我们担心自己会因为各种原因而失去一些东西，它很可能是一种权利，也很可能是一个计划、一笔钱，或是其他更为重要的事情。而安全感究竟意味着什么呢？它或许是一把能够保住拥有的金钥匙，它的内涵里包含着稳定，包含着爱，包含了渴求，以及更为多元的含义，什么会让我们的心顿时平稳安定下来？什么才能让我们在做每一件事情的时候心里都倍感踏实？什么能够带来一种前所未有的能量充实感？就选择而言，倘若这个时候我们决定放弃稳定与陌生人合作的话，无疑是要承担更多风险的，因为对彼此还不够了解，又怎能快速赢得彼此的信任？而这种质疑的概率远远大于好奇心。

营销就是先营造人们之间的关系，所有的合作都是先产生关系后来才有发展的。这根本就不是人们理解的那种因为自己产生了购物行为，所以自己就成了电商的客户，他仅仅是我们的服务商，这是一个相当肤浅的认识，我们一定要对我们与他人之间的关系有一个真实的了解和认识。尝试这样思考问题：因为我们确立了关系，这种关系可能是一种无言的认可，所以我有可能会成为他的一个客户，他也有可能会成为我的一个服务商。

那么我们为什么要判断这种感觉是对的呢？当我们开始购买东西的时候，是用不了多久就能对产品的好恶做出评价的，除非我们从来没有尝试过，或是我们根本就不需要这件产品，或许会有更多更好的选择。人在对比的时候是很容易出现脑筋膨胀，当我们的精神越集中，所受到的局限性就会越大。当我们忘记横向思考还是纵向思考的时候，我们的思绪就会因此变得混乱起来，于是决定平静一下自己脑电传输的状态，以逆向的思维，去反推我们所要经历的一切，假如想要买回家一款产品，那么将会有怎样的场景发生呢，我们会如何使用它，在什么样的氛围之下，怎样才能最大限度地升华自己的快乐？而这种快乐究竟是什么呢，最终我们会对这个产品敏锐地做出判断，它是一款怎样的产品，自己在拥有它以后的感受是什么样的。有些人天生就不懂得对比是什么，但他们却会对比之前自己做出的决策，所以他们充分信任自己，只要我们有一点感觉或刺激，他与商业行为的距离就会出现直线的拉近，也可以说，所谓的关系营销者天生就对任何人没有生疏感，社交高手也不害怕在与人沟通的时候找不到话题。

　　和"陌生人"题材有关的影视有很多，多数是与伤害有关的，为什么伤害更多来自陌生人呢？我们恶意设定一种假设，如果两个人拥有购买关系的时候，以这一关系为前提，双方的利益都远大于一次伤害式的交易。在这种情况下，想要从此赚得暴利的一方更希望他们拥有某种关系，而把长期交易作为第一选项的时候，我们应该意识到，在购物层面中那些所谓的伤害大多源于利益需求和富有欺骗性的手段，这几点就是为什么我们需要想清楚在互联网上或是移动网络上，我们应该怎样有效地装扮好自己，保存实力，建立一种潜在的关系系统，这个系统里的人是让我们更信任，更熟悉的，不至于因此受到欺骗，所以我们会更踏实安心。

　　我们都曾经听到过从事网站客服工作的同事这样评论"信任"，他说信任就是保障，保障就是看起来一切正常，没有异样，当人们不能洞察到哪里出现逻辑问题时，或许这本身就是一种信任力的产生。但是不能说因为没有异样就有信任，几年前的银行钓鱼网站看起来也没有什么异常，照样有大批的人在那里认购，输入自己的账号密码，一门心思想着发财，这种信任不知道从何而来，但那时候脑门子一热就做了，所以看起来一切都没有那么简单，但即便我们认为其中存在着异常，但我们的信任却未必认同我们的感受，这也就是我们为什么会因为一时的决定而出现纰漏，直到问题真的出现了，才意识到，原来和陌生人的合作划不来，当时所谓的信任完全是出自一种错觉而已。

第五节　如果只有30秒，我们该怎样思考？

试着想想，倘若做一件事情的时候，我们有30秒的时间考虑，那么在这有限的30秒之内，会想些什么，会有怎样的思考，会怎样设计自己的营销方案，应该怎样以最完美的表达去讲述自己的构想，将怎样以截然不同的方式去点亮这段思绪。同样，倘若此时我们所诠释的内容仅仅只有30秒的时间，我们怎样有效地提亮自己在消费者眼中的位置，怎样使别人快速地被我们打动，更青睐于我们的产品，愿意快速地点击进入我们的页面，最终成为我们的粉丝、我们的追捧者？30秒也许是很短的时间，却决定了我们全部的营销命运，如何把握好这段时间，让这段时间有一个精彩的呈现，如何有效地进行思考，如何将自己的灵感涌动出强烈的火花，如何有效地提升自己的思维层次，如何快速地抓住消费者的购买心理和动机，简短的时间，竟然要有这么多事情要做，我们究竟应该怎样有效地完善好这一切，又应该怎样有效地诠释产品在他人生活中存在的地位，显然这些内容摆在了我们面前，成为我们一定要努力调试和改变的对象。

无论是我们营销策划的执行者，还是营销策划的设计者，都要让自己拥有30秒的判断力，哪些是我们整体营销体系中最重要的，哪些是亮点，哪些是不重要的，可以省去的，我们的营销面积究竟是什么，而作为策划岗位的管理者，我们又应该快速地掌握哪些技巧来有效地提升亮点。我们需要在 30 秒之内判断好自己的影响是什么，尤其是作为策划岗位中的管理者，不仅要对最新的策划技巧有所掌握，还要根据市场预警和对手的表现，主动地摸索出未来的优化改善方向。事实上，电商的策划工具并非一成不变，我们总要遇到企业的更新或者新拓展的业务，尤其是在并未明朗的时候，策划还应该担当评估者的角色，而不仅仅限于营销的层面，还牵扯到更为广泛的业务内容。比如新的增值服务是否与产品相匹配，是否能够最大限度地满足用户的需要，是否最大限度地与用户的生活理念和价值观相融合？倘若没有全面的考虑，再完美的细节也只能算是一张图画中的素点，虽然外表华丽，却难以担当大任。

英国赫特福德大学教授魏斯曼曾经组织过一项相关的调查研究。人与人之间能否一见钟情，取决于他们初次见面的 30 秒，如果在这段时间里面无法让对方产生深刻的印象，那么他们基本上就无法成为对方心中的有缘人。因为大多数人在 30 秒内就做出了决定，并且女性选择的时间还要相对短于男性。当然，失去了一见钟情的机会，并不等于失去了情感的所有联络线；有些时候日积月累也适宜这种选择，但这种日积月累又分为"因改变而影响"与"习以为常的依赖"两种。作为商业策划不能依靠不断修正来过日子，我们要有前瞻性和快速准确的决策力。这样才能在事情刚刚开始的时候，对一切进行有效的把握，提前进行思考、预知和判断，这可以说是我们进行有效策划的最佳时机，当我们把其中的每一个环节、每一件事情看清楚的时候，我们就会发现最开始的想法有可能会影响到事情整个的走向和结局。

那么回到问题的开始，我们是否应该下意识地重新问问自己，这有限的 30 秒我们究竟应该怎样加以利用，我们应该思考一些什么内容。尽管人生有限，我们却有充分的时间做很多事情，比如，看一篇唯美的散文，冲泡一杯速溶咖啡，打一个电话，给朋友写一封信……但这些仅仅只是我们生活中的一个行动，算不上实质意义上的思考。

假设拟定策划决策者的身份，最基本的思考范围应该是围绕以下五个部分进行，分别是：

（1）用心思考，我们的策划案可以为用户带来什么。

（2）思考策划案，我们的方案能为企业赢得什么。

（3）思考这一行动的开始，看看究竟这样做有哪些利益，而长远的战略究竟是什么？

（4）思考这一行动所要付出的代价，究竟存在着哪些风险因素。

（5）思考在这有限的 30 秒内，我们听的所有意见是什么。

与讨论细节的策划案细节不同，我们最初的判断会影响策划案整个的方向和方式，需要注意的是我们应该"为用户带来什么"要比"为企业带来什么"顺序更靠前。因为首先，我们只能为企业带来利益的策划案是注定失败的，用户得不到利益，就意味着企业这时候得到的是"虚而不实的假象"，这其实算不上一种利益的主张，而是一种严重伤害企业利益的表现。其次，我们所收到的利益要与风险进行共同评估，所有决策都会有风险的系数，只是两者之间存在着高低不同的区别，在风险评估的时候，我们要尽可能让自己所拥有的利益和要承担的风险成正比。这样就能够很好地把握策划案的执行效果。最后，我们要做的是听取周边人第一时间的意见，这也是格外重要的事情。对于从业者来说，第一直觉的判断与关注点，决策都务必要关注并快速判断当中存在的可能性，这样才能使问题与优势在第一时间得以暴露，才能确定无疑地具备对事物把握的敏锐嗅觉，所以我们要本着专注审慎的心态来认真地对待自己的工作，其内容有些时候并没有我们想象中的烦琐，在某一个特定或不特定的时间，连续用30秒的时间进行思考，从涉及面的角度来评测这次营销是否真的具有有效的价值，以及我们应该如何把每一个点做到精准完善。

由此看来，30秒虽然不过是生命的一瞬，却凝聚着无比重要的意义，倘若我们能将一个30秒，连接又一个30秒，生命的火花就会因此而不断地涌动爆发出来，我们会因此而看到一个与之前完全不同的世界，也因此会拥有一个截然不同的人生。营销策划往往就是在这一个30秒又一个30秒的延续中产生出来的，我们需要对我们所设计的一切进行有效的思考，我们利用好生命中每一个30秒，需要它不断地给我带来精彩，也需要不断对自己进行调试，需要每时每刻面对崭新的境遇，然后带着更富有朝气的心，全然地去体验自己所创造的一切，只有这样我们才能有能力改变世界，才会有能力颠覆别人的概念，因此创造独一无二的产品，而与此同时也将因为这种创造成为独一无二的自己。

第六节　勇敢突破瓶颈

就营销而言，想得很好，可到了实施的时候，却发现事情远远没有自己想得那么简单，因为消费者的心理在变，对于产品的需求在变，时代在变，推陈出新的速度在变，我们看不到的，有人看到，我们看到的，未必没有人提前看到，于是瓶颈就这样悄然地产生了，有时候，根本没有防备，却在营销的步骤上出现了尴尬的局面，本来做得好好的，情况却忽然开始糟糕。我们设计的一切都让自己满意，可消费者却对我们的产品没有兴趣了。我们努力推行着自己的策略，却发现别人将注意力转向了别处，我们不断挖掘着客户的心里，却发现整个道路迷茫，好像了解什么内容都是空洞的。于是我们越发地不知所措，究竟我们错在了哪里？究竟是哪里出现了问题，到底下一步该怎么办？如何能够摆脱这番纠缠不清的瓶颈呢？

似乎每个策划者都遇到过因为职能限制而出现的各种各样的问答题，比如，公司中市场部与采购部，不能理解我们为什么一定要在营销方案上这样运作，或者他们根本就是没参与到我们营销方案中，显然这类问题非常严重。或许现在我们猜想到，问题的出现可能与我们的"身份"有关，因此如何做好根本工作，成为我们营销中首先要力求达到的核心目标。

下面是某公司在一次内部培训中经历的一个最为有趣的体现：

由于参与培训的人分属于公司各个不同部门，所以他们对其他部门的工作并不是那么了解，即便知道一些也是很有限很浅显的。所谓培训的主题则是打破职能分割，使员工感受其他职能部门的工作，这就需要每位参与者勇敢地担当起身边的工作职能，接下来培训的人给出一个销售选题，让参与者分组进行讨论。出人意料的是，所有的人在表述对于方案想法的时候，都始终保持着原有的职能角度。也就是说他们在极短的时间范围内，都无法有效更换自己的智能角色，依旧以自己的观点去看待眼前的工作，这样在场的每个人都意识到，在营销过程中，始终难以达到沟通默契的原因原来就是在这里。

首先，员工没有对公司的协作部门有清晰的认识，不了解对方的工作业务范畴与相关的流程究竟是怎么回事儿。

其次，部门与部门之间缺乏沟通协调，也对彼此没有一个清晰的认识，这直接导致他们失去了彼此接收更多信息的互动通道。

因此，这样的培训从出发点而言，是相当具有促进意义的，另外也启示在场的人需要将一切看清楚。打破分割，要从了解对方开始，不管我们用什么样的方法，只有了解对方的职能以后，才能知道对方更在意的事情是什么，这对于需要协作的营销来说是一件非常积极的事情。

当我们知道需要怎样做的时候，接下来我们还将面临更多的协调关系问题。怎样与其他的部门绑定业务利益是眼下我们最需要完善的技巧，在对方部门看来，或许此时的我们，在营销的决策上并不是他们看重的，这也是非常有可能的，这时候我们应该充分地准备好要怎样给对方部门介绍我们的方案和计划，这一步是很重要的事情，因为能否让对方更加配合，关键还要看我们设定工作目标到底有多大，在与其他部门谈目标的时候，切记不要站在自己职能部门的角度来进行协商，因为这样会让其他员工对我们产生"自私"的负面印象。那么与其如此，不如站在更高一层的角度去阐述我们的观点，和大家一起分析，这个方案能为公司，和所参与的部门带来怎样的好处，要达到某些目标每个部门所要担负的使命是什么，部门与部门之间应该怎样有效地协调工作，倘若这个时候我们能够更为体贴地为所有人着想的话，他们一定会开始认同支持我们，并对我们的策划方案充满信心。我们要告诉大家，营销方案中真正的难点是什么，倘若我们能成功地为所有人设想他们工作中的难点，那么无可厚非，我们的方案在大家面前会更具有说服力。因为唯有每个人知道自己该做什么、为什么做、怎么做，才能更进一步地促进彼此之间的相互配合。倘若这个时候对方依然不能被打动，我们就只能最大限度地强调工作的重要性，包括从公司层面来解析我们的方案，当然本质上也是为公司带来更多的收益，只是我们需要更加强调每个人所要承担的责任，这应该算是整个营销策略实施之前底线中的底线了。

除了谈论协作以外，我们还需要让协作的部门更有效地了解我们自己，了解我们的工作职责和意义，了解我们在工作中可能遇到的难点。尽管此时的我们并不清楚对方，也许并不能给对方什么更有建设性意义的建议，但倾听对方的诉说本身就是一种增进彼此感情关系的方式，这样当对方在工作中遇到困难的时候，我们可以充分地鼓励对方，为对方加油，让他感受到虽然我们不在一个部门工作，但是我们始终都在关注对方，愿意与对方缔结良好的工作友情，这对项目合作来说，是一个培养彼此默契的良好开始，有助于我们彼此打好坚持的友谊基础，同时也有助于推翻职能所带来的瓶颈。

掌握了一定的互动沟通心理，口头上的表达会变得越发自信，完善了彼此的互动沟通后，再提出营销策划方案的时候，还会因为害怕遭遇瓶颈而手足无措吗？一切尽在掌握，一切尽在准备，一切都需要我们做好协调工作，当我们将这一切有效地完善起来的时候，我们的营销进程会因此上升到一个更高的层次，内部的矛盾解决了，外部的构想就会变得越发精准通达，上下团结一致，部门与部门之间再没有隔阂，这样内外通透的营销阵势必然有利于策划的推进。所以，从现在开始，就让我们拿出自己的勇气吧！

从零开始做优秀的电商运营人

基础决定一切，输赢不过起点。

THE INTERNET OF MARKETING
STRATEGY BOOK

李贝林◎编著

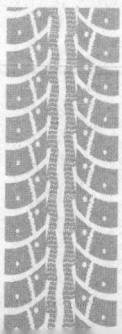

中国出版集团
中译出版社

图书在版编目（CIP）数据

从零开始做优秀的电商运营人 / 李贝林编著. -- 北
京：中译出版社，2020.6
　　（互联网营销策略全书）
　　ISBN 978-7-5001-6294-0

Ⅰ.①从… Ⅱ.①李… Ⅲ.①电子商务—商业经营
Ⅳ.① F713.365.2

中国版本图书馆 CIP 数据核字（2020）第 070145 号

出版发行：中译出版社
地　　址：北京市西城区车公庄大街甲 4 号物华大厦六层
电　　话：（010）68359376，68359827（发行部）（010）68003527（编辑部）
传　　真：（010）68357870
邮　　编：100044
电子邮箱：book@ctph.com.cn
网　　址：http://www.ctph.com.cn

策　　划：北京瀚文锦绣国际文化有限公司
责任编辑：温晓芳
封面设计：孙希前

排　　版：张元元
印　　刷：三河市宏顺兴印刷有限公司
经　　销：全国新华书店

规　　格：870mm×1220mm　1/32
印　　张：36
字　　数：840 千字
版　　次：2020 年 6 月第一版
印　　次：2020 年 6 月第一次

ISBN 978-7-5001-6294-0　　　　定价：210 元 / 套（全 6 册）

无论是在传统网络时代还是在移动互联网时代，电商运营一直发挥着无可替代的作用，但营销方法或工具已经悄然发生了变化，例如，微信出现之后，微信公众号已经成为营销和创业的工具。如今，电商运营模式越来越成熟，市场也趋于稳定，未来发展形势非常好。

随着各种电子商务平台的不断兴起，为了让更多的有志于从事电商运营的新人获得快速成长，我们专门策划了这本《从零开始做优秀的电商运营人》，以帮助读者在最短的时间内掌握电商运营技巧，实现职业化的进阶。

本书从电商运营的基础开始，由操作和推广驱动，详细介绍了电商运营的各种思维和方法。对电商运营和推广的终极秘密，本书从内容电子商务运作和推广的最简单的基础知识入手，尽可能以简单易懂的方式进行描述，使整个知识结构清晰，使读者容易理解和掌握。书中不仅涵盖了电商运营和推广的相关内容，还涵盖了各种电商运营和推广的成功案例，帮助和引导读者深入理解和发挥电商运营和推广的作用。

这本书重点介绍了在电子商务的运营和推广中，必须掌握的开业和运营、店铺装饰、促销和营销技巧。书中内容翔实,从卖家的角度出发,贴近现实,使读者易于理解和掌握。同时,本书还涵盖了开店过程中会遇到的许多细节,包括网上商店的设计和装饰体验。我们从多个角度向读者介绍如何开展电子商务商店的日常运营,并告诉大家作为电商运营的新人在新的电子商务环境下需要注意的事项。尽管这本书涵盖了广泛的内容,但考虑到它是面向电商运营的初学者,每一章中描述的行业深度是可控的。像电商文案写作和营销策划这样的内容将在本系列的其他书中向读者详细介绍。

目 录 Contents

第一章　电商入门：
从零开始学电商

电子商务是人类经济、技术和文化发展的必然结果，是商业升级的必然趋势。

第一节　商业升级，电商崛起

在学习电商运营之前，我们很有必要了解一下传统的商业活动。

人类的商业活动起源于史前。当我们的祖先开始对日常活动进行分工时，商业活动就开始了。每个家庭不再像以前那样既要种植谷物，又要打猎和制造工具。每个家庭可专心于某一项生产活动，然后用他们的产品去换取所需之物。例如，制造工具的家庭可以和种植谷物的家庭互换产品。在这些原始的交易中，无形的服务也开始进行了交易，如巫医通过施巫术或求神保佑来换取食品和工具。最终货币的出现取代了易货交易，交易活动变得更容易了。然而，交易的基本原理并没有变化：社会的某一成员创造有价值的物品，这种物品是其他成员所需要的。所以商业活动是至少有两方面参与的有价物品或服务的协商交换过程。

一、买方

买方的首要工作是确定需求，例如说"我饿了，想吃东西"。对于一个饥饿的人来说，确定需求非常简单，只需要想想附近的餐馆就可以了。然而，有些需求也可能非常复杂，例如"我们必须找到替代能源，以满足未来几年城市不断增长的能源需求"。寻找替代能源需要许多人进行长期有组织的工作。在实际工作中，确定所需工作的大多数困难都在上述两个极端例子之间。

一旦买家确定了他们的具体需求，他们就会寻找能够满足这些需求的产品或服务。在传统商业中，买家有很多方法找到产品或服务。他们可以查阅产品目录、咨询朋友、阅读广告或查阅工商企业名单（如黄页），买方也可以向销售人员咨询产品的特点和优势。对于重复的需求，企业通常有一个高度结构化的程序来寻找这些产品或服务。

在买方选择了满足特定需求的产品或服务后，他将选择能够提供这种产品或服务的供应商。在传统商业中，买家可以通过许多渠道联系卖家，包括电话、邮件和交易会。一旦买方选定卖方，双方将开始谈判。谈判内容包括交易的许多方面，例如交货日期、运输方法、价格、质量保证和付款条件，并且通常包括产品交付或服务提供期间的所有检查细节。当买方收到的货物满足双方议定的条件时，就应该支付货款。买卖完成后，买方可能还要就质量担保、产品更新和日常维护等问题和卖方接触。

二、卖方

对上述买方完成的每一个业务，卖方都有一个相应的业务与之对应。

卖方通常进行市场调查来确定潜在用户的需求。即使那些多年一直销售同一产品或服务的企业也常常在寻找新的途径和方式来改进和扩展他们所提供的产品。企业在确定顾客的需要时，经常使用的方法包括问卷调查、与顾客交谈、主题小组讨论，或聘请企业外部咨询人员等。一旦卖方确定了顾客的需要，他们就要开发出能够满足顾客需要的产品和服务。产品的开发过程包括新产品的设计、测试和生产等过程。

卖家的下一步工作，就是让潜在客户知道这种新产品或服务已经存在。卖方应开展各种广告和促销活动，与顾客和潜在顾客交流新产品或服务的信息。一旦顾客对卖家的促销活动做出回应，双方将开始就交易条款进行谈判。在许多情况下，谈判还是非常简单的。例如，许多零售交易涉及顾客进入网店，选择商品并付款。而有些时候，为了就货物的运输、检验、测试和支付达成协议，交易需要艰苦而漫长的谈判。

双方解决运输问题后，卖方将向买方交付货物或提供服务，并提示卖方向买方提供销售发票。在某些业务中，卖方将为每个客户提供一份月度发票分类账，其中包括客户本月收到的发票和付款。在某些情况下，卖方要求买方在交货前或交货时付款。大多数企业仍然依靠商业信用来做生意，所以卖方先写下销售记录，然后等待客户付款。大多数企业都有先进的客户付款接收和处理系统，并使用该系统跟踪每个应收账款，以确保收到的每个付款都与正确的客户和发票相对应。

销售活动结束后，卖方常常要为产品和服务提供持续的售后服务。很多情况下，卖方要根据合同或法令对售出的产品或服务提供质量担保，以确保这些产品或服务能正常地发挥作用。卖方提供的售后服务、日常维护和质量担保可使顾客满意并重新购买企业的产品。

三、业务活动与业务流程

根据上面的描述，不管从买方还是卖方的角度，每个商务过程都包含了大量不同的业务活动。如买方在安排所购商品的运输时，常常需要运输公司提供的运输服务，而运输公司往往并不是销售产品的公司，交易中这项服务的购买也是买方需要安排的。商务活动的每个过程可能包含多项活动，这些活动反过来又影响着生意的结果。

理解了传统商务活动的特点，就可以将在一个过程中运用良好的技术推广到其他过程中去。企业在进行商务活动时开展的各项业务活动通常被称为业务流程。资金转账、发出订单、寄送发票和运输商品等都是业务流程的例子。

　　在传统模式下，商业活动通常是通过面对面的直接交易或纸面交易进行的。传统的商业运作模式，无论是柜台销售、开架自选，还是举行订货会议和谈判会议，以及在保险、金融、海关、金融、税务等服务行业和行政管理中，都采用间接或直接的实物交换或实物接触来完成业务。根据样品订货，签订合同，根据合同规定发货和结算；填写保险单，提交财务报表等。无论是面对面的直接交易还是通过信函、传真等方式进行的纸质交易，都是一种有形的方式，这是传统商务的运作特点。

　　由于传统商业活动大多依赖于面对面和书面的文件传输，存在着信息不完整、耗时长、成本高、库存和产品积压、生产周期长、客户服务有限等局限性。目前，世界经济正朝着全球化和一体化的方向发展，这使商业活动的范围迅速扩大到世界的每一个地方。如何快速完成不同国家和地区企业之间的交易过程，已经成为企业的当务之急。

　　在这种大趋势下，互联网的发展为整个商业活动的自动化创造了有利条件和全新的信息空间。在这个空间里，人们使用数字信号交换邮件、讨论问题、阅读、写作，或者在网上玩游戏。商业活动作为人类最基本、最广泛的接触方式，自然会渗透到这个空间。人们想到在互联网上开展商业活动，于是电子商务就出现了。可以说，电子商务是人类经济、技术和文化发展的必然结果，是商业升级的必然趋势。

第二节　电子商务带来的巨大变革

21世纪是网络经济时代，做生意讲究的是信息化、数字化和网络化。信息技术革命和信息化建设的发展，将资本经济转变为信息经济和知识经济。它们迅速改变了传统的经贸交易模式和整体经济面貌，加速了世界经济的调整和重组，推动了中国从工业化向信息化社会的转型。不仅如此，电子商务还带来了商业战略、组织管理和文化冲突的变化。

电子商务不仅是一种技术变革，也是商业活动本身的革命性变革。电子商务直接改变了买卖方式、贸易谈判方式、售后服务方式等，商家能够在不离开家的情况下相互竞争，同时能够以一种简单的自助方式完成交易。网络技术使企业能够为每个客户定制产品和服务，电子商务使世界各地的互联网用户成为企业的客户或合作伙伴成为可能。企业可以使用网络轻松而廉价地一天24小时开发潜在客户。在线客户服务程序将客户的问题及时传递到不同的部门，并与现有的客户信息系统整合。

对企业来说，电子商务是一种业务转型或一场重大革命。

电子商务改变了企业的经营模式、企业竞争战略，促进了企业之间的合作伙伴关系，这是企业在电子世界中取得成功的关键。真正的电子商务使企业能够从事在物理环境中无法从事的业务。例如，向新的子公司开放后端系统将使互联网成为服务交付的重要载体，创造新业务和新收入；使企业能够相互进行连锁交易；自适应导航使用户能够通过在线搜索交换信息；使用智能代理；通过注册企业或媒体组织买方和卖方；使业务联系个性化和动态化。

随着信息技术的发展，企业内部管理机制不断变化，这反映了电子商务对企业流程的影响。作为信息处理技术的一次飞跃，电子商务的影响将不仅仅在于交易手段和交易方式。而且，由此带来的某些因素的变化，特别是供应链的缩短、市场核心的转移以及各方面管理成本的大幅降低，必然会导致企业内部流程的变化，因此电子商务已经成为企业流程重组的根本动力。这是企业进行自我改革、适应新环境、快速投资新环境的最佳机会。

电子商务带来新的贸易组合模式。

电子商务将贸易社会视为一个有机体。当愿景从单个企业扩展到整个行业时，它将继续扩展到所有企业组织（供应商、运输商、分销商、银行等）。此时，人们看到的是一种结构，在这种结构中，一个单一而复杂的有机体将原材料转化为成品，然后将它们发送给最终用户。在这种结构中，资金不断流动并积累到更高层次的企业中。

当电子商务在整个社会中实施时，社会将作为一个统一、有目的和有效率的实体运作。当一个行业的龙头企业把电子商务变成了企业经营的基本标准时，如果一个小企业想与一个大企业合作，就必须使用电子商务的模式。企业似乎正在经历思维的转变，从"如果我不加入电子商务，我将失去我最大的客户"到"如果我知道电子商务可以让我的生意变得如此简单，我就会采用它"。

总之，电子商务不仅仅是一种新的贸易形式，在本质上，电子商务应该是一种商业转型：它正在改变人类相互交往的方式，从企业竞争和运营、政府和社会组织的运作模式、教育和娱乐模式等各个方面思考和思考生活的各个细节。电子商务可以帮助企业联系新客户，增加客户信任，合理经营，更快地将产品和服务推向市场。同时，它还可以帮助政府更好地为更多的公民服务，从而提高公众对政府的满意度。它可以更新人们的消费观念和生活方式，改变人与人之间的关系。

第三节　电商平台的核心优势

自从人类诞生以来，贸易就一直存在。为了满足人们对多样化材料的需求，商品和服务需要进行交易。目前，电子商务是主要的交易方式，通过在线交易平台向消费者提供多样化的商品和服务。这里有一些相关的优势和特点向你展示。

与传统商业模式相比，当前的电子商务平台具有以下优势：

一、低运营成本

企业可以通过互联网直接与客户、供应商和销售商建立联系，简单方便地完成交易或传递信息，超越商业活动"价值链"中一些不必要的中间环节，形成新的供应链结构。电子商务跨越了传统营销模式下的中间商环节，缩短了价值链，降低了交易成本，让客户以更低的价格获得高质量的产品和服务。

二、广泛的用户

电子商务是以网络为基础的，网络的迅速扩展和技术的不断更新使企业能够面对数亿用户。这个市场有灵活和随机的商业伙伴和消费群体，可以说这是一个全球交易市场，它将影响到地球上每一个有网络终端的角落或个人。

三、快速双向互动交流

电子商务能够及时跟上科技的发展，并通过信息网络功能的完善而得到完善，尤其体现在快速、双向的互动交流中。日本正在推广光速电子商务，并希望利用互联网大大加快设计、生产和贸易活动，以提高竞争力。电子商务的快速特征尤其表现在快速变化的服装行业。根据美国的统计数据，使用互联网的服装供应商的平均交货时间比不使用互联网的供应商快 14 天。同时，通过电子商务系统，商家可以在互联网上展示商品、提供商品信息查询、与客户互动、收集市场信息、进行产品测试等。

四、提供个性化服务

在商品越来越普遍、消费者越来越个性化的时代，以现代高科技为支撑的电子商务能够充分实现以客户为中心，最大限度地满足客户的个性化服务需求。

五、错误率的自动控制

由于互联网为人们提供了不受地域限制的、最直接、最广泛的联系，信息传输的安全性和可靠性不断提高，可以实现自动纠错和检测，它已经成为客户和供应商之间沟通的桥梁，不仅降低了发货和售后服务的成本，而且通过认证中心和错误检测技术有效地控制了错误率。

六、没有时空限制

信息网络连接着与地域和空间无关的一体化全球市场。任何拥有网络入口点的人都可以随时随地随意开展业务活动。因此，电子商务可以提高时效性，增强行业上、中、下游之间的合作，有效调度商品资源，快速适应市场变化，理论上没有时间和空间限制。

七、高科技手段

电子商务不仅可以传输商业文件和文档，还可以使用多媒体技术和手段来传输图像、动画和声音，让顾客可以在三维空间中直观地浏览和选择商品。

八、有效提高企业竞争力

企业可以利用互联网成为特定行业或部门电子销售渠道的"霸主"，主导客户消费观念，制定新的营销规则和策略，有利于增强企业的竞争优势。

第四节　电商运营的底层逻辑

无论是经营还是开店，我们都必须有一套清晰系统的经营理念和方法，能够及时发现、分析和解决问题。我们应该学习电子商务运作的基本逻辑和整体流量运作的控制。这种底层逻辑和思维总是贯穿于电子商务的运作过程。

一、电子商务的底层逻辑

最重要的底层逻辑是向合适的人展示合适的产品，以尽可能促进转化，从而增加每个流程的流量价值。成千上万的人和成千上万的面孔是它的具体表现，它也是一种淘宝网底部逻辑的自我呈现，几乎所有的流量输入面板都是按照这个逻辑显示的。原因：一、电子商务流量红利消失，无论是平台 GMV 还是平台利润，为了保持淘宝电子商务的持续增长，每个流量的流量价值都需要最大化；二、有必要分散流量，这样有限的流量就不会如此集中，市场就会恢复平衡。不管网店有多大或多小，都必须允许它们生存；三、对于消费者来说，找到他们正在寻找的宝藏会更加准确和容易。总之，让每一个流量发挥其最大价值，对平台、卖家、买家三个方面都有好处。那么，这一基本逻辑给我们的运营商和销售商带来了什么指导思想呢？

对于电商运营商来说，店铺运营流量的核心是人群和标签。网店的几乎所有工作都是围绕着这个做的：在网店的目标客户中做好工作，然后尽可能扩大这个群体。对于中小型卖家来说，就是根据自己的产品优势来服务自己的客户群，不要贪大求多。

二、常规化运营思维

我们需要一个全面的运营思维来进行门店运营，这样才能更好、更系统地开展门店运营，才能在激烈的竞争中占有一席之地。已有的大量实践可以为我们提供一个思路，这一思路是：常规化操作。下面就让我们进行具体的了解和分析：

1. 什么是常规化运营？

常规化运营是一种以流量为路径，将淘宝店运营中遇到的所有问题联系起来的运营方式。事实上，无论是中小型卖家还是做特定的直通车、超级推荐、钻展等有偿推广、搜索优化、直播，顾客在店里达成交易是最终目标。要实现这个目标，就要让流量或顾客在你的网店里走一圈，形成一条闭环的流量路径，这个过程我称之为流量或客户行为路径。在这个路径中会有各种各样的节点，这些节点有很多问题需要我们去解决，有很多具体的量化指标。我们需要做的是解决所有这些问题，实现优秀的量化指标，使我们的网店变得越来越好。

2. 常规化运营的作用

常规化运营的作用是使整体操作思路非常清晰。无论在网店的哪个部分工作，它都会很好地把握整个工作，工作目标非常明确。它还能够快速找到网店的具体问题，然后快速解决问题，因为每个节点都有具体的量化指标，所以会非常清楚哪些指标需要改进，并且会很快找到相应的解决方案。对于网店里的问题，我们也应该有自己固定的解决方案。有些网店的运营已经进行了一年几年后还是没有太大的改善，主要原因是当问题出现时，没有系统的解决方案，因此没有形成自己的知识体系。

3. 总体解决方案

事实上，总体解决方案并不复杂，也不容易形成，甚至每个人都知道困难的是坚持用思考来解决每一个问题，并坚持在解决问题后进行总结。没有交流，就没有电子商务；没有总结，就没有电子商务。电子商务知识变化很快，没有形成自己的体系，也没有及时总结，会慢慢被淘汰。

以单一产品转化率的下降为例。不管经营了多少年，或者有什么样的知识存储，最重要的是应该形成一套系统的知识，无论是负责网店的整体运作，还是只负责直通车、超级推荐和其他有偿推广或客户服务。因为只有有了系统的知识，才能建立整体框架，这样当学习的时候，就能清楚地知道它是哪一个知识点。在网店的哪个阶段可能会出现什么样的问题，以及如何解决出现的问题。

第五节　电商运营者的一天

作为早上醒来第一件事，看数据是分析网店和制订计划的基础和依据，这是运营中最重要的事情。用一位电商老板常说的一句话是：用数据说话，才是最真实的表达。

一、看看数据

先关注昨天的访客数量、交易量、支付转换率、收款和购买率、退款率和网店级别以及过去一周和一个月网店总体数据的变化。然后看看市场，季节性产品波动很大，也许宝贝没有问题，但是当市场下跌时，宝贝的数据也会表现不佳。看看这个行业的新兴词汇，适当地把它们添加到相关产品的标题中，你就能得到一波流量。看看行业中哪些产品正在升温，哪些产品将会出现整体市场流量下降，并提前计划下一个产品。

如何判断数据是好是坏呢？观察店铺整体流程结构是否正常，主付款流程是否在正常计划内。如果数据稳定，就没有问题。如果流量波动很大，有必要分析哪个流量入口、哪个产品和哪个关键词会导致这种变化。遇到这种情况，需要迅速找到原因并及时解决。数据的反应非常迅速，如果你几天后再检查一次，数据基本上不能保存。曾经有种日本进口母婴产品的销量一直不错，但偶尔也有所下降。调查原因发现，那是因为竞争对手降价，如果不调整，几天后流量可能会被偷走。

二、竞争对手分析

竞争对手分析也是数据分析，但应该单独拿出来。分析竞争对手不仅仅是因为想和他竞争流量和排名，还因为更强的对手会是最好的学习对象。

其次就是，研究竞争对手的流失方法、促销方法、交易关键词、复制活动及其效果。哪些方法可行，哪些方法无用，竞争对手已经帮我们做过了实验，所以分析竞争对手可以帮助我们降低试错成本。我们想玩什么样的产品应该基于它的数据：流量、转换关键词、排名和销量。只有当这些数据做得比我们的竞争对手更好时，我们才能占据空间并获得流量。

三、回顾

对买家的评论要经常观看。一旦出现不好的评论，对宝贵数据的影响就可以用肉眼看到。如果有不好的评论，必须及时解决。我们联系买家的速度越快，消除负面评论的可能性就越大。此外，我们应该定期查看客户服务聊天记录，以了解客户群。增强针对性。搞清楚了目标客户更关注的方面以及他们的需求在哪里，就可以更具体地做客户喜欢的事情，看看什么可以被优化，并通过观察买家的聊天为促销活动寻找灵感。

四、流量推广产品

即使产品质量好，优化工作也做得好，酒香也会怕巷子深。淘宝是一个平台，需要盈利，所以一般的支付推广的效果比搜索引擎优化的效果更好。常见的付费促销有直通车、钻展和淘宝客人。直通车的优化没有止境，每天，我们都要观察和修改它。即使质量分数已经达到满分，并且PPC很低，我们也不能放松，因为我们的对手也在优化。

五、参与活动

许多小网店不关注活动部分，因为他们觉得自己无法参加活动，也无法达到活动的门槛。然而，淘宝网有许多面向中小卖家的活动，门槛相对较低。如果达不到，就要看哪个方面不好，是水平不够还是 DSR 得分不理想，并着重优化。一个合格的经营者必须熟悉申报活动的规则和程序，并计划每月做多少次营销。

积沙成塔，通过更多的小活动，我们可以自然地积累一些销量，帮助我们在同等水平上胜过竞争对手。

六、优化网店

1. 如果我们是一个中小型网店的经营者，我们就必须每天优化自己的宝贝，包括它的标题、背景页面和细节页面。这是做好产品的内在技能，因为产品永远不是最好的，只有更好。

2. 产品知识，网店应该让所有的员工都知道它的产品。每个人都知道其产品的卖点、优点和缺点，只有深刻理解产品的特性，才能更好地卖产品。比如说，我们应该清楚地知道自己销售的日用化学产品的主要成分及其功效，也应该清楚地了解家用纺织品，比如是用什么材料制成的，是棉花、聚酯、丝绸还是其他材料。

七、库存控制

该操作应基于自己网店的库存数量，并应清楚库存的发出和接收。淘宝有相关的库存管理软件可以使用，库存大的网店可以购买专门的软件。在做这个活动之前，我们应该大致判断一下这个活动的销售额。当然，这是基于数据支持和大量先前活动的操作。

八、全面管理

如果我们想在网店里做好工作，光靠自己经营是远远不够的，艺术设计和客户服务都是重要的环节。因此，运营必须与设计师和客户服务保持良好的沟通。谈到艺术设计，这也是一项艰巨的工作。

作为一项操作，运营确实需要懂得一些 PS 技术。一是我们可以更好地向设计师解释要求；二是，当设计师没有时间进行简单的绘图时，我们可以临时顶上去。我们可以让设计师们画之前的绘图，精确到布局、配色、复制、风格。同时找到几幅相似的图片作为参考，这样不仅可以省去设计师的麻烦，还可以尽快制作出想要的图片，提高工作效率。总而言之，优秀的网店运营必须能力全面，善于沟通，并且责任心强。

第二章　网店图片的拍摄与处理

　　网络经济时代，注意力成为最稀缺的资源，如何吸引顾客的注意力成为电子商务成功的关键。因此，网店里的宝贝图片就成了目前吸引顾客注意力的最主要手段。随着个人电子商务市场竞争的加剧，网店图片的拍摄将越来越被广大网店主重视。

第一节　网店商品的拍摄

图片是商品的灵魂，一幅漂亮的商品图片可以直接刺激顾客的视觉，使他们产生了解的兴趣和购买的欲望，而一幅成功的商品图片与拍摄时的环境选择和安排密切相关。一般来说，拍摄小物品时，应把它们放在房间窗户边的自然光下。

小商品适合在简单的环境空间拍摄。由于这种商品体积小，拍摄时不需要占用太多的空间和面积，一个微型工作室可以有效地解决小商品的拍摄环境问题，避免麻烦还可以突出商品。如果没有工作室，尝试使用白色或纯色背景，如白纸和纯色或干净的桌面等。

大型物品可以在室内和室外的空地上拍摄。在室内拍摄时，应尽可能选择干净的单色背景，其他不相关的物品和内容不应出现在照片中，除非它们是用来衬托商品的附件。有些商品在拍摄之前，需要规定大型物品室内拍摄的环境布局。室内拍摄对拍摄场地面积、背景布局、照明环境等有一定的要求。只有准备好这样的拍摄条件，才能拍摄专业照片。外景拍摄主要是选择一个合适的环境作为背景，采用自然光和反射镜补光的方法制造好的光照条件。这种照片风格更加明显，更容易形成独特的个性特征，有助于营造购物氛围。

在一家时尚用品的网店里，店主选择了巴厘岛、香港、马尔代夫、南非、日本等风景旅游城市作为其拍摄地。这些商品图片形成了商店独有的前卫时尚和潮流风格，可以有效地对顾客产生心理暗示和影响。

拍摄静态对象是一种建模行为。光分布是使模压图像更有表现力的关键。然而，在拍摄照片时，我们必须面对众多不可预测的外部环境因素，如照明、布局、清晰的拍摄范围、拍摄时间等。而在室内环境中拍摄商业照片可以完全消除这些影响。在室内拍摄有助于我们完全控制拍摄的条件。在拍摄中，可以用不同的布灯来表现商品的视觉感受，如硬度、厚度、重量、厚度甚至冷热，让消费者可以直观地看到商品的不同形态，从而让他们联想到在享受商品时的感受。接下来，让我们简要介绍五种配光方法的特点。

（1）正面两侧的配光：这是商品拍摄中最常用的配光方法。从正面投射的光线是全面而平衡的，商品显示无暗角。

（2）两侧 45 度角配光：使商品顶部受光，但正面受光不充分，适合拍摄外观平整的小商品，不适合拍摄立体感强、有一定高度的商品。

（3）光线以 45 度角在一边不均匀分布：商品的一边出现严重的阴影，底部的投影也很深。商品表面的许多细节无法展示。同时，由于环境光的减少，拍摄难度增加。

（4）交叉照明：商品背面的照明可以显示表面的层次感。如果两边的明暗仍然有差异，那么它可以显示商品的等级并保留所有细节，这比简单地关闭一边的灯要好。

（5）背景光：从背面照明，由于光线不足，产品正面有很大的阴影，无法看到产品的全貌。因此，最好不要轻易尝试这种照明方法，除了需要在拍摄中显示的透明产品，如琉璃和镂空雕刻。同样，如果拍摄是以平面方式进行的，我们可以增加底部的照明，也可以通过从货物后面照明来显示透明的纹理。

"取景"和"构图"在很大程度上对照片的美起着决定性的作用。"取景"是选择镜头中的场景的过程，而"构图"是镜头中的场景和物体的合理组合，使它们更符合我们的视觉习惯，使图像更美丽。在大多数情况下，"框架"和"构图"是同时完成的。然而，如果照片需要在后期进行剪切、选择和处理，那么在后期制作完成之前，构图是不完整的。

只要我们经常用相机拍照，我们很快就能熟练地操作相机的基本功能，但"取景"和"构图"需要有一定的审美理解和经验。如果我们没有在这方面进行系统的研究，那么我们也可以按照下面介绍的构图和构图的基本规则来拍摄具有良好视觉效果的照片。

在我们按快门之前，我们首先需要知道主题是什么。如果我们不知道它是什么，观众很难理解。当然，拍一张好的商业照片，取景只是第一步，之后的图像处理和修剪也很重要。

究竟怎样才能最好地观看这一场景？简单归纳就是取、组、舍、分。

（1）拍摄：选择图像和主题。摄影是一种视觉艺术，它依靠画面效果来说话。因此，一张照片的成功与否首先取决于所选择的主题对象和表达方式。只有这样，拍摄的照片才能具有感染力。

（2）组合：合理组合，拍摄时搭配背景和小饰物。一张好的照片只能有一个中心，其他的场景是为了说明和突出这个中心。因此，在拍摄时，应该突出和强调中心，而且主要和次要是要明确界定的。

（3）纯粹：学会简单的框架。成功在于简单，简单就是美。商品照片中最忌讳的事情是混乱。"乱"会让照片没有美感，商品也会失去应有的价值。

（4）布局：适当的布局、主体和附件按画面比例适当分布。通过布局安排，照片的画面将会很整齐，主体将会突出，这将会更多地应用到我们将在后面讨论的构图原则中。

第二节　网店图片的构图方法

写诗时，必须懂得节奏、平仄和对仗，摄影也有一定的形式和规则。学习了基本的作曲原则后，一个人不仅可以坚持传统，还可以突破传统，进行创新。然而，要想突破常规，首先必须了解常规，然后才能在此基础上真正实现突破和创新。接下来，让我们介绍五种常见的构图方法：

（1）黄金分割法

所谓黄金分割法是一种分割构图的方法。画面的长宽比通常是 $1:0.7$，因为根据这个比例设计的形状是最为美观的，所以这也就是称之为黄金分割比例。我们日常生活中的许多事物采用的都是这个比例，比如电影和电视屏幕、书籍和报纸、杂志、盒子等。我们略微扩展了黄金分割法的概念，就会发现其中 0.7 是拍摄对象时，可以形成视觉重心的位置是最佳位置。

（2）三分法

所谓的三分法实际上是黄金分割法的一种延伸，我们可以用两条水平线和两条垂直线把画面分成九等份，也叫"九宫格"。中间有四个焦点，成为整个视线的焦点，也是构图时放置主体的最佳位置。这种构图方法不需要我们占据画面的四个视线交点。在这个 $1:2$ 的图像比例中，主体可以占据 $1\sim4$ 个交叉点，但是图像的密度会不同。

（3）平均分法

为了能够在视觉上更为突出主体，我们经常会把主体摆放在整个画面的中间位置，其左右两边是基本对称的。因为很多人都喜欢把明显的地平线放在中间，让上下空间的比例成正比，所以每当我们考虑主体摆放位置的时候，就可以利用这种平均法的策略解决问题。但是为了防止画面显得过于呆板，有些人便更倾向于稍微偏离对称的移动。例如，很多女装模特的脸被店主切掉了，这样可以更好地突出模特的身材比例，尤其是腿的长度，却不会因此扰乱了顾客的视线和选择，他们依旧会把关注点集中在模特的上衣、胸部和服饰上。比如羽绒背心图片中出现的兜帽占据了衣服长度的1/3，视觉上大大增强了稳定性，从而可以达到更好的视觉效果。在齐膝女靴照片的构图中，模特的双腿交叉形成一个倒V字形，肤色和黑色的靴子形成了颜色的对比，从而保证了稳定性和在视觉上的强调。

（4）密集交替法

当我们需要一张照片放置多个物体的时候，在拍摄的过程中，最好要让眼前的物体有一个随机的排列，并在取景的时候进行密集交替排列，这种方法就是我们常说的"密集交替法"。事实上，很多物体的前后左右布局的时候比单线布局还要显得自然和美观。其中一些要拍摄的对象被进行了连贯或交错，这往往使得画面显得更加紧凑，主次分明。

在拍摄商业图片时，有时需要拍摄特写镜头或模糊地保持浅色视角，以增强立体感并显示拍摄水平。图片颜色的变化和明暗的跳跃可以防止照片过于单调和僵硬，但是这样的距离和明暗等级也应该适当地使用，过多反而会显得不协调。例如，糖纸和玫瑰、特写巧克力和白色杯碟、可爱的小兔子和粉红色温柔的色调都在创造一种意境，这种意境往往最容易感染顾客，并留下足够的想象空间。

光圈值用"f"表示，相机通过改变孔的大小来控制进入镜头的光线量。光圈开得越大，通过镜头进入的光量也就越多。光圈值越大，光圈越小，反之则越大。按照这个规则，我们就会知道f/2.8是一个大光圈，而f/16是一个小光圈。孔径和景深密切相关，因为景深可以通过调节孔径的大小来直接控制。景深是指在镜头焦距调整过程中可以清晰成像的最远部分和最近部分之间的距离。

让我们以人眼为例。当我们把手指放在眼睛前面，然后把我们的视线集中在看清楚这个手指时，我们会发现手指外面的背景完全模糊，这是景深小的结果。当我们看着远处，我们会发现我们面前的一切都非常清晰，可以延伸到视野范围内的无限远，这是景深大的效果。照相机的光圈是根据人眼的原理设计的。这个光圈相当于人眼的瞳孔。当瞳孔放大时，附近的物体看起来非常清晰，远处的图像模糊不清。当瞳孔缩小时，眼睛里的无限远是清晰的，通过调节光圈产生的景深也是如此。

当我们用不同的光圈拍摄同一个物体时，第一眼看上去没有什么不同，但是如果我们仔细观察，就会发现用大光圈拍摄时，焦点区域的拍摄效果非常清晰，而其他区域的拍摄效果非常模糊，这就是我们通常所说的小景深拍摄效果。

曝光补偿也是一种曝光控制方法，通常约为 2 ~ 3EV。当拍摄环境太亮或太暗时，拍摄会曝光过度或曝光不足，这两种情况都会导致拍摄对象的细节不令人满意。因此，我们需要手动调整曝光补偿值来增加或减少曝光，以便拍摄对象能够获得适当的曝光，并且画面能够达到最佳的亮度和对比度。

对于同一台数码相机拍摄的同一场景，由于曝光补偿值不同，画面的亮度和清晰度也不同。如果照片太亮，有必要降低曝光值并对曝光进行负补偿。如果 EV 值减少 1.0，相当于吸收的光量的一半，照片的亮度将会降低。如果照片太暗，需要增加曝光值，以对曝光进行正补偿。EV 值每增加 1.0，相当于吸收的光量的一半，照片的亮度就会提高。我们可以根据不同相机的补偿间隔以 1/2（0.5 倍）或 1/3（0.3 倍）为单位对其进行调整，但无论曝光值的调整是增加还是减少，最终效果都是将照片调整到最佳亮度。

物体反射的颜色受光源颜色的影响很大，人脑可以检测并纠正光源引起的颜色变化，因此，我们看到的所有白色物体都是白色的。然而，不同的数码相机检测不同光源产生的不同"白色"，有些是浅蓝色，有些是黄色或红色。为了在最终照片中恢复拍摄对象的正确颜色，也就是说，在最终照片中，白色对象可以呈现人类肉眼看到的正常白色，数码相机必须模仿人脑并根据光源调整颜色，这被称为"白平衡"。

一般来说，家用数码相机使用的设置方法根据光源的类型而有所不同，例如日光、阴影、阴天、闪光灯、荧光灯、钨丝灯等。有些相机在拍摄前在菜单中预设了白平衡模式，有些相机还可以在菜单选择时通过液晶显示屏观察所选模式的变化，预览拍摄效果，决定使用哪种光源模式。

如果你正在使用色温是标准的 550 万的摄影灯，通常你的相机白平衡设置为自动白平衡。由于不同的光源模式可以达到不同的调节效果，下面就让我们来学习如何在不同的光源下设置白平衡模式。

1. 自动白平衡

此设置是相机的默认设置。相机为矩形图形，结构复杂，可确定画面中的白平衡参考点，实现白平衡调整。一般来说，自动白平衡的准确度仍然比较高，但是当环境色温太高或太低时，其效果就有些不令人满意了。

2. 日光白平衡

这是一种白平衡设置，应该在户外摄影中使用最多。颜色一般根据阳光的色温来调整。由于太阳光是最理想的摄影光，而且光线中各种颜色的光的比例也是最合适的，所以在太阳光条件下自动白平衡一般不会有很大的偏差，所以在合适的室外照明条件下手动设置是最不需要的，在大多数情况下可以使用自动白平衡。

当场光源非常复杂并且各种白平衡模式都不适用时，可以通过使用手动白平衡设置来正确恢复场颜色。

手动设置白平衡不需要将相机聚焦在参考对象上，只需要将相机切换到手动聚焦模式，将镜头设置为无限聚焦，然后拿一张白色打印纸或名片，在镜头前集合完成手动设置，或者因地制宜，在场景找到一些白色的东西作为参考对象，帮助我们完成手动白平衡的调整。

第三节　大小服装摄影

网上零售和传统零售的最大区别是顾客无法相信他们所看到的。顾客只能通过商家在网上发布的照片了解商品的特征。由于服装更加注重款式和效果，对商品照片的要求更高。要求服装的不同风格、面料、做工、款式和档次的差异能够充分直观地展现出来，属于大型商品中拍摄效果最难做好的一类商品。因此，我们将以服装为例来学习大尺寸商品的拍摄方法。

在拍摄商品图片之前，我们必须首先对要拍摄的商品进行合理的组合，并设计一个最佳的摆放角度，为拍摄过程中的构图和取景做好准备。什么样的摆放角度和商品组合最能体现其产品的性能、特点和价值，这是我们拿起相机拍摄前应该考虑的问题，因为拍摄前商品的摆放决定了照片的基本构成。

户外拍摄可以在公园里人少的角落进行，这样你就可以集中精力拍摄，而不会被行人打扰。然而，缺点是拍摄背景过于单一，拍摄效果缺乏时尚感、时代感和生命感。然而，这样的环境，如曲径通幽，却非常适合拍摄民族服装、唐装等传统风格的服装。商业氛围浓厚的市中心非常适合拍摄时装。商场、路灯和面向街道的广告牌都是非常好的风景，可以充分利用。去酒吧街或欧美风格建筑的拐角处也是一个不错的选择，那里人会比较少。如果白天客人不多，我们也可以和老板商量，试着进入酒吧和咖啡厅西餐厅拍照。这样的室内外场景能很好地展示服装的品位和时尚感。

不管我们打算在哪里拍摄，在拍摄前一定要知道拍摄地点对拍照行为的态度。公共场所一般不禁止拍照，但许多商业化的室内空间和私人空间是不允许拍照的，甚至许多商业购物和房地产项目现在也不允许拍照。因此，当我们选择拍摄地点时，必须首先了解地点的属性。物业管理公司驻扎在工地，我们可以通过拍摄地点的保安找到物业经理，与他们沟通，并告诉他们我们的目的。最好与他们建立良好的关系，否则拍摄行为可能不会被允许。

如果事先不知道拍摄地点，就可能会带来拍摄地点的改变，这将会严重影响拍摄进度或者模特的情绪。不要冒险偷偷在一些明显禁止拍摄的场地拍照。如果被发现了，我们也应该和场地的物业方或者业主方好好沟通，把照片给他们看，让他们知道我们没有恶意，只是把他们的场地当作背景而已。

在室内设置一个真实的场景进行拍摄，比工作室里的背景纸更具立体感和真实感，对比也更加强烈。我们可以充分利用房间里的每一个角落和每一件家具来布置场景。我们也可以放置一些自制的道具，如木箱、小柜子、几何图形和小装饰品。照片中，纱窗帘、沙发床和女孩们最喜欢的大型毛绒玩具会被用作拍摄道具。然而，这种设置必须充分考虑到道具的颜色和拍摄对象之间的协调，不能让道具主导场景。

最好使用一个支架，它可以卷起背景纸在棚里拍摄，这样不仅可以方便我们根据不同衣服的颜色更换配套的背景纸，而且不会轻易使背景纸起皱，影响最终的拍摄效果。拍摄男装时，可以大胆使用黑色、灰色和其他的男人喜欢的背景。只要与服装风格相协调，拍摄的照片就会显得简洁时尚以及专业。

拍摄时，加入一些小装饰作为搭配场景，可以使构图显得饱满、平衡、不单调。虽然我们可以在图片的后处理过程中添加装饰材料、漂亮的边框和水印来美化照片，但是拍摄时添加小的匹配场景的效果会更好，操作的灵活性也会更大。

我们周围的各种日用品都可以作为拍照的配套装饰品。当然，有适合搭配衣服的装饰品的引导效果会更好。根据这些匹配的材料，可以为每种新风格设计一个主题，例如运动风格、休闲风格、智力风格等。

当我们使用特定姿势拍摄时，我们可以添加一些小珠宝、围巾、鞋帽或包，以便在放置和组合商品时与服装相匹配。家里的花、杂志、相框和玩具也可以使用，使商品照片更逼真。有时，匹配场景的使用也能帮助我们调整构图和色彩对比。例如，有些服装模特图片中的牛仔裤给图片增加了对角线构图，打破了白色T恤垂直构图的单调，颜色对比更强。

如果挂了画，可以在墙上或地上加上小装饰，以增强构图的美感，漂亮的衣架、花、玩具、书和小家具都是不错的选择。甚至衣服也可以直接挂在白色或原木的小架子上，挂在墙上时原有的横平竖直的构图可以通过架子的摆放角度来打破。

在拍照时，使用小饰物来搭配场景的方式会更加灵活，因为模特的表情和姿势可以有更多的发挥空间，使用这些小饰物时画面会更加生动，搭配模特的姿势和表情可以使画面更加情境化。在对拍摄环境进行布景时，我们可以用白色木梯和一串干花在模型后面形成一面新的背景墙，起到虚实对比的效果。跪在地毯上的模特和躺在地上的玩具很好地展现了少女的青春和活力，这些小饰品也能让模特做出更逼真的姿态和造型，是一种清新自然的画风。用木头或纸盒制作积木，或者用木箱、落叶、灯笼和旧报纸来衬托模特慵懒的坐姿和苏格兰风格的服装，这也是一种非常专业的方式，这样屏幕上呈现的田园风格与服装相协调，可以很好地诠释服装的风格和内涵。

第四节　拍摄环境与灯光布置

根据拍摄环境的不同，服装拍摄可分为室内人工照明和室外自然光结合反射镜补光两种配光方式。主灯位于摄像机的左侧，辅助灯位于摄像机的右侧。根据服装的颜色和模特的妆容，在模特身后的左侧，可以面向背景墙放置一个带有色块的辅助灯光，使灯光以渐变的方式投射到白色背景墙上，从而产生美丽的光影效果。

拍摄照片时，主光线位于相机左侧，但为了增强视觉效果，可以在背面右侧增加辅助光线，增加深色毛衣背光方向的亮度，不仅可以消除阴影造成的服装细节的损失，还可以产生柔和的光影效果，很好地展现了深色毛衣细腻柔和的质感。

拍摄时，主光线仍位于相机左侧，但为了增加立体感，减少了辅助光线，并使用反射镜补充来自模型右后侧的光线，留下背光部分的详细显示，我们甚至可以借此看到织物的丝绸反光效果。同时，背景墙上的深色阴影有效地增强了服装与背景墙之间的色彩对比，使得整张照片饱满而立体。在拍摄场景，如果周围的光线非常暗，又不使用反射镜来补充光线的话，照片看起来会很暗，细节很少，颜色失真。如果使用两个反射镜来补充来自两个方向的光，将会形成一个如三明治一般的柔和的光的效果，并且在明亮的阳光下拍摄时不会出现大的斑点或阴影。

摄影实际上就是运用光的艺术，将光线和阴影结合在一起以显示物体的细节。判断一张商品照片是否合格的最重要的标准是看它是否正确地展示了商品的形状、质地和颜色。符合这一条件的商品照片可以称为符合"真实描述"的照片。相反，这是一张不合格的商品照片。两者之间的区别很大程度上取决于对光线的使用方式。

除此之外，影响拍摄效果的因素，还有以下几点：

1. 服装造型

对于服装产品的拍摄，应注意其颜色和细节。服装的腰部可以折叠成背部放置，因为身体是三维的。当商品穿在身上时，从前面看，腋窝和侧面几乎看不见，这是穿上服装后最真实的状态。还可以故意弄一些折痕，让衣服看起来有腰身和立体感。相对较厚和较硬的织物，如牛仔裤，可以自然折叠，使裤腿感觉空气膨胀，从而增加衣服的尺寸；寻找一些漂亮的装饰品来搭配衣服可以避免画面的单调。也可以在展示的时候添加一些搭配建议，这样不仅可以使图片更加美观，还可以实现捆绑销售，提高店内顾客的成交单价。

2. 服装挂拍的造型

挂拍要注意服装的面料和质感。服装挂拍也有多种造型，可以用衣架或木制衣架来挂衣服。如果搭配一些小饰品，它会显得更加与众不同。用一个半长的木模座或铁丝架来挂衣服也会产生很好的效果，因为这样会使衣服有更强的立体感。我们可以想象穿着衣服在身上的感觉，衣服的表面会被遮挡，也会存在不平整的地方。

3. 服装的造型穿着和拍摄

模特要注重风格和动感。拍照时最重要的是手的位置。只要我们"覆盖受伤的地方"，我们就能找到最佳的位置，照片会变得更加生动和自然。

（1）"头痛"：双手环绕头部。"头痛""牙痛"和"腰痛"可分为一面痛和两面痛，表现较好的是正面头痛和偏头痛，表现最困难的是脑后部的头痛，因为脸部的角度更难掌握，光线需要更细腻。

（2）"牙痛"：嘴巴周围的手的形状。"牙痛"可以有较低的牙痛和较大的牙痛。托着下巴的疼痛姿势最适合表现一个年轻女孩的天真和纯洁。将手放在头发外面的牙齿部位也能收到良好的效果。这是"牙痛"动作的变形。也可以选择蹲下，这样也会显得很自然。

（3）"腰痛"：手在腰部的位置。一边的疼痛比两边的简单。只有职业模特或舞蹈演员才能在两边设置"腰痛"模型。然而，如果"腰痛"模型使用得当，它会产生意想不到的效果。一边有疼痛的女性模特看起来很迷人，而两边都有疼痛的男性模特会增加男子气概。

（4）"腿痛"：手在大腿或小腿的位置。"腿痛"是模特拍照时的一种流行模式，有大腿痛、膝盖痛和小腿痛。其中，脚踝疼痛的女孩是最漂亮的模特。它也可以和腰部疼痛的动作结合，形成一个"腰腿痛"的形状，或者利用身体各部分和膝盖之间的距离，形成一个凉爽的造型。

由不同材料和面料制成的服装有其独特的纹理和表面细节。为了显示它们的纹理，我们可以使用光度摄影。这种照明方式阴影清晰，层次丰富，有利于展示服装的立体感、空间感和质感。由于衣服的面料不同，光线的使用也会有所不同。一般来说，质地细腻的衣服更适合柔和的光线，而质地粗糙和坚硬的衣服更适合直接照明。

为了更全面地展示服装的细节，我们可以从多个角度拍照，比如侧面拍摄和头顶拍摄。我们还可以尝试用同样的方式拍摄其他物品。利用不同的光线分布和拍摄角度，可以很好地展现不同材质的特点和差异，如毛皮和毛绒玩具、白砖墙、仿丝绸面料和金属拉链等。使用这种方式比文字介绍更直观，也能让顾客更多地了解我们的商品。

除了产品表面纹理的特点，我们还需要向客户介绍同一产品的各种颜色。通过滚动、折叠、悬挂和佩戴，可以使多色商品的展示更加整洁美观。例如，一件服装通过不同的拍摄样式，会产生一套非常好的商品照片，显示整体外观、立体印象、角度、场景匹配、双层服装边缘、领口和袖口、纺织品表面纹理和服装颜色。

第五节　商品的摆放与构图

很多人都觉得，拍照片没什么难的，只需要准备一台专业的相机，就可以很好地解决这个问题。而事实上，拍照片这件事也是有学问的。相机只是硬件条件，相机专业并不见得就能拍出一张富有专业感觉的作品。真正的功夫，并非在镜头之内，而是在镜头之外。这是一个很重要的前提条件，掌握不了有效的方法和技巧，即便有再好的相机，也是发挥不出多大作用的。

不同的产品有不同的拍摄方法。我们只需区分外部尺寸，并将这些物体分为小产品和大产品，可以放入迷你工作室拍摄的东西属于小产品，如珠宝、化妆品、钱包、相机、手机等。拍摄过程中这些小商品需要的光线分布是相似的，所以我们可以将它们归为一类。需要一定空间来拍摄的大件物品，如服装、行李、家具、自行车、灯具、健身器材等，我们可以将它们归为大产品。稍后我们将介绍用服装拍摄大产品照片的例子。

在拍摄商品图片之前，我们必须首先对要拍摄的商品进行合理的组合，并设计一个最佳的摆放角度，为拍摄过程中的构图和取景做好准备。什么样的摆放角度和商品组合最能体现其产品的性能、特点和价值，这是我们拿起相机拍摄前应该考虑的问题，因为拍摄前商品的摆放决定了照片的基本构成，同样的商品，不同的摆放方式会带来不同的视觉效果。

由于不同的放置和组合方法，相同的指甲油具有完全不同的显示效果。当顾客看到不同卖家的照片时，由于视觉审美的差异，他们会有不同的感受，这种感受将直接影响他们是否会购买该产品。这是商品照片和产品照片的本质区别，因为商品照片归根结底是为了刺激消费者的购买欲望，而视觉感知恰恰是他们价值判断中最重要的因素之一。

1. 商品摆放角度

我们以摆放小饰品为例来说明商品摆放的角度问题。我们可以用垂直悬挂的方法来放置短耳坠，因为人类的视觉习惯是从视点往下看。从这个角度看事物对我们来说是最容易的，因此，这种放置方法可以使视觉中心落在珠状耳坠上。

糖果色的耳环似乎被随意地放在桌子上。事实上，如果我们仔细观察，我们可以清楚地看到它们之间的密切关系：后面的一个和右边的一个稍微远一些，前面的一个和左边的三个靠得很近，形成了视觉重心。我们的视线通常最容易被大面积的彩色斑块吸引。这样的摆放不仅可以充分展示商品的主题，而且可以通过适当的密度和距离消除视觉张力。

长耳环可以按照对角线构图的原则以45度角或8字形放置，有效地缩短了构图中商品长度所占的空间，自然地将我们的视觉中心引向商品的主要形状。

2. 商品外观的二次设计

每种产品从装配线上出来时就有了固定的外形。即使我们对商品的外观不太满意，但也无法改变。虽然我们对产品的外形无能为力，但我们可以充分利用我们的想象力来对商品外部线条进行二次设计，在拍摄时呈现独特的美感。

皮鞋和皮带的排列是这样的，即这些鞋尖上的花朵形状与鞋子的排列形状融为一体。此时，商品的外观已经从一只皮鞋变成了一个圆圈，视觉中心在花朵上，而颜色则在鞋尖上。你也可以用斜边组合来放置物品，这样鞋子的前侧、脚趾跟和距离就有了对比。在这样的位置，主人想要解释的主题一目了然。皮带是一种条形商品，很难在全景图中以一定的尺寸和比例呈现出来，因此，缠绕放置皮带可以有效地平衡头部和尾部。我们可以制作自然的线圈来呈现时尚的气质和宽松的美感。它也可以做成标准的线圈，反映有序的展示和整洁的商业风格。也可以在卷起的瞬间放松，借助商品的张力，展现跳动的节奏和生命的活力。

3. 红花需要绿叶来搭配

今天，我们购买产品的时候，不再仅局限于产品的外观。在顾客挑剔的眼光中，商品的优势和价值及其所代表的生活方式等都是关注点所在。想要赢得顾客的青睐，我们就需要让他们看到产品的时候能快速产生共鸣，打开心扉，心甘情愿接受你这枚为他们标配的金钥匙。在当今的网络零售业中，很多商家都开始在拍摄产品的时候，加入一些情感的元素，以此来营造一种更为美好的购物氛围。因此网上产品的照片不再仅仅是一种静态展示，可以去除一些一成不变的死板内容，让更为青春和富有朝气的美感表现出来，渗透到人们的意识当中。釉、巧克力粉和清茶汤都可以是我们对"新鲜"这个词的理解。这种场景不需要太多的取景和构图技巧，只要按下快门就是一幅标准的静物画，就像我们从敦煌金色的沙丘上眺望一样：蓝天、白云和蜿蜒的骆驼队，沙漠、绿洲和小人……如同创作一张美丽的明信片！

4. 商品组合产生的持久吸引力

想在商品的摆放中找到主题是非常简单的。环顾四周，舞台上只有一个主角，此时，找主角很容易。然而，如果一个人想在一堆彩色物品中一眼找到商家想表达的主题，这就需要摄影师有一定的展示水平，因为消费者不会因为视力和观察力差而错过商品。

5. 密度和序列的排列

放置多个项目时最难的事情是考虑形状的美感和构图的合理性，因为当画面上有很多内容时，很容易显得芜杂和凌乱。这时，有顺序和密度的排列可以很好地兼顾这两点，使画面显得饱满而丰富，又不失节奏和节奏感。

比如，商家将彩色小发夹进行了别具创新的排列，这样的小物件往往需要排列成一定的队列才能显得有序。当小发卡被随机放置的时候，顾客会特别注意到发夹和发夹之间的距离和密度，这增加了组合物中的渗透性并给人视觉的享受。

6. 内外部一致性所包含的商品价值

商人对商品价值有自己的判断，而消费者也有自己的判断标准。他们更注重商品的内部和细节。因此，适当展示商品的内部结构是消除顾客担忧的重要手段。比如拍摄书籍，很少有书商会想到用镜头来帮助顾客翻书。没有人愿意为一件不可预测的事情去冒险。因此，消费者除了要看商品的外部形态，还要看商品的内部结构：书籍是普通的胶版印刷还是铜版纸彩色印刷，有什么样的图形内容，钱包里是否有放信用卡的空间，内饰是纺织面料还是皮革材料……了解到客户想要了解什么样的商品信息，我们可以在拍摄过程中通过适当地放置来满足这一需求。因此，商品摆放不仅是拍摄前的基础工作，也是构图的基础。我们不仅要用相机拍摄漂亮的商品图片，还要帮助相机捕捉带有故事的商业图片。

摄影实际上就是运用光的艺术，将光线和阴影结合在一起以显示物体的细节。判断一张商品照片是否合格的最重要的标准是看它是否正确地展示了商品的形状、质地和颜色。符合这一条件的商品照片可以称为符合"真实描述"的照片。相反，这是一张不合格的商品照片。两者之间的区别很大程度上取决于光线的使用方式。根据商品表面对光的不同反射方式，我们首先可以将它们分为三类：吸光体和半吸光体、反光体和半反光体、透明体和半透明体。然后，根据它们不同的纹理特征，总结出各种商品的共性和规律，并在此基础上，从一个实例到另一个实例进行推论，追求更完美和个性化的表现。

第六节　不同商品的光线处理

有些商品表面结构粗糙，如毛皮、棉麻制品、雕塑等。它们的质地或柔软或坚硬，表面粗糙不光滑。为了显示它们的纹理，我们可以在拍摄时使用稍硬的光线来照明，主要是侧光和侧背光，并且照明角度应该适当降低，因为太软和太分散的光线，会削弱商品表面的纹理。如果你拍摄的是表面结构非常粗糙的毛皮和石雕，你可以用更强的直射光直接照亮它们，比如聚光灯、闪光灯和直射阳光。由于这种强光的光线是尖锐的，在凹凸不平的表面上会产生小的投影，这可以加强其质感的表现，使商品表面经历明暗波动的结构变化，增加立体感。

1. 吸光体的配光方法

表面吸光的商品包括毛皮、衣服、布料、食品、水果、粗陶、橡胶、亚光塑料等。如果要拍摄一个有吸光面的木质雕漆手镯时使用的配光方法，配光位置应以侧光、平光和侧光为主，平光的比例要小，使层次和色彩更加丰富。

主灯位于手镯的右前方。闪光灯上可以增加一个雨伞状反射镜。这样做的目的是使照射区域比标准反射镜更小、更集中。它的功能是完整地勾勒出商品的形状，使其更加立体。

顶灯应位于手镯的左上角。此时，如果在闪光灯上增加一个软灯箱，商品可以均匀地接收光线，则可以有效地减少主灯照明投射的阴影。

背景灯位于手镯的右后方。最好在闪光灯上增加标准反射镜、挡光板和蜂窝。它的功能是通过添加到标准反射器的挡光板和蜂窝来控制背景的照明面积和亮度。

2. 反光商品摄影

有一些表面光滑的商品，比如金银饰品、瓷器、漆器、电镀制品等，都具有像镜子一样光滑的表面结构，而且还具有很强的反光能力。直射光辉照射在这些商品的表面，可以产生强烈的反光，以这样的光线去展示珠宝的华美实在合适不过了。

拍摄此类商品时，应使用柔和的散射光进行照明，也可以使用间接照明方式，使用柔光盒、反射镜和硫酸盐纸等光漫射工具来柔化光线，并使用反射光来照明商品，因为均匀柔和的光线可以有效降低表面的反射率，使其颜色更加丰富，从而呈现平滑的纹理。

3. 表面光滑商品的配光方法

有些商品表面非常光滑，而且其对光的反射能力也是很强的，这就好像是一面镜子。拍摄这类商品的时候，通常会使用其"黑白"对比的视觉效果。在实际拍摄中，我们通常使用黑色或白色纸板来反射光线，以增强其表面的立体感。

商品中既有反光器，也有吸光器。手机链和花朵由纺织品制成，属于典型的吸光表面。虽然化妆镜和手机的表面是磨砂的，但它们仍然具有反光的特性。当然，与表面光洁度较高的金属饰品相比，它们的反光要小得多。拍摄此类商品时，应注意相机和摄影师的反射，不要反射在商品的反射面上，否则会有黑点。使用大面积软光源来降低商品表面反射的锐度，以丰富商品的色调和层次，并准确显示光滑的表面纹理。

主灯位于拍摄的商品的正前方，照明角度约为 45 度。闪光灯配有一个柔性灯箱。在分配光线时，应特别注意闪光灯的发光角度对手机金属边缘和化妆盒表面的反射效果。

辅助灯位于拍摄商品的左侧，是一个带软灯箱的闪光灯。该位置的配光功能是补充黑暗面，减弱主灯照明造成的商品阴影。

背景灯位于杯子的右后方，用于拍摄货物。闪光灯上应安装标准反射镜、挡光板和蜂窝。它的功能是勾勒出商品的轮廓，同时照亮背景。拍摄时应注意挡光板位置的调整，以控制辅助灯的照明范围。

4.透明商品摄影

玻璃器皿、水晶、玉石等透明商品兼具反光和透光特性。光的入射角越小，反射的光量越多。然而，正是这种光的反射才能显示其透明的纹理。对于水晶花瓶，在拍摄时，应采用生动的照明方式，如侧光、侧背光、底光等，利用光线穿过透明体时不同厚度造成的光线差异，使其呈现不同的光感，呈现清晰透明的质感。然而，由于透明体的反射性质，一般不使用直接光照明，而是选择间接光照明，这可以使商品表面产生少量的反射，从而更好地展示其外观和纹理。

5.透明体的配光方式

透明体的表面非常光滑。这种清澈透明的材料可以在不改变其特性的情况下自由传导光线，使其产生精美的艺术效果和反射纹理。透明体主要由香水、化妆品和其他液体或玻璃制品制成。拍摄的香水属于一种典型的透明物体，不管它是内部的液体还是外部的玻璃瓶。由于光线很容易穿过这种透明材料，所以在拍摄这种商品时，我们通常用折射光来照明，这样带背光和背光的光源就可以穿过透明物体，显示它们细腻的质感。

主灯位于香水瓶的前侧，用带软灯箱的闪光灯照亮香水瓶主体前部的立体雕刻和LOGO。辅助灯位于香水瓶的左侧。这种柔光闪光灯用于补充香水瓶的黑暗面，同时减少主灯和轮廓灯照明造成的阴影。配有标准反射镜、挡光板和蜂窝的闪光灯被用作轮廓灯，并放置在香水瓶的侧面和后面。蜂窝主要用于控制光的方向，挡光板用于控制光的范围。这种轮廓灯能使光线穿透瓶身，勾勒出香水瓶的外部轮廓和形状，并反射出透明的质感。

主光、辅助光和背景光并不总是用于拍摄。我们不妨在脑海中浏览一下每一种配光方法，想象一下我们想要达到的拍摄效果，然后用每一盏灯进行一个接一个的实验，同时不断改变灯的位置，最终确定能产生最佳效果的配光方案。

拍摄商品时，不可避免地要拍摄商品的细节特写或商标。拍摄珠宝等小商品时，有必要使用特写镜头来展示商品的风格和技巧。这时，宏功能可以帮助我们拍摄符合要求的放大图片。微距拍摄是指拍摄图像的尺寸大于真实物体的原始尺寸的拍摄方法。通常，两者之间的比率大于1：1。微距拍摄在拍摄拉链、线迹、洗标、纹理等商品细节方面有很大优势。现在甚至许多民用级的低端数码相机都配备了微距甚至超微距功能，因此，微距拍摄逐渐成为数码相机最大的亮点之一。

除了整体效果，我们还可以利用相机的微距功能拍摄衣服的特写照片。例如，我们可以在商品描述中加入服装面料的特写图片，让顾客对服装面料有一个非常直观的了解，或者在纽扣上拍一张LOGO的特写图片，让顾客更加确信衣服是不是真的。

从宏观功能在商品细节上的表现来看，很明显，一张好的商品特写照片比一长串商品介绍要好。商品的细节以视觉呈现给顾客，我们的镜头被用来代替顾客观看。他们通过图片了解的商品越多，我们在网上回答问题的工作量就越少，交易的可能性就越大。

第七节　宝贝照片必须用数码相机

许多在网上开店的朋友会问这个问题：我能用传统相机拍照吗？

当然，但是考虑到成本和便利程度，最好选择数码相机。因为传统胶片相机的使用不可避免地涉及冲洗和扫描照片的成本，但是数码相机可以节省所有这些成本。同时，利用数码相机拍摄的商品照片可以直接输入电脑进行修改。因此，在淘宝上开店也需要数码相机和电脑。

数码相机是如何工作的？数码相机采用电子存储设备作为相机的记录载体，通过光圈和快门控制下的光学镜头，实现对图像的记录。与传统摄影技术相比，数码相机大大简化了获得图像的过程。有哪些品牌的数码相机可供选择？目前，有近100种数码相机。国内市场上常见的品牌包括柯达、奥林巴斯、佳能、卡西欧、索尼、富士、尼康、美能达等。

数码相机成像质量的相关因素是什么？除了镜头质量，数码相机的成像质量在很大程度上取决于成像芯片的像素级。像素越多，像素级别越高，图像的分辨率越高，图像越精细。入门级数码相机的像素级通常很低，只有几十万像素。高端数码相机的像素级别相对较高，大多数像素点都在200万以上。

像素级别和分辨率越高，相机级别和价格越高，成像质量越好。购买数码相机时，如果财力允许，分辨率越高越好。但是不要盲目追求高分辨率，而应该基于使用它们的能力。一般来说，如果拍摄是为了在电脑屏幕上显示，或者如果你在网页上设计，你可以选择一个经济实用的 200 万像素相机。如果你想要输出图像，你需要选择分辨率高于中间范围的相机（例如，分辨率高于 300 万像素）。

如果专业摄影师或编辑记者对图片质量有很高的要求，他们应该选择高分辨率的相机（例如，超过 500 万像素的型号）。

数码相机的照片存放在哪里？数码相机的存储容量决定了可以拍摄的照片数量。当然，存储容量越大，相机的价格就越高。目前，大多数相机都可以配备移动存储卡，这给容量的扩展带来了方便，并且可以类似于底片。拍摄后，换上另一张存储卡继续拍摄，大大增加了可拍摄的照片数量。

数码相机需要手动对焦吗？早期的数码相机类似于低级傻瓜相机，聚焦精度差，曝光模式单一，曝光范围窄。近年来，越来越多的数码相机采用了 CCD 和 TTL 自动调焦方法，进一步提高了调焦精度和图像质量。曝光模式有快门优先自动曝光、光圈优先自动曝光、手动曝光等多种模式。消费者可以根据自己的爱好和需要进行选择。

数码相机的镜头质量如何？目前，大多数数码相机都有内置变焦镜头、非球面透镜和镜子光圈。位数也从 2~3 增加到 6 左右。镜头的口径也明显增加了。灵活性和成像质量都得到了极大的提高。有些相机还具有电子变焦功能，可以提高远距离拍摄能力，特别适合野外研究人员。

以下是选择数码相机的几个技巧：

1. 从成像质量中选择

除了要确保镜头的质量，数码相机的成像质量在很大程度上，都取决于成像芯片和像素的级别。芯片上的电荷耦合电极称为像素点。所谓像素越多，图像的像素级别和分辨率就越高，其图像也就会看起来更精致、清晰。总之，有一点是不容置疑的，像素分辨率越高，相机等级和价格越高，成像质量越好。购买数码相机时，如果财力允许，买一个像素高一些的，绝对是一个正确的选择。

2. 存储介质的选择（可用照片数量）

数码相机的存储容量决定了你可以拍摄多少张照片。如果经济条件允许，你的存储容量越大越好。目前，大多数相机都可以配备一个移动存储卡插槽，这有利于容量扩展。

3. 镜头质量

目前，大多数数码相机都有内置变焦镜头，使用非球面透镜和光圈。位数也从 2~3 增加到 6 左右。镜头的口径也大大增加了。变焦镜头已经在各种产品中应用，这大大提高了相机的灵活性和成像质量。有些相机还具有电子变焦功能，可以提高远距离拍摄能力。

4. 液晶显示功能：带液晶显示功能的数码相机可以让人们方便地浏览和编辑照片，也可以在拍摄前预览。目前，显示器的显示模式包括放大显示、幻灯片显示、连续显示、多种同时显示等。显示屏通常是 1.8 英寸和 2 英寸，有些产品已经达到 2.5 英寸。屏幕尺寸越大，显像效果越好。

第三章　成为网店运营高手

　　电商行业可能不再是一个劳动密集型行业，而是演变成了一个精英化的组织。好的电商公司，将是那些拥有精兵强将的公司。我们要想在这个行业立足，必须让自己成为运营高手。

第一节　网店用户与活动运营

后电商时代是一个深度运营的时代。运营的力度直接决定了企业的生死存亡。由于电商运营工作涉及的内容太多，我们将详细说明运营工作中最重要的两类：用户运营和活动运营。这两种运营方法，各自有不同的侧重点。

一、用户运营

许多人不太了解用户运营，这个概念也没有权威的定义。我们可以这样理解，用户运营主要包括以下几个方面：

1. 以用户为中心；

2. 制定运营战略和目标；

3. 计划、组织、实施和控制运行过程；

4. 数据分析。

首先，它要解决这些问题：用户来自哪里？通过什么渠道？谁是用户？电商自身需要什么？如何增加用户的黏性？用户运营有四个重要的核心，即：

（1）开源（吸引新用户）；

（2）节流（防止用户流失和恢复流失的用户）；

（3）维护（保留现有用户）；

（4）刺激（促进活跃用户，甚至转变为付费用户）。

在此基础上，我将用户运营分为四个层次和四个阶段，即，普通用户、活跃用户、忠诚用户和专业用户。任何企业都会受到运营的困扰，最重要的是通过每个阶段的开发来动员用户的参与。让我们以知乎和小红书为例。

在对外开放之前，知乎采用了邀请制。种子使用者的专业反应在知乎形成了独特的社区氛围。也就是说，专业人士参与其中（如李开复、许小平、雷军等），用户也受到驱动来改进产品机制，从而可以在社区中得到高质量的答案。在知乎的一次改版中，知乎将用户时间线从过去的话题动态改变为用户动态，引起了轩然大波，这也从侧面反映了用户非常关注知乎的动态。产品成熟并拥有一定的用户基础后，知乎开始转向专业的内容运营，开始邀请一些行业的知识专家和话题爱好者来回答问题，并逐步降低门槛（如知乎栏目），让更多用户参与进来。

很多电商用户喜欢小红书电商平台，原因是：

女性更喜欢购物，更倾向于在国外购买比国内更优惠的奢侈品和高端产品。有这样需求的女性年龄一般在 20 至 35 岁之间。这样的年龄组正处于稳定的职业期，购买力也日渐增强。而年轻用户刚刚开始工作，他们的收入水平还不足以支持高端产品的消费。年龄较大的用户也因为受到他们年轻时代的影响，始终保持艰苦朴素的一贯作风，所以一般也不会考虑购买这些产品。而且，大城市的白领、公务员有良好的收入基础，愿意以购物的方式提升自己的生活质量。海外的学生是制作购物笔记的主要力量之一，他们对海外商品了解更多，也更愿意对自己购买的产品及心得进行分享，这是一种渐渐养成的高端商品购物习惯。相比其他群体，这个群体的购买意识更超前，购买力也更稳定。

用户画像包括：具体的年龄、组合偏好，包括使用持续时间、活动时间、使用频率、点击次数、阅读分类、购买商品价值、购买频率、购买类型、出价意愿、活动参与频率等。

在上述过程中，如果一个产品想进入市场，就必须明确这

5点：

1. 谁是你的用户？（产品生命周期中用户的迭代思维）

2. 如何让用户进入？（拉辛 –DNU）

3. 如何让用户经常来？（–DAU）

4. 如何留住用户？（保留率 – 保留率）

5. 如何让用户付费？（转换 –ARPU）

其中，创新的主要方法包括：降低门槛、用户细分、活动引导、内容引导和奖励机制。如何让用户经常来取决于以下方法：建立用户增长系统；建立用户激励制度；好好利用用户的沉没成本。

二、活动的运营

活动运营分为在线活动和离线活动，是用户在一定时期内有目的的成长或转化的手段。下面我们主要讲述在线活动的运营。在这里，需要强调一点：我们可以想出无数的创造性活动，但是活动并非越多越好。过于频繁的活动会导致用户疲劳，增加我们自己的工作量，积累很多无效用户，比如微信运营。原则是：要么不做，要么制造爆款！

我们可以将活动分为以下几个部分：活动准备、活动计划、活动执行和活动总结，即活动之前、期间和之后。归根结底，活动都是围绕用户和内容进行的。在某种程度上，活动运营是用户运营的扩展，所以基本技能非常重要！

任何活动的运作都有以下目的：首先是品牌传播；其次是以销售为导向；最后是提升用户黏性（增粉）、培养用户习惯。因此在策划活动时，还需要考虑以下 3 个因素：

1. 所有活动都应考虑品牌因素；

2. 必须考虑预算，但没有预算并不意味着不能开展活动；

3. 一切都应该与结果一致，并且应该对活动的方向做出明确的判断。

进入正题，你必须在活动前有一个明确的目标和有效的计划。

清晰的目标最好量化，例如，将目标转化为用户数据目标、预算数据（具体说明成本）、时间数据（指定需要多长时间）。

有效的活动计划是活动运作的核心。一个优秀的活动计划应该包括这两个方面：活动的策划创意和活动的副本。在创意方面，我们可以模仿市场上一些成熟有效的方法，如减少补贴、爆款式促销、全减全增、团体竞赛、主题互动、有奖竞猜、投票、H5 游戏等。拜奎林和杜蕾斯是其中的杰出代表。如果想在沟通中得到公司领导、产品技术和其他部门同事的支持，就需要在申请项目时清楚地解释这项活动的目的、周期、预期效果、预算和风险。

三、活动的执行

为了最大化传播的好处，可以使用更多可用的外部资源，或者可以投放一些 KOL 和自媒体广告。在实施过程中，应特别注意时间的充足性。

主要体现在两点：一是"预热"部分；二是"余热"。

1. 增加活动的"热身"部分

你可以在活动开始时创造一些噱头和话题，这样用户就可以开始讨论了。在活动的最后几天，可以用倒计时的方式反复刺激用户，以提高他们对活动的期望。

活动亮点：找出活动的亮点和细节，找出并进行推广和宣传，并通过人和事件激起热议。人们喜欢这项活动本身。

2. 强化"余热"部分的活动

总结这一活动，用插图写干货与用户分享。

记录活动中有趣的人或事，并及时分享。

在活动中及时交流和讨论用户的一些反馈和建议，甚至可以引发新一轮的活动。

任何活动或营销都有一个时间节点，包括预热期、爆发期和衰退期。为了继续活动的热度，通常会进行两到三波媒体传输，以确保活动期间的高效率。必须完成以下工作：

（1）实时跟踪并关注异常情况。在活动期间，我们必须确保高度集中，以确保每个环节的顺利进行，并随时对异常情况保持警惕。每天关注活动的发展，关注用户的状态，不断修正活动的细节，确保预期。提取高质量作品，抓住高质量用户。

（2）发现问题，及时优化调整。如果发现问题，应立即按照计划进行调整。如果没有计划，也要根据当前的实际情况迅速做出决定，防止问题扩大。特别是一些市场的舆论、法律的疏忽和一些可以被欺骗的技术漏洞等。

（3）及时记录数据，收集资料，整理用户反馈信息。这也是非常重要的，为以后的"废热"部分和恢复光盘时的工作效率打下基础。

为了使活动的效果最大化，在传播过程中应该注意：（1）各种渠道（如直播、视频、微信群、论坛等）的紧密合作；（2）针对不同平台（如朋友圈、微博、微博标题、知乎等）的不同文档，充分准备材料和文档；（3）根据用户的参与情况实时调整沟通策略；（4）在适当的时候，使用科尔的声音和评论指导来增加用户参与的热情。

为了保证一件事准备充分，一般可以通过人、事、物三个维度来考虑，即人员的各自分工、物品和奖品的准备、问答服务人员以及相应的应急预案。例如，确保各种设计材料及时到位，该上线的及时上线。制订详细的活动实施计划，每个阶段要做什么，以及预期目标等。尽可能准备"应急替代计划"。在实施过程中最好有 AB 计划和针对各种紧急情况的相关响应计划。即使没有，风险也应该保持在最低水平。

总之，在活动中，我们应该掌握这些要点：

（1）时间充足：活动持续的时间越长，效果越好。

（2）时间效率：活动的效率越高，效果越好。

（3）活动扩散：活动扩散越强，覆盖的用户就越多。

作为一个企业，计划一项活动时，重点关注这两点：第一，品牌曝光；第二，活动带来的效果转变（增加了多少新用户和订单）。那么如何增加活动成功的筹码呢？

（1）结合当前热点、节日、网络人物等。

（2）杠杆：资源交换、平台联合运输、跨品牌合作。

（3）努力做好细节工作：奖品（交换、贷款、赞助等），评委和互动环节。

（4）比赛前的用户：不要等到比赛开始后再运营，应该提前进行预热与宣传，要保证人们应该在活动开始前就已经发现了。

第二节　电商运营思维

阿里巴巴经常说，零售的核心是人、商品和市场。做生意还有一个古老的流行说法，叫作买卖。买方有需求（人），卖方有产品（货物），并在某一场景中相互交换价值。经营就是找到合适的买家，连接产品，满足需求并获得回报。这可以是对操作的定义。人们（需求）和商品（产品和服务）更容易理解，这里我们关注的是结尾——场景。

大型场景：淘宝天猫、京东、苏宁可能是一种场景，微信是一种场景，抖音是另一种场景，线下实体店也是场景。这是平台布局。

小型交易场景：手动平移搜索、手动平移主页、不同交易场景的直播。这就是交通渠道的分布和不同营销的发展。例如，手工搜索就是在客户有明确要求后搜索关键词，基本上没有竞争来打扰顾客。而在电商平台购物过程中，顾客的需求不如搜索的需求强烈。

这实际上是一个截然不同的交易场景，就好像是线下购物中心或者专卖店。我们进入店面之前一定会思考这样一个问题，我们为什么要买这个产品？为什么会选择这家店？对于不同的场景，想要解决具体的目标必然是有所不同的，并且在主绘图细节页面的呈现上，也应该是有所不同的。我们必须考虑人们到底应该如何在办公室、家里、生活派对或是围在一起吃火锅的时候与产品产生互动，并最终为它倾倒，成为它的粉丝。

一、运营的目的

所谓运营的核心，无外乎就是争夺客户。从本质上来讲，它是建立在以竞争优势为基础，力求更好地满足客户的需求之上的。例如，有一件事情我们很容易理解，那就是，除了统一以外，康师傅的竞争对手会有美国外卖吗？所有的竞争都源自它们本身所具有的需求层面，消费者需要有效地解决饮食问题，而且这个解决过程一定要历时短，口味佳，还要尽可能地方便，因为方便面能够有效地帮顾客解决这些需求，所以它才能在整个市场中占有一席之地。那么如何有效地建立竞争优势呢？主要有三个方面的内容：第一，好的产品；第二，好的价格；第三，好的服务体验。最好的，往往是最被顾客认同的那一个。

（1）一个好的产品，需要产品价值差异化和市场营销（视觉、复制、故事等），让顾客觉得你是个好产品。

（2）价格好，需要成本优势支持。

（3）良好的服务经验，服务经验流程设计。

二、需求分析

淘宝上的产品和买家是如何联系的？

一个是通过智能化的推荐，平台根据顾客以前的浏览行为向顾客推荐类似的产品。与此同时，它还推荐顾客从未见过的类别，并猜测顾客可能有需求；二是通过关键词，顾客有需求，进行关键词搜索，并与产品相联系。因此，不同的关键词代表不同买家的需求。

例如，如果搜索拖把，顾客会看到棉拖把、平板拖把、旋转拖把和免持平板拖把等。因为搜索行为产生时，系统只知道顾客想要拖把，而不知道顾客想要什么样的拖把，所以会把每个产品类别的顶级产品都放在前面。也就是说，第一个屏幕上的几个位置应该保留给不同类别的产品。用户第一次搜索后，会浏览一些产品，这些个性化行为会在第二次搜索时影响产品的综合排名结果。因此，在分析类别流分布的结果和规则时，也应该考虑购买者的需求，因为搜索系统根据客户需求显示产品。

三、行业关键词分析

做行业关键词需求分析——由此，可以看到当行业是以品牌为导向时，买家对产品的需求存在哪些类别以及竞争有多激烈。根据关键词需求分析，我们可以判断该行业处于什么阶段，是否存在品牌优势，以及客户对该行业产品的了解停留在什么水平。该分析可为我们的产品布局、产品设计、选型等提供参考。

当然，还有很多其他的方法来分析买家的需求，比如问人、评估和分析买家的展示。市场上有许多工具都可以导出到 Excel 表格中进行自动分词分析。另一个例子是一个可以分析人物肖像的商业顾问。网店里还设置了一份问卷，供买家填写。我们还可以找到几十个潜在客户进行交流，了解客户的需求。在这里无须讨论细节，但是相关的特殊技能可以在以后讨论和丰富。

五、产品价值

产品的卖点和优势需要专注于客户需求，有价值的差异化价值需要竞争优势。我们将从以下几个方面进行探讨。

（1）多种需求：也就是说，产品可以比竞争对手多满足一种客户需求。

例如，某商家是第一个将冰丝垫和冬季棉垫整合到午餐休息床类别中的商家，其宣传语是：除了更舒适的棉垫之外，还需要冰丝垫在夏天能保持凉爽。当时，第二名和其他产品销量都比该商家低很多。

2017 年某商家推出了拖把类的好帮手"Guale"，这是一种带桶的平板拖把，不需要洗手。旋转拖把是旋转清洁，旋转脱水，即免洗手。在清洁地板时，平板拖把比旋转拖把更好，但不能免于洗手。好帮手推出了一种不洗手的平板拖把，它结合了两者的优点。虽然这种类型的平板拖把不需要涮洗，但经营者在把它上架时并没有选择平板拖把的类别，而是选择了旋转拖把的类别，因为旋转拖把的单价要高得多。

（2）细化细分变量，将市场与客户需求分开，选择细分市场，打破市场定位，精确定义核心需求，调整产品以满足这一核心需求，并相对于竞争对手具有绝对优势。

以木门为例：

盼盼木门：盼盼到家，安居乐业。

梦天木门：高档装修用梦天木门。

3D木门：3D无漆木门（更适合0～6岁小孩的家庭）。

Tata木门：我的静音生活。

客户对一款产品有多个需求点，选择其中一个远远优于同行，而其他兴趣点是次要的，控制成本并保持价格与质量的平衡。

买车要求时尚、运动（操控性好）、舒适、安全、高端品牌、实用且省油。不同的群体对这些问题有不同的优先考虑。例如，沃尔沃注重安全，而日本车的特点是实用和省油。为了超越其他竞争对手，他们经常牺牲一些其他的分数。

第三节　网店中的交易场景

在电子商务中，因为都是网络销售，因为顾客只能通过图片和视频来感知你的价值，相当于销售活动只有感知而没事实，因此对于电子商务来说，视觉是最重要的产品之一。对于同样的产品，你的眼光要比你的竞争对手好得多，你才能卖更高的价格。

当谈到类别产品的位置分布时，线下的实体店会考虑客户的移动线，这是行动路线。在行动过程中，通过商品展示、新旧布局、促销、照明、人员呼喊等方式，引导顾客关注他们想让顾客看到的产品，所有这些元素构成了客户的交易场景。

然后在网上，客户也有一个行动路径，会遇到一个接一个的小交易场景。

分析客户的行动路径并制定相应的运营策略。

案例1：

（1）在"折叠床/午休床"这一子类中，搜索流量和销售量基本一致，第二位仅占第一位的50%~70%。如果你冲到销售排名的第一位，你的搜索流量将会大大增加。

（2）在衣帽架子类别（也是住宅家具）中，衣帽架已经冲到了第一位（无挂物架），但"衣帽架"这个词的流向并没有太大变化。在顾客寻找折叠床/午休床时，产品相似，午休的需求没有那么个性化，所以顾客根据销售订单选择更多。

衣帽间不同。有很多种产品（外观、功能、颜色、风格、材料等）。搜索衣帽间，也有许多价格段。顾客还会考虑款式是否与家庭风格相匹配，是否有色调、材料、功能、颜色等。选择时，所以根据销售量少选一些。

案例2：

标题关键词必须与宝贝有较强的相关性，举个例子来说，如果买家需要"中长裙"，而你销售的宝贝是"短裙"，即使买家通过"中长裙"搜索您的宝贝，发现是"短裙"，并且产品的主题模型展示也是"短裙"。对于想买"中长裙"的用户来说，她们很可能会在此时直接关闭页面，用户自然就流失了。

由此可见，与宝贝的相关性是标题优化中最基本的东西，如果相关性不精准，随着不精准流量的增加，电商平台上的搜索引擎自然会对这一宝贝采取行动，轻则降权，重则下架。因为这种标题与宝贝相关性不强，是非常影响搜索引擎的用户体验的。也就是说，宝贝的类目、属性、标题、主图和详情页以及详情页文本优化都要面面俱到，尤其是属性必须是最优的和完整的，并且标题组合中关键词的类目权重必须是该类目中最高的。

这两个例子说明，从客户的角度来看，要理解客户所面临的情况以及如何做出决策。

第四节 竞争优势的建立

运营的核心目的是争夺客户。本质上，它是建立竞争优势，竞争谁能更好地满足客户的需求。在分析竞争优势过程中，我们主要采取这三个步骤：

1.分析产业流分布的结果和规律，将交通分布图转化为战略页面。

当我们分析搜索流量时，我们会发现搜索和销售额之间的关系，电商运营需要根据自己的行业分析流量分布规律。

2.确定竞争对手以及捕获他们的流量需要什么条件，流量是多少。

3.在产品、愿景、促销和服务方面有什么优势吗？

销售 = 流量 × 转化率 × 客户单价。

我们应该如何使用这个公式？

一、分析行业

结合自己的行业网店，找到自己的重心。该公式可以根据不同的类别特征进行扩展。

1.销售额 = 流量率 × 转化率 × 客户单价 × 执行

适用于消费频率低、执行力强、效率高、抓住机遇的产品。新产品的价格一般会在一段时间后下降。例如，一种于2018年问世的新产品，在开始时销售129元。两个月后，价格下降到60或70元，然后是40或50倍。强劲的表现者可以在向前冲的时候赚钱。在价格普遍下跌后，他们仍然可以在前期不亏损的情况下赚钱。最好在 30 天内达到预期位置，速度越快，成本越低。

2. 销售额 = 流动率 × 转换率 × 单价 × （1+ 回购率）

适用于消费频率高或类别相关性强的网店。回购率是一个非常重要的指标。新顾客的成本比老顾客高得多。

某店有一位资深美容化妆兄弟，80%~90% 的流量基本上是给天猫品牌的。他将从转换率上突破，把转换率提高到极致。能源、评估、方法、系统氛围等，都是创造最终转化率的突破。

对于我们的标准产品，客户的单价和转换率对竞争对手的定价有很大影响，主要是通过流量突破。因此，我们应该深入研究流量获取技术，不断跟随淘宝的变化，创造一个执行和快速变化的氛围。

当然，我们还有另外一条路要走，那就是市场细分，产品差异化，在客户单价和转化率上掌握主动权，并利用获得流量的优势来突破。

二、平台流量分配规则分析

我们可以使用销售漏斗的概念，首先建立一个数据监控仪表板，以监控行业中哪些产品的流量增加了，哪些产品的流量减少了。然后，我们可以从流量、点击率、转换率、UV 值、矿坑产量、客户单价、增长率等维度对它们进行分解，找出我们行业的重量规则。

公司管理：公司是为了销售和利润而成立的。那么，在获得流量、提高客户单价和转换率方面，哪些事情在你的行业是有效的，哪些事情做得不好对流量、转换率和客户单价有较大影响，总结了哪些方法？在公司里，哪些部门和人员在做这件事？这样，所有的人和事都串联起来，为顾客的流量、转化率和单价，以及销售和利润服务。

当然我们也必须认识到：能够提高顾客的流量、转化率和单价的东西是有价值的，而其他的东西则不是。

1. 多维思考

顾客维度：对需求和行为的关注；

竞争对手维度：对竞争优势的关注；

自我维度：对自身优势和劣势的关注；

时间维度：对时间的关注，以及各种因素随时间的变化。

2. 操作点、线、面和系统操作

如果产品拍摄、图纸修复、创意和设计的整个链条能够持续稳定地输出高质量的视觉效果，这就是一条生产线的优势，如果从产品设计、成本控制和质量控制方面增加一条生产线，从招聘到培训，再到激励型人才等，形成一个系统的优势。

3. 归纳和演绎

归纳：例如，如何制作点击率高的主图？收集各行各业的高点击率图片，进行分类、总结、分解和分析，找出相似的规律，沉淀和总结方法。

例如，如何做好场景直播？已经浏览了大量的场景广播，哪些直播节目被收集和购买，哪些直播节目有更好的转换数据，给你留下了深刻的印象。对它们进行分解和分析，找出相似的规律和差异，并总结出规律，然后使用这种方法，结合自己的产品网店，演绎制作主产品图，场景直播，跟踪数据反馈，优化方法。

这些思维工具可以帮助电商运营人建立一个作战系统框架，它相当于战争期间将军面前的页面，并帮助我们制定竞争战略。在实际过程中，我们不可能做好各方面的工作，取得全面的突破。在电商运营的过程中，企业需要选择一个方向，整合外部资源，在一个点上打破游戏，以一个点的优势来驱动一条线或一方的竞争优势。

第五节　电商运营到底是什么

电子商务企业的核心是运营，运营到底是什么？有人会说运营就是销售订单和制造爆款；也许还有人会说运营就是通过业绩销售商品；或者有人会说运营就是制造一个品牌。在不同层次的人眼里，电商运营有许多不同的内涵。但无论哪种类型，评估运营的核心指标之一肯定会包括绩效。绩效越高的人，运营水平越高吗？下面举几个例子：

例1：有些网店每月有2到3次抢购活动，因此，月度表现不错，但运营水平高吗？通过持续密集的营销活动和参与大量的官方活动来提高绩效，这是一个暂时的解决方案，即使他可以做到每月数千万，这是一个高水平的运营吗？

例2：在一些知名的线下品牌转向在线渠道后，他们的表现逐月、逐年上升。他们的业绩上升得这么快，他们的运营水平一定高吗？

事实上，其他运营人员的业绩可以像以前一样快速增长。因为该品牌的大量线下人气和巨大的潜在客户群带来的自然增长令人不快。当他们躺下睡觉时，这些品牌的运营每天都可以自然增长。有人讲了一个笑话：一家知名的线下运动品牌的运营人员面试时被问到一个问题："你知道如何自然搜索和手动搜索主页吗？"他回答说："为什么要做搜索？品牌不都有自然流量吗？"

很多人误认为许多大品牌都有足够的搜索流量，用户会主动来搜索自己的品牌，却疏忽了一件很重要的事，那就是：如何改进自然搜索这个环节。

所以一些男装品牌的搜索流量，要比知名的线下品牌高得多。毕竟，许多线下品牌不会费心去优化他们的标题。这些品牌在电商平台没有得到足够的重视，他们的运营水平一般，否则，我们淘宝品牌和中小卖家将面临更大的竞争压力。

让我们再回到运营本身，刚才说过，运营的最终目的是如何实现绩效，但你的认知和运营模式会限制实现目标的渠道和方法。

第一，基于刷单的运营模式

把刷单作为唯一运营方法的，通常是中小型个体卖家。一旦他们刷单太过分，网店将被处罚并且很难再起来。所以这个方法并不是很有效。一开始或许增长非常快，但稳定性极差。

第二，基于活动的经营模式

通过活动创造业绩一直被网店视为最佳政策，最终会陷入活动的死循环。因为一旦你停止做活动，就会影响日常业绩，商品价格的频繁波动，也会给老顾客体验蒙上阴影。因为顾客永远不会知道你的下一项活动是否会比这一次更便宜。

当然客户也将从品牌忠诚度的转变中，成为产品的忠实拥护者。这将有利于引入大量的流量，也将导致大多数客户成为对价格忠诚的产品客户，而不是对品牌忠诚的客户。一旦有一天活动终止了，这些顾客会毫不犹豫地将你抛在一边，毫不犹豫地投入另一个优惠产品的怀抱。不管是通过降价带来订单来进行爆款的运营，或者是通过大量的营销活动来进行运营，我们都认为是不够巧妙的。活动店是通过牺牲利润、透支客户消费能力、透支客户忠诚度来有效地提高暂时的业务的。

这些都不是一家网店的核心竞争力。如果你想获得长期稳定的流量并保证稳定的业绩，你必须从消费者的角度建立经营的核心竞争力，培养客户忠诚度，做好日常销售才是王道。只有那些以客户需求偏好为核心的人，根据客户需求开发产品，包装愿景，并提升客户体验，善于维护顾客的网店，才能持之以恒，不断地吸引新客户的进入，又可以让老客户黏性越来越高，忠诚度越来越高，不断的客户复购自然能细水长流。

那我们就不能参加活动了吗？当然不是，参加活动总的来说有几个好处：首先，增加活动流的来源；其次，提高产品的转化率。

一般来说，与日常产品相比，具有多重效益的产品的转化率，至少可以提高一半以上（取决于产品类别）。因此，只要活动的价格与日常销售没有太大差异，在不影响客户体验和日常销售的前提下，活动将作为获得新客户进入的有效方法。

与此同时，活动标记带来的人的转化率的自然增长被用作引入和转换新客户的核心目的，而不是通过密集的营销使业绩透支增长。所以现在我们需要回到运营的本质，这里所指的运营不是简单的列表、活动的佛系模式，而是基于大量数据分析的精细运营方法。

我们能做的如下：

一、在产品运营方面

（1）通过对市场趋势／竞争环境／客户需求的数据研究来选择市场类别，以提高产品满足客户需求的概率。

（2）通过竞争／自有产品分析／客户调研／评估／客户服务问题反馈来提取产品痛点，满足客户需求，研发客户需求的产品。

（3）通过分析竞争产品的产品结构／损耗数据，优化价格矩阵，合理定价，促进客户转型。

（4）通过对行业和竞争性店铺类别结构的商品效率分析，优化其类别结构布局，带动整个店铺销售。

（5）通过更加科学合理的库存计算逻辑，优化库存深度，加快资金周转，降低企业风险。

（6）通过数据标准确定繁荣和萧条的销售模式，实现产品梯队分类自动化，合理制定营销策略。

（7）通过亏损数据分析和行业销售数据，填补产品空缺，优化产品梯队。

二、运营优化

（1）通过数据优化标题的有效性，扩大流入口和最大化产品的暴露。

（2）通过科学的数据选择/映射来提高点击率/转化率。

（3）通过优化主图表、细节和指导评估，买方展示提高了点击率。

（4）通过客户流失数据分析减少客户流失，提高访客价值。

（5）通过对客户相关采购分析数据的分析，提高客户相关采购率，提高客户访客价值。

（6）通过人群分析，有针对性地传递和推广，最大限度地找对准确人群，提高产出率。

（7）通过数据分析爆款模式，分析指数权重，研究搜索和主页展示。

（8）通过行业分析，明确行业增长趋势、竞争趋势、未来上升类别趋势，了解天猫流量的分布和布局等。

因此，如果运营只能报告活动、装载产品和进行一些基本优化，那么他只能被视为助手，而不是网店运营/产品运营/客户运营。

　　真正的运营必须能够掌握基于数据的客户需求研究，以产品为核心，以愿景为基础，以基础优化为辅助，才能充分发挥自身产品的优势，从而建立自身的核心竞争力，进而建立企业和店铺的核心竞争力。毕竟，所有的运营最终都会回到人的身上。

　　以上是真正的运营都应该掌握的，他们需要知道一个企业有多强大，他们能挣多少年薪与自己的不可替代性成正比，这是你的核心竞争力，而不可替代性是你能做什么，别人不能做什么。

　　不要总是想着刷清单，也不要总想着守株待兔收获爆款。

　　不管你处于什么位置，都是一样的。看到这里，你可能还会想起你是否考虑过这个问题，经过这么多年的工作，你的核心竞争力在哪里。一切最终都将回到顾客的需求，而需求的满足和痛点将落到产品上，产品的销售将落到电商的愿景上。

　　那些因为进入知名品牌公司而行动迟缓的人，不要因为进入大公司而沾沾自喜。这只是一个品牌的光环，一个品牌的成长可能不是完全由你带来的。与此同时，也提醒那些中小型卖家和那些将销售订单作为业务核心的卖家，不要只看到暂时的增长，一定要居安思危，时刻做好销量下滑的准备，并在危机到来之前采取预防措施。

第六节　电商高手必须具备哪些能力

电商行业增速放缓，意味着奖金优势和激烈竞争的削弱，也意味着企业和平台必须提高竞争力。这里最大的决定因素是——人才。拥有什么样的人才和团队，将决定电商企业的发展速度。与此同时，不得不说，电商行业可能不再是一个劳动密集型行业，而是演变成了一个精英化的组织。好的电商公司，将是那些拥有精兵强将的公司。

运营是大多数电商企业和平台的核心岗位，也是连接产品和电商平台的重要节点。然而，许多电商企业/平台似乎将运营视为一种"职务"，而不是一种"价值"。原因是，一方面没有办法量化工作内容和职业资格，不像金融和艺术设计师，有相关的资格证书和专业要求；另一方面，市场上的电商运营人员鱼龙混杂、良莠不齐，很多人在网上卖了一些东西后，就以运营高手自居，其实根本没有什么能力。

所有从事电商运营的企业都逐渐明白，电商运营的学习是"师傅领进门，修行在个人"。那么，一个合格和优秀的电商运营需要什么样的素养呢？

一、理解数据：可以分析数据背后的故事

与线下实体店不同，电商可以在买家最终购买时，通过后台获得买家浏览每个商品的数据，包括流量、访客、转换、客户单价等。这些数据不仅决定了一家网店和一个平台最终能产生多少销售额，还能让运营人员了解客户的消费习惯，帮助提高运营效率。

当与一些运营人员谈论电商数据时，他们中的一些人并不知道这些数据的重要性。有的人只知道这个月的销售额和流量。网店的销售量和总流量的数据是一个大的数据，这是老板看的数据。而运营人员应该知道更多维度的数据，你需要有分析能力，而不是一个能背诵数据的人。事实上，要区分一个电商运营是否具有基本的数据分析能力，只需问两个问题：

第一个问题是，在过去的 3 个月里，你负责的网店的流量、访客、单价和转换率有什么变化？这是为了测试一个电商运营是否定期关注和分析大量的网店，因为如果他不知道这些数据的基本变化，他至少不是一个勤奋的运营。

第二个问题是，你能告诉我们店里最畅销的商品是什么吗？它的访客、点击率、流量来源、流量比例和转化率是多少？这个问题检验的是运营者对售出商品的理解。在一家网店中，运营者半年可以大致理解这种产品的优点和缺点。在此基础上，他需要做的是，通过电商反馈的数据来调整经营策略和经营手段。

合格的电商运营人员在数据分析方面需要什么？简单来说有两点：

1. 数据收集能力

不管是天猫还是京东，不管是平台模式还是专有模式，运营人员至少要知道在哪里才能找到准确的数据支持。我们所说的数据，不仅仅是店铺销售额，而是从店铺到各级商品的数据，这些数据可以说无形地渗透在了整个店铺之中（流量、访客、单价、转换频率）。而商品销售则只是流量、访客、单价、转换率，最后是商品运营阶段，这时候商家必须关注市场，判断出可能会影响到市场的潜在产品、跳过率、页面停留时间等。

2. 数据分析能力

运营不仅要知道这些数据，还要知道这些数据的变化意味着什么。例如，页面停留时间的增加表明消费者对产品越来越感兴趣；某个产品的高流量但低销量表明，该产品可能需要在价格和促销方面进行调整；PV/UV 的增加，表明顾客平均访问更多的页面，或者表明网店中更多的产品受到关注。

电商运营人员还需要不时关注产品的库存、周转率和现货率。简而言之，数据是没有感情的，单一的数据无法解释任何问题。只有结合实际产品类别和时间分析，我们才能找到提高销售额的突破口，这是一个优秀的电商运营人员能够贡献的巨大价值。

二、了解行业：能深刻理解产品

电商运营的主要任务，是扩大产品的商业价值。直截了当地说，消费者没有看到你的产品，你必须找到销售它们的方法。我见过很多电商运营，声称没有什么是不能出售的。事实上，他们只知道如何将产品挂在网店上。更好一点的是，他们知道如何运营后台。坦率地说，他们只是在后台刷了一下商品名单。这种运营只会让企业上网，更不用说电商了。

电商运营的本质是在线零售，即在线销售商品。从 0 到 1 的产品工作不是运营的责任，他需要做的是从 1 到 10 的过程。因此，无论是平台的运营（京东 / 天猫）还是商家的运营，只有对产品有更深的理解，才能让店铺充满"光"。

有人说，电商运营实际上是无所不能的，这是不可否认的。在运营中确实有许多杂七杂八的事情。然而，能够理解行业的运营，懂得销售商品和品牌的人才是一个聪明的运营，是一个掌握电商本质的运营。怎么能被认为是一个具有行业意识的运营人？事实上，这并不难，一个真正被触动的产品运营才是一个好的运营。

首先，电商运营本身缺乏购物经验。他与普通消费者没有什么不同。起初，他并没有真正体验到产品。他只看到了产品介绍，甚至只是听到了一些传闻。所以一个优秀的运营者，会主动了解企业的品牌、产品特点、功能效率。

例如，不知道产品的运营员需要 2 分钟来复制和拼凑一个标题，而知道产品的运营员将花费 2 小时来研究产品的原因和效果，并结合电商运营的经验（例如关键词等），创建一个符合电商运营的美观和流畅的标题。

其次，了解行业的电商运营，可以充分反映他们对产品营销和页面设计的理解。因为他深深理解消费者需要知道什么，当然他也可以做出自己的决定和判断，而不只是"服从"企业主的命令。例如，不了解行业的经营者将只使用一些商品的海报作为详细页面的内容，最多让设计师改变它们的尺寸。这些照片会持续很长时间，不会被替换。

了解行业的运营会明白，商品详细页面的设计是为了从上到下改变消费者的购物心理，提高最终的周转率。他会先对详细的页面进行规划和分类，如品牌或产品优势，是否添加试玩的说明，然后根据材料安排设计师进行优化。

与此同时，优秀的电商运营将不断地优化页面的跳转频率、停留时间和访问深度，最终打磨出一个具有商业价值的精品和艺术品。总而言之，对产品有深刻理解，是电商运营者身上一个非常重要的核心品质，而真正具备行业意识的电商运营，会给整个企业带来真实而无限的利益价值。

然而，这并不是说每个电商运营人员在分析行业状况、市场规模、竞争对手、数据等方面都必须像市场分析师一样专业和全面。但是，秉持着更好销售产品的信念，我们至少要准确了解产品的基本信息和数据，加上运营人员自身在电商运营中的经验和创造力，才能通过全面学习真正做到融会贯通，真正提高产品的品牌价值和商业价值。

三、了解"跨界"：在日常生活中灵活运用电商和互联网

随着互联网发展到今天，需要的人才是多样化的。从采购、销售、运营到金融和技术开发，他们几乎涵盖了市场上的所有行业。

然后，对于电商运营岗位，需要的是复合型人才，这并不一定限制他的大学专业是电商。他需要的不仅仅是如何在后台运营电商和销售商品，还需要丰富的知识来源和主动学习的能力。

例如，在天气逐渐寒冷的时候，销售汽车用品的企业应该知道如何推销刹车垫和除雪工具；为了在接下来的几天里发出雾霾警告，化妆品经营者应该提前预热，引导消费者购买一些护肤品（虽然护肤品与雾霾没有直接关系，但消费者还是有一些恐惧）；水果产品有淡季和种植季，因此经营者应根据这些特点合理、准确地安排营销节奏。可以说，电商的运营确实是"跨界"的。

上面所说的是，一个优秀的电商运营积累了关于各种外部情况的知识，并反映了个人素质。因此，在日常运营中应该有更直接的"技巧"。

首先，优秀的电商运营必须了解各种平台的模式。例如，天猫实际上是一个平台模式或一个寄售模式（天猫超市），那么应该更多地关注独立营销。天猫／淘宝有一个广泛的流量，所以如何挖掘准确的客户群需要更多的关注。例如，京东实际上是一个专业模式或流行模式，它更注重产品本身的亮点。同时，京东的流量不如天猫，但其客户的消费能力非常突出，因此，如果产品的优势体现在运营上，远比降价更可靠。

其次，优秀的电商运营非常善于控制各种流量渠道和流量来

源。例如，电商的整体计算机流量逐渐落后于移动终端，因此有必要降低计算机终端在日常运营中的时间成本，寻找合适的产品（如高单价产品）进行推广。

例如，京东的微信渠道聚集了腾讯的大量流量，微信使用非常频繁，因此它可能比应用带来更多的变革。微信是一种"去集中化"的运营模式，通过微信公众号的运营，你的产品可能不需要与其他竞争对手在 App 频道竞争，因此，此时有必要推出一些更具特色和素质的产品来迎合微信客户，从而利用微信的高转型特性。

同时，优秀的电商运营人员必须对各种业务的流量来源有一个基本的了解。他们不能只是把货物放在货架上，也不能只会用直通车。应该能够充分了解自己客户群的消费结构、搜索流量、类别流量、支付流量和异地流量，从而优化各部分的流量来源比例。

电商不再等同于互联网，互联网目前几乎覆盖了人们生活的所有领域。例如，社交流量可以来自微信，视频流量来自直播。这些逐渐改变了电商的流程结构。一个好的电商运营不一定要在所有的日常事务中都擅长，但他必须知道如何"跨界"，感受整个电商环境的脉搏。

优秀的电商运营人员需要懂得数据、行业和各种"跨界"知识，因为电商变得越来越难做，越来越昂贵，需要越来越复杂和基于数据的运营。这正是所谓的"千军易得，一将难求"，这句话确实是描述电商运营人才最恰当的方式。

第四章　营销推广：
运营的关键环节

　　做电商运营，最重要的是为我们自己的产品定制流量。我们的链接需要标签，我们需要有准确的人群来购买我们的产品，并稳步增加链接流量。为了准确的人群标签，我们不仅需要使用直通车来获得通过人群溢价带来的流量，也需要开发更多的推广渠道。

第一节　寻找流量新蓝海

如果把时间往前倒退二十年，那时候的开店门槛相当高。除了网店租金，最大的问题是商品供应。实体店的店主要么和工厂有人脉关系，要么靠近批发市场，而网店在这两方面均无优势。直到 2001 年，电子商务才开始出现，中小卖家如雨后春笋般涌现，老王就是其中之一。

那时，他刚刚大学毕业，在义乌的一家外贸公司工作，主要从事百货公司的出口业务。他发现小型百货网店利润似乎很低，但销售额很大，整体利润相当可观。后来，他辞职了，并设立了一个摊位，为期一年，但能到达摊位的消费者人数太少，销售额无法扩大。这期间，他看到了电子商务平台的崛起，所以他毫不犹豫地回到了他的家乡四川，开了他人生中的第一家网店。事实上，电子商务的第一步是找到一种做流量的方法。然而，自 2012 年以来，阿里的电子商务业务开始向天猫倾斜，大多数类别都有严格的"28 条法律"，少数几个主要国际品牌占据了大部分市场，国内品牌和新兴品牌很难获得流量。

但在那个时候，许多人会进入流行类别，并在抢购前后联系制造商囤积商品。流行类别受欢迎是有原因的。例如，服装的单价在 100 元以上，而稍大品牌女装的毛利超过 50%。当时，老王认为有必要避开大的流行类别，而在小的类别中寻找流量。因此，老王选择了"家居百货店"作为竞争相对较小、新手卖家仍有发展机会的类别。事实证明，避开红海是对的：他的各家新店从 0 心到 5 冠，最快的只用了 2 年。到目前为止，老王已经开了 4 家淘宝店和 1 家天猫店。

成立电子商务公司的第一步是找到流量。最让老王吃惊的是他的朋友 H，他是一家跨国电子商务公司的负责人。几个月前，H 在拼多多开店。利用"灵魂提取器"这种产品，他赚了 10 多万元，同时还把这种产品做成了爆款。这种产品听起来有些奇怪，实际上就是一个章鱼形头部按摩器，由塑料制成，不需要电力，也不贵。

虽然这里面不乏运气，但这也让老王意识到：不仅要低头看路，也要抬头看天。这句话的意思不仅仅是开更多的淘宝店，还要看看外面。只有当多个平台开放时，才能最大限度地接触到消费者。与此同时，老王和许多国内小品牌一样，逐渐发现自己的流量跟不上了。过去，用户搜索相关商品，并在前两页就能找到他的天猫网店，但现在已经做不到了。这并不是说他不努力工作，因为老王去年一年的推广成本已经超过了前七年的总和。他认为这种情况的根源在于消费者已经改变了。

十年前，当人们想买东西时，他们只搜索淘宝。现在是多元化购物，消费者可以通过内容、社交等方式购买。在老王看来，他的遭遇就是新的电子商务平台崛起的结果。从用户的角度来看，淘宝上的买家和卖家数量远远高于竞争对手。然而，后者增长非常快，特别是在许多小类上很有优势，新品牌有很多机会。

愿意花钱投资，为什么不直接让消费者受益？资深淘宝商人有一个共同的理解：如果他们想获得流量，他们必须投资，因为他们信奉这样一条公式：销售额 = 曝光率 × 转换率。过去，每个人都习惯于寻找平台，在流量上花钱，增加自己产品的曝光率，比如开直通车，去钻石摊位，让尽可能多的消费者可以看到自己的产品，以提高订单销售的机会。许多电商运营商花费大量时间研究如何配送，如何组合配送，如何赚更多的钱，但事实上，许多卖家如老王最终发现，无论如何计算，都不如去计算流量。

为了改变和做得更多，我们必须有选择地放下"投入"的迷信，因为新平台将会有新的规则。老王在很多地方开店后，他发现新平台运营中最常见的现象就是坚持性价比，直接把流量费用给消费者，这样引流效果会更好。

对于同一种商品，降低该商品的销售价格可以大大提高转化率。特别是对于家庭百货网店，整个网络都有库存商品。老王发现，如果减少投入的预算，就会降低商品的价格，大大提高转化率。例如，当别人以 5.8 元的价格做时，费用、包装和快递都将被取消。一份订单可以赚 1.5 元，一天可以卖出 60 份订单。

同样的包裹，他只卖 5.2 元。虽然一个包裹的利润只有 0.9元，但他一天能卖出 130 多个包裹，总利润不低于其他商品，并且，因为消费者经常会和其他商品一起购买，这样还能带动网店中其他商品的销量。直通车像引流一样花钱，而且用户补贴非常少。如果按照这个思路去做，可能很难。许多企业在转而购买更多商品后适应缓慢的原因是，他们仍然在使用投放的思维，而没有意识到这个新平台的操作逻辑是不同的。与其研究投入，不如控制成本降低价格。于是，很多电商玩家把目光转向了拼多多。

拼多多要注意什么？该平台对整个网络的交付时间和响应速度有最严格的要求，拼多多是一片蓝色的海洋，成本较低，流量增长迅速。那么，有什么需要注意的吗？老王承认，经过几个月的努力，他被站台罚款。做过卖家的人知道，由于货款不足、订单过多或商品短缺，商家有时会面临"延迟交货"。对此，淘宝的规定是：如果卖家不承诺交货时间，卖家必须在买家付款后 72小时内交货，否则将扣除一定比例的罚款。

经常引起争执的规则是，企业根据自己的能力设定 24 小时或 48 小时。超过设定值将违反交货延迟条款。例如，你明确承诺消费者在 48 小时内发货，但是 3 天后没有发货，就违反了发货条款。每份订单将面临 3 至 5 元不等的罚款。然而，竞争的特点是罚款将以优惠券的形式支付给消费者。

也许是因为它还是一个新的平台，为了消费者的体验，拼多多实际上对交付时间和客户响应率有更高的要求，执行更严格，这是很多企业在转型后不适应的。例如，客户服务的回复率，拼多多规定，每天在 8：00 到 23：00 之间，网店必须在 1 小时内回复消费者的信息，超过 1 小时就是无效回复。

倘若这个时候，有效回复用户数额不到当日咨询用户的 50%，而且当日店内的咨询用户数额已经超过了 100，平台就将判定上述店面客服回复率是相当低。一旦平台确定客户服务回复率过低，商户可能就会面临至少 1000 元的罚款，这是平台扣押违约金的罚款规定。

可以看出，这两项措施旨在保护消费者的用户体验，并对商家施加相对严格的限制。因此，企业将不得不在这方面投入更多的精力。

老王也透露了一些操作技巧。例如，如果人工客服真的超出了我们的控制范围，我们至少应该提前为不同的情况设计机器人响应，然后及时弥补。为了避免交货延迟，我们必须尽快找到一些稳定的物流合作伙伴。即使在早期无法找到太多，我们也必须在这个方面支付更多的钱，否则，我们不仅会因为违反用户规则而被罚款，还会冒犯网店的粉丝。此外，有必要在每次大促销前评估流量，以控制商品供应，并从源头上防止短缺的发生。起初，老王被罚款，他感到愤愤不平，但等他真的适应了规则，老王发现，对大多数企业来说，将这些相对严格的规则整合在一起实际上是有益的。

只有改善商家的服务，让消费者开心，他们才能更多地光顾我们的网店。更重要的是，这使得一些黑心商人无法进行浑水摸鱼，给了正经商人更多的开店机会。有这样一个案例：一些黑心商家利用平台规则，设置各种误导性的套餐，让一名消费者花50元钱购买一部 iPhone，但实际收到的却只是一个手机模型或充电宝。

所有这样做的商家都是逃不过惩罚的，因为"描述不匹配"是一抓一个准的问题。一旦顾客投诉成立，商家不仅要退还顾客的货款，还要面临关门的风险。届时，罚款将不会是3.5元，而是一年中积累的数万笔货款将被平台冻结。

企业、消费者和平台不是对立的。平台提供了一个流动池，商家提供商品的最终目的是服务消费者。用户是一切的源泉，没有5亿消费者，平台上面的卖家就无法生存。

与其在平台上玩游戏，不如共同创造一个合理公平的购物环境。在一个规则相对严格透明的新平台中，认真开店的商家将更快获得回报。之前，老王在做淘宝的时候，每晚被罚款3万元。后来，他吸取了教训，已经好几年没有受到平台规则的影响了。但当他转而去拼多多的时候，就连他也承认拼多多的规则比淘宝更严格。即使他有近十年的电子商务经验，他也必须再次学习和适应。最终他总结出了一个经验：不要试图玩弄规则，遵守流量规则。只要你选择跟紧正确的趋势并做好准备，成为一个优质的电子商务提供商还为时不晚。

第二节　抢占旺季市场流量

你觉得现在网店的情况越来越好了吗？流量越来越多，搜索越来越多，网店开始变得越来越繁忙。但是市场仍然是这个市场，需求仍然是这个需求。之所以出现这种情况，不是因为需求增多了，而是因为行业的旺季到了。

在旺季的时候，网店要做的是主动获得流量，这样店铺销量才能"随风直上九重天"。为了使网店有一个良好的搜索流程，有必要做好网店的人群标识工作。只有当人群准确时，才能匹配好访问者，才能进行好信息收集和买卖交易，才能转换数据，才能进一步做好网店。

电商平台现在的重点是搜索流量和首页流量。因为淘宝的流量规则现在是人群规则，所以运营者应该关注这个计划。手动平移搜索是关键词人群搜索流量，手动平移主页流量是人群推荐流量，操作的前提是流量的准确性。

只有当网店的流量准确时，网店才能逐步运作。前向加权流量将逐渐增加网店的流量权重。因此，如果我们不注意"精确"这个词，旺季就会稍纵即逝。在旺季，你如何运营特定的网店客流量来提高并赢得一席之地？具体操作应集中在优化这些方面：

一、精准的关键词

1. 选词

直通车虽然有个"车"字，但这辆车并不意味着烧钱后跑得快。你必须查看数据并分析数据，以便根据数据的变化及时做出相应的优化调整。

首先，我们需要做好相关工作。产品名称、属性和直通车创意名称应根据直通车启动的主要关键词进行布局。我们应该选择质量分数超过 7 和 6 的关键词。这不是一个选择。

2. 养词

有很多方法可以提高点击率，这里有一些常见的方法可以提高点击率，下面我们就对养词行为进行一下系统的分析：

（1）在分析了大数据的市场情况后，决定要推广的主要产品，然后选择推广方法进行定制，然后添加和修改创意（产品创意标题可以将原来的产品标题分成两部分来提高相关性，产品创意标题应该包含核心词、类别词、属性词等，尽可能多），最后添加关键词，并使用这个过程来操作，匹配的关键词将会更准确并有更宽的选择范围。

（2）测试显示的关键词数量。当显示的关键词数量太多时，我们需要准确匹配，去除卡区和卡群。测试的目的是查看添加的关键词的整体性能。此外，我们需要注意的事实是，关键词的高点击率可能不适合我们自己的网店。因此，选择和添加关键词的工作是下一步。我们需要每天通过大数据选择更好的词，不断添加，然后删除过去数据筛选计划中数据不佳的词。这样，通过长期优化，数据好的词将被保留，整体账户数据将保持不变。

3. 出价

（1）对关键词的出价略高于行业平均价格。这个出价不是固定的。在优化过程中，尤其是在初始阶段，我们必须实时分析数据的变化，然后根据数据的反馈调整价格，以确定卡的位置。例如，当点击率偏高时，有必要及时调整位置，找到下一个低质量分数的，给我们一个借口，这样点击率就可以逐渐降低。

（2）在产品的中后期，要尽可能降低直通车的无效成本，平衡直通车与产品的成本，并进行最基本的操作，如降低投标价格或删除高成本、低转化率的文字，提高高转化率文字的投标价格等。不断地优化会让你发现成本会越来越小，产品的交易量会逐渐稳步增加。

4. 卡位

很多卖家都在疑惑：我直通车已经卡在首条了，为什么展现还是少，拿不到流量？其实，直通车关键词的显示现在受到多个数据维度的影响：关键词的质量分数、关键词的投标价格、关键词的溢价、关键词的匹配方法、对等关键词的竞争以及个性化搜索。因此，只有当我们的产品覆盖了大量的搜索人群时，得到了第一张卡之后，才会得到更多的展示和点击。

卡的位置必须基于网店产品的竞争力。这并不是说高牌位会有好的效果。在产品竞争力较低的阶段，不能轻率地假定卡的位置较高，因为我们的产品没有得到适当的优化。与临时职位的产品相比，高卡职位没有任何竞争优势，数据自然也不会看好。

二、精确人群

1. 定位

如今，淘宝已经进入了一个"小而美"的时代，一个"成千上万人，成千上万张脸"和"个性化搜索"的时代。因此，为了获得更多的流量，我们必须首先重视定位，然后进行有计划的推广，只有这样，我们才能真正提高我们网店的流量。什么都不做就开始推动肯定是不可行的。

定位时，必须根据店铺的人群规模来确定。你可以参考网店的人群结构，你也应该注意你的同伴的人群情况来准确定位。

2. 内功

根据我们产品的受众，尽早建立清晰的店铺装饰风格，避免影响买家购物体验的凌乱风格。同时，请记住密切关注竞争对手的情况，收集数据并加以应用，这也是我们网店产品的基本优势。

3. 直通车人群

想要准确的流量、高转化率、高质量和高现金，你想要的一切的前提是首先有一个准确的人群。

在这里谈论一些常见的问题，以便更好地了解人群。

（1）新店里的新产品会怎么样？

对于一个新的网店产品，你不知道什么样的买家会在网店购买，所以你所要做的就是正确地设置类别、属性和关键词。这说起来简单，但仍被许多朋友忽视。如果不注意细节，网店很难发展得很好。你必须使类别、属性和关键词与网店产品高度相关，并重视标题。标题应包括产品的属性词，以加强标签，使流程更准确，并进一步促进和打下良好的基础。

（2）大多数点击都被人群吃掉了，质量得分看起来不错，但其他数据很糟糕？

这是因为该账户在人群中获得流量，获得高点击率，并获得高质量分数，但这并不是关键词的权重有多高。如果关键词不能得到大规模的人群搜索，人群范围将非常小。很自然，我们支付了很高的溢价，但得到的展示有限，整体流量有限，数据肯定不好。

4. 老客户回购可以很好地巩固网店的品牌。

留住老客户最简单、最直接的方法是与买家互动，以增加网店和粉丝之间的黏性。如果黏性很高，你会逐渐发现老顾客的角色。

在创建新产品时，旧客户可用于新产品的初始测量 / 销售量为零。网店的产品很棒，老顾客会自动帮助推销，也就是说，帮助我们进行顾客细分，给我们的网店带来新的顾客。老顾客的高回购率会增加网店的整体重量，修正网店的人群标签，并影响产品的自然搜索排名。

此外，淘宝直播现在也是一个很好的流量来源。直播在吸引新客户和与老客户互动方面发挥了很好的作用。希望大家都能重视网店的引流工作，积极引流，把网店流量提升起来。

第三节　店铺推广和人群定位

由于新冠疫情的暴发，很多人宅在家里，没法出去工作。于是在 2020 年 2 月份以来，每天都有 3 万人开淘宝店。我们都知道这意味着什么。新店的流动基础很分散。让我们先不说有多少新店达成了交易，但同时涌入的新店肯定会抢走行业中老卖家的交易。

除去上述流量损失，对于在淘宝网上折腾了一两年甚至更长时间的卖家来说，这些新出现的网店并不真正让人害怕。淘宝的流量可以是高度分散和高度标签化的。我们做电商运营，最重要的是为我们自己的产品定制流量。我们的链接需要标签，需要准确的人群来购买我们的产品，并稳步增加链接流量。为了准确的人群标签，我们不仅使用直通车来获得通过人群溢价的流量，还需要不使用直通车来测试人群，并且想办法开发更多的推广渠道。

很多时候，在新产品开发期间花大量时间进行人群测试，完全是浪费金钱。为什么这么说呢？当接手一个产品时，我们应该想的第一个问题是该产品应该卖给谁。相信大多数卖家都非常了解他们的产品的各种细节，比如，谁使用该产品？谁在买它？同类产品的价格范围是多少？你的产品要多少钱？产品生命周期有多长？你做高端还是低端？等等。了解了这些问题的基础上，才能考虑直通车等促销工具。那么，我们是否仍需要在第一轮测试我们的产品？

　　无论潜在客户画像是一维、二维还是三维或四维的组合，我们都可以根据产品准确地识别出哪些人群是我们要推广产品的目标。然后，完成所有人群组合以进行过滤和筛选的常规操作，人群测试操作的时间和推广成本将会大大减少。

　　在我们认识的人当中，我们一眼就能看到的上述这些人实际上是非常广泛的。人群的突破不是从大到小，而是从小到大。在特定类型的人群中站稳，像其他人群一样伸展。例如，一个女装制造商开店时把所有的女装款式都放在货架上，不管春夏秋冬。从产品的功能来看，同一商品在不同群体中的功能是不同的。

　　再比如，我们都知道每年夏天服装竞争都很激烈，但现在许多企业在冬天也卖得很好。原因是什么？它们的服装在冬天瞄准去东南亚和其他国家旅游的女人。因此，无论我们的产品在行业中有多少竞争对手，我们在同一产品下突破产品原有用途的局限，并找到我们自己的精准客户难道不是一个好的方向吗？

　　让我们把人群分类。什么是群体？物以类聚，人以群体为单位，对产品有共同需求的一群人就是一个群体。同样的产品也可以针对不同的群体，以不同的使用方向和不同的使用方式进行推广。怎么推广？直通车能给我们带来的人群毕竟是有限的。当然，我们现在有了更精准的人群。我们仍然看不到这些人对我们产品的使用和使用场景。同一产品的使用场景需要我们对自己进行定位，才能真正实现人群细分和准确定位。

　　我们必须在这里提到产品的卖点，以便更好地理解人口的细分。我们经常会问问题：产品的卖点是什么？可以这样理解，产品的卖点应该是大众的需求。例如，顺丰包邮，要求是尽快收到产品，需要良好的快递服务；再比如 U 形枕头，是专为办公室和坐飞机的人设计的产品，这两种人的区别是：一个需要躺下来舒服地休息，而另一个需要坐下来舒服地休息。直通车的人群不会告诉我们哪些群体喜欢顺丰的邮费，哪些客户目前需要出行，哪些客户需要什么材料的产品。因此，这些有针对性的使用场景是我们需要瞄准的卖点，以获得更准确的客户流量。

同样的产品对顾客有不同的要求，就有不同的卖点。当然，我们遇到的人也不一样。也许我们不会认为定价 299 比 259 卖得好。这是我们必须首先要搞清楚的问题，然后再加上直通车人群设置来推广它。产品的卖点是针对人群特点和产品属性来确定人群的需求。通过直通车推广，我们所谓的人群测试是否有点画蛇添足？

最终产品的细节也是需要控制的方向。不久前，某人在网上买了一个猫窝，里面的垫子是一块用绒布覆盖的海绵，但是底部是用和猫窝外面一样的防水材料制成的，这使得我的猫睡觉时因为温差产生的湿气不会完全挥发掉，都聚集在海绵里面。人们在潮湿的床单上睡觉时会感到不舒服，时间长了会生病，猫也是一样。结果发现猫连续几天声音嘶哑，要不是及时发现后果相当严重。因此，我们应该考虑产品细节的所有方面。

第四节　超市数字化的引流与转化

　　所谓的数字超市，是一个能够有效掌握消费者购物数据的实体超市。在这个超市中，消费者会使用 App 或小程序，如盒马鲜生 App、物美多点 App、永辉人寿 App、沃尔玛小程序等进行购物体验。在超市购物的过程中，数字超市对掌握消费者数据信息的价值是什么？笔者认为，在数字超市中很好地使用数字工具可以有效地增加销售额。下面将从数字超市如何吸引客流、如何提高购物转化率、如何提高再购买率以及如何增加数字用户四个维度来论证策略和具体策略。

一、数字超市如何吸引客流

　　吸引客流就是吸引顾客来网店。只要顾客来店里，就会有转化率和消费额。为了吸引顾客来网店，出发点是"发行优惠券"。它是将优惠券发送到 App 或小程序，通过促销吸引顾客到网店消费。

　　优惠券可以与 DM 单结合使用。用户可以扫描二维码获得定制的促销商品。根据客户类型和购物记录，可以推送不同强度和类型的促销品，比如说，超级引流产品，如 0.9 元 /500 克的鸡蛋。当然也可以印在 DM 纸上。要购买此产品，需要扫描二维码，每个用户只能购买一套产品，并且只能去网店购物。

　　也可以主动向用户推销优惠券，而不是向所有顾客发放优惠券，只向失去的顾客或潜在的顾客发放。该系统计算出，如果一些顾客减少了购物频率，或者已经超过一个月没有在网店购物，应该向他们发放优惠券，以吸引顾客到网店消费。

如何计算优惠券折扣？如果顾客对网店的转化率是 50%，顾客的单价是 80 元，毛利率是 20%，那么一般顾客对网店贡献 8 元毛利。优惠券折扣可通过参考该指标来确定。

从顾客感兴趣的商品开始，优惠券的发行更有效。顾客购买某种商品的频率最高，表明顾客对该商品最熟悉和认可。对于这种商品，发行优惠券效果最好。例如，如果顾客购买了最多的奥利奥饼干，他们将向顾客发放优惠券。顾客会用优惠券结账，只要 0.9 元就能买到奥利奥饼干。

顾客去网店购物，这需要时间。一般来说，他们不仅会买优惠券上的商品，还会买一些其他商品。应注意已发商品的充足库存，以免顾客到达网店后发现已发商品缺货。许多用户不会主动打开 App 和小程序，所以顾客看不到推送的优惠券。可以考虑两种方法来解决这个问题，一个是不断地发放优惠券，一旦顾客打开应用程序，他们将首先看到优惠券；另一个是通过短信和电话同时推送优惠券。

二、数字超市如何促进购物转型

当顾客去网店时，不管他们是否购物，以及有多少顾客购物，都会有购物的转化率。为了提高购物的转化率，最根本的是有顾客喜欢认可的商品。数字超市如何提高商品的影响力？什么样的商品是好商品？什么样的商品最能满足它们所在地区的需求？笔者认为顾客反复购买的商品，已经使用并将继续购买的商品，以及顾客用钱投票的商品都是好商品。数字超市可以记录顾客的购买行为，统计某一商品的再购买率，根据再购买率数据进行商品替换，向顾客推荐高再购买率的商品，从而提高商品销量。

复购利率数据是评估购买的关键绩效指标数据，是指导客户识别商品的参考数据。这个数据的结合可以帮助数字超市更快地提高它们的商品能力。

为了吸引顾客改变购物方式，撒手锏是什么？考虑对象是一盒新鲜的海鲜。海鲜场景烹饪是吸引游客购买新鲜海鲜的重要购物方式。这盒新鲜海鲜（烹饪）有以下价值：

1. 因为海鲜的烹饪，在某种意义上可以吸引游客；

2. 烹饪海鲜，尤其是烹饪大的海鲜，在市场上会有较高的价格，新鲜的海鲜盒有更好的价格优势；

3. 海鲜烹饪推动了其他场景烹饪，可以将一些没有质量问题的滞销食品转化为烹饪商品，帮助网店减少损失；

4. 新鲜海鲜烹饪给顾客一种与众不同的感觉，让海鲜更有品位。海鲜烹饪的与众不同的感觉和优雅的感觉更重要。

传统超市是否也能提供类似海鲜烹饪的服务来吸引游客，既能充分发挥超市自身的优势，又能给顾客带来独特的新体验呢？

1. "随机搭配"是指几十种即食食品，如小吃、卤味、水果片、饮料、蛋糕、坚果等，这种商品的统一价格可以为15.9元、3.9元、5.9元和9.9元。

2. "免费比赛"是一种餐饮服务。顾客在场景中选择他们需要的食物，并在餐饮区享用。这是一个快餐、下午茶的场景。

3. "随机匹配"的商品来自所有网店，可以帮助没有质量问题的滞销新鲜商品消化库存。其他商品是在网店里出售的商品，将被清楚地说明。顾客可以在体验后购买这些商品。

数字超市还可以尝试推出"小批量、统一价格、免费配送"的餐饮服务。一方面，他们可以充分发挥网店的优势，而消费者无法在其他地方享受这种多维度和类型的现成商品。另一方面，免费配送可以给顾客带来轻松、休闲、实惠的新体验，达到吸引客流、促进购物转型的目的。因此，值得一试。

三、数字超市如何推广复购

复购是指顾客愿意再次去网店购物，并在网店购物后重复购物。要想提高客户的复购率，可以采用以下几种方法：

1. 带给客户惊喜

宜家出售的 1 元冰激凌是"峰尾法则"的经典案例。"峰尾法则"是指消费者在购物结束时的体验，它可以极大地提升消费者在整个购物过程中的体验。

如果顾客最终完成结账，自助收银机会弹出一个菜单，给顾客一件商品，顾客会感到惊喜和印象深刻。超市网店每天都报告一些商品的损失。每天 18 点，可以计算出高风险商品。最好向顾客报告这些商品的损失。顾客也可以通过商家的大力促销获得一些优惠券。这些优惠券将在第三天起的一个月内到期，以增加顾客再次购买的频率。优先考虑高价值客户、优先考虑首次客户、优先考虑高损失风险客户具有更大的价值。

2. 聚焦高价值客户

超市为所有顾客提供相同的服务，但是不同的顾客给超市带来不同的毛利和价值。如果高价值顾客流失，会对网店的盈利能力造成更大的伤害，更重要的是增加高价值顾客的再购买。

我们可以通过客户购买行为数据来分析那些高价值客户，给予高价值客户更好的回访和售后服务，优先向高价值客户提供一些有限的好商品，有利于高价值客户的积累和发展。

3. 个性数据管理列表

传统超市的营销策略是向所有顾客推销相同的商品，而个性化营销策略是根据顾客的需求推销不同的商品。数字超市可以通过顾客的购买行为来分析顾客对哪些商品感兴趣，并将感兴趣的商品添加到个性化商品目录中。在网店购买这些商品的顾客只要使用 App 结账，就可以享受定制折扣。

四、数字超市如何增加用户

上面提到了数字超市如何吸引更多的顾客，如何提高顾客购物的转化率，以及如何提高顾客的再购买率。如果这三个指标增加，销售量自然会增加。数字超市的上述战略行动都是基于数字用户，那么如何增加数字用户呢？

增加数字用户数量的方法主要是使用自助收银机。要使用自助收银机，必须安装 box horse app 来增加数字用户的数量。

沃尔玛网店配备了手动收银机和自助收银机。要使用自助收银机，必须首先扫描代码并登录沃尔玛小程序，客户不需要安装应用程序。

物美、永辉等推出了基于 App 或小程序的免费购物功能。顾客可以在网店里浏览自己的产品，在 App 上结账，不用排队就能完成购物。物美还将 App 与购物车相结合，使用 App 扫描代码支付押金来解锁购物车。传统的超市购物车不能离开店面，顾客也不能把购物车送到车库，因为他们担心会丢失购物车。如果 App 支付押金来解锁购物车，就不会有这样的担心。顾客可以在送货后归还购物车。此外，App（小程序）可以代替会员卡，通过为数字用户引入特别优惠的价格和引入家庭业务来促进用户使用数字工具。

最后总结一下，为了增加销售额，数字超市可以从引流、改造和再购买开始。

"引流"的起点是发行优惠券，将 DM 单与优惠券相结合，为用户感兴趣的商品发行优惠券，并吸引顾客来网店。

　　"转型"的核心是商品。商品结构可以通过再购买数据来优化，顾客也可以通过随机的餐饮体验来吸引购买。

　　"复购"有三个技巧：第一，惊喜；第二，关注高价值客户；第三，个性 DM 列表。

　　"增加数字用户"有成熟的方法，可以参考上述方法来增加数字用户的数量。

　　简而言之，随着数字用户的增加、客流量的增加、购物转化率和再购买率的提高，销售量自然会增加。这就是数字化的目的和意义。

第五节　电商平台的搜索算法与关键词优化

淘宝是一个拥有数十亿商品的大平台，无数商品与数千个子类、数百个一级品类和十几个行业相关联。如何让用户在众多商品中找到符合自己需求的商品，是淘宝搜索需要解决的问题，也是广大电商卖家需要考虑和研究的课题。

从数据更新的角度来看，淘宝的数据变化和更新非常快。每天都有大量新的商品数据上传到网站上。一旦上传了新商品，买家就能搜索到该商品。

从搜索数据的分析来看，商品的图片在淘宝搜索中发挥了很大的作用。买家查找和购买时，很大一部分搜索结果被图片占据。怎样有效地利用商品的图片信息，怎样提高商品图片的质量、图片与文案的关系等，都是卖家需要考虑的问题。

淘宝搜索的另一个特性，是全链接属性。买家搜索、比较和购买的行为，都是在淘宝上进行。与一般的全网搜索引擎不同，比如在百度上，用户在搜索后会跳转到其他网站。因此，百度搜索的时候，在搜索之前和之后很难获得用户数据。而在淘宝搜索中，用户会在搜索后点击一些商品的链接，然后比较不同的商品，最后选择一家与卖家沟通，咨询之后下单购买，或者放弃购买，返回继续搜索。在这个过程中，平台产生的数据和信息非常丰富，对这些大数据进行分析之后，可以帮助平台设计更好的搜索排名算法。

最后更重要的是，淘宝是一个生态系统。在淘宝搜索的算法设计中，不仅要考虑用户的搜索体验，还要考虑整个业务规则，以保证流量的公平性和分散性。在淘宝平台上，许多搜索算法的原理、规则或算法都会被公布给卖家，引导卖家向更好的方向发展。

对卖家来说，目前的淘宝行业，主流趋势已经转向天猫商城。至于普通的淘宝店铺，如果没有宝贝的数据，没有店铺的基本门槛，宝贝就没有展示的可能。该行业目前的潜规则优先支持有流量的天猫商店。作为普通的淘宝卖家，必须通过一步一步的扎实操作，才能在竞争激烈的淘宝平台上生存下去。要想让商品被买家看到，首先是制作一个高权重的标题，制作标题的第一步是学会设置关键词，下面将详细解释一下如何快速设置关键词。

一、如何设置关键词

在给宝贝起标题的时候，查找关键词是很重要的一件工作。为了找到最精准的关键词，第一步就是把买家搜索宝贝时，所有可能用到的关键词组合标题的词都找出来。

1.核心词＋属性词组合

如连衣裙修身、韩版组合：韩版修身连衣裙；

外套加厚、男款组合：男款加厚外套。

2.模糊核心词（不带属性词）

如外套、内衣、鞋子、裤子。

买家在查找商品时的搜索顺序，一般是先搜索最精准的核心词，再搜索次要精准的词，以及模糊核心词！简而言之就是一级词、二级词、三级词。

（1）二级关键词比较形象具体。分材质、颜色、用途、性能、品牌等。

比如LV背包、龙背包、儿童背包等就是二级关键词。

（2）三级词就是黄金长尾词，例如童装女外套中大童。

（3）二级词和三级词都是长尾词，以主词为核心，前面或者后面加上各种属性词，就组成了长尾词。

为什么要把核心词和属性词衔接起来呢？这是因为，让核心词搭配上属性词之后，消费者脑海中出现的产品也会更加具体，消费者对于自己的消费目的会很明确。

二、关键词搜索的误区

电商搜索营销的核心就是关键词，但仍有许多商家不知道如何在早期、中期和后期做到这一点，他们只是很随意地去设置关键词，没有一个明确的计划，对于电商搜索新手来说，最容易犯的错误是编写自己发明的词！自己发明的词，都是在市场上从来都没有人搜索的关键词。这类词组的加权方法、智能相关性和关键词加权效果与搜索流行度，都是大打折扣的。我们去增加这些关键词的权重，根本没有任何意义。

三、如何提高关键词的含金量

当我们操作关键词时，我们如何拉动标签和权重呢？只有高权重的关键词，才能带来源源不断的流量，这样的关键词才是最有含金量的。

1.能够产生成交

关键词只有点击没有转化是没有用的，这会直接影响关键词的质量分数。关键词的质量分数代表直通车的重量，质量分数越高，关键词的排名就越高，没有分数的PPC就越低。如果你定一个低价格，每天的限额是100元，关键词调整到一个很大的范围，这种计划的效果一般是比较差的。不能分配在每个词上点击太多，关键词的质量分数不仅不好，而且你设置的关键词的权重也不能增加。

2. 关键词降价

很多人看一个词的展现量很大，就下意识地降低这个关键词的出价，这是一个错误。我们出价的原则是降低了出价，点击率要保持稳定。但倘若我们直接按照展现降低的策略，点击率就会下降得离谱，关键词掉权重、掉排名，那情况就真的不容乐观了。设置价格的原则是点击率一定要稳定，无论出价有多低，都不能低于行业平均水平，否则就会掉权重！

3. 标签的优化

我们可以利用直通车的标签功能，选择潜在客户人群！如果是新开户的直通车，可以先把标签设置为普通人群，而不是目标人群和精准人群！我们可以把男性和女性作为基本群体来组合，比如，性别＋年龄，性别＋单价。这时候的组合数量不太要高，建议做10个左右！在我们获得这些人一定数量的点击后，我们再优化标签，以确保精准客户的比例进一步提高，通过不断优化标签，可以获得更为精准的客户！

4. 直通列车的整体优化

操作这一步的目的，是最大化直通车的利用价值，杜绝投资太大而无法带来直通车销量的情况！整体优化，包括优化关键词的顺序，关键词人群、时间和地区！这些数据都是相互关联的，优化一项，其他的选项也要跟着优化！

第六节　使用详情页提高转化率

当用户进入详情页时，已经有 50% 的概率会购买它。因为在此之前，他已经完成了"搜索""点击"和"浏览主页面"的一系列步骤。因此，详情页更像是迈出了第一步，它是决定订单能否最终完成的关键，就像百米短跑的最后十步冲刺一样。然而，这最后十步冲刺也是用户进行最多心理活动和最可能挣扎的地方。如果他花了 0.01 秒打开主图片，那么详细的页面可能要花 10 秒才能弄乱。如果是女孩，这只能更长。

"我可以用这个东西吗？我什么时候可以用它？""它的效果 / 功能是真实的，还是一个骗局？""我家里已经有两个了，我应该再买一个吗？""现在这个好了吗，还是我刚才看到的那个？""这些东西似乎相似。我应该选择哪一个？"……

我们应该如何处理最后的 50%，让用户放下戒心，放下疑虑，安心购买？下面我们总结了提高详情页转化率的方法：

一、详情页首屏

1. 第一个屏幕——黄金显示位置

详细页面的长度通常为 10 ~ 15 张图片，因此用户无法记住许多内容。但是哪一个屏幕是我们最关注和印象最深刻的屏幕呢？答案是第一个屏幕。当然，用户对不同类别的产品有不同的浏览深度，但第一个屏幕是最重要的位置，这是没有争议的。

2. 80% 以上的初筛不合格

让我们看看大多数产品的第一个屏幕。可能发生的情况是，当用户浏览你的详细页面时，他们只是模糊地记得你文件夹上面的内容，而你希望他们记住的是创造生活中无数的可能性、数千条道路和多重营养。这样一来，详情页的所有努力就相当于白干。

文件夹的作用是让用户牢牢记住我们。它有多强？即使他想继续浏览其他产品并关闭我们产品的链接，他的心仍然在我们的文件夹内容之上。想象一下，如果你在购物时有过这样的经历：你已经在看其他产品了，但是你脑子里想的是一个给你留下深刻印象的产品，或者一个感动你的文案。最后，你回到那个产品，点击购买。

我们努力的目标，就是要达到这个效果。

3. 第一个屏幕——设置一个记忆点

在细节屏幕的顶部，我们需要设置一些用户可以记住的东西。

可以是特殊功能，比如：

记忆点：刷公交卡

可以是产品效果的形象化表达，比如：

记忆点：柴火饭

记忆点：颈纹橡皮擦

也可以是产品的外观差异，比如：

记忆点：七道杠

记忆点：小灯泡

可以是产品适合的人群，比如：

记忆点：油皮亲妈

我们可能记不住"创新撕拉3D颈模技术"，但记住了"颈纹橡皮擦"；

可能记不住"焕发光韵，沁白美肤"，但记住了"小灯泡"；

可能记不住"5层复合聚能内胆"，但记住了"柴火饭"。

我们需要做的是，在详细页面第一个屏幕的黄金位置，为产品设置一个独特的记忆点，这样用户就不会忘记你。

二、场景的困境

1. 场景的目的

一开始，我们分析了用户在浏览详情页时会经历一系列的心理挣扎，包括："我可以使用这个东西吗？我什么时候可以使用它？"

有些产品不仅仅是需要的，它们更适合购买或不购买。

场景的一部分是告诉用户：这个东西一定要买，否则一天都过不去！

2. 什么样的场景是无效的？

我们看到的许多场景没有达到上述目的。例如，一个品牌的一次性毛巾和浴巾列出了四种使用场景：旅行、商务旅行、家庭和酒店。

为什么这样的场景描述是无效的呢？一方面，即便我们不说出来，也应该知道这些场景究竟是怎么回事。用户已经知道，一次性毛巾是可以在旅行、外出或是待在家和酒店的时候使用的，否则他们是不会搜索的。重复用户已经知道东西本没有多大意义，从另一方面来看，场景的良好使用可以有效地激发用户的感情，刺激到他们内心的痛苦、快乐乃至期待，而这些情感的触动都会大大增加他们的购买动力，因为他们此时买的除了商品以外，还有自己想要改变或促成的心情。

显然，这些情绪并没有在这里被唤起。

另一个例子：雨鞋罩

这一场景显然比前一个更好，告诉我们它可以在下雨的时候使用，并且可以保护你的鞋子不被弄湿。但是不买可以吗？似乎没问题。最好不要在雨天出门，或者换上一双旧鞋，或者穿上拖鞋出门，不一定要买雨鞋罩，有很多解决办法。因此，这个场景还没有达到"这个东西必须买，没有它就不能生存"的程度。

3. 陷入困境

为什么有些场景写的时候感觉不太好，有些场景让你想马上买下来？

有效的方案应该是让用户陷入困境，产品是唯一的解决方案。

用户会无意识地把自己带入场景，他们的情绪会被拖，他们的痛苦会被缠绕。除非他们下订单，否则痛苦不会消失，解决问题的快乐也会随之而来。

例如，另一个一次性毛巾的场景：它将场景定位到酒店。如果你使用酒店的一次性毛巾，你可能面临以下问题：洗厕所，很多人使用它，上面有很多细菌。这成功引起了用户的愤怒和担忧，从而迫使他们购买一次性毛巾。

再比如一款男士内裤：

本来它在轻薄透气方面并不占优势，而且价格偏高，但是它特别会选场景，把男性置于约会的场景中，而且暗示不买你可能会出丑，让人觉得非买它不可了。

总而言之，详情页面的产品描述都是相对比较多的，优化详情页面的方法有很多种。因为详情页面由十几屏组成，如果转化率不高的话，我们根本就不知道到底从哪个部分描述才算精准到位。所以这时候我们只能把影响到的点一个个地挖掘出来，然后按照自己觉得最合适的方法去优化它。倘若一个地方做得好，那么这个地方只提高了 0.1 分，但 18 个点加在一起，就可以让详情页面整体提升一大步，这样就能够顺利与同行拉开距离，快速占领市场份额，成为大众更青睐的购买对象。

第五章　直通车的投放与转化

　　直通车推动了爆款，并且不同阶段的投资回报率不同。我们要时刻关注市场形势，因为宝贝的销量与市场形势密切相关。如果市场在前几年同期呈现上升趋势，或者这一趋势已经持续了近30天，那么它就值得投资。

第一节　直通车怎么开出高投产

不管在网店卖什么产品，许多生意都是通过直通车进行的，有些是为了测试潜在客户人群，有些是为了创造爆款，还有的目的是增加网店的自然流量和自然销售额。

许多人亏本运营直通车，甚至只有不到 1% 的投入产出。如果一直这样开车，最好不要再开了，这样只能浪费金钱。这是许多最近一直在沟通的电商运营者的情况。还有一些问题，比如，直通车不能很好地运行，不能产生正向的投入产出比。在这种情况下，我们如何增加直通车的权重呢？

每个人都知道投入产出比是什么，也就是说，投入了多少钱，产生了多少效益。这个维度是利润还是亏损的直接表现。事实上，当我们这样做时，我们将主要看这个指标来判断是否继续投资。这些数据也是每个企业主所追求的，寻求用最少的投资获得最大的回报。

如果我们想做好这方面的工作，首先要说的是网店的整体运营布局，这是一个先决条件。如果是的话，直通车将有可能高速运行。

直通车推动了爆款，并且不同阶段的投资回报率不同。我们要时刻关注市场形势，因为宝贝的销量与市场形势密切相关。如果市场在前几年同期呈现上升趋势，或者这一趋势已经持续了近 30 天，那么它就值得投资。如果是下降趋势，那么投资需要谨慎。然而，这仍然取决于网店的实际情况。不能因为它已经下降，所以根本不投资，那样权重会很快下降。

一般来说，主要贡献是在早期阶段确定的。关键是点击率的转换率比较高，然后是访问者的基数。这并不是说当我们开始推动时，我们一定会有一个好的产品。肯定会有一个渐进的过程，然后调整过程将决定你是否可以投入产出。

下面让我们制作一个虚拟的运营计划，从时间上来说，或许可以从 2 月开始。

春季预算计划。无论一个模型是否有成为爆款模型的潜力，重要的是对于一个普通模型来说，观看率（点击率转换率、收藏和购买率）是很高的。有时候，不仅仅是可以向它扔钱。

在早期阶段，测绘和测量资金被通过，数据可用于判断情况。随着市场趋势开始增加，投资也开始增加。因为有足够的数据来更好地判断产品的优缺点。

在直通车的早期，游客的标签是累积的。也就是说，通过直通车给人们设置准确的标签。这个标签是怎么设置的？一个是通过准确的关键词，另一个是通过训练人。这两者相辅相成。

在早期，关键词必须是精确词，可加热词必须是大词，但要注意调整。选择准确的长尾词的目的是保证流量的准确性。词语选择得好，反馈数据就好，关键词的权重就好。

看看我制订的这个计划，关键词被快速加权。一方面，它们与网店的基础有关；另一方面，它们是选词。不是人认为某个词好，而是词本身的表现好。这要求我们判断它是否适合在这个计划中使用。因此，提词的过程非常重要。

如果出现问题，应根据数据反馈优化如何调整词语，是提高还是降低出价，以及人群是提高还是降低溢价。分析数据的能力至关重要。如果读完之后感到头痛，如何优化它呢？

　　让我们再看看这些人群数据，许多企业习惯于在开始聚集人群时添加所有人群。这个方法该怎么评价呢？建议不要这样做。一方面，长期数据会降低账户权重；另一方面，也会影响关键词数据。测试组可以分批测试。可以在早期做分组，看看反馈数据如何。经过筛选，准确的网店群被留下了。然后可以不断添加人员进行测试。总的来说，这些人已经被筛选过了，其余的都是店里的准确的人。

　　有些人还会问，这需要多长时间？多少钱？

　　我们肯定会在早期阶段推出，但通常不太适合推出。当没有获得很大利润时，需要一步一步地看数据调整。可能会在调整过程中遇到一些问题。只有通过不断地优化和调整，才能拥有一个高权重的账户。此外，它还与网店的权重有关。一些账户操作可能会在一周内开始，而另一些可能不会在一个月内开始。各种因素影响，所以没有具体的时间。

　　投资回报率与在以下段落中提到的不同优化阶段有所不同。在启动阶段，我们可以积累数据并优化关键词，重点是点击量和周转率。当我们成熟时，我们必须最大限度地利用我们的利润，逐步降低生产成本，提高产量。

　　我们可以从以下3个方向来提高产量：1. 提高客户的单价；2. 提高转化率；3. 降低PPC并提高客户单价。这就需要在整个网店中布局单一的产品，并且产品之间的关键词要做好，以便买家可以自由选择。实际上，客户的单价也提高了，店家也可以借机进行购物活动、两件式折扣等。

　　提高转换率。如果直通车的转换率没有搜索的转换率高，这表明直通车还有很大的优化空间。操作的关键是提高流量的准确性，例如，保持高转换率的文字或保持高转换率的人群。当然，其他调整也可以用来控制演示的准确性。

　　除了对直通车人群的精确控制、店主的促销、热卖以及店内整体内部技能和视觉方面的优化之外，有必要做好规划。只有当内在技能足够的时候，转化才有优势。

　　如果乘客预测值降低，如果直通车账户的权重更高，你的乘客预测值自然会降低。但是，我们不应该在早期盲目追求超低的PPC，这将导致低晋升排名。直通车的推广不会耗费成本，因此相应的点击率转换率的准确性也会降低。

　　事实上，我们想做好高产工作，不仅要关注这一点，还要从其他方面考虑。例如，我们可以集中精力增加高产量计划的每日配额。如果产量不是很好，我们可以保持或降低一点。另一个例子是分配区域的设置、关键词和人群溢价的调整以及创造性页面。我们应该尽最大努力区分主页面，以避免抢占搜索流量等。

　　只要我们理解数据分析并合理利用直通车进行引流，我们就不会再"一提到直通车就脸色苍白"。即使有时直通车是亏损的，事实上，那时的自然流量更客观，流量的比例是平衡的，销量是在上升的。我们最好还是让直通车盈利，但不要让我们的网店依赖直通车，这一点每个人都必须明白。我们需要做一个好的布局规划和引流权重，以便为未来赢得更多的竞争优势。

第二节 如何给直通车增加权重

在 2020 年年初，淘宝推出了一系列支持政策，以支持进入平台的新商家，并帮助所有卖家在疫情期间运营。例如，平台商户的运营费用可以免除；向企业提供低息无息贷款；免费直通车托管服务；0 账户期服务等。据了解，淘宝也决定将零账户服务延长至 6 月 30 日，进一步缓解商家的财务压力，淘宝似乎不遗余力地支持商家。

你可能会认为，尽管有各种各样的政策来帮助，但 100 万新商家的加入进一步加剧了零售业中已经很激烈的竞争。尽管这一说法在某种情况下是正确的，但你不能忽视这样一个事实，即仍有许多受疫情影响的企业无法发货。

因此，就目前情况而言，整个淘宝市场相当于新进入的商家取代了目前无法发货的商家。尽管数量大致保持不变，但这些新商家的竞争力与旧商家不一样。在这一大群新商家中，很大一部分人对淘宝的规则和运营技巧知之甚少，甚至是完全的小白商家。虽然他们肯定会通过各种渠道学习电子商务知识，但他们仍然不太可能一蹴而就。

淘宝商家如何在当前的竞争中脱颖而出？

我们知道淘宝的核心是引流，而突出的关键是引流。换句话说，直达点在直通车上。直通车已经启动这么多年了，好坏的区别很大。例如，一些企业可以实现超过 10 万元的投资回报，而其他企业在花费超过 10 万元后也不能转换几个订单。因此，企业的盈利能力在很大程度上取决于驱动技术。

只要引流系统能够以较低的PPC获得流量并获得良好的投资回报，它就已经超越了绝大多数企业，并在起跑线上胜出。让我们再复习一下PPC的计算公式：PPC= 下一个出价 × 下一个质量分数 / 某商家的质量分数 +0.01。

我们无法控制下一个出价和下一个质量分数，因此，为了达到低PPC，我们必须首先做好自己的质量分数。接下来我们来讲一下如何做好直通车的权重。

直通车想要做好权重工作，它从两个部分开始。

一、影响质量分数的四个维度

在我们给直通车添加词语后，我们可以看到影响直通车质量分数的三个维度分别是创意效果、相关性和购买者体验。但事实上，仍然有一个基本因素影响质量分数。

1. 基本得分

考虑了许多因素，例如直通车的基本权重、单词的相关性、产品属性、标题和创意标题的布局等。这将影响基本分数。

所以我们可以看到，当一些单词被添加到计划中时，它是8.9分，而当一些单词被添加时，它仅仅是6.7分，甚至是5分。

这要求我们在添加词语之前考虑词语是否与产品匹配。在后期的支持度、点击和转换方面，匹配度高的词比匹配度差的词方便得多。

2. 创意品质

顾名思义，创意品质取决于产品创意页面的质量。如何确定质量？简单地说，它是由创意页面的点击率决定的。

因此，拥有一个足够吸引用户点击的创意页面是非常重要的。此外，创意页面并不意味着只要做得好就会一直使用它。应根据实时市场情况不断优化。数据越好，质量分数自然就越高。

3. 相关性

相关性相对容易优化。我们经常可以在各种网站上看到这样的主题派对，如"质量评分 3 天，7 天 10 分"。主要的优化是相关性。

获得满分的相关性实际上非常简单，即在创意标题中添加关键词。例如，如果我们添加关键词"可更换的衣服、肥大的衣服、大码的衣服和无帽的衣服"，我们可以将创造性的标题写为"可更换的肥大的衣服、大码的衣服和无帽的衣服"。

如果关键词没有包含在创意标题中，那么相关性几乎不可能得到满分；如果有许多关键词，一个创意标题不能包含另一个，只要所有关键词都包含在创意标题中。

4. 买方体验

买方体验是根据买方在网店的购买体验给出的动态分数，它涉及许多因素，如客户服务对应时间、页面停留时间、跳过率、售后服务等。

这要求卖方在网店的各个方面全力以赴，并注意服务的各个方面，以保持这一点。

二、权重保持

我们知道质量分数是 1 ~ 10，但实际上也是 10，系统背景中显示的分数也非常不同。例如，有些单词是 10.01 分，有些单词是 10.999 分，所以即使质量分数达到 10 分，我们仍然需要继续保持计划的权重。

权重的保持主要从以下几点开始：

1. 点击率

点击率我们刚才说过，我们需要根据市场的实时情况不断优化。事实上，我们需要保持计划的高点击率来稳定质量分数。另一方面，我们直通车项目的点击率也会影响权重。一个节目的点击率越高，在一定程度上权重就越高。原因是点击计划的次数越多，直通车上的计划成本就越高。淘宝一向喜欢挥金如土的人，所以点击率会反映在权重上。

2. 买家体验

买家体验涉及很多因素，因此也需要我们的日常维护。

事实上，我们保持质量分数。我们应该追求"创意质量、相关性和买家体验"这三个满分，而不是只关注分数。因为我们得了 10 分后，这三个因素不一定都是满的，如果这三个因素都是满的，分数一定是 10 分，系统后台的分数也不会低。

第三节　店铺流量问题的准确分析

现在店铺的经营基本上走上了正轨，网上货物能够正常销售和交付。然而，网店里的情况不同，有着复杂的原因。随着网店运营开始发挥威力，随之而来的是各种问题。环境正在发生变化，网店正在加速营业。拥有高质量商品、完整团队和早期布局的网店，可以说是领先的。而那些跟不上变化的店铺，依然是惨淡经营。

有一家女装网店在妇女节期间表现良好，一周内，销售额达到 200 万元，比去年同期高出很多。这种增长与运营和当前的市场需求有关。市场已经开始运转了，我们需要做的是引流、促销、安排活动和推动网店，使我们自己的网店更好地与市场趋势接轨。

有一个好的市场是一件让人快乐的事情，但是总会有不快乐和不好的事情。

比如，在日常运营网店时，网店经常会遇到流量下降的问题。此时，店主会很担心。担心是好的，但是不要反应过度。流量下降时要注意：

1. 流量波动不超过 10%，基本上是店内游客相对正常的波动（前提是最近店内引流没有明显调整）。在稳定运行期间，流量通常不会波动很大。

2. 应注意 10% 的流量波动操作，尤其是超过 20% 的警告值。网店访客的起伏一定有异常。

3. 如果流量继续每天下降，我们必须高度重视。为了避免车间排序和车间层次的大跨度波动，降低了车间权重。

同行的流量在增加，他们自己网店的流量不是在增加，而是在下降。除了一些生意不错的网店之外，流量突然中断了。事实上，这方面的问题可以从 10 个方面来分析。基本上，可以从这些方面分析网店流量的波动方向上找到问题的解决方案，分析他们自己网店流量的波动并进行相应的优化。

流量下降的分析点：

平时店铺引流时，通过多级引流，加上店铺自由流入口来提升。游客对网店有多种流量方式：手淘搜索，手淘主页是主要的，波动也是最大的；其他的比如我的淘宝、活动、直播等。分析客流量的下降，看看哪一部分网店的游客最先出现波动。应该弄清楚这是一个操作问题还是一个市场问题，以弥补失去的流量。

1. 市场竞争波动

在分析网店客流量的波动时，我们必须优先考虑市场的整体趋势。因为你网店的流量是从市场的大流量池中分配的。市场的流量池有变化，分配给你的资金自然会波动。

（1）关注市场的整体趋势，无论是上涨还是下跌，都对商场的引流运作有直接的导向作用。

（2）市场是暂时调整的，由于某些原因，市场的需求总是会暂时影响行业的需求。比如天气，比如一些热点。

（3）同行之间的竞争。

同行有什么影响？当同行在进步时，如果我们待在原地，差距就会显现出来。同行做过优化之后，他的搜索排名将提升，我们的位置会被向后挤，流量自然就会下降。只要开网店，竞争就存在。即使我们不注意别人，同行的网店也会注意我们。竞争对手无处不在。

因此，我们应该注意竞争网店的变化，同行的流量，来决定是否要做活动，是否要调整价格，以及是否要调整促销力度。如果不想被同行压制，就必须对竞争对手保持警惕。

2. 网店违规波动

流量波动。在观察行业时，我们也应该注意网店是否违反了规定，以及网店的服务是否符合规定。因为大多数时候，问题是内部的。

（1）虚假交易、销售假货以及其他对网店有很大影响的违法行为。前者是一个容易的问题，因为仍然有许多企业使用黑色技术来大量经营他们的网店，这会带来风险。如果想长期在网店里做好工作，应该尽力控制这种情况，否则，辛苦的工作很快就会白费。

（2）当产品极具竞争力时，DSR 的波动非常重要。因为现在平台更加注重网店的综合服务。在同类店铺的竞争中，得分好，客流量大，游客准确，转型好。这一点被许多企业忽视了。记住，不要再忽视动态分数了。动态评分影响宝贝的搜索排名和宝贝的转化。DSR 的持续衰落将降低该店的综合实力。在同层商家之间的竞争中，DSR 衰落会造成店内顾客流失。

（3）轻微违约，如违反承诺、交货和售后服务等。

3. 店铺运营波动

在店铺的日常运营中，会对各种数据进行分析，也会关注日常数据、访客、转换等数据维度。流量宝贝。如果认为有任何问题，商家会调整它。这没问题，但问题是调整什么和不调整什么。

当我们平时自己经营一家网店时，也会影响网店的流量波动。如果操作得当，这将是暂时的波动。如果用错误的方式操作它，那就会影响网店的流量。

（1）宝贝标题经常被优化。对于宝贝来说，产品名称是搜索的入口，关键词的受欢迎程度和排名会影响搜索流程。

许多店主会优化标题，但标题优化不是第一秒钟的调整，下一秒钟的流量会爆款，所以需要等一下。每一项都有一周的搜索权重指数。查看一周的数据，然后决定下次何时调整而不是每天都调整。

（2）优化宝贝细节页面，与标题相同。细节的调整取决于跳跃率、停留时间、一次到位的变化，而不是三两天的细节变化。

（3）主推宝贝的调整。在这方面的调整，主要是始终考虑主推的宝贝的销售周期。

4. 促销活动波动

如果店铺主要依靠移动引流和引导客人引流，店铺流量的波动与这些活动直接相关，因此做好促销和引流计划非常重要。

（1）促销调整

目前，网店、直通车等引流工具将基本采用超级推荐的钻展方式。但是，应注意车辆在运行期间的引流变化。一方面，改变是它自己的主动。它大大调整了每日限额。特别是，它之前每天投资2000元，现在突然每天投资500元。每日配额的变化将直接影响到网店的游客数量。游客数量会波动，相应的流量也会发生变化。提升自己就是拉动流量，突然的波动就是为自己找东西。另一方面，被动变化并未自行调整。但是，对等方已经进行了调整，增加了发送量，增加了卡的位置，流量将被动波动。最后一个方面是直通车的成本在增加。在特定时期内，引流成本增加，引流总量减少。这种情况，发生在一般活动中。

（2）活动调整

活动区域取决于网店的活动频率和活动周期。这种流量是暂时的。特别是在大促销期间，流量很容易增加。对于我经营的网店，流量会波动，这是受活动影响的。

因此，大规模的促销活动是由市场带来的，但对于日常的自营活动，应注意在第一类活动结束后是否有任何两类活动要跟上，以及是否应补充缺失活动的流量。

（3）客户的调整

对于价格低廉的宝贝来说，淘客是经常被操作的，淘客仍然可以带来好的流量。由于起步较慢，客流量相对较小。

因此，在操作时，它取决于客户的操作安排，无论是连续的中低佣金操作还是短期的高佣金推动。阶段推进，必须做好衔接工作，不能在获得高提成后，直接切断胡作非为的流量。另外就是人群这个问题，这取决于网店主流人群的情况，这又决定了应该定位于低价还是高价。

5. 网店人群波动

成为网店就是成为一个标签。标签准确，流速就准确。网店最近是否做了其他操作影响了网店的标签，或者网店本身的标签是混乱和低质量的，它与产品本身是否匹配，如果基础做得不好，流速自然不稳定，高低不一。

因此，不可能通过人工影响标记操作来获得良好的标记效果。掌握正常的操作手段是店铺持久稳定的基础。

与标签匹配的是人群，标签是无序的，带来的游客就是次等游客，从而形成混乱的人群，带来更多的垃圾游客。这是一个恶性循环的操作。

6. 网店水平波动

网店的楼层是流量的上限。级别高，网店能进入的流量入口多，网店能匹配的人群就会多，级别波动大，网店就不稳定。

高低、排名波动，店铺无法稳定，店铺的流量值、流量质量就会有波动。

　　在稳定上升的网店，流量也逐渐上升。在我们面前，我们也可以看到整个行业的市场非常强劲。网店的流量正在迅速增加，市场形势很好。随着网店的有效运作，网店的流量可以逐渐增加。级别不稳定，游客就不稳定，网店也会跟着搬家。

第四节　直通车数据如何驱动搜索

很多商家会出现这样的问题：直通车的数据显示还不错，搜索流量就是不行。究竟为什么？不知道是否每个人都遇到过这样的问题，或者大家可以在阅读之前考虑一下这个问题。如果没有考虑过这个问题或者认为它无关紧要，可以跳过这个问题。当真的有这个问题或者到了这个地步，回头看看，效果会比现在更好。

这个问题将是简洁的，直接切入主题，是 90% 中小卖家的误区：

1. 成功的爆款模型在宝贝出生时也是有偏见的；

2. 测试竞争者的点击率实际上是不允许的；

3. 直通车计划的权重将随着宝贝搜索权重的增加而增加。即使不开直通车，我们也已经在早期做了一段时间的搜索。如果自然搜索的重量随着口碑的增加而增加，那么直通车的重量此时也会相应增加。

4. 流量分析的关键词和数据指标通过广泛的匹配来记录，可以识别一些真假关键词。让我们举一个例子：沙滩装。

这个行业真正的旺季是在农历新年的十二月至二月之间。那么为什么流量分析指数与此不同呢？因为流量分析数据是广泛匹配的，也就是说，商家在后台开的关键词是不准确或不广泛的，从 6 月到 9 月的指数偏高，因为这是服装的旺季，而不是沙滩装。从 3 月到 9 月，整个服装行业都在上涨，它是由服装而不是海滩抬高的。

这扩展了关键词利用率的问题。像"沙滩装"这样的词实际上在市场的中上部表现并不是很好。为什么会有这样的问题？因为关键词"沙滩装"实际上产生了一个不同于这个词的关键词，知道关键词使用率的朋友应该可以理解它。例如，一些生僻的网店名称不会被太多的人搜索到，除了大型活动或车站外的广告介绍，不会有太大的波动。事实上，它产生的关键词是"假发女人"，所以流量分析的指标一般不作为参考。

5. 质量分数取决于宝贝在直通车不同位置的表现。例如，我们的质量分数是 8，在 4~6 个位置，我们的竞争对手也在 4~6 个位置。如果我把位置调整到 11~15 个位置，质量分数可能是 10 分。如果我们的质量分数在一个位置上没有一直达到 10，这可能反映了搜索的问题，也就是说，搜索可能不是最大的，但是它可能被竞争对手夺走。

6. 直通车的重量越大，显示速度越快。

7. 关键词排名越低，流量越分散。

8. 搜索能否被驱动，本质上与精准匹配还是广泛匹配没有直接关系。

9. 不属于直通车的极高的点击率和转换率，可以推动自然搜索。

无论是大企业还是小企业，我们的总体战略方向都相对简单。我们每个人都必须从一个小战场，逐渐经历一个大战场和更多战场的过程。许多人说，我们不知道当我们做直通车时该用什么词以及如何选择，这意味着战略方向有问题。如果战略方向没有问题，那么在选择关键词的过程中，应该知道该优先考虑哪些关键词，以及在选择之前要搜索哪些关键词，最好从小到大去测试。

一、关键词计划

这里分为主计划和子计划，子计划因人而异，主计划必须完成。

总体规划包括精确的核心词规划、1/2 属性词规划和大词规划。准确的核心词计划是我们的最高优先级，而这个流程是最小和最准确的，这是我们最准确的质量属性。例如，我们的产品是"铅笔素描集"。核心词是套装，产品词是铅笔素描。1/2 属性关键词计划关键词只覆盖了一部分属性，关键词草图铅笔，绘图铅笔，它们不包括的大多数属性集，因为我们可以买几支铅笔或一套铅笔。大词计划的关键词是铅笔和毛笔，它们在功能上有很大的不同，如书写、绘画等。

至于子计划大致分为几个：

1. 低成本引流——增强运营节奏；

2. 测试计划——验证宝贝抵抗搜索压力的能力；

3. 销售明星；

4. 品牌词。

一个优秀的运营者，应该将每日配额分配给所需的关键词。这里涉及的问题是关键词是不是高质量，以及所选的词是否适合。词语质量越高，对初始阶段的帮助越大。

二、精准关键词

比如男孩牛仔外套，关键词是牛仔，牛仔 = 精准需求。

我们在淘宝上搜索了"男孩牛仔外套"，发现基本上都是牛仔裤，但款式不同。如果我们再次寻找"男孩的外套"，我们不一定会找到牛仔。如果被推到前面，这种情况可能不需要我们的牛仔外套。

我们在这里的核心词只是做一个分割，每一个宝贝都可以找到，比如"新中式吊灯"，其核心不在新中式风格，而是在餐馆、卧室等场景的使用上。总的来说，这是新的中国吊灯卧室，因为每个人都在制造新的中国吊灯，没有什么区别。

三、前关键词和后关键词的区别

大多数前关键词的转化率高于后关键词，这也是需求旺盛的结果。

例如，我们买一条"大号牛仔裤"。

当我们把属性摆在前面的时候，它代表了购买者强烈的购买欲望，所以不管是我们在创建关键词路径还是设置关键词的过程中，都需要用心理解其中的原则。有些人总是说我们找不到关键词路径，那么从现在开始，就让我们尝试着去寻找它。

小企业应该善于捕捉这种前置词。如果你的资本投资不是很大，也没有所有的优势，在这种情况下你应该使用这种前置词，而最为实际操作是谈论前置词路或词池，而很少提及前置词路，因为只有你对分析产品非常感兴趣，你才能知道买家的搜索路径。前置的关键词路径代表高度转化，小企业应该善于掌握这个关键词路径。一般的大企业也不得不挖掘出这些搜索人气相对较小、转化率忽高忽低的前关键词，有时转化率为 0，有时转化率为 2%，这个转化率代表了真实。

99% 的商家会使用帖子关键词，一些帖子关键词的转换率也有高有低，但整体情况呈上升趋势。这些关键词中的一些并不都在运行。这与它的搜索受欢迎程度或支付转换率是否一定会被同行推高无关。

四、如何区分直通车关键词的质量？

关键词竞价排名将产生碎片流量。大多数情况下，在排名的底部会有碎片流，但是碎片率或质量可以忽略。如果开车技术不好，90% 的中小企业不会学习。

五、直通车的优化

我们已经谈了很多关于直通车优化的问题。直通车优化的目的是向系统证明宝贝在关键词和关键词删除市场的相对竞争力，从而获得基于系统的产品流量保值的完整过程。我们直通车的任何运行都可能与此有关。不同的网店有不同的状态。

在许多情况下，直通车运行不佳的原因是日常消费的概念，这相当于说应该把钱花在可以转换的地方，把钱给表现好的人，控制流量或使用直通车的功能设置来测试我们的想法。我们对直通车的搜索都是基于这些。为什么高数据不能驱动搜索？90% 以上的人认为只要直通车数据好，即高点击率、高转换率和高产出率，搜索就可以驱动。这个问题困扰我们很久了。例如，圈里有一头牛和八头猪，但是大部分食物都被猪吃了，牛不能吃食物。而我们的目标是生奶牛。对这个例子概括一下，就是方向偏离了。因此，不可能使用表面数据来反映底层逻辑，这样是无法验证的。

第五节　直通车直播推广

直通车的推广是电商运营的一个重要标志，为商家提供了更加多样化的营销方式。直通车搜索为大量用户提供流量工具。通过直通车直播推广功能，配合直播黄金时段，可以帮助我们增加直播室内的观众数量。同时，它提供了智能识别喜欢场景直播的人的能力，并加快了网店粉丝的积累，并将准确的购物意图快速传递到消费者手中，将场景直播与全方位动态互动相结合，充分展示商品卖点，配合权益，全面提升转型效率。

一、新的简短视频登录页面

当消费者点击广告时，他看到的是图片和文本之外的展示形式。这是在场景直播室解释的动态锚的一部分，吸引消费者进入场景直播室并了解商品的细节。

二、直播室的效率将会提高

当用户进入直播室时，他们可以通过结合主持人强有力的解释、展示和突出的核心卖点来加深他们对商品的兴趣以及他们与品牌的关系。

三、延长直播的生命周期

一次成功的场景直播在几小时后结束，在此期间商品的说明不能再使用。直播不仅直接带来销量，还可以在直播结束后继续使用直播间的视频进行解说和回放，可以作为广告的登录页面。在消费者的购物环节中，通过更深刻的商品展示，刺激引导后续的购物行为决策。搜索场景下的独家自然营销优势：

（1）用户的搜索和沟通意图准确；

（2）大规模搜索查询会吸引大量流量，并消耗直播专用域。

直通车直播提供了两种解决方案：

解决方案1：直播中的引流与直播室内的引流。

请注意，直通车的直播宣传广告将以下列形式展示：

（1）场景直播创意左上角的标志是"场景直播"。

（2）创意标题旁边将显示"广告"一词。

下面，我们可以看到消费者方面的实际效果。用户点击广告，在直播室看到一个要观看的单个项目（需要主持人在淘宝直播的背景下操作，点击"标记解释"）。同时，在页面底部，用户可以选择进入工作室获取详细信息或进入项目详细信息页面。

解决方案2："直播后"作为视频登录页启动。

请注意，直通车的直播宣传广告将以下列形式展示：

（1）场景直播中创意左上角的标志，"场景演绎"。

（2）创意标题旁边将显示"广告"一词。

下面，我们可以看到消费者方面的实际效果。用户点击广告，在直播室内看到单个项目回放片段。用户可以选择进入项目详细信息页面。

四、直通车直播的营销技巧

1. 直播促销

场景推广是直通车的最新推广形式，是搜索广告的全新推广登录页面形式。当用户点击搜索结果页面上由"场景推广"显示的广告时，用户将被引导在场景演播室观看单个项目（或场景回放剪辑）。当你设置"实时促销"时，有效范围是：直播室内的直播时间。

用户点击广告，将直接进入直播室观看。用户可以点击直接进入直播室或查看商品详情页面购买商品。如果设置了"实时促销总是启动",有效范围是:直播室内的直播时段,直播后仍然有效。点击广告的用户将直接进入场景回放片段。用户可以点击直接查看一般商品详细信息页面购买商品。

2. 直播推广与标准推广的关系

场景推广将作为标准推广在场景直播室的推广延伸。当我们的标准促销商品同时添加到直播促销宝贝中时,我们的标准计划将生效并流入我们的直播房间。

如果我们设置的有效范围还包括直播时段,则最初的标准计划相当于切换到新的直播回放片段的新的直播短视频登录页。通过基于视频的全方位商品展示,进一步提高了商品的营销效率,加快了用户的整个交易决策环节。当我们的实时促销结束时,我们的标准计划将被削减回原始促销表单,并且计划设置将继续生效并消耗你的工作表详细信息页面。这与之前标准计划的推广形式一致。

3. 直播促销设置

(1)如何添加场景推广宝贝

只有在标准计划中推广的珍宝才能被添加到场景推广中。如果我们想在直通车场景推广的商品还没有装上,请先将宝贝装上,并将其放入标准推广中一段时间,以获得相应的数据积累,从而更好地排空直播间。历史标准推广数据有助于直接广播推广引流效率,并进一步加快流量采集。我们可以在淘宝直播后台设置与直播室相关的宝贝,直播室的宝贝可以同步加入直通车后台的直播推广。

如果我们不能在直通车后台的场景推广中添加相应的宝贝,那可能是没有在淘宝场景后台添加宝贝。请先到淘宝直播后台进行相应的设置，然后在直通车中设置直播推广。

（2）直播的推广级别之间的对应关系，以及直播促销组和宝贝促销的最大数量。

一个场景推广组只能绑定一个场景工作室。

对于直通车账户，要创建的实时促销组的最大数量为100；

在场景促销中，宝贝促销的最大数量是500。

请注意，在实时促销组中，我们可以在标准计划中选择一个或多个不同的促销单元（广告组）。但是，同一标准计划的促销单元不能放在两个实时促销组中。同一个产品在多个直播房间进行直播（不同的直播日期）。如何将其添加到直播促销中？我们可以在标准计划中创建不同的宝贝促销单元，设置多个直播促销组，并将宝贝促销添加到相应的直播促销中。

（3）直播引流关键词和直播人群溢价。行动范围：

我们在直播推广中设定的直播引流关键词和直播人群奖励仅适用于直播推广。关键词竞价和人群奖励将只在你设置的直播推广有效期间进行。

（4）在我们设定的直播间推广有效期间，直播间推广关键词和直播间人群的溢价，以及原标准推广中的关键词、关键词和被选择人群，都将作为直播间推广生效。

在我们为直播推广设定的有效时间结束后，就意味着直播推广结束了。直播引流关键词和直播人群的溢价将无效。原始标准推广中的关键词、关键词和选定人群将随着我们常规的图片和文本项目详细信息页面的排出而继续生效，没有引流到工作室。

（5）在场景直播推广和宝贝推广设置完成后，我们如何检查场景直播人群的场景直播引流关键词和费用？还是做出相应的改变？

当我们的直播推广生效时，我们的原始关键词计划也将生效，开始消耗你的直播流量。因此，可以在相应关键计划的单元中，查看关键词列表下的实时引流关键词。在人群列表下，检查场景人群的溢价。

（6）如果这一个单独的项目没有在演播室播出，那在播出之前的登录页是什么？直接跳到演播室了吗？

场景直播推广的有效条件是：

①商品是场景直播的。

②商品开始播放。淘宝的直播后端系统在商品促销中发挥了重要作用，并且能够生成商品的实时回放片段。

③我们已经在直通车的背景下创建了一个实时促销。

只有同时满足这三个条件，场景促销才会生效。

因此，当我们的产品不符合任何条件时，消费者点击广告，就会进入常规的图片和文本项目详细信息页面。当场景直播推广生效时，它被排到了场景直播室。

（7）实时促销报告：

我们可以在实时促销列表下的实时报告中查看实时促销数据。

我们可以查看标准计划（标准计划促销＋场景促销）下的总促销报告数据。

让我们在这里再次解释，因为在标准计划下，如果我们的宝贝已经被实时促销，那么我们在标准计划中查看的数据会比实时促销的数据大，因为在标准计划下显示的总促销数据包括标准计划搜索促销和实时促销。

可以在导航栏－报告－实时报告中查看单独的实时促销数据。提供促销计划维度和促销单元维度的数据（暂时没有关键词维度数据）。

4. 场景直播

（1）在场景直播生成后，场景直播是否可以更新？

在同一个演播室，新节目将覆盖旧节目（但不能穿过演播室）。例如，当一个产品被直播 1 小时，在广播开始时产生一个观看点。如果锚在 1 小时结束时点击生成观察点，旧的观察点将被替换。用户点击，将看到解释新手表产生的视频剪辑的最新单品锚。

（2）如果我选择在实况广播结束后继续放实况回放剪辑，我是否需要执行其他操作？

不，不需要额外的操作。直播结束后，如果设置继续直播回放片段的推广，将会有一个过渡期（过渡期是指直播引流推广的正常标准计划，在此期间直播溢价、直播关键词和直播人群将不会生效），然后它将成为直播回放片段的推广。过渡时间预计为几小时左右。

5. 直播推广扣款相关

（1）扣款问题

直播推广扣款逻辑与直通车现有扣款逻辑一致。

（2）促进多种场景广播。哪一个将首先展示相同的产品？它是由价格还是效果决定的？

在直播推广的有效期间内，关键词扣除以标准计划设置为基础，乘以直播的广告溢价百分比作为最终扣除标准。在场景直播推广中，对整个单位都是有效的。在直播房间中的直播产品的亮点产生之前，直播引流关键词和直播人群都不会生效。货物的外观将由我们的出价和市场竞争决定。

第六章　让你的网店销量飞起来

　　好钢要用在刀刃上，做网店也要遵循这一原则来分配流量。最好的产品得到最大的曝光率！换句话说，让你的产品在各个方向都更亮是你获得最大流量的方法。

第一节　网店流量如何获得

要成为一名优秀的电商运营者，你必须首先掌握流量技能，比如淘宝的网店流量是怎么来的？要了解淘宝店做什么，首先，不要认为淘宝是一个"购物中心"，它实际上是一个"超市"。这两种理解有什么不同？购物中心是你租一个网店来开一个网店并出售你自己的商品的地方。超市的概念是你向超市提供商品，超市帮助你销售商品。

这两种管理逻辑非常不同。

首先，根据超市逻辑，如果你想经营好，你应该考虑超市需要什么，而不是你想卖什么产品。想象一下，我们在社区的超市里卖挖掘机，你认为它们会卖得好吗？超市根本没有这种产品的货架。你的产品即使是好的，也是无用的。

淘宝也是如此，有必要研究淘宝上哪些产品做得不够好。然后你可以提供更好的产品，这样你就有机会赢。淘宝完全有可能没有这类产品的货架。或者即使它被放置，也没有人会去参观这个架子。

一、关键词如何排列

当我们知道当客户搜索关键词时如何排列搜索规则时，我们应该怎么做？无论淘宝的规则如何变化，满足消费者需求的产品都会围绕着消费者的需求而变化。淘宝将尽一切可能让消费者满意的产品成为首选。如果你的产品不能满足消费者的需求，就很难排名靠前。

有些人会问：淘宝是一台机器，它如何知道你的产品是否满足消费者的需求？

答案是：通过互联网数据分析。

常用数据包括但不限于：（1）搜索后的点击率；（2）点击后的收款率；（3）点击后购买率。

淘宝为什么是这样的设计？因为淘宝每天曝光的产品非常有限。如果1000件劣质产品被曝光，可以卖出1000元的产品去。然而，曝光1000种好产品可以卖到10000元。淘宝将在每年年底宣布其销售额，这表明它非常重视销售额的增长，并认为它比利润增长更重要。这是因为淘宝平台的总销售额将影响淘宝的股价。

作为卖家，如果你不支付淘宝的广告费用，你必须考虑如何增加淘宝的销售额。那么，淘宝能重视的好产品的特点是什么？用户在看到图片时会打开，收集图片并在收集时购买。所以你必须确保你的产品被某人点击并购买。

二、人们如何点击图片

如果我们去超市买水，水看起来是一样的，但是为什么我们有选择呢？答案是：包装。当我第一次看到这个水的包装时，我没有看它的广告，但我还是买了它。为什么？因为瓶子很漂亮，包装很吸引人。

在淘宝上，有必要让别人点击你的产品和主图片。你如何吸引人们点击你的图片？首先理解一个概念：标准商品和非标准商品。标准是顾客搜索的产品看起来相似。另一方面，非标准产品有许多不同的风格。在这种情况下，标准产品的整体规划非常重要。因为顾客站在一堆看起来相似的产品前，先点击看谁，购买的可能性通常更高。因此，我们必须设计我们的"主图"，即下面的图，也叫"窗口图"，因为用户通过这个"窗口图"知道你的产品，所以要用最漂亮、最有吸引力的图作为"窗口图"。

在设计一款粘钩的产品图时，我所有的同事都努力思考如何去表现挂钩的产品特点，毕竟挂钩本身看起来太普通，我们在主图表上花了很多时间。我们设计了一个可以挂两桶油的钩子。什么目的？我们的粘钩比其他粘钩更粘，虽然它们是外观相同的产品，因为我们设计了这样的"亮点"，顾客更愿意在相同的条件下点击我们的图片。这种低价产品，进入后基本上决定购买，转换率会更高。

因此，我们的产品在排名上越来越好，最终销量第一。我希望每个人都能通过这个案例理解这个知识点：你确保顾客看到你产品的图片，愿意点击它们，理解你的产品，并购买你的产品。当你的点击率和转化率高于其他人时，你的排名自然会上升。

我们来谈谈另一种产品。这是非标准的产品。它通常是一个在一页上很少相同的产品。例如，翻了几页 T 恤后，很难看到两种型号完全相同。对于这样的产品，点击率和转换率的核心是选择。当选择一种产品风格时，顾客基本上愿意点击你的一些表达方式，或者写在上面的文字，虽然相关，但没有那么紧密的联系。

标准产品和非标准产品有另一个特点，那就是因为标准产品在外观上是一样的，购买者不会只翻一两页。他们可能翻到第 20 页，也可能会转向新的款式而不是标准商品。

三、关注点击率

让我们来讨论一下点击率、收藏率和转换率之间的关系。

1. 点击率高的人通常收款率高。如果收款率高，一般转换率会更高。当然，这三者都很高，淘宝也将提供更多的流量。

2. 如果收款率高，转化率却很低，为什么会这样？这通常是因为顾客没有看到他所关心的一些产品的细节，或者因为顾客认为产品的价格太高，他犹豫了。

3. 产品价格越低，转化率越高；价格越高，转化率越低。

总结一句话：寻找前沿，看看标准产品的主要设计，看看非标准产品的风格选择。

很多淘宝人不太明白这个逻辑。他们总是认为在产品上架后，有一些独特的方式让其他人知道他们的网店。他们认为这些细节与"提高技能"无关！然而，这是淘宝最重要的"实用技术"。想象一下，如果你现在去淘宝卖宝贝车，而淘宝上的其他宝贝车产品比你更好更便宜，淘宝会给你流量吗？其次，超市产品的顾客流基本上不需要自己获得，而是来自超市。你要做的不是吸引流量，而是当顾客来到这条路上时，他们会拿走你的产品，而不是其他网店的产品。淘宝也是如此，你需要做的不是吸引淘宝以外的人在你的网店购物，而是吸引淘宝内部的人。很少有人在淘宝上搜索你的产品关键词，运营者需要做的是，通过关键词找到需要为你买东西的顾客，并为他们提供高质量的服务。

能在超市做好的供应商，大多会拿最好的产品与超市合作。因为超市的位置，每一寸土地都很值钱。即使货架上有几个产品，如果一个月后其他产品的销售业绩不好，超市会把这些产品下架，为销售业绩最好的产品预留一个位置。

淘宝想要做好，首先必须有单品思维，为顾客提供最好的单品。不要立即与淘宝合作几十个产品。虽然淘宝不收发布费，但当你同时投放这么多产品时，你可能会忽略最重要的产品。你的产品在货架上卖得越好，淘宝会把你的产品推向一个更好的位置。

超市将为最畅销的商品保留最好的位置，这样他们就能有足够的视野。你永远不会看到三流产品在超市占据重要位置。记住：淘宝是一样的，最好的产品得到最大的曝光率！换句话说，让你的产品在各个方向都更亮是你获得最大流量的方法。

好钢要用在刀刃上，淘宝也遵循这一原则来分配流量。淘宝与线下网店不同，但它与超市的逻辑极其相似。超市的客流量不是你吸引的，而是你与超市的合作和超市给你的分销。那么，你如何从淘宝上获得流量？核心是了解淘宝如何分配流量。

下面，我们来介绍一下淘宝流量的五种分配方式：

一、最重要的是搜索流量

消费者将在搜索框中搜索所需的产品词，然后会有一大堆产品。他只会点击顶级产品。就像超市的货架一样，如日用化工产品和食品，大部分产品流都是通过将货架放在右边来获得的。在淘宝网，一个搜索词就是一个货架，所以淘宝网可以被理解为一个拥有数百万货架的超市。例如，单词"四件套"是一个超长的架子，其中有大量的四件套放在一起。当你用手机淘宝 App 输入关键词寻找产品时，就像在超市货架上走来走去寻找你喜欢的东西。

二、淘宝推广流量

这就像超市经常有的推广区域。在这个时候选择最适合你促销的产品，并开始销售。

在淘宝上，它就像是：每天特价，卖与买，收集与购买。

每年的双十一是一年中最大的促销活动。

三、活动

淘宝有各种各样的广告产品。如果你付得起钱，你可以占据一个好位置，获得比别人更多的流量。这类似于超市的货架位置，通常需要很高的货架费。淘宝网的逻辑与超市在上述三个流量渠道上的逻辑相同。

四、大数据推荐流量

在淘宝上的购买是用真实账户进行的，所以淘宝会有长期数据供你购买。淘宝会给每个用户一些匹配和独特的产品推荐。如果你在手机上的淘宝应用上搜索阿迪达斯的鞋子，你肯定会看到其他阿迪达斯的鞋子或耐克的鞋子被系统推给你。

五、名人推荐

各种网络平台上，越来越多的名人吸引了越来越多消费者的注意力。这些人才的推荐已经成为商家的又一个流量收购阵地。

以上是淘宝上绝大多数的流量渠道，每个企业都有自己的专长，每种类型的产品都有不同的适用性。大多数企业，尤其是中小企业，需要掌握第一种方法——搜索流量（就像超市一样，货架上的正常销售是基础）。淘宝未来会创建更多的流量门户吗？这是不可避免的，随着互联网的不断发展，淘宝网将有多种方式来分配流量。

第二节　如何进行数据分析

不管你身处什么样的职业群体当中，不管你经营着什么样的产品项目，大数据分析都是当今时代与我们息息相关的内容。作为电商人，在打造一个品牌、一个店铺、一个爆款的时候，更是离不开数据的分析。

事实上，我们的淘系操作，最为正确的节奏应该是先有数据分析，再进行全盘的内容操作，而分析出来的就是科学的凭证。那么我们为什么要这样做呢？很显然，这不是一件想当然的事情，数据更多的是偏向于理性和科学的。就数据分析来说，我们可以说它贯穿于我们整个电商运营的过程中，每一个环节，都是它侧面的呈现。这些内容因为有了数据的支持，而变得更加真实，因为有了数据的呈现，而变得更加细致，我们可以针对这些详尽的内容进行更为细致的思考和深化，从而形成一套完整的体系，优化其中每一个环节的内容，最终将一切完美地呈现出来，成为一个流畅的电商营销流水线。那么现在就让我们结合数据的不同内容，在后续的内文中一一地进行分析和陈述：

一、数据分析的目的

1. 提升我们投资的胜率，降低赌的性质；

2. 在我们做出操作决策的时候，实现有理有据。

二、数据分析的价值体现

1. 可靠性——可以代表客观的真实情况；

2. 方向性——可以有明确的优化方向或者战略布局方向；

3. 针对性——有目的性地针对竞争对手来提升自己的竞争力。

三、数据分析常见误区

1. 数据体量的影响，数据采集越少的情况存在偶然性的概率越大。说到这里，我建议大家一定要结合自己的情况采集足够的数据再去判断，不要在第一步就走错或者具备更多"赌"的性质，后期崩盘的损失比前期多投入一些要大得多。

实例1：测款时我们采集 100 个点击量，去判断一个产品的爆款潜力（点击率、转化率、收藏加购率），这个时候肯定没有采集 200 个点击量准确。（不同类目情况不一样，大家要根据实际情况来，流量大充足的类目，肯定多采集一些没有坏处）

实例2：测图的时候，2000 个展现肯定没有 4000 个展现判断一张图片更准确。

2. 数据单元采集不对，比如选错类目这样的情况，不同子类目下的流量情况、市场环境肯定是存在差异的；

实例：有的店主会有这样的疑惑：直通车测出来点击率好的主图，放在钻展、猜你喜欢可以直接用吗？答案是最好再测一遍，因为流量的入口、位置都不一样，可能会存在差异。直通车一般做搜索入口，钻展、超级推荐做的是首页入口，展现的位置也不一样。确实在实际操作过程中，也是发生过这样的问题，搜索入口的好图，放在猜你喜欢数据差异很大的情况。所以，建议对应不同入口的时候，不要怕麻烦，怕花钱，最好再做一次测试（除非你确实有经验，你这个类目的数据差异并不大）。

3. 采集数据的时间差异：常见于做季节性的产品，比如我们在准备下个季度的产品的女鞋的时候，会发现大盘应季到来的时候（开始涨到爆发），数据和前面测出来的反馈差异很大。这个时候我们就得考虑是否前面采集得不够，或者是市场环境变化导致的。所以，运营操作过程中，有切入点和操作节奏的这个说法，就是在最合适的时间去做对应的事情！

采集数据的时间周期也会影响我们判断的准确性，一般来说以7天或者15天的周期数据更符合当下的客观情况。这个采集周期根据实际情况来。

四、淘系电商常见的数据分析的技能

主要用到的就是生意参谋里的"市场洞察"和"流量纵横"。

1. 大盘分析

（1）市场的竞争环境，这时候你操作的是标品还是非标品就显得差异很大了。根据我的经验，标品是比较难切入的，因为标品的流量是集中在前三的，流量差异很大，所以，做标品，可以简单地说你的目的就是干到第一，干不到第一就是白费工夫。标品就是吃供应链，看谁砸钱多砸上去。做非标品的本质就是好不好做差异化，标品很难做差异化，你做非标品，可以通过选品、视觉、产品布局等的方面去积累你的店铺优势。

（2）峰值流量有多大，预估你能拿到多少流量。

（3）流量的结构：首页、搜索，这是主要的两个入口，你想以哪个入口的流量为主、流量的数据差异如何、打法等，都得去考虑。

（4）流量的价值：获取有效流量的成本如何，付费、免费、新客、老客等。

2. 选词分析

大部分类目肯定是走搜索，而且一般来说，搜索是最好的流量，数据表现比其他入口更好，更加精准。所以选词分析的作用是：

（1）标题优化。

（2）直通车选词。

（3）关键词群权重的积累（这里说的关键词群，是大词和长尾词之间的关系）。

比如我们在做 iPhone 手机壳的时候，搜索出来，会出现很多大流量的热搜词，我们选择和自身产品能够高度匹配的词拿来做初始的标题，后期的权重积累，也是来做这些词的。

（4）补单关键，这只是一种做关键词权重的方式，和开直通车一样，之前的文章我说过，权重是对应入口的，做搜索，就操作搜索入口，做首页，就操作首页入口。

3. 核心单品的数据，这个主要是用流量纵横跟进自己的单品。

主要是盯单品的点击率、收藏加购率、转化率。当然，还有其他的数据。比较高阶点的就是有时也会关注 SKU 的数据，来做调整。关系到 SKU 的顺序调整、文案话术还有滞销 SKU 的删减等。

其他数据也是都有它的价值的，其他的关注得少，但是一定有用，这个结合实际情况来，比如跳失率、客单价等。

4. 竞品分析

这个是我们运营操作过程中必须去做的事情，不同操作节点，会有不同的针对性的分析竞品。从选品、拍摄、做详情页、视频、打造爆款过程等都要做的。一般要做的是：

（1）分析竞品的操作手法，如果你掌握的资源手法可以复制，临摹他的操作手法，从体量数据上去超越；

（2）对比数据上的差异，从点击率还有体量上去区别对待；

（3）竞品的优点、缺点、细节对待，这就牵扯它的各方面、内功优化、图片、视频、详情页的视觉方面、评价内容的维护、产品本身上的研发、开发新品做差异化等。

5. 流失情况

这个需要高级版本的市场洞察。前面说过数据采集以 7 或者 15 天为准，这个根据实际情况来。比如采集到流失的竞品，这个功能能快速地找到直接的对标产品，然后有目的性、有针对性地去操作。通过对高流失的竞品采集分析之后，做单品上的应对或者产品上的布局。同理，"竞品流失"和"竞店流失"都是方便你快速发现竞争对手做出应对的好方式。

6. 老连接的维护

当我们已经操作起来一个单品后，后期肯定就是维护工作，这里要维护单品，也要维护店铺。所以，单品维护过程中，我们要每天盯数据，发现数据是否有异常，是什么原因造成的，是自身的还是大盘因素，如何调整应对，这就是运营该做的事情。

店铺维护也是差不多的道理，在做店铺维护的时候，更多的是全店产品的布局、新品的衔接等工作。

第三节　优化详情页，提高留存率

如何增加商品的平均停留时间，降低明细页面的跳转率，优化人口标签，以提高商品类别的转化率——平均停留时间、明细页面的突破率和收藏加购买。接下来我们将主要讨论详情页的平均停留时间和突破率。

一、定义你的产品和你的顶级产品

产品的平均停留时间：统计日期内所有在线商店产品访客的总停留时间/商品访客数量，以秒为单位。多日平均停留时间是日平均停留时间的日平均值，详情页的跳转率是指统计时间内没有点击详情页的访客/访客数量，即1-点击详情页的访客数量/详情页的访客数量，数值越低越好。

买家心理停留时间越长，跳转率越低，买家浏览产品的深度越深，变化就越容易。因此，停留时间和跳跃率是相关的。买家如何才能看到更多更深层次的浏览宝贝，从而降低跳过率，提高商品停留时间？

公式：

详情页跳转率=1-详情页点击数/详情页访问量

详情页点击数/详情页访问量越大，跳转率越低，但是详情页访问量只会增加，所以我们应该努力增加详情页点击数。

二、推荐

淘宝网开始呼吁表扬，但现在已经成为推荐。推荐产品将补充推荐原因（系统将根据推荐原因对产品进行标记，这将为首页的搜索和流量获取带来一些好处）。当推荐数量较大时，它们将被列入推荐奖的入围名单（每周、每月和每年），以及网店和品牌的名单，从而为买家提供真正的购物参考，提高产品的竞争力。

推荐模块也可以作为一种种草的方式！想想吧，如果一个宝贝被许多人推荐，这表明它非常受欢迎。当然，每个人都愿意买它。因此，这一功能表达了购买者对产品的态度，并触发了产品的流行。推荐模块可以从宝贝详细信息页面的第一页直接看到宝贝的质量和产品的受欢迎程度。

三、属性参数

产品属性应尽可能填写，尤其是适用的季节、年龄、材料、款式，包括厚度、长度等。它将为买家提供一定的判断能力，以提高转化率和手动访问主页。

四、裂变优惠券

分享礼券和裂变礼券现在正在合并。已建立两种游戏模式的企业将优先在宝贝细节中展示裂变优惠券，共享礼遇将不予披露。因此，后期裂变优惠券将取代共享的礼遇。易裂变优惠券将改善平台用户在平台上的活动，并且可以改善购买者的转换和吸引过程。家长凭证（分享者）通常由三个人分享，以打开和获取凭证。子优惠券（共享者）要求：使用阈值应低于当前网店的折扣，或者折扣强度应高于其生效前的通常水平。最好的一批雪球裂变券（在内部测试）将代代相传。这个建议必须被每个人采纳。目前，裂变优惠券仅自动显示在优惠券收集页面上，需要促销的商家需要装饰自己（接收页面、详情页、繁荣页面、优惠券、直播页面等）。

五、客户评价

评价机顶盒对产品转化率影响最大，尤其是标准产品评价机顶盒较差。从评估到前端演示通常需要 3 天左右的时间，因此我们必须每天检查评估管理中的最新评估，并妥善处理评估不良的突发事件。在不良评估设置为最高后，我们应该做什么？这些好评很容易获得：88VIP 会员是信誉好的买家的最佳选择；评价中的字数＋图片＋视频＋长期跟踪评价（跟踪评价现在更重要，反映宝贝购买者长期使用的反馈评价）＋评价活动（浏览、表扬和回复）。

在线谈判是购买者和购买者之间直接沟通的方式之一。买家询问产品的质量、物流、活动等问题，得到了高可信度的买家的回答，这使得消除潜在买家的顾虑和更换新客户变得更加容易。对于买家来说，卖家的回答可信度较低，如果我们能把高质量的"问每个人"问题放在首位，把高质量和可信的问题推到前面，那么买家的态度肯定会改善。为了将高质量的问题排在第一位，我们必须理解"问每个人"的排序机制：根据问题时间、答案数量、提问者、观点数量、互动率等综合因素进行排序。

六、如何获得更好的评价？

在发布买家展会征集活动时，有必要设立活动奖品（小礼品）来奖励发布高质量买家展会的买家，以提高整个买家的评估热情。它不仅能增加与电子商务平台客户的互动，还能增加粉丝的黏性，达到鼓励买家积极评价的目的。因此，这是一个更好的选择。

1. 收集和购买

认知在线商店忽略当前搜索权重第一维中的所有内容。认知网店：例如，购买网店、收集网店和浏览网店。

2. 详情页

随着 5G 时代的到来，直播和短视频将慢慢取代图片，很少有人能完全理解详情页。因此，我们应该在详细信息页面中安排前3个屏幕显示的主要图片和信息，如衣服的搭配、型号信息和尺码表。

3. 视频短片

淘宝视频短片三个关键词：好看、有用、可以买。

商店推荐，匹配推荐（良好的产品关联可以确保买家的深度访问，促进交易，并提高商店客人的联合价格和单价），网店活动，团体，优惠券，客户服务。

4. 优化人群标签

单一产品人群标签构成一个网店人群标签。一个网店应该尽量不要有多种产品，价格范围不应该太大，风格和年龄应该尽可能符合一种人群。这与主要类别的含义相似。单个产品的高销量占了网店人群标签的主要部分。因此，在产品选择中，每个产品的人群标签应该是相似的，以判断网店标签是否与访客一致，流量－访客分析－访客比较，30天和7天的比较，主要是基于消费水平、年龄和性别，然后找出当时人群标签的问题，具体分析在此期间做了哪些操作，如选择客户、低价促销和刷账单。

（1）无薪游客与有薪游客一致，表明购物人群中基本没有问题

（2）无薪游客与有薪游客不一致，我们会看到标签有问题。消费水平、年龄或性别决定了群组标签存在问题。首先，调整导致人群混乱和异常操作的个别项目，以防止进一步恶化。使用直通车将标签从客户群中拉出。在一定时间内，直通车会在直通车数据量大于网店其他自由流数据量的前提下，拉下人群标签。

　　这里的数据，指的是访问者和付费购买者的数量。购买直通车的买家数量应该通过业务顾问中的转换率进行换算，因为直通车的转换率和业务顾问的转换率有不同的统计方法。直通车指的是交易的总数，而商务顾问指的是支付的买家数量。直通车上的所有数据（收集、购买、点击和转换）应尽可能集中在用户定义的组上。

第四节　标题优化是为了获取流量吗？

许多电子商务卖家有一个误解，认为标题优化是为了获得流量。

因此，他们会分析来自后台的数据，找到流量大的关键词，换掉标题中搜索量较小的关键词，然后觉得他们的标题优化非常成功。但是，最后经常发现，换了大流量关键词后，流量并没有增加，然后就慌了，觉得自己被降权了。其实没有降权这回事。因为你改变的高流量词汇降低了你产品的点击率和转化率，最终使你在排名竞争中失利。因此，你觉得自己被降权了。

在同一关键词下排名的呈现规则基于用户反馈。用户反馈的指标主要包括点击率和转化率。如果你的宝贝有很高的点击率和转换率，即使销量不高，你也能得到更多的展示，因为淘宝会根据这两个指标把你的产品视为潜在的爆款，所以它愿意给你更多的建议。

相反，如果你被展示出来，但你的点击率和转换率远低于你的同龄人，你肯定会被拖进一个小黑屋。电子商务平台的算法都是为了让买家能够更快地购买他们想要的商品而设计的，所以所有的算法都是围绕这个目标而设计的。

一、优化标题是为了更匹配

我们在这里犯的最常见的错误是关键词与主要卖点不匹配。例如，当你做蕾丝连衣裙时，有紧身连衣裙、宽松连衣裙、轻便连衣裙、优雅连衣裙和厚重连衣裙。在决定哪些关键词可以使用之前，你必须先看看你的转换关键词是什么。

如果转换关键词是"优雅着装"，在进行关键词分析时，你会发现"优雅着装"的搜索量不如"蕾丝着装"的搜索量大，两者之间可能有数百倍的搜索流量差距。你幻想改变一个关键词，然后流量会飙升，所以你改变转换词"优雅着装"，流量可能会在短时间内增加，但这个流量泡沫很快就会破灭。因此，标题优化的第一个原则是与产品的卖点相匹配。只有卖点与转换词匹配，才能带来稳定的流量。

1. 标题优化不是为了流量，而是为了转换

一个朋友是做饼干的，属于小工厂产品，没有品牌，独立包装。她选择这种产品开店的原因是她曾经是一家公司的白领，同事们经常带些零食和大家分享。饼干的味道比一般饼干要好，而且它们是独立包装的，也便于每个人分享。所以她将自己的产品定位为"在办公室分享零食"。然而，一段时间后，人们发现许多购买者购买这种独立包装的饼干来制作"儿童满月喜饼"。在淘宝上搜索后，她发现很少有独立包装的饼干以"儿童饼干"为关键词。因此，她毅然将"办公室共享小吃"的标题改为"儿童满月饼干"，并对主要图片和细节做了相应的调整，然后销售额急剧上升。因此，产品优化的关键在于转型和交易，而交易的关键在于把握特定场景中买家的需求。

2. 标题必须与消费群体和场景相适应

同样一件衬衫，你可以说它是一件商务衬衫，也可以说它是休闲的、日系的、性冷淡风的、性感风的，但是不同的关键词会带来不同的消费群体。

我们在优化标题时，记住不要在不同的场景中堆积关键词。你的头衔不能同时包含"商务"和"运动"以及"高端"和"工

作服"。寻找商务衬衫的人只想买适合工作的衣服，一般不想购买居家休闲的衣服。如果你的标题包含旅游和体育，他很可能不会买。因此，标题优化也应该关注定位。大流量词汇通常只适用于几次大爆款。对于大多数产品来说，真正有效的关键词是那些最能描述产品性能、特征、人群和场景的词。

3. 标题优化不是一项技术，而是对产品和用户的一种理解

如果一个操作者不理解产品，那么它在关键词优化方面将是非常低效的，因为他需要在最终找到产品的卖点和用户的核心需求之前反复测试和查看数据。然而，一个了解产品和用户操作的人可以知道买家在不看数据的情况下会搜索什么样的关键词，以及当他们看到这些关键词时会卖什么词。毕竟，标题优化不是一种技术手段，而是对产品和用户的深刻理解。

二、在详情页上花这么多时间值得吗？

1. 手机时代详情页的尴尬

说到设计的工作量，做细节占据了大部分时间。

许多产品的详情页长度超过 10000 像素。很难找到材料，编辑图片和排版如果有错误也很难调整。例如，当最严格的广告法首次颁布时，设计师不得不熬夜修改细节。然而，我们是否发现由详情页调整的转换率的数量仍然平静？

现在让我们回忆一下我们的购物过程。一般来说，我们在手机上搜索，点击主图片，翻转五个主图片，查看带有主图片视频的视频，然后直接进入评估页面查看评估。对于尚未解决的问题，首先想到的是咨询客服，根本没有仔细看详情页。为什么？

（1）由于大多数详情页现在都充满了许多图片和文本，而且无线终端加载速度很慢，许多人不想等待，因此加载评估文本并不困难。

（2）无线终端上的文本太小，以至于许多卖家都制作了个人电脑详细信息页面来直接同步无线，而不管买家在盯着你的小6字符时是否会看不见。

（3）买家对大多数产品的详情页缺乏信任。他们认为你们都有吹牛的权利。产品图片质量非常高。模特都很白，很漂亮，有长腿和细腰。它们根本没有参考价值。买家的评价是真正的产品体验。

2. 主图表详细信息

目前，移动终端在许多类别中的渗透率可以达到90%以上，这说明了移动终端的重要性。面对上述买家行为的变化，我们最应该做的就是详细介绍无线终端的主要图表。买家关心的关键信息将通过"主图视频+5个主图"充分展示。例如服装，主图视频的3D效果比平面的2D效果更能生动地展现产品的面料质感和穿着效果。

这五张主要图片基本上可以展示整个产品的信息。我们在购买衣服时通常会注意款式、面料、做工和尺寸，所以第一张主图片可以展示模特的上身效果，并尽可能突出核心卖点，以获得最佳点击率；第二个可以显示侧面或背面；第三个显示产品的细节，如拉链、工艺、路线等；第四个给出了尺寸；第五个按照Tmall的要求做了一个白色背景图。

3. 人们更关注视频

虽然据说详细的页面对于转换来说并不重要，但这并不意味着基本的例程仍然需要被完全忽略。毕竟，有些用户仍然在电脑上购物，尤其是对于一些需要额外说明的产品，如打印设备和录音设备。但我们必须看到的一个趋势是，买家从最早的文本中获取产品信息，然后从混合文本和图片到当前的视频，这是一个获取信息越来越方便和高效的发展过程。

如果你想让买家认识到你卖的裙子很优雅，写一篇 1000 字的描述或者拍几十张照片，还不如让模特在视频中优雅地穿着裙子 2 秒钟来打动买家。

三、主图的改变会降低权重吗？

首先，让我们先说结论：标题、主要图片和细节都是随意改变的。这些行为永远不会让你的宝贝失去力量。如果你不能很好地改变它，就不会有流动，但这和失去力量没有关系。为什么主图表和细节会改变？在这些变化之后，流量和销售量立即显著下降？

问题不在于你更改了此操作并被降级，而在于你认为新的主图更易于查看，并且新的详细信息页面可以被转换，但实际上买家并不这么认为。你的新主图购买者不喜欢它，所以点击次数会减少，流量自然会减少。因此，从本质上来说，你的新主图没有旧主图受欢迎。至于标题，许多卖家提到淘宝搜索优化，并下意识地将其等同于标题关键词优化。事实上，正如我们上面所说的，标题优化对搜索流量的影响最多只有 30%，标题的最大影响不是引流，而是转换！同一个类别有如此多的珍宝，它们的名称都是一样的。你怎么能写花呢？那么为什么每个宝贝的搜索流量如此之低呢？

主图表对搜索流量的影响最大。当驾驶直通车时，我们会发现相同的产品、相同的标题和不同的主图创意流量会显示不同的点击率。

对于同样数量的展览，一些主要主图可以达到 10% 和 1% 左右。如果展览量为 10000 张，这两张主图每天将带来 1100 和 900次流量，可以完全决定一个产品的成败。

　　我们如何制作主图来提高点击率？你可能首先想到从美学和色彩搭配开始，从视觉的常识来思考，但最好的主图是基于用户的视角。那么，你怎么知道买家的想法？分析同行？查看搜索关键词数据？不，直接看交易。我们经常看到，许多产品的卖点与主图的卖点莫名其妙地一致。也就是说，如果你宝贝的商标词是"流动的长裙"，你的主图片就在这个方向，你甚至可以直接用"流动的长裙"这个词作为图片的核心卖点。

　　因此，主图是否漂亮、风格如何以及如何设计，只有一个标准：随心所欲。对于有大尺寸女装的商店，最好找一个胖一点的模特来拍主要照片。你的主图片应该被设计成不同的场景和不同的关键词。此外，测图时有两点需要注意：

　　一定要检查移动端的效果，确保图片显示没有错误，例如文字太小看不清楚，图片不清晰，图片无法正常显示。必须有足够的显示，例如，10000，如果点击率是1%，也就是说，必须有100次点击，不要说在我去调查的第一天，一个主图有2次点击，另一个有10次点击，这是否证明10次点击的效果更好？当然不是，这种小数据不能支持任何东西，它没有任何意义，它只是一个小概率事件。当你问10个人这个产品好不好时，你不会问100个人去得到值得参考的数据，测图也是同样的原因。

　　四、投资回报率是直通车最关键的指标吗？

　　说到投资回报率，我们可以先从一个例子看出端倪，比如，"什么是黑色汽车？"听到这句话，你觉得精神焕发吗？目前，许多培训机构收取数千美元的培训费来解释黑色搜索和黑色汽车。老实说，这着实让人钦佩和羡慕。他们把名单变成了鲜花，这令人印象深刻。然而，这不是卖家最关心的。我们最关心的是它否有用。

对于黑色汽车，我们必须首先讨论直通车的竞价排名算法。这种机制不是第一次直通车。百度是中国最强大的。每次你搜索一个关键词或一个单词，每页的顶部和底部三行都是竞争排名广告。百度也不是创始人，毕竟，竞价排名算法的合理化最早起源于谷歌。谷歌的竞争排名系统没有把最高出价放在首位，但有一个完美的计算方法。这个公式几乎与当前的直通车公式相同：谷歌的广告排名 = 最高点击成本 × 广告质量分数。

你熟悉它吗？根据这个公式，除了投标价格，影响排名的最重要的因素是质量分数。质量分数是如何计算的？对于关键词匹配度和内容质量，包括点击率、转换率等，质量分数越高，排名越高，成本越低。如何玩黑色汽车？就是骗过直达车。通过人工刷点击率和转换率，直通车错误地认为你的广告质量很好，所以质量分数会提高，最终投标价格会降低，你可以排名高，很少扣除。这种方法起初很有效，但不会持续很久。现在平台已经建立了过滤机制，效果更差。

1. 如何提高质量分数？

为了提高质量分数，最安全、最稳定的方法是掌握读心术，了解买家的想法并进行准确匹配。就像对待爱人一样，当她开心的时候你陪着她疯狂，当她累的时候你给她肩膀，你怎么读懂她的心？首先，我们需要找到一个精确的用户群。谁在实际使用你的产品？男人还是女人，老人还是孩子，高收入还是低收入？先把这些问题圈出来。

接下来，如果他想找到订购的触发器，他什么时候会购买？哪个是转换词？例如，趣味小吃礼品盒，该产品的目标用户群是谁？通过后台，我们可以看到是男孩在恋爱。虽然女孩最终会吃零食，但通常是由男孩买的。在后台可以准确地看到关键词"女朋友的点心"和"女朋友生日点心礼品袋",进一步证实了我们对人群的想法。当提出和推广想法时,都是围绕着这样的人。甚至转换词也可以直接写在主图片上,这样买家就可以看到图片,就好像它是为自己定制的一样,他的手就会不由自主地去点击。

下一步是开车,在开通直通车的时候,不要造太多关键词,只造精确的词。推广词应与标题和推广创意图高度匹配。与此同时,围绕人群,使人群溢价。例如,18 到 25 岁的男孩会得到100% 的溢价,出价高的人会尽最大努力在主图绘制期间快速获得足够的流量。每天点击 10 次是没有意义的,也没有参考价值。至少有 100 次点击后,你才能判断点击和转换是否有任何问题,然后根据数据反馈进行微调。

2. 投资回报率是促销过程中的关键指标吗?

你认为直通车最关键的指标是什么?这是投资回报率吗?其实并不是。在直通车的过程中,最重要的事情是做一些自然的搜索。你自己的财富排名并不占主导地位,但它实际上是一个非常准确的关键词。通过促销,你可以获得更多的展示机会、更好的排名和切断竞争产品的一些用户。这是促销目标。

第五节　为什么你的网店卖不动货

有时候，我们经常会想一个问题：电子商务公司做各种工作是越来越难，还是我们的经营思路不够清晰？为什么你的网店总是不能销售商品？尽管每天通过各种渠道的流量很大，但销售量仍然很差，到底是什么原因？也许我们忽略了一点，巨大的流量不一定会带来巨大的销量。现在流量被分割后变得更加精确，我们可以分析不同的流量。

过去，有10000个流量进入商店，转化率只有4%，但现在有10000个流量进入商店，这个数字更好，甚至是8%，从而表明当前的流量通过不同的渠道进入商店，不同的人群进入商店。因此，分散的流量对目前的网店非常有利，不会造成任何伤害。

在流量支离破碎的时代，我们应该把重点放在深化和优化店铺基础工作、流程优化和产品更新上，因为细节将决定成败，在付出更多努力后，产品也可以决定流量的准确性。我们可以说，越难掌握，流速的转化率越高。这意味着我们应该深化和做好我们的搜索推广和交付工作。

让我们看看网店的服务数据，看看有争议的退款率和涉及的订单数量。如果这种类型的订单越来越多，网店的权重就会越来越轻，展示的可能性就会降低。这使得后期更难捕捉到准确的人群和准确的显示。从商品数据的比较中，可以看出顾客对网店的风格是否非常挑剔。也可以看出消费者对网店有多黏，他们对产品有多满意，所以成为老顾客对网店有很大好处。

　　让我们跳过以上几点，因为我们只想知道，如果我们想获得这些精确的流程并获得更好的显示，我们必须从操作的基础开始，最后我们可以有一个网店向我们想要的人展示它们，并获得更好的点击率和转化率。

　　在将产品上架之前，我们必须采取的第一步肯定是：视觉内部技能、复制、内部页面、海报等。如果一个产品最基本的内部技能的内部页面不完善，这个系统也很难更好地向我们推广和展示。例如，我们网店的总体布局主要是服装，所以我们主要销售的最后一种款式是背心，网店的定位也很混乱。那么如果我们主要做男装，最后是男鞋、帽子和服装，这不仅会影响我们商店的评价指标，还会降低进入商店的员工的转换率，还会影响整个商店的权重。网店的愿景是一样的，我们只需要心满意足、赏心悦目，关键是将来如何修改操作。

　　产品上架后，我们需要做的第二件事是测试模型：

　　模型上架后，我们必须测试模型的布局和尺寸。然后，如果货架上有 10 种产品，我们必须测试哪种型号适合我们的促销。如何划分电子商务平台的主推模式、流量模式和盈利模式，可以通过测量获得的数据来更好地确定。

　　对于点击率高但转化率低的商品，我们可以通过查看停留时间来优化详细的页面、复制、评估和优惠方案。但是，我们在优化后没有得到好的反馈，所以我们可以直接暂时放弃这个项目，更积极地推广其他风格。

　　如果点击率高，转化率高，那么它自然会成为网店的主要贡献。这也取决于当时的定价和计划，如果价格低，利润低，那么它可以作为市场上的一个流失，并尝试测试其他主要贡献。如果是低点击率和高转换率，这时，你可以优化主图片的拷贝。当然，你也可以优化你的搜索和推广关键词出价，你也可以优化场景演示的人群定位。如果是低点击率和低转换率，经过 7 天的不断优化和调整，仍然没有改善可以直接放弃。

谈到了衡量金钱投入的技巧，如何衡量金钱投入呢？老顾客衡量金钱：这是最简单、最有效、最便宜的方法。这是一种新的方法，可以通过直通车搜索和促销调查着重尝试。这个方法已经被许多运营高手所强调。主要是通过流量计划和场景计划，并不断优化调查，可以节省大量费用，并且获得的数据的准确性更强。

转移新产品进行测量：使用更好的风格和流程介绍来引导老客户或新客户看到新产品，从而测试转换率。

第三方渠道调查：只要你在第三方有良好的粉丝基础，你的调查也非常快。每个人都在谈论自我媒体，但是有多少电子商务公司真的做自我媒体？

调查结束后，我们开始下意识地对网店进行了筛选，但是当我们认为风格仍然不足或需要继续筛选时，我们必须隐藏我们的弱点，尽可能扩大我们的优势。这是什么意思呢，例如，我们工厂生产女装，但我不知道为什么网店的普通衬衫卖得最好，而且上升趋势一直在延续。普通衬衫在网店的利润也很低，自己拿东西的优势不大，但它改变了网店的主要风格。现在是我们开始避免这些缺点，并扩大服装优势的时候了。我们可以继续生产普通的衬衫，引导消费者更加关注你的店主所推销的衣服。最直接的方式，就是提供优惠方案和利润。

通过市场研究和开发，将会发现更多的服装款式，我们工厂生产的服装也将是最好的质量和风格。不断更新也有助于增加网店的权重。为什么其他人在网店生产成千上万的商品，因为每种产品都有一定的支持率。这是一个绝对的原则，将保持 100 年不变。然而，我们不支持在这里生产成千上万的商品，我们应该继续为新的测试选择好的风格的想法。我们需要更新和衡量风格，以创建一个固定的网店风格。经过调查，我们可能会发现流量仍然不稳定。那么，到底是什么影响了我们的流量？

一、影响流量的因素

1. 转换率：如果款式的转换率不高，那么当我们推荐这类产品时，你的流量也不高。

2. 网店评级：评级是网店最重要的指标之一。如果你甚至不能做好买家的体验，那么系统就不能检测你的产品是否满足消费者的需求。如果服务、质量和分数不好，你的流量将更难获得。

3. 新产品：新产品还有一个优势，就是在前期有一定的配套流程。然而，能否掌握支持过程取决于新产品的转化能力和操作能力。事实上，在早期阶段获得流量并不困难，但困难在于如何筛选和测量产品。

4. 物流异常和客户服务影响速度：这是大数据平台捕捉商品的一个指标。事实上，说白了，货物和服务到位了吗？影响流量的部分因素是点击率不够高，因为产品是通过各种渠道展示的，比如通过直通车搜索推广、场景推广、活动、更多的珍品等。不能给网店带来好的流量，大部分是因为你的点击率不符合标准。

二、提高点击率

从操作细节来看，我们需要更好地提高点击率。你只能通过点击，来提升销量。为了优化点击率，我们考虑了各种因素。每个地方都需要到位，这样才能成功优化点击率。

1. 销量：销量大，命中率高。我相信每个人都能知道这个问题。

2. 价格：单价也是大多数买家关心的问题。例如，你做家具。如果产品风格相同，价格是 1800 元，另一个是 2000 元，那么点击你的网店的机会会更大。但是不要试图成为一个低价的 SKU，这是非法的。

3. 关键词：关键词也有一定的点击率误差，因为其他人可能会搜索"豆鞋人"。如果你的鞋子不是豆鞋，但你的标题有豆鞋，那么点击将受到影响。

4. 位置：点击率也会随着排名而改变。

5. 照片：视觉上，关于这个问题已经说得太多了。最简单的事情是看看你的位置，然后分析你旁边的 4 ~ 5 个竞争者的主要图片。如何以不同于他们的方式做这件事没有问题。在检查了付款并点击进入网店后，我们需要做好的是在稍后阶段优化转换率和细则。

三、提高转化率的因素

如果我们的转换率很低，并且由于以下原因而有所下降：

市场：市场的季节性影响、过时的市场风格、市场中商家某些优惠活动的影响……市场上有很多影响因素，所以这就是为什么我们经常分析网店的竞争趋势。

1. 评价：两者都要时刻注意是否有不良评价和异常。目前，买家非常聪明，不喜欢有利的评论。他们喜欢不好的评论。因此，我们应该密切关注这两个评价。如果不良评论超过 8/1000，基本流量将下降，转化率将显著下降。

2. 价格：客户的单价还取决于市场上的竞争对手是否有优惠活动。如果参赛者有相同的风格，你在做活动时减少转换是正常的，所以这种情况需要通过场景显示来停止。

3. 准确流量：流量是否准确也会极大地影响你的转化率，所以提高转化率的前提是进入网店的人是否准确。

4. 高效的文案写作：文案写作是决定产品核心卖点并将其嵌入买家心中的一个重要因素。如果我们的产品不能用三言两语反映整体的核心卖点，那么详细的页面如果花哨就没用了。因为消费者喜欢看到关键点，我们也需要花更多的时间在复制上，这样转化率才能更好地提高。

5. 买方经验：根据买方经验，我们应该全面做好整个系列商品的售前、售中和售后工作，以引起客户的共鸣。对于各种操作知识和技能，我们都需要更好地掌握新信息、新概念和新方法。我们不能用旧的常规成为新的零售思维电子商务，因为那些跟不上步伐的只能被淘汰。因此，不要说你的网店没有流量，问问你自己，从开始的细节到最后的维护，你真的达到你的目标了吗？

第七章　打造爆款，一战封神

　　电商如果选择做爆品，意味着起步难，一定要打价格战，想办法冲销量；但由于爆品受季节、风尚影响较小，所以一旦爆款形成往往能维持几年的时间，业内就有"一个爆款吃三年"的说法。

第一节　网络产品的营销策略

虽然网络营销和传统营销在产品销售上有很大的不同，但二者都必须重视产品营销策略。这些策略包括品牌策略、定价策略、渠道策略和促销策略。

一、品牌策略

所谓的品牌是指"一个名称、术语、标志、符号或设计，或其组合，其目的是识别某个销售者或一组销售者的产品或服务，并将其与竞争对手的产品和服务区分开来"。

所谓网络品牌是指企业品牌在互联网上的存在形式。网络品牌有两层含义：一是通过互联网手段建立的品牌，二是互联网对网络下现有品牌的影响。两者有不同的方式，侧重于品牌建设和推广，但目标是相同的，都是为了创造和推广企业的整体形象。

网络的互动性、快速性、全球性和媒体性为提升企业知名度、树立企业品牌形象、更好地服务客户提供了有利条件。因此，企业应该利用网络来打造自己的网络品牌。

（一）根据品牌管理的原则，网络品牌的发展应该有针对性。它必须基于市场调查和对消费者需求的理解。

（二）只有一个独立清晰的品牌形象。这个形象应该与产品的基本属性一致，并且始终保持不变。网络品牌不应与原有品牌形象相冲突，还应与有影响力的品牌相一致。

（三）网络品牌应拓展原有品牌的内涵。品牌的内涵已经延伸到售后服务、产品分销、产品相关信息和服务等方面。

（四）网站的互动能力是维持品牌忠诚度的基础。及时有效地与顾客沟通是提高品牌活力和保持品牌忠诚度的重要环节。网站的互动特性为营销中的沟通提供了方便有效的手段。

（五）新的电子商务网站在使用传统方法推广网络品牌时，也应注意利用电视、杂志、报纸和户外等传统广告形式来树立品牌形象，让不上网的用户在上网前就能接受这些品牌，同时也提高了上网用户的品牌意识。

（六）为了在网络中获得竞争优势，传统企业在进入网络经济环境后需要制定一些特殊的品牌战略。用户必须意识到他们也可以在新网站上获得有影响力的产品和服务。

二、定价策略

网络营销价格是指在网络营销过程中，买卖双方达成交易的价格。网络营销价格的形成极其复杂。它受到许多因素的影响和制约，包括传统因素和网络本身。其中，传统因素包括内部因素（成本和利润）和外部因素（消费者需求和市场竞争等）。网络的及时性和交互性、网上销售渠道的低成本、网上信息的开放性和搜索的便利性使得网上营销节省了一定的运营成本，同时对价格也有一定的影响，因此，网上销售的价格一般低于市场价格，使得消费者购买更方便。

一般来说，在线定价策略包括：成本定价策略、价格折扣策略、拍卖竞价策略、特殊商品特殊定价策略等。

（一）成本定价策略

所谓成本定价是指成本加上一定的利润，有些甚至是零利润或负利润，因为网站是媒体，热情的顾客有广告价值，负差价可以从供应商支付的广告费中得到补偿。

（二）价格折扣策略

是指卖方降低其产品的基本价格，并给予买方一定比例的价格优惠，以奖励或鼓励买方的某些行为，如大宗采购、预付款、淡季采购等。具体措施包括：数量折扣、现金折扣、功能折扣、季节性折扣等。

（三）拍卖竞价策略

网上拍卖是指制造商只设定底价，消费者通过互联网公开竞价。出价最高者在规定时间内赢得货物。例如，ebay 根据供求关系有三种竞价方式：拍卖、一口价和集体谈判。

三、在线营销渠道

所谓的在线营销渠道，其所指的内容，是通过互联网将产品从生产者转移到消费者所有的中心环节。所谓其中的中介，互联网一方面向消费者传递产品和服务的信息，帮助他们做出购买的决定；另一方面，则是通过互联网进行交易、支付和承担产品的实物流通，最终获得互联网发展改变的营销渠道结构。这两种类型的在线营销渠道，一种是直接在线营销，他可以通过互联网将产品从生产商直接转移到消费者的手中，而另一种则是由在线中间商提供的间接在线营销。

考虑到网上销售的不同对象，主要有两种网上销售模式，B2B 和 B2C。

其中 B2B 交易量大，次数少，买家更集中。网上销售渠道建设的关键是建立一个良好的订购系统，方便企业进行采购选择。由于企业的信用普遍较好，使用网上结算和支付会相对简单。另外，由于数量多，次数少，可以进行特殊的配送，既保证了速度，又保证了质量，减少了中间环节造成的损失。

B2C 交易量小，次数多，买家可以说是非常分散的。所以对于这样的情况，网上渠道建设的关键是结算系统和分销系统。就目前看来，国内这两个领域的发展非常健康。例如，中国已经颁发了数百个第三方支付许可证。在过去的几年里，国内私人物流的快速发展和全国范围的网络覆盖导致了 B2C 的快速发展。

四、促销策略

在线促销是指现代网络技术将商品和服务信息传递到虚拟市场，刺激需求，诱导消费者购买欲望和行为的各种活动。

（一）促销形式

传统营销有四种主要的促销形式：广告、促销、宣传促销和人员促销。

网络营销是在网络市场上的一种促销活动。有四种相应的形式，即网络广告、促销、网站促销和关系营销。其中，网络广告和网站推广是网络营销推广的主要形式。

1. 在线广告

是目前最常见的促销方式，也是企业首选的促销方式。在线广告有多种类型，可以分为横幅广告、电子邮件广告、电子杂志广告、新闻组广告、广告栏广告等。

2. 网站推广

是利用网络营销策略来扩大网站的知名度，吸引网络流量，达到推广企业及其产品的效果。推广网站有三种主要方式。首先是改善网站的内容和服务，吸引用户访问，达到推广效果。第二是通过在线广告和推广网站。第三类是注册搜索引擎。通过搜索引擎推广第一种方法的成本相对较低，用户访问相对稳定，但推广速度相对较慢。第二种方法可以在短时间内推广，但成本很高。第三种方法是网站建立后必须做的第一件事。它分为付费排名和免费排名。

3. 促销

促销是指价格折扣、有奖销售、拍卖销售、特价销售、快速决策、团购等促销方式。由企业通过网络营销网站使用，可以直接销售。

4. 关系营销

利用互联网的互动功能吸引用户，与企业保持密切联系，培养客户忠诚度，提高客户盈利能力。

（二）在线促销策略

在线促销的核心问题是如何吸引消费者，并为他们提供有价值的商品信息。根据网上营销活动和不同产品及服务的特点，结合传统营销方式，网上销售的促销策略包括网上折扣促销、网上彩票促销、网上有奖促销、网上礼品促销、网上文化促销、网上联合促销、网上聊天促销等策略。

1. 网上折扣促销

折扣是目前最常用的促销方式之一。虽然贴现会影响企业的短期收益，但在市场培育阶段，贴现是一种非常有效的投资行为。

2. 在线投票推广

是最广泛使用的在线推广形式之一。在线投票主要附属于调查、产品销售、扩大用户群体、庆祝活动、促销活动等。消费者或访问者通过填写问卷、注册、购买产品或参与在线活动等方式获得抽奖机会。

但是在推广网上投票时，应该注意几个问题：奖品应该有吸引力；参加活动的方式应该简单、有趣、容易参与。投票结果的真实性必须在一定程度上得到保证。请公证员及时对整个过程进行公证，并通过电子邮件、广告等形式及时将活动的进展和结果告知参与者。

3. 在线积分推广

积分推广在互联网上的应用比传统的营销方法更简单、更容易操作。在线集成推广活动可以通过编程和数据库轻松实现，结果非常可靠。积分促销可以增加用户访问网站和参与某些活动的次数，可以提高用户对网站的忠诚度，可以提高活动的可见性等。

4. 网上礼品推广

一般来说，在新产品引进和试用、产品更新、反竞争品牌和新市场开发的情况下，礼品推广可以取得更好的推广效果。

5. 网络文化推广

网络文化推广将网络文化与产品广告相结合，以网络文化的特征吸引消费者。例如，通过将产品广告整合到在线游戏中，在线游戏用户在不知不觉中接受了促销活动。

6. 在线联合促销

不同商家进行的联合促销称为产品或服务的联合促销。联合促销可以产生一定的互补优势，促进彼此的价值观和其他效果。如果运用得当，可以取得相当好的推广效果。

7. 网上聊天推广

利用网上聊天的功能开展消费者网上活动，通过交流提升情感，或开展网上产品展示和推广活动。

第二节　读懂人性，才能做好运营

人的意识有两种，被认可的是显意识，没有被认可的是潜意识。人们的行为，如休息、语言和身体，不是由我们的思考和计算意识驱动的，而是由我们意识背后的潜意识驱动的。潜意识以一种难以察觉的方式影响着用户的决策。在电子商务领域，我们如何利用心理学理论来设计产品，对用户产生奇妙的影响？下面我们将从以下5个方面举例说明。

1. 短缺心理

一旦你现在不买，你就可能会失去什么。它在人们的决策中起着非常重要的作用。事实上，害怕失去某些东西的想法比想要同等价值的东西的想法更令人鼓舞。

许多人都有租房的经验。当我们单独看房子时，会感到无忧无虑，一点一点地观察房子是否有任何问题或缺陷。然而，当三个人一起看房子时，情况就完全不同了。你觉得另外两个人在盯着房子。你会对房子的缺陷更加宽容，这就是可怕的短缺效应。当我们觉得某样东西数量有限且有期限时，我们通常会激发购买的冲动。

淘宝的"抢购"和360buy.com的"秒杀"都在他们的产品设计中使用了这一原则。商品仅销售2小时，显示剩余库存数量。此外，增加了"马上冲"和"手慢，不行"的词语，以在活动中营造一种紧张感。业务详细信息页面再次提醒用户截止日期、剩余库存和其他信息，以刺激用户快速下订单。

2. 一致心理

你有没有过这样的冲动：我想退掉我的五星商品？恐怕很少。一旦人们发现了一件事，他们会更加支持它，并在认知过程中积极寻找不同的原因、证据和信息来支持它，即使他们后来发现它可能不完全是那样的，甚至是完全错误的。

事实上，每个人都渴望言行一致。看似无关紧要的承诺会让人们做出更深层次的一致行为。一方面，人们面临着调整自我形象以适应自己行为的压力。另一方面，外界也有更隐秘的压力。人们根据他人的感知来调整自己的形象。

几乎所有的电子商务平台都有收货后评估商品的功能。许多淘宝商家也在收到商品后的 × 天内发起了"收到商品后××"的活动，五星级的好评和晒图都可以获得。活动的主要目的是增加商品的好评，积累高质量的商品评价等。然而，售出商品的退货率也在不知不觉中降低了。在顾客对商品做出良好评价后，他不会过多地质疑甚至退货。

3. "占便宜"心理

成功的营销不是你的商品有多便宜，而是让你的用户觉得你卖得很便宜，而不从你这里买对他们来说是一种损失。事实上，用户想要的不是便宜，而是感觉便宜。曾经我的手机流量不够。当我打开手机时，我不得不购买流量包。有两个包，9 元 3G 流量和 24 元 30G 流量。我毫不犹豫地选择了 24 元 30G 的套餐。经过考虑，该移动公司实际上推出了 24 元 30G 的套餐。9 元 3G 套餐的核心价值是让 24 元的套餐看起来更便宜，也就是让顾客感觉"便宜"。

事实上，双十一是通过创造节日来刺激交通，是商家寻找利用用户心理的合理途径。以每日价格为参考，通过"今天特价"

和"一日游"的方式吸引大量流量。这让你觉得购物是在利用这种情况，并会毫不犹豫地涌入双十一购物潮。

4. 社会需求

人是社会动物，因此，社会性使我们无法忍受长期的孤独，渴望生存感和对生命意义的追求。这种存在感和意义都来自群体中个人的定位。

比如小张在周末看了宫崎骏的《再见红花坂》后，他完全被手岛葵的《再见夏天》征服了。听了一下午，他不满意。他在 QQ 音乐上发现并与微信好友分享，得到了很多朋友的好评。开通新浪微博后，全国各地的新闻事件一目了然，寻找亲人的微博可以不费吹灰之力转发出去，心里祈祷着，希望失散的家人能早点团聚。

在活动的运营过程中，我们最需要的是让用户将你的活动传播分享出去。倘若此时用户欣然地愿意帮忙分享，那么他身边的朋友圈将会为产品带来更多的购买商机。比如在大型活动（双十一、双十二等）社群运营可以通过分享小程序的单件商品、活动等，发到用户群中。或者通过某种有趣的活动，吸引人们进行分享，以此来达到快速裂变的目的。举个简单的例子来说，一些小程序现在提供了游戏、有奖游戏、便宜货游戏、买赠游戏等多种组合产品。同时在基于微信这个特殊购买场景下，特别引入了社会演绎内容。通过小规模的购物，成功支付后，用户即时便可以获得购物"立减金"。分享好友或微信群以后，用户可以完成"立减金"的收集，通过这种社会共享＋优惠支付政策的方式，如果营销人员使用得法，小项目也将会给企业带来大量的新用户，因新用户的购买转化率也会因此而大大提高。

5. 从众心理

他拿的东西看起来很好吃。在很多情况下，因为人们缺乏关于适当行为的知识，大家不愿意在判断或者行为上犯错误，他们需要从其他途径对自己的行为进行纠正和指导。根据社会比较的理论，当情况不确定的时候，他人的行为便因此而具有最大化的参考价值。

调酒师经常在酒吧开门前把一些钞票放在他们的托盘里，假装是前台顾客留下的，以便给人留下这样的印象：给小费是酒吧里的正当行为。另一个例子是一家不太好吃的商店。如果你看到人们排队，将不可避免地吸引一群人排队购买。

唯品会的"排行榜"产品，是指在平台上向没有明确购买要求的用户推荐的最畅销产品，系统地将各类最畅销产品纳入排行榜。通过这个列表，用户可以知道平台上哪些产品受欢迎，每个人都在购买什么，哪些产品更值得信赖。

以上是短缺、一致、廉价、社会需求和从众的五种用户心理的结合。从用户的角度来看，打磨复制、设计、广告、营销等因素，产品的操作会越来越好。我们将不断尝试和总结各种方法，沉淀出最适合你的操作方法！

第三节　运营不升级，就会被淘汰

判断一个人是否有趣的最好方法，就是观察其谈论话题的多样性。我认识一个女性朋友，我认识她已经五年了，在过去的五年里，她几乎每次见面都谈到她害怕失去现在的工作。你身边一定有像她一样的人——你不能和她谈论任何新的事情，要么你总是抱怨你的工作或你的伴侣，要么你总是在和你已经谈论了几百次的陈芝麻烂谷子做斗争。

和这种人聊天是一件特别痛苦的事情，因为她的世界只分为三部分。你会发现，在你们聊天结束的时候，你谈话的话题总是会回到她身上，并且会有三两件让她感兴趣的事情。这也反映了这个人的话题和知识储备极其贫乏，不足以支持开创性的对话。

几十年来，人们的话题储备是通过好奇心逐渐积累起来的，它不可能在一夜之间发生改变。和这样的人生活在一起，简直是个漫长的监狱生涯。作为一个电商运营者，如果你不想获得新知识，不想关注热门话题，你最终会被时代抛弃。

一、你懂这有啥用？

你知道这个有什么用吗？很多人会这样说。

注意一个人的口头禅是不是"那又怎样？"

"你知道有什么用吗？"——"那又怎样？"

"我在学西班牙语"——"你学了又能干啥？"

"我最近一直在研究明清建筑"——"那么，你的研究有什么用呢？"

类似这样的对话每天都在发生，这些话是谈话的大杀手，足以扑灭任何有趣的火花。一旦"有用"或"没用"被认为是学习的唯一动机，分分钟就会扼杀对新知识的所有兴趣。一个好的电商运营人需要很多"无用"的技能，这表明这个人对知识的需求不是太功利。然而，缺乏好奇心的人拒绝所有"无用"的东西，认为这是浪费时间。

因为缺乏好奇心，他们没有动力去学习无用的东西。和这样的人生活在一起，你的兴趣会受到打击和压缩，并逐渐成为一个无聊和"有用"的人。

二、不看书，不管是纸质的还是电子的

你不妨在附近做个调查，问问你周围的人最后一次买书是什么时候？（一个月内？一年内？你不记得了吗？）然后让受访者引用最近读过的一本书的书名。结果肯定不会出人意料：那些能够长时间坚持买书和看书的人只是人群中的一小部分。绝大多数人，自从离开校园后，已经完全不读书了，也不再买书了。

一个人对知识的渴望实际上是好奇心的两面，没有对未知事物的好奇心，人们就不会对探索未知事物感兴趣。因此，大多数人一生的学习时间都很短。一旦他们离开学校，就完全停止学习。毕业这么多年后，当你去和他聊天的时候，你会发现他似乎被冻结在原地，并且已经很多年没有进入书店了。而那些喜欢买书和读书的人，通常是那些能从读书中找到一些有趣的东西的人。书本上的知识最终会应用到你的工作生活中，潜移默化地影响你，推动你的成长。

三、对"人"没有强烈的好奇心

你周围总有人能很容易地与出租车司机、蔬菜市场售货员或他们在旅途中认识的人建立联系吗？这种联系的建立源于对陌生

人的强烈好奇心。另一方面，另一类人根本不想认识别人，也很少主动与陌生人交谈。

普通中国人通常对陌生人怀有敌意，尤其是我们父辈。他们中的许多人只和他们认识一辈子的人交往，从不和陌生人一起参加聚会。在互联网时代，社交软件实际上是筛选有趣陌生人的有效方式。这就像陌陌上的一句老话：我身边总是有新奇的事物。

我很早就发现了一个有趣的现象：手机上有陌陌等社交软件的人通常更容易相处。因为这实际上是一种筛选，他可以假装成陌生人，这至少表明这个人有与他人交流的需要，对陌生人没有太多的敌意和谨慎，与这样的人交流通常相对容易。

玩社交软件至少有一个优势，那就是能够接触到和你的周围非常不同的人。接触三教九流的人，是成本最低的网上调查。作为一名电商运营，你必须与用户打交道，建立用户肖像并了解他们的需求。和陌生人多接触会让你更快地了解一个人。

四、去外面吃饭的时候，永远只点自己吃过的菜

俗话说民以食为天，吃饭从来都不是一件小事。我发现许多人严重低估了饮食习惯和口味对长期关系的重要性。要知道，吃什么或不吃这种东西，人类的重要性足以引发无数战争。食物的味道至少反映了三样东西：

1. 原生家庭打下的贫富烙印；

2. 对既有习惯的保守程度；

3. 对新事物的尝试意愿。

在任何长期关系中，这三点都是非常致命的问题。有些人在饭店吃饭的时候，除了他们以前吃过的东西，他们从不点任何其他东西。这只是一种表现。更深刻的原因是，他们是强硬而保守的人，拒绝改变自己的想法。这些人的另一个特点是他们强烈的地域观，他们对家乡的偏执的认同，以及他们对其他地方的人和事物莫名的轻视。和这样的人交往很累，因为你总是迎合他的习惯，他不会为你做任何改变或调整。

电子商务产业本身是新颖的，充满了变化。以前每个人都在做淘宝，现在电商平台之间的竞争也很激烈，小红书和微信都是流量。保守的人很难做好电商运营。

五、不喜欢旅行，对旅行也没有强烈的需求

有些人通常只在居住地一公里范围内活动，不管他们住在哪个城市。甚至在他自己的城市也是如此，更不用说很远了。毕竟，旅行和其他事情一样，有好处也有代价。那些认为收益大于成本的人会很热情，而那些认为成本大于收益的人会拒绝。

对于一个中等收入的人来说，一周的旅行通常要花费一个月的收入。因为这些人对探索世界其他地方缺乏兴趣，他们从探索中获得的快乐不足以抵消他们的旅行疲劳和金钱消费。一个人失去探索世界的愿望是令人遗憾的。被困在一个地方而不移动本身会加剧一个人现有的偏见，随着时间的推移，偏见会变得更加保守和顽固。

你可以观察到你父母那一代人，是否和那些年纪大了经常出去散步的人相处得更好。每当一对老夫妇在世界各地旅行时，他们与孩子的关系通常更健康、更容易相处。旅行代表了对陌生感的探索和与不同人的交流。地平线越大，你的天花板就越高。

六、不了解外国人和外国文化，充满抵触心理

有一位外国黑人英语老师发帖说，虽然他完全是在美国长大的，英语也很好，但在中国当英语老师经常因为他的黑肤色而受到轻视，因为大多数中国父母自然认为白人英语更好。这是一个典型的例子——事实上，大多数普通中国人对世界了解不多，有

限的认知也充满了错误和偏见。虽然互联网和信息流通已经达到
今天的水平，但我发现只有大城市的中产阶级才有对外国的理解
和热情。

　　一个人强烈的好奇心可以通过他对外国的兴趣反映出来，而
且地方越小越好。因为小地方很少有机会和外国人打交道，普通
人也不需要掌握外国文化，这样的地方可以长期保持对外国一切
事物的热情，这更能体现一个人的开放性。出色的电商运营不受
母国的约束，他们可以在中国人的思维模式之外观察世界上的其
他人。随着互联网的不断发展，各种文化的碰撞尤为激烈。不久
前，阿里巴巴收购了 B 站的股份，许多人仍然不知道什么是"二
次元"。如果你留心，可能会在小众文化中发现一片新天地。

　　七、编造故事的能力基本为零

　　想知道一个人的脑洞到底能有多大吗？所谓的大脑洞意味着
所有事件的可能性都可以考虑。网上你能看到的什么阿笠博士／
毛利小五郎才是黑暗组织幕后大 boss，机器猫的黄粱一梦暗黑大
结局之类的等，都是由拥有特别大的大脑洞和有趣想法的人创造
的。这反映了一个人很强的联想能力，以及发现事物之间隐藏联
系的能力。和这种不受约束的人在一起很有趣。一旦你接触到这
种人，当你再面对不知道如何在生活中发现乐趣的人时，你肯定
会感到对方很无聊。

　　无聊的人最明显的特点是他们的大脑很小，没有脑洞，所以
他们只能被动地接受别人的想法。在阅读书籍时，他们并没有得
到深刻的触动，因为传统的应试教育无法衡量发散思维，只有标
准答案才能用来评估人，所以没有办法奖励创造故事的能力。因
此，那些枯燥无味但有很强记忆课本能力的人被选中。从事电子
商务、文案写作和创造力也是非常重要的能力。几年前，发生了

一场"××滞销，救救我们"和"美丽的大学生辍学卖蜂蜜"的网络炒作，你不知不觉地被他们的创意甩出了一条街。

八、迟钝，对周遭环境变化反应的敏感度差

你有没有注意到名人和商业大亨通常都很老了，却什么都知道？例如，一个普通的70岁老人可能用不好智能手机，而一个70岁的企业家对互联网的新趋势非常了解，对它们了如指掌。优秀的人有一个自动关注周围世界的在线雷达，并且注意力容易受到外部环境的影响。因此，这些人对当前的政治和时尚特别敏感。他们可以很快捕捉到刚刚开始流行的东西。当人们还都没有意识到这一点时，他们就能察觉到趋势即将发生变化的迹象。如果这些人经商，他们往往有巨大的优势。

事实证明，缺少好奇心的人在这方面往往存在劣势。他们对周围的环境变化都非常的不敏感。而且当有一种新的东西在全世界广泛流行时，他们常常是对这一切一无所知的哪一个。迟钝的感知能力，是一种自我缺陷，这表明一个人生活的可能性和丰富性受到了局限。因为对一切没有好奇，你的信息库将会长期处于停滞更新的状态，因为我们失去了生活的热情，而最重要的是，我们也因此错过了不知道多少宝贵的机会。

九、故步自封的人

那些独立思考、冷静分析、大胆验证的人，往往吃了第一口螃蟹。我们很容易生活在固定的模式中。在这种模式下，很少有新的事情发生。尽管缺乏新奇感和兴奋感，但每天与我们所知道的一切一起度过会让人感到莫名的安全。没有好奇心似乎没什么大不了的，但是可以参观的地方越来越少，朋友也越来越少。

对生活充满好奇心和知识似乎没有用，但是这种微妙的影响会影响你的整个思维。当思想改变，行为改变；行为改变，习惯

就会改变；习惯改变，性格就会改变；性格改变，命运就会跟着改变。这里的机会越来越少，那里的见解越来越少，朋友越来越少，生活中的巨大差距最终会形成。对好奇的人来说，世界就像一个大操场，在那里你总能找到乐趣。然而，没有好奇心的人在进入一个陌生的环境并面对陌生的事物时会拒绝甚至害怕。他们不愿意探索和尝试。只有对新世界充满好奇心的行动才能准确把握每一个风向。这可能是你的网店年销售额 10 万元和年销售额 100 万元和 1000 万元之间的差距所在。

第四节　商品的管理与运营

如今，跨境电商公司都在争夺流量，所以卖家都在争夺前端销售业务，而大多数卖家都忽略了后端商品管理，因此带来了许多意想不到的麻烦：

表面上销售不错，但库存中隐藏了许多潜在的滞销产品？

商品供应很强劲，但核心供应商表示，如果他们离开，会损失很多？

当开发新产品时，他们总是错过最好的推广期，并且不热心？

可见，商品管理将极大地影响产品的销售和开发。做好商品管理，涉及商品分类、新产品引进、商品经营和商品淘汰。

一、商品分类

1. 以库存绩效为例，

计算每个 SKU 的库存金额。每个 SKU 的库存数量 / 总库存数量用于按降序计算每个产品在总库存数量中的比例。从第一项开始，这些比例达到 60% 的产品是甲级的主要产品，需要重点维护。60% ~ 85% 的范围是乙类辅助产品，从中可以挖掘和培育甲类产品。丙类产品 85% ~ 100% 积压，需要逐步淘汰。

2. 以供应商绩效为例

被划分为 SABC 等级，"S" 是 "超级" 并且是顶级供应商，而等级 A、B 和 C 相应地降低。占采购总量 40% 的供应商被归类为 S 级，30% 为 A 级，20% 为 B 级，10% 为 C 级。一旦找到核心供应商，就应该开始维护供应商，避免风险。定期协商优惠价格，寻找好的后备供应商，将 A 级供应商发展成 S 级供应商。

二、新产品介绍

除了现有产品的分级管理之外，对于新产品的介绍也有一些参考性的想法。

1.新发展

指开发和设计新产品以满足消费者的需求。

2.功能补充

类似的微创新。根据奥斯本的测试表法，一个产品可以从九个角度进行深入研究，改进和创新可以在每一个细节上缓慢地进行，从而逐一打破难点。

3.价格细分补充

通常是大的电商卖家的风格，例如鳌和友树，覆盖所有的价格细分，争取供应链优势。

4.季节性产品补充

有些卖家会在夏季将滞销产品从欧美转移到澳大利亚销售，冬季也将滞销产品从澳大利亚转移到欧美销售。这样，一年四季的滞销产品都有机会再次销售，但前提是选择合适的产品并掌握节奏。此外，新产品应在早期大力推广。因此，你的新产品生命周期曲线性能可能比 A9 算法预测的要好。自然，流量将会越来越高，并且以后购买 CPC 的成本将会降低。

三、商品经营

商品经营有两个重要指标，即利润和交叉比率。然而，这两个指标在很大程度上受到电商运营中"五力模型"的影响。"五种力量"是：

1."潜力"，即商品的数量。

多开发一些好的产品，你将获得比投资一种产品更多的好处。

2. "竞争力"，即销售率。

快速销售可以降低整个运营成本。

3. "内力"，即单个产品的贡献量。

一件物品的贡献越大，制造爆款的能力就越强，并在适当的时候扩大产品线。

4. "盈利能力"，即毛利率。

毛利不建议太低。

5. "拉力"，即库存周转率。

减少海运和空运的数量，以便尽快交货和补充库存，每年至少周转 12 次。

那么这"五种力量"在利润和交叉比率中是如何体现的呢？

（1）经营效果：重要的是利润大小。计算公式为：利润 = 商品数量 × 销售率 × 单一产品贡献率 × 毛利率。利润低，需要找出劣质产品，进一步优化商品结构。

（2）运营效率：需要掌握一个"比率"——交叉比率。

计算公式为：交叉比率 = 毛利率 × 周转率。

交叉比率反映了商品的竞争力。建议按季度计算每种产品的毛利率和周转率。高交叉比率产品是关键产品。此类产品应优化库存，加大推广力度。对于具有中等交叉比率的产品，尝试优化它们并保持库存销售。交叉比率过低的产品基本上被淘汰。

四、商品淘汰

当商品的经营得到适当控制时，就更容易找到竞争力低的商品。此外，还有一些滞销商品将面临淘汰。淘汰方法如下：

1. 排名淘汰方法

每月根据销售额或毛利金额和毛利贡献率进行降序排序。等级为 5% 或更低的产品必须果断淘汰。

2. 销售淘汰方法

当公司不够大时，可以为每种产品设定一个标准。那些月销售额不符合标准的可以考虑淘汰。

3. 硬淘汰法

当产品的不合格率达到控制标准时，产品应果断淘汰。建议不良率控制在 1/10000，因为产品送到 FBA 后，各种退货问题会导致不良率增加 5 ~ 10 倍。

4. 人为淘汰法

人工淘汰法，如可能的产品侵权和平台政策变化，需要人工淘汰。这取决于操作能力。

事实上，淘汰也需要按照固定的过程进行。

（1）新产品：建议在产品上线一个月后观察销售率。如果不符合标准，分析存在的问题。如果仍然无效，可以直接淘汰。最后，我们将恢复销售，总结新产品未售出的原因，并指导今后新产品的开发。

（2）旧产品：建议核心操作列出旧产品不能销售的所有可能原因，并附上相应的措施，编制成 SOP 手册，以方便操作，特别是新手操作者可以快速分析原因并采取措施。如果效果不是很好，你可以再次咨询高级管理层以进一步补救。如果仍然无效，你可以选择淘汰它。

第五节　电商运营中需要深入思考的两个问题

如果成功有一系列的个性特征，那么勤奋和好学肯定在清单上。在电商行业，这两个优势适用于几乎所有的卖家。电商行业的人经常来来去去参加各种论坛、讲座、培训和社区活动，他们真的"好学"。至于勤奋，业内流传着一个可以解释一切的笑话：

一位电商卖家问科比："我可以问你为什么这么成功吗？"

科比："你知道每天早上 4 点钟太阳是什么样子的吗？"

卖家："是的，当时我还醒着。"

科比：……

笑话总是笑话，科比虽然已经离开了人世，但他无疑是一个非常成功的人。90% 的电商卖家只能用"可怜"来描述他们的生活。这是因为，虽然每个人都勤奋好学，但他们缺乏深入的思考，因为他们太重视执行，而忽略了执行之前的另一个关键步骤，即找到正确的方向。没有正确的方向，除了"反方向"之外，别无选择。为了找到正确的实施目标，一个人需要抑制匆忙的脚步，冷静下来并深入思考，找到现象背后的逻辑，从嘈杂的信息中找到正确的答案，从而引导一个人做出合理的决定。

那么，我们在日常运营中需要深入考虑哪些运营问题？

一、如何区分标准产品和非标准产品？

标准产品和非标准产品的操作方式相同吗？许多人对"标准商品"和"非标准商品"的理解不清，导致在经营店铺时模仿猫画老虎，盲目地将其他店铺的经营经验转移到自己的店铺，最终发现别人的鞋子真的不合适。

标准是什么？

所谓的标准是具有统一市场标准的产品。这类产品在市场上往往有着明确统一的规格和型号，或是有着其特有的产品风格。比如说移动电话、家用电器都有其特有的特点存在。这让客户对此类产品的功能有了非常清晰的了解。大多数时候，我们不需要引入太多的函数。客户搜索产品的时候对产品的性能、特质以及其所具有的文化理念已经有了大概的了解。相反，那些非标准产品并没有统一的市场标准或是统一的规格和型号。例如，服装、鞋帽、家居用品等。消费者在考虑购买此类产品时没有明确的目标和方向，品牌在这方面往往扮演着弱势角色。

在电商分类中，标准产品和非标准产品之间没有绝对的界限。不能说任何类别的产品绝对是标准产品或绝对是非标准产品。其中一个非常重要的影响因素是品牌。例如，小吃，当没有三只松鼠、百草味、来伊份时，这个行业就是一个标准的非标准产品行业。想购买干果的顾客通常会直接搜索类别词，如"碧根果"，并在多次比较后下订单。

然而，一旦大品牌的分离模式形成，这一类别将开始转向标准产品。当用户搜索时，很大一部分人会直接搜索产品的品牌。例如，当他们想买"碧根果"时，他们会直接寻找三只松鼠。因此，区分标准产品和非标准产品的一个重要指标是查看客户在搜索时是否有产品的标准说明。如果有许多买家直接寻找进入网店的模型，那么网店必须是经营标准产品的网店。如果一家网店带着大部分类别词和属性词进入网店，该网店通常经营非标准产品。

二、运营侧重点的区别

标准产品的销售受价格波动和销售量的影响很大。作为标准产品，降价销量会立即上升，销售排名较高的产品将始终保持很好的销量，后面进入的商人很难反击，这是由买家对标准产品的搜索习惯造成的。例如，如果你想买一台打印机，这通常是一个硬需求。如果你搜索一款打印机，肯定有需求，你会买下它。不像买衣服，每天去购物是可能的，而且每十次才去一次。购买打印机时，如果你更看重质量，通常会对品牌做出选择，比如说惠普。购买打印机时，我们通常会在互联网上搜索"惠普打印机"，甚至直接搜索型号，例如惠普 M126，在此之后，我们将看看下面的销售排名，然后在一种相同的模式下，谁的销售量最高，价格最低，基本上就会下订单，这使得决策更快。购买后很少退货，除非有质量问题。而非标品，比如服装，很多买家反而不喜欢大品牌、不喜欢爆款，因为会撞衫，不仅显得自己没有个性，而且还能被别人看出来衣服的价格。所以很多人买衣服在搜索完关键词后，翻到 10 页以后查看也是非常正常的，而且即便这个产品月销只有 1 件，买家如果喜欢也会下单购买。但是，这种产品的售后服务非常烦琐，在活动期间服装行业有 40% 的退货率并不新鲜。因此，有必要做好库存计划，以确保产品的高销售率。

因此，从非标准产品开始，要比从标准产品开始更容易。在选择产品时，如果是标准产品，关键是市场上是否有类似产品的成熟销售店。如果已经有很多网店在卖，你应该准备好在上架后打一场价格战，同时你应该有办法快速增加销售额。例如，转换率一般会在销售完成后有明显提高，如，上聚划算或抢购，与团队负责人联系等。

但是这里有一个问题，一般来说，经营标准产品的经销商一般是品牌经销商。成熟品牌将根据经销商资质，如购买价格和代理级别，给予相应的零售价格调整权限。如果你是一个一流的代理商，你可以申请一个更宽松的零售价格范围。如果你是一个小经销商，你会在这方面受到相对限制，许多经销商也会选择低价，冒着被品牌惩罚的风险。

非标准产品可以有不同的操作方式。同样的衬衫，你可以定价 20 元或 500 元，这取决于你想成为哪一类人。因此，非标准产品必须做好店铺风格定位，培育自己的产品标签，让店铺能够匹配更多高质量的免费流量。

最后让我们将一切做个总结：倘若标品意味着起步艰难，那么这时候异常价格战就不可避免，因为我们要想办法先在销量上占有市场。但倘若这个时候售后服务跟不上，那也是很麻烦的一件事。一旦我们的排名稳定在前三、前十的样子，我们每天收获的利润才能得到稳定和保证。但前提是，你的服务，确实能够达标。当然，因为一些标品受到季节、风尚影响很小，所以一旦爆款形成以后，往往能够一下维持几年的销量，这就是老电商说的："一个爆款吃三年。"倘若你真的能够意识到爆款的实力，那么这句话绝对是名不虚传。

而要做一个非标准产品很容易开始。关键在于差异化，成为一个特定的群体，使产品更好，不是追求大而全，而是追求小而美。然而，有许多售后服务和高退款率，这在很大程度上受到季节和时尚趋势的影响，所以有必要定期更新以保持网店的活跃度。

APP
营销战略

引领APP新领域营销

THE INTERNET OF MARKETING
STRATEGY BOOK

李贝林◎编著

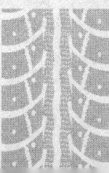

中国出版集团
中译出版社

图书在版编目（CIP）数据

　　App 营销战略 / 李贝林编著. -- 北京：中译出版社，
2020.6

　　（互联网营销策略全书）

　　ISBN 978-7-5001-6294-0

　　Ⅰ.① A… Ⅱ.①李… Ⅲ.①网络营销 Ⅳ.
① F713.365.2

　　中国版本图书馆 CIP 数据核字（2020）第 070146 号

出版发行： 中译出版社
地　　址： 北京市西城区车公庄大街甲 4 号物华大厦六层
电　　话：（010）68359376，68359827（发行部）（010）68003527（编辑部）
传　　真：（010）68357870
邮　　编： 100044
电子邮箱： book@ctph.com.cn
网　　址： http://www.ctph.com.cn

策　　划： 北京瀚文锦绣国际文化有限公司
责任编辑： 温晓芳
封面设计： 孙希前

排　　版： 张元元
印　　刷： 三河市宏顺兴印刷有限公司
经　　销： 全国新华书店

规　　格： 870mm×1220mm　1/32
印　　张： 36
字　　数： 840 千字
版　　次： 2020 年 6 月第一版
印　　次： 2020 年 6 月第一次

ISBN 978-7-5001-6294-0　　　　定价：210 元 / 套（全 6 册）

起源于电脑端的互联网崛起和繁荣让我们进入了网络智能化的世界，而随之而来的是更能影响及撼动我们生活的手机移动端 App 的诞生。众所周知，移动端 App 的高度便捷化以及随心所欲的安装设置，在满足手机系统完善需求的同时，更让我们的网络生活变得更加灵活多变，App 已经成了一种流行及便捷的生活方式。对于企业来说，基于 App 的营销力是未来商业经营必不可少的利器，App 营销就像战斧，有三个"高性能"：

1. 成本非常低

App 营销模式的成本远低于电视、报纸甚至传统互联网，只需制定一个适合该品牌并体现"有趣 + 有用 + 互动 + 分享"的主要应用方向，如 360 度产品展示、不同颜色和风格的产品介绍。具有游戏感、交互性和功能价值的 App 将增强用户兴趣，并可随时与社交媒体共享。差异化传播将为企业带来更多的粉丝用户，同时提升企业的品牌形象。

2. 强连续性

一旦用户下载 App，或在微信上关注了公众号，持续使用就成为必然。不管现代人去哪里，他们总是一有时间，就拿出手机来玩，甚至去厕所的时候更是如此。App 营销抓住了用户分散的时间。只要不被用户删除，App 将永远留在用户的手机上，这样，品牌便有机会不断重复和加深他们对用户的印象。

3. 精准营销

借助先进的数据库技术、网络通信技术和可量化、精确的全球定位系统市场定位等技术手段，App 突破了传统营销定位只能定性的局限，保证了与客户的长期个性化沟通，使营销满足可测量性、可调整性等精确要求。

无论什么产品，无论什么商业模式，通过 App 进行精准的推广销售都是产品快速火爆的最好途径。借助 App 自身具备的流量也好，通过铺天盖地的广告投放也罢，App 营销已经是企业不得不重视的手段之一。而要想做好 App 营销，必须深入了解用户痛点，并继以精准性的创新思维及营销战略。通过高效的传播推广投入，App 将成为企业战无不胜的营销神器。

打开这本书，让我们一起从零开始，全方位地了解 App 营销战略的魅力所在，我们将凭借自己所学，有效地把握商机，开创属于自己的 App 生产价值，我们需要将精神思想的价值融入后续的营销行动当中去，只有这样，才能有效实现自己的营销期待，完成目标，向更广阔的领域、更广阔的胜利天地一路进发前行，成就属于自己的商机，拥有一番别致的创业蓝图。

Contents

目 录

第一章　App 营销，网商新利器

App 营销将是整个移动营销的核心内容之一，是品牌和用户之间形成消费者关系的重要渠道，也是连接线上和线下的天然枢纽。

第一节 用 App 营销，树网络品牌

在移动互联网时代，谁先切入用户的移动桌面，谁就是明天的霸主！在移动互联网浪潮中，企业无线互联网方兴未艾的同时，另一场移动互联网的革命之火正在燃烧，那就是智能手机和 iPad 中的 App——App 代表了"革命性的火焰"。如果说，手机 WAP 网站火热，那么 App 就是熊熊烈火，发展势头更强劲、更有预期。

所谓 App，就是英文 Application。program（中文之意为应用程序）的简称就是指装在手机上供人们下载应用的第三方软件 App，而企业 App 营销是专门开发的第三方 App，帮助企业利用智能手机平台进行体验营销或互动营销。企业的品牌推广、促销和沟通等营销活动都是通过安装在手机上的 App 来进行的。

一、不玩 App 营销，你就 OUT 了

企业开发的 App 可以是产品手册、电子体验、社交共享、公共关系活动、在线购买，甚至是在线促销游戏。它几乎可以重新诠释手机上的整个传统营销过程。在过去几年里，智能移动终端的迅速普及，尤其是苹果的热销，不仅推动了移动互联网的快速增长，也带来了移动应用的引爆性增长。根据国际数据中心的预测，基于 2012 年全球 5120 亿次应用下载，到 2015 年，应用下载量将上升至 8271 亿次。在浩如烟海的 App 应用中，企业 App 作为一种新的营销方式，迅速展现在世人面前，越来越多的企业

以各种形式开展移动 App 营销。

全球 500 强企业中，超过 85% 的企业已经制作了自己的品牌 App 程序，超过 100 个品牌已经在苹果应用商店（App）发布了自己的 App。自 2008 年苹果应用商店和谷歌游戏商店推出以来，沃尔玛、大众、奔驰、丰田、惠普、三星、飞利浦、戴尔、可口可乐、百事可乐、耐克、麦当劳等国际品牌相继在主流平台应用商店推出了自己的品牌 App。

最新统计显示，大部分世界知名品牌已经将移动 App 营销纳入其年度营销计划的重点。五年前，你可能已经用各种可能的方式创建了自己的博客。两三年前，你可能一直在全力运行你的微博和微信。今天，越来越多的企业和个人正在追求时尚，转向个人应用。可以说，如果现在你不玩 App 营销，你就出局了！

二、App 营销势不可挡，而且极其犀利

App 营销就像一场飓风，在 2020 年势不可挡。现在，玩 App 已经成为世界上一项"无聊而令人兴奋"的活动。据统计，中国 50% 的智能手机用户每天需要使用 App 超过一小时，21% 的用户需要使用 App 超过两小时，7% 的 App 重度用户每天需要使用 App 超过五小时，43% 的白领每天使用 App 超过一小时，42% 的高管每天使用 App 超过一小时，公务员经常使用 App，46% 的公务员每天使用 App 超过一小时。这些数据意味着 App 开发市场的潜力有多大，当企业使用 App 与 9 亿用户互动时，市场有多大。

鉴于这场及时雨，借助 App 的这些竞争优势，毫无疑问，产品和业务的营销和市场拓展能力将会大大提高。以餐饮业为例，

大多数国内餐馆都面临着几个营销难题：

困境1：低档次的传单、糟糕的效果和过于昂贵的媒体广告。

困境2：预订经常很忙，所以联系顾客不方便，而且有费用。

困境3：当生意繁忙时，顾客必须排队吃饭，然后离开。

困境4：黏性差，没有数据库，没有办法培养和巩固老用户，等等。

现在，移动互联网时代已经到来，App营销正在迅猛发展，给传统餐厅带来了前所未有的新机遇。比如有一个名为"掌中点餐"的应用。下载手机后，用户可以随时随地点餐。手机已经变成了一个私人餐厅的桌子，可以随时拿取，服务员会过来服务，既方便，又周到。可以网上订餐，不再需要一份菜单传来传去，每个人都有一份"家庭菜单"；顾客说出姓名后，App系统会自动提交顾客喜欢的食物、酒、习惯和喜好等相关信息，提供周到的服务，极大地提高了餐厅的营销效率，刺激了用户的二次消费。活动结束后，它会自动从用户手机上推出会员生日特别菜肴和节日特别优惠券。此外，对用户来说是真的很好。由老顾客分享，总是很容易给新用户尝试的信心。然而，手机"掌上点餐"应用可以与开心网、人人网、社交网、微信、微博等链接。以实现一键共享和直接访问网络。目前，这款"掌上点餐"应用下载量极高，非常受餐厅和手机用户的欢迎。

另一个生动的App营销案例是"星巴克App"闹钟。许多人不得不在早上去上班，但总是起不来。于是星巴克推出了一款别出心裁的App——"早起鸟"。下载后，用户可以在手机上设置唤醒时间。警报响起后，用户可以根据提示点击"唤醒"按钮得到一颗星星。如果你能在一小时内走进任何一家星巴克店，你就能买到一杯通常很难得的六折到七折的咖啡。不要低估这个应用。

它能让你从睁开眼睛的那一刻起，就与这个品牌建立联系。这款应用的创意可能是 2012 年最具影响力的创意之一。

第二节　将企业 App 植入人心

在移动互联网新时代，随着智能终端的普及和移动用户数量的急剧增加，企业品牌如何通过制造优秀手机的应用植入人心？如何制作一个能够给用户留下深刻印象并持续被使用的 App？

一、App 推广活动的门槛应该很低

无论是哪种活动，门槛都不应该太高。如果门槛太高，活动的最终效果就会受到影响。

第一个是活动的目标人群不应太高。目标人群越初级越好，因为高级用户越多，移动电话用户越少，高级用户对活动的热情远远低于初级用户。

第二个是活动规则。主题推广规则越简单越好。规则越复杂，用户的参与热情越低，不适合小屏幕手机终端。

二、App 推广活动应具有广泛而高的回报率

移动 App 推广活动必须让用户受益并为用户提供足够的好处，因为只有高回报和丰厚的奖励才能调动用户的积极性，而奖励可以是物质的，如手机、电脑、相机等；也可以是精神上的，如荣誉、奖杯、名人签名等。

但是，请注意，在丰厚奖励的基础上，奖品应该具有某些特征和吸引力。不要总是遵循同样的模式。在保证奖品的基础上，设立尽可能多的小奖品，以便尽可能多的人可以收到礼物。同

时，活动越有趣越好。只有当活动既有趣又好玩时，才会有更多的人参与进来，活动的气氛才会被创造出来。

以宜家的 App 为例。它的宣传主题是"定制你自己的家"。这是一个允许用户定制家具布局的 App，用户可以创建和共享他们喜欢的布局。同时，他们可以参与投票来选择他们喜欢的布局。宜家还将奖励这些优秀的创作者，并使用个性化定制营销来实现传播效果。宜家 App 深受用户的欢迎。当然，如果活动的效果要扩大并能持续发挥作用，最好是固定应用推广活动。

三、LOGO 有待全面优化

LOGO 是对点击率影响最大的因素之一，它直接影响到企业 App 产品能够达到的高度。因此，App 徽标应该充分优化。

第一个标准是图片的尺寸应该足够小，页面可以快速下载和打开。第二个标准是精准把握画面的含义。标志通常包含一个域名和一个图标或汉字，如淘宝图标和百度图标。然而，应用标志的含义不应该太多，只需要突出公司的主体和品牌文化。否则，LOGO 的大小会受到影响，知名度也会受到影响。

此外，建议随时更改 App 的徽标，以满足用户体验。例如，在节假日，我们会发现主要搜索引擎的标识会以宣传节日的形式展示，让人们感受到 App 的新鲜和活力。

四、充分利用微博和微信等新媒体推广 App

微博、微信和社交网络是近距离与大量用户沟通的最佳方式，同时，微博和微信的影响也不容忽视。因此，为企业 App 注册微博账户，关注微博、微信上的意见领袖、话题制造者和评价网站等账户，尽可能与他们沟通，赢得他们的信任，促进他们的下载和应用是应用推广最常见、最经济的方法。

五、在上架之前，做足够多的测试

如果一个企业的 App 产品在上架后的第一天，就被 1 万人激活，其中 1000 人对运行卡的原因给出了很差的评价，还出了各种问题。那么 App 产品甚至是一个失败。因此，在上架之前，有必要花些时间做好测试工作，并确保 App 产品上市时的完整性。

在 App 开发过程中，市场反馈机制也应得到很好的发展。通过市场反馈，用户可以知道他们需要什么产品以及在哪里改进它们。这包括应用名称、应用口号、应用介绍、应用截图、服务论坛、微博账号、用户 QQ、400 电话号码、产品运行速度等。他们都应该首先收集用户的建议和改进。

六、开发一个好的市场定位

什么样的 App 可以吸引更多的人并获得更多的认可？应该有一个好的 App 市场定位计划。众所周知，大多数使用智能手机、乐于下载和喜欢创意的人都是年轻人。因此，占领年轻人市场基本上就是占领了大部分市场。

因此，App 必须专注服务年轻群体，尤其是 90 后和 00 后。与此同时，App 程序必须有所创新，以满足年轻群体的需求，并使一些更华丽但不复杂的 App 界面更有吸引力，加上推广援助，以便更好地让更多人了解和下载这个 App。

七、良好的实用创意

创造力成败的关键在于与产品的紧密程度。这是最适合自己的公司和产品，并满足用户的需求。任何更有创意的应用都离不开这些元素：好奇、夸张、自负、偷窥、欲望、懒惰、嫉妒、善良、健康、分享、娱乐、贪婪、暴食、虚荣、愤怒等。我们可以为每个需求点创建许多 App。以高露洁的 App 为例，它是牙科保健工具应用的主要代表。高露洁牙科顾问是高露洁拥有的牙科保健工具 App，具有刷牙时间、牙刷更换提醒、牙科保健、牙医预约、产品目录等功能。它通过设计小程序关注用户牙齿的各种细节，来改善品牌形象。产品目录的展示还能让用户更深层次地了解高露洁的产品，并间接增加销售量。

其中最成功的一个 App 营销案例是近年来杜蕾斯与苹果联合推出的"宝贝计划"。这个程序不仅模拟抚养孩子，还模拟"交大"朋友的手机。它摒弃了基于事实的上诉方式，从"恐吓"的角度让用户知道不使用这类产品会有"严重后果"。

简单地说，通过二维码，可链接到杜蕾斯"防小人"手机程序下载，然后把两个已下载"宝贝计划"的 iPhone 手机拿来蹭一蹭，就能蹭出一个"杜蕾斯宝宝"。然而，这个宝宝很烦人。它会在半夜醒来，哭着要牛奶或换尿布，不知道什么时候会哭，也不知道该怎么做。想卸载？没那么容易。你必须购买杜蕾斯（杜蕾斯给下载和注册的用户 70% 的折扣），然后扫描上面的二维码，启动宝宝的防打扰模式来结束这一切。

通过 App 绑定，这种由兴趣驱动且栩栩如生的创意使消费者能够更有效、更生动地实现产品在购买和体验方面的优势，从而使产品更具市场价值，品牌更具传播性。因此，在营销 App 时，必须有一个好的 App 设计方案，因为只有好的 App 和好的创意方案才能吸引用户。如果 App 设计不好，那么无论营销工作做得多好，许多用户都不会下载。

八、适度广告

也许你正在寻找的 App 省钱推广方案仍然不是很有效，你可

能需要根据你的能力考虑适度广告。网络广告在促进流量和增加
人气方面非常有效。主要的网络广告有：硬广告和软广告、富媒
体广告、搜索广告和手机移动广告。当然，我们也应该看到网络
广告模式的高速发展，付费方式可以按照 CPM、CPC、CPA 进行
付费。

移动互联网彻底颠覆了现有的商业模式、工作和生活方式。
你准备好了吗？采取行动，启动你自己的 App！

总之，企业 App 营销的最终目标是让消费者进一步了解品
牌或产品，从而建立品牌和消费者之间的情感联系。因此，企业
App 营销也应注重品牌元素的有机整合，使品牌 App 成为消费者
加深品牌形象、提升品牌和产品知名度的有效帮手，最终达到品
牌和销售并举的目的。因此，企业推出的 App 设计必须首先符合
品牌或产品的目标消费群体的口味和偏好，从而准确把握其内部
需求，并针对其具体需求进行定制。不能任意猜测用户的心理，
也不能任意判断用户的需求。以企业收集的目标消费者的历史数
据和最新的研究成果为支撑，根据客观分析总结用户的偏好和需
求。因此，分析消费者和用户的行为，挖掘他们的内在需求和利
益是企业 App 程序及其系统营销战略构建的关键。

第三节 App 事件营销：通俗化，接地气

对于一个企业来说，推广 App 的方式太多了。除了使用现
有的媒体渠道、应用商店、网络广告、刷榜、换量等选择性也非
常多。如何找到更有效的推广方法？这是企业需要不断思考的问
题。此外，App 的成功除了推广之外，还需要持续改进和进步。

一个人必须从一个优于自己的人身上学习，甚至从他的对手中学习，通过学习对方的长处来实现超越和颠覆，一款 App 也是如此，需要在竞争和学习中获得成长。

一、事件营销——寻找引爆点

几年前，央视主持人柴静的《穹顶之下》视频曾经引爆了微博的主页和朋友圈，顺便说一句，也染红了环保 App"污染地图"。这可能是一个偶然事件。污染地图于 2014 年 6 月就发布了，至今仍广受欢迎。但是不管过程如何，它一夜之间就引爆了。

由于流行视频和 App 的流行，移动互联网行业的人们找到了一种新的营销模式，并大力推广视频，增加品牌曝光。开发者和运营商会同时分析为什么一个视频能给一个应用带来如此巨大的影响。当然，他们永远不会否认推广视频曝光是一个非常好的方法。它还会让你的品牌传播得更深更广，还会给你带来更多的下载。

那么，我们能回顾一下这些活动营销吗？《穹顶之下》带火的为什么是"污染地图"，为什么是 12369 环保举报热线，为什么是 360 手机助手报告？它们之间有什么联系？《穹顶之下》代表着公众环保意识、民主意识和良知的觉醒。自然，带火的是与环境保护有关的应用，换句话说，推广的核心是找到一个引爆点。

柴静本身并不缺乏媒体资源和庞大的人际网络。她的"穹顶之下"曝光后，引起了巨大的轰动。当然，任何事件都有积极和消极的影响，特别是敏感的公共服务视频。由此我们可以看出，事件的启动需要媒体平台的帮助，无论是视频媒体，还是网络媒体等。例如，五一节是旅游业的高峰期，你能从你的 App 中找到与旅游相关的链接吗？比如同伴指南、旅行笔记、问答，等等。

然后以此为引爆点，利用一些著名的本地门户网站，如湖北的腾讯大楚网，作为引发普通用户关注的平台。事件开始爆发后，它将蔓延到一些网络媒体，如微博和 QQ 空间。此外，短片也可以作为一种传播方式。每个刷微博的人都应该有这种经历。短片更能激起人们的好奇心。因为它不占用太多时间，而且很容易理解并向网民传达意思。

你的 App 可以像"污染地图"一样热。毕竟，柴静的人脉和资源，以及"穹顶之下"本身对公共福利的巨大影响都在这里。然而，我们必须抓住现有的资源，尽我们所能，无论是通过电视新闻，各种网络媒体或广泛关注的行业。总之，我们必须能够引起网民和媒体对这一事件的普遍关注。App 推广的方式太多，只有你想不到的，没有网络做不到的，可能未来会有更多渠道等着运营者去发现。然而，无论是视频曝光，还是时间营销，作为一种推广应用的方式，都不能完全决定应用的顺利运行。

二、接地气——俗也是一种出路

App 的产品定位应该结合企业品牌和用户体验。你的第一个种子用户是非常重要的，为了将他们发展成忠诚的用户群体，形成口碑效应，企业经常需要使用各种手段来提高用户保留率。最有效的口碑效应来自民间传播。他们中的大多数可能没有那么高端大气上档次，也就是说，越是俗气的东西，就越容易被接受。

现在网络语言不是很流行吗？为什么，因为接地气，互联网病毒式的传播让这些"俗人"都聚集到一起，一起制造话题，运用话题。例如，你制作化妆品，用户群是年轻女孩和中年妇女，然后你必须为用户创建主题。对于一些年轻女孩来说，她们可能更习惯使用抖音、微信和微博。那么你就可以在微博上发布话题。请注意，微博必须有大量的粉丝和一定程度的活动，最好是一个大 V，这样，转发的数量会更多，也更容易访问流行的微博。如果你没有这么大的粉丝的微博，你也可以找一些自媒体的人发给你，只要产品真的经得起考验。然后通过评论和转发，找到准确的粉丝，并通过评论内容可以找到哪个化妆品可能卖得好，顺便对产品定位也进行了分析。

30 多岁和 40 多岁的女性可能更习惯使用今日头条，所以她们可以在今日头条上发布和创建话题。不管怎样，她们都是很俗的人，也非常喜欢八卦。话题主要集中在"如果你不保养，会迅速衰老，×× 化妆品会让你回到 20 多岁""怎么做更自信、更漂亮的女人……"等等。现实就是这样，一边抱怨俗不可耐，一边又战胜不了好奇心。但不能否认这种接地气的营销方式往往能起到意想不到的效果。

三、取长补短，取其精华

App 下载逐渐显示出疲软迹象，应用市场趋于饱和。竞争催生了创新，因此一些企业家开始思考颠覆，走不同寻常的道路。想着做小米，利用口碑营销来追随粉丝的经济路线；想着做陌陌，利用陌陌的孤独之心来创造心灵的亲近。

创新不是你想有就会有，任你想得天马行空，描述得天花乱坠。如果你不能给用户带来真正的服务和体验，他们为什么要付费，你为什么要赚钱？作者认为成功是不可复制的，但它的规律可以借鉴。通过一点一点的积累，最终会实现超越和颠覆。

灵感需要实力来实现。不管目前你的 App 处于什么状态，你都需要学习和提高。如果你是一名运营者，你需要密切关注同行业的优秀运营，包括竞争对手，看看他们的 App 运营模式与你的相比，有哪些优势。不要只考虑你想如何与众不同，如何创新，如何颠覆。没有竞争，就没有进步，一个人只有看到别人的长处，才能在一百场战斗中发现自己的缺点，了解自己的敌人和自己。例如，你可能不会成为第二个小米，但小米口碑营销带来的粉丝经济却是值得我们学习的。其核心运营系统 MIUI 的种子参与用户和独特的论坛社区运作，活动和消费者故事的产品成为小米的战略，因此其成功是不可复制的。但是，我们可以从它的口碑营销中学习，学习它结合用户参与感，做深度用户体验。

另一个例子是陌陌。凭借其强大而准确的地理位置，陌陌通过社交兴趣映射引擎和用户行为数据分析，在不到四年的时间里，成为中国第三大移动社交应用，仅次腾讯的手机 QQ 和微信。我们可以学习其独特的定位，将位置服务放在一个社会化和本地化的位置，实现从在线关系到线下关系的转换。与此同时，陌陌也面临着两大问题：一是不能解决用户对陌生人的戒备心理及心理需求匹配度；二是难以实现线上转移为线下关系，难以从线上和线下的关系中获得更多价值。在运营时，应该在如何突破这两点上找到更多的解决方案。

第四节　制定 App 营销策略

目前，App 的势头越来越大，已经完全盖过了传统的桌面 App。然而，不恰当的营销策略仍可能导致开发商失败。App 的成功与产品木身的技术含量有关，但也取决于营销策略的有效性。优秀的 App 营销人员会在产品发布前，考虑用户的习惯和偏好。为了充分利用营销活动，你需要事先知道用户对什么样的内容感兴趣。这里我们给出了十条关于手机 App 营销的建议，可以帮助你赢得更多的市场机会。让我们逐一分析这些建议。

一、精心策划的营销策略

在 App 上市之前，你需要制定一个详细的策略，包括产品价格、定位、营销策略和其他细节。在产品发布前充分了解用户是非常重要的，这可以帮助你制定一套最佳策略，因为最终决定 App 价值的是你的用户。除了制定整体策略，你还应该选择最能反映产品功能的关键词，这样，你的产品就更容易被每个人发现。例如，使用"黑色皮鞋"作为关键词比单独使用"皮鞋"更能刺激 App 安装量。

二、取个好听的名字

一个好名字可以让一个 App 获得巨大成功，而一个无名的名字却有相反的效果。此外，为了确保你的 App 有一个唯一且高度可识别的名称，你还可以考虑将 App 的名称添加到关键字中，以使 App 商店中的每个人都更加熟悉该产品。

三、选择适当的图标

一旦 App 的分类被确定，你必须考虑使用哪种图标。图标反映了 App 的总体目标，是你与潜在用户沟通的起点之一，也是用户在下载前了解 App 最重要的方式之一。要想成功，你必须将你的图标与其他平庸的 App 图标区分开来，以便在搜索结果中脱颖而出。这也将使用户更容易记住你的 App，并增加日常使用的频率。一个模糊而俗气的图标可能会让你的潜在用户忽略你的产品，直接开始另一次搜索。

四、添加适当的屏幕截图

你需要通过营销吸引人们下载你的 App。换句话说，当人们点击你的 App 下载页面时，你需要让他们相信这个 App 是为他们量身定制的。向潜在用户展示屏幕截图可以帮助他们更好地理解产品，从而刺激下载量。截图应该提供有用的信息来帮助用户轻松地做出决定。

五、研究用户行为

优秀的 App 必须在大量用户研究的基础上开发。你应该花时间尽可能深入地研究用户行为，找出他们独特的行为模式。你可以通过用户调查或在 App 中搜集反馈信息来找到其他特定的用户偏好。此外，为了在这些平台上提供服务，你还应该注意观众最常使用的设备。

六、专注你的首要目标

当用户使用你的产品时，你应该尽最大努力给他们带来最大的便利，这永远是你的第一目标。毕竟用户是 App 成败的关键。你应该尽最大努力为使用该产品的每个人提供最好、最丰富的用户体验，让他们对你提供的服务百分百满意。

七、合理利用移动技术发布 App

为不同的营销策略选择合适的技术是非常重要的。你的受众类型决定了你是应该使用开源还是专有代码来开发 App，然后你需要合理利用相关技术来开展宣传活动，例如，你可以选择使用短信营销来扩大受众范围。然后你必须建立一个移动网站，注意使这个网站与大多数目标用户的设备兼容，这一步与你的预算密切相关，你需要特别注意，因为它可能会对你的发展前景产生长期影响。

八、继续在移动网站上上传新鲜内容

现在，你已经开发了一个移动 App，相关的移动网站已经上线，你需要不断更新网站内容，以与你 App 上的活动保持一致。你还可以改善你在社交媒体如推特和脸书上的活动，宣传你的优惠活动、新版本和人们对 App 的喜爱，并吸引用户继续使用你的产品。

九、推广你的移动 App

一旦 App 准备好在 App 商店上线，你需要设定一个特定的发布日期，然后制定一个产品推广计划，联系在线和离线媒体，并请他们帮助你进行推广。你也可以要求像 App 建议和苹果世界这样的网站来评估你的 App，这可以吸引很多注意力。

十、收集用户反馈

许多用户愿意提供反馈，而大多数潜在用户会在下载 App 之前，阅读他人的反馈。因此，你可以在你的 App 中以简单且不引人注目的方式收集用户反馈。用户给你的建议越多，你的产品就越有竞争力。

以上十条建议可以引导你找到正确的营销方式。与此同时，你应该对特定的营销活动进行必要的改进，以获得最大的收益。我希望这些建议能帮助你制定更好的营销策略，让你的 App 获得巨大成功。

第二章　新 App 的运营和推广

　　新 App 的运营和推广是非常重要的一环，我们每周应该花些时间仔细分析每条渠道背后的数据，你一定会发现高度传播内容背后的契合点和相关性。

第一节 App 竞争分析和产品定位

倘若我们可以从移动互联网市场总监的岗位出发，由几个方面作为起点，有效地阐述移动互联网部门如何制定运营推广计划。那么就会发现，就移动互联网而言，移动电子商务的发展可谓大势所趋。论到定位，各种空洞模糊的描述都是站不住脚的，我们将要站在一个更高的位置，对这场 App 大战进行全盘分析，锁定产品定位，这样才能把握全局，为后续占有市场迎来崭新的发展台阶。下面就让我们结合相关内容，进行一一的阐述：

一、竞争分析

1.选择竞争产品并做好定位（选择最好的两种产品，最多三种）

如何赢得竞争？

（1）百度搜索相似产品的关键词。假设你的产品是一个以"三国"为主题的纸牌游戏，你可以输入主要关键字"三国"，它通常排在自然排名的前面。百度竞价推广前的产品都是有竞争力的产品。

（2）关键词主要用于移动 App 市场，如 360 手机助手、小米应用商店、华为应用市场、豌豆荚等。

（3）在行业网站上找到最新信息。

像艾瑞咨询、DCCI 和阿列克谢这样的咨询网站是相对可靠的渠道。

还有其他方法，如通过参加贸易展览和同行交流获得竞争对手信息，这里不做介绍。竞争分析的最佳选择是两种产品，最多三种。

2. 竞争分析，得出结论（选择合适的分析方法进行分析，根据分析得出结论）

一般来说，应该从用户、市场趋势、功能设计、运营和推广策略等方面进行更全面的竞争分析。这里我们将其分为以下几个维度：（1）市场趋势和行业现状；（2）竞争对手的企业愿景、产品定位和发展战略；（3）目标用户；（4）市场数据；（5）核心职能；（6）交互式设计；（7）产品的优点和缺点；（8）运营和推广策略；（9）总结行动要点。

至于移动互联网部门的营销总监，他只关心市场部分、功能和设计，这是可以忽略的。例如，他可以从（1）（2）（3）（4）（7）（8）分析竞争产品，重点关注市场数据和运营推广策略。

让我们以手机旅游 App 为例。运行数据可用于分析来自下载量、用户数量、保留率、转换率、活动用户数量、活动持续时间等的竞争。运营和推广策略可以从竞争产品的渠道管理进行分析，如 App 市场发布、移动论坛、市场活动、软文发布、社交媒体表现等。

3. 根据结论，提出建议

通过对上述竞争的分析，我们可以大致得出一个更具市场商业价值的结论。

二、产品定位

产品定位的重要性可以通过在一个单独的空间中讨论来体现。清晰的产品定位和目标用户群定位是运营和推广的基石。对目标用户群的分析越透彻、越清晰，对后续产品的推广就越重要。

1. 产品定位

一句话清楚地描述了你的产品以及什么样的产品能满足用户或用户市场。

例如，陌生人：基于地理位置的移动社交工具；QQ 空间：异步信息共享和交流的平台，是对 QQ 即时通信工具的补充；91 经营网络：共享互联网产品，经营干货电子商务；酷派社交：聚焦移动社交发展趋势，探讨移动社交的商业价值。

2. 核心产品目标

产品目标通常表示为解决目标用户市场中的问题。对这个问题的分析越透彻，产品的核心目标就越准确。例如，360 名保安解决了用户使用电脑的安全问题，微信为用户提供了通过语音顺畅交流的移动 App。

3. 目标用户定位

一般来说，目标用户群体是根据年龄、收入、教育背景和地区来定位的。

4. 目标用户特征

常见用户特征：年龄、性别、出生日期、收入、职业、居住地、爱好、个性特征等。

用户技能：精通计算机办公，外语能力强。

产品相关特性：电子商务类别：购物习惯、年度消费预算等。

约会类型：单身与否，择偶标准

游戏类别：你喜欢 3D 游戏，并且在同类游戏中有经验吗？

5. 用户角色卡

根据目标用户组，围绕目标用户特征建立用户角色卡。

6. 用户使用场景

用户使用场景是指将目标用户组放入实际使用场景。

还是以上面的比价 App 为例，张三每天都去万达购物中心的体育用品店，看到神户第二代运动鞋的价格是 1400 元。他立即开始考虑这件事。他用价格比较 App 扫描二维码，发现京东的价格是 800 元，淘宝的价格是 810 元。App 提出建议从京东购买，于是张三迅速浏览了商品的高清图片和产品描述。

第二节　设计 App 推广计划

在移动互联网行业，初创公司市场适合从四面八方出击，尝试各种可以想到的方式方法，用最少的投资最大化品牌效应。在想到的一百种方法中，最有效的方法之一是连续测试，其中九十九种被消除，集中火力处理中的资源集中在可能的爆发点，连续扩大，连续分析，并等待爆发。最后，它将吸引更多的注册用户，并增加其市场份额。

一、渠道推广

1. 基础线上渠道：各大下载市场、应用商店、大平台以及所有 Android 版本 App 的发布渠道：推广的第一步是要上线，这是最基础的。无须砸钱，只需最大范围地覆盖。

下载市场：安卓、机锋、安智、应用汇、91、木蚂蚁、N多、优亿、安机、飞流等。

应用商店：google 商店、HTC 商城、历趣、十字猫、开奇、爱米、我查查、魅族商店、联想开发者社区、oppo 应用商店等。

大平台：MM 社区、沃商店、天翼空间、华为智汇云、腾讯应用中心等。

用户端：豌豆荚手机精灵、91 手机助手、360 软件管家等。

WAP 站：泡椒、天网、乐讯、宜搜等。

Web 下载站：天空、华军、非凡、绿软等。

iOS 版本发布渠道：AppStore、91 助手、pp 助手、网易应用中心、同步推、快用苹果助手、itools、限时免费大全。

2. 运营商渠道推广：中国移动、中国电信、中国联通

凭借庞大的用户群，该产品可以预先安装在运营商的商店中，这依赖第三方所不具备的能力。如果这是一个好产品，它也可以得到补贴和支持。市场部应有一名专门的渠道专员负责与运营商的沟通和合作，并制定项目跟踪计划。

二、第三方商店

由于早期进入和用户的积累，第三方 App 商店已经成为许多 App 流量门户，全国有近 100 家第三方 App 商店。渠道专员应准备大量材料、测试等，与 App 市场对接。每个 App 市场都有不同规则，因此，如何与 App 市场的负责人沟通并积累经验和技能非常重要。有了足够的资金，你可以投放一些广告和推荐等。

三、手机制造商商店

主要制造商在自己品牌的手机上预装了商店，如联想音乐商店、宏达市场、OppoNearme、魅族市场、摩托智能配件园等。渠道部门需要更多的运营专家来联系手机制造商的商店。

四、积分墙推广

积分墙是显示各种集成任务（下载和安装推荐的高质量 App、注册、填写表单等）的页面。以便用户能够完成任务并获

得集成点。用户在积分墙中嵌入的 App 中完成任务，App 的开发者可以获得相应的收益。

积分墙启动快，效果明显，大多数都是 CPA 的形式，价格从 1 元到 3 元不等。然而，考虑到活跃用户的综合成本，成本偏高，用户保留率较低。

工业公司包括泰普乔伊、某 App 运营商、米优和万普。

积分墙适合有资金的大型项目，需要尽快发展用户团队。

五、刷单促销

这种推广是一种非正式的方式，但在中国很受欢迎。毕竟绝大多数苹果手机用户会使用 App 商店下载 App。当然，如果你的 App 直接位于前几个位置，你可以很快引起用户的注意，获得更高的实际下载量。然而，刷单的价格相对较高，国内刷单前 25 名每天花费约 1 万元，前 5 名每天花费超过 2 万元。因为这种推广成本相对较高，通常是与新闻炒作一起进行的，所以很容易迅速成名。

六、社交平台推广

目前，主流智能手机社交平台有明确的潜在用户，可以快速推广产品。这种推广主要采用合作分享的方式，合作方式多种多样。行业公司包括某 App 运营商、九城、腾讯、新浪等。

七、广告平台

优点是数量快，效果明显，缺点是成本相对较高。以当前主流平台为例，CPC 价格为 0.3 ～ 0.8 元，CPA 价格在 1.5 ～ 3 元之间。这不利于创业融资前团队的推广和使用。要想改变这种情况，主要有两种方式：

1. 在 App 中互相推荐。这种方法可以充分利用流量，增加曝光和下载量，幅度不大，但曝光度很好，内置推荐位的 App 可以交换音量，但需要基于一定数量的用户。

2. 按数量购买数量。如果你不能带来一个特定的 App 或金额很小，你可以找到网络联盟运行的金额，以换取 App 商店的高质量资源或转换成推广资金。这也是一个更实用的方法。包括莹莹宝和小米在内的商店可以交换数量。通过一些代理，他们可以与 360 手机助手等交换数量，这可能比在 360 手机助手直接进行 CPT 有更好的效果。 在应用商店，合作伙伴通常以 2∶1 的方式交换数量。

八、离线频道

1. 手机制造商预装

工厂存在，用户转换率高，最直接的方式是开发用户。用户的启动期很长，从提交测试包到测试—测试—试生产—批量生产—销售给用户需要三至五个月。

推广成本：App 产品预发货价格在 0.5 ~ 1 元之间，CPA 模式价格在 1.5 ~ 4 元之间。

CPA 价格在 2 ~ 3 元之间。

行业公司：华为、中兴、酷派、TCL、波导、OPPO、魅族、海信等。

经营困难：许多品牌、许多层次的人员和许多产品项目需要专业团队提出有针对性的建议并维持关系。

2. 水货刷机

快速启动，基本两至四天就可以看到用户，数量很大，基本上一天可以刷几万台。

重复刷的现象很严重。基本一部手机会被刷 3 ~ 5 次，从总批次到渠道，再到店面，导致促销成本急剧增加，用户质量差，监控差。

基本一个软件 CPA 的价格在 1~2 元之间，而一台包机的价格在 5~10 元之间。

行业公司：XDA、库勒、乐酷、机刷奇才。

3. 特许商店

用户质量高，黏度高，用户支付转化率高，用户速度快。

店面多，员工培训复杂，需要完善的考核和奖励机制。

基本 CPA 价格在 1.5~3 元之间，预装价格在 0.5~1 元之间。

案例：2010 年底，某 App 与中国一家著名手机连锁店开展合作试点，将合作光盘放入商店包装销售给用户，8 万张光盘激活了一半用户。

第三节　App 新媒体推广

新媒体推广是 App 营销非常重要的一环，我们每周应该花些时间仔细分析每个新媒体平台的传播特点，比如今日头条、微博、微信和抖音等，尤其是每条渠道背后的数据，你一定会发现高度传播内容背后的契合点和相关性。这非常有利于提高他们的官方微博和微信内容的质量，更有利于 App 运营。

一、内容规划

在内容规划之前，应该做好受众定位，分析核心用户特征。

坚持原始内容的输出，每天保持三个有趣的内容更新。

抓住本周或当天的热点进行跟进。

创造力，或者说讲故事的能力，让你的产品讲故事和拟人化。

二、品牌基础推广

百科类推广：在百度百科、360 百科建立品牌词条。

问答类推广：在百度知道、搜搜问答、新浪爱问、知乎等网站建立问答。

C 论坛，贴吧推广：机锋、安卓、安智，在手机相关网站的底端都可以看到很多行业内论坛。

建议推广者以官方贴、用户贴两种方式发帖推广，同时可联系论坛管理员做一些活动推广。当发帖完毕以后，应当定期维护好自己的帖子，及时回答用户提出的问题，搜集用户反馈的信息，以便下个版本更新改进。

第一阵容：机锋论坛、安卓论坛、安智论坛。

第二阵容：魔趣网、安卓论坛、魅族论坛。

第三阵容：风暴论坛、木蚂蚁论坛、DOSPY 论坛。

三、微博推广

内容：拟人化产品，讲故事，定位微博功能，坚持原创内容的输出。抓住本周或当天的热点跟进微博，保持一定程度的持续创新。在这里，你可以参考在同一个行业中成功运营的微博账号，学习他们的经验。

互动：关注行业内相关微博账户，保持互动，提升品牌曝光度。

活动：必要时，计划活动和微博转发。

四、微信推广

微信公众号的运营和推广需要一段时间才能稳定下来。以下是一些例子：

内容位置：结合产品推荐内容聚合，内容不需要太多，但必须精确并符合微信号的位置。

种子用户积累：在初始阶段，可以给定一个关键绩效指标指数，并为 500 个粉丝设置一个阈值。种子用户可以通过同事、朋友、合作伙伴、微博排水、官方网站排水等方式推荐。

小号积累：微信小号每天打开并导入目标用户群。

小号导流大号：我们通过小号粉丝的积累来推荐微信公众号码，并向粉丝介绍微信公众号码。

微信互动推广：当粉丝数量达到一定预期时，你可以加入一些微信互动推广群。

五、公关传播

公关不是一个硬广告。学会用正确的方式讲述感人的故事是非常重要的。在互联网时代，每个人都是交流的源泉。无论是微博账号、微信公众号、媒体网站专栏，还是大型社交网站，都必须研究如何利用这些平台来讲述一个好品牌的故事。相反，这些平台也将是用户为品牌生成 UGC 的最佳渠道。在一个初创公司，公关需要对公司每个阶段的方向有一个透彻的了解，然后学会向市场、投资者和用户发出强烈的声音。这个声音并不生硬，也没有广为宣传，但它抛出了一个话题，让每个人都对你的故事感兴趣，并告诉大家如何让每个人都对你的产品感兴趣，最好在行业内形成一个热门话题。

有几种策略：保持每日稿件的稳定曝光。部门之间要定期制定沟通计划，并根据公司和产品每月的变化而决定向外界传递什么样的声音。恰当的表达和持续的内容输出将逐渐增加公司的曝光度和行业的关注度。

维护现有媒体资源，积极拓展新资源。比如我曾经熟悉的记者和媒体，我仍然会保持持续的沟通和沟通，告诉他们我们的团队在做什么。我坚信，只有通过反复的交流，故事的亮点才能被润色和把握。作为公关，它还能及时嗅到媒体关注的兴趣点，为下一次报道做好充分的准备。在风险公司没有足够的公关资金的情况下，我们需要仔细分析发展的阶段和进度，以及支持公司的声音和观点所需的方式和资源。因此，我们对自己的要求是每周有计划地扩展一些新的媒体资源，以便我们有适当的渠道来支持以后的事件输出。

选择的渠道决定了沟通的效果。讲什么样的故事以及如何呈现传播效果将是最好的，这对于频道选择尤其重要。例如，对于一些对公司创始人的采访，我们可能更喜欢与新经济和财经相关的，高大上的纸质媒体，这有利于大规模传播。为了产品的健康生产，我们更喜欢新的科技媒体，它能在行业中吸引更多的注意力。然而，对于热门新闻，我们更喜欢选择大型门户网站。至于自媒体领域，它的力量是不均衡的。这是一个很好的选择，选择一个中立的观点和强大的派系的自我媒体的声音。然而，对于初创企业来说，成本并不是最划算的。对于电视媒体来说，选择与你的潜在用户相匹配的节目是一种快速让产品爆炸式增长的方法。

最后，我们应该记住做好营销传播效果的评估工作，这可能包括人群覆盖率、点击数、阅读数、赞美数等。每个数据都会告诉你下次如何做得更好。作为内外沟通的桥梁，公关也应该隐藏在用户中间，在深度沟通中彰显品牌个性。

六、活动营销

活动营销绝对是一种身心活动，需要整个团队保持敏锐的市场嗅觉。此外，它还需要强大的执行力量和一定数量的媒体资源，以便活动能够以最快的速度启动。事件营销的前提是团队成员需要每天接触大量的新鲜信息，并整合这些信息，还需要培养随时记录灵感和创造力的能力，并及时与成员分享碰撞。对于可以贴在产品上的创意点，我们会立即进行头脑风暴，并一直对事件进行推理。如果确定该方案可行，我们将立即制定与之匹配的沟通计划，然后开始制定项目预算并准备渠道资源。

第四节　App 线下推广策略

所谓线下推广，也叫地推，就是利用宣传经费印制纸质传单和海报，从而进行线下的宣传。

一、线下推广方式

1. 介绍海报

在人流量大和免费宣传的地方张贴海报。

2. 传单

与合作的商家讨论，将传单展示给商家与用户接触的地方。

3. 推动卡片传单

制作精美的传单，并在办公区相对集中的地方和商场散发。

二、设定目标

对于应用程序，有两个方面决定了关注的指标：

1. 产品运行阶段

种子期：主要目的是收集用户行为数据，将其与产品设计中的用户模型进行比较，并有目的地进行调整。关注的主要数据有：页面路径转换、按钮点击、启动时间、启动时间段、停留时间等。这个阶段的数据量并不大，但是真实的。如果用户来自社交网络，可以先做免费频道，最好有一些启动资源。

推广期：主要目的是扩大影响和吸收用户。关注的主要数据是：新的、活动的、保留的和渠道数据。在这个阶段，应与各种资源合作，采取多管齐下的方法，最好是用户数量激增。

收入期：主要目的是通过各种活动和增值服务创造收入。搜索数据的主要焦点是：付费用户数量、付费金额、付费路径转换、ARPU 等。

2.产品类型

比如工具，启动的次数非常重要；社区类、活跃用户和 UGC 非常重要；游戏、在线号码和 ARPU 值是关键；移动电子商务公司主要关注交易转换率，包括订单转换率和金额转换率。根据应用程序产品的类型及其运行阶段，制定了应用程序数据指标评价表。

三、关于数据指标的分析

1. 保留用户和保留率

保留用户和保留率通常反映不同时期获得的用户流失情况，对这一结果的分析往往是为了找出用户流失的具体原因。在 App 获得一定数量的用户后，开始时会有更多用户。但随着时间的推移，用户会不断流失，保留率会随着时间的推移而逐渐下降，一般在三至五个月后达到稳定水平。其中，阅读信息、社交和系统工具是保留率最高的三个应用，保留率在四个月后稳定在 10% 左右。随着保留率的提高，将会有更多用户留下来，越来越多的用户将会真正使用 App。

第二天保留：因为他们都是新用户，通过结合新手指南设计和产品的新用户转换路径来分析用户流失的原因。通过不断修改和调整，减少了用户的损失，提高了第二天的保留率。通常，如果数量达到 40%，产品便是非常优秀的。

周留存：在这段时间里，用户通常会经历一个完整的使用和体验周期。如果用户能停留在这个阶段，他们可能会成为高忠诚度的用户。

每月保留：一般来说，移动应用的迭代周期是二至四周和一个版本。因此，每月保留时间可以反映一个版本的用户保留时间。一个版本的更新总会或多或少地影响用户的体验。因此，可以通过比较每月保留率来确定每个版本更新是否影响用户。

渠道保留：由于渠道来源不同，用户质量也会不同，因此有必要对渠道用户进行保留率分析。此外，在消除了用户差异的因素之后，可以比较第二天和第二周，以便更准确地判断产品问题。

2.使用中用户

用户每天都会增加和流失，如果你只看每天活跃用户的数量，很难找到问题的本质。因此，通常活动率和整个应用程序生命周期是结合在一起的。活动率是指活动用户 / 总用户。通过这个比率可以知道你的用户的总活动率。然而，用户的活动率总是随着时间段的延长而逐渐降低。因此，在长生命周期（三个月或半年）的降水后，用户的活动率可以稳定地保持在 5% ~ 10%，这是用户活动一个非常好的表现。当然，它不能完全应用，这取决于产品特性。

第五节　App 营销团队的构成

移动互联网运营推广团队的组织结构和成员的工作职责具有一定普遍性。一般来说，这个市场运营部门的结构大致如下：一个领导、一个渠道和流量经理、一个社交媒体播放器、一个天马星文案和一些杂工。

一、营销运营总监

主要职责：

1. 负责公司移动互联网产品开发内容的总体规划和运营策略的制定与实施。

2. 负责制定季度和月度运营计划。

3. 组织各产品运营渠道的数据报告，定期收集和分析同类竞争对手的情报。完成活动的计划和执行并跟踪它们。

4. 建立和改善应用推广和分发渠道，以推广应用下载和使用。

5. 扩展和维护各种网络营销渠道，如网络媒体、网站联盟、博客、论坛、社区营销、社交网络等。

6. 负责与移动互联网领域各种媒体的有效沟通，调动各种资源，促进公司互联网产品及相关渠道和媒体的联合推广，提高公司产品的市场认知度。

7. 负责通过微博、微信等在线推广方式开展公司自有产品的运营和推广，收集和分析相关营销的成功案例。

8. 负责制作内容和主题，可结合热点事件开展宣传活动，及时监控和处理产品运行活动过程中的各种积极和消极事件。

9. 跟踪运营推广效果，分析数据和反馈，分享推广经验；挖掘和分析目标用户的使用习惯、情感和体验，实时掌握热点新闻。

10. 计划、组织、评估和优化促销计划。

11. 分析应用运行数据，并根据分析结果持续优化运行计划。

帖子点评：从工作职责来看，营销总监应负责内容规划、运营策略和计划制定、渠道建设和监管、新媒体推广跟踪、应用运营数据分析、团队建设和管理。

二、文案策划

主要职责：

1. 明确项目目标，快速了解用户需求，并与相关协调部门紧密合作，提供快速、准确和令人兴奋的文案支持。

2. 负责编写宣传推广文件和宣传材料。

3. 负责撰写网络活动、广告传播和网络公关文稿的创意内容和相关文案内容。

4. 积累创造性输出和内容写作的经验，形成知识管理，以供其他项目参考。

帖子评论：文案策划帖子是写作输出的帖子。它需要良好的写作技巧、创造力和热点意识。最好有一个成功的事件营销和沟通的案例。

三、渠道经理（业务拓展部）

主要职责：

1. 深入研究公司的产品和行业，制定适应公司发展战略的扩张计划。

2. 根据公司业务发展的需要，寻找和挖掘有利于公司的合作资源。

3. 负责业务发展和合作，与其他客户和推广渠道（主要市场）建立良好的业务合作关系。

4. 分析促销数据，有针对性地调整促销策略，提高下载量、安装量和活动量等。

5. 协助 App 产品的运营和推广、总体规划和专题规划。

帖子评论：顾名思义，渠道经理（BD 扩展）就是要扩展各种互联网流量渠道。所有有助于促进 App 流量的渠道合作都属于工作范围。渠道经理的工作职责是制定渠道拓展计划，带领业务拓展专家拓展各种市场，分析数据，并完成运营总监设定的流量指标。

四、新媒体推广经理

主要职责：

1. 有网络信仰，最好是严厉的用户，制定新的媒体推广计划，并有很强的执行力。

2. 熟悉新媒体，了解微博和微信，熟悉大号。最好运营微博草根号和微信公众号。

3. 有判断力，能分析热点事件，懂得如何借用，有自嘲精神，能够运用黑色幽默来表达某种观点。

4. 在新媒体领域有丰富经验，混过论坛，玩过微博，运营过微信公众号，对新媒体传播的底层逻辑有着深刻的领悟。

新媒体推广经理要擅长团队管理，不仅针对移动互联网，也针对互联网公司的团队管理。在个人经验分享方面，互联网团队运营管理应重点关注三个方面：执行力、目标管理和团队凝聚力。至于执行案例，腾讯是许多互联网公司的榜样。比如马化腾在凌晨 4 点发了一封邮件，运营团队可以在下午给出实施方案。由于执行力强，许多小型初创互联网公司发展迅速。当公司发展到一定规模时，不正常的层层审批机制阻碍了项目的实施。因此，即使在最大的公司，个人仍然更喜欢项目责任制和扁平化管理。

第六节　App 营销的绩效评价

从获得关键绩效指标的那天起，运营总监就一直在考虑数据管理。从年度目标、季度目标、月份目标和周目标，一个没有量化数据目标的管理团队会像无头苍蝇一样四处乱跑。运营总监团队的管理过程实际上是一个目标管理过程。每个运营总监都有责任保持一个高效、愉快和充满活力的工作环境，并保持整个运营团队的凝聚力。团队成员频繁更换工作、稳定性差不利于项目的进展，因此如何保持项目核心成员的稳定性非常重要。

每个公司的绩效评价指标都不一样。对于移动互联网公司的市场部来说，每个岗位的指标也是不同的。这里只列出了一些常见的评估点。

一、营销运营总监

该职位承担团队的整体关键绩效指标，如应用运行数据指标、销售指标等。如何有效地将团队指标分解为每周、每天和每个人是营销运营总监每天都必须考虑的问题。

二、文案策划

文案能力：深刻的写作技巧、强烈的表达能力、清晰的思维逻辑和独特敏捷的创造性思维。

创意能力：能够根据公司的品牌定位完成创意文案策划，实现产品销售和运营推广的飞跃。

对接能力：与渠道部门、设计部门、推广部门、用户等沟通、协调和分配工作的能力。

工作态度：纪律、团队意识、责任感。

三、渠道经理

渠道评估指标与应用程序运行数据直接相关。该数据主要体现在 App 运营目标中的数据，比如每天下载新用户保留率活动用户平均用户收入（ARPU）使用时间。

四、新媒体推广经理

由于微博、微信、豆瓣、知乎等软媒体的广渠道不同，新媒体推广的评价指标也不同。运营总监可以根据渠道而设置不同的评估指标。这里以微博和微信为例：

微博评价指标：微博营销涉及的数据大致有微博信息、粉丝、关注、转发、回复、平均转发和平均评论。

微博信息数量：每天发布的微博数量、每天发布的帖子数量。

平均转发次数：每条信息的转发次数 / 信息总数之和，平均每天转发次数或平均每月转发次数，次数 / 条，平均回复次数原则相似。转发（评论）的平均数量与粉丝总数和微博内容质量有关。粉丝总数越高，微博内容满足用户需求的转发和评论数量越多。所以这些数据可以反映粉丝的总数、内容和质量。粉丝基础越大，理论上，转发量越高，内容就越适合用户，或者粉丝中的目标群体越多，数据就越高。

以 a 公司的微博为例。比如 4 月 1 日，大约只有 14000 个微博，到 5 月底，有 26000 个微博！我们可以看到 4 月和 5 月的增长。两个月来，粉丝的数量增加得差不多。5 月，微博信息数量增加了 36%，但转发总数增加了近 100%，评论增加了 64%，搜索结果数量也增加了。应该说，在 4 月分析完微博内容后，5 月做了一些调整，更加关注用户的需求。因此，微博转发和回复的平均数量随着总量的增加而增加。这表明 5 月的微博较 4 月有所改善，搜索结果的数量直接增加了曝光率，说明了营销效果。

转发和评论的平均数量可以用来衡量微博的运行状态，搜索结果的数量可用作品牌传播的评估。只有整合所有数据，微博营销才能得到引导。

微信评估指标：

文章评价指标：投递率、图片阅读率、原始页面阅读率、转发率、收藏率。

订阅的粉丝数量：有三个指标：新条目的数量、取消的数量和关注度的净增加。

对于新开通的微信企业，我们可以设定一个月 500 个用户的目标，并在接下来的几个月逐步增加。每天有 20 多名粉丝订阅，1 月有 600 名。

用户交互量：所谓用户交互量，就是用户在微信上与你的互动。这里指的是有意义的互动，如 91 运营网络（微信号：云英 –91）。添加微信时，自动回复为：输入 1 获取移动互联网干货，输入 2 获取电子商务运营干货，输入 3 获取产品策划干货。这实际上是一个非常好的规则。

用户流失率：用户最终通过你的规则输入相关单词后，我们会跟进这部分用户并对他们的流失率进行统计。

第三章　微信营销，

玩出新境界

与传统营销方式相比，微信营销方式更加多样化，可以拉近与用户的距离，使营销活动更生动、更有趣，更有利于营销活动的开展。

第一节　微信营销的优势

微信的出现给我们的工作和生活带来了很大改变。微信允许无限期延长工作时间，晚上睡觉前，我们在微信圈发信息，我们在休息，微信圈的朋友在看我们的信息，我们的微信在为我们工作。第二天起床时，你可以看到不同信息。微信增加了我们的约访量，我们在微信圈子里发送信息，很多人都在阅读。通过微信可以让用户了解我们和我们的产品，增加他们的信任。微信让我们积累了大量的潜在用户：我们积累了大量的潜在用户和潜在员工使用微信来减少我们的工作量。微信允许无限的工作时间和地点：我们可以随时随地发送微信、阅读他人的微信、获取信息。

一、微信营销的优势

营销成本低：传统营销方式推广成本高，时效性强。如果你想达到这个效果，你需要不断投入大量的宣传费用。然而，微信营销的成本相对较低。除了微信本身是免费的，用户还可以通过定期做一些小的互动活动来保持长期联系。

营销信息的到达率很高：很难预测有多少用户会看到这个在广播、电视和报纸上销售的产品信息广告，但当一条信息在微信上推送到用户手机时，到达率可以达到100%。

广泛的营销：当我们与微信好友分享产品信息时，所有微信好友都能看到。当我们的用户，尤其是影响力中心转发时，他的微信朋友也能看到。它具有明显的连续扩散效应。

营销方式多样化：与传统营销方式相比，微信营销方式可以将文本、图片、语音、视频等内容进行分类，采取多种多样的推广方式。

二、获得朋友的最快方式

只有通过客流，我们才能将过去的零售政策转变为批发政策，但是大量的用户资源从何而来呢？我们要求微信营销做得好。首先，地址簿里应该有人。那我们应该在哪里找人？

最常见的方法是通过扫描来添加朋友，如被介绍的用户、聚会上遇到的朋友等。您还可以通过手机通讯录和 QQ 导入联系人。

当然，还有另一种方式可以最快地获得朋友，那就是建立或加入微信群。

第一步是筛选出目标群体，建立一个以现有生命周期为核心的初始微信群，比如邻居、校友或旅行者。例如，我可以在成立业主委员会的基础上，创建一个业主"××社区"。在选择团队成员时，我们必须包括一些对自己更认可并会支持他们的人。

此外，最好建立一个群规则：只有社区事务可以在群内讨论，所有参与促销的人都将被清除，因为群内太多的垃圾信息只会干扰用户甚至让更多的人退出群。一方面，这是为了防止一些做小本生意的朋友利用我们的微信推广产品，导致人们不喜欢甚至退出这个群体；另一方面，这也是为了防止其他同行在集团内推广保险，造成混乱。

一旦微信社群建立起来，我们将开始建立我们的影响力。你可以不时地抛出群中每个人都感兴趣的话题，比如互联网上的热门新闻，比如组织一些吃喝玩乐或者在假期发红包，以达到持续曝光的目的。此外，在微信群中，我们应该及时反馈他人的意见，做一个友好的倾听者。

三、如何实现群体裂变

在群中聊天，但是群中的人数总是有限的。我们怎样才能增加更多的人？如何在现有群体的基础上实现快速裂变？

微信群将分为三个步骤：首先，它将寻找主题；第二，它将建立一个平台；最后，它会分裂。选择合适的需求点来划分新的群体，如特殊节日、共同兴趣等——寻找主题。将二维码发送给现有群组或朋友圈，同时解释新群组的目标和加入条件——搭建一个平台。当群内部对这个话题进行热烈讨论时，告诉他们可以把他们的朋友拉进群——以达到分裂。

案例 1：月老群

背景：七夕之前，搭建一个平台，让单身男女知道七夕即将到来。

第一步：将群二维码发送给现有的群或朋友圈。单身男女可以扫描二维码加入，但他们必须使用真名。新成员需要通过群负责人的审核。

第二步：鼓励群成员邀请他们的朋友加入群。新成员需要得到组长的批准。

结果：第二组在第一组的基础上裂变，获得更多的潜在用户资源。

示例 2：拼车群

背景：由于住宅区离市区有一定距离，出行不太方便，需要拼车。

第一步：建立一个拼车群，并将群的二维码发送给车主群。

当有人有拼车需求时，拼车信息将在群内发送。当我想去市中心的时候，我也会邀请其他人一起分享一辆车。

第二步：鼓励群成员邀请住在附近的朋友加入群。

结果：将社区中和社区周围的朋友带入潜在用户的来源，并建立影响力。

第三步：裂变后，逐渐添加朋友。

四、加微信好友的方法

在所有微信群中，我们需要从中择优添加好友，选择的标准：有共同点，便于话题切入。比如同小区、同乡，有相同的家庭背景，再比如小孩子年龄类似，经济收入差不多，等等。比如有成员在群内提及自己在哪里又买了房子，车子是怎么样的之类的话题。

添加好友的技巧：一是以共同点为借口增加朋友。例如，据说，我们真是有缘。我们都是生活在××社区的××人/邻居。二是以群内的话题为借口添加朋友。例如，比如在月老群中，某男生有意同某女生进一步联络，会将相应的需求告知群主。群主作为红娘，则可以分别添加男生和女生；在拼车群中，可以方便收集和运输为借口添加朋友。

添加好友必须有理由，以免对方认为他只是一个群发信息，因而拒绝添加。例如，如果新人给自己设定了每天"在微信上吸引顾客"的目标，至少增加3个陌生朋友。然后，新人每年将有多达1100个潜在用户，并且不受任何时间或空间的限制来完成在线活动。

五、用户管理

当我们在微信上有了一定数量好友，下一步就是运营。首先，我们需要对我们的用户进行分类，以便我们以后能够管理我们的用户。这使用了微信中的"标签"。我们可以根据用户购买的保险对他们进行分类。假如你是做保险业务的，可以这样分类：

已购买保险，但保险金额不足；

那些只购买意外保险的人；

以前没有购买保险。

六、微信营销方式

1. 线上聊天

在微信群中找出朋友陈述的兴趣点，并在访谈中就此话题与用户建立密切的个人关系，在聊天中，你可以展示你作为保险从业者的身份，但你不会主动介绍保险。你只是谈论你生活中的事情，首先培养你的感情。

与用户交流的频率也应该注意一些技巧。一开始，你可以连续几天和用户聊天，这有助于温暖你的感情。之后，你可以冷静一段时间，然后找一个话题和用户聊天，这叫作回顾你的感受。然后你可以不时地和用户聊天。在这个时候，你可能是一个老朋友。

2. 朋友圈

什么是朋友圈？这是微信的一个主要功能，对于塑造个人品牌非常有用。微信朋友圈信息快速传播的窗口也是一对多微型友好互动平台，还是与用户建立更紧密关系的工具，同时又是面向目标用户的数据分析工具。

如何发朋友圈呢？我们发送一些关于家庭生活的信息，让其他人了解我们，增加他们的信任。此外，我们必须表现出家庭善良、积极和充满爱心的一面，这样，其他人也能感受到我们的幸福并愿意与我们交往。发送一些公司的学习、旅游、表彰等工作，让用户了解我们的专业和优秀工作。因此，我们应该尽力满足该公司的各种旅游指标和其他标记活动，如奖励，做自己的广告没有广告费用。也可以增加我们的知识，这是一个良性循环的过程。

我们在微信上还可以发送一些产品，这是我们的工作，但它是给别人做广告，所以我们只能插入广告。更多别人感兴趣、对别人有用的信息；你可以偶尔插入一些保险内容，记住不要太多，你可以用微信发布合同来增加用户的信任。原则上，销售相关的内容比例不应超过内容的 30%。

七、微信交友注意事项

不要发送带有明显政治激进主义的内容。

不要强迫别人转发你的内容，例如，如果你不转身抓住这个大机遇，会发生什么？

当你看到别人的精彩文章或图片和其他材料并想转发时，你应该先表扬他们，然后再把他们转过来。这是礼貌和自我克制。

在朋友圈里，个人生活并不琐碎，不要浪费朋友的时间，暴露个人隐私。

粗俗的内容不应该转发，因为你的内容是你自己品味的客观反映。当然，这不仅仅是一个不转发的问题，而且是一个会不会被拉黑的问题！

八、线上约访

通过在线和线下操作，用户可以事半功倍。

约访目的：

1. 对于高质量的潜在用户，通过线下交流增强感情。

2. 对于已经发送建议的用户，请参见下面的直接交易。

优先群体：

1. 在朋友圈子里经常表扬或回复的人。

2. 在团队中说话更积极的人。

3. 经济实力更强的人。

4. 咨询过保险公司的人。

九、微信约访的借口

我们已经找到了这次约访的目标，然后我们必须为这次邀约找一个借口。对于不同类型的用户，我们总结了三种聊天邀请借口，从而降低了用户拒绝的可能性。

1. 活动赠品邀约法

例：李杰，上次我们一起买的钱包到了。你周六或周日有空吗，我把它带到你家？

2. 产品提案邀约法

例：王先生，很难解释这次微信向您介绍的产品组合。您明天有空还是后天下午有空？我们见面吧，我会向您详细解释的。

3. 公司活动邀请法

例：王姐，您上次说您喜欢旅游。碰巧我们公司有个一日游的客户回馈活动。我们为什么不一起去放松一下呢？

十、线下服务和交易

我们所做的最终目标是让我们的用户在账单上签名。这是我们的最后一步——线下服务和交易。对于线下服务和交易，会议的地点非常重要。见过线下体验的用户：选择熟悉的地方，比如用户的单位或家，或者邀请他们一起喝茶或吃饭。只有在线聊天经验的用户：选择用户办公地点附近的肯德基、麦当劳或咖啡店，既有利于节约成本，也可以获得高质量的交流环境，用户内心的压力较小。

在见面的时候，你可以根据用户的喜好准备一些合适的小礼物。

第二节　微信营销策略

很多人在微信上和客户东拉西扯，却很难达到营销的效果。聊也没什么好聊的，玩也玩不到一起。直接说你卖什么产品，客户也很少搭理。而且有些话一说出口，就直接掉价，让人丝毫没有想和你聊下去的欲望。因此，如何在微信上与其他人聊天确实是一门科学。尤其是在交易过程中，如何与客户聊天、聊什么？

首先，当你长期销售商品时，你会有一种心理，也就是说，在聊天时，你不能为了快速的成功和即时的利益而推销产品。因此，我们会经常试着通过谈论日常生活或对方的兴趣来调节气氛。然而，有什么结果吗？过多的谈话会延长你交易的持续时间，最后一次谈话通常会以走进死胡同而告终。这并不意味着什么，毕竟在微信上聊天不像现实中的聊天。事实上，两个人面对面交谈很少被打扰。然而，微信可能随时被打断。在你提到你的观点之前，你的谈话已经结束了。你怎么能做交易？

在微信上与客户聊天时，应该记住两点：一是避免无意义的聊天。所有目的和主题都应尽可能基于交易。二是当真的没什么可谈或不知道该谈什么时，主动寻找话题。在微信营销时，需要不断重复两个动作：

1. 聊：聊大环境，聊需求，聊用户"担心"的问题，聊同行优势。

2. 发：发长文案，发说说，同时标记好哪些要精准群发，哪些要批量群发。

一、谈谈大环境

谈论大环境主要是整个生活环境中的一种现象。这种大环境现象的错误率很小，所以对方很容易识别。乍一看，人们认为官方声明毫无用处。事实上，它将在我们的订单制作过程中发挥至关重要的作用，尤其是当我们与客户意见不一致时。

一旦我们谈到大环境中的现象，谁会反对它们呢？不完全是。十有八九，对方非常同意你的观点，你们两个马上想到一个想法来考虑这个问题。

为什么你经常觉得，如果你和客户没有什么可谈的，或者如果他仍然不同意你的说法，拒绝接受你的话，那是因为你们两个没有共同的身份。

你在谈论你的，他在思考他的，针对同一件昂贵的产品，你在努力谈论质量有多好，所以它会很贵；顾客却在想："我是否想买这么贵又不经济的东西？"这根本不在同一条线上，你们怎么能谈论出结果呢？

二、谈论"需求"

这是你顺利赢得客户的谈话的重要部分。每个顾客在购买或咨询产品时，都有一定产品需求，这些需求事实上也是显而易见的。大多数购买护肤品的顾客都有皮肤问题或需要皮肤护理；购买新鲜水果（通过微信）的顾客大多需要更新鲜、更新颖的渠道。小白是一家微型交易商，主要需求准确的排水系统和准确的客户。请注意，如果我们说出来，不要等到客户自己说出来，那么效果会完全不同。

事实上，这个想法很容易理解。如果你去看照片（也就是算命），在你张嘴之前，照片阅读器会给你一个眼神，并问你几个问题……在对方开口之前，只要我们准确地说出对方的需求，我们就会获得一种莫名的信任。对方可能会增强信任感和安全感。如果你是一个顾客或代理商，当我主动说出你内心的需求时，你有什么感觉？你会觉得我很自信，你会立刻觉得你遇到了一个理解你的人！因此，我感到奇怪的自信和安全，不是吗？

但是另一方面，如果我们不提及这些需求，而是让客户自己说呢？"你好，我的微信都是僵尸粉丝，很少有好评。你能帮我换一下吗？""我是小白，一个小商人。我不知道如何增加顾客，你能教我吗？"

面对客户咨询或代理咨询，通常对方会问一些问题，以考虑在达成交易之前你是否有实力。那么此时你应该考虑的是，你在现场所做的还不足以控制他？你能保证每次你向对方解释和回答时，他都会被说服并钦佩你吗？恐怕不一定。

不要等别人问你，如果你在他做之前说他想要什么，情况会完全不同。当你主动说出对方的需求时，例如，"我想在短时间内提高你的朋友圈的好评数量"和"我想添加一些更高质量的精粉"，对方回答，"是的，是的，你能教我这些吗？"

此时，你根本不需要给他任何解释。相反，你可以发送一系列与他有相同需求的其他客户的反馈截图，并告诉他：这些都不是大问题，我的许多客户/代理和你一样，这些问题已经解决了！

此时，即使对方再次问你，"你能先给我解释一下吗？"你不必直接回复他。这时，轮到另一方在心理上挣扎了："看来这个人真的很好，没有收到任何钱，他连半句话都不会回答！"即使当你表明你不想回复他，甚至你不想卖掉他，他也比你更焦虑！在整个交易过程中，我们没有必要说太多认真和热情的话。当我表示不想回复时，他们支付得更快！

三、谈谈客户"担心"的问题

同样的道理，当一个顾客购买一个产品时，他不仅会有需求，而且他总是会有某些担忧。包括我们自己的购物，例如，当我买一瓶洗发水时，我会想这款洗发水味道好不好、它是否适合我、它是否会引起头皮屑，包括以前你是否见过这个品牌、它是否正式，每个人都会不可避免地有这样的担心。

既然顾客有这样的担忧，我们会主动表达出来。同样，如果你不采取主动，顾客会不停地问，"恐怕我学不会""恐怕我做不好""如果用后不起作用怎么办？"这时，他问得越多，他就越没有安全感，越担心。

然而，在他开口之前，你主动表达了他的担忧，你正确地表达了他的担忧。相反，在顾客眼里，他担心的似乎是你一点也不担心，而是完全自信，从而增加了一种强烈的安全感。

在与顾客交谈时，谈论需求和担忧是决定最终订单的关键部分。事实上，如果你不说出来，顾客会问你这些问题。所以，你最好主动说出来。你让顾客说他会问你很多问题，他问得越多，他就越没有安全感，这样，他会问得更多。那你就不会回答，也不会不回答。但是，如果你采取主动，他不会有这么多的问题，整个交易和收集过程将变得极其简单。

四、谈论同行优势

首先当我出售自己的产品时，我的朋友圈经常会发送这样的文案，并在文章的结尾补充道："也有一些在网上卖得很便宜的"，或者"还有一些卖70元的"。那么，说这些话的目的是什么？主动占据顾客的心理预期。

我不必说在网上卖一箱几元是好是坏，但作为一个顾客，请听这句话："也有网上卖得很便宜的，也有在淘宝上卖几十元一箱的。"你感觉如何？你是否认为，"哇，互联网如此便宜，我为什么不赶紧买下它？"你这么认为吗？显然不会。

相反，你会想：他为什么这么说？他在提醒我什么吗？

其次是主动谈论同行的优势。只要你主动提及同行，你自然会扭曲同行的优势。也许，就像一些在网上卖低价××的同行一样，低价是他的优势。然而，我只需要向我的客户提及"互联网上还有几十元"，此时他们自我感知的优势已经成为他们自己的负担。

因为当这些顾客从我口中得到这些信息时，心理上发生了微妙的变化，这实际上是主动占据了顾客的心理预期。

第三节 微信营销技巧和方案

微信营销是当前和未来的趋势，无须争论，但我们在微信营销中的效率如何？无论什么样的营销模式，都有一定技巧，微信营销也不例外。如果你想做好微信营销，首先你必须具备微信营销的技能和条件。

一、好友数量

微信上应该有一定数量的微信好友。如果只有几十个朋友，就不可能做微信营销。我认为在早期阶段，至少应该有 500 个朋友，而且必须是高质量的朋友，才能有一定的效果。当然，你可以通过以后的努力增加你的微信好友。下面还将教你如何增加你的微信好友。

二、社交资源

社交资源需要一定经验，这对于刚毕业的大学生来说比较困难，但是对于那些已经工作了几年的朋友来说，除了你的同事，你还需要认识和结交一些其他朋友，比如用户和合作伙伴，才能建立良好的关系，拥有一定的社交网络资源，这将在你的微信营销中起到非常重要的作用，因为他们是社会的主流，丰富而人脉广，能够得到他们的支持，便会取得很好的效果。

三、朋友印象

你可能会说："我不就是卖东西，和我的个性有关系吗？"那你错了。如果你在淘宝上设立了一个摊位，或者你可能不需要它，现在你谈论的是在微信上卖东西，这可能很重要。也就是说，你如何对待你的朋友、用户、同学等。你在朋友中的声誉好不好？我认为人们如何评价你也很重要。大多数生意都是从你周围的朋友开始的。如果朋友不喜欢你或不支持你，你怎么能说服别人呢？

四、文案技巧

微信营销依赖你的话语来打动人们。如果你不能用语言描述它，只能发送图片，那么你根本无法给别人留下深刻印象。一个好的产品需要一个会说话的词来支持，所以它有生命力。如果你是一个卖衣服的朋友，你认为如果你直接把衣服的图片和衣服的颜色、样式和尺寸放在一起会有效吗？你经常这样做，你的朋友很无聊，关系好的朋友，比如普通或不认识的朋友，肯定会把你列入黑名单。因此，要做微信营销，必须有一定水平的写作技能，而不需要你的文案有多好，至少你必须清晰地描述产品。

五、营销能力

营销能力也是必需的。小米能够成功的原因是它强大的营销能力，这在互联网上非常重要。我们都说我们在做微信营销，所以我们当然不能没有"营销"这个词。营销是一个大学的问题，我不敢说我知道多少，但我这些年的工作经验和创业经验还是了解一点的，下面就和你分享一下我是如何营销的。

六、主推大号，小号助推

用小号修改签名作为口号，然后找附近的人来宣传。在人群拥挤的地方，许多人打开"附近的人"，一眼就能看到你的广告。小号最好是美女头像，可以用小号积极寻找附近的消费者，推动大号粉丝介绍信息，将粉丝导入大号粉丝统一管理。

七、建立品牌微信公众号

获取一个微信公众号，登录公共平台网站进行注册。申请微信公众号后，在设置页面上替换微信公众号的头像。建议用商店标志或标志代替头像，尺寸应正常，可识别，不变形。此外，微信用户信息填写商店的相关介绍。添加回复设置可以分为三种类型：添加自动回复、用户留言回复和自定义回复。企业可以根据自己的需要进行添加。同时，建议企业制定每天大量发送信息的时间表，并准备文字材料和图片材料。

以餐饮企业为例。一般来说，推送的信息可以是最新的菜肴推荐、饮食文化和折扣。微信公众号的分类管理可以向新老客户推送不同的信息，也便于回答新老客户的问题。这种人性化、周到的服务一旦受到顾客的欢迎，就会引发顾客通过微信分享用餐体验，形成口碑效应，这对提升企业品牌的知名度和美誉度非常有效。

八、实体店同步营销

店面也是充分发挥微信营销优势的重要场所。菜单设计中增加了二维码，并采用会员资格或优惠待遇来鼓励顾客使用手机来商店扫描。一方面，它可以增加公众账户的准确粉丝；另一方面，它积累了大量的实际消费群体，这对于后期微信营销的顺利开展至关重要。二维码可以附在所有可以在商店使用的宣传材料上，当然，也可以独立制作 X 相框、海报、DM 传单和其他宣传材料。

九、签到打折活动

微信营销更常用于吸引目标消费者参与活动，以达到预期的推广目的。如何根据自己的情况规划一项成功的活动，取决于企业是否愿意为此投入一定资金。当然，餐饮企业利用线下商店的平台优势开展活动，而广告耗材的成本和所需的人力资源相对来说也不是不可接受的。相反，通过仔细的计划和预算，他们可以很低的成本创造出有效的活动。以签到和打折活动为例，企业只需制作带有二维码和微信号的宣传海报和展台，并配备专门的营销人员引导顾客到店内使用手机扫描二维码。消费者便可以通过扫描二维码和关注企业的公共账号来接收确认消息。在此之前，企业需要预先设置一个附加的自动回复。有了信息，你可以在付账时享受优惠待遇。为了防止顾客消费后注意力的取消，企业还可以在第一条确认信息中解释一下优惠活动，以便顾客能够持续关注和频繁光顾。

　　如果你没有以上九点，微信营销将会非常困难。事实上，很多事情都是在一段时间内积累起来的。你可以看到，人们在一个月内制造数万、数十万或数百万流动的流水，这些流水是长期积累的，例如个人关系、知识、资本、营销能力、粉丝等的积累。所以你应该好好看看自己的微信，究竟有多少有价值的朋友。当然，世界上没有绝对的东西。这并不是说没有以上九点，你就不能成功。只是困难会更大，时间会更长。

第四节　企业微信的营销技巧和案例

　　借助微信强大的功能和庞大的用户群，企业可以很好地开展各种营销活动。微信作为中国使用最广泛、最及时的沟通工具，拥有足够的用户，使其成为品牌营销沟通和疏导的利器。为了满足个人社交和内容的需求，以及企业在微信上的交流活动，腾讯还推出了许多非常实用的内容形式和有利于交流的功能道具。凭借其功能和平台流量，微信营销可以多种方式实施。

一、微信营销的优势

　　基于用户量和丰富功能工具这两个基本条件，微信作为企业营销和沟通的工具，具有以下优势：

　　1.移动设备易于使用和携带，信息传播和用户访问非常容易和方便。

2. 用户数量多，营销产品活跃度高，曝光率高。

3. 社交圈子广泛多样，传播便捷，有效提高营销信息的到达率和接受率。

4. 有针对性的营销策略可以通过公开的数字和粉丝群来实施，精确度很高。

5. 微信有各种沟通和内容工具，可以支持各种形式的营销活动。

6. 营销成本低，门槛低，效果好，定位准确可靠。

二、微信营销的常见形式

微信上有很多常见的营销活动。无论是微信公众号、团体，还是朋友，微信的日常使用中都会出现不同的营销方式。一般来说，常见的形式如下：

1. 社区营销。它主要是粉丝和群体的操作，与用户有直接的联系，是准确的和互动的。

2. 内容营销。借助腾讯平台的内容传播工具，图片、视频、公开号码、图形信息和 H5 页面是最常见的形式。

3. 社交和病毒式营销。借助腾讯用户的朋友圈和人际关系来传播，效果非常明显，性价比高。

除此之外，微信营销还有很多其他方式。在多功能和有利的推广环境中，微信也是整合营销传播的有力工具。

三、微信营销案例

微信作为一个流行的推广工具平台，吸引了众多商家和品牌。过去，有许多利用微信进行推广和传播的经典案例。

案例 1：招商银行微信查余额

当我们想要查银行账户余额时，可以通过多种方式进行，目前最方便快捷的方式就是直接关注银行微信公众号登录账号进行查询。招商银行信用卡微信公众号率先实现了这一功能，成为金融电信行业广泛使用这一营销方式的典型案例。

招商银行微信信用卡中心利用技术开发了支持微信公众号信用卡余额查询的功能。这种功能只有通过绑定微信号和信用卡信息才能实现，非常方便实用。为了推广这一功能，招商银行首先利用微信的漂流瓶功能推出了"爱心漂流瓶"公益活动。找到瓶子的用户可以在微信公众号上交换积分来帮助自闭症儿童。这种简单实用的公益活动吸引了众多用户的参与，并很快赢得了众多粉丝，从而提升了招商微信信用卡中心的公众数量，以公益善举提升了招商银行的品牌影响力和声誉。更重要的是，通过微信公众号的互动，用户和粉丝有机会直接体验招商微信银行的便捷功能。

此外，招商银行还通过二维码扫描的方式宣传了这一新产品。"中国第一家微信银行"的横幅引起了用户的好奇和尝试。二维码推广在网上的一些地方进行。任何持有招商信用卡的用户都可能出于好奇和方便而注意到并试图扫描密码，这也给其公开号码带来了许多准确的用户粉丝。招商银行确实是中国首家推出微信银行服务的金融企业。这一概念及其通过微信的营销策略已经成为许多金融和电信企业仿效的模式。其产品的便利性足以吸引许多用户。借助公益活动和低成本二维码推广，微信的普及和传播便捷成功赢得了粉丝，扩大了招商银行信用卡中心的知名度。

案例 2：星巴克的《自然醒》音乐

星巴克在微信营销方面也取得了巨大的成就。为了推广冰摇沁爽系列创新饮品，星巴克想到了音乐和微信之间的互动，因为音乐是大多数人喜欢的东西，每个人听音乐时，在品味和心情上都有很多不同。基于这些差异的针对性营销兼具私密性和互动性，而微信作为一种优秀的传播手段和环境，已经成为最好的推广工具。

以音乐为主题，以互动、个性和人性为亮点，星巴克在微信公众号上推出了音乐专辑《自然醒》。添加星巴克微信好友，并向他们发送信息或表情来表达他们的感受。星巴克会根据用户发来的信息判断他们的感受，然后在《自然醒》的音乐专辑中选择一首符合用户心情的音乐作为回应。为了了解用户的心情，有必要准确地思考和选择相应的音乐进行调制，这进一步体现了星巴克音乐曲库的丰富性和品位。在这些方面，星巴克非常专业和细致。

这种一对一的互动模式，分享专属音乐的意境和创意，不仅让用户感受到了特殊的待遇和人情味，还能在互动交流中体验到了星巴克的人性化服务和品牌特色。长期以来，星巴克以其周到的服务和舒适的氛围赢得了众多用户的赞赏，其品牌特色也非常明显。《自然醒》的音乐微信活动继承了这些特点，注重创造"第三空间"，旨在创造周到的在线服务，建立和巩固与消费者的联系。

星巴克的音乐分享创意、一对一互动和定向聊天服务是众所周知的。这些应用通过微信平台，得到了很好的结合和实践。他们还成功地将20万名朋友带到了星巴克微信，分享了32万多种感受。此外，星巴克的微博获得了15%的人气提升，并创造了可观的媒体价值。由此可见，星巴克在此次音乐微信营销中的确取得了巨大的成功，星巴克的《自然醒》音乐微信也成为微信互动营销中一个非常经典的案例。

案例 3：Fancy Cellar 微信商城

目前微信商城并不新鲜。人们早就熟悉了淘宝、京东手机端的官方商城。手机也极大地方便了消费者。然而，与移动商城相比，微信商城有很多优势，如不下载、内存更少、更方便。结合微信公众号、H5 和微信支付，这种推广方式也得到很好的应用。

Fancy Cellar 拥有一家成功运营的微信商店。作为一条葡萄酒品牌，它的商店为普通品牌的葡萄酒和烈酒提供了一条非常简单方便的销售渠道。与其他网上微信商城不同，Fancy Cellar 微信商城还通过输出大量原创内容获得消费者的关注，并利用公共数字的图形功能定期推广和分享关于红酒和烈酒的科普知识和干货知识，让有需要的消费者可以获得有用的信息。专业、高质量、有针对性的内容制作和分享给了 Fancy Cellar 微信商城更可靠、更体贴的形象，增强了消费者对品牌和商场的信任，通过口碑吸引了更多消费者，促进了商场产品的销售。

利用微信的内容功能，利用专业、持续、有用的内容输出来赢得目标消费者的好感和信任是许多品牌在经营微信商店时都会采用的方法。作为成功的案例之一，Fancy Cellar 微信商城在红酒领域做出了典型的示范。微信商城内容营销的合理应用为该市场提供了一条快捷简单的购买渠道，打造了一个高质量内容的专业品牌形象。

案例 4：故宫有趣的 H5 页面

使传统文化和文物更为年轻一代所熟悉和喜爱，这曾经是个令人头痛的问题。然而，随着文物相关记录和综艺节目的流行，文物有了更多新的展示方式。利用微信推广传统文物取得了很好的效果。紫禁城是文物宣传的领导者和领导者，近年来，其文物知识产权非常受欢迎。微信营销对紫禁城来说并不陌生，它还在微信上推出了有趣的 H5 页面活动。

当时，紫禁城与腾讯合作，其主要目的是用文物来宣传腾讯的创意竞赛《下一个创意》。为此，专门设计了故宫文物设计表达包的竞赛主题，并推出了 H5 网页，为活动增添了趣味。紫禁城的 H5 页面采用了明太祖的形象，次要内容的创作是根据这个形象进行的。文字和图片的后处理使这些严肃的皇帝有更多现代和有趣的故事和行为，如皇帝说唱、皇帝表演朋友圈和其他有趣的内容。这些生活在历史卷轴上的皇帝有一个基础，反差萌和可爱的一面，受到网民的喜爱。这个有趣的 H5 网页在互联网上迅速传播开来。它不仅受到网民的欢迎，也激发了许多人参与制作表情包活动的热情。结果，创意竞赛活动得到了有效的推广和普及，越来越多的人知道了这一活动并参与其中。

四、微信营销应该注意什么

微信有多种营销形式，凭借其条件和功能，企业总能找到方法来推广自己的理念和战略。在不同的推广形式中，有一些相同的问题需要注意：

1. 内容为王，无论以何种形式，微信营销以高质量的内容能有效提高成功率。

2. 在积极准确的推广过程中，要注意推广的程度和频率，最好不要让用户感到厌烦。

3. 注重互动，关注用户的需求和建议，加强沟通，及时、人性化地回答用户的疑问。

4. 线上和线下的活动可以适当地结合起来，使促销更加现实。

5. 微信营销主要基于在线活动。用户做出判断和决定需要更长的时间，通过分阶段或长时间坚持可以获得更好的结果。

微信营销的具体发展和注意事项远远超出了这些内容。微信功能强大，应用多样，需要更多的参考和尝试，才能真正做好营销工作，找到适合企业推广的策略。

第五节　玩微信群发营销

微信营销是基于熟人或准熟人的强大关系模式。如今，以微信为中心的营销方式越来越多，其中微信营销有三大经典法宝，即朋友圈、微信群发和微信公众号。这种营销方式非常适合终端为大用户做出准确的突破。为了形成 VIP 服务群体，用户被锁定在一个封闭的群体空间中，进行多对一服务和理念灌输，解决了客户的所有疑虑。同时，用户可以感受到我们服务的真诚和态度，进而将用户转化为交易。

这种营销方式适用于在早期有过初步接触和沟通，并且对品牌有一定信任和兴趣的用户。根本没有面对面接触和交流的用户或者显然没有兴趣的用户都不适合这种方法，可能会招致怨恨。具体实施步骤如下：

一、前期意向用户清单

首次联系用户清单，对用户进行详细分析和分类，判断微信群营销是否可以进行多对一 VIP 服务模式。具体目标用户包括：前期未进入店铺且未完成交易的用户；运行社区以进行联系和交流的用户；电话沟通和大用户的意图；设计师推荐并联系的用户。

二、建立一个专门的大用户服务群

为选定的用户逐一建立一个专门的服务群。该集团的名称是

××（地址）贵宾专用服务集团。该群成员只能包括用户本人或用户的家庭成员。我们的人员包括采购向导、设计师、商店经理和售后服务人员。进入集团后，所有人员将集团昵称改为 ××（品牌）××（职务）××（姓名）。

三、隆重的欢迎仪式和群体功能介绍

用户被拉进群体后，商店经理或导购员将发送欢迎信息并通知群体功能。例如，亲爱的 ××（地址）您好！欢迎您加入这个团队，我谨代表 ××（品牌）×× 店对您的到来表示感谢。该团队是 ××（品牌）×× 商店的全方位服务团队，包括我们的专业顾问、专业设计师和经验丰富的售后服务大师。我们可以从专业角度回答您在购买产品过程中提出的任何问题。在后期，我们还将从订购、生产、交付、安装、后期维护等方面为您提供全方位的专业服务。

当问候结束时，团队中的所有人员必须互相欢迎和表扬，简单地说几句欢迎的话，或者发送一些友好善意的表情图标。

四、对于疑问，给出解决方案

详细分析用户的疑问，并准备两三个不同的解决方案与小群中的用户交流。其他人员可以根据用户的回复给予补充协助和回复。简而言之，最终目的是安排用户到店面进行交易。

五、定期向用户发送有价值的文章

为了更好地获得用户的好感，感受贵宾服务的独家定制，需要偶尔向集团发送一些对用户有价值的文章，如家居装饰、购买建材和家居产品的注意事项、家居装饰风格作品的欣赏等。不要发送品牌和产品的广告，甚至裸体活动信息等。

六、导购朋友圈发什么

为了更好地维护用户和转换资源，家庭购物指南应该在合适的时间添加一些目标用户，以促进更好的一对一服务和增加用户黏性。指南中的个人微信营销号也应引起关注。

1. 生活、娱乐

这种内容是让对方更多地了解你，让对方真正感觉到你是一个人，而不是一台销售机器。

2. 行业相关专业知识

这种内容是希望对方会给你带来一种更专业的感觉。

3. 个人销售业绩或个人荣誉

这样的内容可以被另一方视为你对生意兴隆、专业信誉和用户认可的感觉，以获得另一方的信任。

4. 用户服务体验

这类内容指的是你亲自帮助用户处理问题的过程和结果，最好附有图片。希望将你的服务精神带给对方，创造优质服务的顾问形象。

5. 用户的感谢信

指的是在朋友圈里捕捉用户的感谢信。用自己的评论并在回复中标注用户感谢的内容，用更多的服务故事来打造自己贴心的服务专业销售形象。

6. 最新的行业咨询

涉及该行业的政策变化、新产品上市信息和市场前景，反映了该行业的高层形象。

7. 推广信息

此类信息旨在引起用户兴趣，带来与你沟通的可能，创造销售机会。

8.最新消息、热门话题及其他

这样的信息希望增加个人微信的兴趣，增加对方的关注。

第六节 疫情期的营销新思路

在新冠疫情期间，中国商品经济一度陷入了停滞，但宅经济、全员营销、直播带货等新的营销形式逐渐火爆起来。这些带有特定时期标签的营销手段仿佛"冬天里的一把火"，为困难时期的营销提供了新思路。

一、奈雪の茶：5L 主流桶装奶茶

由于疫情的影响，特殊时期的"宅经济"，创造了许多新的消费需求。奈雪の茶抓住消费者对"报复性奶茶"的渴望和全国各地企业返岗生产点集体订餐的趋势，利用这一形势推出限量 5L 霸气瓶装奶茶。在大剂量和土豪海报的冲击下，社交媒体迅速在屏幕上闪现。

据报道，盛气凌人的瓶装宝奶茶的消耗量是平时的 10 倍，装满一整桶需要 5 分钟。通常单独购买 10 杯需要 240 元，而现在，一桶只需要 99 元。桶装将配有一个特殊的金银茶杯、珍珠分装杯和吸管。霸气瓶装宝奶茶作为一种有限的营销产品，仅在深圳福田星河可可园销售三天。每日限量 10 桶，在线和离线销售。

奈雪的营销首先抓住了社会热点，创造了一个具有视觉冲击力的热门话题。没有购买产品的消费者也非常关注，甚至因为"新奇"和"有趣"而在社交媒体上转发相关活动。其次，借助饥饿营销，通过有限的地点、限度和自我推销，吸引消费者当场消费，从而达到维持品牌知名度和流失线的营销目的。

二、天虹：商场 BOSS 变身网红带货

在线直播已经成为许多企业在线生存的重要手段。天虹微信商城拓宽了其直播营销的思路，这不同于商店购物指南直播。在 3 月 8 日女神节期间，天虹使各大商场的店铺变成了网上名人，亲自销售产品，并推出了 32 个 "BOSS 直播专场"。

在天虹的小项目工作室里，天虹各大商场的老板亲自上阵，与消费者聊天，招募新会员，以更友好的方式分配生活福利。天虹此次营销借助线上直播带货的风口，巧妙地抓住了消费者对网络红色的审美厌倦，以及和对门店导购目的性卖货的抵触心理，安排商场老板亲自上阵，利用了消费者对 "常去商场老板" 的好奇心和对更能 "代表高阶生活人群" 的店长的信任感，更好地拉近了人、货、场三者的距离。

三、爱马仕：推出 "Rouge Hermès" 唇膏系列

在特殊时期，所有人都戴口罩，这降低了 "口红经济" 的热度。奢侈品牌爱马仕在此期间，刚刚推出了第一个口红系列 "Rouge Hermès"，激励女性消费者珍惜口红和抢眼的颜色数字的记忆。微博#爱马仕口红#阅读超过 1200 万个话题，使得 "口红经济" 再次主宰社交网络。据悉，在这次活动期间，各大购物平台流行的颜色数量已经被炒到 800 元一个，几乎是 460 元一个的原价的 2 倍。作为高端奢侈品牌的第一款口红产品，爱马仕选择在消费者口红需求被抑制的节点发布新产品信息，这样，产品就能迅速打开局面，并在社交媒体上获得快速飙升的反馈。此外，部分区域只是为了营销而预热，这有效地刺激了消费者通过其他渠道提前购买的欲望，并刺激了消费者收集的

欲望。

四、盒马：推出"共享员工"新模式

离线实体餐饮的暂停迫使许多员工进入失业状态。此时，新的零售生鲜超市订单急剧增加，员工短缺。为此，盒马与知名餐饮企业联合推出了"共享员工"计划，以解决现阶段餐饮行业中等待工作的员工的收入问题，缓解餐饮企业的成本压力以及商业和消费行业人力不足的挑战。第一批共享员工推出后，盒马"租赁"云海瑶和年轻餐厅员工工作的话题迅速升温。越来越多的共享员工加入临时雇用团队，涵盖餐饮、酒店、影院、百货公司等行业。

盒马共享员工模式不仅为传统的雇用模式提供了新的解决方案，而且通过资源共享和开源自助缓解了餐饮业的困境，也为自己树立了积极的社会形象。围绕"共享员工"这一主题的社交媒体讨论也随着箱马合作模式的升级而持续爆发，这使得这一营销成为品牌受欢迎的经典案例。

五、森马：全员化身"微商"卖货

线下零售业务暂停，允许主要品牌开始探索在线零售的破冰策略。在对网络营销的探索中，森马充分发挥了自身的人员优势，开展了全面营销。所有员工都以"微商"的形式活跃在直播室、朋友圈、钉钉群和微信群中，为破解企业终端销售创造了经典的营销案例。

由森马代表的全员营销赋予员工为品牌代言的使命。在一定程度上，它激发了员工的主观能动性，使每个员工都能通过自己的私人域名流量在线销售商品。这不仅实现了低成本社交媒体的裂变和传播，也有助于流量的准确转换。

六、淘宝饿了么：深夜食堂"火锅局"直播

除了使用直播销售商品，许多品牌还选择使用直播来保持品牌知名度，为解冻后迅速恢复人气做准备。在此期间，淘宝饿了么联合饥饿面条在午夜食品店推出了"火锅局"的直播。九家火锅店，包括海底捞、小龙坎，都参加了直播。午夜食品店上演了"火锅局"的直播，10000 人观看了涮火锅。

在这次活动中，淘宝直播室还推出了一个外卖优惠券链接。网民可以在观看直播的同时订购外卖，也可以在同一个城市送货上门。仅在一周内，淘宝的夜餐订单就增加了 180%，为饥饿人群提供的食物订单增加了 2 倍。

对于线下火锅店来说，在线直播也是一种特殊时期的特殊营销方式。它利用消费者期待"堂食火锅"的心理，通过吃东西和广播来最大化印象，用海底捞等熟悉的消费场景唤醒消费者对品牌的记忆，为复业积累人气。夜间直播的选择针对"深夜放毒"的社会属性大大提高了观众的参与度和互动性。

七、喜茶 × 盒马：跨界联名

借消费者购买习惯转变的热度，喜茶联名盒马推出了季节限定的阿华田波波青团和爆浆芝士豆乳青团。创新的新品和跨界联名的售卖方式圈粉无数盒区房用户，上海地区仅上线预售一小时，便宣告售罄。盒马首先在官方微博化用喜茶 Logo 进行悬念营销，随后，上海地区正式开启盒马 × 喜茶联名青团预售。

喜茶作为大众熟知的饮料品牌，本身就存在较高吸睛度。在此之下，新零售和网红茶饮联合跨界营销，很大程度上促进了双方粉丝流量的互通。盒马用户通过线上 App 可以买到喜茶青团，喜茶粉则能够更加便捷地在盒马线上下单，颠覆了消费者对于新

零售销售产品的认知和网红茶饮产品购买渠道的选择，提升了品牌的知名度。

全民宅家"云逛街"，在挖掘消费者潜在的"报复性消费"意愿的基础上，线下餐饮品牌试水淘宝直播、推出限定产品，为品牌"回血"积累了大量粉丝；在"万物皆可播""人人皆可播"的趋势下，商家不断寻找创新卖点在直播中突围；在洞察员工待业引起经济的连带效应后，全员营销、共享员工模式持续发酵，为企业提供了新的营销思路；在线上流量、粉丝成本趋高的背景下，跨界联名尺度不断拓宽……品牌唯有深入洞察营销对象心理，制定更具话题性的营销策略，才能通过社交媒体圈粉更多消费者。

第四章　新媒体 App：

内容为王

　　新媒体营销的本质是内容和渠道的结合；新媒体营销的"模式"是指各种渠道中新媒体的内容和形式。内容呈现的主要形式是文字、图片、视频等。

第一节 多元化的新媒体营销

新媒体营销首先要学会定位，没有定位，就没有营销。例如，你做食品营销，你可以用食品营销的内容来吸引公众的注意力。通常内容定位分为两类："常青树"和热门话题。

"常青树"指的是不会长期过时的话题，比如房价和教育。但是热门话题有很高的时效性，通常值得在很短的时间内讨论。我们应该如何平衡内容创作中"常青树"和热门话题的比例？一般来说，前者占80%，后者占20%。哪个更合适？例如，成为一个时尚的公众号，如服装面料的选择、基本款式的搭配规则、基本化妆师等话题是"常青树"，也是支撑这个公众号长期发展的基础。毕竟热点并不总是存在，但这并不意味着没有必要追求热门话题，热门话题同样是需要追的。

一、标题吸引规则

标题应该能让读者一见钟情，从而获得良好的点击率。文章的标题应该首先符合你想要表达的主题，同时，应该能够简明扼要地抓住要点，标题应该符合读者的好奇心。看到这个标题可以激起公众继续浏览的欲望。怎样才能写出高质量的标题？这需要用专业工具来完成。简而言之，书名需要满足公众对知识、好奇心和其他心理的渴求。只有当读者点击时，才是你走向成功的第一步。

二、内容质量

读者点击进入，如果文章很无聊，读者就不会对它感兴趣。因此，文章必须是有血有肉的，这样，读者才会有继续浏览的心理。一方面，文章需要有清晰的组织和层次；另一方面，我们应该有图片匹配，以形成一个良好的阅读体验。

三、潜在销售线索

无论传播何种形式的内容，新媒体都以内容为核心来获得有利于企业利润的"潜在销售线索"。让我们举个例子，什么是"潜在销售线索"？在当前的竞争形势下，用户无法在瞬间从理解产品转变为付费用户，特别是对于使用在线工具的产品，有时，用户的转换周期可能长达 6 个月。因此，如果你缺少与用户直接沟通的"桥梁"，我们将很难继续与他们具体沟通，更不用说最终的转换了。这座桥是"销售线索"。目前，最常见的"销售线索"包括用户的手机号码、微信、电子邮件地址、QQ 号码、公众号码粉丝、微博粉丝等信息。当然，最直接和高质量的线索是前三个。简而言之，我们将"新媒体营销"定义为以新媒体为主要手段，以"获得当前销售线索"为主要目的的一系列营销活动

例如，当你在知乎发一篇文章时，最终你会得到一个所谓的"20G 的视频课程"，要求用户填写表格或添加一个微信号来获取它，这是一种。你将在喜马拉雅举办一场免费直播。用户需要填写表单申请，才能参与，这是一种。你在微信社区有分享。用户需要填写表格来获取语音文件和相关资源，这也是一种。

四、生动的营销展示

在新媒体营销下，我们将更加注重围绕目标客户进行有针对

性的促销，这将使我们有更灵活的方式，拓宽营销思路，与用户建立更密切的联系和互动，使你的营销形式更加生动。如果在新媒体的营销和互动中没有生动的内容，它将成为一种内在的"自我嗨"，无法产生粉丝效应，也不会有裂变的可能。

除此之外，我们还要学会如何分析用户并创建"用户画像"？我们需要弄清楚什么是"用户画像"，"用户画像"是指用户信息的标记。它是指在搜集和分析用户的社会属性、生活习惯、消费行为等主要信息后，对用户业务全景的抽象描述。

五、音频和视频营销

音频营销可以在不占据双眼的情况下，实现"陪伴式"营销。例如，2016 年，天猫将与上海彩虹合唱团合作推出宣传歌曲《我就是这么诚实》。歌词一针见血，开启了"双十一"的声音营销。而视频营销，包括电视广告、在线视频、宣传片、微电影等手段。例如，为了宣传它的搅拌机，美国的 Blendtec 公司拍摄了一系列视频，主题是一个老人把各种奇怪的东西扔进搅拌机，最终赢得了整个网络的关注。

第二节 品牌故事与 IP 赋能

随着信息流广告的狂轰滥炸，用户获取信息的"警惕性"和"耐心"日益下降。如何在吸引用户注意力的同时传播品牌吸引力，是每个品牌都面临的问题。面对这样的市场环境和需求，品牌决定开始用故事来"包装品牌诉求"，因此内容营销成为营销领域新一轮的"爆款"。随着品牌变得越来越会"讲故事"，人们用越来越多的热情来包装自己的品牌吸引力。因此，现在许多用户将内容营销等于"讲故事"，但是内容营销真的只是一个故事吗？其实未必，至少讲故事并不是内容营销的全部。

一、内容营销≠讲故事

在我们理解内容营销之前，我们必须首先理解什么是内容营销。内容营销是一种营销方法，它使用户无须广告或促销，就能获得信息、理解信息并促进信息交流。品牌故事 TVC 是当今主流的内容营销方式之一。当然，利用视频故事来传播品牌只是一种"内容"，如新闻、音频、音乐、动画、图片、在线教学或电视广播、App、游戏等可以成为内容营销的表现形式。让我们回到前面的问题：内容营销只是"讲故事"吗？我们已经知道，内容营销实际上是用户通过内容传播获取品牌信息的一种方式，换句话说，品牌将自己的信息整合到内容中，并通过内容受众的自来水"顺便"传播品牌诉求信息。

例如，作为 2019 年初的"现象级"内容营销案例《啥是佩奇》，其传播的内核是什么？是情感，是故事中爷爷对孙子的情感。正是这种动人的情感，才促成了用户的自发传播，同时也顺带着让《小猪佩奇过大年》火了一把。再拿"网红小酒"江小白来说，其实江小白的营销方式也是内容营销，但其核心的传播素材并不是那些长篇大论的故事，反而是那些短小精悍的文案，那些打动了用户的文案，才让用户心甘情愿被营销。所以，内容营销真正的核心点在于"有共鸣的内容""有价值的内容""能激发用户分享的内容"。其实"讲故事"只是内容营销中常用的一种表现形式，"讲故事"是内容营销，但内容营销却不仅仅只有"讲故事"。

二、内容营销的优势

在了解了什么是内容营销之后，让我们来分析一下为什么品牌喜欢进行内容营销，以及内容营销的优势是什么？

1. 物化产品价值。内容营销可以通过内容创造一个故事、一种情感和一个角色，然后让用户在短时间内"感同身受"。基于内容，用户可以对信息产生共鸣和认同，从而深化品牌价值。比如在《舌尖3》中爆火的"章丘铁锅"便是借助剧情故事，让人们对其产生"匠心"的认知，让"十二道工序，十八遍火候，1000 度高温冶炼，36000 次捶打……"等信息可视化，从而深化品牌价值，进一步影响用户的消费决策。

2. 增加用户流量。内容还具有增加用户停留时间和增加用户访问流量的功能。例如种草神器小红书 App，在使用内容实现社会电子商务后，不仅大大增加了用户的访问，而且内容优化了用户的消费体验，让用户不仅可以面对商品，还可以面对和自己一样的消费者。当然，在其他领域，如淘宝、大众点评、闲鱼、58 同城等，内容部分也被添加到 App 中，以优化用户体验并推动流量增长。

3. 促进用户消费。近两年，越来越多的品牌在做联合跨界，人民日报 × 李宁、安踏 × 可口可乐、优衣库 × KAWS、网易云 × 三枪……品牌之间的联合不仅仅是用户流量之间的联合，更是品牌内容之间的融合，不仅丰富了产品的内容，也让用户拥有了更多购买的理由。

4. 提升品牌竞争力。内容也是品牌提升竞争力的有效途径之一，尤其是高质量的内容。近年来，市场用户对内容的需求逐年增加，而对品牌的需求正在减弱。例如，在电影市场，如今的电影观众不再看重大牌导演、大牌明星和大笔投资……只要你的内容足够好，用户就会化身自来水来帮助你竞争和推广。例如，被誉为"国漫之光"的《哪吒》便是一个很好的例子。

三、内容营销的核心

如何做好内容营销？做内容营销需要注意哪些方面？

1. 关注内容领域。在进行内容营销时，品牌必须专注某个内容领域，并不断深化。即使不能成为该领域的头部，也要将这个领域的标签融入品牌血液之中。就比如人们一说到"内涵段子老司机"，就会想到杜蕾斯，一说到"扎心文艺小青年"，就会想到江小白，这就是长久深耕一个内容领域的力量，让用户在看到这些标签的时候，第一时间想到的就是你。

2. 内容质量应该是高质量的。对于品牌内容的输出来说，质量自然是越高越好，因为越是高质量的内容，竞争对手也就越少。每个人都应该听过"提高一分，杀死一千人"这句话，不仅是为了大型考试，也是为了内容制作。有如此多的品牌每天都在制作内容，以至于即使用户每天不吃不喝，他们也不一定能看完。所以，品牌要脱颖而出，必须有足够高质量的内容。对于品牌来说，内容营销可以在不太频繁的情况下进行，但必须有足够的质量让用户觉得他们花的时间是有价值的。

3.IP 应该逐步形成。内容营销不是一天的努力，而是一个需要品牌随着时间积累的过程。因此，在进行内容营销时，我们应该想办法让内容营销的结果成为一种可以积累甚至基于 IP 的资产。不要总是想着追求新鲜。一把锤子在东方，一把锤子在西方。十只鸟在森林里，就像一只鸟在手中。将品牌内容积累到 IP 中，可以使品牌在用户心中形成鲜明的记忆点，甚至推动品牌的销量和发展。例如，天猫"双十一"、淘宝创意节和百事可乐把音乐带回家……都是通过长期积累品牌内容形成的独特 IP。

第三节　新媒体缺的不是流量，而是效果

社交媒体已经存在了将近十年，内容营销也提出了很多年，但最终我们发现，大多数品牌所有者仍然使用社交媒体上的传统广告或传统思维来传播，这是对"传播"一词的极大误解。很多时候，你认为你在做内容营销，但实际上是一个贴片广告。接下来，我们将从内容、创作者和流量的角度讨论内容营销如何颠覆传统广告。或者换句话说，内容营销使传统广告更加有效，内容营销提升了传统广告。

一、互联网并不缺乏流量

让我们先来谈谈流量问题，有流量存在的平台都可以当作媒介。现在的行业认知是，流量红利结束，存量厮杀，阅读量下滑10 万 + 越来越少，等等。首先，一个非常简单的常识是，互联网并不缺乏流量。在线和线下都不缺，流量越来越大，黏度越来越大。微信还有 10 亿多的日活，各种线下媒体渠道层出不穷，这些是巨大的流量。

好的，流量没有减少。接下来的问题是，为什么你仍然认为营销越来越难做，投放效率越来越低，转化越来越难，增长越来越慢，但营销投资却在增加？我们排除了流量问题。那么问题就在于另外两个方面：一是内容，不同内容的广告牌不可避免地会产生很大的效果差异；第二个是模式问题，在信息爆炸和内容营

销的冲击下，显示媒体越来越被忽视，效率越来越低。目前，品牌曝光的主要形式是媒体发布。广告公司制作的内容都是比较传统的内容，多用于曝光品牌，扩张知名度。优点是简单直接，高度总结，能最短时间内了解品牌。但是这种优势的前提是必须有人去观看它。现在的问题是，每个人都开始对广告免疫，并且下意识地屏蔽广告，尤其是那些不新鲜的广告。

我们能看到一部分人的解决方案，他们通过喊得更大声，喊得更奇怪和喊更多遍来获取关注。不得不说，这比那些被直接忽略的广告要好一点点，至少被看见了，对于急需打开市场的新品牌，或许可以试试，但对于大多数品牌，这一招很难再带来明显的成效。传统模式越来越走不通了，我们需要探索另一种新的、更加可行的传播模式。

二、流量赋能内容

现在，品牌传播有两种传播方式：一种是上面提到的传统模式。甲方制作内容并找到流程进行展示。另一种是社会模式，在这种模式下，由诸如 KOL、自媒体和网红等创作者制作的内容在他们自己的渠道中被曝光。这两种模式各有优缺点。创作者制作内容，然后在他们自己的频道上发布，这基本上只影响他们的粉丝，并且流量有限。而在大众媒体投放的内容是冷酷的品牌广告，缺乏创作者角色与内容属性，是没有温度的广告。

而腾讯 CAP 希望做的是创作者内容＋大众流量的组合。把更有温度的创作者生产的内容置于大众流量中，将内容与媒介进行重新组合，提高传播效率。

首先是内容。腾讯本身有多个内容生产平台，包括企鹅号、腾讯视频、腾讯动漫、腾讯音乐、企鹅电竞等官方内容平台，也包括机构媒体、MCN 机构、自媒体人在内的各大垂直领域内容创作者。官方内容平台加上创作者开放生态，在腾讯体系内，可以生产更优质的品牌内容。最值得关注的是腾讯体系内的创作者生态，他们生产的内容是有创作者角色的，这个内容是这个博主生产的，这对大众来说更加可信任。

然后是流量。腾讯的流量自不用多说，全网最大的流量池，微信 10 亿 + 的日活，能触达全国最广泛的移动互联网用户，但是腾讯只会给高质量的品牌内容带来巨大的流量。如果你自己拍一支 TVC 投放朋友圈，或者以 GQ 智族的角色拍一只广告投放朋友圈，获得的大众信任是不一样的。让我们看看这个模型能解决什么问题，以及它有什么优势。

1. 自带属性

在当下的品牌传播中，创作者角色特别重要，与内容平台或者创作者共创，生产自带作者属性的内容。把没有创作者身份的品牌广告转变成为有创作者角色的品牌内容。

2. 高打开率

有创作者个人信誉背书的品牌内容，无疑更加值得信赖，不是品牌向你推销，而是创作者向你推荐。KOL 与读者的关系也显然比品牌与消费者的关系更加紧密。所以创作者出品的内容对于用户来说更不容易被忽略，打开率会更高，黏性也更高。想象一下，一个口红品牌 TVC 重磅炸弹放在某个信息流中，点击它就可以直接购买。与此同时，李佳琦建议你买这个口红视频，并把它放在同样的信息流。这两个视频中，哪一个的转换率更高？

3. 规模化发行

现在品牌主对 KOL 的利用还不够极致，KOL 创作的内容大多都在自有渠道，流量是被限制的，还是粉丝经济的逻辑。腾讯

CAP 是一个解决方案，它希望创作者的内容不仅可以通过自己的渠道发布，还可以在更大的流量池中发布。这是品牌所有者、流量平台和创造者的三赢模式。创作者的内容传播得更广。流量平台的广告就是内容。用户体验得到改善，最终品牌所有者的沟通效率更高。

我们简单总结一下腾讯 CAP 的解决方案，腾讯作为全网最大的流量主，同时也是巨大的内容生产平台，在如何让流量更高效的探索上，给出了内容营销这个解决方案。清晰的 KOL 人员配置、高质量的流量，加上高质量的品牌内容，这些创造者不仅是流量渠道，也是内容营销者，他们可以解决品牌问题并获得更高的回报。

第四节　关于私有域流量

随着自媒体的不断深入发展，内容的重要性日益突出。对于品牌来说，内容营销是产品推广和销售的渠道。然而，自媒体的"内容"也呈现出新的特点。随着流量变得越来越贵，企业如何通过内容获得最具成本效益的流量？此外，企业应该如何微调私有域流量？广告预算减少，品牌进入"多元化营销、产品与效果一体化"阶段。显然，广告商对市场缺乏信心。然而，尽管广告市场"寒冬"，但这并不意味着所有媒体渠道都面临衰退的压力，尤其是移动互联网，它夺走了 30% 的行业份额。

尽管公众号红利时代已经宣告结束，但唱衰微信公众号还为时过早。虽然短视频和直播带走了部分流量，但是作为图文媒介来说，公众号的地位仍然不可撼动。以某珠宝品牌为例，其长期通过长尾公众号投放，共获得了 179 万次的曝光，平均成本为 0.6 元 / 次；某编程教育品牌更厉害，共获得了 383 万次的曝光，平均成本低至 0.3 元 / 次。积少成多、聚沙成塔便是长尾公众号的策略；高性价比则是长尾公众号的优势所在。而且，相对于大品牌的广告而言，自动化的大规模投放更适合创业型的企业。

还有信息流广告。信息流广告的优势在于它不仅能保证传递效果，还能通过算法机制和人群导向、创意测试等各种人工干预和优化，降低转换成本。此外，还有我们经常提到的"草根营销"和"直播电商"。"种草"是品牌植入的另一种形式。过去，大多数种草人口是女性，但是在 3C 数码、金融理财、汽车等品类里，男性的比例也在大幅增加。换句话说，除了"种草"整体市场的扩大，随着类别的扩大，男人也成为新的种草群体。值得一提的是，视频类种草的效果是图文类的 2 倍，这是应该引起品牌注意的。

最后再说直播电商。数据显示，各地域的网民关注直播电商的比例都在 50% 以上。另外，三四五线城市的网民不仅关注度更高，转化率同样也更高。用"供需两旺"来形容一点也不为过。在这里，需要纠正以往大家存在的一个误区，那就是与传统直播不同，电商直播并不需要太多的颜值，因为美颜技术可以解决一切。

与"公域流量"相比，"私域流量"更需要精细化运营。随着广告经费开始变得有限，传统营销方式的获客成本变得越来越高，"私域流量"的重要性开始凸显出来。何为"私域流量"？尽管尚没有一个公认的定义，但基本的含义都相差无几，即先将流量沉淀到品牌可控的渠道中，再通过精细化运作，之转化为销量，或者赋能品牌推广。简而言之，"公域流量"如同河流，属于流水；"私域流量"如同湖泊，更像是蓄水池。

为了真正发挥"水库"的作用，需要做到以下几点：

一、涨粉是前提，将"公域流量"转化为"私域流量"

对于涨粉方式，优势在于精准，可以实现与品牌的高度对接，劣势在于对账号的高质量要求。对于线下提粉方式来说，其优点是速度快、成本低，但由于粉丝质量参差不齐，很难与品牌产生黏性。至于买号涨粉的方式，则要求品牌对号很了解，否则很容易成为沉没成本。因此，对短期内粉丝转化率有要求的，适合线下涨粉，追求品牌精细化留存、培养用户忠诚度的，适合线上涨粉。至于后者，则适合对快速涨粉有迫切要求的企业。

二、内容是关键，制作内容没有捷径可走，必须做出努力

数据显示，在取关公众号的原因的调查中，排名第一的是"太多骚扰信息"；其次是"长时间不更新""服务少、不实用"和"内容质量差"。企业公众号应该从用户的角度思考，你的公众号的定位是什么以及它能给粉丝带来什么价值，例如，瑞幸咖啡对公众号的定位是，既能够发放折扣券，又能够进行品牌宣传和粉丝互动；喜茶的定位则是品牌宣传和活动推广。无论是品牌宣传，还是活动推广，抑或者是销售促销，都需要企业根据自身情况进行定位。总之一句话，要让你的内容对粉丝来说，是有价值的！

三、运营是为了盘活粉丝，让粉丝变得更有价值

比如，微信公众号的福利优惠活动就是通过活动和福利，让粉丝开心地玩起来。内容即是最大的运营，只有将"内容"做好了，运营才能发挥其锦上添花的作用。运营要求内容为王，好的内容是"私有域流量"的核心。随着在线红利的减少，内容的载体已经从微博转向微信，从微信转向抖音。然而，不变的是，用户对内容越来越严格，有不同的内涵。例如，"种草"证明"内容就是广告"仍然会受到用户的青睐。例如，"直播"打破了严的价值观念，将商品的销售形式从图片形式转变为"电商＋表演"的新形式。但是不管怎么说，只有好的内容和有价值的内容才能有持续的生命力。

第五节　内容营销的三个维度

内容营销对一个品牌意味着什么：它是一个引起用户注意的谈话话题，是一座聚集共同爱好者圈子的桥梁，也是品牌构建生活方式的利器。新媒体上的各种信息可以帮助消费者判断选择什么样的商品和品牌，成为他们真正需要和拥有的。而更进一步来说，内容又是如何具体影响当下的营销甚至是品牌塑造的呢？接下来，我们试图从产品、品牌和文化三个维度来梳理我们对当前内容营销的新理解。

一、新产品：从内容驱动互动到内容驱动产品

回顾 2019 年，我们可以看到许许多多内容赋能下的"新产品"，以国潮跨界为例的英雄 ×RIO"花露水鸡尾酒"、青岛啤酒

×NPC 跨界服饰、旺仔民族牛奶罐、大白兔护手霜……对于品牌
而言，这些突兀的跨界新物种已不再只是一种营销噱头，而是能
够被消费者购买的常态产品。从过去通过内容引发用户关注，进
而产生互动，经过一个较长的沟通链条后，反映在产品上，而在
当下，内容已经可以更直接地作用在产品上了。在笔者看来，当
下内容影响产品的方式大致分为两种：第一种，内容从源头影
响产品，让产品本身赋予更高的价值，进一步实现"品效合一"；
第二种，内容为产品构建了全新的购买场域，加速流量到销量的
转化。

1. 内容赋能下的"新产品"

越来越多的品牌把产品本身变成沟通的桥梁，直接用它来连
接消费者。如今，品牌内部会花很多精力在数据库的构建上，让
消费者的需求以最快速度传达到公司决策层，让品牌以最快速度
推出相应的产品或服务，第一时间满足消费者的需求。比如，在
服饰品牌中，优衣库也是一个注重将内容赋能于产品的品牌。

而 IP 内容营销方面，以前，品牌在合作剧综 IP 时，或是在
节目中强调现有产品的露出，或是请相关的明星为现有产品代
言。但如今，内容驱动产品展现得也更加直接：青岛啤酒赞助了
人气综艺《我是唱作人》，在节目热播期间，推出全新产品"青
岛纯生音乐罐"；味全每日 C 在剧集《亲爱的，热爱的》火爆全
网时，也推出了李现"热爱瓶"套装……从热点到热销，内容赋
能下的"新产品"为品牌带来了更直观的"品效"结果。

2. 内容为产品创造"新货架"

内容驱动产品带来的另一层变化是为消费者构建了一个全
新的消费领域。在过去几年里，内容营销最重要的表现就是"种
草"和"拔草"的兴起。所谓的"种草"和"拔草"，最早起源

于美容论坛和社区。"种草"是指利用内容创造购买需求。在今天的移动网络环境下,"种草"一方面需要通过长期的内容铺垫来提升公众情绪;另一方面,它需要更高质量的内容来说服专业消费者,比如短视频"种草"通常是一种情感渲染的方式。

草生长的内容也在向专业化发展。在当今技术的推动下,越来越多的"种草"形式正在出现。今天,从图片、文字、直播到短视频,消费者也从最初的被动接受者变成了更积极的参与者。"种草"正朝着更多样化的形式发展,"拔草"正朝着更短的环节和更快的转变发展。在过去的几年里,电商平台如小红书、天猫、京东等纷纷开设了"种草"入口,从社交、内容、电商入手构建全新的消费链路。而电商直播的出现则更迅速成为各大品牌的全新战场。

二、新品牌:从品牌创造内容到内容创造品牌

在讨论内容对品牌建设的影响之前,让我们先了解一下内容和广告的区别。在媒体和渠道资源被大品牌垄断的时代,长期以来,广告一直是品牌与消费者沟通的主要方式。几乎所有的品牌建设方法都是从类别中提取定位和功能点,然后通过大量的创意和密集的媒体传播来建立消费者对品牌的认知。

如果广告本质上是一种以商品为中心的单向传播方式,相应地,内容是以用户为中心的思想的产物。纵观近年来许多新品牌的成长和爆发,我们可以发现一个共同的特征:这些品牌通过多样化的内容营销方式,将自己变成"网络红人",从而在种草、除草的消费语境中变得活跃,甚至成为一种社会谈资。这些新品牌创造内容的目标不是固定位置的僵化灌输,而是追求与消费者的精神共鸣。这与传统的品牌建设方法完全不同。

如何创建内容

以新式茶饮品牌喜茶为例，早在创业之初，喜茶就明确自己要做的是茶饮的年轻化。为此，喜茶一方面不断在产品上推陈出新；另一方面希望在好产品的基础上赋予其设计感和理念，最终沉淀出一个超越时间和地域的符号和品牌。如果你研究过它的公众号内容，你一定会对喜茶的内容印象深刻。从字体、图片到整个推文风格，喜茶都会配合产品的特性或者新店的城市元素而进行精心设计，最后用场景化和故事性等可读性更强的方式呈现给读者。在品牌传播上，无论是产品本身的命名、门店空间的设计、公众号内容，还是跨界营销，最终都在强化喜茶作为"灵感之茶"在消费者心中的印象。

三、新文化：现在品牌影响力的创造在于更加坚持和深入

关于品牌文化的塑造，奥美有句名言："最终决定品牌地位的是品牌文化的个性，而不是产品之间的细微差别。"内容营销是长线的品牌沟通，品牌需要建立相对长久的沟通方向，从而沉淀自身的品牌资产。

比如，优衣库曾推出了纸质版的《LifeWear 服适人生》中文版品牌册，诠释了优衣库如何坚持"LifeWear 服适人生"的品牌理念，不断满足消费者持续变化的需求，打造出几乎适合所有人生活方式的优质服装及穿着体验。也许这样的内容对于现在的品牌转型不会产生很明显的帮助，但是文化和艺术的生命是很长的，如果品牌继续倡导和"捕捉"一种文化，形成一种有约束力的关系，无疑会产生更强大的影响力。

第五章 短视频 App 与直播带货

　　无论是知名品牌的流行，还是小品牌的崛起，短视频、直播营销都有更大的挖掘价值。不管是短视频，还是直播，商家进行什么样形式的内容营销，其本质是"好产品＋好内容"，利用好内容激发用户购买好商品，从而分享好物，形成疯传效应。

第一节　短视频营销

短视频是移动互联网使用和用户规模增长最快的细分市场之一，也是互联网广告的宠儿。如今，短视频产业在受众、内容、商业化等方面也取得了新的突破。

受众群体加速向老年人的渗透：在捕捉到年轻人之后，老年人将在短视频中成为不断成长的新的权力群体。疫情期间，抖音、快手等短视频平台均推出疫情防控专题，成为一些中老年人获取疫情信息的重要来源之一。住在家里的年轻人也承担了更多知识普及责任，并加快了向老年人推广短视频的速度。

内容功能趋向百科全书式和媒体化：在短视频团队有限的外部拍摄条件下，大量生活化、专业化和课程化的内容出现，如剪发课程和免费课堂服务。有新闻价值的内容越来越多，短视频平台逐渐成为媒体报道的一大阵地。该平台对"长视频"发布的支持也扩大了其内容容量，百科全书和微博的短视频版本可能会随着时代的要求而出现。

传统企业积极接受短视频：由于这种流行病对线下行业的影响，许多零售和实体企业已经转向短视频和新的零售业务。短视频平台也适时推出交通支持项目，吸引大品牌和中小企业入驻。例如，快手发起的"暖春计划"、抖音推出的"线上不打烊"活动、"宅家云逛街"计划等，帮助商家开辟线上推广变现渠道，也丰富了平台的商业化生态。

如今，用户对短视频平台的需求更加多样化，如观看搞笑笑话、获取知识和信息、寻求社交伙伴、从源头购买好商品等。短视频平台与传统社交和电子商务平台之间的界限逐渐模糊。短视频平台正在寻求多维生态布局，以保持用户全方位的注意力，这将进一步影响网络广告的流量模式。

如以社区氛围、老铁经济见长的快手发力内容多样化，全力扶植 MCN 机构，在美妆时尚、体育、教育科普、二次元等领域已颇具特色和规模，或带动品牌类广告的大幅增长，打破效果类广告占快手 KOL 投放绝对主导的格局；而以内容和算法见长的抖音正从强"内容"向强"社交"拓展，以更好盘活私域流量，加速直播、电商变现，近日正在内测的语音直播功能也被认为是抖音继多闪之后，在"短视频 + 社交"上的又一探索。

自媒体运营者中，中腰部 KOL 凭借圈层影响力、高互动表现及高性价比受到更多广告主的青睐，带货转化条件日益成熟；从商业价值来看，流量型 KOL、种草型 KOL、带货型 KOL 在品牌的营销链条中发挥着不同的作用，评价标准也各有侧重。另外，在带货转化上，如果说，2019 年是李佳琦、薇娅们推动了一个个爆款神话，那么随着供应链、选品能力以及红人孵化管理体系的发展成熟，有望凭借底价、好货批量打造擅长在细分领域卖货的主播，反哺红人实现价值变现，也为大量"微商"转型为"视商"提供了契机。如快手推出的"源头好货"，通过布局产业带，帮助主播在源头建立直播基地，批量孵化红人。

随着 KOL 的垂直发展和多样化用户关注的趋势，品牌 / 广告商通常将不同类型、不同层次和不同价值的 KOL 结合起来，共同推动产品种草、口碑建设和电子商务购物的营销目标。"明星 +KOL+KOC+ 普通人"的新购物方阵已经形成。同时，合作的深度和广度不断增加，如联合定制、联合参与产品研发、包装设计等，明星的商业价值也可以重新定义。

而随着种草成本增加、私域流量的重要性日益凸显，品牌／广告商不仅与外部名人合作，而且有意识地孵化和培养他们自己的红人，或者将 KOL 与社区转移相结合，将他们转化为自己的品牌资产。以"京东自营推荐官"为例，就是将自家员工打造成带货"超级网红"。他们中的大多数都是经验丰富的采购和营销经理，凭借其卓越的专业知识和对产品的深入了解，为消费者提供更有价值的购买建议。未来，5G、大数据、人工智能等技术的发展和应用将对 KOL／商品的筛选和评价、内容的创造和传播、平台的播放体验带来全面提升。无论是知名品牌的流行，还是小品牌的崛起，短视频内容营销都有更大的挖掘价值。

第二节　直播带货：好产品＋好内容

2020 年因疫情暴发，所有人隔离在家，每天盯着手机屏幕。那么在此时，传统实体零售呈现在手机屏幕中，内容变得非常重要。无论是看视频、看新闻，还是购物，人们无非都是先消费"内容"，再产生实物交易。因此吸引消费者最好的办法就是让消费者"看见"内容，通过内容来吸引他们的注意力，从而进一步促成消费。

除此之外，随着物质生活水平的提高，消费者更喜欢做判断，而不是花费时间和精力去做选择。如今，消费渠道的增加、商品品种和信息的繁杂，让消费者在选购的时候大为头痛，而解决这一问题也是内容板块出现的重要原因之一。淘宝头条、有好货、必买清单等都是基于此而出现的，它们将商品进行挑选整合，然后通过文字、图片和视频的方式传递给消费者，如此一来，便省去了消费者挑选的时间，他们只要根据内容做出判断即可。

在这方面，很多零售商家和企业早已窥探到了内容的重要性，内容营销也成为新零售竞争的切入点，常见的内容输出方式为短视频和直播等，门槛较低，而且去中心化显著。于是，大小品牌、大小商家都纷纷转战线上，直播带货等线上营销一片火热。

直播销售商品是一种灵活的措施，在新冠疫情下，实体商店无法开展业务，甚至像宝马这样的奢侈品牌也开始放下尊严，加入汽车行业的直播大军。

从小企业到大品牌，每个人都在做直播。消费者会进入什么样的直播房间里？又会因为直播间里发生的什么而做出购买决策？与用户的直接面对面交流和互动是直播带货的核心组成部分，也是影响用户消费决策的关键环节。

主播如何影响用户决策？一个好的主播，其内容必须来自对人性的深刻洞察。一个对用户足够了解的主播会不断强化直播室的内容，用最贴近消费者的内容形式创造内容场景，并强化"产品试用"这样的动作效果。

例如，李佳琦不仅在工作室里为消费者试口红，还在自己的嘴上试（不像大多数美妆主播只在手臂上涂）。然后，把自己的嘴放在摄像机前面，让你一边听他介绍一边看效果！这种鲜活、直观的表达，很能打动人心。在新媒体营销中，内容正成为新零售时代的核心元素，内容营销在这个时代取得了前所未有的进步。

知名品牌和网红主播的成功都具有不可复制性。我们再来看一个离中小企业比较近的，一个或许你都没有听过的品牌——

"古阿新"。

"古阿新"是苗族青年杨春林的苗族名字，也是其经营的古风男装店店名。早在 2018 年 7 月，本着助推淘宝店交易的目的，@ 古阿新率先开通了抖音购物车功能。而这一举动也帮助他实现了 2018 年"双十二"交易额增长了 170% 的销售神话。不仅如此，"双十二"过去后的一周，"古阿新"古风男装店的销售额依然呈现出了持续增长的状态，店铺日均销售额超过 6 万，比之前翻了五六倍。瞧，这就是实实在在的内容红利。

事实上，不管在抖音，还是其他内容输出平台，商家进行什么样形式的内容营销，这便是一个商家进行内容营销的全链路。

第三节　内容营销的全链路

在移动互联网时代，"内容营销"已经渗透到了商业的方方面面。我们可以清晰地看到，新零售下，商家可以通过文章、短视频、直播等内容形式，通过"有情、有趣、有用、有品"内容创意，实现内容营销。

那么，零售商家和企业究竟该如何做内容营销，让消费者花时间看内容呢？下面我将帮助大家分析理解，从三个维度学会如何做好内容营销，塑造内容型产品。

一、从源头入手，打造内容性产品

内容营销不只是一种后期营销方式，而应该从源头抓起，在产品萌芽之时，便注入内容基因，打造内容性产品，形成自营销。那么，什么是内容性产品呢？

内容性产品有什么特点？

内容性产品通常包含以下几个特点：

（1）可以为精准消费人群建立身份标签，使其产生归属感。

（2）可以使消费者与商品本身之间建立情绪共鸣。

（3）可以变商品为社交工具，当消费者使用这一"社交工具"的时候，便会与商品产生互动和连接，继而与其他使用该商品的人碰撞出一系列故事。

2019 年 7 月，马应龙口红火爆网络。以痔疮膏闻名的国货品牌马应龙跨界彩妆，推出三款口红，并在天猫旗舰店上线。这并不是马应龙第一次突破。从眼药到痔疮膏，马应龙完成了"从上到下"的转身。如今，它在痔疮领域无人能及，处于绝对龙头地位。在营销过程中，马应龙抓住年轻消费者的需求和爱好，放弃传统的营销方式，而大胆利用微博、论坛、抖音、知乎与消费人群进行有效互动，使得产品得到了广泛的营销推广。

二、如何打造内容性爆款产品

我们首先来为大家举一个简单的例子，比如烤箱，烤箱是一款功能性产品，因为没有人会对一个烤箱产生情感，更不会天天围着烤箱转。烤箱的种类繁多，作为一款功能性商品，其价格在不断降低，那么能不能利用内容营销来扭转其在市场上的尴尬局面呢？

虽然价格在下降，但烤箱的市场份额还是在不断上升的，因为很多女性消费者开始追求精致的生活方式，自己在家中做烘焙，与此同时，烤箱的需求也就有所提高了。

那么我们一起思考一个问题：为什么女性选择烘焙蛋糕，而不是蒸馒头呢？因为馒头难以满足人们的想象，就像比萨和包子一样，如果你问一个孩子是喜欢吃比萨还是包子，这个孩子一定会说比萨，因为单从外表来看，包子看不见馅儿，而比萨就不一样了，它的馅儿外表可见，而且每天都可以换不同的口味来直观挑选。同样的道理，没有一位女性朋友会跟别人炫耀自己蒸出来的馒头有多么好看，她们要的不是吃饱吃好，而是一种生活追求，一种生活方式，她们更关注好看，可以分享。

因此，我们完全可以从这一点入手，抓住机会，实现分享。那么具体该如何做呢，是将成品烤出来拍照分享呢？还是将整个过程分享出去呢？请大家看下面这一款新的烤箱，这是一款可以"直播"的烤箱，通过这种烤箱，用户可以体验到烘焙的生活方式，因为烤箱已经被内容化了。

这究竟是如何做到的呢？原来，这款烤箱中安置了摄像头，因此烘焙的整个过程都可以直播的形式展现在人们面前，通过抓拍延时摄影，一款烤箱就这样成为内容性产品。

除此之外，还有海尔的烤圈 App，为自己的品牌烤箱创办了烘焙生态圈，将所有爱烘焙的女性连接到了一起。

在新零售时代，那些难以内容化的功能性产品终究会沦为简单的工具，而未来的商品也很可能被归为两大类：一类是工具性商品；另外一类是内容性商品，毕竟万物取得关联的基础是万物有灵、万物有声、万物有眼。

三、让普通人影响普通人，重度区隔化

1. 让普通人影响普通人

这里所说的"普通人"指的是那些真实而又充满个性的大众消费者，他们不是一个个数据的统计和堆砌，而是内心丰富、充

满情感的人。只有抓住普通人的心，才能让他们之间形成互相影响，让更多的人与商品之间建立情感共鸣。

百事可乐的"家有儿女"打动回家人。百事可乐曾在一年春节期间与爱奇艺合作，推出了《把乐带回家》微电影广告，广告重现了十二年前的场景喜剧《家有儿女》，并由原班人马出演，带给观众一种"国民家庭"的情感凝聚。为了给消费者呈现出一幅独特的"家"的温情，百事毅然选择了《家有儿女》这一 IP，成功将"有爱，就是一家人；在一起，才是家的意义"这一主题表达得淋漓尽致，让消费者感受到广告背后那种真实的情感真谛，颇具实际意义。

2. 尊重年轻群体的"代际感"，年轻群体喜欢的内容"重度区隔化"

除了抓住"普通人"之外，内容营销上还要尊重年轻群体。如今，年轻群体喜欢消费的内容已有了区隔性较强的文化标签，并有一定的"代际感"。

随着 90 后和 00 后的崛起，谁能抓住这些年轻群体的心，谁就占据了未来红利的半边天。因此，很多商家在做内容营销时，都会设法朝着年轻人的喜好主动靠近。

我们以"二次元"群体为例，首先需要清楚什么是二次元。"二次元"群体以年轻人居多，而很多年轻人喜欢的 3D 电子游戏则属于三次元。当这种亚文化进一步登堂入室，"二次元"也逐渐进入主流舆论的视线，乃至成为日常使用的语言。"二次元"群体之间进行沟通的时候，会使用充满二次元色彩的词语或符号，对于其他人来说，可能完全听不懂他们在说什么，这就是为什么在很多年长者心中，二次元是一种奇怪的存在。

尽管如此，随着互联网的发展，在我国，二次元已经成为广大年轻人喜闻乐见的娱乐和社交方式。比如,淘宝"双十二"就利用二次元做了一次内容营销。

为了推广移动市集,淘宝推出了一组动态漫画,漫画内容采用二次元的蠢萌场景,加上转折性结尾,吸引了很多人的眼光。

四、与技术整合,让内容更有质感、体验感

随着数字营销技术的发展,内容营销的形式也日益创新。如今,内容和技术的结合不仅使内容更有质感,而且给消费者带来了良好的体验。营销相关技术似乎每天都在快速更新,而且这些技术经常被宣称会彻底改变新产品的创意效果,并增加其营销力度。

在这个过程中,让用户对品牌的情感感染印象深刻是关键。在当今流行的数字营销中,零售企业和品牌应该思考如何在追求数据和趋势的同时,将灵魂和情感融入他们的品牌。例如,淘宝用大数据解读"小众文化潮流趋势"。

通过这样的内容营销形式,淘宝上这类小众文化潮流的服装销量暴增。比如流苏是嬉皮风的代表元素,淘宝每秒钟卖出 6 万多件流苏服饰;伪娘 + 变装,全年搜索量 1700 万次;年轻人更爱东瀛风,"和风"搜索量每月 200 万次,其中 40% 是 90 后搜的……这是最典型的与技术相结合,使内容更具质感和体验的案例,值得品牌和零售企业借鉴。

俗话说,"人以群分,物以类聚",内容营销也是如此。好的内容有它自己的传播属性。今天可以将大量的人聚集在一起的,是一些垂直领域的大 V。比如吴晓波给你推荐一本书,或许你会感兴趣,张大奕给你推荐一件衣服,你也很可能会购买。

第四节　设锚点，让粉丝踊跃购买

许多观看现场直播的观众希望在直播间获得可靠且实惠的商品。然而，一些主播经常抱怨说，在保证质量的前提下，价格可以说非常低。为什么粉丝们仍然觉得这次购买不值得？我们必须继续降价吗？当然，我们不能仅仅通过降价来满足粉丝的低价要求，但是我们可以用一些小技巧来满足粉丝的心理。粉丝们怎么会觉得他们在直播间里买的东西更值钱呢？

一、锚点效应

有些主播在现场直播时非常"实在"，直接给出产品的实际底价。结果，观众在砍价时就不知所措。这并没有很好地利用消费过程中的"锚点效应"。

二、自己设定锚点价格

什么是锚？在商业领域，就是我们见到某件商品的第一印象。产品的第一眼价格会对我们的投标意愿产生长期影响。直播时，你可以把价格定得高一点。一件衣服的实际价格是 299 元，你可以先出价 499 元。这 499 元就是一个锚点价格，它提高了用户对该产品价值的感知。这个产品质量好，价值 499 元。没有这个锚点，直接价格是 299 元，用户会觉得产品非常便宜。

三、参考其他锚点价格

你也可以主动与一些大型超市和购物中心进行价格比较。观众已经对日常生活中类似产品的价格有所了解，此时比较价格，会唤醒粉丝的认知记忆，让粉丝觉得它们值得购买。也就是说，影响市场价格的不是粉丝的购买意愿，而是市场价格本身反过来影响粉丝的购买意愿。

四、创造惊喜

一些主播说："我真诚地对待我的粉丝，用心解说每件衣服，严格控制产品质量，观众会购买更多。"然而，光有这些还远远不够。主播应该学会"创造"超出粉丝期望和让粉丝惊喜的场景。一名主播秒杀了一件毛衣，并预热了 5 分钟，总是说价格是 69 元。助理丢上链接之后，下单的观众突然评论"怎么才 59 元"；主播惊讶道："真的吗？大家赶紧去拍，商家价格设置错了，我给你们打掩护！"于是，该产品瞬间秒爆 300 单。

五、避免损失

现在，直播带货包邮是常态，不包邮是异类，主播会说"买 99 元连衣裙，包邮送运费险"，而不会说"总共 99 元，其中连衣裙你花 94 元，邮费 5 元。为什么？这是对损失规避心理的利用。如果你把所有费用都算在一起，给观众一个总价格，这样，观众就可以一次花 99 元，而不是感觉要花两次钱（衣服 94 元，邮费 5 元），观众就不必为此付出太多的痛苦。

此外，主播可以建立营销策略和包装的组合定价和销售方法。例如，如果你想出售一套西装，你可以和商家共同制作一个新的组合形式，而不是直接说"299 元的西装，包括一条黑色的小裤子、一件西装外套、一件打底衫和一件短袖 T 恤"。相反，它可以被设计成"299 元一套的西装，包括一条黑色的小裤子、一件西装外套，外加一件超品质的打底衫和一件白色的短袖 T 恤，这真的很有价值"。

六、诱饵效果

如果有一家餐馆的菜单以高价菜名列第一，通常顾客不会点菜单上最贵的菜，但他们可能会点第二和第三贵的菜。价格高的菜是一种"诱饵"，它所推销的排名第二的菜叫作"目标菜"。直播期间的产品排序也是如此。你可以挑选看起来相似，但上下价格相差很大的衣服。通常添加诱饵可以让粉丝们有一个更直观的比较。这将使其他产品看起来更"好且便宜"，你可以很快决定购买被认为"合理"的选项。

那么，为了做好直播内容，除了突出的创意和独特的形式，你应该更多地关注视频内容的基本逻辑：价值观、洞察力、故事、人物、节奏、动作、场景。总结以上几个技巧：制作锚点、创造惊喜、避免损失、制作诱饵，如果在直播间有效利用，会让粉丝们愿意买单。

第五节 直播的销售技巧

传统的电商流量红利日益下降，面临着流量成本和客户获取成本较高、用户沉淀困难和粉丝黏性较低的困难。直播 + 电商的形式刚刚摆脱了这些困难，这就是商品直播越来越受欢迎的真正原因。商品直播的优势主要表现在以下几点：

1. 主播在直播中的解说更有针对性，产品的展示形式更真实。面对成千上万的观众，主播说谎的概率极低，因此更容易加深粉丝对他们的信任。特别是对于服装、美容化妆等高消费频率的产品，主播的试戴和试用体验可以在粉丝面前很好地展示效果，从而促使粉丝以最快的速度接受他们推荐的产品。

2. 主播在粉丝和产品之间架起了一座桥梁，让忠实粉丝成功地将对主播的信任转移到产品上，从而建立起对品牌的信任甚至依赖，这就是主播、达人、明星等带来的品牌效应。面对主播的解说，当足够多的粉丝受到品牌效应的影响而产生消费时，主播的承载能力就会爆发，从而创造一个承载数千万甚至数亿商品的奇迹。

3. 在购买商品时，消费者，尤其是女性消费者，由于优惠促销而极易受到冲动消费的影响，而直播中常见的秒杀就是将线下的促销方式转移到线上。

通过主播的言语刺激，消费者基于信任，倾向冲动性的支付行为，在对优惠产品"秒杀"后，会感到极大的满足。直播间是如此自然的促销场景。通过推动弹幕的节奏，让粉丝毫不犹豫地出手抢购，达到了秒的效果，从而大大提升了销量。

现在，当我们谈论现场直播时，大多数人的第一反应是如何在直播间"大肆宣传"产品，让观众忍不住剁手。然而，如果你的直播间里没有观众，那么让你的产品变得优秀和有创意将是徒劳的。因此，以下是我们实时交付技巧的第一点：导入更多流量，同时留住用户。

一、如何导入更多流量，同时留住用户

1. 保证直播时长和频次规律输出

这是直播的最基本要求。如果你是新主播，最好每天直播超过 2 小时。例如薇娅，基本上每天都会直播，每次直播四至八小时。此外，我们应该确保现场直播的频率，并尽最大努力按时直播，以便用户能够养成定期观看现场直播的习惯。例如，如果你

计划每天晚上 8 点开始直播，那就确保每天 8 点准时开始；如果你计划每周一、三、五晚上 8 至 11 点进行现场直播，请确保在这段时间内进行现场直播。

2. 幸运抽奖和赠送福利

如果你看过薇娅、李佳琦的直播，就会发现，他们在直播期间有很多幸运抽奖环节。例如，薇娅会以这样一句开场白开始每一场直播：废话不多说，我们先来抽奖。

更重要的是，她的奖品是高性价比，单价不低于 100 元，而且产品很受欢迎。例如 YSL 口红、华为手机，甚至爱马仕包包等。这种开幕式第一次把用户留在了直播间，高额的红利分配给了人们一种"赚大钱"的感觉。

我们还可以在直播期间发布赠送福利的开奖时间，除了有留住用户的作用之外，也是利用定时开奖，让已有观众免费进行二次宣传，吸引更多观众进直播间观看你的直播。上述两种直播技术的主要功能是向直播房间引入流量。只有当更多的观众观看直播时，你的产品才能被销售。那么，在观众进入直播间后，我们能做些什么来提高直播间内产品的转换率呢？以下是我们现场交付技巧的第二部分：销售商品！

二、直播间怎么卖货成交量高

1. 少卖货，多互动

许多人在现场直播时会犯这样的错误：在现场直播之后，除了销售商品，没有什么有趣的事情。甚至像李佳琪和薇娅这样的大主播也不总是谈论产品。例如，在李佳琪最近的一次直播中，他的两只狗出现在镜子里并打架，李佳琪在直播间哄着被欺负的狗。这种意想不到的有趣场景让观众忍不住大喊可爱！

如果你的直播间在早期阶段粉丝较少，那么试着进行更多的互动，分享更多有趣的内容，并指导每个人刷礼物。你刷的礼物越多，现场直播的音浪就越高，直播间的权重就越大，现场观众的数量肯定不会少。

2. 心理价格战

应该会让观众觉得"买就是赚"。

例如，我们可以用这些价格来说："价格不能再低了，我们已经赔钱了。""这批货卖完之后，我们必须立即提价。""我一点都不想给大家带，现在纯粹是为了冲销量，纯属给粉丝带货、发福利……"

3. 展现你的专业素养

无论是购物、学习，还是接收新闻，我们都倾向相信专业人士的建议。例如，当疫情暴发时，全国人民开始关注它，这源于钟教授对该病"人传人"的判断。在此之前，互联网上也有类似的传言，但没有人相信。因此，在直播间销售商品也是如此。只有当你表现出你的专业素养，观众才能信任你。所以，接下来，我们要说的是建立信任。

4. 建立信任

信任是完成销售的基础。我们可以在直播中更多地与观众互动，而不仅仅是谈论产品。这也与我们前面提到的"少卖多互动"有关。如果观众在购买商品时犹豫不决，作为负责的主播，你应该能够直接指出可能存在的问题并给出解决方案，例如产品质量、售后服务和价格问题。让用户感觉受到重视，增强他们的信任。

三、真实案例

在某服装城的直播中心，主播们正想方设法吸引粉丝的注意力，海婷就是其中之一。直播期间，海婷搭建了两个直播画面，后面是一个简单的更衣室。海婷不时咳嗽，她的喉咙经常不舒服。她需要随身带一个杯子，并经常喝热水。海婷认为这是一种职业病，不需要药物治疗，因为现在她是一个靠说话谋生的人。两盏灯、两个直播框架、两部手机、一个简单的试衣间和一堆新衣服。作为一名电商主播，海婷每天必须在这种环境下工作三至六个小时。

待在直播间里的时候，海婷只穿了一件秋大衣，因为她必须不断地换衣服，并在屏幕上向粉丝推荐新上市的背心。一件外套必须在不到三分钟内换完。与娱乐节目主播不同，电商主播除了吸引粉丝之外，还需要知道一些专业知识。正是因为她在服装销售方面的常识和经验，海婷成功地将自己从一名销售人员转变为一名电商主播。

原来海婷是一名服装店的女售货员，还曾在几个摊位上卖衣服。她不仅关心自己的衣服搭配，还努力学习时尚。她在衣着搭配上下功夫，说不定可以成为着装达人。工作不忙时，海婷开始频繁浏览一些平台时尚人士的页面，模仿他们的服装，慢慢地改变自己。久而久之，海婷变得越来越专业，对服装的材料、价格和消费心理也越来越熟悉。她常常一眼就知道这些衣服是用什么价格的布料做的，并且能够通过顾客的眼睛判断出对方的真实态度。

虽然在线下的实体店发展了侃侃的口才，但海婷在第一次直播时仍然特别紧张。那时，她打算通过直播向粉丝推荐一件衣服，而已经有了说什么的腹稿，但是当她面对镜头时，她的头脑突然变得一片空白。过了好一会儿，才结结巴巴地说出来，而且说的布料和尺寸不对。她花了三天时间来习惯与屏幕上的粉丝互动，慢慢地，她逐渐喜欢上了这份工作。

"宝宝们，记得点一下关注啊。"在直播平台上，海婷称呼自己的粉丝们为"宝宝"，这是每个主播都必须要做的一件事，那就是想办法接近其粉丝。因为网上没有谈判的空间，主播在卖衣服时，只能在颜色、型号、质地等方面下功夫。光靠嘴说的效果是有限的，主播经常在现场直播中试穿和搭配衣服。高颜值又懂穿衣搭配的主播具备天然的吸粉优势，但也不能仅仅是一个"花瓶"。海婷在现场直播时体现了她耐心细致的性格，她声音甜美，说话如和风细雨，更像是屏幕前一位友好的邻家姐妹。

大多数主播在直播时只使用一部手机，而海婷会用两部，一部手机放在远处，可以拍摄全身；另一部手机采取特写镜头，以便及时看到粉丝的信息。在介绍服装面料时，她会特别靠近屏幕，将服装的某一部分放在手上，让粉丝们获得更直观的感受。

"生气也不能发飙，必须要忍着。"粉丝们的留言五花八门，有的甚至是谩骂。每当她遇到这种情况，如果她说错了什么，她会及时道歉；如果这是粉丝们不合理的要求，她会提醒自己可以不回答，但千万不能着急。

随着时间的推移，海婷性格的棱角已经变得越来越平坦。当粉丝有娱乐需求时，她偶尔会表现出有趣的一面。因为海婷懂服装，善于沟通，几个月后，她已经赢得了很多粉丝甚至铁粉的信任。粉丝们经常帮助她宣传并给她的直播间介绍新的顾客。

第六章　变现，让用户付费

　　所谓幸运的天才，他们无一不是建立在长期积累的基础上，在销售过程中，很少有轻轻松松、一锤定音的。

第一节　直面问题比逃避更有利

　　无论是 App 营销、微信营销，还是新媒体营销，都需要面对不断的拒绝。如果因为用户的一句拒绝，就选择放弃，那么这样的网络营销人很难在销售的行业里面有光明的前途，这种草率决定的行为对公司的各个方面来说，也是极其不负责任的。接受拒绝对于网络营销人员来说是家常便饭，是再平常不过的事情。与那些一生平庸的网络营销人员相比，所谓销售天才，就是在面对无数次拒绝的时候，从来不会想到逃避和怨天尤人，他们会理解用户对于他们的拒绝，并且能够对待用户的抵触情绪，从而从用户的身上找出突破点。

　　每当遇到回绝的时候，普通的推销人员可能会因此放弃，但作为一名推销能手，他们不会一走了之，而是根据用户自身的特点，还有其所处的环境，然后寻求机会来拉近自己与用户之间的距离，并想方设法了解用户真正的需求。推销人才经常使用的做法是，即使被人拒之千里，也从不放弃，反而带着乐观自信的微笑告诉用户：如果您能够再给我一分钟的时间，也许就会抓住一次为公司创造效益的机会；或者他们会对用户诚恳地说：只要您听完这最后的计划，就等于给了我一次机会，同时您也会增加一次机会；等等。

　　在推销这个行业里面，来自用户的抵触、抱怨和拒绝几乎体现在每一个过程当中。用户在不了解这个产品之前，或者在不清楚产品的用处之前，他们只会想怎样才能防止被敲诈。因此，在面对销售者的时候，用户的第一反应通常是予以拒绝。用户不可能从一开始就对我们的产品产生好感，并对其表现出强烈的购买欲望，对于这一点而言，任何一位准备从事或者已经从事销售方面的人员必须要有清醒的认识。

身为一名网络营销人，我们一定要在每一次工作之前都告诫自己：要理解用户的拒绝，要学会首先去用微笑回应这样的拒绝，而且你所推销的对象随时都有可能提出意见相左的看法，你必须随时做好应对这方面的准备。

既然拒绝的声音会时刻伴随着我们的工作，那我们是不是就应该顺其从之呢？答案当然是否定的，尽管我们不可能做到让用户从一开始就钟情我们的产品，而且表现出浓厚的兴趣，但是我们可以通过自己的言谈举止和一定的销售技巧来逐步攻克用户的心理防线，从而使其建立起对我们的好感以及对所推销产品的认同，最终达到成交的目的。

面对用户不留情面的拒绝和抱怨，如何才能正确应对？如何才能改善用户对我们不好的印象？若想达到最终的目的，我们需要找到更加有效的解决办法。尽管我们不能找到一种既简单实在，用途又非常广泛的方法，可是我们得清楚地认识到：逃避和放弃在解决问题的时候是万万不可取的，它只会表现出你的懦弱。面对用户满脸的狐疑和言语中所流露出来的不耐烦，碍于面子，大多数没有经验的推销人员都会感到难堪，这时候往往会不知所措，于是便会选择放弃，可能从他们的角度出发，逃避在一定程度上能够挽回自己的颜面。可是，回过头来思考一下，当我们为了自身的面子而主动放弃一个机会时，我们什么也得不到，相反，会承受巨大的业绩压力。

如果不能勇于直面用户的拒绝，就会毫无业绩可言；而倘若丧失了业绩的话，公司就会因此而遭受巨大的亏损，从而面对更为严峻的生存压力。这样一来，当公司遭受到挫折的时候，这种压力最终还是会转嫁到我们身上，而到那个时候，我们就有可能丧失自己的工作机会，从而丧失自己的生活来源。其实这是一个非常直白的道理。用户的拒绝是不可避免的，即使今天能够为了自己的面子而选择逃避，可是明天怎么办？只要在销售这个行业，用户的拒绝就会无处不在。因此，如果你想在这个行业取得成功，就需要勇于直面每一次拒绝，把它们都当成你成功路上的铺垫。

第二节　场景下沉，换位思考

用户有非常充分的理由来拒绝你所推销的产品，因为他们不能意识到在这个买卖过程中，他们能获得哪些收益，他们只会单纯地认为你的目的仅仅在于他口袋里的钞票。曾经听到不少网络营销人员的抱怨："现在的用户怎么都那么小心眼儿""今天去见的那位用户简直就是块木头，没有一点人情味""那家公司特别烦网络营销人员，处处都要设置难关"……

如果你在销售过程中，用户的态度非常冷淡，言辞非常生硬，或者对你所销售的产品指指点点，抑或是不想和你进行更进一步交谈，等等，那么请不要因此而抱怨你的用户。当他们愿意购买你的东西时，往往是因为他们需要这样的东西，并且恰好碰到了这样的机会。如果用户明确表示自己没有购买的意愿，那他们肯定是考虑到了各个方面的因素，从而总结出来这个结果。

有些网络营销人员可能会这样认为，经过多方面的深入了解，我明明知道他有这方面的需求，而且他也完全有购买这个产品的能力，可是我实在不明白他为什么还是一副拒人于千里之外的态度？

事实上，即使你的调查和分析完全正确，你也不应该有任何抱怨的理由，因为不一定非得从你这里才能买到这样的产品；即使他们有这方面的需要和打算，通常他们也不会轻而易举地就去买你这件产品。不管怎么说，用户在购买每件产品的时候，都会保持一个高度警惕的心态，如果你理解不了用户的这种行为，那么换位思考一下，如果你打算购买某种产品，你是不经过深思熟虑而盲目在做决定吗？从这个角度出发，不管购买什么东西，在购买过程中，不管是谁，都需要充分考虑各种因素，同样也会出现因为不信任等原因而迟迟不能做出完成交易的决定。孔子说过，己所不欲，勿施于人。将心比心，推己及人。当你在销售过程中付出努力的时候，用户同样会付出一定代价，为了保证自己的努力能够换来切实有用的回报，用户需要打起十二分的精神，因为这关系到他们肩上的责任。

因此，在面对用户拒绝的时候，我们需要能够做到换位思考，能够从买方的角度出发来进行分析，而不能仅仅根据自己的想法来指责用户。当我们能够比较周全地考虑到用户的需求，并且通过产品的质量和自己的言行，以此来赢得用户信任和好感的时候，完成业绩也将不再是难题。

在网络营销人员打电话联系用户或者对用户进行上门拜访的时候，常常会听到这样的声音："我暂时很忙，以后有时间再和你联系。"显然，用户潜台词中还是拒绝了，不过这种拒绝的语气还是相当客气的，更多时候，网络营销人员常常会听到非常决绝的话："难道你没见我们正忙着吗？"无论用户对于我们的态度是客气还是蛮横，不可否认的是，我们被用户赶了出来，而且我们看不到一点成交的希望，用户对待我们的态度还常常会伤害我们的自尊心，让我们颜面扫地。与其总是为受到用户的拒绝而感到伤心，还不如静下心来反省一下自己在选择对象和选择拜访时间上面都出现了哪些问题。

每一位用户都会有他自己的时间安排，而且从来不会有任何一位用户会专门为网络营销人来安排特定的会谈时间，因为用户每天都会花费一定时间来打发那些推销电话和网络营销人员，甚至部分公司用户的前台或者助理的职责就是使公司负责人免受这类电话和推销人员的打扰。看了上面的分析，你再反省一下自己是如何对用户进行约见，或者是挑选拜访的时机的呢？也许你会悲观地认为："看来，不管我什么时候打电话给用户，不管挑选什么时间去拜访他，最终都会被拒绝，更别提成交了！"

不可否认的是，从某种程度来说，不管你什么时候打电话给用户或者进行上门拜访，你都是作为不速之客出现的。因为你的到来往往会影响用户具体的时间安排，甚至会扰乱用户的正常工作。因此，当你作为上述的"不速之客"的时候，你必须要充分理解用户对你的态度和说话的语气，并且也应该为自己的冒昧打扰表示诚恳的道歉。如果发现用户的时间确实非常紧张或者工作非常繁忙，不妨花少一点的时间来进行交谈，然后预约一个更合适的会谈时间。这个时候，你就可以这样说："真的十分抱歉，打扰您的工作了！明天上午或下午，您什么时候有时间？到时候，我再打电话给您，好吗？""我知道您很忙，我先把数据留在这里，您有时间看一下，今天下班之前，我再来拜访您如何？"尽管用户的时间非常紧张，但这并不代表我们不管什么时候上门拜访，都是对用户的打扰。最好是我们能够预约一个时间来进行面谈，如果做不到这一点的话，那么我们也应该事先了解用户的时间安排，以免在用户最忙碌的时候打扰对方。

"今年我们没有这方面的采购预算。""这样的成交额显然大大超出了我们的预算。""我没有权利对如此大宗的交易额做出决定。"这些都是网络营销人员比较熟悉的拒绝理由，也是用户拒绝网络营销人员的一个相当有说服力的措辞。我们可以这样理解："诚然，你们的产品质量确实不错，你们公司的品牌也非常有保障，可是现在我们没有钱来买你们的产品，所以我们只能表示出遗憾……"无论哪一种用户，都有其各自的财务预算，当用户以这方面为理由而拒绝我们时，我们既不能埋怨用户浪费了我们大量时间，也不能指责用户提出的拒绝理由不符合我们调查的实际情况。我们只需要记住：不管什么样的情况，当用户以这样一种理由拒绝我们时，我们都必须对他们这一行为给予充分的理解和尊重。

我们必须要会站在用户的角度来考虑问题，或许在他们的财务安排当中真的没有这个预算。但是，如果他们真的需要我们的产品，而且他们具有购买能力的话，那么他们一定是可以调整自己的财务预算的。所以，在面对如此拒绝的时候，我们在表示理解和尊重的同时，也要尽可能从用户的角度出发，用自己的言行来增强用户对产品的需求程度，并使用户对我们及我们的产品抱有信心，说服他们适当调整一下公司的预算，从而将自身的实际需求纳入整个财务预算当中。这是成功销售的重要一步，网络营销人员要尽最大可能增强用户的购买欲望，从而让他们做出购买决定。

任何情况下，都不能埋怨用户，如果没有他们，你将没有工资可拿；如果所有用户都积极主动地寻求你来完成交易，那公司还聘用我们干吗？用户不一定非要购买我们的产品，现实中，在用户感到满意之前，通常他们是不会轻易买我们的东西。用户可以借任何理由对我们的产品挑三拣四，但我们却没有任何理由与用户展开辩论。你的用户不是天使，而最初你在他们的面前出现时，也很难让他们感觉到你能帮助他们解决问题。用户有足够的理由拒绝你的产品，而且，他们拒绝你的产品也并不一定需要理由。

第三节　商机藏在拒绝中

如果用户没有购买的意愿，他们会拒绝你的产品；如果用户有一定的购买需求，他们同样会拒绝你，因为他们想要用最低的成本来换取最大的回报。

一、避免悲观心态，报以平常心

那些阅历丰富的优秀网络营销人都有着这样的切身感受：不管用户内心深处是否认同网络营销人员的推销活动，不管对所销售的产品是否具有足够的兴趣，用户都会找到不同理由表示拒绝。例如，网络营销人员："这种传真机集多种性能于一体……它的传真效果较其他传真机更清晰，能够充分满足您的各种传真需求……"

用户A："我需要请示一下我的领导。"用户B："这个东西确实不错，但它在我们公司派不上用场。"用户C："最近我们的周转情况不好，所以在这方面没有多余的预算。"用户D："过段时间，我们再联系吧，现在我还没有买这种东西的打算。"……

　　用户对于网络营销人员的各种拒绝理由完全可以用"花样百出"一词来形容，每当遭遇形形色色的用户拒绝时，有些网络营销人员总是会因此而感到寝食难安。其实，网络营销人员完全不必去太在意用户的拒绝。因为无论用户的内心想法如何，在与网络营销人员进行交流过程中，他们总是倾向拒绝，因为形形色色的理由是他们"进可攻，退可守"的武器。

　　从潜在用户的立场出发，如果刚开始就认同网络营销人员的销售活动，刚开始就对他们所推销的产品表现出极大的兴趣。那么在整个销售过程中，这些潜在的用户可能始终都会处于比较被动的地位。所以说，大多时候，潜在用户不管以任何态度，不管用任何理由拒绝网络营销人员的时候，他们的真正目的都是在争取自己在整个销售过程中的主动地位。因此，网络营销人员对于用户的拒绝，不必太过畏惧，当用户以各种借口来拒绝你的产品时，不要立即悲观地认为这一次的努力是徒劳。

　　用户拒绝是销售过程中经常碰到的事情，如果每次遭遇用户拒绝，就情绪低落，甚至自暴自弃，那么这样的网络营销人员是很难取得不错的销售业绩的。从另一个方面来说，即便你经过大量的努力，仍然没得到用户的认同，用户仍然对你表示严词拒绝，这也不意味着你的销售活动就是失败的，至少你可以从这次销售活动中汲取到有价值的经验教训。

　　最重要的是，不管最终能否达成一致，我们都应当抱着一颗平常心来面对，失败是成功之母。作为一名网络营销人员，我们每天都要面对形形色色、不同类型的用户，我们不可能期望每一次交易都能达到成功，只要我们保持一种积极的心态来工作，只要我们尽了最大的努力，那么我们的销售活动对于我们而言，就是有意义的。

面对用户拒绝的时候，最忌讳消极心态。用户拒绝我们本身是非常正常的事情，如果你硬要把这当成厄运，从而丧失了对成功的渴望，那么在日后的销售活动中，你所展现给用户的必定是一副缺少自信的形象。如果连你都不能对自己抱有足够的信心，你又怎么去说服用户信赖你的产品以及你所在的公司？当不同品牌的同种产品现象日趋严重之时，面对越来越复杂的竞争对手，更多时候，整个销售过程不再局限于产品本身质量方面的竞争，而是销售心态和技巧的较量。在这种情况下，谁的心态更为积极，表现得更加坚定更有自信，能够向用户传达更多的信息，那么他取得成功的可能性就越大。所以，在面对用户拒绝的时候，我们必须学会逆来顺受，这个时候，要把我们最积极、充满自信的一面充分地展示出来，否则我们就无法取得用户的信任，也无法促成交易的成功。

二、拒绝等于挑战，机会就在挑战当中

调查研究表明，当网络营销人员面对顾客的拒绝时，如果网络营销人员能够采取适当的方法，事先掌握的信息比较准确无误的话，那么销售的成功率就高达 64%；如果用户对网络营销人员的推销活动漠然置之，不愿意说出拒绝的理由，那么销售的成功率可能会因此降低大约 10%。

由以上所提供的材料不难看出，用户的拒绝对于网络营销人员来说虽是一道坎，但并不是难以逾越的，这是成交之前网络营销人员所要面对的一项巨大挑战。如果你能勇敢地接受这些挑战，并且能够想方设法将其克服，那么你就拥有了成交的机会；如果你不敢接受这些挑战，面对用户拒绝而轻言放弃，那么我们很可能就会将机会送与他人。作为一名网络营销人员，必须时刻

树立一些理念，并且要能将这些理念全面贯彻到每一次销售活动的过程当中：每一次成交都开始于用户的拒绝，要想成功，必须要从接受和克服用户拒绝开始。用户拒绝我们的同时，那是他们在给我们提供成功销售的机会。如果缺少了用户拒绝，整个销售过程将无法进行。

　　用户拒绝在一定程度上会增加网络营销人员在实现成交的难度，但是作为网络营销人员，不能因此而产生挫败感，反而要学会从中找到某些积极的元素。举个例子，当用户因为某些理由而拒绝的时候，网络营销人员应该从中获得这样的信息：用户并没有充分了解自身的需求；先前自己所传递的信息可能并不是用户最关心的问题；用户并没有完全了解我们的产品……

　　掌握了这些，网络营销人员在进行下一步销售活动就会非常顺利，而如果用户在整个销售活动中都沉默不语，不给网络营销人员拒绝的理由，那么网络营销人员的下一步销售活动只会是无的放矢。所以我们再三强调，用户提出拒绝实际上是在给我们继续进行活动的机会，只有勇于接受拒绝，才能抓住这些实现成交的机会。平庸与伟大的分水岭其实就在于你接受拒绝的心态，勇于接受拒绝，从而以积极的心态来迎接未来的挑战，这是网络营销人员想要获得交易成功的关键；如果网络营销人员不能正确面对来自用户的挑战，那么他们对于这个用户所做的一切活动都将是徒劳。

　　对于每一个潜在用户的拒绝，你都需要平静地接受。因为不到最后，你不会知道谁最终会成为你的大用户，通常对你拒绝最多、令你最容易产生放弃的人恰恰是最有需求的用户。用户的拒绝并不可怕，而是顺利成交的铺垫，就如同"黎明前的黑暗般"。接受它，你就会有成功的希望；如果逃避的话，则前功尽弃。用户的拒绝需要你积极的回应。某些时候，他们的拒绝本身就是在向我们打听相关的信息，此时如果放弃的话，是非常可惜的。面对用户拒绝是对网络营销人员意志和能力的考验，只有经得住考验，坚持到最后的人，最终才有可能取得成功。不管用户以哪一种方式拒绝我们，只要他们继续与我们进行交流，那便是在给我们成交的机会，抓住机会，成功就近在咫尺。

第四节　用户最常用的拒绝方式

用户的拒绝理由往往不是真正原因。他们拒绝购买的真正原因有哪些？如果他们不想说，那你不妨开动自己的脑筋，将它发掘出来，这对你以后的销售活动大有益处。

当面对网络营销人员开展的推销活动时，用户通常感觉受到了打扰，所以他们最初的反应往往都是如何摆脱这种推销活动，而没有去考虑自己是否具有这方面的需求。基于这样的立场，有时用户会先下手为强，他们往往会针对网络营销人员采取的具体推销方式进行反击，他们总会找出一些看似合理的理由去摆脱网络营销人员。当用户先亮底牌时，他们的理由形形色色：

场景一：网络营销人员："您好，我是××公司的网络营销人员，最近我们公司新推出一种产品比较符合贵公司的需求……"用户："不好意思，刚刚我们订购了一批同类产品，以后如果有需要的话，会与你们公司联系的……"

场景二：网络营销人员："您好，请问您是××公司的×经理吗？我是××公司的销售代表……"用户："您好，我是×经理，不过现在我正忙，无法与你交谈……"

场景三：网络营销人员："您好，这是我的名片，上个礼拜，我给您发过去一部分我们公司新产品的相关信息……"用户："哦，是跑销售的。对不起，我们有固定的购货渠道，所以你不必在我们这里浪费时间，而且我也没有时间奉陪……"

场景四：网络营销人员："× 主任，您好，昨天上午，我给您打过电话，这是我们公司的产品介绍……"用户："对不起，过几天，我们公司需要搬到一个新的地点，等公司安排好之后，我们再谈这件事，好吗……"

有些用户会选择伺机而动，他们会根据网络营销人员的具体销售方式而采取相应的方式进行反击，在这些用户看来，这种反击可能更加彻底。这类拒绝方式往往会直接针对网络营销人员的产品和他们所在的公司。

场景一：网络营销人员："您好，这里有一款多功能打印机，它比传统打印机更节约能源，而且工作效率比其他打印机高……"用户："我不喜欢功能太多的产品，用起来麻烦，而且容易坏……"网络营销人员："这款产品用起来非常方便，我可以现场给您演示一下。"（网络营销人员进行实际操作）用户："我现在用的打印机操作起来就非常简便，所以没有必要再花钱买一个新的……"

场景二：网络营销人员："您好，虽然这款产品有许多功能，而且上市时间短，但是它的销售价格却比其他同类产品更有优势……"用户："可是我听说 ××（举出一家竞争对手）公司新推出的一款同类产品比你们公司的这款产品价格还要低一些……"

场景三：网络营销人员："我们公司良好的售后服务在业内是首屈一指的，购买我们公司的产品，您不用担心售后问题……"用户："如果产品质量糟糕的话，售后服务的水平再高又有什么用，每天跑来跑去的，不值得……"

场景四：网络营销人员："如果您在促销期间购买这款产品的话，我们公司承诺将免费赠送您价值 298 元的精美礼品一份……"用户："现在这种产品到处都在降价，没有任何升值的空间，以后可能还会降，所以还是过段时间买比较合适……"

用户在拒绝网络营销人员的推销活动时，往往会找出一大堆理由，不过仔细一想，就不难发现，在用户最经常使用的理由里面，大多数时候都是以"价格太高""没有时间""售后服务不满意""产品质量有问题""已经有这种产品"或者"已经有了满意的供货商"等理由来推脱的。从这个角度出发了解用户最喜欢使用的托词，并将它们牢牢记住，这对于网络营销人员在日后的活动开展中有非常大的帮助。

第五节　摸清用户的真实需求

如果你想要和用户达成交易，那么你必须能够满足用户各个方面的需求，而满足用户需求的关键就是一步一步搞明白他们真实的需求是什么。如何才能弄清用户的真实需求？聪明的网络营销人员会在销售过程中通过用户的言行，找到用户最关心的问题。

用户通常最关心的事情有哪些？在销售活动进行过程当中，用户往往比较在意哪些问题？作为一名销售行业的人员，你应该对此有比较全面和清醒的认识。如果在销售过程当中，你能了解用户内心的真实想法，并且能够时时刻刻为用户着想、能够比较圆满地解决用户所关心的问题，那么成交就近在咫尺。

通常用户比较关心哪些事情呢？经过我们一次一次的调查和访问，以及专家们的亲身体验，我们发现了一个问题，就是大多时候，用户都希望有这样的结果：网络营销人员能够解决关系到切身利益和产品的相关问题，例如：

一、能否在销售过程中体会到销售者应有的关心和礼貌的对待

这是用户在整个销售活动中所要满足的最基本的要求。如果连销售者最基本的尊重都得不到，那么用户肯定会拒绝这笔交易。

二、在整个销售过程当中，用户一般需要掌握更多的相关信息

用户都想要从网络营销人员那里了解足够多的他们认为重要的信息，如果他们觉得这些信息的真实度不够，他们就会对网络营销人员和产品不信任。所以网络营销人员应该在第一时间将各种信息向用户进行通报，以便用户更全面地了解产品和公司的情况，从而增强他们对于销售者的信任。

三、判断产品的质量和售后的水平

用户希望得到网络营销人员对产品质量和服务水平的承诺，他们要弄清楚，一旦产品发现质量问题，将如何保障自己的合法权益，并且希望得到销售者解决问题的办法。

四、网络营销人员的权限范围有多少

很多网络营销人员积累了相当多的经验：用户经常会在交易中主动询问，和自己交流的网络营销人员具有怎样的权限范围。这类用户实际上是阅历比较丰富的用户，他们往往希望和那些权限范围比较大的相关人员直接进行沟通，目的是能够在成交过程中获得更大收益。因此，面对这样的用户，如果用户的相关要求超出了自己的权限范围，那么这个时候，网络营销人员可以寻求

上司或其他领导的援助，他们的话往往具有比较大的说服力，更容易得到用户的信任。

五、确定自己的地位

用户还关心自己在这笔交易中是否受到对方的足够重视。如果网络营销人员能够第一时间告知用户，他们之间的交易不管是对网络营销人员，还是对整个公司的销售额和公司形象来说，都是非常重要的，那么用户将会因此而有一种满足感。

六、用户还会考虑到交货及其他可能出现的问题

诸如投诉、进度、价格、售后服务等都是可能出现的问题。能否得到及时、公正、确切的回复，以及内心潜在的某些顾虑能否有效得到解决等这些往往也是用户关心的内容。对于用户所专注的这些问题，网络营销人员必须负责任对待，能给用户一个圆满的答复，切忌浮躁。你一定要清楚，当用户主动询问这些问题时，就表明他们潜意识里面已经认可并决定购买这件产品了，这个时候，你一定要抓住这些机会来促成交易的实现。

在实际销售过程当中，对于不同的用户，他们所关心的问题也是不同的。有些用户可能更在意的是产品的质量；有些用户可能希望掌握更多的相关信息；有些用户可能比较注重细节……总体来说，网络营销人员需要在每一次销售实践中反复揣摩、认真确认，通过各种途径了解用户的需要，从而有针对性地促成交易。

第六节　如何获取有效信息

有些用户会在最初就表明自己的担心，网络营销人员接下来

需要做的就是——解答他们提出的问题，消除他们心中的各种顾虑，而促使他们做出购买的决定。也有不少用户并不会首先就将自己关心的问题和盘托出，这无形之中就会增加网络营销人员洞悉用户的难度。造成问题的原因有可能源自网络营销人员，也有可能是因为用户某方面的顾虑，或者用户对整个销售活动缺乏思想准备。

如果没有全面的了解，一时还搞不明白自己应该从哪些问题入手，如果用户不愿意或者不能准确表达出他们真正关心的问题，那么网络营销人员就要对当前信息进行认真分析和总结，以便找到用户比较关注的内容，并及时为用户提供比较有效的回复。

一、要及时分析和总结用户的反应

对用户所表露出的信息，网络营销人员首先需要针对这些信息去伪存真。比如当你已经知道用户具有较强的购买能力和产品需求时，而这个时候，用户却声称自己没有买这个产品的打算，那么用户很可能是对产品本身存在不同程度的怀疑。通过对信息的去伪存真，掌握用户流露出的真实信息，再经过自己的深入理解和分析，网络营销人员需要对这些真实信息进行一定总结，然后进一步通过其他途径了解用户最关心的是哪些问题。

二、采取试探和倾听的方式获取有效信息

不管是在哪一次沟通过程中，有询问和倾听都是促进销售过程顺利进行的重要途径。在了解了用户最关心哪些问题之后，能够进行合适的试探和倾听无疑同样是十分有效的方式。

网络营销人员："您能说一说您对我们公司以及这一产品存有

哪些疑虑吗？如果您愿意说的话，相信我会给您完美的答复的。"

用户："其实，我并不是完全了解你们公司，不过倒是了解一些这类产品的信息，因为有一些生产同类产品的厂家也和我们进行过多次联系……"

网络营销人员："那么，和其他公司的产品做一番比较的话，能把您对于我们公司产品的看法说出来听听吗？"用户："根据我个人了解，我觉得你们公司的产品在价格方面……"网络营销人员："对于其他方面的看法呢？"

用户："除了价格方面，我还对产品的质量和售后服务的好坏比较关心，你知道我们非常有必要了解这些情况……"

网络营销人员："我理解您的感受，如果对于您这些问题，我们都能解决的话，那么您对成交还有哪些要求吗？或者您还有其他方面需要补充的问题吗？"

用户："按照我们通常的做法，交货日期最好是在……至于别的问题，我还有一些顾虑，就像……"

在询问和倾听的时候，除了要时刻保持真诚、热情，同时还得考虑所询问问题的引导性，要始终围绕着用户关心的主题进行。这样的话，当你了解用户的顾虑并能及时进行解决的话，成交可能也就水到渠成了。在这个过程中，网络营销人员要牢记最重要的一点：让用户多谈自己的看法，即使用户谈论的内容与主题无关，也要真诚、耐心地进行倾听，然后再选择恰当的问题慢慢引导，进而提出成交请求，这样的销售活动往往能够相互受益。

三、通过不同途径了解用户心理

当你从用户那里了解的信息不能满足你的分析要求时，你不妨考虑换个角度或方法来解决。这样不仅可以拓宽了解用户的信息渠道，而且能避免用户因为不耐烦而产生消极情绪。

比如，网络营销人员可以通过用户周围的朋友旁敲侧击，进而了解更多用户的信息。当然首先要找到和用户关系密切的人，并且能够保证他们给你提供充分有效的用户信息；网络营销人员也可以通过分析用户之前的购买经历，了解用户在平时的购买过程中比较关心哪些问题，用户对于产品的哪些方面比较感兴趣，等等，过去的购买经历往往能够反映出用户的购买习惯。

只要你认真进行研究，就会很清楚地发现用户购买时所在意的问题，能够预料到这些问题并且找到相应的解决办法，那么成交的概率就会大大增加。如果你不知道用户最关心哪些问题，那么你在推销过程中的努力很可能付诸东流，甚至起到适得其反的效果。用户没有兴趣，也没有时间听你说一些他们毫不关心的话题。你的用户最在意什么，他们不可能主动告诉你，这需要你通过一定途径揣摩出来。如果你不能直接从用户身上察觉到他们最关心的问题，那么你不妨扩大调查的范围，这些间接的信息往往能够补充你当前信息的不足。如果你不了解用户最关心的问题，必须得继续努力弄明白问题，然后才能制定相应的解决方案，切不可盲目销售，你的小聪明往往是导致成交失败最直接的因素。

第七节　嫌弃是转化的前奏

用户对你推销的产品挑三拣四，似乎产品的任何特征他们都不满意。此时，你应该感到庆幸，因为这至少表明他们已经对你的产品有一定兴趣了。他们挑剔你的产品恰恰表明了他们对产品有某种程度的需求。

一、不要过多地纠缠微不足道的地方

有着丰富销售阅历的人员经常发现，有些用户总是喜欢在一些微不足道的地方"嚼舌头"。如产品的包装没有新意、产品在运输过程中被积压，等等。用户提出的这些抗议有时是确实存在的，但这些问题大多数都能通过一定措施得到彻底解决的。对于用户提出的这类问题，有时尽管网络营销人员进行了反复承诺，甚至进行了当场解决，可是用户却依然反复无常，揪住这些问题不放。如果出现类似情况，网络营销人员不用苦恼，千万不要因此而放弃。

此时，网络营销人员最需要做的并不是与用户在这些问题上进行纠缠，而是应该把重点放在最终的成交目标上，要想办法转移用户的话题，要正确引导用户迅速从这些问题中走出来，把用户的注意力转移到最终成交的实质性问题上。如成交产品的价格、成交量、交货日期以及售后服务的承诺，等等。

用户："虽然你们公司在业内有非常不错的口碑，可是你们公司的这款产品在细节上还是出现了很多问题，看来，你们公司并没有你们宣传的那么有实力呀……"

网络营销人员："我明白您是这方面的专家，您肯定了解，我们公司在业界的良好口碑肯定不是靠广告宣传出来的，诚如您所说，我们公司在业内的广泛影响力就可以在很大程度上体现产品的质量和服务。至于您刚才提到的细节方面的问题，我们公司一定会尽最大努力为您提供满意的解决方案的。"

用户："我所说的细节性问题有许多方面，比如你带来的这款样品上面有一些轻微的划痕，这个问题虽然不是很重要，但是在一定程度上会影响产品的美观，没有这方面经验的人还以为我买的是处理产品或二手货呢！"

网络营销人员："原来，您指的是这个问题。非常抱歉，这是我工作上的不足，没有事先为您解释清楚。事实上，我带来的只是样品，在和用户进行交流时，为了让用户对我们的产品具有一个比较全面的了解，我经常拿着它比画，以此来向用户介绍相关的产品情况，由于过多的移动和试用，所以造成了一点瑕疵。至于您向我们订购的货品，这点您可放心，这种情况绝对不会出现，而且对于运输过程中造成的产品问题，我们公司全权承担责任……"

用户："另外，这款样品还有一些其他问题，比如……"

网络营销人员："您真是一个注重细节的人，您提出的这类问题，以前的用户基本上都没有提出过，这些问题对于我们提高产品的质量具有非常重要的作用。您看这样行不，我把您提出的这些意见和建议全部写到订单上，让生产部门按照您的要求进行适当的处理，这样，在交货期限之内，您一定可以看到令您满意的产品。那么，现在您能否告诉我，您对产品的交货期具体还有哪些要求呢？"

二、注意用户的话外之音

很多时候，用户的意见并没有直接提出来，而是通过与竞争对手产品的比较自然流露出来的。比方说，有些用户会突出竞争对手价格低廉，以此来说明他们对你产品的价格持以不同意见；再如，有些用户会说其他公司的产品比你公司的产品更好用；或者，用户还会根据同行的一些产品优势来对你们公司的产品提出反对意见。

当用户以这样的方式来表达自己的反对意见时，网络营销人员不应该盲目地认为"在用户的心中，竞争对手的产品比我们的产品更具有竞争力"。这个时候，你要坚定这样的信心：既然用户还没做出最后的决定，只要用户与竞争对手之间还没有达成一致，那么就表明我们公司的产品在某些方面仍然具有一定程度的优势，而我也就存在和他成功成交的机会。

有了坚定的信心和严谨的工作态度，网络营销人员就要将同类产品与本公司产品进行比较，从而找到本公司产品的优势之处，然后在与用户的交流当中了解用户对同类产品的信息掌握程度。其次，要了解用户的信息掌握情况，以此来判断出竞争对手不能满足用户哪些方面的需求。最后，网络营销人员需要做的就是根据自己之前所做的分析，对用户进行引导性的说明，让用户更能直观地了解公司产品能够满足他的需求。当网络营销人员从用户需求这个角度出发，逐步让用户清楚本公司产品的特有优势时，此前用户提出的那些问题也就迎刃而解了。

在进行具体的销售过程中，如果遇到此类情况，网络营销人员可以参考以下案例：

一个从事办公用品的网络营销人员（周先生）来拜访某所大学的后勤服务部，这名网络营销人员此行的目的是拜访该大学后勤服务部的负责人王主任。王主任对下属要求严格，办事非常严谨负责，虽然之前周先生已经与之进行了数次沟通，但次次都是无功而返。

而且最近周先生打听到，王主任私下里不止与他们一个生产厂家进行联系，同时联系他们的一些实力不俗的同行。在这一次与王主任的交流过程中，王主任向周先生明确表明态度，在产品价格方面，周先生公司的产品要高于另一公司的产品；在产品的用途方面，也没有其他公司的功能更全面。

　　针对王主任提出的此类问题，周先生在拜访之前，已经制定出了相应的对策，他拿出了一份制作精美详尽的宣传册，这份内容全面、制作精良的宣传册给王主任留下了这家公司正规、有实力、关注细节的不俗印象。然后，周先生进一步强调了该公司悠久的历史和宏大的规模，并且着重说明了该产品在某些方面的特性，因为周先生知道王主任一向在这方面比较认同，而根据王主任先前提出的意见以及周先生所掌握的信息情况，他知道本公司在这方面有非常大的竞争优势。经过周先生的一番介绍，王主任加深了对他们公司产品的印象，不过王主任仍然针对产品价格提出一些意见。对此，周先生这样说："王主任，多出的这点价格与公司超强的实力和产品的质量和性能相比，您一定更看重后者。实际上，从长远出发，我们公司的产品不仅价格实惠，而且可以在某些方面为贵校创造一定效益……不过，我们公司考虑到希望与贵校结成长期友好合作的关系，因此经过公司领导特批，我们可以为您提供该款产品最优惠的价格……这样，不知您是否感到满意？"

　　当用户开始对你的产品指指点点的时候，往往正是他们对你所销售的产品感兴趣之时。因此，你要对他们的反对意见抱以一种积极接纳的态度。注意用户反复强调的内容，如果你能对这些内容进行有针对性的应对，那么接下来你就能一步一步接近成功。针对用户提出的具体意见，彼此进行真诚有效的交流。这个过程既是洞悉用户需求的过程，也是一个向用户传播产品优势的过程。把握好这个过程，对于成交的实现有非常重要的作用。反对意见往往是取得成交的前提，你要在倾听和处理用户反对意见的同时察言观色，以便随时抓住成交时机。对于用户提出的相左的意见，网络营销人员既要做到积极热情地合理回应，同时也不能忽视其中的任何一个细节，因为成交的机会往往就存在于这些细枝末节当中。

第八节　针对痛点做出反应

几乎所有公司在对其内部的网络营销人员进行培训时，都会强调与用户进行辩驳的种种弊端。然而，即使已经比较深刻地了解，在实际销售过程中仍然会有很多网络营销人员感到很难避免自己与用户之间因为某些分歧而争论。而在事后探求争论的具体原因时，不同的网络营销人员都有自己不同的原因。

但是，当我们汇总这些具体原因时，我们会发现，在他们提出的具体原因中，都有一个共同的地方：几乎所有争论都来自用户的"挑衅"。换句话说，用户在争论的这个问题上要负主要责任！我们不能否认这些网络营销人员的观点，但我们应该清醒地认识到，这种观点本身就是不负责任的。用户没有任何必要去配合网络营销人员所展开的任何活动，他们完全可以按照自己的想法和思路发表自己的观点，表现出自己的任何情绪。他们也有权利选择去认同还是反对网络营销人员的观点和行为……而作为网络营销人员，则有义务对用户表现出的种种不满情绪迅速做出积极的反应，很简单的原因——顾客就是上帝。如果没有他们的支持，那么在竞争如此激烈的现代社会中，不管是多么优秀的网络营销人员，不管是实力多么雄厚的公司，都将面临彻底失败的结局。

当用户表现出自己不满的情绪时，网络营销人员应该随之做出积极反应，而不是任由事态发展。要时刻牢记：积极和随机应变是有效消除争议的两大关键。所谓随机应变，是要求网络营销人员能够察言观色，一旦觉察出来，就要马上采取有效措施，以免增加用户的不满情绪；所谓积极，就是说，网络营销人员要时刻表现出一种积极的姿态，要用自己积极友好的态度来感染和说服用户，从而有效消除用户的不满情绪。比方说，网络营销人员可以利用某些言行来安抚用户的不满情绪，即使当用户在某些方面与自己的意见相左时，也要控制好自己的情绪，尽可能把积极、友好、乐观的一面展现出来，这样做的目的是让用户了解，是为了增强和发展双方的进一步合作关系，是为了能够最大限度地满足用户某方面的需求。

有时，网络营销人员也可以通过某些手段来引起用户的同情，以最大限度地避免或减少用户发起的语言进攻，从而能够让自己接近用户。具体做法可以参考如下案例：

用户："你不用再来这里了，我们公司买这种产品的可能性是微乎其微的，因为我们从来不需要这种产品！而且在这里你也看到了，我的时间很宝贵，我不喜欢在工作过程中受到别人打扰。"网络营销人员："非常抱歉，我确实打扰了您，不过我还是希望您能给我五分钟的时间，五分钟之后，我自然会离开的。只浪费您五分钟的时间，可以吗？"用户："今天我真的没有时间……"网络营销人员："三分钟，您说呢？"用户："好吧，就三分钟，多一秒都不行！"网络营销人员："当然了！"……

当网络营销人员不能保持自己的理智，而与用户发生争论时，往往意味着他已经无法掌控场上的局面，这样的销售注定失败！不要掩耳盗铃地说："争论就是为了更有效地解决问题"，这个时候，你必须保持清醒的头脑。你应该认识到：争论本身就是一个非常恼人的问题，更何况，争论还有可能给以后的活动带来一系列麻烦。与用户争论，会使用户产生对你的不满情绪，这种不满肯定会影响到你的销售业绩和你公司的形象。越是在用户发牢骚的时候，你越是应该想方设法为用户提供支持和帮助，从而消除他们心中的不满，这样才能促进成交的及早实现。而选择与用户争论则无异于火上浇油。

用户购买产品的前提是满足自己的需求、有效解决自己的问题，所以不管用户提出什么意见，你都要能够理解，你的理解和大度是赢得用户信任和满意的关键；在销售过程中，你没有任何理由去指责用户，除非不想做这笔交易。得到应有的尊重和关心是用户在交易过程中最基本的要求，当他们的反对意见遭到网络营销人员针锋相对的辩驳时，用户就会产生"没有得到尊重"的感觉。因此即使在销售过程中碰到与用户意见相左的情况，网络营销人员也应该时时保持理智，尽量展现给用户积极热情的一面。

第七章　复购，增加用户黏性

交易前后，只要发现用户有需要，就都应该为用户主动提供良好的服务。即使在交易之后，网络营销人员更加要主动询问用户是否需要售后服务，并且要尽心尽力地予以满足，千万不要在交易结束后，对用户提出的售后要求故意逃避或假装视而不见。

第一节　确保及时付款

如果一桩交易成交之后，缺少有力的还款保证，那么这样的交易对公司来说还不如没有过。真正的销售并不是用户承认购买产品或服务那么简单，在用户做出成交决定之后，网络营销人员还需要与用户达成有效的还款协议，这才是一桩完美的交易。

具体的付款方式以及相应的付款期限问题常常成为网络营销人员与用户在成交后讨论的核心问题。特别是在大宗交易过程中，这一问题的商讨往往居于十分重要的地位，甚至关系到交易的成功与否。作为网络营销人员，当然希望顾客能够"货到付款""一次性付款"，可是用户们却往往热衷分期付款，并总是试图争取较长的付款期限。一些用户在合同规定的最后付款期限内，没有及时结清货款，在网络营销人员的几番催款下，还是不愿结清款项。这种状况是网络营销人员及其公司最不愿意看到的事情，它不仅会导致公司蒙受不必要的损失，而且有时候，这种不必要的损失很可能会给公司的资金周转造成极为严重的影响。

得出的结论就是，如果在售出货品或服务后，不能按期收回货款，就会对网络营销人员及其公司产生重大的不利影响。

因此，网络营销人员必须在保证交易成功的基础之上，努力与用户在还款问题上达成一致，以确保用户能够及时结清货款，这样既有利于保证公司的正常运转，又有助于双方长期友好的合作关系进一步加强。所以，在具体的销售过程中，网络营销人员在保证公司长久利益实现的同时，还应该让用户清晰地认识到这一点——不能按时还款对他们来说不是一件好事，他们的失信会对双方之间的长期友好合作关系造成极大伤害。

按期收回货款对双方都有利：

一、即时收回货款有利于公司的前景发展

在小额交易过程中，网络营销人员必须确立"货到付款"的概念；而在大额交易过程中，网络营销人员则应当根据具体情况，尽可能地争取在较短的分期内拿到付款。如果网络营销人员与用户协商后，决定采用分期付款的方式，那么网络营销人员一定要在销售合同中与用户明确具体的还款时间，这是对用户的一种约束，也是对自己利益的保证。

任何一家公司都会对产品的销售额或销售量保持强烈的关注，与此同时，也没有哪家公司不注重用户还款的期限与金额，甚至有些公司为了更及时地收回货款，宁可牺牲一定利润。很多网络营销人员都被这样告知："如果较大利润与及时收款二者不能兼得，那么就降低一部分利润，以换取及时的还款吧。"公司之所以如此注重及时还款的重要性，是因为这样做可以为公司减少很多损失。及时收回的货款可以缓解公司的资金压力，也可以直接为公司创造巨额效益。

如果所有的网络营销人员都能在保证成交量的同时，尽可能地减少赊欠货款，那么公司的资金周转就会灵活很多。在公司前景的发展规划上，无论是进行新产品的研发和设计，还是进行原有产品和其他产品的生产加工，以及原材料的购进，公司都可以按照预定计划顺利或者更优一步地进行。

同时，充裕的资金还可以使公司放手进行销售，这样又会

促进公司销售额和整体利润的不断增长；而一旦不能及时收回货款，公司的资金周转就可能出现问题，可能对所有的生产和经营活动产生不可忽略的影响，最终，公司的利润会大打折扣。

因此，网络营销人员必须要在销售过程中确立"货到付款"或"保证及时拿到货款"的概念，千万不要为了实现公司的成交定额而忽视了用户的还款能力或信誉，那样会给公司造成随时的潜在危机，也会影响到自身收益。

二、及时付清货款有利于用户自身的长期利益

很多用户都会尽可能争取更长时间的还款期限，甚至有一些用户会在还款期限已经大大超出合同时，仍然没有还清款项。事实上，拖欠货款并不能带给用户多少的眼前利益或长期利益，很少有用户能够依靠拖延还款时间而获得长远利益。

所以，在与用户进行交流过程当中，网络营销人员应该让用户明白这些，并在适当的时机向用户传达及时付清货款对于用户自身的种种益处：

首先，及时付清货款有利于用户本人建立良好的信誉度。在与产品经销商或生产厂家打交道过程中，如果公司派出的代理人始终能够坚持及时付清货款，那么他无疑会在市场上建立起良好的信誉度。

与此同时，这个公司的品牌影响力也会得到更好的宣传。良好的信誉度对用户的根本利益和长远利益具有十分显著和深远的意义，如果用户偶尔一次忘记了及时付清货款，也许用户长期以来努力经营的品牌形象和良好信誉度都会因此受到破坏，这对于用户今后的发展是极为不利的。

其次，及时付清货款有利于促进用户迅速延伸产品效益。在

及时付清货款以后，用户就可以毫无后顾之忧地利用已经完全属于自己的产品去创造效益，这可以保证自己各项生产和经营活动更高效地运行。

与此相反，如果用户没有及时付清货款，那么这些产品很可能会被厂家收回，如此一来，用户将无法利用这些产品为自己创造更大的效益。

再次，及时付清货款有利于用户在今后的购买过程中掌握更多的主动权。如果用户能够经常保证及时付清货款，那么这一行为本身就可以成为今后商务谈判中一种无形的优势，当用户有资金周转不开的意外时，这往往可以为用户换取网络营销人员及其公司在价格或是期限上宽限的回报。最后，及时付清货款还有助于用户吸引更多的贸易合作伙伴，这将使用户在今后的购买过程中具有更多的选择权和主动权。如果不及时付清货款，那么当今后用户急需货物的时候，网络营销人员就很可能不想与之合作，这将导致用户处于十分被动的局面。

三、及时收回货款有利于双方的长期合作

如果在先前的多次交易中，网络营销人员与用户总能够在款项的问题上达成一致，那么也就意味着彼此双方今后的合作会是十分友好且长期稳定的，这对双方长远利益的实现都具有重要意义。相反，如果用户对交易货款一直拖欠，那么也就意味着双方今后的合作可能因此受到重大阻碍，而这对于双方长期利益的实现都将造成巨大伤害——销售一方的销售量会受到影响，利润也会因此受到损失；用户一方的需求难以得到满足，可能会因此而产生其他一系列问题。更重要的是，一旦双方的合作关系因款项问题而受到破坏，那么今后若想重建而则需要双方都付出更大的信任。

第二节　做好该做的事情

有时候因为不能及时收回货款，会对网络营销人员自身、公司产生极为不利的影响，也会因为不断催款，对与用户长期合作的关系产生影响。所以，网络营销人员在努力完成销售额的同时，还必须做好自己应该做的事情——尽可能地既达到销售定额，又保证能够及时收回货款。在处理这些问题过程中，网络营销人员需要做到以下三点：

一、深入有效地考察用户信誉度

网络营销人员有必要对用户的信誉度开展有效考察，如果这项工作做得不好，那么网络营销人员最终很可能就会因为自己太急于求成而造成成交容易收款难的严重问题。对用户的信誉度开展有效考察是保证自己利益的重要前提。

用户信誉度与其能否及时付清货款是必然联系在一起的：如果用户的信誉度一贯良好的话，那么他们通常能够做到及时付清货款；如果用户在与销售方合作时能够及时付清货款，那么这往往可以造就其良好的信誉度。

因此，在与用户进行交易谈判过程中，网络营销人员可以调查用户以往的购买记录和还款周期，对用户的信誉度进行考察。在对用户信誉度展开具体考察时，网络营销人员应结合用户的品牌影响力、用户在社会及市场上的形象和地位，以及与用户有过长期合作的合作伙伴对其的客观评价等因素，对用户信誉度进行综合性总结。如果通过相应的考察活动，网络营销人员认为用户的信誉度已经经受住了长期的、多方面的考验，那么就可以继续进行相应的交易了；如果发现其信誉度并不高，甚至有过多次拖欠货款等方面的不良记录，那么网络营销人员就需要谨慎与用户进行交易了。

二、在合同中对相关还款内容进行明确规定

即使用户的信誉度经过调查已经是及时收回货款的重要保障，网络营销人员仍然不能忽视在合同中明确规定关于具体的还款内容。

犹太人在做生意时强调"每一次交易都要当作第一次"，意思就是说，生意场上，交情归交情、交易归交易，即使你与用户已经有过多次愉快的合作，也不能因此在签订合同时有丝毫松懈，你必须让每一项内容都切实落实在书面上。做好这些，既是对整场交易的负责，也是对自身及用户利益的有效法律维护。

总而言之，在拟定合同时，网络营销人员一定要对相关的还款条件进行明确约定，这有助于你在维护自身利益和处理相关还款的问题时处于更加主动的地位。

三、积极配合用户，免除用户的后顾之忧

如果网络营销人员在合同签订之后，在一些具体工作上没有积极配合用户，没能让用户感到满意，那么用户很可能会推迟结款时间。在合同签订之后，网络营销人员并非就可以高枕无忧地等待用户送款上门了。

事实上，有时候，用户之所以拖延结款时间，就是因为网络营销人员在合同签订之后，没有做好相应的售后工作，以至于用户对售后服务质量感到严重不满，最终便以拖延结款来表达这种不满情绪。比如，当合同签订之后，网络营销人员没有很好地履行自己在合同中或在口头上对用户的承诺，或者网络营销人员在

签订合同之后，对用户说了一些不该说的话，让用户感到自己在交易中受到了某些损失，或者网络营销人员没有积极主动地为用户提供应有的服务，等等。

因此，为了有效保证及时收回货款，网络营销人员即使已经完成了自己的职内任务，也要在一些必要和力所能及的活动中积极配合用户。网络营销人员的积极配合可以有效免除用户的后顾之忧，增强用户的满意度，最终实现及时收回货款的目的。

如果一桩交易中，网络营销人员没能争取到在用户拿到货的时候，就全额收到款，如果也没能争取到一定的预付款，那你就一定要得到用户的付款保证并签订相应的还款条约。如果能够争取到一次性全额付款，那么即使被要求降低一定利润，你也要这么做，因为及早拿到货款不仅使你的有效销售额更有保障，而且更利于公司的资金周转。

在销售过程中，网络营销人员一方面要尽力促进交易的实现；另一方面还要注意对用户信誉度进行考察。对于那些在信誉度方面已有不良记录和表现的用户，要谨慎交易。如果与用户协商采取分期付款的方式，那么你一定要在合同中明确要求具体的付款数额和期限。同时，还要尽可能地按照合同履行自己的义务，要尽可能地对用户提供应有的帮助，以减少和避免用户拒绝付款。

第三节　深入挖掘用户需求

当网络营销人员已经与用户建立了良好的合作基础之后，一旦发现用户对公司的其他产品有需求，那么这时你需要紧紧围绕用户的这些需求展开进一步推销，这样建立在合作关系上的推销比开展新的推销活动往往能够获得更高的成功率。

　　建立在合作基础上的销售更容易让用户接受，所以在初次合作成功之后，应该再接再厉，深入挖掘用户需求，争取二次合作。

　　一些聪明的网络营销人员不会在实现原定的成交任务之后，就满意收手，他们会根据用户言辞间不经意吐露的需求展开进一步推销。如果用户这方面的需求刚好能促进公司产品销售量的提高，那么这些网络营销人员就会"得寸进尺"地针对用户的需求心理继续推荐其他商品。这些网络营销人员的行为绝非贪得无厌，而是一种强烈进取心的体现，他们是在追求自己利益和对公司负责的态度下驱使的一种想用户所想的认真表现。

　　如果用户实际上有这单交易以外的需求，而网络营销人员却因为自己工作不到位而没有及时发现；如果网络营销人员发现了用户的某种需求，却没有与用户进一步交易的想法；如果网络营销人员知道自己的公司能够提供用户需要的产品和服务，却不去积极争取合作的机会，等等，那么这样的网络营销人员拿什么来对自己、对公司、对用户负责，而且他自身的定额销售目标又将如何实现呢？

　　所以，在与用户实现当前交易的基础之上，网络营销人员针对用户潜在的需求展开进一步的推销活动不仅是十分必要和非常重要的，而且有助于网络营销人员节省更多推销成本。更重要的是，这种建立在原先合作关系上的推销活动往往更容易成功。之所以这样说，主要原因有如下两种：

一、建立在已交易基础上的推销可以避免很多沟通障碍

　　网络营销人员可以计算这样一笔账：发展一个新用户，事先

需要做多少准备工作，至少，网络营销人员需要去主动了解新用户的一些基本信息。然后用这些基本信息和新用户进行必要的沟通，这时才有机会与新用户进行实质性的销售活动，而这种机会的可能性却并不是很大；如果有幸与新用户进入到实质性的销售活动当中，要获得新用户的信任又是一个任务，你至少要费很多心力与口舌让新用户对你个人、对你们公司以及公司的产品和服务等各方面的条件产生信任。最后在所有这些工作都进展顺利的基础上，你才可能与之达成最后的交易目的。

用"路漫漫其修远兮"来形容这一过程一点都不夸张，网络营销人员发展一位新用户所花费的时间和精力都是巨大的。而与已经就公司某项产品或服务达成交易的用户开展进一步沟通，网络营销人员就可以省去很多沟通障碍，不必再去花费时间了解用户的相关信息，也不必费力将公司原则、服务质量保证的一些基本信息再向用户进行重申。

总之，建立在合作基础上的再合作使你可以直接针对用户需求进入到最后的交易活动当中，此时用户对你的戒心已经基本消除，你们需要讨论的只是些合同中的细节问题，很快，你们就能直接进入到协商交易的阶段。

二、建立在已交易基础上的推销更容易得到用户的认可

既然网络营销人员已经与用户就某项产品或服务达成了交易，那么就表明用户在各方面已经对你、对你的公司以及对你们公司的产品和服务产生了一定程度的认同。

通常情况下，如果网络营销人员及其公司能够满足用户在其他方面的需求，而且在先前的成交过程中没有出现较大的不愉快

问题，那么"再推销"将会很容易获得用户的认同。这时，你与用户的主要沟通工作就是协商彼此提出的交易条件，只要彼此的意见能够达成一致，那么这项针对其他商品的销售活动就会成功交易。

第四节　巧妙了解用户心理

若网络营销人员想在前一单生意交易成功的基础上，对用户再进行进一步的推销，首先需要确定的是，用户是否有其他方面的需求，以及对于这些需求，你与你的公司是否能够给予满足。如果网络营销人员没有去了解用户在其他方面的具体需求，即使了解了，却不知道用户的其他需求你公司能否给予满足，那么你就无法进一步开展有效的推销活动。

因此，网络营销人员必须要对用户的其他需求进行深入了解和认真分析，在了解用户的其他需求时，网络营销人员应该讲究必要的技巧和方式，否则就可能了解得不够准确和充分，对你的推销工作造成难度。在了解用户的其他具体需求时，网络营销人员需要注意以下两点：

一、通过更广泛的途径了解用户的需求信息

虽然在前期的交易中，网络营销人员已经了解了用户的基本情况，可是在了解用户的其他需求信息时，网络营销人员不要仅仅局限于用户本身，而应该通过更广泛的途径去进行了解和考察，只有这样，才能更充分、准确地把握用户的实际需求。

比如，网络营销人员可以结合用户平时不经意的询问，去向

用户周围的有关人员进行了解，如用户身边的助理、秘书、有关工作人员以及介绍你与用户认识的朋友等，确切地知道他是不是有这方面的需求；网络营销人员也可以根据自己以前对用户相关信息的掌握，进行必要的数据分析——对比用户以往的销售量和目前的销售方向，来分析用户对原材料的需求；或者，网络营销人员还可以进行切实有效的实际考察，以此来确定用户还需要哪些产品或服务。这些了解用户信息途径的方法有助于网络营销人员掌握用户更充分的需求信息。做好这些工作，能为"再交易"提供更有力的保证。

二、通过用户自身来了解他们的具体需求信息

如果网络营销人员能认真留心并有意向用户展开巧妙的询问，通常都可以从用户口中了解一些十分有用的信息。在通过这种方法了解用户的具体信息时，网络营销人员一定要注意自己的态度和方式，善于把握说话技巧。

对于那些疑心较重的用户，网络营销人员最好不要过于直接地进行询问，而要在留心用户的反应下，通过旁敲侧击的方法来了解自己想要的信息。例如，"听说贵公司最近打算要在 × × 地区新开一家分店，那一定需要不少基础设备吧？"而对于那些对先前的成交结果比较满意的用户，网络营销人员一定要在表明你及你的公司愿意为其提供更多方面的服务，愿意与其保持长期好合作的愿望下，用诚恳的态度向其进行询问，例如，"除了合金制作的乐器，我们公司还专门针对高档乐器商店设计了多种优质的木制乐器，现在这种木制乐器特别畅销，您可以先看一看它们具体的制作工艺，如果您比较感兴趣的话，今天咱们正好有时间谈一谈……"

围绕用户需求展开新一轮销售：通过更广泛的途径和灵活的问话技巧了解到用户的具体需求之后，在公司能满足用户的这些需求的前提下，网络营销人员就需要围绕用户的具体需求展开新一轮的"攻战"了。在新一轮销售过程中，网络营销人员完全可以借助先前的交易基础来说服用户，这会让你的销售工作省时省力。

场景一

用户："我们确实有这方面的需求，可是目前却并不急着进行购买，因为已经有好几家公司与我们联系了，我们需要进行多方面的比较和周全的考察后，才能下订单。"网络营销人员："这个我理解，任何交易都不能有丝毫马虎嘛，不过，通过这么长时间的合作，您已经对我们公司的实力和产品的竞争优势有了很充分的了解，而且您也看到了我们公司的办事速度与信誉保证，当初您选择我们公司作为合作伙伴，不就是因为我们在行业中占有的优势吗，如果我们的合作能继续下去，您不觉得是一件很愉快的事吗？"

场景二

用户："我觉得一下子做出这样的决定有些太仓促了，毕竟刚刚咱们才就 ×× 问题签署意向书，咱们过一段时间再谈这件事，好吗？"网络营销人员："正因为咱们之间已经建立了很好的合作关系，互相之间的了解深了一步，所以您才可以更放心地与我们继续进行合作呀！况且，如果现在咱们能就这件事情谈妥的话，那么我们公司不仅可以让利几分，而且能保证立刻发货，让您在利益和时间上都享有最大化的特别待遇。"

总而言之，在老用户身上开展新一轮销售活动过程中，网络营销人员一定要紧紧围绕用户的实际需求而采取相应的交易技巧，让用户始终感觉得到你是在尽量满足其需求，这样才有助于交易的实现，也有助于今后的"再交易"。

虽然有了之前的友好成交为基础，你再向用户推荐其他商品时可以免除很多障碍。但是，在"再交易"这一过程中，网络营销人员最忌表现得过于急功近利，那样不仅难以实现成交目的，而且会破坏先前你在用户心目中的良好印象，不利于你与用户友好合作关系的发展。

网络营销人员不要仅仅满足与用户现有的交易，对于用户的其他需求，在你能满足的情况下，如果错过了，岂不是大失良机？所以，这要求网络营销人员要善于从各种途径对用户的其他需求进行深层次的挖掘，而具体的挖掘的途径绝不限于用户本身。同时，在了解用户的其他需求时，必须讲究一定技巧，否则很可能会导致你把错误的信息当成用户的真实需求，导致你在新一轮的销售"攻势"中受挫。

第五节　做好售后服务

虽然为用户提供良好的售后服务是售后服务部门的职责，但是这并不意味着网络营销人员就可以在交易结束之后，完全脱离于用户服务之外。而应该在用户有需要时，网络营销人员要随时做好为用户提供良好服务的准备，这就是说，网络营销人员要与售后服务人员相互配合，一起来为用户提供优质的售后服务。

做好售后服务的重要意义：

一些网络营销人员认为只要自己能够说服用户进行交易并完成公司的销售任务，就万事大吉了，像售后这些事情大可以全部留给售后服务部门或其他相应的专业部门去处理。持以这种想法的网络营销人员大多是业绩不好、缺乏全面的战略眼光的人。他们并不清楚，如果自己更加积极主动地协助其他部门人员为用户提供更加优质的服务能为自己带来怎样的回报。为用户提供良好的售后服务，这并不仅仅是企业售后服务部门的职责，同时也是网络营销人员销售工作的一部分，做好这项工作对网络营销人员来说，具有非常明显的积极作用。

一、有助于减少用户抱怨

如果网络营销人员能够配合售后部门人员一起为用户提供更加积极主动且及时有效的售后服务，那么最直接的作用就是能大大减少用户对公司的抱怨，为公司赢得一个好口碑。

实际中，用户因为对售后服务感到不满而导致的用户投诉现象时有发生，造成这种现象的原因，一方面是因为企业目光短浅、只关心眼前的交易额，而对交易后用户遇到的产品问题不闻不问，这样会导致公司只能拥有"一次性"的用户，要想得到长期稳定的合作关系是不可能的；另一方面则是因为网络营销人员没有形成交易后的用户服务意识，不能积极主动地在交易后对用户进行售后服务造成的。

一旦用户投诉得多了，企业就需要花费很多时间与精力进行消除，这无疑要耗费很大部分的人力、财力。但是，如果一开始，网络营销人员就能积极主动地为用户提供优质的服务，在交易结束之后，能继续关注用户的需求，为用户提供满意的服务，那么就根本不会存在那些对企业极为不利的用户投诉。

二、有助于巩固与用户的友好合作关系

积极主动地为用户提供良好的售后服务是巩固与用户友好关系的重要方式，也是培养用户忠诚度的一种主要方式。很多企业

的优秀网络营销人员都是通过这种方式来为自己赢得稳定且忠诚的用户的。

大多数网络营销人员都知道，长期良好的销售业绩在很大程度上依靠一大批忠诚用户的支持，他们也往往是一个企业根本利润的重要来源。而要想获得大量忠诚用户且要得到他们长期的支持，就要求网络营销人员不断加强和巩固与这些老用户的友好联系，努力培养用户对企业的忠诚度。这也需要网络营销人员尽可能地主动为用户提供超出他们期望值的优质服务，否则，用户对企业的忠诚度将很难建立。事实上，很多企业之所以不能与用户保持长期的友好合作关系，他们对售后服务工作的不满意常常在诸多原因中居主要地位。

如果用户在成交之后，不能享受到应有的或者能令其满意的售后服务，那么他就只是你的"一次性"用户，而当一个企业不能抓住用户时，企业的销售额必定会受到严重损失。因此，如果网络营销人员想要获得更多的忠诚用户，想在今后最大程度地提升你的销售业绩，那么你就必须做好相应的售后用户服务工作，努力培养用户对公司的满意度和忠诚度。

三、有助于增加新的潜在用户

如果网络营销人员做到了为用户提供良好的售后服务，那么不仅可以获得老用户的继续支持，而且可以由此增加新的潜在用户。这些新的潜在用户一方面来自老用户的介绍；另一方面来源于新用户对行情进行各项考察后做出的选择。

如果你能坚持在你的本职任务完成之后，仍然积极主动地询问用户有什么不满意的地方，并且尽最大努力满足他们的需要，那么这些用户就会对你心存信赖和感激，一旦他们周围有人需要同类产品，这些老用户就会非常自然地将这些用户介绍给你。另外，很多用户在购买之前，都会对多家厂商进行各方面的综合比较，如果他们在选择时，发现你始终能够提供良好的服务品质，他们就会主动与你联系。

所以，网络营销人员积极主动地做好售后服务工作，不仅仅能抓住老用户，也有助于吸引潜在的新用户，从而在更大程度上增加你的销售业绩。因此，网络营销人员必须尽自己最大努力，认真做好售后服务工作，而不要把这项服务当作额外的负担。

四、有助于公司良好口碑的形成

当五花八门的广告宣传充斥在人们周围的时候，消费者似乎已经麻木了。商家在广告宣传上的良苦用心一律被认为是"王婆卖瓜"——无一能幸免自卖自夸的嫌疑。这样，商家用在宣传上的巨大资源花费，其中既有高居不下且呈直线上升的宣传成本，还包括大量的人力和物力，但这些却没有起到应有的宣传效果。

面对在广告宣传过程中的高付出、低回报现象，现代企业不妨换一种宣传方式——利用口碑传播的方式。这样不但可以加强广告宣传的影响力，而且可以降低宣传成本。更重要的是，良好的口碑形象对新用户的吸引力通常大大超过广告宣传的吸引力。老用户的口口相传是公司品牌形象的最好传播渠道。达到这种效果的前提是网络营销人员要积极主动地为老用户提供优质服务，那么当然，那些感到满意的老用户就会将他们受到的优质服务不经意地对外宣传，这种来自老用户的口碑宣传对公司品牌形象的传播起着十分重要的作用。

因此，无论从自身短期效益来看，还是从企业的长远发展来看，网络营销人员都有十分的必要来配合其他服务人员为用户提供更好的售后服务。

第六节　主动询问用户需要

既然做好售后服务对网络营销人员的个人业绩以及对企业的整体发展有着重要意义，那么网络营销人员就应该从现在开始，为用户提供更为周到、更为满意的售后用户服务。至于在具体的执行过程当中，网络营销人员需要怎样做，才能达到既令用户满意，又留给自己的足够时间和精力呢？下面提醒网络营销人员在售后服务中要注意的两方面：

一、主动询问用户需要哪些服务

在交易结束之后，网络营销人员要定期主动向用户进行售后产品质量跟踪调查，以便及时有效地了解用户在哪些方面需要帮助，从而能主动为用户提供优质的服务。

主动为用户提供服务，对网络营销人员来说，具有如下几种好处：首先，网络营销人员向用户充分表达了自己的关切和关注，让用户充分感受到了来自网络营销人员内心的尊重和关心，感受到了充满了人性化的服务；其次，网络营销人员主动的关心询问能及时了解用户遇到的问题，这有助于企业更及时、有效地解决这些问题，树立一个有着高效品质保证的公司形象。另外，网络营销人员通过认真了解用户的服务需求，能更准确地把握产品的优缺点，以此来上报公司做出必要的改进。

与此同时，主动为用户提供服务时，要在征求用户意见的基础上，用诚恳的态度来倾听，切勿敷衍了事，而应坚持不懈地开展这项活动，不要时紧时松，时冷时热，要全力保证为用户提供最及时、最有效的解决方案。比如下面这个例子：

网络营销人员："您好，马经理，我们需要进行一下产品使用回访。请问这段时间在产品使用过程中，有没有遇到什么问题？"用户："我注意到最近几天，这台机器在正常运转时的声音比前一段时间大了，我正在担心是不是机器内部的某些配件出了什么问题。"网络营销人员："好的，我做一下记录。还有其他问题吗？您可以一起说出来，到时候，派人过来一起为您解决。"用户："暂时还没有其他问题。"网络营销人员："那您看这样好不好，我马上通知我们公司的专业维修人员，让他们明天过来帮您解决这个问题，您明天有时间吗？"

二、积极为用户提供有效服务

很多用户在交易结束之后，都可能会面临一些相关问题。如对产品功能了解不充分、不能熟练使用产品，或者产品本身出现质量问题，等等。当用户遭遇这样一系列问题时，有时他们会直接联系企业的售后服务部门，有时则会习惯性地找当初与自己进行交易的网络营销人员。一旦用户找到了你，那么你就必须尽自己所能为用户提供良好的服务。如果自己也无法解决用户面临的问题，则应该主动帮助用户联系相关的售后服务人员，切勿推卸自己的责任，消极冷淡地对待用户。

场景一（错误的态度）：

用户："我发现最近一段时间，这台电脑的启动速度变得特别慢，不知道哪里出现了问题，你们能帮助解决一下吗？"网络营销人员："您有没有注意是不是染上什么病毒了？如果是您上网染上病毒的话，这不在我们的保修范围之内……"

用户："这台机子买回来后，根本就没有上过网，明明就是你们机子本身的问题……"网络营销人员："这不在我的职责范围内，请您拨打我们的售后服务电话，有专人负责产品的后期维修，电话号码是……"

场景二（正确的态度）：

用户："我发现最近一段时间，这台电脑的启动速度变得特别慢，不知道哪里出现了问题，你们能帮助解决一下吗？"网络营销人员："当然可以了，那么请问最近您的电脑是不是经常上网，而您没有定期杀毒的缘故呢？"用户："我很少上网，但是却购买了相应的杀毒软件，所以应该不会是病毒的问题。"网络营销人员："这样啊，由于我不是专业维修人员，请问您方便把电脑带到我们的专业维修部门吗？"用户："最近我不太方便，因为……"网络营销人员："那您看这样好不好，您的电脑问题也不大，现在您把电脑打开，我让公司的专业人员通过电话指导您操作一下，看看能不能解决问题，如果还是不行的话，明天会有维修人员到您那里去一趟……"

如果凭借你的努力，不能为用户提供相应的服务，那么你应该主动联系专业的用户服务人员帮助用户解决问题，要尽可能及时、彻底地解决用户面临的问题，以免问题被不断扩大。积极主动地为用户提供良好的售后服务，这可以让你的用户感到更加满意，只有用户对你满意和认同你了，才会继续与你保持合作关系，企业才可能获得更大利润。

交易前后，只要发现用户有需要，网络营销人员都应该主动为用户提供良好的服务。即使在交易之后，网络营销人员更加要主动询问用户是否需要售后服务，并且要尽心尽力地予以满足，千万不要在交易结束后，对用户提出的售后要求故意逃避或假装视而不见。一些在你的能力范围之内能够提供给用户的服务，就不要吝啬自己的精力与时间。你要相信：你为用户付出得越多，你从中获得的回报就更多、更长远。

第七节　交易结束后，也要保持联系

如果在与用户交易之前，对他们万分殷勤，而在交易之后，却摆出一副"大功告成，请勿打扰"的样子，那么当你再度需要与用户合作时，用户很可能会以更加冷漠的态度来对待你。

不仅在交易之前，网络营销人员需要不松懈地与用户保持联系，即使在达成交易之后，网络营销人员同样需要与用户保持联系，这是诸多优秀网络营销人员能拥有大量忠诚用户的重要原则。

如果交易刚刚结束，网络营销人员就一改先前积极和热情的态度，立刻停止与用户的联系，甚至对用户的主动联系采取不闻不问的态度，那么用户就会因为前后的落差而有种受到欺骗的感觉，并由此对你及你所代表的公司感到不满，从而对你今后的销售活动产生隐形的不利影响。

事实上，优秀的网络营销人员都十分清楚，即使用户深知"生意场上无人情"的道理，不对网络营销人员在成交之后的冷漠态度过多地加以计较，可是作为靠人脉来维系客源的销售行业，如果你就这样放弃自己好不容易建立起来的合作关系，实际上是在白白浪费自己辛辛苦苦建立起来的用户资源。如果你不积极主动地在交易之后，继续与这些用户保持联系，那么自然会有其他竞争对手与这些用户联系。而当用户产生新的需求之后，由于你在前期与其建立起来的友好合作关系已经被你的漠视淡化为零了，你也自然不在用户的选择之中了。

当然，网络营销人员还应该知道，如果你不能在交易结束之后，仍然与用户保持比较紧密的联系，那么即使用户又有了新的需求，而由于你无从掌握具体的信息，最终导致你彻底失去与用户再交易的机会。因此，无论从用户的主观感受来理解，还是从你自身的实际利益出发，网络营销人员都应该在售前售后，随时与用户保持紧密的联系。

除了要坚持不懈地与用户保持联系，还要让用户知道你一直都在关心他，并一直很重视他，让用户充分感受到来自你的真诚关注。为了让用户更加真切地感受到你的关注，网络营销人员在与用户保持联系时，可以适度地与用户建立起友好的私人关系。比如，网络营销人员可以针对用户的身体健康、相关的工作进展情况等给予用户适度的关爱和鼓励。这样一来，就会让用户产生这样的感觉：你不仅仅是为了自己的业绩增长，才与之进行联系的，而是因为把他们当一个朋友，才来关心和鼓励他们的。

为了建立和加强你与用户之间的联系，网络营销人员在与用户联系过程中，需要格外注意自己的态度和方式。在态度上，网络营销人员除了要做到最基本的积极、热情、礼貌之外，还要保持足够的自信，这可以使用户对你更加尊重，而不是仅仅把你当成一个网络营销人来看待。另外，网络营销人员还需要做到对用户以诚恳相待，任何时候、任何理由都不要拿来欺骗用户，否则一旦被用户识破，今后再想获得用户的信任就会难上加难；在方式上，网络营销人员要尽可能采用和缓且循序渐进的方法，尽量避免与用户在一些无谓的问题上发生争执，任何时候都要切记，不要伤到了和气。最后，网络营销人员也可以充分利用自己的幽默和善谈的人格魅力与用户多进行各个话题的交流，以拉近彼此间的心理距离。

总之，在交易目的达成之后，网络营销人员仍然需要保持与用户的联系，这对你的销售工作百利而无一害。与此同时，网络营销人员还必须让用户充分感受到来自你内心的关心、支持和尊重，这对增强你与用户之间的友好合作关系有着明显的效果。

第八节　售后要主动跟进

在交易结束之后，除非遇到非解决不可的问题，大多数时候，用户都不会选择与网络营销人员主动联系，所以，创造与用户之间的联系机会就落到了网络营销人员身上。在这方面，网络营销人员一方面要做到不让用户感到厌烦；另一方面又要切实地做到拉近与用户之间的心理距离。一些网络营销人员抱怨在交易结束之后，就很难再有机会与用户进行有效的联系了，有时候因为掌握不好尺度，还会惹得用户厌烦。其实，只要用心去把握，就一定可以找到与用户联系的合适时机和恰当方法。

具体地说，网络营销人员可以通过以下几种方式，主动创造出与用户再次联系的大好机会：

一、主动询问用户的售后服务需求

在前文谈到为用户提供良好售后服务的重要意义时，就提起过网络营销人员积极主动地向用户询问具体的售后服务要求其实是一种增进与用户联系的重要方式。通过这种方式，用户不但会对网络营销人员的人性化服务感到满意，而且可以为今后的再次合作打下良好的基础。因此，在主动询问用户具体的售后服务要求时，网络营销人员既要让用户体会到自己对其发自内心的负责和关心，又要有意识地为今后的再次合作做好铺垫。

例如，网络营销人员："请问您在产品的使用上还满意吗？如果产品出现什么问题，您随时都可以与我联系，我也会经常对您进行产品回访调查的……""产品到货有一个月了吧？您觉得我们公司的这种新产品有什么地方还需要改进呢？最近有一些不法分子假冒我们公司的售后服务人员，以上门维修之名骗取钱财，您需要特别注意，我们公司在产品保修期间，是不会向您收取任何费用的……""您还有一些其他方面的需要吗？我们公司离您那里很近，如果有需要的话，欢迎您随时到我们公司来参观，到时候，您只要提前打电话给我就行了……"

二、确立共同话题

在与用户成功交易后的联系上，一些网络营销人员认为除了再次进行推销外，双方之间好像没有其他共同话题。可是如果只是就交易内容才进行联系的话，又很容易使双方之间的联系流于程式化和僵硬化，不利于彼此之间心理距离的拉近，促进不了合作关系的形成。

事实上，网络营销人员不必害怕自己与用户之间没有共同话题，在具体的交流过程中，网络营销人员可以通过各种各样的办法来解决这个问题。比如，借助用户的一些兴趣和爱好。如果发现用户喜欢户外运动，网络营销人员则可以借助本公司组织的一些户外活动，在不经意间与用户进行"偶遇"，从而达到沟通联系的目的；如果发现用户对棋牌类的游戏比较感兴趣，网络营销人员也可以通过培养自己这方面的兴趣，或者一起玩一局这样的游戏来达到与用户交流的目的。这种建立在用户兴趣和爱好基础之上的话题通常对用户具有很大的吸引力，而且更容易在无形中增强同用户间的私人关系。

例如，网络营销人员："听说您特别喜欢看足球，我手里正好有几张足球比赛的入场券，到时候，如果您方便的话，可以叫几个朋友一起去看一下……""我们公司组织了几场排球联谊赛，我十分希望您能带领贵公司的团队一起来参加……"

三、适时登门拜访

要与用户在售后再保持联系，如果在没有其他办法可以走的情况下，必要时，网络营销人员可以在适当的时候对用户进行登门拜访。比如在双方关系发展得较为友好的情况下，网络营销人员确定了用户有新的需求之后，正逢公司纪念日或者重大节日即将来临。这时，对用户进行登门拜访，既可以充分显示出你对用户的关注和尊重，又有助于你更全面、更有效地与用户展开更深入的沟通，从而为你与用户之间的再一次交易打基础。在对用户进行登门拜访的时候，网络营销人员一定要做好相应的准备。比如清楚自己此行的目的并了解相应的信息，还不要忘了准备一些合适的小礼品作为节日礼物等。做好各方面的准备，可以使你的拜访更具有成效。

四、其他售后保持联系的方法

在成功交易之后，网络营销人员可以借助电话、邮件以及书信等各种方式与用户保持联系。总之，只要有合适的机会，只要有一丁点机会，网络营销人员就要不失时机地加强与用户之间的信息沟通和情感交流，并尽可能地与用户保持长期的联系，以便日后能再次携手合作。

不要以为与用户交易完成之后，你就大功告成，再没有必要与用户进行任何联系了。当然了，如果你仅仅满足眼前的业绩话，那你尽可能地漠视与用户好不容易确立起来的合作关系吧。与用户保持联系，一定要选择合适的方法和时机，不要让你原本友好的联系变成用户眼中的打扰和"目的性关心"。这要求在联系中尽可能地表现出你对用户的关心、支持和尊重等积极感情，只有让用户充分感受到来自你的关心、支持和尊重，你所苦心经营的一切人脉才可能对你今后各项工作的顺利开展产生积极的意义。千万不要抱怨找不到与用户保持友好联系的合适时机。

聪明的网络营销人员都知道，没有现成摆在你面前的时机，大好的机会都是靠自己主动把握和创造出来的。与此同时，在与用户进行任何形式的联系时，都要尽可能地做好准备。你准备得越充分，在与用户交流时，就越能做到胸有成竹，你的一切努力也就越容易看到成果。

第九节　建立有效的追踪关系链

作为一个网络营销人员，你需要与周围的用户尽可能地结成网络状的人际关系，而不是仅仅满足与某些目标用户进行单线联系，或放射状联系就够了。

对不同类型的用户建立相应的追踪关系链：

作为一名网络营销人员，你一定希望自己能够拥有傲人的销售业绩，那你是否想过具体的营销方法呢。比如，搭建一个有效的销售网络。如果之前你不曾留意到这个方法，那么从现在开始，就在此刻，放下手中那些不必马上完成的琐事，认真地想一下，搭建一个有效的销售网络是不是对你的销售事业大有裨益呢？

一个有效的销售网络对于任何一位从事销售方面的人员都具有极为重要的意义——有了这样一个销售网络，网络营销人员才能从中获得丰富的用户资源。如果网络营销人员同时能够对自己的销售网络进行科学的管理和有目的的开发，那么深藏其中的用户资源就可以被源源不断地挖掘出来；有一个有效的销售网络作为后盾，在销售竞争中，网络营销人员就可以更加坦然轻松地面对来自竞争对手的进攻，因为销售网络内的许多用户已经成为你的忠诚拥护者，不可能轻易临阵倒戈；在这样一个销售网络下，网络营销人员还可以随时掌握准确而充分的用户信息，同时对本公司产品的需求量动向都会及时反馈到你这里，这样就能指导你去进行有效的销售活动，而在不断的销售活动中，你的销售网络会逐渐扩大变强。

那么，如何搭建这样一个对我们的销售事业有着显著意义的销售网络呢？其中一项必不可少的基础工作就是针对不同的用户建立起相应的追踪关系链。这要求网络营销人员需要根据不同类型的用户来建立所谓的追踪关系链。在此过程当中，网络营销人员需要做的准备工作如下：

一、建立科学的用户档案

在对各行各业的网络营销人员进行调查时，我们发现，凡是那些在各自领域有突出成就的网络营销人员，他们都无一不拥有自己的用户档案。他们的用户档案里记录着无数用户信息，而且这些信息都会根据用户的信息变动而作出相应的修改，与此同时，这些信息也都处在不断增加和扩充状态当中。凡是与他们进行过交易的用户，有些甚至是从来没有与他们进行过任何交易、可是却有着相应需求的潜在用户，都能在他们的用户档案记录中找到相应的信息。正是因为有了信息如此丰富详细、管理如此科学的用户档案，才能让这些网络营销人员成功并高效地完成一笔笔交易。

对于经验尚浅的网络营销人员来说，建立一个强效的用户档案并非一朝一夕就可以完成的，这是一项需要长期坚持并积累的工作，这项工作并不像表面上的"仅仅是每天登记拜访的用户"那么简单。一个科学有效的用户档案的建成不仅要求每天详细登记拜访的用户信息，还需要你对这些用户的需求、性格心理、销售过程中的习惯进行自我分析摸索，有时候甚至有必要对用户周围人的情况做充分的记录。同时，一个有效的用户档案还需要时时更新和补充，以求能最真实地反映用户的最新动态以及各种相关信息。

二、对用户进行必要的分类

虽然网络营销人员可以通过建立用户档案的方式，更全面、更准确地把握用户的各种需求和最新动态，不过，如果网络营销人员没有按照不同类别对档案内的众多用户进行必要的分类，就会导致在提取用户信息时，效率大大降低，最终影响网络营销人员有针对性地展开的销售活动。

在对用户进行必要的分类时，网络营销人员可以根据具体的用户信息以及用户自身独特的销售习惯来对用户进行相应的分类。比如，网络营销人员可以根据用户成交量的多少以及最近的成交量来划分用户。可以进行自我定义，假如年限定为一年，那么在这一年内与你有过交易的用户按照他们给你提供的交易额多少进行由上到下的排名，这可以划分为如下几种用户：超级用户——现有用户中排名前 1%，就是顶级用户；大用户——现有用户的排名中接下来的 4%，就是大用户；中用户——现有用户的排名中再接下来的 15%，即是中用户；小用户——现有用户的排名中剩下的 80%，就是小用户。

网络营销人员也可以根据用户在成交过程中的态度和他们对产品与服务的满意程度，将用户进行这样的划分：积极满意的用户——是指那些在销售过程中能积极地进行成交，并且对你及公司的产品和服务一直保持较高满意度的用户，这些用户在今后很可能会发展成为你的忠诚用户。

消极不满的用户——这类用户又包括三类：第一类是指那些在成交过程中表现得一直很消极被动的用户；第二类是指那些虽然已经交易成功，但是对公司的产品或服务始终不太满意的用户；第三类则是指那些你曾经努力与之交流，但是始终没有交易成功的用户，对于这类用户，要注意日后不要拿同类的产品来对他进行推销，否则只能是耗费自己的时间。

或者，网络营销人员也可以根据用户在市场上的影响力，将其分为如下几类：号召力强劲的领军人物——这是指能对其他人的购买产生重要影响力和号召力的用户，比如一些重要的知名机构、行业内的指导者和拥有大众信赖度的专业人士；有一定影响力的人物——这是指那些虽然对大众不具有强劲的号召力，可是却具有相对广泛的人际关系，能够为你带来一定用户资源或主动为你宣传的用户；影响力较弱的人物——这是指那些人际单一的用户，他们在购买产品之后，没有相应的场合向他人传播购买经验和体会。

学会科学的用户管理和精细的用户分类有助于网络营销人员在具体的销售活动当中把时间和精力花在刀刃上，这样既可以避免去做无用功，同时有助于我们有的放矢地把握住重要用户。

三、有针对性地进行追踪关系链

对用户的必要分类结束之后，网络营销人员就需要根据分类结果，对不同类别的用户展开有针对性的追踪关系链活动了。比如，网络营销人员需要在成交之后，继续保持与占据公司销售份额中重大比例的超级用户和大用户的紧密联系，你就有机会借助他们的力量来获取更多的新用户；或者你也可以对那些满意公司产品与服务的用户有针对性地实施新的推销计划，还可以主动请他们帮忙介绍新客源。另外，网络营销人员更应该充分利用手中那些具有强劲号召力和有一定影响力的用户，学会借助他们的力量来不断拓展你的销售网络。

第十节　织一张紧密的销售网

如果你已经针对不同类别的用户进行了相应的归类，那在这基础上，你就需要对自己所掌握的各种数据和信息进行有效整合和统计，然后努力构建一个庞大且联系紧密的销售网络。

一、保持网络的紧密程度

在一个联系紧密的销售网络里，内部的各种关系最好能够做到相互交叉，否则就很难形成网络的紧密性。为此，网络营销人员必须尽可能地创造机会，增加自己与网络内各类用户的联系机会，并组织一些活动，增加网络内各类用户彼此之间的紧密联系，从而使网络内各连接点的关系得到加强与巩固。

比如，网络营销人员可以借助公司举办的用户联谊会，邀请一些销售网络内影响力强、需求量大的用户，通过活动来增强彼此间的联系，也同时铸就这些用户对公司品牌的信任度和忠诚度。或者，网络营销人员也可以有意识地利用用户的人脉，通过他们的介绍来吸引更多新用户，再努力把这些新用户变成对公司忠诚的老用户，如此循环，进而使你的销售网络不断扩充，也使用户彼此间的联系更加紧密。

二、用一切机会扩充销售网络资源

网络营销人员必须利用一切机会扩充你的销售网络资源，这样，才能促进一桩桩不断而来的交易，否则仅仅依靠现有的用户资源，交易机会十分有限。所以，在实际销售活动当中，你要做到以下几点来弥补有限的销售资源：

尽可能访问大量的用户——访问量越多，就意味着你拥有的用户资源越丰富。

尽力使自己的每一次访问都具有实效——即使你无法做到每一次用户访问都能为你带来一笔交易，你也不能让自己的访问无果造成时间和精力上的浪费，在这种情况下，你至少要掌握一些重要的用户信息，并且争取给他们留下良好的印象。

从你认为最头痛的用户开始——这些用户虽然难以与你进行交易，难以成为你的忠诚用户，可是，一旦你经过不懈的努力得到了他们的信任，那你从他们那里获得的回报远远比你付出的要多得多。

尽可能地结识更多人——作为一个网络营销人员，你的销售业绩往往取决于你的人脉宽广与否。你可以通过目标用户的介绍，认识更多的人，纵然这些人最终不见得与你产生合作关系，可他们却能给你带来再度的隐形人脉。

多到目标用户相对密集的地方活动——"到鱼多的地方去打鱼"，你的收获自然会比平时多。比如经常到某些活动俱乐部、到有生意伙伴的经销商大会、到某种产品论坛、到某类技术交流促进会或者到用户组织的研讨会等都有助于提高你的销售业绩。

把你的名片留给更多的人——不仅要把名片留给表面存在的用户，更有必要留给那些看似无关生意的人。这种做法需要花费的成本不仅小，还会给你带来不经意的效果——或许会有你意料之外的人按照名片上的联系方式向你询问有关产品信息。

你首先需要知道哪些用户能够在你的销售网络中有着贯穿始终的作用，然后再对他们进行有效交流，让他们为你的销售网络提供更丰富的用户资源。还有在任何时候，都不要轻易放弃那些已经对你、对公司以及对产品和服务感到满意的用户，其实只要你足够努力、对他们足够关心，他们通常都会很顺利地成为你销售网络中的重要链接点。

只与目标用户进行单线联系，最终可能会把自己带入死胡同。与目标用户进行放射状的联系，虽然可以使你拥有比较稳定的用户关系，可是这种单线联系却很容易被各种因素所打破——一旦你的单线用户被竞争对手所吸引，那么你就前功尽弃。

所以你需要利用一切可以利用的机会，尽可能地搭建一个庞大且联系紧密的销售网络，整个销售网络内的所有用户资源都紧密结合成一个难以突破的整体，而你就是整个销售网络的核心以及主导者，这样才能充分保证你的用户资源。

第十一节　学会把握机会

不要以为做成一桩交易很难，也许就在你觉得无望的下一秒，一个交易的机会就会出现在你面前，能否抓住它的关键在于你是否已经做好了迎接它的充分准备。

相信交易机会就在眼前：

如果你通过自己在销售行业的不断摸索，发现了销售是需要技巧与方法的，如果你已经通过这些方法，在销售领域取得了一些成就，那么当你在回顾以往的每一笔交易经历时，你肯定会对自己曾经付出的种种努力和自己曾经面对的种种艰辛别有一番体会。你会很自然地慨叹：完成一笔交易实在是太不容易了！

一笔交易的成功确实要经历许多艰难和挫折，而且在之后的交易中，你仍需要面对无数艰难困苦。不过，只要我们相信交易的机会是无处不在的，并以坚定的信念、充满激情的态度、行之有效的方法、机敏的反应以及不懈的努力去面对目标用户，我们就会发现，原来，机会一直在我们身边。

只要我们知道认真去把握机会以及学会了怎样把握机会，这些交易的机会就会属于我们！一笔交易固然需要付出无数艰辛和努力，可是每当交易完满结束时，我们都会回味这一过程的有趣与挑战，况且成功交易还对我们的自身利益、公司利益有所帮助。更重要的是，在千辛万苦实现交易的过程当中，我们所获得的经验、知识都将丰富我们的人生体验，是钱财买不到的宝贵财富。

李先生是一家私人企业的总经理，目前，这家私企正准备上市，据有关专家预测，这家私企具有良好的发展潜力。在谈到自己的成功经历时，李先生说自己是真正的"白手起家"。原来，当初李先生因为家庭贫困，刚刚完成高中的学业，就被迫离开了校园，后来在一位同乡的介绍下，才进入到一家公司当网络营销人员。

"起初选择这份职业，真的只是为了维持最基本的生存，可是后来的实践证明，这段销售经历其实是我一生当中最重要的经历，它对我以后的事业起步起到了关键的作用。"李先生这样评价他在担任一名普通销售员时的经历。

"刚开始担任网络营销人员的时候，我什么都不懂，周围的人又几乎都是大学生，他们的人生经验和阅历都要比我丰富得多，我显得十分自卑。所以我曾经一度为自己的处境感到彷徨和痛苦，那段消沉的日子里，我几乎一个订单都没有拿到。我知道，如果继续这样下去的话，等三个月的实习期一到，公司就会解聘我，那时我对未来一片迷茫。

"后来在公司组织的一次培训中，我才振作起来。公司总经理告诉我们，做好销售，首先要具备的不是丰富的经验，也不是高深的专业知识，而是对交易成功的决心。他还让我们时刻向自己灌输'一定会成功'的信念。培训结束之后，总经理专门找我谈话，他说觉得我很像他年轻时候的样子，他相信，我一定能够取得成功！在总经理的鼓励下，和自己只能进、不能退的处境所逼之中，我觉得我必须尽快拿到订单，而且我对自己燃起了绝对的信心，我开始觉得只要我足够真诚和努力，就一定会感动和说服用户！结果，我真的成功了！

"此后，无论在任何时候，面对任何用户，我都一直在心里以这样的信念鼓励自己——不管用户对我的态度多么不耐烦，甚至对我发怒，我都要坚持下来，因为只有坚持，才能拿到订单。最后，我成了公司业绩最突出的网络营销人员之一。这更加坚定了我的信心，在后来的创业路上，我发现，凡事只要自己有坚定的信念，那么会更容易成功，至于消极和失望，对于我们没有任何用处。"

事实的确如此，忧虑、恐惧、失望等消极情绪对我们的销售工作没有任何好处。我们说服用户做出交易决定的前提就是首先要对自己的努力充满坚定的信心，那么不管我们面对的是多么难以说服的用户，我们都会迎难而上，克服种种困难，最终让用户签下交易合同。

第十二节　时刻做好交易准备

身为一名网络营销人员，应该时时刻刻为你的销售工作做好充分的准备，即使是在工作时间之外，你也要不放松自己的销售准备，否则当交易机会降临时，你就会任其白白溜走。特别是在与那些已经与你有过交易关系的用户进行沟通时，你更要为他们做出再一次的交易决定做好充分的准备。

我们除了要在平时注意各项知识、信息的积累和做好必要的心理准备之外，还要尽可能地增加自己与老用户和潜在用户沟通的机会。那么，我们在工作中如何做好一些细节问题上的准备呢？有如下四点作为参考：

一、时刻注意自己的言谈举止

网络营销人员要时刻注意自己的言谈举止，这个细节问题最容易被人忽视，可是这个细节问题也最能反映一个人的修养和素质。如果你能在细节方面多留心注意，那么你就会给用户留下一个好印象，而且它会大大增加你的专业性、成熟性和可信赖性，在无形中提升了你的人格魅力。如果你平时不加注意自己的言谈举止，那么不仅吸引不了准用户主动与你联系，而且在主动与用户进行沟通时也会困难重重。

二、抓住老用户身边的人

老用户本身可以带给你很多交易的机会，他们也可以帮你介绍更多的用户资源，但是如果你留心观察他们身边的人，比如，他们在生意上的合作伙伴、他们那些影响力较强的朋友或者他的下属等，并与这些人结识且建立良好的联系，你往往会收获到意想不到的商机。

三、到人多的场合活动

网络营销人员必须要喜欢上人多的场合，因为这种场合可以为你提供更多结识新朋友的机会。在哪怕大多数都是陌生人的场合，网络营销人员也需要主动与周围的人进行友好交流，不要担心被拒绝、被怀疑——哪一次交易不是从被拒绝、被怀疑开始的呢？

四、培养和锻炼自己的演讲能力

演讲的艺术是所有销售活动的基石，它对网络营销人员来说十分重要。也许你有着世界上最完美的产品，而且用户所需要的也正是这样的产品，但是正因为你不能恰如其分地展示它，所以你失去了所有能推销它的机会。而演讲能让你通过自己的积极状态和坚定信心对用户的情绪进行感染，通过有效的演讲，你的产品将能得到更多人的认同。而且同时，你的自信心、沟通能力、产品推荐能力也能得到充分提升。

也许你正在为自己处处碰壁而感到心灰意冷，你有没有想过换一种心态来面对自己的碰壁？你会发现其实交易的机会是无处不在的。如果你一直坚定着交易能成功的信念，并且努力不断开展各种有效的活动来与用户沟通，那么你的下一次交易就在眼前。

千万不要因为过去所遭遇的艰难就退缩不前，更不要满足已有的销售业绩和现有的用户资源，从现在开始，你需要做的是，做好迎接下一次机会的充分准备。很显然，做的准备越是充分到位，最终实现再交易的机会就越大；如果准备得不够充分，即使机会就在你的眼前，你也只能眼睁睁地看着它弃你而去。

第八章　App 时代营销案例

在 App 移动互联网时代，诞生了无数经典的营销案例，我们可以在这些案例中看到微信的潜力、新媒体的价值、内容的威力，并为我们的品牌推广找到更多灵感。

第一节　熊猫看书：让人"慕名而来"

熊猫看书原本是 91 门户公司开发的一款个人阅读类 App 手机软件。在 2013 年以后被纳入百度旗下，成为百度的一个品牌产品。百度作为搜索引擎的开山鼻祖，其在社会认知度与营销能力方面属于行业领军人物。下文就结合熊猫看书这一软件的功能以及百度与之相配的营销模式进行分析与说明。

熊猫还是那个熊猫，只不过成了百度的"宠物"。熊猫看书作为一款看书软件来说，其支持多平台、多种格式文本与图画格式的运行，在功能上可以成为阅览软件中的"暴风影音"。在软件整体 UI 设计方面，其偏向 IOS 界面，无论是按钮的布局与造型，还是框架的整体方面，都十分类似 IOS。追根溯源，还是与苹果手机风靡我国有着分不开的关系。进入百度后的"熊猫"在推广营销方式上有着与以前截然不同的特点：

首先，该软件属于免费下载与注册。注册后，有一百熊猫币，然后根据熊猫币的数量购买所需阅读书籍的阅览权，或者是进行 VIP 注册，一次性充值进行在线阅读或下载的阅览权。这一方式属于传统的利用网络在线有偿方式的阅读模式的营销行为。其要么是通过免费慢慢拉入到收费领域，要么是直接收费，成为 VIP 用户。此外，注册用户还可以通过签到的形式来赚取熊猫币，来继续不花钱的阅读。

其次，该软件通过整体买断作品作者的版权来进行推广与营销，同时还推出礼券或其他与百度相关的活动券之类的东西来进一步吸引观众的涌入。另外，熊猫看书与百度深度融合，百度书城就是熊猫软件坚实的资源库。

其发展结构与思维如下：

第一，百度依据自己的社会知名度与实力创建一个网络书城，在这里通过写手的签约或是买断其版权来获得书籍的发布权。

第二，充分整合这些数据，按照门类与风格进行划分，然后通过百度自己的推广方式在网络上大肆推广书城的作品以及相关内容，进而吸引广大读者的阅读。

第三步，在书城推广采取熊猫看书软件的下载与浏览的方式而且是唯一的，其他阅读软件不能进行百度书城作品的阅读。这一方式就使得熊猫软件自身有了强大的用户拥有量。

第四步，下载并且注册熊猫看书软件，成为会员后，进行相关书籍的阅读。在阅读过程中，通过成为 VIP 的方式进行有偿的阅读。总的来说，其根据百度自身成熟与强大的平台进行整合与营销，将阅读权限与软件以及收费形式捆绑运作，充分保障了软件的下载量，起到了宣传与推广的作用，同时也为自身带来了巨大的经济利益。

从熊猫软件的营销手段可以看出百度在电子阅读领域的营销与方式。百度关于这一领域的发展相对国内其他同行业来说起步较晚。作为百度来说，其发展重头还是在搜索与推广服务方面，在文化领域还是一个入门者。

主要表现在以下几个方面：

其一，上线时间相对于其他电子书城要晚五年左右，在市场份额占有率方面较低。

其二，目前电子书城规模与质量也与其他同行业来说存在一定差距。

此外，在百度书城的上线期间没有预先的预热广告效应，也没有做出一定广泛宣传，基本属于默默无闻的推出形式。其三在网站的整体设计风格以及应用方面也没有其他网站制作美观，缺乏一定创意性。

也许正因为是百度书城以及熊猫看书软件不屑于像同行业其他商家那样，热衷各种营销与推广，完全依靠自身在我国搜索与网络推广界的地位那样，让别人"慕名而来"，而不是花费心机迎合对方。因此在宣传与推广方面显得十分低调，甚至有店大欺客的嫌疑。虽然如此，但其依靠庞大的百度平台，完全可以在一定时间内将自身的发展与推广做到与同行业并驾齐驱的地步。正如百度自己宣传的那样，致力成为中国最大的移动端创作和阅读平台。

第二节　长虹微信聊天机器人

很多人已经意识到，由于微信公众平台在品牌和用户之间起着直接、点对点、一对一的沟通平台的作用，只要这个功能得到充分加强，其更深层次的潜力得到充分挖掘，它也可以被用户认可。然而，在这个方向上做好工作并不容易。

许多品牌仍然使用传统的方式——用户问多少问题，就有多少回复。没有自己的核心理念，没有统一的努力方向，这将使回复变得混乱和毫无意义。而且，因为类似的工作使用人工回复，这也将增加维护成本，并且投资不会得到足够的回报。长虹的微信聊天机器人是这些营销方法中最有效的一种，它通过主题互动聊天和用户交流，掌握热点事件。

在此过程中，长虹将其主流产品包装成不同个性的微信机器人。这些机器人可以通过自由设置的关键词回复功能，与微信粉丝进行最大程度的点对点互动。不仅在品牌和用户之间建立了密切的关系，而且使得回复非常智能和恰当，也实现了长虹产品的有效传播。

这款 App 在雅安地震期间，通过互动直播的方式达到了极致，让用户获得更直接的信息获取体验——只要从长虹微信上查询地震相关关键词，就会推送相关实时信息。与传统媒体上的单向内容相比，长虹微信聊天机器人获得的信息更具互动性、参与性和实时性。因为沟通仍然是点对点的，在灾难来临的时候，它在每个普通人身上发挥着作用，甚至超过了微博等公共平台的一般信息覆盖范围。

大多数时候，营销只要"做好一件事"就够了，不需要很多颠覆性的想法，只需要将用户最习惯、最熟悉的操作进行细致周到的包装，便完全能够得到用户的认可。

第三节　招商银行的"爱心漂流瓶"

随着互联网时代的发展，移动通信工具变得流行起来。手机已经成为每个人的必需品，手机微信也成为用户数量最多的软件之一。现在"微信营销"这个词已经成为市场上的一个主流词。越来越多的人跟风涌入市场，导致竞争越来越激烈。

如果你想在这个市场上脱颖而出，你必须把握趋势，学习技能。比如，只要规划得当，微信公共平台是一款功能齐全的 App。它还可以成为一对一的客户服务中心，实现过去需要高成本的用户沟通效果——微信营销正在成为各大品牌和企业追求的一种新的营销方式，但只有极少数品牌能够真正轻松地运用这种新的营销方式。下面是一个兼具技术性和创造性的微信互动案例——招商银行帮助自闭症儿童的慈善营销活动。我们可以在这个案例中看到微信的营销潜力，并为我们的品牌推广找到更多灵感。

活动期间，微信用户可以通过"瓶子"功能从招商的微信账户中拿起瓶子，然后根据相关提示完成一些协调工作，比如通过微信给自闭症儿童送一些祝福。随后，招商银行将根据用户的参与情况，通过同一个基金会的"海洋乐园"项目，为自闭症儿童购买专业辅导培训。

本次活动，招商银行通过微信专门调整了漂流瓶的参数，大大增加了用户从招商银行"抓"到漂流瓶的概率，这也为许多企业提供了参考。有许多种营销方法，关键是看你如何想出点子，如何掌握它们，并为你的品牌和营销目标想出最合适的方案。

第四节 《啥是佩奇》：家庭营销

2019 年伊始，第一个爆款的营销案例——《啥是佩奇》出现在互联网上。这只粉红色的小猪在它的第一年就触动了公众的心。《啥是佩奇》是一个电影广告。这部电影讲述了一个农村老人盼望他儿子和家人回家过年的故事。爷爷打电话给他的孙子，问他新年想要什么礼物。孙子说他想要佩奇，但是爷爷不知道佩奇是什么。于是他开始追寻答案，询问村民佩奇是什么人，调查过程很荒诞。最后，爷爷终于明白了佩吉是什么，然后他用吹风机创造了一个"核心佩吉"。这部电影一经发布，就在社交网络上广受欢迎，产生了 2.3 亿次广播和 16 亿条微博，包括王思聪和韩寒等大 V 转发，成为一个惊人的爆款案例。

《啥是佩奇》为什么如此受欢迎？当然，这背后有城乡差距的反映，反映了中国社会焦虑的原因。但更重要的是，它踏上了一个特殊的时间节点——春节，打击了许多人对家乡、亲人和家人团聚的渴望。鼓风机佩奇不会感动小孩，但是它会让那些一直不回家乡的成年人感到愧疚。对于远离家乡、外出工作的人来说，如今，交通网络的发达已经从时间和空间上缩短了我们与故乡、亲人之间的距离。

不少人远离家乡，心中仍然有着山高水远的牵挂。所以每年年初，"年前的 Mary、Tony、李局、王处回家后，就变成了翠花、石头、狗蛋"的段子都会在网络上重新火一次。大山、乡村、老人、孩童……虽然有些情节可能被夸大了，但这些象征性元素的结合可以拼凑出人们心中熟悉的记忆，从而在公众中引起强烈的共鸣，触动无数人的感性神经。

在过去的两年里，《啥是佩奇》并不是唯一一个关注春节前后家庭贺卡受欢迎程度的营销案例。例如，陈可辛导演的春节短片《苹果三分钟》也在社会各界和媒体上放映。这两部短片的爆款增长，无一例外，都是由于生活在城市里的人们的思乡之情。每当中国传统节日来临，亲情营销就应运而生。商家可以尝试推出与亲情相关的产品、文案和广告，如果故事讲得好，也许就能成为下一个《啥是佩奇》。

第五节　星巴克猫爪杯：萌宠营销

你一生中有没有为星巴克猫爪杯奋斗过？猫爪杯的粉丝们为此而战。在 2019 年的时候，星巴克推出了"星巴克樱花杯"，其中一款温柔可爱的"猫爪杯"很快在网上流行起来。为了抢到杯子，一些人在星巴克门口通宵排队，甚至搭起帐篷。开门不到两分钟，杯子就被卖完了。更夸张的是，一些人开始在星巴克门口为抢杯子而打架，甚至上演了全武行。

不仅线下，猫爪杯着火后，在线猫爪杯的百度指数、淘宝搜索量和微信指数也直线上升，造成了线上和线下"一杯难求"的局面。猫爪杯销售一空后，消费者购买它的热情丝毫未减。在二手电子商务交易平台上，猫爪杯的价格从 199 元涨到了 1800 元。随之而来的是商家的仿制品，价格也在 65～120 元不等。

每年樱花盛开的季节，星巴克都会推出数量有限的主题杯，这已经成为一种传统。然而，与往年的樱花杯相比，2019 年的猫爪杯却成功地"走出了圈子"。仔细分析猫爪杯爆裂起火的原因，除了平常的饥饿营销套路，星巴克用户洞察、迎合消费新趋势也做得很好。近年来，社会上出现了一种"猫热"，越来越多的人成为"猫奴"。尤其是在 80 后和 90 后中，他们被贴上了空巢青年、老人、未婚和群居动物的标签，养猫已经成为一种时尚的生活方式。为了养猫，猫奴不愿意放弃食物和衣服，而是用昂贵的猫食喂养他们的宠物猫。在社交圈里打猫、庆祝小猫的生日和拍照已经成为猫奴日常生活的重要组成部分。为了服务他们的"猫主人"，猫奴倾注了大量财力、精力和感情。

星巴克显然已经注意到了这一新的消费趋势，其奢侈品牌风格和小资本生活方式是针对城市中产阶级的，尤其是以 80 和 90 岁为代表的中产阶级年轻人。这组用户和喜欢猫的人之间有很大的巧合。星巴克针对这一群体的用户和消费趋势推出了猫主题咖啡杯，迅速激发了这一群体强烈的消费欲望，成功实现了精准营销。

在广告和营销界，这不是第一次使用萌宠营销的方法。比如新世相和太平洋保险合作推出了一款 H5《测测你的喵系人格》，火爆一时。因此猫为代表的宠物经济正在崛起。据统计，80 后和 90 后是这一经济的主力军，80 后占 31.8%，90 后占 41.4%，单身和无子女总人数占 65.2%。外出工作的年轻人，无论单身与否，都不可避免地想要有一个精神寄托。对他们来说，萌宠是一个很好的选择。然而，通过使用萌宠更容易吸引用户的注意力。因此，围绕含苞待放的宠物进行营销是一个很好的营销方向。

第六节　铂爵旅拍、新氧医美：洗脑营销

铂爵旅拍和新氧医美的电梯广告被认为是最具争议的广告。一个是"想去哪里就去哪里"，另一个是"女人只有在美丽的时候才是完整的"。这两个洗脑广告的出现迅速席卷了全国各大电梯，导致许多人在电梯里"感到痛苦"。

关于这两个广告的争论也在社会上不绝于耳。虽然有些人对这类广告非常反感，并在社交媒体上对其进行批评，但品牌所有者喜欢这类广告。我们不得不承认，这种广告的确给品牌带来了

巨大的曝光，也让品牌广告词神奇地植入了公众的大脑。

作为厦门一个特色的地方品牌，铂爵旅拍因为该广告成为全国知名的婚纱旅拍品牌，而最初在小圈子知名的新氧医美，也因为它所特有的洗脑广告，迅速地占领了全国市场。为什么这两个广告会如此受到社会的关注和认同呢？现在就让我们一起来尝试分析一下其背后的原因和真相。

在像电梯一样封闭的空间里，消费者只能在里面待几秒钟到十几秒钟。如果你投放太长的广告，消费者肯定没有时间看。因此，电梯广告的任务是让消费者在很短的时间内记住广告中的品牌。但是在短时间内让公众记住并不容易。

在这种情况下，铂爵旅拍和新氧医美的广告在 15 秒钟内就给人留下了深刻的印象，通过对一群人大喊大叫，然后反复轰击用户的感官。这种广告对于需要在早期打开声誉的企业来说是有效的，但是如果他们想在后期提升他们的声誉，那就不太合适了。所以如果你想用这种洗脑广告，还是需要考虑清楚。

这类洗脑广告的走红也带火了此前一直不被品牌方重视的传播媒介——分众传媒。在当下媒体环境中，很难找到一个像电梯一样高效精准的广告场景，通过对生活场景的独占，以及广告终端的大量覆盖，直接输出品牌认知，对目标用户进行强制性的广告触达。从近几年的现象级刷屏品牌案例来看，很多营销活动都是通过线下进行的，促进了社交话题在所有渠道的传播。在这种背景下，作为占据线下交通的入口，分众电梯广告实际上已经成为一种很有必要的营销选择。

第七节　Kindle：自黑营销

吃泡面怎么才最香？也许你可以试试 Kindle。作为电子阅读器行业的领导者，Kindle 是一个家喻户晓的名字。对于读者来说，Kindle 刚刚买来的时候，可以饶有兴趣地阅读。然而，随着时间的推移，用 Kindle 阅读书籍的习惯可能会逐渐消失。然后拿 Kindle 做泡面的盖子成了一部分 Kindle 的主要用途，"泡面梗"这一段子也在网络上流行开来。

Kindle 似乎也看到了自己"悲惨"的命运，所以它主动发布了"盖上 Kindle，让面更香"的广告，为这一段子进行官方盖章认证，承认自己就是个泡面的辅助工具。这则广告很快成为网民的热门话题。一些网友甚至延伸说，什么样的口味用什么样的电子书更好？和网民们一起，他们以一种自黑的方式玩得不亦乐乎。

这种方法赢得了网民的微笑，赢得了很多人的称赞。不仅仅在广告上，在其他方面，Kindle 也把方便面翻了个底朝天。在 2019 的世界读书日，Kindle 和方便面开设了一个"方便面图书馆"的快闪店，并发布了"书面搭配"系列海报，誓将"盖 Kindle，面更香"的宣传口号进行到底。自黑自嘲已经成为许多品牌的主流营销方式之一。

对于年轻人来说，高高在上、严肃庄重的品牌宣传没错，但是总感觉中间隔了那么一段距离，容易让人敬而远之。而巧妙地进行自黑既能吸引大众的关注，引发讨论，也能树立品牌亲民的形象，迅速拉近和年轻人之间的距离。

这种营销方式成本很低，但是效果十分显著。九阳电饭煲的"米饭还是飘的香"、吴亦凡的"大碗宽面"歌也是巧妙利用自黑方式营销，收获了大众的一波好感，让不少人"路转粉"。对于很多品牌来说，这种营销方式可以借鉴。不过，自黑只是一个利用的点，应该是无伤大雅的槽点，盲目自黑，很可能就会自黑变"真黑"。

第八节　大白兔：跨境营销

在过去的两年里，大白兔算是一个网红级的存在，去年，大白兔曾与国民护肤品牌美加净合作推出大白兔润唇膏，在一段时间内卖到脱销。后来，大白兔还联合气味图书馆，推出大白兔奶糖沐浴乳、身体乳、护手霜等一系列产品，迅速冲上微博热搜，引发大众热议。

作为一个国家老字号，大白兔是许多人童年的记忆，随着时间的推移而积累，并使这个品牌家喻户晓。但是随着时间的推移，单一口味、竞争对手的出现以及许多其他因素使得大白兔奶糖的市场表现比以前差得多。在公众的认知中，大白兔似乎成了老土的糖果，而年轻一代对大白兔的记忆也印在了内心深处。

但是封存并不意味着忘记，自带回忆杀的它天生就是一个优质 IP。在跨境营销中，大白兔以一种新的姿态出现在消费者面前，不是让消费者知道它还活着，而是唤醒他们深刻的记忆。脑洞越大，越能跨界，公众就会越兴奋。引进新的、具有异国情调的特殊产品符合当下年轻人的心理和消费需求。

事实上，像这样的跨境营销已经成为一种新的营销方式，并在国内逐渐盛行。故宫彩妆、泸州老窖香水、马应龙口红、人民日报 × 李宁……这几年来，许多传统品牌都在启动"旧城改造"，跨界联名，推出以新制造为代表的新国货，受到了大众的热捧，形成滚滚"国潮"。

"守得住经典，当得了网红"已经成为一些传统品牌的营销座右铭。

第九节　宝马、奔驰：共同营销

梅赛德斯奔驰全球总裁迪特·蔡澈正式退休的那一年，其老对手宝马发布了一段视频，名为恶搞，实为致敬，这波操作可谓"骚到了家"。

视频的主题是"蔡澈在奔驰总部的最后一天"。蔡澈在人群中与曾经的同事握手告别，拍照留念，交还工牌，完成一系列常规操作。在热烈的掌声中，最后一次坐上奔驰，离开总部大楼，看着渐行渐远的总部大楼，蔡澈似乎有些不舍。

在悠扬纯净的离别音乐的刺激下，观众还没来得及被感动，镜头一转，画面就出现了"终于自由了"，蔡澈开着一辆时髦的宝马 i8，在汽车的轰鸣声中飞驰而去。什么鬼？这是奔驰总裁退休后，释放自己，终于可以光明正大地开宝马了？

直到视频的结尾，我们才发现宝马公司在向我们致敬："谢谢你，迪特·蔡澈先生，多年来，我们激励人心的竞争。"原本是奔驰总裁的辞呈，但宝马怒刷了一波存在感。不仅如此，他们在微博上的互动也让人们感受到了爱的气息。

宝马中国在其微博上发布了这部短片。不但艾特了奔驰，还配文"奔驰一生，宝马相伴"。奔驰哪能心甘情愿被撩，转发的同时，还将宝马的文案前后句调换，改为"宝马相伴，奔驰一生"。虽然是对奔驰的恶搞，但宝马的运营并不可恨，因为恶搞是真实的，向你致敬也是真实的，顺便为自己做一个广告。因此，宝马不仅赢得了汽车行业的认可，而且在品牌和声誉方面实现了双赢。对于观众来说，也乐得看大品牌相爱相杀。

奔驰和宝马的竞争由来已久。例如，在 2016 年 3 月宝马成立 100 周年之际，奔驰发布了一张祝福海报："感谢百年竞争。没有你的头三十年真的太孤独了。"在抱怨宝马太年轻的同时，他告诉公众，奔驰是世界公认的汽车发明者，比宝马早三十年。宝马的反击更加精彩。它用"君生我未生，我生君已老"来表明自己正处于全盛时期，而奔驰已经过时了。

像宝马奔驰这样互怼的竞争对手实在是太多了，汉堡王 VS 麦当劳、可口可乐 VS 百事可乐、苹果 VS 三星……每个行业都存在"踩"竞争对手、"捧"自己的问题。这种互动营销的天才之处在于，这样可以最小的成本来强化自己的曝光率，吸引更多大众的流量，并让品牌在市场竞争中展示更多机会。幽默和聪明的形式不仅让人耳目一新，还会创造出一波好感。奔驰和宝马就在相爱相杀过程中，分别赢得了一批车粉，甚至是铁粉，从而实现了双赢的局面。

第十节　优衣库 × KAWS：饥饿营销

优衣库和 KAWS 的最新联名 UT（优衣库 T 恤）线上线下同步发售。不只是在网上拼手速的竞争，人们直接杀到了优衣库的门店，混乱状况空前绝后。随后，# 优衣库联名款遭哄抢 #、# 全员 KAWS# 两个话题迅速冲上热搜榜。事实上，人们对优衣库的各种联名 UT 早已司空见惯，但每次仍然忍不住去抢购。

让我们来谈谈 KAWS，一位美国街头艺术家和涂鸦艺术的代表。真正让 KAWS 受欢迎的是对现有卡通人物的涂鸦改编。他把米老鼠、海绵宝宝、史努比和其他卡通人物的眼睛变成了两个"×"。一经推出，KAWS 很快就大受欢迎。

优衣库和 KAWS 的合作最早可以追溯到 2016 年，之后，优衣库将每年两次出售 KAWS 联合 UT。但之前的发售并没有引起疯狂的抢购。是什么让年轻人对今年发售的联名 UT 如此疯狂呢？有两点重要原因，一是稀缺性刺激购买需求；二是价格亲民。

优衣库和 KAWS 合作的最后一个系列打出了这样的广告语："同样的颜色和风格，每人限 2 件"，让人嗅到饥饿营销的味道。拍卖当天，优衣库线下商店抢劫的视频被上传到互联网上，引发了激烈的讨论。这种多重宣传活动在一定程度上加剧了稀缺效应，营造了供小于求的氛围，从而创造出巨大的抢购需求。

优衣库目光敏锐，已经踏上了潮流文化崛起的关键节点，并在时尚品牌 IP 的顶级品牌 KAWS 的帮助下迅速崛起。不仅如此，一个快速时尚品牌和天价潮品牌 UT 只卖 99 元，这也让更多普通消费者有了消费的冲动。

大多数时候，网红产品的重点不在于产品本身，而是它的稀缺性，以及在社交媒体上发布照片和视频带来的社交互动和成就感。优衣库联合签约顶级时尚品牌，玩饥饿营销，为大众定价，在稀缺性和成就感上达到极致。

第十一节　涪陵榨菜：借势营销

"最近日子太好了，榨菜都能随便吃了"，2019 年夏天，台湾"名嘴"黄世聪嘲笑中国大陆人买不起的涪陵榨菜，借势营销大火了一把。让我们先回顾一下黄世聪的"榨菜经济理论"：在台湾的一个政治讨论节目中，黄世聪说大陆人吃榨菜泡面。当榨菜的销量上升时，说明人们的生活水平很高。然而，最近，涪陵榨菜的价格下跌了，说明人们连榨菜都买不起了。更让人啼笑皆非的是，黄世聪误将"涪（fú）陵榨菜"念成"培（péi）陵榨菜"。

这段视频被传送到大陆后，很快就在微博上发布并被搜索。在不到两天的时间里，微博阅读了近 7 亿个话题。网民们已经开始了他们自己的创作，网友们纷纷以"吃不起榨菜"和"吃榨菜炫富"为主题，开始了自己的创作。

当事件已经发酵到白热化的阶段之后，涪陵榨菜站出来表态：1. 我们不但吃得起，还送得起；2. 你叫错我名字了；3. 我们还给马拉松赞助。

后来，涪陵榨菜官方微博贴出了一张快递的快照，称两箱"珍贵"榨菜已于 8 月 11 日发往台北，"谢谢您以幽默和自嘲的方式教授了汉语单词'fu'的发音。如果我们能负担得起，我们也能为关键时刻项目组的每个人负担得起。再次感谢您为中国千年榨菜文化的普及和中国语言文化的推广所做的贡献"。

涪陵榨菜以宣传自己的品牌和表达爱国主义作为回应，一举两得！在这个热门话题中，涪陵榨菜基本上是"躺赢"，因为无论如何回复，它都会引起极大的关注。对于这样的热点事件，品牌人如何才能巧妙地利用这种情况进行品牌推广？

"涪陵榨菜事件"是一个相对敏感的政治事件。无论如何应对，我们都必须以正确的价值观为基础，展现坚定的政治立场。涪陵榨菜的反应清楚地表达了我们的爱国主义。

1. 反应要快

周星驰电影《功夫》里面火云邪神说"天下武功，无坚不破，唯快不破"。这句话放在借势热点营销也非常适用。因为热点是有时效的，在第一时间把握热点信息，对品牌传播的价值非常大。

2. 互动主题

热点信息本身具有"用户参与意识"，因此用户的参与也必须得到充分考虑，以便用户将你的品牌视为一个话题，而这一波热点将被认为是成功的。在这个热门事件中，"吃榨菜来炫富"非常具有互动性和参与性，引起了大量网民的自嘲和转发。

顶尖电商
文案的写作技巧
与视觉营销

以全新的视觉冲击体验，成就一流的文案设计。

THE INTERNET OF MARKETING
STRATEGY BOOK

李贝林◎编著

中国出版集团
中译出版社

图书在版编目（CIP）数据

顶尖电商文案的写作技巧与视觉营销 / 李贝林编著.
-- 北京：中译出版社，2020.6
（互联网营销策略全书）
ISBN 978-7-5001-6294-0

Ⅰ.①顶… Ⅱ.①李… Ⅲ.①电子商务—策划—写作
②网络营销 Ⅳ.① F713.36

中国版本图书馆 CIP 数据核字（2020）第 070143 号

出版发行：中译出版社
地　　址：北京市西城区车公庄大街甲 4 号物华大厦六层
电　　话：（010）68359376，68359827（发行部）（010）68003527（编辑部）
传　　真：（010）68357870
邮　　编：100044
电子邮箱：book@ctph.com.cn
网　　址：http://www.ctph.com.cn

策　　划：北京瀚文锦绣国际文化有限公司
责任编辑：温晓芳
封面设计：孙希前

排　　版：张元元
印　　刷：三河市宏顺兴印刷有限公司
经　　销：全国新华书店

规　　格：870mm×1220mm　1/32
印　　张：36
字　　数：840 千字
版　　次：2020 年 6 月第一版
印　　次：2020 年 6 月第一次

ISBN 978-7-5001-6294-0　　　　　定价：210 元 / 套（全 6 册）

　　无论在电脑上，还是在手机上，电商无处不在，网上购物已经成了人们生活的一部分。网上购物的习惯，成就了无数电商品牌。在这个过程中，电商文案立下了汗马功劳。在虚拟的网上店铺里，每一件商品的卖出，都离不开电商文案的"润物细无声"。然而要想写出具有视觉冲击力的电商文案，并不是那么容易。许多从业多年的文案人，根本不知道写什么样的文案才能激励买家主动购买和消费。

　　在大大小小的电商公司里，从事电商文案的人越来越多，但要写出一则能抓住买家眼球的好文案却变得越来越难。现在的消费者越来越挑剔，竞争越来越激烈。文案撰写者不得不挖空心思地想要写出更有吸引力的文案，然而结果又往往事与愿违。

　　你还不知道如何决定一个有吸引力的标题吗？

　　你还在绞尽脑汁寻找一个好创意吗？

　　你还在努力寻找一些不俗的广告语或口号来吸引买家吗？

　　你还担心错过要点，用花里胡哨的话写稿子吗？

　　你还在为如何取悦买家而彻夜难眠吗？

　　如果你对上述问题的回答是肯定的，那就意味着你没有足够的文案知识，当然就无法创作出好的电商文案。如果你想弥补你的弱点，请拿起这本书。本书将介绍如何通过创意标题、开场白以及说服力等方式，写出一篇具有极强视觉冲击力的文案。顶尖的电商文案不是为了炫耀你的文采，而是为了推销产品，引起消费者的情感共鸣。如果说，产品是电商文案的起点，而让买家满意则是电商文案的核心。

本书将告诉你，电商文案的目的只有一个：让买家主动从口袋里掏钱买东西！但很少有人能真正理解买家的想法，更不用说让文案说服买家付钱了。请时刻牢记，文案的目的是吸引买家购买产品或服务，内容必须符合买家的口味。因此，要写一篇触动人心的好文章，必须找到自己特定的目标消费群体，用心体验他们的共性，即生活习惯、生活环境、消费行为、文化观念、目标消费者的好恶等。这些信息可以作为文案创作的素材，并且这些素材也最有可能与目标消费者产生共鸣，从而达到最大的营销传播效果。

目 录

Contents

第一章　能卖货，才是好文案

学习写文案，首先要搞清楚什么样的文案才是好文案。

第一节　怎样写出有吸引力的开头?

什么样的电商文案才算是顶尖文案? 很简单, 能卖货, 能带来订单, 就是好文案, 其他的都是扯淡。电商文案注重转换, 这与品牌文案是完全不一样的写法。不需要高端大气上档次, 也不用太华丽的辞藻, 我们写作主要是为了销售产品。至于什么品牌精神传播、品牌风格建设等相关的问题, 这属于另一个类别, 不在本书的考虑范围之内。

在撰写产品文案时, 品牌精神将只被纳入产品介绍中, 而不是最重要的目标。因此, 我们的目标不是追求词语和句子的华丽和有趣, 而是用"最容易理解的方式"来传达我们产品的价值和对客户的帮助。说白了, 简单、明白、直接、有效就是我们的目标。

在开始写电商文案之前, 你还需要明确一个基本概念: 不是你想如何介绍产品, 而是消费者应该看到什么。每个产品功能的介绍, 必须是针对客户最需要的痛点。记住, 客户群体不是一个种族群体, 而是需要你的产品来解决问题的人。

无论你的产品是服务还是实物产品, 你都应该着眼于解决问题, 并告诉消费者我将如何解决你的问题。产品销售的动力, 是你的产品解决问题的能力。想明白这一点, 我们将把文案分成三个部分来说明它, 以便帮助每个人理解和学习:

第一部分: 打开标题

第二部分: 有说服力的内容

第三部分: 触发行动

以上每个部分都有不同的目的，你可以根据需要设计内容。当然，这种文章结构是为了能卖货，而不是束缚你的文案风格。在这三个部分之中，第一部分的标题和开场白是相当重要的，这部分内容直接决定着消费者会不会打开你的文案。

一、标题开场白：吸引、引导和牵引

这里实际上有两个部分，一个是标题，另一个是开场白。然而，就电子商务产品页面而言，精神是一样的，所以把它们放在一起称为开头，是电子商务销售页面最重要的部分。如果开头没有吸引力，消费者甚至会懒得往下看。开头要注意的三个要点：

● 你能快速判断什么是消费者痛点吗？

● 消费者能马上被唤醒吗？

● 你在这个场景中的位置是什么？

不要以为消费者都知道你的产品和功能，你要把他们当成完全无知的小白。他们有自己的生活，没有人对你的产品如此好奇，除非你的产品能解决他的问题，或者让他觉得这个问题需要解决。

案例1：卖锅文案

如果你要卖一口锅，许多制造商会在开始时写材料。如大理石锅、陶瓷锅等。但是你的材料对消费者来说是没有意义的，给你的每一个功能赋予场景，这个功能是有意义的。例如："你每次都不煎鱼吗？"或者更进一步说，"不煎鱼会令人尴尬吗？"大理石锅不粘锅，让桌上的每一道菜都完美无缺。

案例2：电热器文案

卖电热器的销售文案并不强调他如何散发热量。你在文案里详细描写电热器散发热量的方式不仅毫无道理，而且让人非常讨厌。那应该写什么呢，写加热的温度和速度时，这才是最有意义的，也是消费者最关心的。因此，我们的文案应该这样写："不管寒流有多强，三分钟后你的卧室看起来就像一个温室。"

案例3：食品文案

食品销售商并不强调他们工作有多努力，质量有多好，以及他们使用的材料有多坚固。但是什么时候是吃食物的最佳时间？看起来像是："派对晚宴上的话题助手，阻止朋友聊天的饼干。"或者："这是爱的甜蜜承诺。用××蛋糕让亲戚朋友看到你的爱。"

二、从一个简单的问题开始

为了写好开头，从一个问题开始是最简单的。问一个好问题，问一个消费者最关心的问题。只要你问对了问题，消费者就会希望这个问题得到解决。首先考虑一下你的产品定位，以及你想在其中扮演什么样的角色，想想消费者在这种情况下会遇到什么问题。

1. 问三个消费者心中关心的问题：

"你试过很多方法，还是没有减肥吗？"——运动方法或保健品

"你不能找一个合法的保姆来安慰你吗？"——家庭婴儿护理

"新年清洁感觉很麻烦吗？"——向政府提供清洁用具或清洁服务

"你不知道如何回应那些喜欢要求隐私的亲戚吗？"——提升情商的课程。

2. 描述场景中的问题

例如："每次我打开 Word，我总是不知道怎么写。面对空白的文案，我的头脑一片空白。老板总是早上给项目，下午要文案。他甚至没有介绍产品。在我的心里，我一直在想：为什么我在申请设计时总是写文案？"——设计师文案课程

3. 指导型的问题

例如："你还担心卡路里吗，亲爱的？对于喜欢甜食的上班族来说，低热量零食袋是由一位有10年经验的专业营养师设计的。

它有巧克力的甜味，但只有酸奶的热量。每袋都含有一天的膳食纤维，不仅能满足你的食欲，还能保护你的健康。"——健康食品

只要能找到正确的问题，那么你所写文案的开头就会对客户有吸引力。因为这个问题是消费者所关心的，他们就会有兴趣去读下去。

第二节　讲个好故事，增强说服力

文案的中间部分，要写有说服力的内容，然后继续提升消费者的心理。我喜欢用成长黑客的精神来说明这一部分："说服就是消除疑虑，增强信心。"这部分概念是一样的。我们在一开始就问了这个问题，现在我们来看看为什么我们能解决这个问题。

写说服内容时应该注意什么：

●你的解释简单到可以理解吗？

●还有其他角色可以支持你提出的功能吗？

●你写的说服力是否足以表达与消费者关注点相近的观点？

通常说服内容的部分是写电商文案最烦人的部分，因为它涉及你做作业的好坏和你对产品的了解程度。你对产品了解得越多，你就越能开始思考产品如何说服他人。

这里有三件事要避免：

一、在行业中少用专有名词

如果你的产品不可避免地需要提到许多专有名词，记得解释这些专有名词的含义，并用例子来说明。比如电脑的中央处理器：就像电脑的心脏一样，心脏越强大，你能做的事情就越多。CPC：是每次点击的费用，就像你分发传单一样，一次分发一份。每张传单售价 0.20 元。如果没人拿走传单，我们不会收你任何钱。1080p

比 720p 更清晰一点，这样你的画面就不会模糊，尤其是在大屏幕上，效果会更清新。

除此之外，专有名词的解释侧重于理解什么是有用的，而不是解释技术原理。

二、避免过多的形容词

形容词在人们心目中有自己的感觉。在解释商品时，我们应该让人们更具体地知道。因此，尽量不要使用任何先进，美观，时尚和方便的。把每个形容词都变成一种可以理解的感觉，并更多地使用数据、动词、名词和隐喻。

快速启动 VS 五秒完成启动

专业团队 VS 十年经验，×× 主要案例团队

×× 获奖团队感人的礼物 VS 让女朋友想亲吻你的礼物

超甜的水果 VS 像蜂蜜浸泡的水果

你的感觉越具体，消费者就越能理解你的产品。

三、避免无意义的段落

即使你的产品有许多特点、许多专利和许多技术，你也不应该把所有的技术都列在一个板块里。我们可以考虑两三种类似的技术，并思考这种技术能帮助消费者什么。这种技术在什么情况下会起作用？然后组合成一块，如果有更多的技术细节，可以通过内容延伸来解释。确保每个细分市场对消费者都有意义，这是我们在优化文案时应该考虑的问题。试着向你的朋友展示你写的东西，并征求他们的意见。或者尝试移除一些，看看整体意义是否仍然相同。永远记住一点，不要使用多余的信息来消耗消费者的努力。

四、说服的策略

以下不同情况，有不同的说服策略：

1. 故事营销的策略

如果产品在市场上已经销售了很长时间，很多人已经使用过

了。那就在文案里讲一个故事，写一个关于因为你的产品而改变的人的故事。

故事可以帮助你解释复杂的产品效果，也可以为你展示结果。更重要的是，故事本身具有说服力。人们总是喜欢听故事，在听故事的过程中，他们已经开始相信你了。

2. 利用口碑的力量

让公众的赞扬和证词在数量上占上风。

口碑营销侧重于指出你的目标客户，展示他们因为你而获得的帮助，并吸引有同样问题的其他人。如果新产品没有特别的口碑或见证，请写下你的品牌想法和概念，并展示你对该产品的意图和期望制作的产品细节，提供试用或满意保证。

五、解释谁是你所推广产品的客户群（记得用问题来定义客户群）

在写出成熟的产品文案之前，搜集材料需要一些时间。毕竟，你推广的是一个新产品，但你可以继续使用成品材料。如果你没有照片，自己拍，或者请专业的摄影师给你拍。如果你不知道如何制造产品，就去工厂问，去问老板，去问你的产品开发者。准备材料一直是一项文案工作，所以在写文案之前收集数据是必要的。太多不会写文案的人甚至无法解释为什么产品是这样设计的。对于一名电商文案编辑来说，没有坏稿，只有懒稿。你不想更多地了解你的产品，你怎么能期望消费者知道你的产品是做什么的？

第三节　文案结尾：明确、紧急、指定

电商文案的结尾是许多人会忽略的事情。看过许多电商文案，开始写得很好，最后却草草收场，真是遗憾。基本上有两种人会看到末尾：

第一种人，对你的产品感兴趣，但仍犹豫不决。

第二种人，对你的提议感兴趣，但是仍然不知道这个产品对自己来说意味着什么。也就是说，消费者已经认真地看到了结尾，但在心理上仍未决定买还是不买……

而对你不感兴趣的人则会在看完开头后拉下去直接跳到结尾看看，表示把这篇文章看完了。在互联网时代，人们没有太多耐心，就像在网上看电影的时候，很多人也喜欢快进去看，希望尽快看到结尾。因此，一篇文案的结尾是非常重要的。这是将这些仍在观望的消费者推入购物车的关键一步。在文章结尾应注意：

你希望他读完后做什么？有明确的行动方向。他现在做的事情有什么意义？有具体的激励措施来促进他后来做了什么？有一个明确的未来。

最后，你可以想象这是与消费者对话的结束。无论你在消费者面前说得多好，在你结束话题之前，先完成你想添加的内容，然后告诉他下一步该做什么。所以，你最终能做的事情有两个方向：带着情感行动和带着理智说话。

一、在文章的最后，和客户说点心里话

我们之前已经培养了一些情感基础。你可以看到结局，只有在信任的基础上，这种对话才能继续。否则，一个陌生人一开始就和你说话，而你只会认为他别有用心。所以我们可以带着情感行动。例如：

"事实上，如果我们卖了这些产品中的一种，我们就会失去一种。如果不是因为新年的股票清算，我们现在不会有这个价格。"

"我们的目标不是赚钱，而是让每个人都用好东西。我们将很高兴看到许多人使用我们的产品，他们的生活变得更好。"

"这批货是最后一批货，明年我们将生产其他产品。这个价格也是最后一个。"

我们一直在谈论产品，并试图与消费者沟通。情感是最好的纽带，在开始时谈论感情会显得矫情，所以我们将在最后讨论它，这样产品就有温度和情感。

二、在文章的最后，给客户一些好处，诱惑他

如果你有任何好处，如果你一开始就给予，人们不会珍惜。到底是什么样的利益话语，才能让这些利益发挥作用。例如：

"现在下订单，然后送三份礼物中的一份。这项活动只在春节前举行！"

"今天买，我们再拿 100 元，年前的最后一档，就今天！"

与犹豫不决的人打交道的最好方法是消除他的犹豫。因此，我们必须提出具体的利益，让他知道目前的行动是有意义的，犹豫只会错过机会。用一只叫作利润的手来吸引那些决定购买你的产品的消费者。

三、在文章的最后，给他一个美好的愿景

人们购买商品有两个主要目的：解决遇到的问题和满足某些心理。这部分可以放在开头，但我想放在最后，因为这是谈论我们未来的最佳时机。商品只是你品牌战略的一部分，也是你与消费者的联系点。人们永远不会为产品而找你，而是为他们自己。因此，在最后一段，我们对他说："你买了这个产品后会变成什么样的人。"

你可以这样去写：

"我们希望你有一个美好的生活，所以我们首先要成为最好的，然后帮助你自己变得更漂亮。"

或者这样来写：

"送给母亲，让她感受你的孝心。"

"送给你的长辈，让他们看看你努力的结果。"

"选择我们的品牌，让您今年的业绩蒸蒸日上。"

让消费者感受到我们的意义，只是为了让他好起来，最后，别忘了告诉他该做什么，并简化动作的难度。例如：

"花三秒钟的时间填写信息，您将获得我们的服务。""点击购买，每天不到 10 元，换取安全的未来。""现在就打电话给我们，为春节后的学习和成长制订一个计划。"

给消费者一个行动的理由，他才有购买的冲动。在选择方法之前，你必须了解电商文案和销售文案、普通品牌文案或社群文案的最大区别是："我们所有的努力都是将产品特征与消费者联系起来。告诉消费者，这个产品与他有关，他需要什么，他现在应该买什么。因此，重点将永远是如何从消费者的角度考虑需求，避免消费者的困惑。"

除此之外，写电商文案时还要避免以下两个方面：

1. 不要使用复杂的修辞和文字游戏

消费者需要了解产品，而不是你聪明的想法。有创意的同音字和押韵更容易在社群传播，但我们不是在做新闻，而是试图避免混淆视听。为了你自己的利益，你不需要踩在别人身上。你可以说你的质量最好，但你不必说市场上到处都是质量差的产品。你可以说你的产品是最好的，但不用说其他人的都是无效的。贬低别人的商品，只会显得你没有其他特征。人们做生意是为了钱，花时间在自己的产品上是最重要的。

2. 好的写作需要与好的图片结合起来

如果写作很长很难，请找一个好的设计来帮助你处理它。现在每个人都能写得很好，所以好图片的匹配非常重要。每一个功能都配有一张正确的图片，效果是不同的。甚至可以制作电影和 GIF 动画。

文案可以用来解释细节，图片可以用来帮助消费者缩短理解时间。

第四节　三个指标，决定文案"杀伤力"

电子商务经营者将通过分析三个基本指标，来判断网店的运营情况，这三个基本指标是看其网店内容是否需要修改，是否满足消费者的需求，以及电商文案是否能吸引消费者的注意力。所以说，这三个指标也是判断文案是否成功的指标。

1.第一个指标：跳失率

跳失率指标用于反映页面内容的受欢迎程度。较大的跳失率意味着页面内容需要调整，文案本身不够好。从本质上说，跳失率是衡量页面访问量的一个重要因素。在跳失率形成之前，消费者已经以某种方式访问过该页面，跳失率的原因很简单，就是消费者觉得被搜索到的页面不符合他们的期望，因此他们不想再关注该页面，从而导致跳失率。电子商务企业可以通过跳失率的大小来判断文案是否优秀，是否能为电子商务企业做出贡献，从而吸引消费者的注意力，激发消费者的购买欲望，产生销量。

2.第二个指标：转换率

转换率是广告的核心指标，是判断营销效果的指标，也是判断电商文案是否优秀的指标。在电子商务中，需要注意登记转换率、转换率、客户服务转换率、付款率、持续转化率和交易转换率等五个转换率，并通过综合分析转换率给企业带来的好处来进行相关的单据调整。转换率是指在一个统计周期内完成的消费活动的数量除于总点击次数的百分比。应该注意的是，电子商务中网站的转换率越高，网站的盈利能力就越强，单位访问者产生的消费者就越多。在实际分析中，电子商务公司需要同时考虑流程转换率和结果转换率，以便全面分析转换率，掌握电商文案是否得到正确应用。提高网店和商品转换率的主要目的是在流量不能增加的情况下最大化平台相关利润。

3. 第三个指标：访问深度

访问深度是指用户在访问网站期间浏览的页面数量。具体来说，它指的是在浏览网站的过程中观众浏览的页面总数。从文案和电子商务平台本身入手，如何提升访问深度，也是文案人员需要思考的问题。在各种电子商务平台上，将会有不同细节层次的导航来引导观众查看信息。如果消费者一次浏览的网店页面数量很大，那么可以证明网店能够吸引他们的注意力。一般用户访问越深，表面用户体验越好，网站的黏性越高，说明电商文案的设计也越合理。

第五节　内容营销：快速建立消费感知

在电商销售模式里，感知决定着消费者购买还是不购买，产品的体验决定消费者是否继续购买。因此，在电商文案的写作中，抓住产生感知的词汇就意味着抓住市场。

一、怎样建立消费者感知

比如说你在京东购物的时候，你看到的并不是真正的产品，而是一些关于这个产品的内容。这些内容，包括产品的标题、主图片、详细页面，还有评论，而这些鲜明的文字和图片，都会在你的头脑中建立起专属于你自己的感知，你因为对这些说明产生的好感，最终认同于商品的价值，才会最终实施下一个步骤——点击购买，促成交易。当你收到产品以后，你会依据对产品的满意度选择收货或退货，倘若产品真的很不错的话，那就可以促成下一次的购买行为。这就好比一个简单的问题，你真的缺钙吗？为什么你觉得自己缺钙，知道自己缺钙，而且还知道应该买什么样的产品最适合自己呢？想象一下钙片生产出来后如何销售。

作为一个新产品，你还不能直接卖它，因为人们根本不知道他们是否缺钙，他们只能知道他们是否去医院检查。这是否意味着产品没有市场？不，这表明消费者没有建立他们对产品的看法，制造商也没有给消费者一个合理的购买理由。于是，"背痛和腿部抽筋"就产生了，这代表了缺钙，成为消费者购买的原因。"背痛和腿部抽筋"是一个消费者很容易察觉的具体问题。撰写者曾经说过，营销型文案和自我陶醉型文案的最大区别在于表达是否是视觉的和情境的。我们再次强调一遍，感知决定消费者是否购买，产品决定消费者是否继续购买。

没有淡季市场，只有淡季思维。

经典营销书籍《定位》说：产品必须首先在消费者心中创造感知。我认为：抓住词汇就意味着抓住市场。

二、购买前的内容营销

内容营销是近年来非常流行的一个词，基于内容营销的各种产品层出不穷。电子商务应用的直播都在创造内容和商品之间的联系。然而，这些只是渠道。作为营销人员或产品管理者，营销的第一步是为产品设计一个好的购买理由。当购买理由设计得好的时候，剩下的只是钱和技能的问题。购买的理由应该是有特色的、易于记忆的和口语化的。它可能非常受欢迎，但它必须能够在消费者心中建立认知，而不是挑战消费者的智商。下面将通过几个案例进行分析：

案例1：在广告文案中，一个人必须强化自己的产品符号，不要为他人做嫁衣。"钻石永恒"是一个典型的失败案例。卖点"永恒"是精炼的，并且文案符合口语风格。然而，广告根本没有提到自己的产品符号。消费者记得广告，但不知道产品是什么。

案例 2：有时候，情感也是一个卖点。

"我不知道能做多少双，纯粹靠手。只要一双 4 元的是真货。"一个广告客户在路过老人摊位时帮他写了这份文案。路过的人会从拥挤的摊位上买一双鞋垫。该产品仍然是原创产品，只是提炼出更多的情感卖点。可以看出，用户购买的根本不是产品，而是感知，产品只会决定他们是否再次购买。

案例 3：卖点不应该过于精致，以至于产品无法满足。

"佩戴百达翡丽的需求：做一个快乐的女人"是一个卖点过于精致的例子，而做一个快乐的女人的场景不够具体。许多因素会影响女人的幸福。因此，用户无法建立起快乐女性与百达翡丽相关联的观念。而"修复产后身材，穿帕特丽夏·菲利普"就可以在消费者的头脑中建立这种感觉，并且可以抓住消费者修复产后体形的需求。像"怕上火，就喝加多宝""收费 5 分钟，通话 2 小时"这样的广告文案很好地提炼了用户容易察觉的卖点，并使用了夸张、制造恐惧等技巧。

三、购买场景——场景营销

场景营销不是欺骗用户，而是用基于场景的语言表达无聊的产品说明，以建立用户心中的产品感知。618，818，919，双十一，双十二，各大电子商务公司都在忙着搞节日，尤其是双十一，顾客平时舍不得，没时间买，这一天却纷纷剁手。这是因为在某些场景下，人们会为自己的感受付出代价。关键在于你是否已经为用户建立了这种感觉。

有位文案大师曾经说过："初学者在设计产品，大师在设计场景。"我认为一个场景应该满足三点：内容、人情味和分享。任何精心设计的"场景"都必须有内容，人们愿意排队一小时喝杯茶，他们真正消费的可能不是一杯奶茶，而是奶茶背后的故事。

任何精心设计的"场景"都必须是人类的。还记得 lyftt 汽车标志性的粉色胡须吗，它创造了一种人性化的感觉。Lyft 以提供友好甚至有趣的服务而自豪，而不是冰冷的豪华汽车旅行和围绕司机和乘客建立社群。它的撰稿人是"你有车的朋友"，而优步是"每个人的专属司机"。任何精心设计的"场景"都必须共享，大多数用户喜欢分享，这是人之常情，不管是什么原因。直播兴起后，几乎每个后海酒吧都会有一个大显示屏来直播用户的评论。让所有用户"表达他们的想法"，而不是静静地坐在那里。

四、购买后的信息传递——口碑营销

用户购买后，营销人员的工作结束了吗？不，用户购买后的信息会给产品带来新用户。如前所述，用户的感知决定是否购买，产品决定是否再次购买。事实上，背后还有另一种行为，即产品也将决定用户是否会告诉朋友。我们假设产品没有问题，用户愿意把它介绍给他的朋友。用户将如何向他的朋友推荐你的产品？这是营销或运营商需要考虑的。第一部分说营销的第一步是为用户建立一个好的购买理由。购买理由的质量将在这一环节中发挥至关重要的作用。想象一下，当你向朋友推荐农夫山泉时，你会说些什么？很简单：农夫山泉有点甜。它可以用7个字来完成。再试一次，当你吃了一碗非常美味的红烧牛肉面，迫不及待地想介绍给你的朋友时，你会说什么？你会不知所措吗？如果你把它换成酸菜，会更容易吗？显然，对于购买后的口碑营销来说，拥有良好的口语文案记录是非常重要的。同时，让你的产品为用户说话，让他们因使用你的产品而得到认可。只有这样，他们才能自豪地向他人介绍。

你还记得下面的广告文案吗？

他们说："太粉了。""太粗放。""太放肆。""太浮夸。""太假。""太快。""太呆。""太娘。""太 man。""太完美。""太幼稚。""太狂热。""太懒。""太怪。""太晚。"众说纷纭，而你只需要回一句：太不巧，这就是我。

这是阿迪达斯 clover 制作的广告。它代表用户，代表用户独特的声音，并在用户的头脑中创造出"它支持我，它理解我"的感觉。用户会为此感到自豪。产品重要吗？用户认为它是什么，所以我们的广告应该为用户说话，支持你的用户。而这就是文案的力量，是文案人的力量。

第六节　卖货型电商文案的秘诀

与其他类型的文案要求相比，销售文案更简单直接，就是转化、下单，没有其他花里胡哨的东西。撰写销售文案是内容运营的必要技能，你也可以称之为营销软文或电商文案。卖货型文案的核心，是包装商品以实现更好的销售。

如何创建销售文案有以下三个步骤。

一、挖掘商品的卖点

你可以先列出一种商品的所有卖点，对整个商品有一个清晰的了解，然后再挖掘出这种商品的核心卖点。

接下来，仔细考虑用户对该产品的真实使用场景，并将上述产品的核心卖点与用户真实且最常见的使用场景结合起来，创建一个文案。

二、两三秒钟标题

一个标题，请在 3 秒内，吸引那些看到它的人继续观看。

许多广告大师在这一点上表达了类似的观点：如果你给我 5个小时写稿子，我会花 3 个小时思考题目。

在一个每天都要接触大量信息的时代，我们会对信息有深刻的理解。吸引潜在买家的注意力变得越来越重要。

在销售文案中，我们可以尝试以下方法来使标题具有吸引力。

1. 打破常规

每个人都有思考的惯性。如果你的标题能够打破常规，超越他的常识，无疑会很容易吸引他的注意力。

2. 创造极端

有一种标题很容易吸引看到它的人，标题中的描述是人们认为不可能轻易做到的，从而便激发好奇心和吸引注意力。

3. 利用知识产权

知识产权的影响有其自身的吸引力，这在最近广泛流传于各种团体和朋友圈的各种课程海报中最为明显。每个人都在寻找某一领域的著名教师作为他们的平台和粉丝。老师越出名，他们就越能自然地吸引某个群体的注意力。

4. 和"我"有关

无论何时何地，一个人可能不会在意大部分的信息，但与他相关的信息肯定会被看到。因此，把你想要通知的潜在客户直接标记在标题中！

三、建立信任

在付款前的很长一段时间里，顾客会认真思考商品的一些问题。作为一名文案撰写者，你必须首先了解客户的顾虑，最后通过文案来解决。

例如，一种商品的销售量在行业中遥遥领先。权威的认可可以重塑你的形象，比如：有多少人已经使用它、客户的好评、免费试用、设置时限等。在这个环节中没有别的，那就是找出买家的顾虑，并且针对他的担忧给出解决方案！

第二章　电商详情页——
吸金利器

商品详情页最重要的功能是用卖点吸引犹豫不决的浏览用户。在撰写详细的商品页面时，文案运营员应该首先有一个清晰的想法，其次有一套自己的方法。

第一节　找出产品卖点，吸引用户浏览

随着淘宝等电商平台变得更加基于内容，电子商务运营商都将参与内容运营。然而，内容运营也将涉及营销软文。说白了，就是用文字把产品的图片和文字包装起来，用各种图形和文字渠道去引流。在这个过程中，电商文案的作用变得越来越重要。

写电商的文案就好像是写一篇宣传的软文，但不同的是，我们应该有效地用它来直接包装我们的产品，以此来实现网上更好的销售。所以想要把电商文案写好，就要思考如何更好地提炼自己的卖点，包装这些卖点，并有效地说服顾客购买商品。我们必须用文案赋予商品灵性，只有这样才能赢得用户的欣赏，引起他们的好奇心，让他们心甘情愿地去买。相反，倘若这时候你说的都是大白话，那么这话就会让购买者产生被动感，一定会让购买者很不舒服，因为内心早就已经有了抵触情绪，人家看也不愿意看，又怎么会进一步消费呢？

为了帮助运营更好地写出商品的卖点，这里总结了一些非常可行的方法：

一、九宫格思维公式法

以一个美容仪器品牌为例，它有一个"ReFa CARAT 微电流经典模型"。采用九宫格思维方式，中间的"产品名称"格将填充商品名称"ReFa CARAT 微电流经典款"，其余 8 格将填充该商品的销售优势：获取 COSME、明星同款、去水肿、瘦脸、拉皮、使用无痛苦、小巧便携等。这种方法可以让你形成快速挖掘产品亮点的思维，然后可以运用营销技巧以一种光彩照人的方式撰写文案。

鉴于这种优势，我们可以用几种方式来写文案，比如淘宝经常提倡的场景。

场景是什么？为了理解这个概念，我们需要把场景拆开来看，也就是把场、景分开。"场"是时间和空间的概念，一个领域是由时间和空间组成的，用户可以在这个空间停下来消费。如果一个人能在某个空间停下来消费，这个领域就存在了。

"景"是什么意思？景就是场和情景的互动。当用户停留在这个空间时，必须有场景和互动来触发用户的情绪和保持用户的意见，这就是现场。

然后你可以用美容工具上的卖点来写场景，比如"浮肿、瘦脸、小而方便"来写场景：自拍、旅行、和男朋友约会、公司会议、工作面试等等。消费者将被这些语境化的词语触发来开启和关闭情感，情感是促使用户行动的引擎。

二、商品详情文案六要点

1. 匹配优秀图片

不管一篇文章多么感人，它都不如一幅情绪高昂的商品图片，长篇大论也不如图文并茂的解释。

商品的详细页面文案不是书写的。你可以把它看作一个"单页电子目录"，图片是详细页面的焦点，你可以在图片底部添加一小段文字作为说明。

此外，请记住用小标题来概括和引导，这将使阅读效果更好，并让用户快速抓住商品的卖点。

2. 通过客户服务了解用户的需求

对于从事电子商务运营的小伙伴，我强烈建议你做一段时间的客户服务或查看一些关于客户服务的历史信息，因为你可以从这些信息中更准确地了解用户的需求、购买心理和用户定位。

只有这样，你才能做好吸引更多用户的一些商品的文案工作，更有力地把握用户的心理，还可以用阿里指数来分析商品用户的数据以供参考。

3. 关注单页标题的搜索引擎优化

在我们的电子商务运营圈里，有一种说法是"对于那些不会写商品文案的人来说，文案是为他们自己写的；对于那些能写商品文案的人来说，文案是专门为目标读者写的；对于那些最能写商品文案的人，文案是写给目标对象和搜索引擎蜘蛛的"。

文案对标题的优化在电视台的搜索中起着至关重要的作用。一个好的文案也应该擅长标题的搜索引擎优化。

尤其是在像宝藏一样的电子商务平台上销售商品时，有很多用户在购买商品时会搜索寻找他们想要的东西，所以一个优秀的搜索引擎优化标题可以带来比预期更多的销售。

如果你想被谷歌和百度等搜索引擎中的蜘蛛阅读，你需要注意文章中的标题和商品名称是否完整（包括品牌/中文/正确的型号/卖点）以及商品名称出现的频率（至少2–3次）。

4. 诱导消费：精通购买礼物和促进客户消费

免费赠送和减价是最容易诱使用户购买商品的词语。对于电子商务经营者来说，你必须知道你负责的商品的销售情况和库存。即使你调整了销售策略，你也可以通过包装销售来增加一些市场不好的商品的销售量。

5. 充分利用商品的外包装

这种产品赢得什么奖？哪个名牌？哪个渠道是当前的销售冠军？哪个网站在网民中享有最高声誉？谁是最受欢迎的代言该产品的名人？或者强调这种商品的绝对价格优势（如历史最低价格）。

6. 商品文案应根据顾客的问题、季节和销售数字进行修改

在商品销售之前，当商品新上市时，当商品热销时，当商品销量下降时，当商品被清理时，文案可能会有所不同。这些不同的

文案将会使你的网店的销售气氛非常好。

第二节　电商文案的构成要素

电商文案的组成包括标题和商品详情页。标题内容相当于坐标参数，方便用户快速找到你。商品详情页信息量最大，是电子商务文本的关键部分，它决定了用户是否购买你的产品。

一、标题

在主要的电子商务平台上有成千上万的商品信息，所以用户在选择商品时需要用关键词搜索商品。因此，电商文案的标题必须是用户可以看到的商品关键词的集合。

与海报文案和软文案的标题不同，电商文案的标题必须是口语化的，涵盖商品的特征、功能和属性等词汇，以便有更大的被检索的机会。

二、商品详情页

以淘宝为例。点击产品，你进入的页面是交易界面和产品大图。现在，许多产品图片区也配有视频。图片下方是标题，标题下方是图形页面，包括卖点、细节和售后服务等产品的所有相关内容。这些是详细的商品页面。

从商品详情页开始，传达商品的有效信息，全方位展示商品，以说服用户购买。

考虑到现代人快节奏的生活，很少有人在互联网上海量信息的冲击下深入阅读。电商文案依赖于互联网，必须符合互联网的"快速阅读"标准，同时有效地传递重要信息。

总结电商文案的创作原则：在不遗漏有效信息的基础上，使句子尽可能短，内容尽可能简洁。遵循这一原则，商品详情页可以被分成 8 个模块。

1. 卖点信息

卖点是用户最关心的部分。卖点是否满足用户的购买需求决定了用户是否将你的产品作为替代产品。因此，卖点应该放在前面。有一种扩展卖点的方法，叫作九宫格思维法。具体方法是，画一张三栏三行的表格，商品名称写在中间，其他方框依次为产品价格优势、产品服务优势、产品平台优势、产品品牌优势、权威优势、企业管理优势、客户优势和附加值优势。

2. 产品的技术规格

产品规格属于产品的硬信息，用户可以通过直观的数据了解产品。附上产品的真实照片和详细图纸，以增加产品的说服力和演示效果。你也可以在商品需要用户注意的地方贴上标签，让用户感觉周到。建议将产品规格放在前面，并与卖点并列。

3. 强势背书

该模块主要利用权威因素，附加商品权威机构的认证或商品检验报告，以及名人代言和专家认证，给用户一种安全感和信任感。

4. 数据显示

对于相同类型的商品和不同的网店，用户会更喜欢销量大、受欢迎程度高的商品。人们会认为高销量产品的质量也是有保证的。否则，没有多少人会买它们。当然，人们的从众心理也被利用了。高销售量需要用具体的数据来显示，而且数据应该是及时的。

5. 客户反馈

这种产品有很好的声誉，可以代代相传。商品详情页面如何反映良好的口碑？发布客户反馈并选择高质量的评论，以便老客户能够说服新客户。

这里需要注意的是，在选择评论时，你应该选择真实的、有针对性的评论，而不是与产品功效无关的评论。

6. 分享经验

这个模块有点类似于客户反馈，但是这个客户就是你自己。作为用户，你站在用户的角度，描述商品是如何使用的。使用体验主要描述产品的功效，也可以使用演示效果、粘贴效果图、前后对比图等。消息真实。

7. 优惠待遇

优惠包括折扣、全额折扣、礼品、红包和其他活动，有时还包括有限的活动。该模块利用人们的损失、厌恶来刺激用户立即购买。

8. 售后承诺

阅读了前面的内容后，用户几乎准备好下订单了。此时，用户购买的决心可以通过售后承诺得到加强，给用户一种安全感。

售后承诺包括快递、退货、包装、维修等服务。

以上是商品详情页的 8 个模块。除了卖点，其余 7 个模块的顺序可以灵活调整，将最能吸引用户的模块放在前面。

最后，我想说的是，电商文案的布局仍然遵循以前的创作原则，内容尽可能简洁，以免给用户造成视觉疲劳。主要有四点需要注意：

1. 文案用词简洁明了；
2. 图片和文本的组合；
3. 字体大小应该根据情况调整；
4. 颜色匹配不要太花哨。

第三节　四个步骤：注意力、理解、共鸣、行动

有创意的文案，是在有灵感的基础上迸发出来的。因为文案

有很强的目的性，所以好的文案是能够有效实现目的的文案。如果你写的是一个推荐旅游景点的文案，目标是让阅读文案的人被景点吸引，并最终决定去景点。如果是销售产品的文案，达到目标意味着看到文案的人可以对产品有强烈的需求并购买它。

因此，我们最终提取的是一个好的文案，也就是说，它能有效地达到目的。我们将达到目的的过程分解，即从注意力→理解→共鸣→产生中获得受众群体的行为。

接下来，让我们谈谈如何处理这四个部分。

一、注意力

注意力是指如何让别人看到你的文案。这是一件非常难的事情。截至目前，各类微信公众人数已超过 2000 万，大多数微信用户关注的微信公众人数至少为两位数。在关注这么多微信号的情况下，用户很难点击每一次推送，所以首先必须让用户关注你的文案。

那么如何让用户关注到它呢？

让我们回顾一下前面的内容：在大多数情况下，用户接受推送的场景是什么？

在这两种情况下，用户会看到什么？——标题、封面。

相同的内容，不同的标题和不同的封面会带来不同的点击率。

关于封面，我们将在下面的图形布局中详细介绍。在这里我们将讨论标题。

一个好的标题是如何开始的？许多人总结了许多技能。其实，最重要的是回到你的目标用户。你必须花很多时间思考他们会关注什么，并从心理学的角度进行分析。

让我们举个例子。有一个公众号叫"一条"，拥有 2000 多万粉丝。它曾经推送了一篇名为《一群妄想狂花了三年时间做一个好杯子，连马云都买下了！》的文章，这是一个卖杯子的文案。

从心理学的角度来分析为什么这样一个标题很好，首先，人们通常有一个共同点，那就是他们相信权威。如果我们把马云去掉，把标题改为《一群偏执的家伙花了三年时间做了一个好看的杯子》，显然没那么吸引人。

此外，人们很容易被一些形容词和副词引导。这些词的主要功能是强调态度，对修改整个标题来说效果会很好。如果把这些字去掉，上面的标题的含义就会变成"一群人花了三年时间做杯子"，这显然没有什么味道。

二、理解

集中注意力后，让我们谈谈理解。在这里，我们借用《营销丹尼尔》作者的一篇文章中的一些观点，"你为什么要写自我陶醉型文案"。

很多文案的写作风格，都是一些华丽辞藻的堆砌。乍一看，写作风格非常华丽。然而，当你仔细思考时，你会发现你什么都不懂，也不知道他想说什么。这种文案会抓住几个方面（这可能是你产品的特点），然后用大量的修辞来修饰它。然而，这会引起一个问题：读过这篇文章的人无法理解，也不知道在说什么。

而那些效果明显的营销型文案的写作方法，会更直观、更清晰地表达产品特征，不会使用太多的修辞，更注重场景的展示。

一个文案想要被理解，这意味着每个看到文案的人最终都会得到相同的观点，而这个观点正是文案想要表达的。文案是一个目的性很强的内容，不能像文学作品一样，一千个人心中有一千个哈姆雷特。因此，对文案来说，最重要的是说人类的语言，直截了当，简洁明了。

三、共鸣

一份好的文案能写进粉丝们的心里，使他们产生共鸣，他们愿意主动传播它，传播给朋友或者发送给朋友。一个愿意被观众积极传播的文案只有得到更多的关注，效果才能最大化。那么，它如何能与他人产生共鸣，并让他人愿意传播它呢？

第一个例子是《伟大的安妮》中的一篇文案：《对不起，我只想过1%的生活》。它于2014年12月14日（周日）发布。微博加微信的传播达到了6000万，微博转发达到了38.6万，作者开发的漫画应用的下载量达到了30万。从文案的角度来看，这一定是一个巨大的成功。如果只是阅读量高，你也可以说传输通道相对较宽，但38.6万转发和App 30万下载是很好的证明。我们可以稍后再看这篇文章，在这里我将直接告诉你一个结论：这篇文章成功的关键在于成功地引起目标用户对她的文章的共鸣。

让我们再看看第二个例子。这份文案的标题是：《我当时就懵逼了》。这个文案是一个强大的保险箱。如果我们在阅读这份文案之前把它写在保险箱周围，我们可能就没有线索了。然而，这篇文章的独创性是惊人的。主题阅读量为2395万，微博转发至1.6万。所有主要的自媒体在网上大量传播，品牌名称立即树立出来。

他们成功的原因是什么？最重要的原因是共鸣！共鸣肯定不是目标粉丝对产品的表面认可，而是他们对情感和场景的深刻认可：以第一个例子为例，《伟大的安妮》的文案品讲述了一个普通的小女孩带着梦想，经历了各种各样的人的打击，忍受了各种各样的生活压力，最终仍然选择追求梦想并取得成功的故事。这篇文案成功地唤起了目标粉丝（年轻人）对他们努力工作和奋斗的生活态度的认可。与此同时，这样一个文案把每个人都带到这样一个场景。每个人都像伟大的安妮，开始是一个有着梦想的普通人，但受到各种各样的打击。有了场景和情感认同，目标粉丝们成功地产生了共鸣。

第二篇文案使用了微信对话的截图形式。这种形式本身就是一个场景，人们可以很快被它带进来。在对话中，男女朋友开了各种各样的玩笑，并发出面部表情。人们感到对话截屏很有趣，很有异国情调，令人惊讶。简而言之，它成功地赢得了目标粉丝的认可，并引起了他们的同情。

因此，我们应该从两个方面来引起共鸣：

1. 满足情感需求；

2. 进入场景 / 行为。

也许会有一些人说，我不知道我应该满足我的目标用户什么样的情感需求，我应该把他们带入什么样的场景，我如何能和他们产生共鸣？

答案是：抓住你的目标用户的一个或几个情感诉求，结合你的产品能满足相关诉求的地方写你的文案。如果你能把它带进一个场景并添加一些想法，你也能写出具有足够共鸣效果的文案！

四、产生行为

如果以上三点能够做好，我们只需要掌握最后一步，即产生行为。用户的行为需要指导。你写作的最终目的是什么？你希望用户关注这个平台吗？转发？或者购买你的产品？然后你需要为用户提供相应的频道，注意相应的二维码或者提示他们点击要注意的地方；转发要设计的煽动性文本或图片提示；购买应提供清晰的购买渠道、跳转链接或二维码。

通过理解和消化以上四个步骤，并在写作中灵活运用，相信你一定会把写作提高到一个更高的水平。通过更多的练习，你也可以写出非常好的作品！

第四节　迎合客户心理，写出爆款文案

在一千个人心中，就有一千个不同的哈姆雷特——文案是具有个人特征的产品，迎合大众的口味与保持自己的风格并不矛盾。文案服务于产品，吸引用户留住客户是专业目标。作为一名文案，首先必须深入用户，了解他们想要什么，对什么感兴趣。因为你不是作家，你不能凭借想象写作品。换句话说，你无法理解用户的心理。所写的作品如何吸引用户？当然，内容应该迎合用户的口味。

一、了解用户的心理

了解用户的心理，作品的风格就是他们喜欢的风格。比如你擅长写鸡汤，就将鸡汤融入了迎合用户的元素。如果你仔细考虑和选择词语，你一定会有很好的作品。例如，用户的口味是食物，他的个人风格是调味。知道什么样的食物用户喜欢吃，加上个人最喜欢的调味品，将有不同的创作。有些人会说用户不喜欢鸡汤，而是喜欢有趣的内容。这一次，它取决于产品，产品定位，用户定位，一个有趣的产品，必须吸引喜欢有趣的人，这一次鸡汤肯定不是最好的选择。一切都不是绝对的，作品是基于数据的。经过充分调查，制订了计划，进行了实践，然后写作的工作才算开始。为了更好地吸引用户，掌握各种风格自然是极好的。但是文案出于个人之手，必然是会需要带有个人情感色彩。

二、文采并不是最重要的

成功的文案不要看所谓的花言巧语，商业文案不需要把文采放在第一位。例如，你可以看到许多富有诗意的房地产广告，但重点仍然是成本效益和位置，包括其他服务。因此，文案不是为了好的写作，而是为了转换和支付。在这个阶段，许多初学者通过阅读书籍来学习文案写作。事实上，透彻理解品牌的内涵是有好处的。

三、初级文案的学习和进阶

作为初级文案人员，进入职场后你的工作会给你的生活增加一些压力，所以这一次，更需要合理利用时间来学习和进步：

首先，你需要保持每天收集和整理的好习惯。你收集什么？你每天都需要热门信息来了解一些国家大事，这是为了增加你写作中的话题相关性。你还需要知道兴趣信息和行业信息，这是你文案中的材料。兴趣也可以作为你和目标受众之间的交流内容。

然后，你需要了解学习文案写作的技巧。商业文案有很多技巧，不是说你能写出好的软文本，就可以将华丽的辞藻转化为报酬。

例如，三个要素：亮点、用户和卖点；

例如，三部曲：开门指南、内容风格和结尾升华；

例如，核心框架：明确目的、渠道分类、用户划分、营销理念；

例如，文档的形式、内容结构等都是需要考虑的。

最后，文案写作需要不断地练习，直到完全掌握。写作技能可以学习，但是对文案的感悟和理解需要长期的磨炼，以及各种形式的练习、调查、实践等。

第五节　找出差异化，展示核心竞争力

对于每种产品，根据具体渠道和场合强调两三个卖点就足够了。正如一个人有太多突出的方面但没有特点一样，一个产品有太多的卖点，但买家记不住，那就等于没有卖点。

对于天猫和京东等电子商务平台以及现阶段的大多数营销场景，产品都是在网上销售的。与用户的第一次接触不是销售人员或在线客户服务，而是产品信息。此外，客户将在互联网上同时认识多个供应商。此时他们是否能在同质商品中看到独特的卖点，将是影响顾客选择的关键。产品卖点定位是目前电子商务公司最容易被忽视的问题，因为一些常规产品只有很少的质量标准，所有同行生产的产品都是相似的，所以我们默认顾客知道这些产品的卖点，不需要刻意表达。随着时间的推移，许多企业在网络营销推广过程中统一了购买传统产品的"高质量、低价格"。也因为网络上所有的产品都表现出"高质量"，这让用户不敢轻易相信。因此，产品卖点的定位才显得格外重要。

一、提炼产品卖点应遵循四个原则

1. 实事求是，不搞虚假包装

无论是做网络营销推广还是营销策划，一切都必须基于实事求是的原则。任何没有实际依据的虚假描述都是欺骗潜在客户，是不诚实的表现。因此，公司和产品的真实情况必须作为提炼和采购的起点。

2. 卖点不仅限于产品本身

并非所有产品都有非常明显的优势。大多数传统产品与市场上的其他产品没有太大区别。此时，根据产品本身提取卖点基本上是困难的，因此有必要在此时"塑造"卖点。可以试着从公司的市场定位、生产和服务经验来体现。一个同样规模的企业，专注于一个单一的产品已经20年了，与一个同是生产多种产品并且只成立两年的企业感觉不同。

3. 努力展现差异化优势

在某些情况下，我们经营的产品属于行业新的特殊产品，与市场上同类产品相比具有独特的价值。此时，我们需要从各个方面展示这一独特的价值。为了让顾客感到独特，首先你必须能够表达独特性。

4. 自我表扬不应该太直接

没有人会说他们销售的产品有多差，而是会宣传有多好。因此，如果你在产品介绍中说"质量一流，质量上乘"，说"我们的产品是市场上最好的"，其实没有多大意义，但总比什么也不说好。表扬产品的目的可以间接实现，例如，我们可以通过顾客对这方面的评价和别人的口碑来表扬产品。

二、产品卖点结合核心竞争力

当许多供应商吹嘘质量保证和优惠价格时，"高质量和低价格"的明显卖点在互联网上就没那么有价值了。有这样一句话：一流的销售卖理念；二流的销售卖服务；三流的销售卖产品；四流的销售卖价格。我们没有统一的方式在客户面前展示销售理念、服务特色、产品优势和其他信息，但文案写作却是有规律可循的。比如，我们可以在分析网络上的竞争对手之后，展示他们的差异，以便给用户留下一个好印象。

从不同的角度来看，"卖点"有不同的理解：从消费者的角度来看，卖点是竞争满足目标受众需求的点；从供应商的角度来看，在竞争激烈的市场中，销售点是一个必要的思考点。从产品本身的角度来看，卖点是产品本身存在于市场中的原因。因此，可以说卖点的提炼包括三个起点："迎合"目标用户，"基于产品本身"和"跟上"市场环境。

三、三个主要方向

在设计产品的卖点文案时，我们可以从以下三个主要方向开始。

1. 产品的卖点应该反映产品的质量

反映产品质量的具体要点包括：

（1）原材料优势：如行业认可的优质原材料、行业知名大型品牌企业生产的原材料、符合国际更高标准的原材料等。

（2）生产设备优势：如采用最新生产技术、新一代生产设备和行业知名品牌生产技术。

（3）专业人员的优势：例如，高学历、高学历的研发团队，有多年工作经验的成熟运营团队，以及业内知名的专家指导团队。

（4）质量控制的优势：如行业高标准的质量管理体系、特殊的质量控制程序、严格的次优产品加工程序等。

2.产品的卖点应该反映产品的高性价比

反映产品高性价比的具体点包括：

（1）价格优势：例如，由于享受税收减免、环保补贴、电费减免等政策的客观原因，公司产品有自己的价格优势，并具有大规模生产的优势。请注意，销售价格时，必须有客观原因。金钱的主观随意性不能作为低价的理由。

（2）价值优势：如使用寿命更长，使用效率更高，使用后更容易获得下游认可。价值的优势也需要客观数据的支持，描述也必须是客观的情况，不能凭空捏造。

（3）交货优势：例如，生产效率比其他工厂快，并且可以同时转移更多的生产机器。

（4）运费优势：例如，承诺直接去客户指定的地方，承诺乘飞机去见外国客户，可以跟踪货运流程等。

（5）服务优势：例如，支持免费样品查看、免费打样、支持售后上门服务、帮助下游客户开拓市场等。

（6）结算优势：例如，网上订单支持付款前检查、7天无理由退货、批量结算等。

3.产品的卖点应该反映出公司是值得信赖的

反映公司可信度的具体要点包括：

（1）行业声誉：例如，客户的好评、员工的好评、同行的好评等。

（2）合作品牌：例如，行业内主要品牌的供应商、大型国际和国内活动的供应商、政府指定的供应商等。

（3）企业资质：例如，各地纳税大户的荣誉、各种官榜荣誉、各政府部门授予的资质等。

（4）企业贡献：如企业销售额、企业利润、员工人数、企业公益贡献等。

（5）企业文化：例如，企业尊重的积极的能量文化，企业相关文化活动的专题等。

（6）品牌效应：如广告、媒体合作、促销、品牌名称等。

此外，不同的产品类型具有不同的性能。因此，需要绕过以上内容。例如，对于互联网金融产品，高质量可能对应于安全性和可靠性，高性价比可能对应于高收益，值得信赖可能对应于国有资产持有的背景等。

第六节　小品牌也能写出"大价值"

在电商市场上，各种形式和市场的竞争都是关于资源和品牌营销能力的整合。随着同质化越来越严重，品牌之间的博弈将变得更加激烈，相应的优劣和短板将变得更加明显。目前，供应不再是满足市场需求的主要运输渠道。即使你的产品很好，不知道如何整合和创造品牌包装和新的营销方法，你最终还是会被优秀品牌和大品牌所排斥或边缘化。

消费升级催生了新零售业和其他多种业态的快速发展。作为行业中的佼佼者，大品牌在资本、资源和流量方面具有内在优势。草根企业家如何对抗剩余的小品牌？

当然，有一些方法是可以解决这个问题的。即使你现在负担不起大明星和网络名人的广告费用，难道你不能创造内容吗？接下来，我们将以"保暖羊绒被"这个产品为例，通过品牌文案的创造，为草根企业家或小品牌商家进一步打造自己的产品/品牌优势价值链。

在撰写品牌文案之前，先梳理保暖羊绒被的一些属性和特点，以利于文案的后续发展和延伸。我们来梳理一下羊绒被的性能特点：

- 加厚羊绒填充物；
- 柔软不粘；
- 20 年的制造过程；
- 双压卷边技术：
- 摩擦更温暖舒适；
- 蓬松、透气、吸湿；
- 柔软且亲肤；
- 100% 羊毛；
- 新西兰进口羊毛；
- 通过国家专业检测机构认证；

......

在梳理了相关羊毛保暖被的性能后，有必要对其进行相应的连接和匹配，以便更好地销售产品的优势，扩大其价值，并通过品牌文案的传播迅速向消费者发布。

1. 创建产品价值文案：

材料→新西兰进口羊毛→蓬松→人类感知→温暖→舒适

文案：

温暖舒适的羊绒被子，

所有羊毛都是从新西兰进口的。

从羊毛优化到最终纯化和定型，

经过 33 次人工运营。

每一针都刻有独创性。

恒温和舒适的亲肤感，

我知道如何呵护你的每一寸肌肤。

2. 产品价值传递文案：

材质→100% 进口羊毛→蓬松→吸湿透气→自我感觉→贴身

文案：

以床为媒介，

作为中间人，

空虚的心，

愉悦的身心，

你最终需要好好睡觉。

让我们耳语一下。

3. 自我觉醒层文案：

羊毛被→自我觉醒→关注自己→寻找替代品

文案：

虚度的岁月，

现在我总是珍惜逝去的最好时光。

悄悄溜走的年轻人，

现在我总是担心我不珍惜的过去。

对于那些不尊重生活质量的人来说，

仿佛他们从未珍惜过它，

能给她最好睡眠质量的羊绒被也是一样的。

4. 情感价值层文案：

全毛被→关心自己→唤醒记忆

文案：

人们总是容易多愁善感。

喜欢回忆过去。

如果你不能得到它但又不想放弃它，

我不知道如何珍惜我所拥有的。

四处奔波的生活，

认识你，会让你忘记，

它仍然是我最担心的。

真诚的安慰和内心的平静。

5. 优势属性层文案：

羊毛被→产品属性→价值传递

文案：

舒适温暖，

它是由不同的小羊绒重叠而成的。

过去最终会成为记忆。

为了更好地搜索，

我们将前往下一个目的地。

用温暖交换快乐，

夜空繁星点点，寂静无声，

为了个人舒适，我们使用一张床。

以换取令你开心的宝藏。

6. 优势卖点层文案：

羊毛被→产品优势→价值塑造→与人沟通

文案：

最懂得珍惜生活质量的人，

越来越珍惜质量带来的舒适和快乐。

柔软的磨砂触感，

双边压花最巧妙的细节，

舒适蓬松的质地，

对于每个珍惜生活质量的人来说，

给世界最好的礼遇和奖励。

最有效的品牌文案传播，在于及时将产品优势转化为实实在在的利润，进而连接到人们最深的情感和情绪，形成固定的消费习惯。只有将人们对产品最深层次的渴望，即心理需求、价值需求和内在情感需求整合到产品的功能需求之外，用户才能最终一点一点地被触动，品牌优势才能在他们的头脑中根深蒂固。

第七节　吸引眼球的电商推广文案

怎样才能写一份有吸引力的电子商务推广文案？这个尖锐的问题确实是一个被遗忘在角落里的问题，也是一个很少有人提及的话题。电子商务推广文案应该是一种多看少说的文案。不同于各种新媒体文案和广告文案，有各种创造性的分享和教程，如网红大V、KOL……

相比这些，电子商务推广文案实际上是一个被遗忘的角色，很少被提及。原因可能是它太"稳定"，受各种条件限制，很难耍花招来吸引人们的注意力。但是从另一个角度来看，你在这里写的每一个字都会被成千上万的人看到。事实上，这也是一件非常令人兴奋的事情。下面，我们将谈谈电子商务推广文案的写作经验，以及相关注意事项。

一、电子商务推广文案有什么特征

电子商务推广文案与其说是一个特征，不如说是一种限制。正是因为这些限制，文案变得如此不同。

1. 像素级空间约束

这样说当然有点儿夸张，但市场上的每一点空间都非常宝贵，电子商务推广中对各级标题的字数都有严格的规定。

你必须面对的现实是，只有4—6个单词，但你必须传达清晰的类别信息、主要内容和活动氛围……因此，有时你可能会产生错觉，以为自己是在创造流行语录，而不是写电子商务推广文案。

2. 不可避免的信息过载

这主要是为了推广电商文案主题。通常，一个主题包含信息元素：类别（卖什么）、类型（大促销类别/知识产权类别/主题类别）和基调（嘉年华/温馨/趋势）。

所有这些都必须反映出来，要包含几个词之间的所有信息，结果是主题往往脱离了文采、深度和优雅的关键词。

对用户来说，理解信息是一项必要的任务，然后他们会考虑文案写作的技术方面。

在这两个前提下，电子商务推广文案将强烈反映以下特点：

更加强调商业目的；更加注重与用户的链接效率。

二、电子商务推广文案的需求特征

因此，对于电子商务推广文档来说，它更符合整体项目和设计目标。每个环节都是一个目标优先级和标准框架，通过持续的迭代总结、用户访谈和数据反馈慢慢建立。

在此基础上，如果还有余地，进一步探索和完善其他可能性。

1. 满足项目的业务需求

不同的企业会有不同的需求，比如强调建立品牌意识，为大型活动营造氛围，或者唤醒某些人群。然而，电子商务推广必须能够满足这些需求，而不是玩弄自己的文采、风格、噱头等。

2. 建立文案系统

我们需要的不仅仅是一个精彩的电子商务推广文案，而是一个完美的内容系统。

还应该理解的是，会议地点通常不会单独出现。一项活动的背后是一个由多个时段（预热期、高潮期、返程期……）和各种类型（销售会议场所、内容会议场所、互动会议场所……）组成的会议场所集合。

如果他们的文案系统不统一，不仅会损害活动的有效性，还会对用户不友好。因此，有必要为所有电子商务推广建立一个统一的概念和体系，然后根据不同的时期和类型细化重点和色调。

3. 符号的使用

用户不仅从你那里获得信息，你还需要在他们心中埋藏一些东西。我想强调的是，在这个信息丰富的社会里，每一项活动和每一页都是与用户联系的难得机会。你需要有意识地在用户心中埋藏一些东西。

这种符号不仅会孤立地存在于每个电子商务推广文案页面中，还会在其他的流量门户和营销推广中形成统一，让用户从第一眼看到、期待到浏览，在内容层面形成统一的闭环体验。一次又一次活动的积累将为业务线、活动周期类型和品牌建立强大的用户意识。

4. 可读性

可读性在这里详细显示，并可分为两个层次：第一，从电子商务推广文案的内容来看，每一个环节的文案，如楼层的标题、按钮的描述和用户指南，都非常清晰明确，不会造成歧义，而且使用成本非常低。第二，在电子商务推广文案技术方面，它容易阅读并且有很好的节奏。关键信息突出；用户的强劲启动；押韵、对仗、符合词语的当前用法等。

三、写作过程中的主要问题

1. 理论性太强，不能落到地面

因为我们本质上是一个设计团队，这也决定了在创建电子商务推广文档上投入的时间有限。因此，解决方案必须是低时间成本和高效率的。

2. 目标和结果之间缺乏联系

每个人面临的业务类型都有一个清晰的分类，但是每种类型下的细分需求是不同的。因此，解决方案需要有明确的需求方向和广泛的覆盖面。

3.思维陷阱容易碰壁

经常发生的情况是，我被困在原来的想法里，不能跳出来。我不得不改变时间，但是没有好的输出。因此，当有一个可行的方案来推广电商文案时，我们需要一个比传统的"教程"更好的"工具"。

四、我们的解决方案

基于以上电子商务推广文案的特点、需求和问题，我们选择了把文案方法地图化的方法。其主要目的是通过一系列针对不同场馆需求的预设创作路径，将需求、方法和案例结合起来，让每个人在使用时都能快速找到自己的方法。

步骤1：从需求区域找到所需的方向

整理电子商务推广文案可能涉及的一系列需求方向，并将其整理出来。你有什么类型的项目，你只需要找到相应的文案类型。

步骤2：进入项目区，扩展创意方法。

在确定电子商务推广文案的类型后，你可以在相应的子集中找到详细的文案创建方案。在这一部分中，你"制定"了创建方法，并且只需要相应地扩展。

步骤3：参考案例区域并验证结果

这一部分梳理了与这些方法相对应的案例，这些案例基本上已经在网上了。它主要用于阐明方法的使用，并为业务交流提供参考模板。

综上所述，电子商务推广文案的"文案地图"主要基于"目的→方法→结果"的需求闭环目的。可以对常见需求进行分类，然后连接到不同的创建方法，以指导案例结果。当你需要它的时候，你可以按照指示找到适合你的目的、方法和结果，从而节省大量的处理时间，提高效率和可控性。

　　在这样的过程中，可以保证电子商务推广文案的输出满足一定的标准和要求，同时可以降低通信成本，提高输出效率。

　　同时，整个电子商务推广文案图是一个可以不断更新、迭代和维护的"工具"。随后的想法将不断丰富地图覆盖的业务范围，也将试图使它更容易运营，甚至更聪明。

　　电子商务推广文案是一种营销型文案，是我们在现阶段面临的问题和应对方式。这不一定是个好计划，也不适合每个人。甚至我们自己也会不断调整甚至推翻它。

　　你需要找到当前时期的"问题"，指定预期的"结果"，然后尝试、学习和整合各种方法和工具，直到你找到一个更适合你的方法和工具。另外需要注意的一个细节问题，毕竟文案是发表的，那么你就要考虑搜索引擎，是否有利于 SEO 优化排名的问题，考虑到这一点，可以说是一个相对丰富的文案了。

第八节　顶级电商文案的写作过程

　　在电商运营过程中，经常会遇到尴尬的情况。广告推广费已经花费了几十万元，成交订单还是一位数。事实上，这种情况往往不应该是运营问题。

　　●如果主画面做得不好，点击率不会上升。

　　●如果细节页面做得不好，转换率不会上升。

　　●没有点击率和转换率，再厉害的运营也无力回天。

　　●电商文案最直接的意义是提高你的点击率和转化率。

　　也许你已经写了一份品牌文案，但你不确定它的影响力有多大。然而，电商文案的效果直接反映在数据中。详细页面的描述能否抓住痛点并赢得用户的信任，直接影响到停留时间和支付顺序。

因此，写电商文案的完整过程，应该包括竞争分析、用户需求分析、卖点提取、详细页面文案和主图文案。

一、竞争分析

1. 我们是否应该关注我们的竞争对手？

很多人说，不要关注你的竞争对手，要关注用户。

然而，它在电子商务平台上是不同的。用户带着购买的意图购买肯定会选择网店和产品。

那么，如果不是你，那一定是你的竞争对手。

用户自己不会创造产品。如果你的产品被淘汰，那一定是你竞争对手的创新。

因此，如果你写电商文案，必须研究竞争对手，这是非常重要的。

2. 如何选择竞争对手？

选择准确的竞争对手不仅可以节省时间和精力，还可以获得有价值的信息。

（1）价格范围、样式和销售量基础

打开淘宝的电脑版，输入太阳能灯。从屏幕上可以看出，45~140元的价格范围是62%的用户喜欢的价格。在选择竞争对手时，价格波动稍大，因为后面还有其他条件，否则选择的竞争对手就太少了。我们的价格大约是100元，价格偏差在50元上下波动，单击确定。

现在搜索结果显示各种太阳能灯的价格都在这个范围内。接下来，我们将筛选与我们产品相同的样式，以便我们能够找到更准确的竞争对手。我们的风格是一对一泛光灯的形式。我们只选择这种形式。其他样式，如普通路灯就不适合。同时，还要选择有一定销售基础的产品，对于这类产品，低于800的销售额没有研究价值。

最后，我们选出了 10 名竞争者。如果你认为你有足够的时间，你可以选更多。

（2）商务顾问软件

如果你有足够的资金，买一个专业版的商业顾问软件，在网店经营一段时间后，软件会自动匹配你的竞争对手。人们用相同的价格范围、相同的关键词流量，最后购买了其他产品，为什么？分析原因等等。

3. 对竞争对手的分析是什么？

（1）竞争产品

如果你的产品涉及更多的细节，有必要对产品有一个全面和详细的了解。

从各个方面比较我们的产品和竞争产品，可以帮助我们找到我们的优势卖点。

（2）比主图

通常有五个主要的图片，重点放在第一个。当你看主画面时，你所看到的可以被更详细地分解。看看产品展示：拍摄角度，是否精致，是否有装饰，是否是白色背景图、场景图或特效合成图；看一下文案：标题、副标题、标签词；看配色：背景色、装饰色、文字色。

（3）比详情页面

详情页面从三个方面来看：

突出了哪些卖点？

卖点的顺序是什么？

卖点是如何表达的？

（4）SKU 地图

比赛是否在 SKU 地图中标注了适用人群、场景和规格参数，我们是否做这样的标注？

二、用户需求分析

1.评价（正面和负面）

在第一部分，我们选择了竞争产品，但竞争产品的评价是用户需求的表现，所以我们把它放在这一部分。

注意按时间下单，如果你默认下单，权重高的评价会排名第一，很容易作弊。

短的买家评价更真实，而那些长的、有很多赞美之辞的，往往都是假的。

去掉一定的水分，否则会影响你的分析和研究结果。

2.标签

关注产品下面的标签，提到最多的关键词会排在第一位，这也是用户最关心的问题。从这里可以看出，"使用多长时间"是最常被提及的词，但最终它不是我们的第一个卖点，还有其他参考资料。

3.搜索词

搜索分析—相关词分析—相关修饰语

不同的关键词对应不同的需求。

搜索"室外"的用户可能会呼吁排水防雷，而搜索"室内"的用户可能会呼吁在没有阳光的情况下充电。

三、提炼卖点

经过之前的竞争研究和用户研究，我们肯定找到了许多需求点，可能是几十个或近一百个。我们应该把什么视为我们的第一卖点和第二卖点？这就要求我们对下单后的数据进行分类和汇总，最后将它们分类成这样一个图表。

四．文案（主图纸和细节页）

1.结构

在写一份文案之前，应该有一个逻辑和布局。

2. 表达技巧

文案有很多表达技巧，测试专业文案的基本技巧。

重塑认知；

实验化；

畅销；

暗喻；

夸张；

利益情景；

恐惧有吸引力；

承诺效应；

……

每篇文章都可以扩展成一篇文章，文章中出现这么多单词的原因在这里就不详细讨论了。

3. 违禁词语的检查

互联网上有许多网站可以检查违禁词，这很容易找到。

禁用词包括一般禁用词和类别禁用词，只要是敏感词，就不要使用。

4. 车图

车图的文案可以从三个角度出发：产品角度、用户角度和竞争角度。

不同角度的文案是不一样的。没有人能保证任何角度的点击率都很高。我们只能尝试更多，进行直通车测试。

五、最终结果将基于数据

通常我们认为这份文案真的很好，因为最终它的命中率很高，数据会告诉我们答案。

1. 产品偏离

如果你的产品有特别明显的优势，就直接表达出来。

例如，你的竞争对手是一个灯头，而你有两个灯头。这个卖点是最强的，适合简单粗暴的文案写作。

2. 用户离开

在大多数情况下，我们的产品没有明显的优势。

没关系，连接用户现有的认知也可以取得高点击率，比如下面的文案：

"穿 A4 腰"

"五星级酒店带回家"

"不要用姜汁汽水洗你的头发"

"桑拿日最适用"

用户已经有了 A4 腰、五星级酒店、姜水、桑拿日等概念。我们启用这种高度浓缩的信息词，用户可以在一秒钟内获得我们的卖点。

我们称这些词为超级单词。在车图中使用超级单词是提高点击率的一大秘密。我们有时间写一篇关于超级单词的特别文章。

3. 比赛开始了

起初，据说电子商务平台实际上是封闭的。我们能看到的是这个界面。一个界面显示了这些产品。可以假设用户必须从他们中选择一个来购买，而不买你的。例如，每个人都在强调婴儿辅食的低价，所以你可以尝试好的消化，好的消化和安全的要点。你的文案是"阴雨天连续通电"，那我就写"阴雨天可亮七夜"。

面对这样两种文案，客户会选择哪一种产品，答案一目了然。

第三章　以营销为目的，打造视觉冲击力

做营销通常要做什么工作？当然是调研、数据分析及售卖了，而优质文案的很多环节与营销相通，它犹如一台万能收割机，不仅能快速完美地"收割"消费者的购买欲，还能成功"收割"企业的利润增长点。

第一节 简单、粗暴、有力度

有的文案喜欢单刀直入，通过简单、粗暴、有力度的用语，直接说出最有杀伤力的宣传语，比如：帮你省钱。用最少的钱买到最棒的商品，是让人无法抗拒的诱惑。如果让读者觉得你推荐的产品能帮助他们省钱，也是激发购买欲的一种方式。

举例说明：

标题：买这9件东西，你今年就赚到了

开头：如果你想省钱，那最新的科技产品应该不会在你的考虑范围中。有的产品需要花很长时间才能体现出它们的价值来，不过下面这9款配件都是经过时间证明，确实能帮你省到钱的。我去年买了其中的一些，欣喜地发现每个月的存款都能多一点。

选品：高清电视天线、LED灯泡、节能插座、可充电的电池、智能恒温器……

同类文章还有：

《这款实惠的电视天线带给你物超所值的消费体验》

《只花了不到25元，我就让爱车拥有了一次超棒的科技升级》

《如果你还用电讯公司提供的路由器，那就是在浪费钱！这里有一种便宜的替代品……》

一、明确文案的目标方向

我们在写文案之前，必须首先明确文案的目标方向。

当写任何文案时，我们都应该清楚地思考几个问题：

1.你的文案是为谁写的？

2. 你的平台定位是什么?

3. 你的文案解决了什么问题?

不同的平台类型针对不同的目标消费者, 即使同一平台在推广期和非推广期也有不同类型的文案定位。例如, 蘑菇街聚焦于以女性消费者, 她的大部分页面都是以女性口吻作为叙述和强调女性相关痛点的。我们看到, 天猫、京东等综合电子商务平台首页的第一版, 不会有针对某一特定人群的单独文字描述。此类平台首页的大部分文案都是基于类别优势或单一产品优势和单一产品卖点的突破。

在推广期间, 根据每天推广的不同类别, 我们将结合类别特征和类别的目标群体来制定首页文案。在促销期间, 低价是任何时候都吸引消费者的最有力武器。然而, 根据不同类别的特点, 目标群体的文案不同于其他竞争武器。例如, 当推广数字产品时, 酷和智能, 自我陶醉型; 推超市商品时, 现在购买超市商品满 198 减 100; 推广母婴产品时, 母婴品牌、喷发全动力 + 母婴产品全 399 减 100 等。

二、尽最大努力展示消费者最想看到的元素

当然, 这个前提是你知道消费者真正想看什么。然而, 无论如何进入一个网店的主页, 它至少应该能够清楚地向消费者呈现以下链接: 1. 完整的消费路径; 2. 搜索路径清晰; 3. 消费者还有一个明显的兴趣点可以选择。

虽然不同的消费者希望看到不同的元素, 但具体的推广点必须是消费者在进入电子商务网站观看各部分商品时最想要的信息。

三、说服消费者尽快做出决定

有许多平台销售相同的产品。如果你已经成功地将消费者吸引到你的平台上, 并且看到了你的产品, 那么你应该让消费者尽可能多地做出购买决定。此时, 我们将在文案上突出独特卖点, 如"今天, 我们将从前 1000 名中随机选择 8 个名额, 离活动结束还有 18 个小时"来强调时间的紧迫性。

四、写电商文案应该注意什么？

电商文案是最直接的销售文案。它应该直观地向我们展示产品的卖点，然后让消费者购买。因此，在撰写电商文案时，我们必须注意以下几个方面：

1. 努力用简单、粗糙的方式直接打击消费者，不要使用复杂的修辞和文字游戏。

消费者需要了解产品，而不是你的聪明想法。带有谐音和押韵的创造性词汇在社群里更容易被称赞，但我们不是在做新闻，而是试图避免令人困惑的方式。

2. 应该有激励措施来突显差异，给消费者一个购买的理由。

我们可以通过文案来表达产品的不同之处。例如，Iphone732G 在苏宁、天马京东的售价为 4298.00 元。这时，如果苏宁说我的价格是 4298.00 元，但我可以给你一年的免费屏幕破损保险，这突出了苏宁购买的差异，这将成为消费者在这里购买的原因。

第二节　满足用户需求，赢得高度信任

有的电商文案会把"帮人提升效率、节省时间"作为主要卖点。这类文案的重点在于，如何通过满足用户需求，赢得高度信任。他们在文案中反复强调的是，自己推荐产品能多大程度上解决日常难题，提升生活品质。

来看例子：

标题：你在厨房里最大的烦恼，这 11 件小工具可以帮你解决

开头：我们都知道自己做饭能省一大笔钱，而且也更健康，不过这并不是最简单的选择。说真的，做饭有时候是件麻烦事。而这些工具能帮你更方便、快捷地完成厨房里的各项任务。

选品：牛油果切片器、泡茶器、可聚拢的菜板、煮蛋器、调料盒、不粘锅、多格煎锅……每款产品都配有图片展示。

强调与顾客的互动，建立高度信任感，已经成为许多品牌电商追求的文案效果。为了塑造值得信赖的品牌，文案撰写者需要编写各种故事，以便与消费者建立连接和互动。

一、消费者互动

在社会营销时代，聪明的公司会在很大程度上改变他们的营销策略。他们将把文案的焦点转移到与消费者的个性化互动上，从而让消费者身心愉悦。这导致了"与消费者互动"的知识和各种规则，只要我们创造性地遵循"消费者互动十大金科玉律"并坚持下去，事情就会如你所愿。

二、显示和传递价值

只认识到用户参与的重要性，这实际上是一个空洞而片面的命题。为了成功刺激消费者互动，你必须调动和吸引消费者的兴趣。因此，最初与消费者互动时，你必须向他们展示，你将为他们提供有价值的东西，并履行你的承诺。

要做出这个承诺，首先，你必须有同情心，并问自己，"如果我是一个用户，这条信息能给我提供什么，让我想要打开它，阅读这篇文章，点击这个链接，并参与其中？"定义用户参与对品牌的价值很简单，但你的用户必须从本质上受到激励。如果你想提出一个成功的价值主张，你必须理解为什么消费者想与你的品牌互动，并且对你提供给他们的东西感兴趣。你不需要承诺物质或经济奖励，也不需要像公牛一样努力。无形的东西是强大的动力。承诺可以是有趣的内容、独家信息或奖品。一旦"价值主张"形成，你必须意识到它，因为每个人，尤其是在客户服务的背景下，都会充满期望，不一定会原谅失败。你很快就会失去这些用户，一旦你失去了他们，就很难再找回他们。

三、建立关系

我们生活在一个"参与的时代"，每天有超过 20 亿的消费者在网上互动。如果你想引起他们的注意，如果你想与他们取得联系，你必须让消费者知道你非常重视他们，并愿意投入时间和精力来建立关系。你的目标不仅仅是吸引他们的注意力。对于亲密的关系来说，它的标志是关系中的联系和投资。通过与社群成员发展关系，你可以向他们灌输品牌的既得利益。希尔霍利迪和利平科特在他们最新的论文《欢迎来到人类时代》中推测道："消费者的洞察力将导致更密切的关系，这反过来将加速补充洞察力。"在各个行业，我们发现它将带来更高的利润率、更深的钱包份额关系和更强的市场价值。鉴于这一事实，亚马逊首席执行官杰夫贝佐斯说："把顾客想象成被邀请参加聚会的客户，我们就是主人。"宝洁公司的首席品牌官 MarcPritchard 也有着同样宏伟的"愿景"：实时与世界上的每个人建立 1:1 的关系！

品牌通过单面玻璃镜子传递信息和观看焦点小组访问的日子已经一去不复返了。如今，科技和社交媒体在消费者心中产生了一种期望，即每个品牌都会发起个性化的、几乎即时的一对一双向对话，以分享想法和体验。品牌代言人—社群管理者必须通过与社群成员的个性化互动与消费者建立真正的关系。发展有意义和牢固的关系总是一条双向的路。因此，社群管理者必须愿意通过以下方式与成员建立联系：分享关于他们的真实信息，如姓名、照片和视频剪辑，恭敬地回答社群成员提出的问题，倾听他们的疑问并回答，因为这是人们对任何关系的期望。谈话应该是自然和放松的，就像朋友之间的谈话一样。学会交流社群成员真正感兴趣的东西，但这并不太多，因为无节制的热情是不真实的。最后，如果你成功地与社群成员建立了关系，成员们将继续参与进来，因为他们喜欢互动并想购买品牌的产品。

四、需要"透明"

每个人都期待并值得尊重。这种尊重需要透明度。在这个"参与的时代",任何琐碎的事情都会不恰当地导致消极的、也可能是持久的强烈反对。一旦你和你的成员建立了关系,你必须坦率地告诉他们需要做什么,为什么要这样做,以及如何实现黄金法则之一的价值主张。一个经典的定性研究问题可能会要求你"分享当你买车时,别人是如何影响你的购买决定的"。当与社群成员交互时,此方法不起作用。相反,要求应该是这样设计的:"我们的营销部门正在做一个关于影响你购买决定的人的新广告。"当你买车时,请分享别人如何影响你的购买决定。"增加细节以保持透明度将改变与他人对话的语气,这更有利于建立相互尊重的关系。"如上所述,在相互尊重和信任的基础上建立关系对于提炼能够提高利润率的宝贵见解至关重要。

五、品牌参与

仅仅建立品牌社交媒体页面是不够的。一旦你创建了一个品牌,你必须全身心地投入其中。今天的消费者相信每个品牌都已经这样做了。他们根据你的效果来判断品牌。如果你想脱颖而出并有效地使用品牌,你还必须让公司高层从上到下参与进来。事实上,顾客非常重视与高级官员的联系,但高级官员往往不参与直接的消费者交流。在博客上主持实时聊天和与消费者交流可以促进高层的参与。记住对话是双向的,仅仅发送博客或微博是不够的;高级官员也必须通过提问、听取意见和给出答案来参与,以激发消费者的洞察力。就像手机创造的机会一样,技术进步已经将社群成员的纯文本回应转化为分享图片和视频,从而创造了一个新的创意平台,并带来了让社群体验成为现实的新机会。

六、展示有效性

向社群成员反馈他们参与的价值是社群管理的最佳实践,因为这不仅是一种感恩的表达，也证明了你一直在认真倾听，没有浪费他们的时间。每个人都想知道他们是有价值的并且做出了贡献。给成员的反馈意味着让他们知道你从他们的贡献中学到了什么。当然，您已经填写了一份调查或回答了一份问卷，并且想知道您提供的数据已经变成什么样了。在社群中，我们有机会通过通知成员来建立他们的信誉。你不必写一份正式的研究总结或矩阵供他们审阅。一封感谢信就够了。

七、认可和奖励

无形的认可和奖励对于加强客户群体成员参与的内部动机至关重要。赞美你的个人贡献，你将再次在社群中创造一种归属感。本质上，你是在充分发挥"明星性格"的愿望，这是著名的安迪·霍尔的名言，"在未来，每个人都可以成名15分钟"。从会员的来信和贡献中选择意见和"名言"，这样他们就能成为社群中的明星，并永远给予他们荣誉。奖励也是让更多会员参与其中的有力工具。考虑设立一系列竞赛和抽奖活动，以不断促进社群成员参与各种活动。颁奖后，记得表扬获奖者。此外，重要的是通过使用游戏技巧来使用现有技术，以通过徽章、积分和访问权限来鼓励社群成员的参与热情。

八、吸引人的内容

这也许是许多品牌都意识到的一个问题，但往往表现不佳。人们天生喜欢有趣的内容。为了创造有吸引力的内容，客户社群管理者必须扮演多个角色，包括文案、摄影师和内容策划人员等。当然，最重要的是确定品牌应该在网络上传递什么样的声音和语调，以充分反映品牌的个性和形象。

一旦被确认，使用媒体工具会让你的帖子脱颖而出。Socialbakers的最新报告追踪了社交网络上的5000个品牌页面，报告数据显示，照片占最具吸引力内容的93%。如果你想创造有吸引力的内容，你还必须包括和鼓励共同创造。益普索的研究显示，44%的 35 岁以下社交媒体用户会在品牌页面上发布问题、想法和照片。

九、经常交流的人会有短暂的分心

他们需要指导，喜欢确保一致的计划。因此，一个强有力的、持续的"沟通计划"对于激发人们的兴趣和参与热情至关重要。

客户社群管理者应该确定一个合适的节奏，以便社群成员可以期待什么时候会有新的东西。与社群成员的沟通应保持简短，并且当所需的行动已经存在时，应明确定义期望。虽然这一直是电子邮件营销的最佳实践，但 Buffer 最近的一项研究得出结论，长度少于 250 个字符的帖子可以给你带来超过 60% 的参与度，长度少于 80 个字符的帖子可以给你带来超过 66% 的参与度。

交流越短越好，因为越来越多的社群成员通过移动设备参与进来——在移动设备中，越少越好。满足移动设备的需求将让你有更多机会定期与社群成员交流。即使社群成员在移动，响应率也可以提高。通用磨坊全球洞察副总裁最近认证了移动设备的力量，以实现定期和有意义的沟通。在接受《福布斯》杂志采访时，他指出，通用磨坊已经"开始专注于移动研究"，并且"在移动设备的一半研究上做得很好"，因为"移动研究允许我们在我们想要的时间和地点提问"，并且"为消费者提供了反馈方法的选择"。如果他们不使用文字，他们也可以拍照或录像，然后发给我们。

十、更新你的客户群

不要让你的社群成员欺骗你，让你产生虚假的安全感和信心。众多粉丝并不意味着他们的"积极"参与。不活跃的成员几乎没有价值。你应该经常推广社群和社交渠道，并通过在线和离线推广、电子邮件通讯和其他以客户为导向的行动，在可能吸引新粉丝的地方招募新成员。如果你的目标是让社群成员采取你想要的行动，那么你应该对客户群处于自然损耗和积极补充的持续循环中感到满意。更不用说，你可以通过创造社群本身或者至少特定内容是专门提供给积极参与者的印象来增加参与度。

十一、深入社群管理

由于听取意见和提供反馈至关重要，没有什么比负面帖子得不到回应或建设性信息得不到发现更糟糕的了。社群管理者应该仔细阅读和分析每一个帖子，并及时回复。回复应该始终彬彬有礼、热情洋溢，无论是道歉、探索更深刻的见解，还是仅仅感谢他们花时间阅读帖子。此外，社群管理者应确保每个社群成员都受到保护，免受其他社群成员的攻击。

这是消费者互动的十大黄金法则。创造性地使用它，坚持不懈地让成员按照你的意愿参与进来。尽管黄金法则要求我们在实践中成长，这一要求从未改变，但不断变化的技术环境要求我们不断创造和创新我们的应用方法。

第三节 破冰力量，带来疯狂转发

你不是在销售产品，而是在卖一种思维。以今天互联网上的综艺节目为例：一半的好节目都在节目之外——如何以正确的姿态推广节目？

说到这里，我们不得不提到一个里程碑式的事件，《失去爱情的 33 天》是一部低成本电影，利用强大的宣传力度突破了 3 亿的票房，并吸引了娱乐业对知识产权宣传的关注。电影继续，综艺跟进。综艺节目作为一个更具娱乐性的焦点话题，具有内在的播出优势，但如果方向不稳定，很容易出现传播偏差，尤其是社交媒体舆情的爆发和趋势一直难以控制，这是对节目播出控制能力的一个非常考验。

2017年6月14日，腾讯视频《拜托了冰箱》第三季正式闭幕，总播出量6亿。与其他综艺节目不同，《拜托了冰箱》不仅扩大了网上的播出量，还席卷了线下频道。重大事件兴致勃勃地进行着，并到处传播。你可以说：这就是腾讯大平台的力量，丰富而任性。但碰巧的是，除了它的天然优势之外，它还能以低成本制造出巨大的噪音。它是怎么做到的？这背后是什么样的营销逻辑？

一、新鲜感

在一个缺乏关注的时代,《拜托了冰箱》是如何打造一个话题采集器的？很久以前，全国的电视机里只有一两部电视剧，彩色屏幕保护程序在播出后就会被打开。这已经成为几乎所有70后和80后的记忆。正是这种资源的稀缺使得许多老电视剧成为"不可避免的经典"。现在的问题是内容太多了，仅在一个类别中，就有近100个节目争夺观众有限的注意力。在这种情况下，如何将观众的注意力吸引到节目上，并让它保持专注？

也许话题是个好方法。所以我们看到，为了创造话题和保持新鲜感，我们看到的许多综艺节目都不遗余力地炒作八卦话题，揭露明星"耍大牌"和"舞台上的纠纷"，但看太多也很容易审美疲劳。毕竟，观众们又对明星感兴趣了，但他们仍然不得不过着真实的生活。

有趣的是，节目组《拜托了冰箱》开始推广它。它不仅改变了娱乐话题，而且从与大众日常生活密切相关的社会话题出发，提出了王珞丹租房。明星也租房？北京的房价真的很贵吗？观众的日常生活体验和节目内容立即紧密联系在一起，吸引了200多个媒体和自我媒体的关注和积极传播。

第三季度，共有10个不同的主题词被创建并发布在微博实时搜索列表上，共13次，总时长为248小时，同时最多有4个与节目相关的主题词出现在列表上。这样的主题创作不仅能吸引观众的注意力，还能吸引他们直接点击节目内容，了解正在发生的事情。看完之后，他们还会去社交媒体进行交流和讨论，使得话题从诞生到发酵、爆发、二次传播，直到长尾效应最终发挥出来，从而充分发挥节目传播的作用。甚至，许多媒体也会被这个话题所吸引，成为节目的自来水，最大限度地发挥节目的宣传效果。最终，该项目相关主题的总阅读量达到近 48 亿。

二、破冰力量

建立动力比借用力量更好！它是如何让人们在网上和网下疯狂的？

婴儿出生时会大声哭喊着宣布他们的出生。无论是创新产品还是项目知识产权，它从诞生的第一时刻就面临着这样的挑战——如何向公众宣布它的存在？这在营销界被称为"破冰挑战"。许多节目会利用热点扩大影响力，但热点转瞬即逝，具有眼球竞争的属性。观众很容易注意到热点，但忽视了你在利用了他们。

建立趋势比利用形势要好！这个活动的优点是整个过程可以控制（时间、地点、主题、事件等），这更适合控制力更强的营销项目。

例如，《拜托了冰箱》第三季不仅有节奏地在网上推出了"问题 N"，还在网下播放了一个大型活动。在成都春熙路最拥挤的红星广场，该项目搭建了一个巨型冰箱，配以食品主题娃娃、婴儿机等互动游戏，并以"打开冰箱，有好材料"为口号，通过创意自我展示，释放终极福利——"赫尔蒙"全息投影。与此同时，在周围 3 个巨型屏幕和 20 个路标屏幕的帮助下，宣传片《拜托了冰箱》将全天滚动播放。重大线下事件的影响立即反映在网上话题的重新爆发上：何尔萌陪你吃饭，全天微博恶霸榜。

与其他在线视频节目相比，《拜托了冰箱》这一活动将通过所有渠道在线和离线销售，利用不同渠道的优势互补，最大限度地提高节目关注度。与其他线下活动相比,《拜托了冰箱》充分重视活动的创造性,引入了全息投影、大型户外装置艺术、互动游戏等创新方法。一个大事件,同时在网上和网下开花结果,构成一个营销双环枪,成功打破沉默,爆炸眼球。

三、跨境资源交换

前面已经提到了与冰箱相关的两个主要特征:保鲜和破冰。现在,让我们谈谈另一个不可忽视的重要能力:节能。对于任何营销活动,每个人都希望以低成本利用大量资源,事半功倍。与单独进行营销相比,更好的做法是将合作伙伴聚集在一起,在资源共享中实现双赢的营销效果。李嘉诚曾公开提出自己的资源整合理念:取长补短。

资源整合本质上是资源的最佳配置。作为一个烹饪综艺节目,《拜托了冰箱》通过与线上和线下的主要食品品牌如"饥饿面条""肯德基"和"现场比萨"联手,实现了传播资源的优化配置。该项目与饥饿姚合作,项目信息多次进入饥饿姚屏幕、红包、横幅、登录页等关键位置。合作曝光率已超过 6 亿以上。与此同时,该计划在肯德基开设了一家冰箱主题店,订购了 8 万块合作冰箱磁铁,覆盖了中国西南地区的 248 家网店。消费者在合作网店订购时将有机会获得冰箱。比萨店打造冰箱主题季,北京16 家店创意门卡、冰箱磁铁、定制餐盒和 70 辆外卖汽车在全市推广,覆盖面高达 736.8 万以上。这次活动推出了业内第一家综艺节目主题店,冰箱主题的传播也在各地开花结果。

把冰箱以美食的名义,寻求相应的传播资源,利用这个流行的交汇点,实现优势互补的合作,实现资源共享的双赢,成为低成本声音制作的典范。《拜托了冰箱》这一立体宣传将首次向综艺演艺圈介绍电影业的科学传播方式。在此基础上,结合综艺节目独特的主题和播放节奏,探索一套适合综艺节目宣传的传播系统。或许,这可以成为其他综艺节目传播的参考样本,促进整个综艺节目宣传产业的科学升级。

第四节　勾勒愿景，开启梦幻场景

不卖产品，卖三种观点——顶尖文案最聪明的地方在于他们善于利用人性。今天的文案不再关注简单的文字描述，而是更多地关注情感。人们生活在一个物质极其丰富的时代，有太多的选择，他们不需要专注于一种产品。接下来的文案将不可避免地带来巨大的变化。从以前的产品销售到现在的三种销售观点，你有没有想过其中发生了什么？

以网络热播剧《奇葩说》第四季为例，有近 100 场辩论，无数的热门搜索和讨论。《网络红人》第四季《奇葩说》在观众缺席的情况下结束。到目前为止，爱奇艺平台上的播放数量已经超过了 9 亿，而 # 奇葩说 # 话题在新浪微博上已经增长了 68.9 亿，总讨论量为 586.8 万，长期占据微博热门搜索榜的前 10 位。

《奇葩说》第四季不仅延续了《奇葩说》前几季的高流量，还吸引了近 4 亿元的投资，成为一个利用商业价值的成功节目模式。它吸引了五个广告客户，包括独家命名公司小米手机、联合赞助商纯甄酸奶，以及行业赞助商海飞丝绸、仙鱼 App 和美年达果味汽水。

在这个"娱乐到死"的时代，有很多网络综艺节目很容易误导人们把娱乐等同于肤浅甚至庸俗，但《奇葩说》却在公众面前展示了许多深刻的社会问题。《奇葩说》第四季更直接地指出当代青年当前社会关系的痛点，包括职场、婚姻、教育、家庭等一系列现实的"中国式关系"问题，成为《奇葩说》第四季的一个重要争论话题。在肆无忌惮的表象下，《奇葩说》第四季更加关注青少年真实的思想困境，希望为更多的青少年群体带来多元化的思维方式和解决方案。

更值得注意的是，这场面向年轻群体的盛宴背后展示了更新颖、更有趣的品牌展示和合作方式，并探索了一条基于内容的整合营销路线。

小米手机作为总排名第一的手机，不仅有一个在节目中反复出现的"黑色科技小米手机拍照做事"的精彩口播，还有一个节目组为小米手机总排名第一的手机拍摄的神奇小片段。基于"黑色科技""智能家居"和"颜值计分"的创意起点，所有产品从嘴巴到小米都被魔术演绎。还有 Kippa 的理论，辩论者一起玩，以及 Kippa 的理论场景的深度绑定。更令人惊讶的是，该节目邀请了小米公司创始人雷军作为节目男神参与录制。这是网络综艺历史上的第一次，主办方老板被邀请参加整个节目的讨论。此外，节目组还为共同赞助的纯甄酸奶拍摄了一部魔幻短片，以其"无香精"的吸引力为基础。故事的创意场景被设定为"朱桓公主"，它是在90后随着观众一起长大的。当这熟悉的情节被诠释时，所有观众哄堂大笑。"酸奶选得好，皇上回宫早；酸奶无香精，皇帝真开心"这句话一时广为流传。

第四季的《奇葩说》作为一个纯粹的以年轻观众群体为中心的网络综艺节目，在把握观众心理、探索营销方式方面达到了网络综艺节目的高度。未来的网站还会给品牌营销带来什么机会？也许《奇葩说》第四季已经为我们揭开了一个角落，带来了更多的想象空间。

第五节　让人炫目的视觉化文案

中国文字博大精深，一个店铺的文案质量，影响的是整体的高度，当用户不知不觉被文案所吸引，那就代表着成功。让我们来欣赏一篇这样的文案：

故宫淘宝：来自故宫的礼物

恰有梅香一点·花囊吊坠

【填漆戗金云龙纹梅花式盒】

此盒呈梅花式，随形圈足。

通体以红、黄两色漆作地，填彩漆戗金饰纹。

盖面随形开光内，方格锦地上饰云龙戏珠纹。

盖、器壁饰折枝牡丹，上下口边为缠枝灵芝。

整体花纹色彩绚丽，戗金浓艳。

足内髹黑漆，上边有刀刻填金"大明万历丁未年制"楷书款。

设计师以填漆戗金云龙纹梅花式盒为创意来源，

取其外形，上饰镂空冰裂纹，内藏梅香丸。

恰有梅香一点，悠悠盈入鼻尖。

这篇文案娓娓道来，将产品卖点融入其中，让文字拥有了生命力，可以说是非常成功的。不管是电商文案，还是其他产品文案都应该注重文案的作用。好的文案会有意想不到的收获，带给人视觉化的冲击，让人感受到美的洗礼。

有的文案还会给产品添加一个象征性的项目，让人更直观地感受到产品的质感。

例如，如何突出避孕套的薄度？

1. 首先，公众心目中"瘦"的象征是什么（例如，吹出来的泡泡是瘦的象征）？

2. 然后考虑产品的哪一方面可以与"薄"符号相关联（例如产品包装、LOGO、形状等）。

3. 为一个想法创造一个新的形象，并将两者联系起来。

例如，杜蕾斯的广告将"薄"（泡沫）的象征与产品的形状联系起来，从而给人一种"杜蕾斯很薄"的感觉。建立联系的过程如下：

产品广告通常表达一个抽象的概念，如"轻薄""可靠""安全""快速"等。然而，公众通常很难对这些抽象概念有直观的感受。因此，有必要为这样一个抽象的概念找到一个符号，然后将这个符号与自己产品的某个方面联系起来。

例如，在杜蕾斯的例子中，"薄"的象征是"泡沫"，它与杜蕾斯避孕套的形状联系在一起，创造出"避孕套形状的泡沫"，使人直观地感觉到杜蕾斯薄如泡沫。许多创意广告都使用这种方法为自己的产品特征找到一个符号，比如以下几个产品广告。

护肤品创意广告：按下岁月的暂停按钮

要传达的信息是：让你不再变老

此信息的符号：播放器中的暂停键

连接点：面霜使用后的外观类似于暂停键。

纯天然棉制成的床上用品

要表达的信息：自然

这种信息的象征：棉花生长在大自然中，棉花的形状床上用品（枕头）。

长城是中国的象征，超人是正义的象征，子弹是速度的象征，钢铁是坚定的象征，乌龟是长寿的象征……简而言之，你可以为几乎任何抽象概念找到不止一个符号。将它与你的产品的某些方面（如形状、LOGO、包装）结合起来，你会得到一个有视觉类比的创意广告。

第六节　双 11 入口文案，这样写最吸睛

所谓的入口文案，是在电子商务平台上将公共流量导向你的

网店的文案。特别是当在电商平台上进行活动时，能从汹涌而过流量中吸引多少客户取决于入口文案的质量。2009 年，阿里首次将"双十一"定为"购物日"，有 27 个品牌实现了 5200 万元。2016 年，阿里第八届双十一全球嘉年华销售额达到 1207 亿，占总净销售额的 68.2%，而 JD.com 获得了总市场份额的 22.7%。在过去的九年里，各种品牌接连遭到炮轰。

双 11 对单身狗的爱的意义已经逐渐减弱。现在，公众对 11 月 11 日的印象是"买买买"用剁手购买商品，然后低价抢劫。对于许多电子商务人士来说，这也成了一张年终试卷。每逢双 11，电子商务战场都会烟雾弥漫。网上零售离不开黄金公式：UV* 转换率 * 单价 = 销售额不可否认，流量现在正面临瓶颈。

我们所能做的是，一方面寻找"开辟新的来源"以吸引更多的流量，另一方面"深入挖掘"以提高转化率并挖掘现有流量的价值。通过一些营销活动和创新游戏，客户的转换率和单价增加，从而促进销售。一般来说，日常运营填写在等式的左边，而文案能力是基本技能之一。入口文案与页面效果相协调，旨在吸引用户的注意力并产生点击量以促进销售。除了文案写作，经营者还需要了解更多关于活动、商品和页面的信息。双 11 能从涌入的人群中吸引多少流量取决于入口文案是否"吆喝"得足够好。

第一个问题：入口文案出发点是什么？

你为什么要买这个？

你为什么在这里买它？

为什么现在购买？

电商文案就是要简洁明了，不要拐弯抹角，开门见山地告诉用户点击有什么好处。撰稿人只要抓住了这两点，就抓住了用户的心。

第一点是整理商品的细节，比较类似的商品，并提取其核心卖点。例如，vivoX20 是全屏、面部识别和拍照，这是它相对于其他品牌或价格范围相同的手机的优势。

第二点应该强调活动的即时性，营造一种紧张感，并引导用户立即下订单。例如，有限购买、有限时间折扣以及在排名前 N 位的客户才能下单等。

第二个问题：善于运用人性弱点

一份潜移默化中能够抓住人性弱点的文案可以牢牢吸引消费者的注意力。

电影《七宗罪》和《人性弱点》等影视文学作品有许多描写人性弱点的细节，如懒惰、欲望、嫉妒、对钱的贪婪、比较和好奇心……这些都是人们的天性。

例如，杜蕾斯可以在每一个机会营销中赢得第一名，迎合热点并在形象中转向性话题，正是因为它的品牌文案抓住了人们对于两性关系天然的兴趣和关注，能够在潜移默化之中吸引更多人的注意力，从而转化为更多的购买欲望。另一个需要关注的人性弱点是"懒惰"的需求。目前网上购物的消费习惯已经基本形成，人们普遍看重购物体验，省时省力省心，物流能否交付得更快，客户服务能否解决得更快，等等。前端购物流程也将更快，让用户从数量庞大、质量参差不齐的商品中解放出来。不用多想，你就能很快找到质量和价格合适的商品——像这种双十一促销，天猫、京东玩得太多了。

第三个问题：入口文案如何写

1. 营销活动

在淘宝、京东和苏宁易趣的页面上，最常见的电子商务登录文案是促销优惠活动，我已经总结了高频词，那些刚刚开始的人可以试着把它们放在一起。

主题：尖锐物品、爆款、好物品、选择……

限定词：时限、限制、满座、整店……

价格：直落式、省套式、降价套式、下半年价格、3 件 50%

折扣、全场百万优惠退货……

游戏：代金券、红包、礼物、无息、门票、抽奖……

气氛词：火热，疯狂，嗨，购买，抢购……

通过这五个组的任何排列和组合，都可以很容易地写出很多东西。当单项商品非常优惠时，价格可以直接收取。例如，1999年，iPhone8 跌至 1200 元有几种方式来表达整体实力：整家店满是成千上万的商品，全店满 2 个商品 50% 的折扣，低至五折，50% 以上的折扣。随着游戏规则的增加，各种文案用词也变得炸裂。我们可以说：抢劫省 800 元，在一次抽奖中赢得多个大奖，疯狂地抢劫一万元的红包，并以爆款性的方式取出 800 元的优惠券。你也可以用气氛词来对比它，比如：1 元爆款秒杀，苹果手机点击率飙升开店抢劫。看看实际的应用。这是从天猫双十一的主场地拍的照片。地图上总共有 11 个兴趣点。你第一眼看到哪个？

"6000 多减 1111"的价格非常诱人，1111 号也迎合了双十一的节日气氛。酷玩 3C 模块的优势点"爆款下降数千元"，但产品地图是一个粉红色的计算器，有点弱和混乱；"60 英寸电视 3699"都是以爆款性产品为特色的价格促销活动，但只有经验丰富的用户才能感受到优惠的力度，而且观众也有些有限。

"下订单赢得大奖""设计蓝图送大礼物"和"抢 12 个月免息"都是很不错的玩法，但吸引力比直接降价弱。因此，还应优先考虑入口文案的日常选择。应尽可能首先考虑价格优惠。这对用户来说是最直观的。其次，应该考虑彩票和送礼。

2. 价格细分

报价细分是一种战略，主要满足买方的廉价需求，细分商品的计量单位，然后根据最小的计量单位报价。价格分割是一种心理战略，它能使购买者对商品的价格感到心理上的廉价，并容易被购买者接受。当一件商品的价格太高时，可以巧妙地转换成小数字，例如"每克仅 9.9 元"和"每袋 11.1 元"，这更容易被用户接受。从背景数据来看，点击率和点餐转化率会更高。对于大额免息商品，也可以打印一份类似"每天仅 9.9 元"的文案。

例如，对于一部售价 8388 元的 iPhoneX，有很多人愿意购买，但能力不足。如果在 12 个月内免除利息，8388 除以 365 等于 22.98 将价格分解到每天都可以轻松承受，把它变成一个非常令人兴奋的价格，刺激潜在的买家。此外，还有一个小问题需要注意。商家活动的价格通常以 0、9、8 等结尾。这也是弧形数字定价方法。虽然"200"和"198"只差 2 元，但在心理感受上有明显的差异。我们还应该在文案中利用这一点，让用户觉得他们已经利用了它。弧线数字定价是指利用客户对数字的偏好，尽可能有意识地采用弧线数字，尽可能避免使用 1、4 和 7。

3. 服务心态

服务是平台相互模仿和同质产品的主要区别。例如：小型家用电器 365 天内只需更换，无须维修。家居装饰将与交付和安装相结合。手机也将被旧手机取代，形成一站式服务。从海外购买的正品将得到保证，如果您购买它们，将获得补偿。

这种文案指示服务心态的引入将为用户创造一种安全感和信任感。电子商务门户网站文案的意义在于获得更大的"流量份额"。现在用户在每个页面上的平均停留时间基本上是以秒为单位，所以文案写作要力求简洁。每日可以结合运营数据来验证哪个文案对用户更有吸引力，继续尝试，慢慢积累经验。

第四章 告别自我陶醉，写营销型文案

　　好的文案不在于文采多么出色，而在于能不能打动消费者。本章将对比自我陶醉型和营销型两种文案，并详细阐释这两种文案所体现出的不同视角。

第一节　自我陶醉型文案 VS 营销型文案

产品文案写作中有两种文案：一种是自我陶醉的文案，另一种是营销型文案。两者之间有什么区别？让我们先做一个小测试。

以下是一些产品的具体描述，请根据这些描述写一份文案：

●耳机制造商：耳机具有良好的音质。

●笔记本制造商：笔记本噪音低。

●旅行社：与其努力工作，不如旅行。

●文案外包公司：帮助你写出顶级文案。

一、自我陶醉型文案

自我陶醉的文案会这样写：

●耳机的音质很好：声音震撼并激发梦想。

●笔记本噪音低：创造极致，让我沉思。

●努力工作比旅行更好：享受生活，自由地享受生活。

●帮助你写出一流的文案：思考文字，帮助你登上热销榜单。

自我陶醉的文案有华丽的文字，表达有修辞、对称和先进的词汇。例如，简单的表达"良好的音质"被写成"声音震撼，激发梦想"。

自我陶醉型文案的作者更像语言学家、修辞学家和诗人。他们的日常工作是创造想法，查字典和构思修辞，并找到用华丽的表达来描述产品的方法。

二、营销型文案

营销型文案会这样写：

●耳机的音质很好：就像在音乐会上一样。

●笔记本噪音低：闭上眼睛，感觉不到电脑在工作。

●努力工作比旅行更好：当你写 PPT 的时候，阿拉斯加鳕鱼正在跳出水面……

●帮助你写出一流的文案：专攻刷屏文案。

营销型文案通常并不华丽，有时它甚至是用一种简单的语言来描述用户头脑中的情况，充满形象感并针对兴趣。这也是"努力工作比旅行更好"的表达。自我陶醉的文案会说"享受生活，自由享受"，而营销型文案可能会说："当你写 PPT 的时候，阿拉斯加的鳕鱼正在跳出水面，当你看报告的时候，梅里雪山的金丝猴刚刚爬到树顶。当你挤进地铁时，西藏的山鹰盘旋在云层之上。当你在会议上吵架时，尼泊尔背包客正摘下他们的眼镜，坐在火炉旁。有些路穿高跟鞋走不到，有些空气闻不到香水的味道，还有一些人永远不会出现在办公楼里。"（摘自互联网段落）

营销型文案的作者更像心理学家、营销专家和战略家。他们不擅长修辞，但他们花大量时间去理解用户的想法，希望用最简单、最直接的语言来影响用户的感受。

可悲的是，大多数企业经常选择自我陶醉型文案，而不是营销型文案。这无疑是非常错误的，因为自我陶醉的文案只是撰写者在自我陶醉，根本无法感动消费者。而营销型文案则是为了说服消费者购买而写的，没有华丽的辞藻却能够瞄准用户的痛点。

第二节 什么是自我陶醉型文案？

从用户的角度来看，要避免写"自我陶醉的文案"。

什么是自我陶醉型文案？

简而言之，自我陶醉型文案是撰写者仅从自己的目标出发而创作自己的文案，却让用户摸不着头脑。举个例子，天猫数码网店的营销人员需要为周年庆典设计一份文案。

他们为此举行了一次头脑风暴会议。

"我们将为我们数字网店的周年庆典设计一份宣传材料，放在我们天猫网店的头版。让我们充分发挥创造力！"经理在会上做了指示。

"所有商品打八折，只限一天！"小王是第一个提出这个想法的人。

"太没有创意了！"

"太土了！"

"这不反映我们公司的精神！"人们在一秒钟内就否定了这项提议。

"不要只提负面意见，要提你的想法！"经理很快改变了会议的方向。

"我们公司的理念是为消费者创造更好的生活，并提供相对个性化的服务。这个理念被称为更好的生活，你可以做任何你想做的事情。"小张提出了一个新的观点。

"我感觉很好！然而，这两个句子是不对称的。最好过上好日子，做你想做的任何事。"

"我们仍然是一家创意公司，最好体现我们的创新精神。不如称之为'创新生活，随心所欲'？"

"我认为除了我们对生活、自由和创新的感受，我们还需要反映消费者对未来生活的想象。把前面的词改成"创造性生活"怎么样？它不仅反映了我们的创新，也反映了消费者对未来生活的良好期望。"

"很好！对了，后面的'随心所欲'有负面的感觉，还是改成'随机应变'"？

"同意！我突然想到，我们可以巧妙地使用谐音来改变'随机应变'为'随 E 应变'，以反映我们作为一个数字网店的地位！"吕霄，一个很好的文案撰写者，激动地提出了自己的想法，看起来非常自豪。

"是的！这个想法很有创意！"

"好主意！为什么我没有想到它！"每个人都同意。

然后，数字网店周年庆典的文案是"思考生活，随 E 应变：××数字 3 周年庆典"。会议在愉快和平的气氛中结束，每个人都带着成就感离开了会议室。

等等，我们突然忘记了一个问题：刚才的会议似乎在说"我们想要体现什么"，而不是"用户能感觉到什么"。

所以，如果一个在天猫购物的用户突然看到"思考生活，随 E 应变电子商务"这个词，他会有什么感觉？我想在刚才的假设会议中，他的感觉应该是这样的：这是一个创新的网店，可以让我思考未来的生活，网店里卖的东西可以帮助我建立一个更好的未来生活，这个网店可以随意定制。更重要的是，这是一家充满科技精神的网店。它用"e"代替了"随机应变"中的"机"一字来反映这一点。

但是如果有这样一个消费者，他一定是夏洛克·福尔摩斯，根据他的推测能力和他的能力来填充画面的。

想象一下，如果你想在天猫网上购买数字产品，当你快速浏览数百条产品信息时，你会突然发现在你看到"思考生活，随 E 应变电子商务"之后，你脑海中还剩下什么信息？我想你也知道不可能留下任何信息——你不知道这句话想说什么或者它真正的意思是什么，更不用说它和你的生活有什么关系了。

这是一个典型的坏文案，它不是为用户的感受而设计的，而是旨在充分发挥创造力和炫耀文字。它试图通过没有实质性内容和无法解释的表达来同时表达多重含义。这样的文案可能会让你为自己的"聪明"感到骄傲，也可能会让你得到语文老师的表扬，但有一点是永远做不到的，那就是有效影响用户的感受。

第三节　感动了自己，却感动不了用户

当我们了解了自我陶醉型文案和营销型文案的特点之后，接下来我们需要分析的是，这两种文案的根本区别是什么？

首先，问一个小问题：你将如何设计一个灯泡？许多人将首先发展他们的创造力：灯泡可以更大或更小；可以更亮或更暗；你可以把颜色改成绿色……但是你永远不能设计一个好的灯泡，因为你仍然在为灯泡本身创造创意。

一个伟大的设计师会怎么做？无印良品的首席设计师原研哉曾经说过："我做的是光的设计，而不是制造这些光的照明设备的设计。"其实文案也是如此，文案是关于用户感受的设计，而不是创造这些感受的文字设计。

换句话说，自我陶醉型文案和营销型文案的根本区别实际上是不同的视角。

自我陶醉型文案是从自我的角度，去做"写作设计"。自我陶醉型文案考虑如何让文本本身更华丽，但从不考虑什么样的表达更容易理解，更能照顾用户的感受。

营销型文案是用户的视角，它所做的是"用户感受的设计"。营销型文案不仅给文本本身带来创造性，还考虑用户更容易感觉和理解的表达方式。例如：一位心理学家正要去吃饭，这时他看到一个乞丐在餐馆旁乞讨。在乞丐的身边摆了一块牌子，文案内容如下：

Homeless，Please Help!（无家可归，帮帮我吧！）

乞丐在那里等了很长时间，愿意施舍给他的人寥寥无几。后来，心理学家帮助乞丐修改了文案。结果，乞丐的收入在同一时间增加了几倍。他把文案改成：

What if you are hungry?（你要是饿了会怎么样？）

这是典型的用户视角，从用户的感受开始。

赶去餐馆的人通常都很饿。如果你说"如果你饿了怎么办"，它会在瞬间影响别人的感受。然而，前一句"无家可归，请帮帮我"是从自我的角度出发的。它描绘了一个人自己的感觉（"我无家可归"），而没有考虑这种感觉和路人之间的关系。

再举一个例子，为了让用户直观地感受小米电子秤的精度，它的文案是：

100克，喝杯水都可感知的精准。

第四节　好文案"说人话"，坏文案"说梦话"

从不同的视角写作，会对文本有不同的表达。从用户的角度来看，营销型文案在表达上往往简单、具体、直观，用户容易理解。从撰写者自己的角度来看，这位自以为是的文案撰写者只注重自己的创造力和写作技巧，他的表达往往华丽而空洞，令人费解。

你也许经常看到这样自我陶醉的文案：

为爱制造，智享人生

用创意捕捉永恒

智掌未来

睿智出行，悦享旅程

让互动缤纷五彩

悦视界

乐享生活，极致体验

……

当你看到这些文案时，你的大脑能快速想到什么？答案是你几乎想不出任何东西。当我说"手里拿着一个苹果"时，你会看到我手里拿着一个苹果手机，但如果我说"智掌未来"，你会在心里想到什么？"明智地把握未来"是什么意思？

上面例子的语言很华丽，但是它没有表达对用户有价值的东西。所谓的"尽情享受生活和体验"并不能解释产品的任何特点或优势，但相当于说"我们的产品非常好"。

自我写作是用华丽的语言来掩盖内容的空洞和缺乏思考。然而，一旦失去思考，只会堆砌辞藻，文案的价值将几乎消失，甚至被机器人取代。

这种自以为是的文案很容易创作，你甚至可以直接制作一个模板或程序。

你只需要找到一个与"享受"相关的词，它可以是智力享受、愉快享受、快乐享受、创造性享受、安静享受、自由享受……

然后选择一个用户喜欢的词，比如生活、旅行、未来、科学和技术。

然后可以灵活组合，如享受生活、享受旅程、享受未来。

第二个子句也可以以类似的方式随机排列和组合。

使用这个模板随机组合，文案可表达为："享受生活和极限体验"或"聪明地享受未来和创新设计"。碰巧有一家公司非常擅长使用这种自以为是的文案模板。这家公司是三星，请看看我从它的官方网站上摘录的一些模板文案：

独特外观设计，时尚不失优雅

触控时代，智领未来

直观创造效率

让互动缤纷五彩

让"视"界为你而变

畅享精彩内容

乐享生活，极致体验

……

这份文案有用吗？事实上，它根本不起作用，因为用户不知道它在说什么。我曾经做过一个实验，在这个实验中，让一组人看6个与婴儿追踪器相关的句子，然后一天后问他们记得哪个，这6组句子分别是：

●为爱制造，闪耀登场。

●我们追求卓越，创造精品。

●随时随地，把爱传给孩子。

●原来，熊孩子就藏在床底下。

●让温馨随身相伴，让真爱留在心底。

●随身安慰，让爱加倍。

我想结果是，也可以猜到，几乎所有人都记得的唯一一句话是"熊孩子藏在床底下"，而几乎没有人记得其他华丽而空洞的句子。

如果你不相信，可以关注各种广泛传播的谣言。它们几乎都是简单、具体和直观的描述，没有华丽和空洞。

白醋能让你年轻十岁，相信吗？

震惊之余，辣条竟然是由避孕套制成的！

可乐会腐蚀你的骨头！

……

如果自我陶醉的文案被允许改写谣言，它肯定不会被广泛传播，因为他们都是这样改变谣言的：

●白醋能让你年轻 10 岁，信吗？→乐享白醋，睿智人生。

●震惊，辣条竟然是用避孕套做的！→辣条无益，乳胶有害。

●可乐会腐蚀你的骨头！→创享健康生活，远离黑色源泉。

● WiFi 会杀精！→ WiFi 无形，健康不行。

●快餐店的冰块比厕所水还脏。→外表冰洁，内心不净。

●仙人球吸收电脑辐射。→仙人来临，升华境界。

像这样文绉绉的"谣言"是不会在大众当中自由传播的，因为人们根本听不懂。那么，这个国家如何管理谣言呢？事实上，这很简单，只要让造谣者招募更多自我陶醉型的文案。这样的文案写出来，保证无法传播。

例如，小米电子秤的文案原本是"喝杯水都可感知的精准"。我认为自我陶醉的文案撰写者肯定会变成"智掌健康、灵敏随行"。这种莫名其妙的组合，实在让人提不起胃口。

我们知道产品的推广取决于用户的口碑。所以当你和你的朋友聊天时，你会说，"最近发现了一个非常好的电子秤，你的智能手掌很健康，很容易跟着你"？在这种情况下，你的朋友一定认为你什么也没说。但是你当然可以说，"嘿，最近我发现了一个非常精确的称重秤，它可以感知一杯水的重量变化！"

第五节　写文案之前，请站在用户的角度

许多人会说，"写文案很简单，但为什么这么多人总是用自我陶醉型文案写作？"因为用户的观点是违反直觉的，所以很难做到这一点。在我们生活的各个方面，我们的第一本能实际上是采取自我的观点，而不是用户的观点。

例如，当我在武大的快递点取快递时，我曾经看到这样一个

广告牌：

武大分公司——申通快递

这种广告牌有什么不好？我认为最明显的问题是快递公司把"武大分公司"放在最突出的位置，弱化了"申通快递"的信息。

从快递公司自己的角度来看，这是非常合理的。对于快递公司的员工来说，快递点之间的主要区别是"武汉分公司""华科分公司"和"武汉光谷分公司"——他们需要将广告牌分发给不同的分公司，所以"武汉分公司"是最重要的信息，自然被放在最突出的位置。

从用户的角度来看（学生接收快递），这是非常不合理的。对于接受快递服务的武大学生来说，"武大分公司"的信息用处不大。因此，申通快递的人显然是从他们自己的角度，而不是从用户的角度写他们文案。

我们总是嘴里喊着"用户视角"，但我们经常把它当成一个口号，却更多地根据我们的直觉使用"自我视角"。

另一个例子是，当许多人发送电子邮件申请工作时，所附的简历被命名为"简历.pdf"，这对他们来说当然是合理的，因为对你来说，电脑文案的区别是"简历""PPT"或"报告"。然而，这对收到简历的人力资源来说是不合理的——他收到的所有附件都可能被命名为简历。对他来说，不同抄本的区别应该是"张三""李四"或"王五"。用户的观点本身就是反直觉的，不是我们原始大脑想要做的。因此，即使你很早就知道地球绕着太阳转，当你看日出时，你总是说"哇，日出"，而不是更客观的"哇，地球在转"。

第六节　AB点理论：如何实现用户视角？

那么，如何克服固有的自我视角，实现用户视角呢？

你可以用 AB 点理论来分析你的用户。假设点 A 是用户看到你的文案之前的状态，点 B 是用户看到你的文案之后的状态，那么点 A–B 是文案可以产生的效果。

任何文案都是将用户从一点带到另一点。例如，以下场景：

●教师：学生不理解（第一点）→学生理解（第二点）

●销售员：消费者不想买（第一点）→消费者想买（第二点）

●面试者：面试官没印象（第一点）→面试官有深刻印象（第二点）

●免责声明：对方不感兴趣（第一点）→对方更喜欢你（第二点）

一、不要把自己的想法当成重点

许多文案的错误在于他们不知道用户的心态，只考虑他们想达到的目的。

例如，您认为以下文案有什么问题？

专门为微信粉丝设计的时尚照片！

我想对于那些不知道这种产品的人来说，他们心中最大的问题是："这到底是什么？"

当我第一次看到这本书的时候，我读了好几遍，都不知道它是什么产品。即使我相信它能提供"时尚照片"给"微信粉丝"，但这是什么呢？这是自拍应用吗？直到发现它原来是一个"可以被微信远程控制的照片打印机"。

那么这个令人费解的文案是怎么写出来的呢？

如果你用 AB 点理论来分析，你会发现撰写者把自己误认为 A。

用户对产品的认知通常经历以下过程：首先他们不了解产品，然后他们对产品有所了解，最后他们会被感动。这位文案的撰写者自然知道什么是缩微摄影，所以他假设 A 点就是他自己，并在文案中写道："我感觉很好。"但用户无法理解。

这样，文案往往把用户的观点 A 当成自己的观点，而忽略了这样一个事实，即用户没有和自己相同的背景知识，从而创作出令人费解的作品，导致出现大量的"自我陶醉"现象。例如，网上咖啡店的营销人员写道："醇厚的世界，简单的生活：开启咖啡的新时代。"他们非常了解自己的产品，对这些咖啡充满了感情。他们觉得这种华丽而精彩的语言真实地描述了他们对公司咖啡产品的感受，肯定会打动消费者。

然而，消费者不知道这个"醇厚的世界，简单的生活"到底意味着什么，也不知道"开启咖啡新时代"与他们的生活有什么关系。事实上，作为一个正常人，如果你想想我们在日常生活中是如何交谈的，你会发现这种文案是多么不可靠。

假设一个真实的生活场景：有一天你走进一条小巷，听到有人在打麻将。然后你推开门，发现十几个人停下来看着你——一个陌生人。就在那时，你突然说："带着梦想去飞吧。"你认为别人会怎么看你？我想每个人都会认为你疯了——我甚至不认识你，你为什么突然进来说这个！在这种情况下，所有人都会把你当成神经病来看待的。

在现实生活中，几乎没有人会这样"不说人话"，但当文案撰写者面对电脑时，他的大脑会忘记用户，忘记用户根本不认识他，并开始简单地说"梦想可能会到来"。几乎所有的文案撰写者都高估了用户对他们的理解、认同、兴趣和情感。

二、正确理解用户的观点

优秀的营销型文案倾向于真正理解用户的观点，他们会想尽一切办法去理解"用户是什么"，而不是"他们认为用户是什么"。你知道，对于 A 点的不同用户，所需的文案是不一样的，所以你必须知道用户的观点。

比如，你认为恒大冰泉的文案有什么问题？

不是所有大自然的水都是好水

我们搬运的不是地表水

是 3000 万年长白山的原始森林的深层矿泉水

这位撰稿人想说"我们的矿泉水质量很好"，所以让我们来分析一下这位撰稿人的观点。

首先，B 点非常明确：希望用户购买矿泉水。那么这位文案撰稿人假定的 A 点是什么？既然撰稿人说"我们的水是好的"，假设点 A 应该是："想喝好水，但我不知道哪一个更好。"

你认为这篇 2014 年的文案首次推出时，中国用户真正的 A 点是什么？我认为用户的真正观点不是不知哪个水好，而是"不认为喝好水很重要"。因此，对于这样的用户点 A，告诉用户为什么他需要一杯真正好的水可能更合适。

另一个例子是 2014 年底滴滴专用汽车的文案：

如果现实是场戏

至少车上演自己

全力以赴的你

今天坐好一点

如果每天总拼命

至少车上静一静

全力以赴的你

今天坐好一点

这篇文案假设用户点 A 是"不觉得他应该在专用巴士上花更多的钱"，而不是"想坐专用巴士，但我不知道哪一个更好"，这可能是专用巴士服务文案开始时的正确点 A。

第七节　马斯洛的需求层次理论

为了写出一份好的文案，必须仔细研究马斯洛的需求层次理论。深入研究这一理论后，我们可以根据消费者的不同需求写出更具杀伤力的文案。马斯洛的需求层次理论在一定程度上反映了人类行为和心理活动的一般规律。马斯洛从人的需要出发，探索人的动机，研究人的行为，并抓住了问题的关键。

马斯洛指出，人的需求从低层次向高层次不断发展，这一趋势基本符合需求发展的规律。因此，需求层次理论告诉企业管理者，如何有效地调动人们的积极性。马斯洛从社会条件、历史发展和社会实践的角度考察了人的需求及其结构。马斯洛的需求层次理论提到人类需求的满足是逐步的，也就是说，一个人在追求下一个需求之前上一个需求要得到满足。虽然人们的需求之间未必有如此强烈的界限，但这套理论对文案写作还是很有帮助的。

一、各级需求的基本含义

1. 生理需求

这是人类维持自身生存的最基本要求，包括饥饿、干渴、衣物、住所和性。如果这些需求得不到满足，人类的生存就成了问题。从这个意义上说，生理需求是人们行动的最强大的驱动力。马斯洛认为，只有当这些基本需求被满足到一定程度时，其他需求才能成为新的激励，而到这个时候，这些相对满足的需求将不再是激励因素。

2. 安全需要

这是人类保护自身安全、摆脱职业威胁和财产损失、避免职业病侵袭以及避免接触一切危险。马斯洛认为整个有机体是寻求安全的机制。人类的感觉器官、效应器官、智力和其他能量主要是寻求安全的工具。科学和人生观甚至可以被视为满足安全需求的一部分。当然，一旦这种需求相对得到满足，它就不再是一个激励因素。

3. 情感需求

这一级的需求包括两个方面。一是需要友爱，也就是说，每个人都需要伙伴和同事之间的和谐关系或友谊和忠诚。每个人都希望得到爱，去爱别人，也接受别人的爱。第二是归属感的需要，也就是说，每个人都有一种属于某个群体的感觉，都希望成为这个群体的一员，互相关心。情感需求比生理需求更复杂，它与一个人的生理特征、经历、教育和宗教信仰有关。

4. 尊重的需要

每个人都希望有一个稳定的社会地位，并要求他的能力和成就得到社会的认可。尊重的需要可以分为内部尊重和外部尊重。内部尊重指的是一个人在各种情况下都渴望变得坚强、有能力、自信和独立。简而言之，内心的尊重是一个人的自尊。外在尊重指的是一个人希望拥有地位和声望，并受到他人的尊重、信任和高度重视。马斯洛认为，尊重需要得到满足，这可以使人们对自己充满信心，对社会充满热情，体验他们在生活中的用处和价值。

5. 自我实现的需要

这是最高层次的需要，它指的是需要实现自己的理想和抱负，最大限度地发挥自己的能力，完成与自己能力相称的一切。换句话说，人们必须做好工作，这样他们才能感受到最大的幸福。马斯洛指出，满足自我实现需求的方式因人而异。自我实现的需要是努力实现自己的潜力，让自己越来越成为自己所期望的人。

第五章 文采华丽没用，必须打动用户

只知道卖弄文采的文案，未必就是好的文案。很多看起来朴实无华的文案，反而更能够打动消费者。我们要知道写文案的目的是什么，才能真正写好文案。

第一节　别再卖弄文采，多想想用户感受

在前面的章节中，我们反复强调了一个观点：文案是关于用户感受的设计，而不是创造这些感受的文字设计。好的文案与文案本身无关，它是针对用户感受的设计，它的目标不是炫耀文学才华，不是突出一个人的文学修养和创作能力，而是有效地设计和影响用户的感受。

有时"恐惧"会促进某些产品的销售，所以一些培训课程的撰稿人会说"不要让孩子输在起跑线上"，台湾的一家钢琴培训机构也会说"学钢琴的孩子不会变坏"。

有时人们倾向于随大流，想选择大多数人的选择。因此，加多宝的文案上有一句话"红壶凉茶，拥有全国领先的销量"，香飘飘的文案会说"我们卖出的瓶子可以绕地球转 N 圈"，滴滴的文案也会说"4 个小伙伴，3 个和滴滴在一起"。

有时人们下意识地担心"失败"，因此会出现"×× 大甩卖，这是唯一的一天"或"如果你不进入市场就太晚了"这样的文案。

有时候人们渴望某种核心功能，所以乔布斯在介绍第一台 iPod 时直接说"把 1000 首歌放进你的口袋"。有时人们认为相似的产品有相似的功能，会购买它们，因为它们能满足你的需求。在不同的情况下，有许多感觉可以影响行为，例如"恐惧""从众""对某种功能的渴望""身份"，甚至其他"记忆""悲伤"等。

文案撰写者真正应该考虑的是"哪些感受应该受到影响"和"如何影响这些感受"，而不是盲目地炫耀写作技巧，去撰写那些不能有效影响用户感受的自我陶醉的文案。

　　为什么会有自我陶醉文案？这是由于每个人（包括撰写本人）大脑中根深蒂固的思维陷阱——我们经常高估别人对自己的理解和关注。

　　心理学家已经用实验证明了这个事实。1990 年，斯坦福大学的伊丽莎白·牛顿召集了大量志愿者来玩一个简单的游戏。

　　在游戏中，志愿者分别扮演"哗众取宠"和"词曲作者"的角色。其中，"哗众取宠"有一个歌曲列表，都是大家熟悉的歌曲，比如《祝你生日快乐》。他的任务是把这首歌的节奏敲到桌子上的"词曲作者"那里，而"词曲作者"则是根据"哗众取宠"敲出来的节奏来猜测这首歌的名字。

　　游戏开始了，掌声击碎了桌子上的《祝你生日快乐》和其他节奏。打击乐结束后，心理学家让击乐者预测对方猜测歌曲的概率，击乐者预测的平均值约为 50%。大多数拍手者理所当然地认为"这首歌如此简单，我敲击的节奏如此准确，对方肯定会猜到"。

　　然而，在"哗众取宠"总共敲击了 120 首歌曲后，这位"词曲作者"只猜对了其中的 3 首！成功率可能类似于随机猜测。

　　为什么这些"哗众取宠"认为对方能理解他们的节奏？这是因为他们沉浸在自己的直觉中——当敲击桌面时，歌曲的节奏已经在他们的脑海中响起，这让他们感觉自己在有节奏地敲击桌面。但是对于坐在桌子对面的歌手来说，他们脑海中没有背景信息，他们听到的是一系列奇怪而杂乱的敲击声，他们自然不明白那是什么歌（如果你不相信，你可以和朋友玩这个游戏，看看你是否担心对方猜不到）。

　　这是典型的"自我陶醉"——沉浸在自己的节奏中，想当然地认为每个人都和自己有同样的感觉，但其他人不知道他在做什么。

　　许多文案撰写者就像实验中的"哗众取宠"。他们沉浸在自己脑海中的旋律，挥舞着一支大笔，并激发文字，但是刚刚打开页面的用户根本不知道他们想表达什么。

你为什么写自我陶醉文案？这是因为你沉浸在自己的世界里，玩弄只有你能理解的词语，而不管用户是否能理解它们。

第二节　自我陶醉的类型

自我陶醉的文案都有哪些类型呢？让我们来逐个分析一下。

自我陶醉类型 1：知识陷阱

最常见的自我陶醉是我们假设对方和我们有相同的背景知识，从而直接跳过了"试图让用户理解"的过程。

例如，这个文案：

智能伴侣

极致经典

S5 时尚精品店

我认为这句话当然描绘了撰写者的内心感受，但作为一个网络浏览用户，我不知道这是什么。我们知道文案是为了影响目标用户的感受。那么，当你面对一个一无所知的用户，说"智能伴侣，极致经典"，你认为会出现什么情况？这一幕和你希望的一样吗？我认为这一定不同，因为他没有你的背景知识，也不知道那是什么。

自我陶醉型 2：人类制造的困惑

反对自我陶醉不是反对华丽本身，而是反对使用华丽来掩盖信息的表达——人为地制造不理解，使原本可以理解的东西变得难以理解。

例如，以下房地产文案：

洋房"城"可贵　生活"家"更高

顺义新城核心·五层电梯墅质洋房

122平方米，顶层臻品稀缺发售

"洋房'城'可贵，生活'家'更高"的原意是说服别人，为了享受生活，花更多的钱买一栋好房子是值得的。然而，撰稿人考虑的不是如何让这种观点更容易被理解和感受，而是如何展示他的写作技巧。虽然这提高了文学性，但也增加了理解和感受的难度。

我们知道，在互联网信息大爆炸的时代，消费者能够真正关注你的时间已经越来越有限了——你花巨资做的广告，只是为了让别人在浏览它们时，能有一秒钟的关注。然而，许多撰稿人做的不是让用户更容易理解，而是让用户更困惑。这不是浪费广告资金吗？

因为文案是为了设计用户的感受，所以自然应使用更容易引起对方感受的表达方式，而不是让文案更难理解的表达方式。

自我陶醉类型 3：空洞内容

许多文案喜欢随意添加"享受""自由享受""放松"和"自由"等词，并不是因为他们认为这会影响用户的感受，而是用这些词来掩饰缺乏思考和内容的空洞。当你懒得去想用户真正关心的是什么时，使用诸如"放松"和"快乐"这样的词当然是最简单的选择。

例如，在360智能相机的产品文案中，有这样一句话：

异常提醒，家中情况轻松掌握！

当门窗打开或陌生人闯入时，

360智能摄像机将立即截图发送到您的手机上。

这是在说防盗报警功能，这一点没有什么问题。主要是文案强调"易于掌握"。然后我想问：用户真的关心这个功能的"简单"与否吗？如果这个功能不能很好地执行，用户是否会产生一种"困惑感"？

我认为应该不是的，用户真正关心的可能是提醒功能的"速度"——他们是否能立即知道家中的紧急情况，而不是它是否易于掌握。因此，文案应更改为：

360 智能相机

风吹草动，你先知道

家庭变化，1 秒钟移动电话

把 360 智能相机放在家里。无论是窃贼破门而入、更换门窗还是孩子四处乱跑，只要在 1 秒内给手机发送一个提醒——打开手机，你就能立即看到现场的一切。

当你懒得去调查你的产品在用户眼中到底是什么时，你自然会选择更模糊、更宽泛的表达方式，比如"享受完美"或"下定决心创新"。而且如果你恢复这些看似宏伟的信息，你会发现它们实际上说了等于没有说。

●某空气净化器：

为爱制造，闪耀登场

这句文案相当于说：我们新上市了一款为了爱而做的产品。

●某互联网叫车服务：

睿智出行；悦享旅程

这篇文案相当于在说：旅行时使用我们的产品是一个明智的选择，也是一个你可以享受的选择。

●智能硬件产品：

追求卓越，创造精品

这份文案相当于说：我们是一家好公司，我们制造了好产品。

●产品（任何产品）：

享受轻松美好的生活

这个文案相当于说：你生活得很好。

如果去掉这些华丽的表达，你会发现这些文案内容是空洞的，几乎没有任何战略。

例如，当王老吉说"怕上火，喝王老吉"时，这意味着它定位于大众消费市场（防止上火），而不是医疗保健市场（治疗上火）。

例如，当小米平板电脑说它"超越纸质书阅读体验"时，这意味着它的竞争对手不是"iPad"，而是"纸质书"。它的目标用户不是那些已经购买了平板电脑的人，而是那些还没有购买平板电脑但仍在阅读纸质书籍的人。

因此，应该反对的不是使用诸如"享受完美"和"过明智的生活"等词语，而是不合理地使用这些词语来掩盖内容的空洞和缺乏思考。

自我陶醉类型4：机械联系

许多自我陶醉的广告文案试图通过几句话让消费者建立过去不存在的联系。

例如，一个在线咖啡卖家的文案"醇厚的世界，简单的生活——打开一个新的咖啡时代"。

如果文案是"设计用户的感觉"，那么这种文案设计是什么感觉呢？我想它可能想把"开启新时代"的创新感觉与醇厚的咖啡联系起来。

但是在正常人的心目中，这两件事有直接联系吗？我不这么认为。大多数人认为醇厚的咖啡，可能与优雅的情调、扑鼻的香气等联系在一起，但很难与"开启新时代"的感觉联系在一起。

然而，当用户的大脑本身没有这种联系时，单个文案不太可能快速建立这种联系（不可否认，长期人规模广告可以有力地建立这种联系）。因为人脑储存信息的方式是分类的——有些信息比其他信息更容易建立联系。

例如，一些心理学家做了"隐性"联想测试。

找一组单词：兰花、跳蚤、绅士、伤害、呕吐、天堂、蜈蚣、水仙花、黄蜂、灵感、伤害、郁金香、邪恶、享受、飞蛾、雏菊、幸福、毒药……

实验的参与者被分成两组：A组的任务是挑出"昆虫和快乐词汇"，B组的任务是挑出"花和快乐词汇"。

结果表明，在任务时间上，A组比B组花的时间长得多。为什么？因为在人脑中，昆虫更容易与令人不快的词语（如"恶心"）联系在一起，而不是像"幸福""天堂"和"享受"这样的词语。然而，如果让人们挑出"昆虫和快乐的词语"，这就相当于违反了人们的直觉，迫使人们在没有关联的事物之间建立联系，这将非常耗费时间。

应该反对的不是你使用诸如"梦想""生活""完美"和"创新"之类的词语，而是你盲目地给这些词语贴上"愉快"的标签，不管你的产品和品牌形象是否与这些词语有任何关系。消费者只想买一个电饭锅来做饭。为什么他们必须强迫与像"梦"这样没有直接联系的词建立联系？为什么我们必须强迫消费者在购买电饭煲时"激发他们的梦想"？有没有一个词比"梦"更容易与电饭煲建立联系？

自我陶醉类型5：与用户无关

也有自我陶醉的文案，指出他认为非常重要的产品属性，但它与用户关心的东西无关。例如，一家智能手机的产品文案："移动生态"。

我是一个想买手机的人。"移动生态"和我有什么关系？为什么我要找到一个生态系统？这个词显然来自CEO的战略顾问写的PPT（建议公司规划移动生态），但是在消费者的理解中，"移动生态"这个词本身没有任何意义（我想买一部手机玩游戏和打电话，你说的"云计算"和"大数据"是什么意思）。

因此，在撰写这份文案时，应该考虑的是：这个产品属性和用户的兴趣之间有什么关系？如何写能让它和用户感觉相关？如果是这样，最好说"你不仅买手机，还买了大量免费的电影和电视资源"。简单的产品属性毫无用处。只有当一个属性成为一种兴趣时，它才能成为一个卖点，只有当卖点比竞争对手更强时，它才能转化为产品优势。

自我陶醉类型 6：不切实际的目标

还有一种自我陶醉：无意中假设一些不可能的目标。

例如，看看这个 360 儿童手表的微博。

第一句话是"一个定位手表，可以打电话，防止人们丢失它"，许多人不知道什么是"360 儿童卫士"。然而，我们知道一般人在 2 秒内刷一条微博，所以我们假设这篇文案活了下来，消费者将分配 0.5 秒来理解这个句子。

如果你分析一下这个撰稿人的观点，它是大量罗列产品的优点。

这可能吗？用户一次性接收大量无关信息的后果是他们最终什么也记不住，所以不知道这个产品的人在阅读微博后仍然不知道这个产品。

所以许多自我陶醉的文案撰写者经常秘密地设计一些不切实际的目标，渴望让用户记住产品所有的功能，同时知道产品所有的优点。有这么多复杂的功能，即使他们自己的营销人员不记得所有的功能，他们仍然认为用户可以记住所有的功能。

简而言之，避免自我陶醉并不是反对某种写作风格本身（比如它是否华丽，是否有修辞），而是避免落入知识的陷阱，人为地制造不埋解，避免空洞的内容，避免机械地应用链接，避免与用户无关，避免不切实际的目标。

文案是关于用户感受的设计，而不是创造这些感受的文字设计。在写文案的时候，人们应该问自己：我希望用户有什么样的感觉？什么样的情况或话语能有效地引发这种感觉？而不是只考虑文本本身。

第三节　减少文案写作的自我陶醉

如何减少文案写作的自我陶醉？

首先，从一个典型的自我陶醉文案场景来看：

销售垃圾桶的普通公司——XY Trash，在融资后成功上市并登上新三板。为了利用这个好消息来影响大众消费者，我们制作了这样一个文案：

经历了所有的起伏之后，结果是积极的。

热烈庆祝 XY Trash 公司新三板成功登陆！

那么，为什么这个文案自我陶醉呢？因为公司老板的认知与消费者的认知非常不同。当公司老板看到这份文案后，他脑海中唤起的记忆是过去 20 年创业的坎坷经历，他自然深受感动。当消费者看到这份文案时，他们的记忆可能是"再次上市收钱"，或者他们可能根本不注意（"这家公司上市了，但是关我什么事"）。

这是因为当我们看到某个信息时，我们并不直接处理该信息，而是把该信息放入"工作记忆"中，然后从大脑的长期记忆中提取一些记忆来协助处理。

不同的人有不同的大脑记忆，这导致在看到信息后有不同的记忆。例如，当公司老板看到海报时，检索记忆的过程可能如下：我先看了海报，然后抓了一些海报的信息放入我的工作记忆中。这张海报文案的信息唤起了老板对那一年"创业经历"的记忆，所以老板把这个记忆叫作情怀，自然很感动，但消费者却对此无感。

一个普通的消费者看到这张海报，自然无法回忆起当年的"创业奋斗"，会觉得这张海报太自我陶醉了，与我无关。

因此，避免自我陶醉的关键是：不断问自己，当我的目标用户看到这份文案时，他们会在大脑中想起什么？不要沉浸在创作的激情中，只是感动了自己，却让别人感到困惑。

这一点非常关键，因为不同的文案信息会让用户调用不同的内存，而不同的内存调用直接决定了他最终对产品的看法和感受。

一位心理学家曾经做过这样的实验：

叫一群人玩一种叫作"社区游戏"的象棋和纸牌游戏。在游戏中，玩家可以选择相互合作或竞争。结果显示，大多数玩家在游戏中选择合作而不是竞争。

然后心理学家叫另一组人玩同样的游戏，但是把游戏的名字改成了"华尔街游戏"。结果显示几乎所有的选手都选择了竞争而不是合作。

这是因为"社区游戏"唤起玩家关于"社区和谐、邻居和孩子"的记忆，从而使他们的行为趋向于合作；而"华尔街游戏"唤起玩家关于"金钱、商业竞争、残酷和冷漠"的记忆，从而使他们的行为趋向于竞争。

那么写稿子的时候怎么分析呢？

文案是要最终改变人们行为的（例如，"根本不购买"到"阅读文案后购买"），所以我们需要知道"人们为什么要做某事"。

心理学家将人们做某事的原因分为：

●认知（"我认为 ×× 就是 ××"—— 主要由人脑皮层控制）

●情绪（"我感觉 ××"——主要受边缘系统控制）

●欲望（"我想要 ××"——主要由大脑内核控制）

总而言之，它是："你为什么嫁给我？"

"我嫁给你是因为我认为 A，觉得 B，想要 C。"

例如，他娶了她，因为他认为女主角美丽又体贴（认知原因）；感受女主人公的爱（情感，情感原因）；单身是非常孤独的，需要找个人陪着（渴望的理由）。

同样，当你分析你的文案时，你也需要问自己三个问题：

●当用户看到我的文案时，他们会调用什么认知？（例如，一些过去的知识和印象）

●当用户看到我的文案时，他们会唤起什么样的情感？（例如，支持 ××、反对 ××、愤怒、骄傲、恐惧等。）

●用户在阅读我的文案后会产生什么样的愿望？（例如，对更好的自我的渴望、对性的渴望、对食物的渴望，等等。）

问题 1：唤起认知

自检问题：当用户看到我的文案时，他会自动在大脑中唤起什么知识和印象？这是我想唤起的知识和印象吗？

如果你写了一份电动平衡车的产品，你需要解释它的速度。假设你这样写："16 公里 / 小时，满足日常需求"。

此时，你需要问自己：当用户看到这句话时，他会想起什么？当用户看到 "16 公里 / 小时" 时，他的第一印象是什么？

也许大部分都是汽车，因为人们对数字的概念是基于熟悉的事物，而 "公里 / 小时" 最常用在汽车—— "昨天四环路根本没有堵，我以平均 45 公里 / 小时的速度回家。"

如果我想到汽车，我对这种 "16 公里 / 小时" 的速度的第一感觉是什么？太慢了！因此，以这种方式直接写文案，用户调用的内存记忆（car）不是我们想要的。

那该怎么办？我们希望用户的大脑唤起哪些记忆？

虽然 16 公里 / 小时并不快，但它比走路快，所以最好回忆一下与走路相关的记忆。

所以小米平衡车的文案是这样写的：

4 倍步行速度

高性能 700 万直接驱动双电机

大多数新产品都被引入市场，而文案的重要任务是让用户理解不熟悉的产品。用户建立理解的关键是利用过去的知识和印象来帮助理解。因此，当写一份文案时，人们必须不断地问自己：当用户看到这份文案时，他会想起什么记忆？如果用户调用不适当的和不相关的记忆，文案价值将变低。

问题 2：唤起情感

自我检查问题：当用户看到我的文案时，他们会自动在大脑中唤起什么样的情感？这是我想唤起的情感吗？

电影《夏洛特烦恼》上映后，一篇文章突然燃起了熊熊大火：《炸裂！< 夏洛特烦恼 > 居然全片抄袭了 < 教父 > 导演的旧作！》。后来，经过多方证明，这篇文章应该是一个谣言，但仍然有许多人读了它，并立即转发。

一个非常重要的原因是，这篇文章成功地唤起了公众已经存在的情绪："国产电影总是不好，即使好，也经常是抄袭。剽窃是可耻的！"这种情绪已经存在，这篇文章通过几个细节成功地激活了大脑中已经存在的情绪，从而引发了转发。

支持、反对、爱、讽刺、愤怒、恐惧——各种情绪都根植于人类大脑中，等待被某种刺激唤醒。因此，在撰写文案时，人们应该问自己：我希望用户通过文案唤起什么样的情感？例如，老罗的英语培训，如果你直接说"一块钱很小，但你可以听 8 节课"，那么你马上写下产品的卖点，但内容本身没有情感价值，也与任何一种情感无关。这意味着当用户看到文案时，他只接收信息，而不调用情感来处理信息。

那么大众消费者对"一点钱"的相关情绪是什么呢？许多人的情绪之一是抱怨价格上涨过快。所以，老罗的稿子是：只花1块钱，就能听8节课！

大多数时候，文案不仅意味着"事实"和"证据"（唤起认知），还意味着一些支持、一些反对、一些愤怒和一些恐惧（唤起情感）。例如：

●描述事实：圣诞节给女朋友

呼唤情感：圣诞节即将来临，土豪会送花。我应该送什么？

使用现有的情感：简单地说出谁有钱、谁送更多的花的行为是非常粗鲁和没有创意的。礼物应该用心，而不是富人的专利。

●描述事实：如何成为专家？

呼唤情感：为什么你有10年的工作经验却仍然不能成为专家？

利用现有的情感：他人的资历如何？

●描述事实：电影《大圣归来》非常好，强烈推荐。

呼唤情感：当我们看《小时代》时，外国人会看什么？（电影《大圣归来》后来在中国没有上映）

利用现有的情感：反对糟糕的电影！

●描述事实：《卫生巾的历史：过去的卫生巾不如今天好用》

呼唤情感：《一些女孩每天都想穿越。你考虑过卫生巾吗？》

利用现有的情感：讽刺那些对穿越有天真幻想的女孩。

因此，当你想写一份文案来唤起情绪时，你需要不断问自己：我想唤起什么样的情绪？这种情绪会在用户观看后被唤醒吗？

例如，以前有一个关于公共福利的心理学实验。一个人举着一块牌子，上面写着"帮助穷人"，但是没有人注意到，也没有人行动。

原意是唤起"助人"的情感，但实际上这份文案根本没有唤起相应的情感，这是无效的。后来，标志上的文字被改为"去死吧，穷人"，这反而引起了公众对穷人的支持。

问题3：调动欲望

自检问题：当用户看到我的文案时，他会自动在大脑中唤起什么欲望？这是我想要唤起的欲望吗？最终的购买行为往往需要某种需求来激发。许多人写文案时，他们往往只注意字面意义上的相关性，而不注意最终引起需求的适当性。

例如，以前的招聘海报：

找工作＝找女人

做你最想做的

从表面上看，男性求职和女性求职都是"做你最想做的事"，但这只是一种"字面上"的联系，而不是一种联想。（笔者不支持对女性的物化，这里只是一个写作的例子）

撰稿人经常使用的方法是唤起某些需求（欲望），让他们想要推销的东西成为这些需求的解决方案。"找女人"的画面所激起的欲望是"男人的性欲"，而"做自己喜欢的工作"的广告诉求并不能解决这种"性欲"。

由于用户希望"做他们最想做的工作"，所以文案可以激发他们对自由的渴望（例如使用大学生被限制自由的场景），也可以激发他们对完美工作的渴望等。

因此，在写文案的时候，你需要不断问自己：我希望消费者唤起什么样的欲望？这种欲望能被成功唤起吗？

例如，当广告师为猎豹清洁大师设计一个文案时，他首先通过场景唤起了用户"减轻愤怒"和"控制感"的欲望。猎豹清洁大师可以提供这样一种控制感（因为他可以控制手机垃圾的生死）。这两种欲望是相互关联的。

简而言之，文案的存在是为了影响用户，而不是影响你自己。所以写完稿子后，你需要问自己：

当用户看到这个文案时，他会在脑海中唤起什么认知？

当看到这份文案时，用户会产生什么样的情绪？

当用户看到这个文案时，他会在脑海中唤起什么欲望？

第二部分是写作战略。

弄清了文案的视角后，我们仍然不能马上就开始写文案。接下来要考虑的是文案写作的战略，它决定了文案写作的大方向是否会有偏差。

本书的第六章将详细分析文案的战略。

第四节　好创意不等于好广告

广告设计最重要的是什么？

我想大多数人像我一样，想到第一个词都是：创造力！

的确，广告奖被称为"××创意奖"，资深广告从业者被称为"创意总监"，甚至许多广告教材和书籍也被称为"××创意精选"。做一个优秀的创意作品是广告商最大的荣誉。

例如，这些获奖的戒烟公益广告：

把一个人的肺和点燃的烟的象征结合起来是多么有创造性啊！

香烟实际上是一种消极的诱惑。为了让你着迷，它也很有创意！

这些广告尽管在逻辑上存在漏洞，但人们仍然佩服广告中的创意。

优秀的广告商一直在研究"创意"：我怎样才能让我的广告更

有创意？怎么会更有趣呢？我怎样才能更聪明？他们最不能接受的可能是无聊的广告。广告，最重要的是创意！既然是为公益组织做的戒烟广告，就必须有创意！

然而，好的创意并不等于好的广告。

他们没有意识到以上所有的创意广告都有一个共同的问题：它们对降低公众吸烟率和帮助更多人戒烟没有效果！

因为从表面上看，这些戒烟广告很有创意，但实际上它们只是用不同的方法来表达同样的陈词滥调——"吸烟有害健康"。几乎所有拖延心理学、成瘾机制等领域的研究都证明，强调"吸烟有害健康"实际上无助于戒烟或降低公众吸烟率。

为什么？因为"吸烟有害健康"是一个长期的反馈机制——如果你现在吸烟，你不会立即感觉到对健康有害，长期的反馈通常无助于改变消极习惯。

例如，向一个每天睡觉的人强调"为了你未来的学术梦想，你需要早起"是没有用的，因为梦想的实现不是现在就能感觉到的，而是一种长期的反馈。相比之下，再睡两个小时更现实。然而，用短期反馈机制来取代那些卧床不起的人通常更好，比如和一个漂亮女人约好第二天早上7点吃早餐。因为和漂亮女人一起吃早餐是一种短期的反馈机制，一天不熬夜不会让你觉得对梦想有太大的伤害，但是在漂亮女人面前丢面子是可以感觉到的。

有些人可能会为上述广告辩护：这些广告至少会引起恐惧。恐惧是一种短期刺激，难道不是无用的吗？上面的广告确实引起了恐惧，然而，恐惧的感觉实际上是无用的。它产生于人脑的杏仁核，将人从相对理性的状态转变为相对冲动的状态。然而，这种情绪冲动的持久性很低，很快就会消失，因此对长期行为的改变没有什么帮助。

当吸烟者看到广告时，他们可能会暂时放弃手中的香烟，但戒烟是一种长期行为。一旦恐惧消退，他们就会回到原来的吸烟状态。

在市场营销中，几乎任何情绪刺激都只适合刺激短期冲动性购买和其他行为，但对长期行为习惯没有帮助。因为情绪消散得非常快——这被称为"睡眠者效应"。这解释了为什么许多品牌和明星喜欢做相对负面的营销宣传来刺激人们的眼球，而不太关心它对品牌的损害。

例如，神舟专车之前发布了一系列打击 Uber 的海报。

家里的十个好叔叔，

也斗不过黑车里的一个怪蜀黍。

不心存侥幸，

就不会身处险境！

我怕黑专车！

当人们看到广告时，他们的大脑实际上会产生两种记忆。

一个是情感记忆：神舟汽车营销炒作没有底线！

另一个是事实记忆：哦，原来神舟专用车是一辆自驾车，更安全。

起初，情感记忆远比事实记忆强大，这导致许多人反对 Uber，"再也不要来中国了！"然而，情绪消退的速度远远超过事实记忆消退的速度。这意味着一段时间后，公众对神州的负面情绪将会消失，但神州将从公众记住"更安全"的特征中受益。

因此，依靠"恐惧"和"愤怒"等情绪来设计戒烟广告通常是无效的。

那些难以戒烟的人深深知道吸烟对他们的危害。例如："我的父亲和妹妹都死于吸烟引起的疾病，但我仍然不能戒烟。"

在这种情况下，所有摆在我们面前的创意广告都是无用的，除了让广告商为他们的创意感到自豪。这表明好的创意并不等于好的广告。

第五节 广告的目标是什么？

既然好的创意不等于好的广告，那么什么是好的广告呢？广告的目标是什么？

广告的目标是改变用户的行为。

销售产品广告的目的是让人们想买更多的产品；

征婚广告的目的当然是为了让人想要跟你约会；

因此，很明显，戒烟广告的目的当然是要降低市民的吸烟率。

为戒烟设计创意广告的广告商花费数周时间研究各种创意案例集、艺术表现方法，并寻找创意符号，但他们没有花时间研究真正的拖延心理和成瘾机制，也不关心如何通过广告有效降低吸烟率。这是一种多么强烈的自我陶醉的精神！

如果我要创作这些戒烟广告，唯一的目的就是降低吸烟率，而不是发展我的创造能力。那么，我该怎么办？我想我会先学习拖延心理。为什么人们会上瘾？如何改变人们的毒瘾？心理学研究发现，以下几种感官刺激可能有助于人们改变心理成瘾：

- ●即时反馈；
- ●建立自信；
- ●减少合理化借口；
- ●消除负面关切；
- ●关注关键行动。

那么，如何运用这些理论来设计戒烟广告呢？

方法 1：帮助吸烟者建立及时的反馈

我们知道"吸烟有害健康"是一种长期的反馈，人们不会立即感觉到——一口烟不会导致肺癌，如果一口烟导致肺癌，就没有人会吸烟。这种长期反馈对改变消极习惯没有什么帮助，所以我们需要寻找一些即时反馈——吸烟者可以立即感觉到的反馈。

例如，脸是一种即时反馈。当你因为某事而丢脸时，你会立即感觉到它——脸红、心跳加速、尴尬和不知所措。因此，我们可以尝试通过广告给吸烟者留下负面印象，使吸烟变得更加丢面子，从而减少在公共场所吸烟的行为和赠送香烟礼品的行为。

例如，这样的文案：

面对对面的女人，

我优雅地点燃一支香烟。

"你认为抽烟很酷吗？

哈哈。

你身上有烟味，

黄色的牙齿，

全身散发出令人作呕的气味。"

方法 2：帮助吸烟者建立自信

许多人放弃戒烟的尝试，通常是因为他们对戒烟失去信心——他们要么在多次尝试戒烟失败后不敢再尝试，要么因为吸烟时间太长而感到无法戒烟。

这种状态在心理学上被称为"习得性无助"——这个理论是美国心理学家塞利格曼在 1967 年提出的，指的是人们直接受他人支配，并在多次失败后放弃任何尝试的行为。

无论一个吸烟者看了多少次戒烟广告，听了多少次亲戚的劝阻，并不是因为他不相信吸烟有害健康，而是因为他进入了"习得性无助"状态，失去了戒烟的动力。因此，作为一个广告客户，由于有必要设计广告来降低吸烟率，吸烟者可以考虑通过写作来恢复他们戒烟的信心。例如，通过大量成功戒烟的例子来说明：

戒烟并不难："我其实并没有像我想象的那样离不开烟。"

海报上是一位笑容可掬的老人：张大爷，73岁，44年烟龄，已经102天没有吸烟。

当然，有很多方法可以帮助他人重获信心，我相信你能想到其他的想法。

方法3：减少吸烟者合理化的借口

许多人无法摆脱消极的行为习惯，往往是因为他们主动寻找各种借口使这种习惯更加合理。例如，早上醒来的人会为自己找理由说：我现在很困，所以我必须睡一会儿，否则我会很困，整个早上都无法工作。事实上，当你立即起床时，你的睡意就会消失。

只要一个人继续为自己找合理的借口，他就永远没有真正的行为改变。许多吸烟者经常找合理的借口，例如：

吸烟能让我集中精神

吸烟可以让我放松

……

当然，这些理由在逻辑上或事实上都站不住脚——例如，上述两个借口实际上是反义词，不可能有药物不仅能集中你的精力，还能让你放松。然而，如此大量借口的存在使吸烟者找到了继续吸烟的理由，从而逐渐失去了改变的动力。

因此，作为一个广告商，如果你想通过广告降低吸烟率，你可以找到减少吸烟者借口的方法。例如："我抽烟是因为我的朋友也在抽烟。"

你真的这么蠢吗？

那你最好现在就开始祈祷，你的朋友最好不要看到这句话。

戒烟是个人的事，不要找任何借口。

再例如："吸烟实际上是好事。"

不吸烟者什么都不缺。

相反，他们更健康、更自信。而且，还嘲笑你。

吸烟不好，不要找任何借口。

（注：以上灵感来自《这本书能让你戒烟》）

方法4：消除消极的担忧

许多人无法主动改变自己，通常是因为他把"积极的改变"和心中的某种"消极的担心"联系在一起。例如，当你鼓励一个人变得自信时，他的第一反应通常是担心当他变得自信时会失去什么——例如，变得太强大和失去朋友。

当你鼓励一个女人去健身房时，她的第一反应通常是担心如果她锻炼会失去什么——例如，她会长很多肌肉块，变得不像一个"女人"（当然不是这样）。一旦一个人对自己的改变产生了消极的担忧，他就几乎不可能做出这样的改变。因此，作为一个广告客户，如果你想设计一个戒烟广告，你可以考虑减少吸烟者对戒烟内容的担忧，例如：

戒烟不会降低你的注意力。

压力不会上升，

不会有任何不适。

因为，

不在你周围吸烟的人，

更能集中注意力，

压力较小，

身体更舒服。

方法5：关注关键行动

当我们想要改变一个群体或某个行为时，我们实际上可以灵活地选择行动的焦点。

例如，美国的一个州以前曾发布过一个公共服务广告来减肥，强调"不要喝全脂牛奶"，结果并不好。毕竟，在大多数人的心目中，"喝全脂牛奶，不会马上长胖"。后来它被改为"不要买全脂牛奶"，这降低了肥胖率。通过将活动的焦点从"不喝全脂牛奶"转移到"不买全脂牛奶"，广告效果得到了显著改善。

同样，作为一个广告商，如果你想设计一个公共服务广告来降低吸烟率，你也可以改变广告的焦点。例如，我们知道人们在很多方面吸烟，包括购买香烟、点燃香烟、赠送香烟、吸烟等。事实上，只要减少任何一个环节（不一定是吸烟环节），吸烟率就可以降低。因此，我们可以尝试将目标从"削弱吸烟行为"改为"削弱烟草配送文化"。我认为，如果春节期间能大规模投放以下广告，将会大大削弱烟草配送文化：

你给吸毒者毒品吗？

当然不！

香烟中令人上瘾的尼古丁

也是毒品

给朋友送烟，

你有多恨他？

简而言之，广告的目标是改变用户的行为，而不是充分发挥广告商的创造力。

创造力当然非常重要。我不否认创造力的重要性。我反对的是自恋，这种自恋会盲目地陷入创造力，忽视广告目标。

在设计任何广告时，我会花 80% 以上的时间学习战略，否则最终的结果可能是"自恋式的模仿"——华丽、有创意，但毫无用处。

第六章 顶级文案的战略思维

　　顶级的文案撰写者都是战略专家，他们懂得掌控全局，知道如何布局内容，才能更加引人入胜。他们善于把产品的卖点巧妙地隐藏在文章当中，让读者不知不觉地沉浸其中，被文案中的思考逻辑一步步牵引着，并最终被说服下单。

第一节　写漂亮文案，必须讲究战略

文案写作并不是想写什么就写什么，撰写者必须遵循一定的战略。

举个比较另类的例子，我想知道你是否见过这样的病人：章医生正坐在医院里，他推门进来。坐下前，他对章医生说："快把药给我。我有急事要走。"

"但我还不知道你怎么了？我需要检查你身体的异常状况，然后确定你有什么疾病，然后根据你过去的用药史和身体状况给你一个全面的治疗。"章医生惊愕地说道。

"这个……太麻烦了，你能直接给我药吗？医生，这么多年过去了，开药不过是几分钟的事情。"

假如你是故事里的章医生，我认为你不可能遇到这样的病人。因为每个人都知道，对于医生来说，最后的处方只是最不重要的一个环节。相比之下，排除、检查、诊断和根据患者的具体情况制定诊断和治疗计划才是最困难的。

显然这种行为很不合理，在医学领域，这种情况很少见，但在文案领域，这种情况每天都在发生。作为一个对网络产品文案略知一二的人，笔者也经常会遇到这样的问题，客户打来电话，开口就问："你能为我们的母婴产品想出一个文案吗？"

提问者拿着话筒，希望我能在5秒钟内拿出一份出色的稿子。

"可以帮你想到文案，但是你必须告诉我你的战略，我必须知道你用什么样的战略来应对竞争和吸引顾客。为了实施这样的战略，你需要在你的消费者心目中创造什么样的形象？如果没有，我需要很长时间来帮助你。"

"这个……我没想太多，你能直接想到一个文案吗？"

这怎么可能呢？文案必须有效地影响消费者的感受，我不知道他想引起消费的什么感受，他和他的竞争对手有什么不同，以及他想用什么样的战略来应对竞争。后来，在与这个提问者的多次交流中，我逐渐了解了他公司的情况。他们的母亲婴产品的优点是更安全，而缺点是小品牌（属于少数品牌，很少有人购买）和高价格。

在这种情况下，他们的战略应该是：想办法让消费者更加关注安全，而不是公共品牌和价格。如果是这样，文案战略的选择可能如下：

××母婴，少数妈妈的选择

我们只是少数母亲的选择，因为大多数母亲并不像她们认为的那样关心自己的孩子。当大多数母亲购买母婴产品时，为了节省仔细思考和比较的精力，她们会直接购买大多数人购买的品牌——她们觉得既然大多数人都购买了，那就没有错，对吗？

为了省钱，他们不愿意为他们的孩子购买更好的母婴产品——毕竟，孩子长大后就没用了。然而，我们心目中为数不多的母亲愿意为他们的孩子做任何事情——花费大量精力来比较各种产品的实际质量和安全性，而不是直接节省金钱和劳动力来选择受欢迎的廉价品牌。

我们的产品是为这样的"少数母亲"设计的：

××××（各种证书、产品属性、兴趣点等。）

××××

××××

……

　　但即使如此，这种文案写作的想法仍然不能被使用。因为没有综合考虑品牌过去的色调、消费者的现状、公众对这一概念的接受程度等。简而言之，文案撰写是一项非常复杂的工作。因为文案必须服从你的营销战略，如果你的营销战略不清楚，你需要先把它整理出来。这意味着大量工作（否则战略咨询公司不会收取那么多费用）。

第二节　文案设计的 4 个层次

　　有一个奇怪的现象困扰了我很久，为什么这么多人总是认为，一个文案只要想一想就能想出来？似乎文案就在撰写者的脑子里，只要拿出来就可以了。可是人们从来没有想过，一篇文案背后的产生逻辑。

　　通常情况下，人们只注意"可见的"部分，而不是"重要的部分"。

　　文案的设计过程一般要经过四个层次：

　　●战略层面：我们的战略是什么？（例如，定位高端、安全和利基母婴产品）

　　●感受：为了实施这样的战略，我们需要给消费者什么样的感受？（例如，价值认同认为作为一个好母亲，你应该购买更安全的母婴产品，即使它很小众很贵）

　　●内容层面：我们需要创建什么内容来让消费者有这样的感受？（例如，强调"少数人的选择"并解释我们如何为这样的少数人服务）

　　●表达水平：如何用恰当的词汇句子表达这些内容？（这是最具体的词语选择，等等。）

这产生了一个基本矛盾：越重要的部分，它就越不可见，越容易被排除在讨论圈之外。这导致许多文案只考虑最重要的词语和表达，而不讨论更重要的战略、感受和内容。

许多自我陶醉的文案就是这种情况：他们只关注最高层的表达，但他们不知道自己想表达什么，如何影响用户的感受，更不知道这些文案的战略价值。

例如，当一些人说"尽情享受生活和体验"时，他们只表达了"我的产品很好"的内容。但是公司现在的战略地位是"我的产品很好"吗？如果产品的真正优势是"价格低、体积小"，那么战略定位就不应该是"好产品"，也不应该把"极端体验"当作不符合战略的定位。

因此，当我们分析一个文案时，我们应该考虑它是否是一个"战略文案"——服务于公司的战略，而不是肤浅的创意和表达。

毕竟，儿童只看单词和表达，而成人只看战略。

为什么这么说？

例如，神舟专车发布了一组压制 Uber 的海报，一度成为热门新闻话题。这是一个好的文案战略吗？显然不是，因为打压别人未必显得自己有多高明。

有人说，这位文案撰写简直是在自杀，表明该品牌无耻（攻击竞争对手），甚至称之为"罕见的公关灾难"（微博上许多人因此对神州专车做出负面评论）。还有人说，这种文案已经受到了大量关注和转发，提高了曝光率，是一个很好的文案。然而，这些讨论大多集中在文案的可见部分，如表达、内容等，而不是文案背后的战略。

当我看到这份文案时，我的第一反应是：中国的特殊汽车战略是正确的。

这一次，表达和内容层面可能是成功的（带来的曝光），也可能是失败的（毕竟，这不是很道德），但其深层次的战略政策是正确的。然而，只要文案背后的战略是正确的，即使一个文案失败了，通常也没有什么关系，并且可以被调整来写一个成功的文案。而这，就是拥有一个好战略的重要意义。

第三节　什么才是好战略？

什么是好战略？有些人相信实用主义，认为好的战略是"一击致命"的战略。

一个好的文案战略通常能带来正面的口碑，传播并直接推动销售。然而，在许多情况下，一个好的战略并不意味着一击致命或带来销售，而是经常意味着改变现状，使你的情况更好，并获得竞争优势。

举个例子，假设你是一个海军陆战队的指挥官，被上级命令去支援一个被敌军伏击的友军。首先，你的情况如下：敌军正在一座山峰上指挥和包围山下的友军。

这个时候你会做什么？大多数人的第一直觉是：友军的兄弟缺少人力，我会跑去支持他们！因此，大多数人的路线可能如下：直接跑去加入友军。

这时，有些人会说：我们的真正目标应该是杀死敌人。只要我们消灭了敌人，对友军的伏击自然就会解除。因此，他们的前进路线如下：直接向敌人进攻。

但是如果你这样行进，你仍然会背对着敌人的阵地发起攻击，面对敌人的不利形势。即使你最终杀死了敌人，也可能遭受重大伤亡。真正的战略家会这样行进：他们会迅速占领他们旁边的高山，从远处攻击敌人，掩护友军尽快撤离。

战略家不希望直接取得有形的结果（如杀死几个敌人或挽救几个友军），而是首先在战略上改善自己的不利处境。通过向附近的山峰行进，虽然他们离友军更远，并且表面上违反了"支持友军"的目标，但是他们改变了形势，以便他们能够占据有利的位置来攻击敌人，从而完全解决了友军被伏击的问题。

同样，神舟专用汽车最初也面临着类似的情况——起初它处于不利的境地。

起初，他们的写作是这样的：

在夹缝中

求生存？

神州请您坐专车！

而滴滴专车等其他专车的文案是这样：

如果人生如战场

至少车上躺一躺

全力以赴的你

今天坐好一点

表面上看起来，两个文案的表达和内容是不同的，但实际体现的战略是相同的。

从以上分析可以看出，两家公司的文案战略基本上是一样的：说服消费者放弃其他交通工具，尝试专用汽车。然而，随着汽车市场的成长和成熟，这种战略将逐渐使神舟汽车处于劣势。因为它的市场份额小，大多数人选择乘坐特别巴士，这对行业领袖比对他们自己更有利。甚至有些人看了神舟的广告后会想：哇，坐专车比坐地铁好，明天用 Uber 代替地铁。

一旦你处于如此不利的境地，就相当背对敌人发起攻击——你会每走一步都很累，反而看着敌人不断积累优势。这时，虽然可以用一些优惠政策、营销活动和大量曝光来获得一些订单，但从本质上来说并没有改变其不利的局面。

　　就像刚才的陆战队员一样，虽然你可以杀死几个人来立即看到效果，但你并没有改变背对着敌人进攻的不利局面。由于你在这个时候的所有行动，竞争对手可以以比你更低的成本做到这一点——中国可能需要花费大量的钱来计划一个离线营销活动，Uber 的粉丝甚至会自发地组织这样的活动。

　　这个时候，首要目标不是继续花更多的钱去获得几个订单，而是想办法改变这种不利的局面。如何改变？神舟在规模、排名和粉丝方面都比 Uber 小。乍看之下，一切都不如人意。优势是什么？神州的哪些差异可以转化为优势？

　　显然，所有神舟汽车都是个体经营（司机自己雇佣自己），Uber 是加入模式（每个司机都可以自由加入）。特许经营模式的优势在于，它能迅速扩大规模，司机也更灵活——因此 Uber 一直在推广它的乐趣，例如，一些司机在开车时交朋友，一些司机拉乘客，为他们的孩子找家教。

　　Uber 总能在这个领域建立优势，总是用有趣的故事来吸引注意力。然而，即使中国花费 10 倍的成本，也无法赢得这些优势。这相当于一条后背攻击路线。

　　神舟的自我管理模式的优势是安全和稳定。虽然成本很高，司机也不怎么有趣，但司机非常专业，给人一种安全和稳定的感觉，这很好。

　　那么中国需要创造一种局面。在新的形势下，安全和稳定变得更加重要，而低价格、乐趣和方便变得不那么重要。

　　在这种情况下，一种新的战略出现了：让消费者更加关注安全，而不是低价、有趣和方便。因此，遵循这个战略，文案出来了——通过引起恐惧，主要是汽车安全。这样，它就相当于占据了"安全和稳定"的优势，而不是继续攻击他不擅长的领域（价格低，有趣）。

这篇文章发表后，许多人想知道 Uber 为什么没有回应这个挑战（只是指出了神州专车的文字错误问题）？毕竟，根据常识，当人们说你不安全时，你应该反过来证明自己是安全的。

有人说这是因为 Uber 的绅士风度，但事实上这只是 Uber 的明智选择。因为在神州新创造的形势下（安全和稳定），Uber 将处于不利地位——安全是 Uber 固有的劣势，Uber 在这一领域的战斗中自然无法击败神州。回应安全问题相当于 Uber 背对敌人攻击神州。

所以 Uber 的最佳战略自然是忽视神州，回到战场上的利基市场（低价、便利和有趣）。

简而言之，许多成功的文案看起来文笔流畅，内容吸引人，但事实上它们是好战略的体现。真正好的战略总是找到一个特定的领域来定位和最大化自己在这个领域的优势，而劣势看起来相对不重要，从而改变自己的处境。

当 Uber 大力推广"低价和乐趣"的感觉时，神舟真正需要做的不是证明它比 Uber 便宜和有趣，因为它证明它比 Uber 难多了。神舟真正需要做的，不是盲目跟风去推倒或追逐热点，或从事营销活动，因为虽然它能在一定程度上"杀敌"，但对改变它的不利局面却没有帮助。它真正想做的是充分发挥自己的优势，想方设法集中全部精力和营销手段，让消费者觉得安全比低价和乐趣更重要，然后以自己的优势在"安全和稳定"的战场上打败别人，扭转局面。

第四节 寻找战略重点，避免假大空

谈到文案写作，大多数人会想到文字漫游和疯狂转发，就好像它们是好的文案，只要它们满足这些关键绩效指标。虽然"战略性"很重要，但它经常被会议中的每个人挡在讨论圈之外。大多数会议似乎只讨论"转发量""传输量"和"走神文案"。一旦你开始讨论战略问题，你就会被贴上"假大空"和"没有根据"的标签。也就是说，当我们讨论文案时，我们通常会讨论"可见层"，即漂亮的文本、分散的语言和大量的转发。这不是因为"可见层"非常重要，而是因为它们更容易被看到。

正如童话书《小王子》所说，"最重要的东西是肉眼看不见的。"

文案写作不仅仅是为了满足关键绩效指标（它传播了多少？多少次转发？），但为了最大限度地帮助企业制定战略，成为公司强化优势、扭转局面的工具。

文案写作的战略（战略重点、关键竞争对手的定位、扬长避短、战术协调等。）虽然看不见，但却是最重要的。那么，我们如何使文案写作具有战略性呢？

谈到战略，首先应该强调的是，战略的第一步是放弃。

战略不是列出你的理想愿望，然后逐一实现，而是与你的关键资源合作，选择实现一些重要目标，放弃其他目标。一个真正有效的好战略从不使用所有的资源来实现所有的目标，而是选择战略性地关注关键目标，让所有的资源让位于它们。在军事领域，这是一条重要的金科玉律。在1991年海湾战争中，美国军方发动了"沙漠风暴"行动，用一种简单而无与伦比的"正面佯

117

攻和侧面包抄"战略来欺骗萨达姆·侯赛因，以极小的代价赢得了战争（美国军方在 100 小时内打败了 54 万伊拉克军队，第一天只有 8 人伤亡）。

许多人认为这样的战略非常简单，任何人都可以做到，但事实并非如此。这个战略很难。这是一个如此单一和集中的战略，很难放弃和实施。当时，美国为了实施这一战略，让 8000 名最傲慢的美国海军陆战队队员在波斯湾打酱油，让美国精锐的空降师仅充当佯攻，并拒绝了空军的"同时进攻巴格达的计划"。

简言之，当时的战略放弃了大量资源（如海军陆战队），放弃了许多其他目标（如空袭巴格达），并压制了所有不符合主要战略的提议。然而，这种选择和焦点几乎不可能被文案。

"战略的第一步是放弃"——当你专注于关键资源去攻击少数几个单一的正确目标时，你通常可以取得令人满意的结果。相反，如果你想同时实现多个相互冲突的目标，你会陷入被动的境地，最终无法实现任何一个目标。

就文案而言，最常见的情况是文案试图同时实现多个目标，而无法战略性地聚焦。例如，一张框架海报贴在电梯里，海报上的文案很丰富。

这张海报放在电梯里有什么问题吗？

最大的问题是资源不多（消费者看海报需要 3 秒钟），但他们想实现更大更大的目标。

首先，海报的主要撰稿人"用情感实现职业梦想"所体现的战略目标太大——实现职业梦想是一个宽泛的概念，能不能提出一个更具体的概念呢？事实上，搜索可以看出。百度曾经"实现了职业梦想"，发现数百家公司都在与这一理念抗争，包括各种培训机构、商学院、书籍……甚至那些卖西装的。

这意味着作为一家职场社交初创公司，它不太可能直接占据

"实现职业梦想"的位置。毕竟，当你想到"职业梦想"时，首先想到的产品可能是"培训机构"或"猎头公司"，但它不太可能是社交应用。

这种写作缺乏战略。战略意味着专注，许多明显属于细分市场的小产品通过文件不断表达它们永远不会占据的概念：

只为了健康的生活

××，休闲生活

让生活更轻松

甚至有些产品直接写着"更好的生活"（这个市场相当于整个中国的国内生产总值，因为所有的产品都可以说是"更好的生活"）。

这强烈反映了一个文案撰写者的懒惰，他缺乏基本的战略思维。相反，通过战略聚焦和试图通过文案或口号占据优势概念，你将通过上述"百度搜索测试"。

例如，如果你搜索"怕上火，喝王老吉"，你会发现除了加多宝，就是王老吉。这意味着"怕上火"的概念真的被占据了，而没有人能真正占据"拥有美好生活"的概念。

如果我们回到十多年前，让缺乏战略文案的人来写王老吉的文案，他们可能会写，"过健康的生活，喝王老吉"。

此外，现代艺术海报的战术问题是过于分散。该战略意味着放弃一些目标，集中优势资源攻击其他目标，而（加薪、当老板、实现财务自由等）海报展示了五个没有明显联系的目标：找工作、增加工资、当老板、获得洞察力和被重用。

在这种情况下，它实际上不叫"战略"，而是"理想目标清单"——当你写一份文案时，你首先会发现你所有的理想目标是什么（比如让消费者知道加薪、当老板、获得洞察力等），然后认为剩下的就是列出理想的目标。然而，战略并不等于理想目标的清单。将所有的理想目标放入文档中，最终可能会导致消费者对任何一个目标都没有印象。例如，"找工作"，消费者如何感觉"亲切地能帮我找到工作"？

他的大脑应该首先被他找工作的需要（痛点）唤醒，然后想象找工作的过程，然后深情地理解……最后，他可以想象到一幅找工作的画面。整个过程可能需要 5 秒钟，然后你会依次感觉到"加薪""获得洞察力"和"成为老板"……估计需要 30 秒钟才能记住。消费者可能只看整个海报 3 秒钟——这意味着在 3 秒钟内，消费者可以用眼睛扫描信息，但是没有一个在他的大脑中留下深刻的印象。这意味着你必须战略性地选择和使用消费者的 3 秒钟。

因此，战略不等于理想目标列表——如果用户只能看你 3 秒钟，你需要有战略地、有选择地使用这 3 秒钟，而不是把所有的理想目标都放在里面。

第五节　瞄准竞争对手，撰写"扎心文案"

在考虑文案战略时，你还需要考虑"到底谁是我的竞争对手"——我到底要从谁那里抢客户。如果竞争对手定位错误，可能会导致文案战略的失败。

例如，假设在一个购物中心的五楼有一个电影院，然后它在购物中心的二楼贴了一个牌子，上面写着：可能是北京最好的电影院。

这份文案有问题吗？它的关键问题是没有找到合适的竞争对手。从文案《可能是北京最好的电影院》可以看出，它想通过证明自己比其他电影院更好。在这个时候，我们应该回到这个文案的真正用户——他们面临什么选择？

由于这是商场里的广告文案，大多数用户应该面对这样的选择："我是应该继续去服装店，去4楼的咖啡厅喝一杯，还是去5楼的电影院"，而不是"我是想看电影，我应该去5楼的电影院还是坐出租车去3公里外的电影院"。在这种情况下，对于本文撰写者的场景，这家影院的竞争对手应该是同一家商场中的咖啡店、服装店和电玩城，而不是其他影院。

基于这种竞争战略，现有的文案可能是：

厌倦了购物，为什么不看电影呢？

如果这个广告放在电影团购网站上，自然就不合适，用户会想："胡说，如果我不想看电影，为什么要来电影团购网站？"

此时此刻，你真正的竞争对手变成了其他影院，而你原来的竞争对手——同一家商场的咖啡店和服装店等等，成为你的伙伴而不是竞争对手。这时你可以说：

你不仅可以看电影，还可以去城里最浪漫的餐馆。

许多人认为他们的竞争对手是他们的同行，但他们不是。竞争对手是与你争夺客户资源的任何东西。在某种情况下，与你竞争客户资源的人就是你的竞争对手。

还有很多类似的例子。

在线教育的竞争对手实际上并不是线下培训，因为对于那些愿意花时间和金钱在线下培训的人来说，在线教育显然不能满足他们的质量要求；在线教育的竞争对手实际上是书籍和在线论坛，因为其真正的客户通常没有钱参加培训，不得不自己看书或去论坛学习。

太阳能的竞争对手起初不是热能，因为对于性能稳定的热能来说，太阳能太不可靠，其竞争对手是"无电"——太阳能最初在美国失败，但在非洲首次实现商业化。对美国人来说，太阳能太不稳定，但对一些没有电网的非洲国家来说，自建太阳能发电机比没有电要好。

柯凡的抗皱衬衫实际上并不是一件价值数千美元的商务衬衫，因为那些愿意穿这些商务衬衫的人往往瞧不起柯凡。它更有可能的竞争对手是 T 恤，因为它的消费者是那些不得不穿 T 恤的人，因为他们害怕挤地铁和弄皱他们的衬衫。

第一部 iPhone 的真正竞争对手不是诺基亚手机，因为与诺基亚手机相比，它的电池寿命和通话质量都很差。它真正的竞争对手是《华尔街日报》、游戏机和视频播放器。根据当时的主流观点，作为手机，它有许多缺点。然而，它比其他视频播放器、报纸等要好得多。它还有打电话的功能。

因此，要想构思出一个好的文案，首先必须找到产品的真正竞争对手。只有找到合适的竞争对手，我们才能通过文案的力量从竞争对手手中抢走用户。

第六节　战略上统一，战术上协调

通过定位竞争对手、培养优势和避免劣势等找到你的有利战场。制定文案战略后，最关键的一步是使战术行动能够协调战略。

如果战术不能与战略相协调，战略将成为口号。

例如，"撰写者研究协会"接手了静心口服液的战略转型项目。过去，静心口服液被定位为一种"老疗法"，其销售受到限制，因为许多人认为它是一种药物，而"它是一种含有三分毒药的药物"，不能经常饮用（即使它可以每天饮用）。因此，有必要转变"多休养几年"的形象，让公众明白这是一种健康产品，而不是一种药物，用于休养，应该每天都喝。

这时，我看到一群学生正在写一份好看的稿子（以下只是大致的想法）：

年过 40 了

心烦意躁

又对女儿发火

……

幸好有静心

更年调养要静心

静心助眠口服液

这个文案存在的问题是什么呢？

它的问题在于，撰稿人只是将"治疗"一词改为"康复"，而没有在整个战术行动中与新战略相协调。我们都知道有两种方法可以改善任何事情的效果：一是减少负面影响；另一个改善正面影响。例如，在公司管理中，减少负面影响是"控制、绩效评价和惩罚"，改善正面影响是"鼓励员工和鼓励创新"。这两种方法都可以提高性能。

同样，这两种方法所用的文字也不一样。

满足的消费者需求不同：因此，可以看出，虽然之前的文字从"更多年的治疗"改为"更多年的康复"，但并没有在整体广告形象、需求表达等方面协调整个新战略。

因为早些时候有人说"40 岁以上，整天生气"，它给人们带来的是一种"需要被对待"的感觉，并且仍然会回到以前的"减少负面影响"的立场。

也就是说，文案的战略与战略并不完全一致。

战略不是口号，不是会议的文案，不是 PPT，而是企业所有行动的指南。当战略最终确定时，意味着所有活动都应与整个战略相协调。否则，缺乏战术协调的战略将成为一句口号。

简而言之，文案写作永远是一种战术性的企业行为，它必须符合企业的战略。你可以因为企业的战略而扼杀一个好主意，但是你不能仅仅因为你想到了一个好的文案而改变战略。这就像如果你发现你给孩子买的衣服好看但不合适，你应该换衣服，而不是换孩子。"衣服"是文案，"孩子"是战略。

第七章 好创意，引发快速传播

再好的产品，如果不能让人体验到它的好处，就不能触发购买。再好的文案，如果不能在人群中快速传播，就无法达到营销的目的。这一章主要讲述文案的内容和创意，对文案来说，唯有好的创意，才能引发快速传播。

第一节　扬长避短，突出产品卖点

任何长期有效的战略都要"扬长避短"：扬长避短就是找到一个有利的战场。在这个战场上，一个人自身的优势变得更加重要，而他的劣势相对不那么重要。只有找到创造自己有利战场的方法，才有可能战胜强者。所以，我们要尽最大可能地发挥自己的长处，而不是试图弥补自己的缺点。

每个人都知道"大卫征服歌利亚"的神话——大卫以虚弱的身体用力量和伟大打败了歌利亚。在大卫参战之前，他周围的每个人都知道大卫太虚弱了，所以建议他穿上更厚的盔甲。然而，大卫知道穿上盔甲只是为了弥补他的劣势（防守差和体型小），无论如何弥补这个劣势，都不会改变最终的结果——更厚的盔甲可以帮助他多坚持一会，但不能逆转失败。他真正需要做的是找到一个有利的战场，并充分发挥他的优势：灵活的身体，快速和准确的投射。所以大卫做了相反的事情，脱下盔甲以最大化速度优势，选择了远程弹射器攻击（对他来说是有利的战场），最终打败了歌利亚。

大卫不仅仅是想办法在他们擅长的战场上以自己的劣势互相战斗。他还找到自己有利的战场——远程攻击，在这个战场上，他们的所有优势（体积小、速度快、投射准确）都可以最大化，而竞争对手歌利亚的所有优势（高、强等）不能发挥作用，甚至高大在新战场上也成了劣势——目标更大。

当你发现自己有利的战场时，你会限制竞争对手的表现，最大化你的优势，也就是"扬长避短"。扬长避短的关键方法是改变消费者的想法和行为。

例如，我遇到了一位制造彩色隐形眼镜的顾客，名叫米欧米。让我们分析一下它和竞争对手的文案战略。米欧米及其竞争对手有以下特点：

●米欧米：有多种漂亮的瞳孔、专业的向导和验光设备。

●其他大品牌：型号少，但品牌大，设计简单。

●竞赛：中等种类，但搭配太阳镜、美容化妆品和其他产品有什么有利的战场？自然，消费者经常改变他们的眼睛，并渴望使用不同的眼镜。如果更多的消费者渴望使用美瞳的各种设计，那么米欧米的竞争优势如产品种类繁多、导购专业等将得到充分发挥，而竞争对手简单设计的优势将得不到发挥。所以米欧米的文案可以说：

你在办公室和夜总会穿同样的衣服吗？

当然不是，眼睛的形象同样重要！

所以你不应该在办公室和夜总会使用同样漂亮的瞳孔。

在这篇文案里，米欧米不需要费劲地去告诉人们，自己的产品有多么好。只要有更多的人认为他们需要像换衣服一样"换眼睛"，那么米欧米就赢了。

第二节 爆款文章，用户会主动分享

随着社交网络的兴起，许多品牌变得狂热，以便让人们转发他们的信息。

"如果你能给我们的餐厅拍张照片，并发送到你的朋友圈，我们会给你一份免费的沙拉。"时尚餐厅的店员总是会这样告诉你。

"转发朋友圈，截图，收到10元的新年红包。"

"转发朋友圈，收集 50 个点赞，赠送一个移动电源。"

别人分享你的信息有这么难吗？诱导分享需要很多钱吗？事实上，只要你向用户提供有价值的信息，不要说你不给钱，即使你惩罚他们，他们仍然会分享它。

一位心理学教授曾召集一群人做三明治偏好测试。作为回报，受试者可以获得一定的实验奖励。在实验中，这些受试者有两种选择：

1. 什么也不做，获得 25% 的额外奖励；

2. 你可以和周围的人分享你对三明治的偏好，报酬相同。

最终结果是什么？

大多数人宁愿放弃 25% 的奖励，也不愿与他人分享他们的三明治偏好。换句话说，分享和转发就像吃饭一样，是人类的自然愿望。这是一件无须经济激励就能自动完成的事情。

再举一个例子，想象一下你的一个男性朋友——我们暂时称他为"A"。

偶然有一天，你得知几天前一场展览结束后，A 和一位世界知名的俄罗斯超模发生了一夜情，当时他坐在楼下的一辆黑色宝马上。而且，这位俄罗斯模特是一位大富商的私生女！

更重要的是，你是第一个知道这个消息的人，而 A 并不要求你为他保守秘密。

假设上帝突然出现，给了你两个选择：

1. 禁止告诉任何人这个消息并奖励你 100 元；

2. 你可以选择告诉任何人，但上帝不会给你任何奖励。

你会选择什么？

我想大多数人会选择 2，即使你还没有完全听到这个消息，你的大脑已经有了告诉其他朋友的冲动。想想看，对于这么大的一次谈话，100 美元算得了什么！

由于共享是一项基本要求，与其花费巨额资金来吸引用户共享，不如直接创建他们自愿共享的内容。

第三节 精彩的文案，都有社交属性

用户会主动分享什么样的内容？

我们需要考虑的不是我们希望他们分享什么，而是我们产生的信息如何帮助他们。换句话说，我们希望用户分享的信息能帮助用户完成哪些社会任务。

用户可以完成的社交任务有：

●寻找谈话——"看看有什么可谈的"；

●表达你的想法——"想说服某人"或"想表达某种内心想法"；

●帮助他人——互惠行为，为他人提供帮助；

●形象塑造——在他人面前树立一致的形象；

●社会比较——无形竞争的胜利。

如果您创建的信息可以帮助用户完成上述任务，他们会共享您的信息。而这些信息，就像社交货币（我称之为"社交货币"）一样，可以产生价值。

●寻找对话材料——你的信息能为他人提供对话材料吗？

●表达你的想法——你的信息是否帮助他们说出他们想说的话？

●帮助他人——你的信息能让他们帮助他们的朋友吗？

●形象塑造——你的信息能代表他们的形象吗？

●社会比较——你的信息让他们看起来更重要吗？

因此，与其给用户人民币，不如给他们社交货币。

第一种社交货币：寻找谈资

社交通常从聊天开始，聊天最重要的第一步是"找到谈话材料"——想想你缺少谈话材料的情况。通过询问对方的家乡等方式，你发现寻找谈话材料很难，这是多么无聊。

因此，如果您创建的信息可以为用户提供对话信息，这就相当于给他们社交货币，让他们可以聊天。

那么，你如何为他人提供这种谈话材料呢？

重要的方法是"寻找违背常识的戏剧性冲突"。

《华尔街日报》的资深作家布隆德尔曾经说过，报纸上最合适的新闻是"当我在联邦调查局工作时，我是如何通过一个小细节找到破案线索的"。

因此，你需要找出在你想要表达的大量信息中，什么真正违背了别人的第一直觉。例如：

●好奇心系列："你知道吗？麦当劳实际上是一家房地产投资公司。它真正的利润点不是卖汉堡包，而是……"

●创建一个对比系列："我们是一个新兴的手机品牌，但它是世界上第二大最有用的智能手机"或"我们用豪华跑车送薄饼水果"。

"最"系列："××发布世界上最薄的智能手机"或"××开始销售世界上最长的烤肉——足足有2米长"。

●第一个系列："××发布了第一部能够识别谎言的手机"或"××开发了一款飞行自行车"。

●大腿侧系列（将信息附加到一个众所周知的概念上）："就连刘德华也吃了我们做的煎饼"或"创始人砸了100部iPhone，并向苹果宣战"。

……

这些信息之所以容易成为谈资，是因为它们不同于我们日常看到的现象，并且与我们对世界的期望和直觉背道而驰。大脑对变化一直非常敏感，但对固定的事物却不敏感。这就是警示灯改变亮度和颜色来提醒人们注意的原因。

因此，如果你想在谈话中创造社交货币，一个重要的方法是从你所有的产品、创始人和其他信息中找出与别人的第一直觉相反的部分。一个重要的测试方法是，当你创建这样的信息时，你认为别人会这样说吗？

"啊，你知道吗？刚才……"

"你听说了吗？昨天……"

"现在我才知道，原来……"

……

第二种社交货币：表达思想

在社交中，几乎所有的人都渴望表达自己的想法并影响他人。如果你的信息能在这个过程中有所帮助，他们会转发你的信息。

请想象这样一种情况：

酒桌上，小李突然咳嗽了一声。

"这是来自细菌的入侵，你应该多吃些梨！"小张提醒道。

"所以你相信中医！你还相信这种伪科学理论吗？"作为一名长期的反传统中医者，对方这样认为。

"谁说中医是伪科学？销售部的谭总上一次患了重感冒，吃了很多西药后没有好转。最后，他看了一位老中医，并且康复了！"小张反驳道。

"你那只是一个单独的病例，这不足以证明中医的有效性。你有能力就让这种古老的中药通过大规模随机双盲试验！"

"我不明白你对实验者说了些什么。不管怎么说，老中医的效果是被周围的社区认可的！"

……

双方陷入了持续的争论，最终不得不改变话题。然而，小王根本没有说服小张。他没有让小张相信"吃梨治咳嗽"是不科学的，双方意见不合。

在这场辩论中，小王更容易掌握一些"社交货币"。

请看看这个故事的另一个版本：

酒桌上，小李突然咳嗽了一声。

"这是来自外部的入侵。你应该多吃些梨！"小张提醒道。

"小张，我给你转发一段有趣的视频。请看看。"小王说着，把罗辑思维的第一个节目《你为什么还相信中医》转给了小张。

通过这样的视频，小王不再需要解释视频中到底有什么"大规模随机双盲试验"和"如何判断治疗效果"。

在这个例子中，视频已经成为小王的社交货币。王转发视频是为了避免自己解释的麻烦。他觉得视频已为他说了他想说的话。在"劝小张"的社会任务中，视频对小王帮助很大。

如果你的信息也能帮助他人表达他们的想法，说出他们想说的话，他们会自动分享和传播你的信息。

所以我们经常看到公司老板在我们的朋友圈里分享这些文章：

● 《给加西亚的信：只有那些完全完成任务的人才是好员工》

● 《细节决定成败：员工最能打动老板的 8 个细节》

● 《情商为王：如何在与客户打交道时控制自己的情绪？》

同样，我们经常看到基层员工在我们的朋友圈里分享这些文章：

● 《70% 的优秀员工被平庸的中层管理者折磨》

● 《研究发现：过度加班会损害工作效率》

● 《更勤奋的员工能弥补高管的战略错误吗？》

老板有很多话要对他的员工说，但是他没有很强的表达能力和耐心来慢慢解释。此时，如果有一篇文章只是表达了他想表达的观点，他会分享这篇文章。

同样，员工也有很多话要对老板说，但是他们没有很强的表达逻辑，也没有勇气当面直接说出来。因此，这些文章的出现也给了员工很多帮助。

无数的自媒体作家、知乎达人和微博大 V 都在创造这种社交货币。因此，当我们将来互相交流时，我们可能不再需要自己组织任何语言，只需要转发各种社交货币。

例如，夫妻之间以前的讨论可能是这样的：

女：我认为你有一些问题需要纠正。你不是我理想的男人。

男：具体有哪些？你不能对我要求太多！

女：例如，你不够体贴，没有"成长思维"。

男：你什么意思？我不知道该怎么办。你也应该从你自己的角度考虑。

未来恋人的讨论可能是这样的：

女，转发："知乎——《应该知道她男朋友可以嫁给他的方式——回应者：李静》"

男，转发：《什么样的女朋友喜欢有很多不切实际的要求？》

女性，转发：《情商的五大法则：我应该如何对待不想改变的人？》

男，转发：《每日鸡汤：为什么甘地说"改变世界，首先改变你自己"？》

女，转发：知乎——《如何优雅分手？》

男，转发：知乎——《分手后还能做朋友吗？——伏日的回答》

女，转发：《凤凰传奇热门单曲：爱情事业》

……

不仅微信公众号文章，很多企业的广告也在这方面为用户提供社会币，帮助用户表达自己的想法。例如，陌陌的广告文案《不要和陌生人说话》：

不要和陌生人说话

不要做任何新的事情

继续过正常的生活

胆小

不要好奇

玩吧，你会的

远离冒险

有些事情需要考虑

没有必要改变

待在熟悉的地方

最好待在家里。

听同样的音乐

见同一个人

重复同一个话题

别太担心

梦想成为现实

不要尝试一切

像这样生活

这个广告吸引了许多人转发它，因为它表达了许多用户心中想表达的东西，并为用户的表达过程提供了社交货币。想象一下，如果你受到父母的质疑和限制，你不被允许做任何冒险的事情，但是你无法控制自己，你会怎么做？

最简单的方法是转发陌陌的广告。

另一个例子是苹果公司著名的"思考不同"广告，它是写给观点不同但能忍受质疑的人的……

几乎所有的诗歌和歌曲都被人们引用和称赞，因为他们说了他们想说的。更重要的是，它说得比做得更动听。

第三种社交货币：帮助他人

"需要你！"

我认为没有比这个更有价值的了。

在社交中，大多数人喜欢帮助别人并从中获得快乐，因为帮助别人能给人一种自我价值感，让他们觉得自己是被需要的。

因此，我们看到有些人总是喜欢扮演自由媒人的角色，把两个朋友带到一起。有些人还喜欢转发各种实习招聘信息（即求职者称之为"人口贩运帖子"）来帮助他们的朋友圈中的人找到工作……

毕竟，如果一个人能够不断地提供有价值的信息并帮助他的朋友圈中的其他人，他的地位就会上升。如果你的信息能帮助他们再帮助他人，他们会转发你的信息，你会给这些人提供"社交货币"——因为你的信息让他们觉得社交更成功。

例如，这样一篇文章：

- "转交给找工作的朋友：简历面试的8个技巧"
- "保持健康的四个习惯"
- "如何写出疯狂的文案"

另一个例子是北京的强风红色预警，它吸引了大量转发——因为每个人都觉得有必要为他们的朋友提供有价值的信息。这些信息为人们提供了社交货币。

当然，这种想法经常被刷屏的自媒体滥用。例如，"吃茄子治百病"和"你还在吃肯德基吗？""汉堡包是由鞋底制成的！"等等。

因此，看到过度使用"鸡汤"和"养生"的人不应该生气。他们只是想让别人觉得他们有价值，他们想感觉到他们是被需要的。

第四种社交货币：塑造形象

每个人都渴望塑造和加强自己在朋友圈中的形象。

我是个聪明人

我是阿森纳球迷

我是一个自信的人

我毕业于××大学

我来自山西

我是……

如果某些信息能加强他们的形象，他们会转发这些信息。

因此，当武汉大学的樱花开放时，几乎所有武大周围的人都在转发"武大樱花盛开，游客爆满校园"的消息。因为这则新闻强化了"武大"的形象和身份。

当皇家马德里赢得冠军联赛时，皇家马德里球迷、足球迷、冠军联赛球迷、男朋友是皇家马德里球迷的人、西班牙人、喜欢西班牙文化的人甚至是只去过马德里的人比其他人更有可能转发这个消息。因为转发这个新闻加强了一个人的形象（比如去年去西班牙旅游或者喜欢足球）。

当你的产品或文章所提供的任何一种信息都能增强他人的自我形象时，这就相当于在他人的社交活动中提供了一种社交货币，而且他们更倾向于转发和分享。

例如，你可能经常看到朋友的照片，采用了类似的技巧：

转发"音乐爱好者的无线耳机"，或者向自己展示你刚刚连续听了8个小时的音乐。这些强化了"音乐爱好者"的个人形象。

与重要人物分享自己对各种奢侈品的使用或拍照，会强化"高社会地位"的形象。

年轻母亲们不断转发自己孩子的照片和文章，如"做一个好母亲的四个特点"，这强化了"我是一个好母亲"的个人形象。

转发"母亲节快乐，亲爱的妈妈！"在朋友面前，他强化了"孝敬父母"的个人形象。即使他的父母没有微信，他们也看不到这句话。

还有《在米其林星级餐厅吃什么样的体验》《有这四个特点，他们就是优秀的领导者》《射手座的人要说三大优势》《罗永浩的理想和坚持》等，都在塑造不同的个人形象。如果你的信息能帮助他人塑造或强化他们的个人形象，你就等于给了他们社交货币。

第五种社交货币：社会比较

每个人都有比较心理学。在平均年薪为 3 万元的公司，人们可以接受 10 万元的工资，但在平均年薪为 100 万元的公司，30 万元的工资是很难接受的。

即使没有有意义的比较，人们总是对它感到满意。例如，赌博取决于谁能正确地猜测货币的正反两面——即使每个人都知道货币的正反两面是随机事件，它也与人们的预测能力无关。

只要有人，就必须有比较——无论是明的还是暗的。然而，如果你的产品或信息能帮助他人有效而清晰地进行比较，那就相当于提供了一种社交货币，人们会更倾向于转发你的信息。

许多互联网公司对此深信不疑。因此，在 2015 年初，几乎所有的互联网公司都开始用各种方式疯狂地进行比较：

支付宝引入了一个 10 年计费功能，让人们可以立即了解他们在过去 10 年里通过支付宝花费的钱，并转发给他们的朋友。

知乎可以让用户知道在过去的一年里他们回答了多少问题，得到了多少赞扬，并用生动的语言向他们展示。例如，"2014 年，你的答案被浏览了 202 万次，超过了 68% 的用户"。

百度地图还提供了允许用户分享他们过去一年去过哪里的功能……

微信 6.0 的新版本已经发布。用户可以分享在过去的一年里他们收到了多少赞扬和发送了多少。还有各种各样的游戏，玩完后，会告诉你，你已经打败了 94% 的朋友。即使每次微信群抢红包，大多数人都会比较谁抢得最多。

事实上，在互联网出现之前，设计一款游戏来触发用户之间的比较就已经很难了。例如，各种会员卡、信用卡、贵宾卡等。

一些研究发现，即使美国航空公司提供折扣并且可以用里程兑换免费机票，大多数人并不真正兑换。他们只是想继续积累里程，一旦它们被交换，无形的对比就会消失。

即使在幼儿园，老师也会奖励小红花，不是吗？

简而言之，每个人都需要社交，如果你的信息能够帮助用户在某个过程中进行社交，这就相当于提供了一种新的货币激励——社交货币，用户会转发你的信息。

第四节 "说人话"的文案，才有传播价值

"时光飞逝，而你是否还有一颗追逐梦想之心？××产品，让你享受每一天的美丽，带给你每天温馨的陪伴！"

面对这些文案，许多人最想说的一句话是："我简直都要吐了，为什么不能好好说话呢？"事实上，按照正常标准，这种文案什么也没说。

下面我们将讨论如何让文案会说人话。

那么，什么是"与人交谈"？

有些人说让文案说话，实际上就是让华丽而令人费解的文案变得简单明了。

"智慧领先，创意永恒"变成"本产品充满创意"。

"最极致的舒适、颠覆性体验"变成了"这款产品非常舒适"。

虽然这的确是一句人话，但是否太无聊了？

然后呢?

既然是"让文案说话"，让我们先看看人们是如何说话的。

想象一下周围朋友中最有趣、最新鲜的女人，当她们谈论香水时，她们不会直接说:

"我买了一瓶香水。"

"这是一瓶香水。"

"女孩需要香水。"

但是她们会使用各种技巧来提高演讲内容的价值，引起他人的兴趣，例如:

"我从来不买香水，但是昨天我买了第一瓶香水……"（对比）

"我非常喜欢香水。如果我被留在一个孤岛上挨饿3天，我回来后要做的第一件事不是吃东西，而是喷香水!"（极端情况）

"我尤其讨厌那些只花钱买名牌香水，却不考虑它们是否适合自己的人!"（情感的表达）

真正有趣的"人类词汇"通常不是中性和简单的描述，而是明确支持或反对它们，引起好奇心并提供有价值的信息。

因此，"让文案说人话"并不仅仅是把华丽的、令人费解的句子变成简单明了的表达方式，比如"本产品有创意"但缺乏内容价值。如果有人整天这样说话，你会发现他太无聊了。

我们需要做的是想办法提高文案的内容价值，这样文案就能变成内容，并能像有趣的人一样通过聊天激发好奇心、表达态度和提供信息。

第五节　8种写作技巧，让文案更有价值

如何提高文案的内容价值? 让我们以我的客户"优点说明"

为例，谈谈如何使用 8 种技巧来提高文案内容的价值，让文案说话。

案例背景：Meri said HIGO 是一个购买时尚产品的平台。在它的应用程序上，你可以联系世界各地的时尚买家，帮助你从世界各地购买真正的时尚产品，并向你寄达。

技巧 1：对比

如何提高内容价值？

有趣的人往往能够通过指出生活中的矛盾来创造对比感并激发他人的好奇心。

例如，有人在聊天中说："隔壁有一家化妆品公司，但这家公司的所有员工都不化妆……"

假设应用程序的原始文案如下所示：

花同样的钱

购买更时尚的时尚产品

Meri said HIGO

不仅帮助你购物

更帮你选择最时尚的搭配

这只是一堆没有内容价值的广告信息，你可以通过寻找对比来提高内容的价值。

"花同样的钱买更时尚的商品"的反面是什么？自然是"钱买不到时尚"。这可能对应什么对比现象？自然是"花了很多钱，买的商品都不时髦"。

所以你可以这么说：

为什么有些人

每月花 5 万元买衣服

看起来还是很土？

Meri said HIGO

不仅帮助你购物，

更帮你选择最时尚的搭配。

技巧 2：建立共同的敌人

如何提高内容价值？

有趣的人会明确反对一些不合理的现象，并与读者站在一起。

例如，票房大片《大圣归来》如果被直接宣传为"这是一部中国制造的良心的好电影"，可能就不会受欢迎。然而，如果伴随着对糟糕电影的反对，它将会很受欢迎，并且它将会导致许多人打高分。一部电影树立了一面反对不良电影的旗帜，成为大众心目中反不良电影精神的代表。

假设 Meri said HIGO 的原始文案如下所示：

世界上最新的趋势和时尚

在你手中

Meri said HIGO

海淘全球时尚

正宗快递之家

这种纯粹的广告信息本身缺乏内容价值，可以通过反对某种现象来推广。我该怎么办？由于这是"世界上最新的时尚"，反对派自然只会在当地购买。

所以你可以试着这样表达：

可以在国内网店买到的国外时尚产品

这通常是去年流行的风格

Meri said HIGO

海淘全球时尚

正宗快递之家

技巧 3：寻找极端场景

如何提高内容价值？

你可以寻找可能发生争论的最极端的情况。

例如，耳机具有很高的辨音能力，因此有必要考虑在什么情况下辨音能力的差异最大。有些人会说"就像歌手站在我们面前"，但这还不足以区分（辨音能力低的耳机也可以厚着脸这样说）。那么低分辨率耳机不能做什么呢？事实上，人们可以说"可以听到歌手的呼吸"。

假设 HIGO 的原始文案如下所示：

我们的买家在时尚方面非常专业

不仅仅是为了赚钱

还帮助你变得更时尚

Meri said HIGO

× 珠宝店只想赚钱

专业买家考虑你的时尚

虽然上述"建立共同敌人"的技巧是用来表明态度和明确反对某一现象——例如，普通网店只考虑销售，不管你是否适合，但它仍然没有充分区别于它所反对的"不懂时尚的网店"。

我该怎么办？在什么样的极端情况下，你能区分"只卖"的网店和"关心你的健康"的卖家？事实上，很容易想到——当一个商人发现某件衣服不适合你时。

所以你可以这样写：

这件衣服的颜色太刺眼了

不建议你买它

专业买家给你时尚建议

而不只是催促你下订单

Meri said HIGO

× 珠宝店只想赚钱

专业买家考虑你的时尚

技巧4：与你相关

如何提高内容价值？

有趣的人在聊天时更关注"你"而不是"我"。毕竟，每个人都喜欢与自己相关的内容。

例如，一家外国地方报纸的创始人曾说过："我们的报纸关注当地人民。我敢说，即使每个人的名字都印在全镇的报纸上，有人也会读，他们会用放大镜寻找自己的名字。"

因此，为了提高文案的内容价值，让文案"说别人的语言"，有必要从阅读文案的人开始。

假设 Meri said HIGO 的原始文案是这样的：

最时尚的包促销

最新的包装发展

最完整的包购买战略

最专业的包包搭配

下载

Meri said HIGO

没有与读者和用户直接相关的信息，没有给人说话的感觉。毕竟，你是在和一个人说话，不要以为你是在和一堵墙说话。我该怎么办？

可以简单粗暴，从读者开始：

看看你现在的包，

问自己三个问题：

它真的适合你吗？

它真的适合你吗？

它真的适合你吗？

我认为它不够时尚，

如何找到最合适的？

下载

Meri said HIGO

技巧 5：帮助他人表达

如何提高内容价值？

你必须让内容对他人有用，你必须找到表达他人想要表达的方式。

例如，当你不能坚持运动时，你最想表达什么？耐克的广告告诉你：昨天你说明天。只管做。（昨天，你说你明天会做！现在，就这么做吧）

假设 Meri said HIGO 的原始文案是这样的：

收集全球女神设备

经典包

百搭围巾

冬衣

时尚裙子

……

告诉 HIGO 优点

Meri said HIGO

在全球范围内

帮助女神找到真正的潮流产品

我们需要问：女神想说但不能说什么？我们能帮助他们表达吗？女神想说什么？例如，当她们被批评买了太多衣服时，她们可能会说："我只是需要这么多衣服！"

所以我们可以这样说：

进化成女神

至少需要这些基本项目：

3 个经典包

6 条秋季围巾

12 件冬季大衣

24 件不同款式的连衣裙

……

还有一个应用程序可以帮助她找到这些时尚的设备

Meri said HIGO

在全球范围内

帮助女神找到真正的潮流产品

技巧 6：查找附件

如何提高内容价值?

事实上，其他概念也可以用作附件。

例如，小米盒子上写着"使用手机技术来制作盒子"。它是以"手机工艺"为附件，用众所周知的"手机工艺"来表达盒子的工艺。

假设 Meri said HIGO 的原始文案是这样的：

更好的潮流产品电子商务应用

这应该是一个时尚顾问应用程序

Meri said HIGO

这不仅仅是流行的电子商务

也是专业的时尚顾问

公众如何理解"找到合适的时尚"比"花更多的钱"更重要?

事实上，以下的概念可以用在文案中：

明星们衣着光鲜。

不仅仅是有钱买衣服

还因为他们有专业的时尚顾问

Meri said HIGO

这不仅仅是流行的电子商务

还是专业的时尚顾问

技巧 7：提供有用的知识

如何提高内容价值？

最简单的方法——让你的内容具有智力价值。

假设 Meri said HIGO 的原始文案仍然是这样的：

我们向你推荐它

最合适的裙子

Meri said HIGO

这不仅仅是流行的电子商务

还是专业的时尚顾问

既然我是一名时尚顾问，说很多次也没用。最好在文案中直接显示：

买一条高腰裙

长腿很容易出现

Meri said HIGO

这不仅仅是流行的电子商务

还是专业的时尚顾问

技巧 8：不要沉默

给你机会写文案的目的是让你写一些文字，并从战略上影响公众。然而，许多文案浪费了这个机会，直接扮演沉默的角色，不表达他们的态度，不支持或反对任何一种现象，不表明立场，没有感觉。

总之，这只是为了突出事实。

例如，在电子商务细节页面中，通常只写"买家展示"，然后贴上一张漂亮的照片。

你能告诉我你到底想说什么吗？我能不思考和猜测吗？

例如，当您放上一张漂亮的照片时，您可以添加：

买家显示：每天帮助成千上万的女性提高她们的时尚品位。

至少让读者知道你的态度，或者简单地说"每个购买的人都喜欢它"，比"买家秀"这样毫无意义的信息要好。

总之，大多数文案觉得他们什么都不说的原因是因为他们什么都不表达：说"好的产品体验"和跟朋友聊天时说"地球绕着太阳转"一样毫无意义，缺乏内容价值。然而，谈论人是为了增强文案的内容价值。

●你需要引起好奇心；

●你需要支持还是反对？

●你需要表达你的观点或态度；

●你可以有一点情绪；

●你可以提供一些有用的知识；

●你说了顾客想说的话……

●你没有沉默。你不是简单地用华丽的语言描述显而易见的事实。

只有这样，你才能更像一个健谈者，说出有意义的话。否则，无论用多么华丽的语言来描述"地球绕着太阳转"，它都没有内容价值。

第六节　创造灵感的有效方法

有吸引力的标题只会在开始时引起好奇心，并使整篇文章合乎逻辑。它最多能让耐心的读者理解你的观点，但很难保持文章的吸引力。保持吸引力的秘密在于创造灵感，让人们感觉"如此"。

例如，当我在我的文章《如何建立一个宗教般的粉丝信仰》中写道"任何信仰的建立都包含仪式化的行为，这似乎没有实际效果，但会加强信仰"，我使用了以下熟悉的例子：

这就是为什么解放军必须折叠方形被子。这就是基督教崇拜的原因。这就是为什么 iPhone 应该设计滑动解锁，小米也应该设计米线节……

这些例子会让人感觉"如此"。为什么？因为它允许其他人看到熟悉事物的新解释。

"iPhone 滑动解锁"是每个人都能看到的东西，但大多数人并不认为它实际上有强化仪式行为的功能。

是的，"看见"并不意味着"观察"。如果你能把文章的理论与别人能"看到"但"不能观察到"的东西联系起来，这将提高文章的灵感。事实上，这也是为什么所有的谜语和迷宫都能激发人们去寻找答案的原因——每个人都能看到谜语，但是他们经常猜不出来。如果答案在这个时候突然出现，它会给人一种灵感迸发的感觉。

这也是所有侦探剧和悬疑剧的迷人之处——导演给了你所有的线索，但直到最后你才突然发现"他是凶手"。正如大侦探夏洛克的经典台词所说：

你能看见，但你不能观察。

我在上面引用了谜语和侦探剧作为例子，以使这个理论能够给熟悉的事物带来新的解释，从而给读者一种"最初的谜语使用了这个理论"的感觉

因此，如果你想写文章，请想办法给熟悉的事物带来新的解释。

第七节　神奇有效的"创意文案模板"

在前面的章节中，我反复强调了文案战略的重要性，但这并

不是否认创意的价值。事实上，创意对广告文案非常重要。在互联网时代，有趣的想法更为重要——因为你不能像电视广告那样强迫别人去注意，所以依靠有趣的想法来吸引大量的转发和关注尤为重要。

那么如何构思一个优秀的广告创意呢？

大多数人的理解是：让一群人在会议室里进行创造性和发散性的思考，然后你就能得到伟大的想法。许多人甚至把广告创意想象成无须专业学习和培训就能自动掌握的东西。然而，事实上，创造想法的过程并不像大多数人认为的那样"有创造性"：许多想法是遵循规则的产物，是大量学习的结果，而不是漫无目的的思考。

戈登伯格在顶级营销学术期刊《市场科学》上发表的一项研究表明，89% 的优秀获奖创意广告实际上来自 6 个创意模板，而只有 2.5% 的获奖创意广告使用 6 个模板中的一个。

因此，广告创意是一门引起好奇和关注的科学，而不是一个可以在一次非正式会议上"集体讨论"的异想天开的想法。然而，研究发现，大量创意广告实际上遵循这 6 个模板，并且巧妙地使用这 6 个模板可以在广告中"人为地创造奇迹"。

这六个模板分别是：

1. 视觉类比（图片语言模板）；
2. 极端情况（极端情况模板）；
3. 后果陈述（缺少该产品的场景）；
4. 制造竞争（竞争雇主）；
5. 交互式实验（交互式实验模板）；
6. 改变尺寸。

调查发现，成功的电商广告使用这六个模板的频率非常高。

让我们再强调一遍，电商文案最直接的意义是提高你的点击率和转化率。在开始用这 6 套模板写作电商文案之前，你需要有 3

个基本概念：

- 文案写作不是你想如何介绍，而是消费者应该看到什么。
- 每个产品的功能都需要在有意义的时候使用。
- 顾客不是族群，而是需要你的产品来解决问题的人。

无论您的产品是服务还是实际产品，您都应该着眼于解决问题，并告诉消费者我将如何解决您的问题。产品动力是你的产品解决问题的能力。

考虑到这个概念，我们将把它分成三个部分来说明：

第一部分：标题开场；

第二部分：说服内容；

第三部分：结尾行动。

每个板块都有不同的奋斗目标，你在写作的时候可以根据需要更改内容。这个结构是为了确认目标的实现，而不是束缚你的风格。

第八节　极限场景模板

在文案写作的时候，有时候会出现找到一种产品卖点，但是却不符合现实的情况。例如，为了强调鞋柜不够用，需要买一个好的鞋柜，宜家展示了一个场景"一只鞋必须塞到另一只鞋里，因为鞋柜空间太小"。但是在现实中，一只鞋不可能塞到另一只鞋里。

一、荒谬替代

为了创造这样的极端情况，最常用的技术之一是"荒谬替代"——通过极端情况向他人暗示你不必购买我们的产品，但有其他选择……例如，奥迪的全球定位系统导航广告创造了一个极端的情况：在一个荒凉的地方，你可以不用我们的全球定位系统服务，你可以用一个巨大的路标来代替它（这是荒谬的，不可能的）。

"荒谬替代"的过程如下：

把某个象征性的物品，加到你的产品上。

比如如何突出避孕套很薄？

第一步：首先想一下在大众心理中，"薄"的象征是什么？（比如吹的气泡是薄的象征）。

第二步：然后再想一下产品的那个方面可以跟某个"薄"的象征物联系起来（比如产品的包装、LOGO、形状等）。

第三步：创造某个创意的新形象，把两者联系起来。比如这个杜蕾斯的广告就是把"薄的象征"（气泡）和产品的形状联系起来，从而给人一种"杜蕾斯很薄"的感觉

另一个例子是烧烤餐具的广告：我们可以在野餐时缺席，你可以用××牌子烧烤餐具代替。

二、序列模板

向消费者展示使用产品的极端后果（甚至负面后果）。

例如，杜蕾斯为了突出避孕套的良好避孕效果，提出了使用产品的极端后果：所有人都使用杜蕾斯，导致人类文明的没落（没有人有孩子）。

玉兰油美白产品广告：不要使用我们的产品，否则你会变白，签证官认不出你！

例如，联想笔记本太薄，不容易被扔进下水道。

谁说广告必须吹嘘好的功能？有时你会创造性地提出一些因功能太好而导致的后果，这往往会加强消费者对产品功能的认知。为了表明男士香水太好了，你可以说"不要给你的男朋友买我们的香水，否则会有太多女孩追求他！"为了显示汽车音响的音量很大，一些创意广告提醒消费者"过桥时不要打开音响，否则桥会倒塌"。

三、制造竞争，竞争上岗

将你的产品与不相似的产品进行比较和竞争，突出它们的优势。

例如，在耐克运动鞋广告中，发言人罗纳尔多与汽车布加迪威龙在 100 米赛跑中竞争，罗纳尔多获胜。这个创意过程的理念是：

绝佳的广告创意是遵循规则的产物，是大量学习的结果，而不是漫无方向的发散思维。

另一个例子是强调麦片太美味了，不能停下来。当有人打电话时，他们会犹豫是继续吃一口麦片还是接电话（吃麦片和接电话之间的竞争）。

此外，为了创造竞争，许多创意广告会将产品置于一种不寻常的情况下，以取代更常用的产品。例如，为了突出牛仔裤的坚固性，创意广告创造了这样一种情况：拖车在汽车抛锚后出现，但没有绳子，所以拖车被允许用牛仔裤将汽车拖到后面（牛仔裤与绳子竞争）。

四、互动实验

让消费者根据广告的描述完成一个动作，或者让消费者想象完成该动作的情形。

例如，洗发水广告：用一张黑纸贴在头皮上，人们看到后也会这样做（或这么认为），因此对头皮屑更加敏感。另一个例子是手表广告，它将公共汽车把手变成手表的外观，从而创造了佩戴手表的假想行为。

五、更改维度模板

在时间和空间上改变产品，例如文案它，分解它，把它放在未来或过去，等等。

接下来，建立新的关系。例如，一些饮料品牌使用无数的易拉罐来形成变形金刚，或者某种鞋的品牌使用无数的鞋子来印在人们的头上，等等。

　　分解：例如，摩托车分解零件形成人头。

　　把它放在未来：例如，在一家保险公司的广告中，一个丈夫和他的妻子在天堂为是否购买保险而争吵（已经太晚了）。

　　把它放在过去：例如，一种古代皇帝不能放下的时尚产品。

　　结合这 6 个模板，我们可以开始设计一个创意广告了！当然，创意不是一切，创意也不是广告中的必要因素。许多简单而粗糙的广告也很成功，所以不要仅仅依靠创意。

第八章 电商文案的实战训练

　　电商文案看重的是转化，与一般品牌文案传达精神与主张不同，我们主要是为了销售产品而撰写。因此我们的目的，不是追求文句的华丽与趣味，而是要用"最容易理解的方式"来传达我们产品的好处与帮助。

第一节 小品牌怎样击败大品牌？

许多公司经常把他们的产品分成不同的属性。

小米首先普及了中央处理器、图形处理器等。对我们来说，当谈到小米 4 时，它甚至开始普及材料科学知识——"小米 4，奥氏体 304 不锈钢，8 数控冲压"。

即使是向雷军学习的凡客陈年也不甘示弱。他们在衬衫新闻发布会上普及了化学知识——如何让衬衫不起皱，增加纤维素大分子之间的关联。

为什么许多小品牌文案需要分解产品属性？

因为这有助于弥补他们和大品牌之间的劣势。

消费者购买产品有两种模式——低认知模式（需要很少精力去思考）和高认知模式（需要很大精力去理解和思考）。

大多数时候，消费者处于低认知模式。他们懒得了解和比较产品的细节。他们更可能根据与产品本身无关的外部因素来判断——"这个大品牌不会伤害我，就买这个吧！""德国产品的质量肯定比国内产品好。买这个！"在这种情况下，小品牌无法击败大品牌，因为消费者直接通过品牌来推断产品质量，而不是详细比较产品本身。

我们该怎么办？消费者应该转变成高认知模式，这样他们就可以花大量的时间和精力来比较产品本身，而不是简单地根据品牌和产地来判断。

分解产品属性是让消费者从"模糊的总体印象"转变为"精确理解"的好方法。因此，"锐步"在 2011 年产品发布会上开始巧妙地使用这个关键数字来分解产品属性：

对产品属性的分解主要由物理属性、品牌属性、交易属性、技术属性、功能属性等构成。

这就是为什么大品牌的广告往往强调整体印象（如"再一次，改变一切"和"极端设计"），而小品牌往往在细节上分解产品属性，让消费者进入高认知模式。

第二节　构建场景，让文案充满吸引力

对文案来说，分解产品属性是不够的。你需要指出好处——这些属性能给对方带来什么？例如，在广告文案中要描写出具体的好处，说明你的产品为什么比别的产品更有吸引力？

无数的销售人员在这一步被打败了。他们详细介绍了产品，但顾客抱怨道："你说的所有功能都很好，但对我有什么用？"

无数申请人也在这一点上被击败。他们详细介绍了自己的经历，但人力资源部抱怨道："你的俱乐部和实习经历很好，但对我们公司有什么帮助？"

如果你想写出好的中文文案，你需要改变主意——不是向用户描述一个产品，而是告诉用户这个产品对他有什么用。

一、侧重于使用场景

在描述产品时，大多数人首先想到的是"这个 ××"。（导航至产品属性）

有些人会想："这是专门为 ×× 人设计的产品"。（瞄准人群）

事实上，还有第三种——"这是一种可以帮助你制造 ×× 的产品"。（导航至使用场景）

事实上，许多产品都具有类别复杂、人群分散的特点。您应

该在使用场景中更多地定位产品——用户需要用我的产品完成哪些任务。

例如，当我描述"这是一个智能无线路由器"（产品类别）时，你可能不知道我在说什么。然而，如果我说"你可以用你的手机控制你的家庭路由器在工作时自动下载电影"（使用场景），你可能会被打动。

因此，最重要的不是"我是谁"，而是"我的消费者需要我做什么？"

二、文案流畅性和可读性的奥秘

越来越多的人在微信公众号和知乎上发表文章来分享他们的观点，甚至很多企业都把它作为一种重要的营销手段。

但是，如果稍微看一下，你会发现这些文章的阅读量和转发量都很低，文章的写作水平也不怎么样。与其说这是一篇文章，不如说是一系列观点。

撰写者一定很委屈：很明显，当我写的时候，我感觉很好，我写得很流畅，我的思路也很流畅。为什么最后没有人看到它？

这是因为这些撰写者在写文章时没有遵循一些基本原则。是的，就像制造机械、给外科医生消毒和驾驶汽车一样，写作也有它的基本原则。

如果你不知道这些基本原则，你就不能写一篇合格的文案，更不用说网上的热门文章了。

那么是什么秘密让这篇文章流畅易读呢？最重要的是：

● 制造差距，让他们渴望得到答案；
● 顺应读者的提问，让人读下去；
● 创造灵感。

三、制造缺口：卖大米，首先让人挨饿

许多人喜欢在分享他们的干货知识时直接教别人。例如：

"有三种方法可以帮助你战略性地规划自己的职业生涯。第一个是……"

"教你让用户认同你品牌的四种方法，首先你应该……那你应该……"

这两个想法就像标准的议论文，"开门见山"，直接告诉别人答案，但它们无法吸引读者继续阅读。因为在你说"战略性地规划你的职业生涯"之前，你并没有让读者想"我真的想知道如何战略性地规划你的职业生涯"。在你说"认同品牌的4种方式"之前，你并没有让读者产生"我想知道认同品牌的具体方式是什么"的愿望。

总之，这些文章在读者渴望得到答案之前就给出了答案，这肯定是无效的。

如果你想卖大米，你必须想办法让对方挨饿。

如果你想让别人知道你的答案，你必须先让别人了解你的问题。

这个逻辑非常简单，几乎是所有营销的必要逻辑。就连莱昂纳多在《华尔街之狼》中扮演的乔治·贝尔福特在面试推销员时也遇到了这种方法。

当乔治想招一名推销员时，他对其中一人说："把这支笔卖给我。"

大多数销售人员都做完全相同的事情：

"这是一支非常有用的钢笔！"

"这是一支从德国进口的优质钢笔，买下它！"

这位最终成为乔治得力助手的天才推销员说："你能帮我签个名吗？"

他知道要卖笔，必须先激发对方对笔的欲望。但让对方签个名，自然首先让对方觉得"自己需要一支笔"。然而，其他的才能，不管对方是否真的需要一支笔，只要列出这支笔的优点。同样，如果你想让别人在微信和知乎上阅读你的答案，你必须首先激发别人对答案的渴望。你需要做的是在文章的开头找到一种方法来创造一个知识缺口——让其他人渴望知道答案。

第三节　制造需求缺口，让产品供不应求

方法 1：找到违反直觉的部分

你需要找到你文章中违背他人本能的部分。

例如，在我写的一篇文章《如何减少欺骗》中，我用了这样一个反直觉的例子在开头制造了一个缺口。

迈克·亚当斯教授曾经做过一项研究。根据对美国高校的大量调查，发现当美国大学生期中考试临近时，奶奶去世的概率是平时的 10 倍，而期末考试时是平时的 19 倍。

亚当斯教授进一步发现，没有通过考试的学生比通过考试的学生失去祖母的可能性高 50 倍（调查数据来自各大学教授收到的请假电子邮件和推迟论文的申请）。

这样的事实违背了读者的直觉，因为大多数人认为“考试结果怎么会和奶奶的健康有关呢”？这有什么关系呢？那么读者会很快进入渴望答案的状态，然后我会立即揭示答案：

结果发现，因为期末考试时间不够，学生们编造了很多借口请假，“奶奶去世了”是使用最频繁的。

但是，我不会直接说“欺骗现象越来越严重……”

当然，在这方面最熟练的不是撰写者，而是被唾弃无数的《走近科学》专栏：

"为什么数百头母猪突然在一个安静的村子里尖叫？请今晚观看……"

"为什么一个90岁的老人突然像鸟一样走路？请今晚观看……"

……

方法2：指出别人的错误

在给出解决方案（也就是你的答案）之前，指出别人的缺点。

例如，我写了一篇关于企业公共关系的文章:《公关管理者怎么证明"面包不是鞋底做的"》。首先，我想说的是，许多企业都受到负面谣言的困扰。例如，麦当劳面临着汉堡包牛肉是由蚯蚓制成的谣言。

然后解释处理这些谣言的传统方式，比如"这是无稽之谈，没有证据！"然后指出这种方法是无效的。此时读者的心很好奇——为什么它是无效的？它如何有效？

此时，读者已经产生了对答案的渴望，所以我可以在文中抛出我的答案——"创造可行的信息，用谣言的方法来反击谣言"（然后具体谈一下如何做）。

指出别人的错误会让读者质疑你的答案。这就是为什么知乎的很多人在回答问题时会加上"实名反对楼上所有答案"。

方法3："开始 - 结束"方法

开始，我将谈论一个"起点"，然后是一个"结果"，这适用于像《精化过程》这样的文章。

例如，"乔布斯：从屌丝嬉皮士到苹果首席执行官"就是开放的逻辑。其中，"屌丝嬉皮士"是起点，"苹果 CEO"是终点。当你指出文章第一句话的起点和终点时，会让其他人质疑答案——他是如何从嬉皮士变成首席执行官的？

方法4：成功案例法

开始，我将谈论一个成功的案例，然后唤起其他人对他成功原因的好奇心。

例如，在我的文章"第7页的PPT教你在几秒钟内理解网络文案"（后来改名为"月薪3000和30000写文案的区别"）中，它是这样开始的：

用互联网思维写作文案——小公司可以颠覆大品牌。小米、柯凡、刁野牛肉猪肉和皇太极煎饼等众多具有"互联网思维"的小公司进行了零成本营销，并攻击大品牌。他们的"网络品味"文案贡献很大。那么如何写一个网络思维的文案呢？

让我们谈谈一些人们渴望的成功案例，然后唤起读者对你答案的好奇心。总之，如果你想卖大米，让别人先挨饿。如果你想让别人看到你的答案，就让别人去渴望吧。

第四节　满足用户的好奇心

顶尖的文案高手，善于回答读者的问题，他们深知读者期望的下一句是什么？

看下面的文章，你一定会发现它很难读：

前天又有一大波假货传言在围攻聚美优品，相信陈欧也是很辛苦。前天另一个上市公司的CEO在微博上和我呛声，虽然他没上市之前给大家讲的是如何在互联网拼爹时代找到自己的亲爹干爹和后爹，但是上市之后，就摇身一变成了我通过努力带领公司上市了。后来他的一个学弟还微信跟我说，现在才明白为什么母校对他的感情比较复杂。其实上市没啥了不起的，只是可以忽悠资本市场的钱罢了，上市前大家都是很开心的，上市后其实就很难过了，背上了资本市场的枷锁，要不断地前行。（摘自微信文章《成功其实比失败可怕多了》，撰写者"万能的大熊"）

为什么读这样一篇文章如此困难？

因为它不符合读者阅读的逻辑。例如，在阅读了第一句话之后，"前天又有一波虚假的谣言包围着聚美优品。我相信陈欧也很努力。"

此时，读者脑海中出现的问题是什么？读者会从以下内容中期待什么？一定是：陈欧发生了什么事？虚假谣言围攻的结果是什么？

但撰写者接着说，"前几天……另一家上市公司的 CEO……"因此，第二句话没有达到读者的期望，也没有解决读者因第一句话而产生的困惑。然而，如果第一句仍然用作开头，那么可以合理地说，下面的文章发展可能是这样的：

"前天，又有一波假谣言包围了聚美优品的高端产品。我相信陈欧也很努力。果然，就在昨天，陈欧生病了……"

"前天，又有一波假谣言包围了聚美优品的高端产品。我相信陈欧也很努力。结果发现，这些虚假的谣言都是由聚美优品内部人员制造的……"

这两段都回答了第一句提出的问题，所以它们更通畅，更容易阅读。

当你回答前一句引出的问题时，答案还应引出一个新问题，然后"新问题－新答案－新问题－新答案"将最终跟随读者的思维完成整篇文章。

这样，我们怎么改写"万能的大熊"这个短语呢？假设万能的大熊真的想表达"陈欧上市并不像大家想象的那么好"的观点，那么我会这样改变它：

随着聚美优品的成功上市，在每个人看来，高富帅的创始人陈欧突然达到了人生的巅峰。（读者此时的问题是"不是吗?"）但事实上，陈欧并不像大家想象的那样潇洒。上市带给他的压力和困难比无限的"风景"还要多。（回答上面提出的问题，同时提出下一个问题——此时此刻，读者心想"明确地说?"）不管上市后资本市场对公司的战略控制，陈欧的自由权利已经减少。仅上市之后，聚美就出现了一波关于假货的谣言，足以让他喝个痛快。（在回答上面提出的问题时，读者认为"确实如此"，并问"谣言有什么问题?"接下来，我们应该谈谈谣言。这些谣言……

细心的读者会发现我的重写删除了一些内容。

因为假设主题是"陈欧的上市并不像大家想象的那么好"，那么"上市前拼写米歇尔·普拉蒂尼""母校情怀"和"微信学生"等信息都与这个主题无关。这些不相关的信息会像噪音一样干扰表达，导致不必要的问题，应该删除。

因此，一个句子只能引出一个问题，答案应该在它引出问题后立即给出。因为只有这样才能保持文章的连贯性，让读者容易阅读。

有一项研究证明了这一点，心理学家给两组受试者准备了AB两个故事:

●故事 A: 杰克脱下他的红色外套，换上一件黑色呢子外套。他出去了，离开了家。他坐了两站地铁，遇见了他的女朋友露西。露西称赞杰克今天穿着漂亮的衣服。顺便说一下，杰克的红色外套是尼龙的。

●故事 B: 杰克穿上一件红色外套，离开了家。他坐了两站地铁，遇到了他的女朋友露西。露西称赞杰克今天穿着漂亮的衣服。顺便说一下，杰克的红色外套是尼龙的。

然后心理学家测试了人们对这两个故事的记忆和理解。最后，人们发现那些看过故事 B 的人对这个故事印象更深刻，对红色外套的材料记得更清楚。

这两个故事的唯一区别是杰克是"穿上"还是"脱下"他的红色外套。

为什么记忆水平如此不同？

因为当读者阅读这个故事时，他们会自然而然地认为杰克是主角，然后整个想法就是跟着杰克——杰克做了什么？杰克遇见了谁？但是在故事 A 中，当杰克脱下他的红色外套时，读者会自动地在他的记忆中"放下"红色外套。默认情况下，红色外套与情节无关。

因此，当露西称赞杰克漂亮的外套时，读者对以下信息的期望是"黑色呢子外套"，而不是"红色外套"。然而，就在这时，被读者"放下"的红色外衣突然出现了，这实际上并不符合读者对信息的期望。

因此，当你写完一个句子，你应该想一想：读完这个句子后，读者心里有什么问题？下面会出现什么？我将要写的下列句子能回答这个问题吗？如果没有，你的文章将变得逻辑混乱和晦涩。

第五节　如何用清单写文案？

前面我们花了很大的篇幅，分别解释了这本书的视角、战略、内容、创意和写作。在接下来，我们将综合运用之前说过的内容，引导读者结合具体案例进行文案实战训练，确保读者不仅能理解所学，而且能灵活运用。下面将以"南孚糖果电池组"为例，说明如何利用清单解决写作过程中遇到的实际问题。

一、了解背景

南孚是高端电池行业的领头羊，其总体战略是进一步占领低端电池的市场份额，让更多人选择使用耐用电池。后来，南孚希望能设计一份新产品（糖果电池）的声明。

在互联网方面，年轻人的消费习惯正在逐渐改变，但市场上没有专门针对年轻人（主要是 85 后）的电池产品。南孚看到了这个机会，并准备推出糖果电池（仍然使用能量收集环技术）。好了，背景差不多明白了，我们接着往下分析！

二、阐明文案的具体类型

在写一份文案之前，找出需要的文案的具体类型。就南孚而言，我们将制作一份新产品上市公告文案。什么是上市公告文案？

所谓上市公告文案就是告诉消费者"我们有新产品了，来吧"。这大致相似。

然而，如果南孚也这样做，并且通过互联网发送出去，它可能不会有效。"颜值提升，内心依然——南孚，全新糖果装。"

如果你这样写，你将不可避免地感到陶醉。因为电池是一个低调的类别，普通人很少注意到它们，也不能像手机这样的新产品带来 300 个赞。数字发烧友会关心新手机在哪里上市，但很少有人关心新的第五代电池在哪里上市。

那又如何呢？如何引起消费者的注意，充分发挥南孚的优势？

三、列清单

写一份正式的文案之前，先列一个清单。列出我们希望消费者通过文案做什么。

经过分析，我列出了南孚新产品发布的任务清单。

任务清单：

1. 了解新产品的发布

向消费者解释我们有新产品。

2. 感受品牌复兴

对于经常上网的 85 后，我们将创造一个更年轻的产品形象。

3. 提高对电池的关注

电池是典型的"边缘产品"。用户很少像关注手机和衣服一样关注电池。

4. 我更喜欢买高质量的电池，而不是便宜的

在高价电池（碱性电池）市场，南孚基本上没有竞争对手（占据 75% 的市场份额），但仍有一半的人选择普通低价电池（碳电池），因此有必要通过文书工作让更多的人想购买耐用和环保的优质电池，而不是低价电池。

5. 强化南孚市场领导者的形象

南孚的主要优势是"市场第一"。最好在文案中加强这一形象。

6. 减少用户顾虑

当用户看到糖果产品时，他们首先关心的可能是"质量如何？既然是彩色的，那它是缩印版吗？毕竟，小米、哈默和苹果的彩色手机都是低端版本。因此，有必要在文案中减少这种担心。

7. 激发用户的注意力和分享

有必要在文案中设计额外的点来吸引其他人的注意，并且最好引起某些转发、共享和讨论。

四、逐项解决清单中列出的问题

既然问题都列出来了，就一个一个地解决。

1. 让用户知道新产品的发布

用非常简单、简明的语言，直接告诉别人。

然而，仅仅是这些内容就太过傲慢了（我们很难像苹果一样，仅仅通过写"它终于来了"来吸引大量注意力）。

那我该怎么办?

总的来说,在我写一份文案之前,我向用户假定一个不关心、不理解或不感兴趣的人刚刚读完"奶茶妹妹和强东哥分开了"的新闻,无意中看到了你的海报。

这个假设可以有效地避免自我陶醉,并且不会高估别人对你的关心程度。

下一个目标是用几句话把用户从 A 点带到 B 点。

2. 感受品牌复兴

如何设计海报上的文案内容?

我们的重要目标之一是"振兴品牌",让用户可以用糖果安装新产品,看到南孚品牌的活力和求变精神。

如何重振品牌?

自我陶醉写撰写者的想法是告诉别人我们的品牌更年轻。

问题是:你不能把目标当作战略——你不能把在公司会议上设定的战略目标当作文案告诉消费者。

"品牌复兴"是目标,而不是实现目标的方式。让消费者感受"品牌返老还童"的方法不是直接告诉他们"我们开始返老还童",就像你让朋友觉得你很酷一样,不是让朋友圈直接说"我很酷",而是穿上一件花 5000 元买的风骚小风衣,找个理由自拍给朋友圈。

那么,品牌复兴如何才能在之前的文案中得到体现呢?

由于情景和视觉描述是必需的,所以很自然地将 85 后的场景添加到之前的文案中。因此,海报的顶部需要包含年轻人关注的特殊场景、语言、情感和话题。

这时,有些人可能会说糖纸可以和年轻人的某些精神和情感联系在一起。然而,如果你仔细思考,你会发现这个计划不适合作为糖果包装的申报文案。

首先，电池是一种非常小、习惯性的低价产品。对于这种产品，消费者很少附加情感。换句话说，人们会考虑某些品牌的汽车、手机、服装等。作为他们情感和个性的延伸。例如，如果你认为你是一个自我追求者，你可以试着买一辆"吉普自由之光"。然而，人们很难将电池视为自身的延伸。这意味着，尽管一篇短文可以在前面的"个性宣言"中建立一种认同感，但很难与电池直接相关。

其次，这种文案触发的场景与电池场景关系不大。

此外，该文件无法实现上述"增加用户对电池的关注"和"刺激用户购买更好的电池"的战略目标。简而言之，这是一个好主意，但它不适合在这里使用。

当我有一个想法时，不管它有多好，我都会问自己：有没有比顾客品牌更适合这个想法的第二个品牌？

至少 Camera360、足迹等拍照 App、各种社交软件甚至锤子手机，都比南孚更适合这个想法。由此可见，创意是一种"普世理念"，一旦创意成为一种"普世理念"，就意味着它只有传播价值，却无法强化品牌定位或提升品牌的独特竞争优势。

这种文案只能完成一定的传播任务，但它没有战略价值，也不能帮助一个品牌在很长一段时间内立足，在自己的位置上击败竞争对手。

因此，我们需要继续参考其他任务目标并找到其他想法。

3. 提高用户对电池的关注

如前所述，电池是一个很少被关注的类别——它们基本上在人们的生活中消失了。一些人经常浏览服装网站来看最新的时尚服装，或者浏览数字网站来看新发布的手机和电脑，但是很少有人关心 5 号电池的消息。

因此，文案的重要目标是提高公众对电池的关注。那么，我们如何提高对电池的关注呢？

肯定不是以下这样。

为了提高用户对电池的关注，每个人都必须知道电池与自身利益的相关（人们只对与自己相关的事情感兴趣），所以我认为应该在这里进行"合作营销"——其他使用电池的电器应该出现在前面，以引发公众对电池重要性的认识。

例如，为了提高公众对芯片的关注，英特尔与联想、戴尔和其他计算机公司合作，并在计算机广告的结尾说，"计算机芯片，英特尔制造。"

因此，我综合考虑了三个条件来选择合适的合作电器：

●根据客户发送的调查数据，选择公众使用电池最多的电器；

●具有一定戏剧化和主题的电器；

●与85后青年或他们的记忆最相关的电器。

最后，我选择了8种产品：

●雷柏无线鼠标

●电视遥控器

●无线电

●挂钟

●小米秤

●奥迪双钻石4WD

●黄色小鸭子玩具

●杜蕾斯振动器

因此，我们必须为上述文案创作选择这两种战略的交集：

在这里，你会发现，因为有8种电器和新产品几乎是8-10种颜色，最好是创造一系列的海报，每一个有一种颜色和一个电池。

4. 刺激用户购买更好的电池

好了，现在基本的创意方向已经确定，仍然缺少一个"信号"——一些你真正需要传递给消费者并植入他们大脑的东西（比如耐用电池或高性价比）。

南孚在竞争战略上的竞争对手是几美分一节的低成本碳电池，所以这个"信号"必须从南孚的竞争优势中选择一个：

● 持续用电；

● 电力供应充足；

● 无污染，可与生活垃圾一起丢弃；

● 安全，无液体泄漏；

● 保存时间长（7 年以上）；

● 高色值（糖果包装特有）。

其中，实力是电池的定位，如金霸王，用户对安全性和长储存时间的看法是低的。而且，南孚的广告之前没有提到它，所以只剩下 3 个：

● 持续用电——十多年来南孚持续洗脑的特点；

● 可与生活垃圾一起丢弃——南孚今年对传统产品的主要战略。如果你选择这个优势，你可以配合这个团队的战略。

● 高色值——糖果电池的独特优势。

前两个是基本功能，最后一个是外观。

经过分析，我认为最后一个不合适。因为如果文案主要谈论"颜色值"而不反映具体的功能属性信息，就不能完成上面任务列表的第 6 点"减少用户的顾虑"，用户可能会想："这是一个年轻的版本，质量是不是比以前差？"

它不会提供最重要和最基本的电池需求信息，也不会导致用户改变他们的长期购物态度（应选择南孚等高质量电池）。此外，如果外观是好的，它已经反映在照片中（你可以用眼睛自然地看到它）。没有必要再加上一句废话来说你的外观很好。

因此，有必要在"用电持久"和"用生活垃圾处理"之间做出选择。

在这两种情况下，我放弃了"可与用生活垃圾一起丢弃"。

为什么？

因为人们很难同时接受两个不熟悉的信息，他们只能依靠一个已知的信息带动一个不熟悉的信息。

例如，加多宝在被"王老吉品牌"抢走后的品牌战略是这样的：

首先，我们借用已知的"红罐包装"信息，带来未知的"加多宝"信息；

然后，"佳得乐"将成为已知信息。

这时，红色的壶也被拿走了，而已知的"加多宝"的信息被用来带来未知的"金壶"的信息。同样，南孚也应该这样做：

因此，最终，我们想向消费者传递的关键信息是"持久的"。

为了反映这一点，上面提到的指导性文案需要关注"持久"的场景，下面的文案我也加上了"还在积聚力量，还在持久"。

5. 强调南孚市场领导者的形象

对任何产品来说，"行业第一"都是一个巨大的优势，因为它暗示了一个信息：这是大多数人的选择。从而刺激消费者的从众心理。

这就是为什么一些品牌会说"中国凉茶领袖"和"环绕地球×次"。

然而，新广告法不允许"××第一"和"××领导"等信息再次出现，所以我们只能找到其他方式来利用这一优势。此外，强调销售第一将导致海报促销不太有意义，并可能减少转发和分享。

我的想法是：塑造"电池＝南孚"的暗示。在所有出现电池的场景中，都使用南孚。

在文案的场景塑造前，不会说"电池发生了什么"，而是"南孚发生了什么"。这将有助于强化南孚在潜意识层面上作为市场第一的形象。

6. 吸引注意力和鼓励分享

还有最后一项任务，一旦解决了，它就会成功！

回到我们现在设定的海报创作方向：

在上面的文案中，我们需要找到使用电器（如收音机和称重秤）的场景。这一场景中的故事需要更年轻（如与年轻人的记忆、生活或口头表达相关），然后整体亮点是电池的耐用性。

显然不可能直接说"当我还是个孩子的时候，我曾经在南孚跑了很长一段时间"——这个表达太无聊了，无法吸引注意力和分享。

我该怎么办？如何引起人们的兴趣和关注，甚至使人们想要前进和分享？

我使用了这些战略的组合：

●每一个场景都有戏剧化的表现（如意想不到的结果，如电池寿命过长造成的戏剧性后果，以及电池寿命的极端表现）；

●依附于人们的日常语言；

●重视年轻人经常表达的情感。

最后，每个场景的文案变成了这样：

振动器场景

鼠标场景

遥控场景

无线电场景

四轮驱动场景

称重秤场景

黄色小鸭玩具场景

观看场景

以上许多场景都基于经典的创意模板。

例如，"遥控器里的南孚没变，但我换了三个人陪我看电视"用的是"后果模板"——展示你的产品的强大功能造成的后果。

然后将这些场景与年轻人生活中经常发生的值得倾诉的事情联系起来，以提高他们的情感价值。例如，"你什么时候能攒够钱嫁给我——南孚节的时候"就是年轻人常见的逼婚场景。然后你可以用这些话题问粉丝"在南孚节期间你能做什么"来引发粉丝的二次创作。

第六节　好文案要有视觉冲击力

你的文案必须让读者看到特定的图像时想起它。例如，如果上面的文案只说"夜间拍摄能力强"，很多人没有直觉，但如果他说"星星可以被拍摄"，他可以立即引起用户"看到明亮的星星，想拍摄，但不能拍摄"的感觉。好的文案提醒人们特定的场景或记忆，但是太多自恋的文案是复杂、抽象和模糊的，让人困惑：

●教育课程广告："我们追求卓越，创造卓越产品，助您与时俱进，共创美好未来！"

●mp3 广告："苗条又聪明，存储空间大！"

●芝麻酱广告："传承经典！"

●男孩提议道："我们一定会幸福地生活在一起，白头偕老！"

●政治演讲:"我希望追求平等,减少种族歧视!"

●采访者:"我有责任感、使命感,一丝不苟,勤奋!"

同样的意思,加上视觉描述,效果明显不同:

●教育课程广告:"我们追求卓越,创造卓越产品,助您与时俱进,共创美好未来!"

视觉描述:"我们提供最新的知识来帮助您应对不断变化的世界。"

●mp3广告:"苗条又聪明,存储空间大!"

视觉描述:"把1000首歌放进你的口袋!"(来自乔布斯)

●芝麻酱广告:"传承经典!"

视觉描述:"当我还是个孩子的时候,我妈妈闻起来很臭。"

●男孩提议道:"我们一定会幸福地生活在一起,白头偕老!"

视觉描述:"我想当我们老了的时候,仍然可以在夕阳的余晖下手拉手走在沙滩上。"

●政治演讲:"我希望追求平等,减少种族歧视!"

视觉描述:"我梦想有一天,在佐治亚州的红山上,昔日奴隶的儿子和昔日奴隶主的儿子能够坐在一起,共享兄弟情谊。"(摘自马丁·路德·金)

●采访者:"我有责任感、使命感,一丝不苟,勤奋!"

视觉描述:"我为1%的细节熬夜,在我满意之前,我绝不会放弃最后的改进。"

为什么愿景如此重要?

因为可视化是我们最基本的需求之一。人们本质上不喜欢抽象的东西,所以古代几乎所有的抽象观念都是形象化的:因为正义和同情太抽象,一个形象化的、个性化的上帝被直接创造出来;因为下雨的过程太抽象,所以发明了雷公电母。

心理学中有一个概念叫作生动性效应，这意味着我们对事件的生动性（视觉）比对事件本身的意义更敏感。在伊拉克战争期间，美国记者不断报道"成千上万的美国人死亡"，但很少有美国人被感动。但是一旦一个家庭的妻子失去丈夫的故事被报道出来，整个国家的反战情绪就会高涨。这并不是因为丈夫的生命比成千上万人的生命更重要，而是因为这样的故事更"生动"。因此，当写一份文案时，必须有一种视觉，否则别人在读完文案后不知道你在说什么。

第七节　描写熟悉的东西，让人更好接受

作为一个小公司，你可以发布新的和创新的产品，但是人们不喜欢陌生人，并且经常不买他们。这时，你应该为文案建立一种黏合力——把信息贴在一个熟悉的物体上。比如一个电视遥控器的特点是："自由遥控"。假设你对提供"自由遥控"的电视机顶盒一无所知，你可能没有任何概念。但是如果你说"让电视在一秒钟内变成电脑"，你就会明白你可以像控制电脑一样自由地控制电视。

为了让一个全新的产品或概念流行起来，你需要把它和一个熟悉的东西联系起来。例如，当乔布斯发布第一部 iPhone 时，他没有直接介绍 iPhone 的功能，而是说他将发布三款产品——一部手机、一部大屏幕 iPod 和一部互联网设备，所有这些都是大家熟悉的。然后乔布斯说，事实上，我们只发布了一个产品，它具有上述 3 个产品的功能，那就是 iPhone。

为了让陌生的新球员受欢迎，媒体经常给他们起绰号，如"智利的罗纳尔多"桑切斯，"德国的梅西"马林等。这是为了把

不知名的年轻球员和著名的明星联系起来，让公众更容易理解。同样，你知道中国科技界为什么会有"锐步"吗？

这是因为国内大部分运动鞋都是跟着国际品牌在走，在模抄仿，科技创新能力严重不足。

为什么附着力如此重要？

这是因为人们的记忆模式。人脑的记忆就像一条高坡上的河流。新的记忆就像一滴水。如果水滴落到地上，它会立即蒸发。如果它能掉进河里，它会融合成一个整体，到达大海。同样，如果新知识不能与旧知识联系起来，人们很快就会忘记它。如果一个人与旧的熟悉的事物建立联系，他可以很容易地记住它们。

因此，你需要提高文案的附着力，并把它与旧东西连接起来——即使当发明者贝尔申请电话专利时，他的名字也是"一种新型的电报改进技术"。

写作的目的是改变他人的行为。如果文案只对用户有吸引力，但没有给出最终的解释，文案可能达不到要求。最好的方法是提供一个重要的"导火线"，让别人知道现在该做什么，而不用去想它。事实上，有无数现象证明了这一点。

美国的一所大学以前设计了一个破伤风疫苗宣传手册，但问题是无论如何提高手册每年的警示力（例如使用可怕的病人照片），学生都很难得到疫苗。最后，问题解决了。手册附有一张学校医院的地图和疫苗接种的时间，结果发现学生们只是懒得在网站上查看地图和时间。

心理学家还做了一个实验，在这个实验中，一个有透明玻璃门的冰箱里装满了食物，许多人偷食物。但是通过锁上冰箱，把钥匙放在锁旁边，几乎没有人偷食物。因为偷食物的原因从"不加思考就知道如何做"变成了"稍加思考就知道如何做"，其他人做这件事的欲望大大降低了。

　　因此，永远不要低估"伸手派对"的懒惰，必要时在文案中清楚地告诉别人：你现在应该做什么？在写作这一点上，我相信读者一定对如何写一份文案有更深的理解，但这只是开始。如果你想成为一名优秀的文案撰写者，你需要在实践中不断思考，并做大量的"深思熟虑的实践"。文案不能依靠"敲打脑袋"。我相信，通过我们的共同努力，更多的人会相信方法和科学，创造出更多影响用户的优秀文案。

第八节　从 0 开始写一套营销文案

　　前面我们解释了如何使用列表来写文案。下面将以撰写者以前完成的项目《沉睡的小宝》为例，讲述如何综合运用之前的知识，从 0 开始写一套营销文案。

一、了解背景

　　首先，有请客户的英雄，万戈格，色彩精品首席执行官兼首席设计师。

　　他们最近推出了这样一种产品。

二、阐明文案的具体类型

　　首先，我们需要知道什么是产品文案。据我所知，用户淘宝详细页面上的产品文案是产品描述和广告文案之间的表达：

　　它比说明书更生动，比广告更客观。

　　原来，现在我们要设计这样一个东西。

　　好吧，我们走！

三、文案的设计过程

　　既然有必要设计一套战略营销文案，那么整个过程就应该根据战略分析的过程来设计：

●寻找关键挑战；

●利用优势制定战略和克服挑战；

●设计一致的战术行动来实施你的战略。

（一）寻找关键挑战

文案不是创意或写作，而是一种"解决问题"的方法。因此，首先，我们必须了解产品面临的问题。

该产品现在面临的主要挑战是什么？

如果你在淘宝上搜索"U型枕头"，你会发现太多类似的产品。

然后进一步的调查将揭示这些令人尴尬的事实：

●消费者面临众多选择，不知道该买哪个。同类之间的竞争非常激烈。

●大多数U型枕头的平均价格约为50元，而睡小宝的枕头价格为149元，这在价格上没有优势。

●消费者已经对U型枕头形成了固定的印象，这种印象很难逆转。

●即使睡小宝具有易于感知的"底纹"差异化功能，推出后也很容易被低价产品迅速文案。

因此，我认为睡小宝面临的主要挑战是突破同类，并阻止其他国家跟进。换句话说，我们必须找到一种方法来区分睡小宝和传统的U形枕头，并在一定程度上提高模仿的门槛。

（二）利用优势制定战略并克服挑战

那么，睡小宝有什么优势，可以用来克服上述挑战？

●产品的绝对优势——非常舒适，远远优于U型枕头，睡眠质量高；

●设计师创造自己的设计，而不是文案它们。

因此，我们必须找到方法，充分发挥这两个优势，克服挑战，突破同类，阻止他人跟进。

1. 充分发挥"舒适产品"的优势

睡小宝本来的主打文案是"随时随地，想睡就睡"。

在讨论过程中，许多人同意这份文案，因为它真实地描述了消费者使用睡小宝的过程——无论他们去哪里，如果他们想睡觉，他们都可以睡觉。

然而，我反对这种文案——毕竟，这份文案不是为了描述消费者的使用过程，而是为了实现战略目标。

首先，这份文案没有直接面对上述挑战——同类的战胜。

"想睡就睡"是所有 U 型枕头的共同特征。如果你使用这个文案，这意味着战略是"让行业蛋糕变大"，而不是"从行业竞争对手那里抢走更多的蛋糕"。它是"让更多的人想买 U 形枕头"，而不是"让想买 U 形枕头的人买睡小宝"。

这一战略与我们刚刚提出的"战胜同类"的目标相冲突。

其次，"想睡就睡"的信息太抽象，容易被忘记，并且容易与许多产品混淆。例如，这就是我所想的：

● 随时随地，想下载迅雷远程下载

● 随时随地分享你身边的新事物——新浪微博

● 手机登录，随时随地——平安亦庄通

● 随时随地一起锻炼——酷的锻炼

● 随时随地知道孩子在哪里——360 儿童手表（过去）

● 随时随地，如果你想的话——360 智能相机（过去）

● 随时随地轻松管理业务——思爱普企业软件服务

然而，如果你做一点分析，你会发现睡小宝的真正优势不是便携性（"随时随地"），而是舒适性——比其他 U 形枕头更舒适。因此，主要的文案只能反映关键点　舒适。

那么你如何表达呢？

如果你使用自恋的文案，当然，这很简单。如果你直接设定模板并说"极度舒适，享受生活"，那就结束了。因为它是一个Y型文案，我们不得不陷入麻烦——我们必须把它变成一个视觉和情境表达。

回顾前面提到的"突破同类"的目标，因为我们必须把它与"U"型枕头区分开来，所以我们不能把它直接替换成"U"型枕头。然后呢？

我想到的是："用睡小宝仅次于在床上睡觉。"

是的，我不想拿U形枕头做比较，我想拿床做比较，以摆脱传统U形枕头的负面印象，专注于"舒适"的定位。

2. 设计师原创设计的优势

在一个高度竞争的市场中，经常需要最大化所有的优势来赢得胜利——如果你发现你还有一个无用的关键优势，你可能不会赢。

因此，为了"脱颖而出，防止他人跟进"，我们必须想办法充分发挥"设计师原创设计"的优势。怎么玩？有人说最简单的方法是在详细的页面上直接添加一个页面来解释"设计师原创设计"的卖点，这当然没用。因为"发挥优势"和"在说优势"是两码事——"解释设计师的原创设计"并没有真正发挥优势，而只是在说优势。

然后呢？我们必须做只有"原创设计师品牌"才能做的事情，并且影响用户的直觉。因此，我们对文案进行了个性化的改进，使整个文案更像一个有感情的设计师的自白，而不是产品宣传文案。下面就是文案改进的过程：

（1）全部采用第一人称。

全文是说"为什么我要这样设计它"和"我设计了某某功

能"，而不是"它有某某功能"。

通过这种忏悔式的表达，读者觉得这是一个有感情的设计师在和他们交谈，而不是一个急于销售产品的推销员。

（2）整篇文章贯穿了"再设计"的概念。

例如，当谈到"枕头部分"的五个卖点时，我们将使用"枕头部分的重新设计"来指导（使用第一个人来告诉设计师如何一步一步地设计熟睡的婴儿）。U形枕头是一种常见的产品，但是设计师必须"重新设计它们周围的物体"。

（3）在开头，添加解释"为什么我要设计这个产品"。

（4）设计者的手稿加在中间，提醒人们设计的过程。

（5）最后增加了设计师的个人介绍，进一步强化设计师的形象。

通过这一系列强化设计师形象的方法，我们可以迎接上述挑战：

●突出重围——将其与其他竞争对手显著区分开来。

●在一定程度上，它会阻止竞争对手跟进——其他竞争对手不是设计师品牌，使用这种文案风格的效果会大大降低，并且会扭曲其原有的定位。然而，睡小宝的文案在早期具有聚集粉丝、进一步确立优势的功能。

●与整个大品牌合作的战略——整套服装的品牌定位"重新设计周围的对象"（我之前已经给出了），在文案中使用"设计师重新设计"的概念将进一步加强品牌定位。

●将相同的风格扩展到该品牌的其他产品是很方便的（这样撰写者就不必做每一份文案，客户可以直接模板文案）。

任何战略都是为了迎接挑战。通过定位"睡眠体验仅次于睡床"和"设计师自白"的战略，我们直接迎接了未来的挑战。剩下的就是根据每个部分写产品文案。

（三）设计连贯的战术行动

我们已经基本定义了战略，然后我们将根据每个部分设计文案。

1. 设计指南

许多网络产品文案已经开始直接销售点报表，如超柔慢回弹记忆棉、透气眼罩等，这不能帮助读者快速建立印象并对后面的内容产生好奇心。

因此，我需要在写作之前设计一个指南。基于上述战略分析，该销售线索需要完成以下任务：

●帮助读者快速建立印象；

●激发好奇心，吸引读者阅读第二句话；

●实现"同类突破"的目标，用 U 型枕头迅速创造出与众不同的感觉；

●反映上面提到的"设计师自白"方法。

经过深思熟虑，我的最终指南是这样写的：

在夜深人静的时候躺在床上，这样的睡眠才是最好的。

车上、办公桌旁沙发上的睡眠并不舒服，但有时又非常必需。

我打算重新设计一款 U 型枕头，让你在车上，办公桌旁边和沙发上都能获得仅次于床上的优质睡眠！

（这时，读者会奇怪为什么我不方便开始下面的内容。）

2. 产品属性的分解

作为淘宝的一个细节页面，我需要分解整个产品的属性并下订单。最终结果如下：

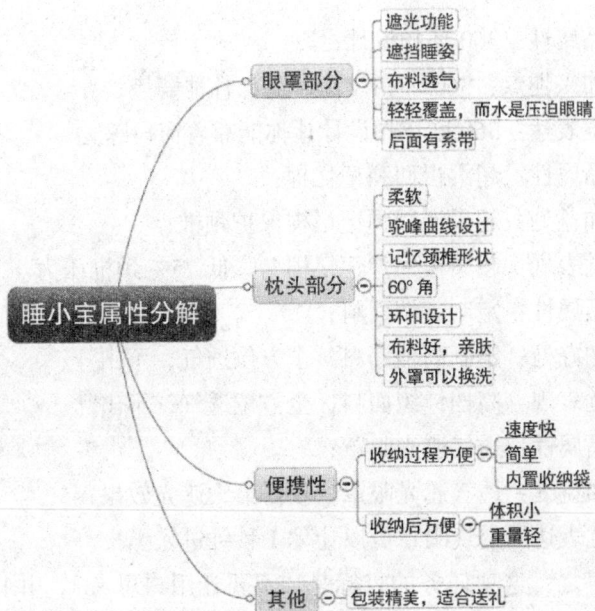

睡小宝属性分解

- 眼罩部分
  - 遮光功能
  - 遮挡睡姿
  - 布料透气
  - 轻轻覆盖，而水是压迫眼睛
  - 后面有系带
- 枕头部分
  - 柔软
  - 驼峰曲线设计
  - 记忆颈椎形状
  - 60°角
  - 环扣设计
  - 布料好，亲肤
  - 外罩可以换洗
- 便携性
  - 收纳过程方便
    - 速度快
    - 简单
    - 内置收纳袋
  - 收纳后方便
    - 体积小
    - 重量轻
- 其他
  - 包装精美，适合送礼

3. 将属性转化为利润点

仅仅告诉用户属性是不够的，你还需要告诉用户"这对你意味着什么"。

例如，关于可移植性的客户端文案的原始版本是：

● 内置独立储物袋；

● 完美的存储、节省空间、天才。

人们很难马上理解它的含义。我不知道这对我有什么好处。

因此，我修改了它，直接指出了用户的利益：

● 收枕头比收电脑简单。

● 只有两罐可乐大小，携带方便。

4. 使用情景和视觉表达在一秒钟内创造一个印象。

例如：

●产品属性：360 环扣设计；

●增加兴趣点：360 环扣设计，适合各种姿势；

●视觉表达：360 度环扣设计让你能靠着窗户睡觉。

●产品属性：超柔慢回弹记忆棉；

●附加益处：超柔慢回弹记忆棉保护颈椎；

●视觉表现：超柔慢回弹记忆棉，降低 75% 颈椎压力。

●产品属性：定制高档面料；

●附加好处：定制高档面料，全方位透气，不出汗；

●视觉表现：高档针织面料，全方位透气，不出汗。

●产品属性：透气遮光眼罩；

●增加益处：透气遮光眼罩，获得最大遮光效果；

●视觉表达：透气眼罩可以让你 1 秒钟进入黑夜。

简而言之，这项任务的目标是"不要让用户思考"，并找到使用各种视觉和情境表达的方法，在一秒钟内在用户的大脑中形成一幅清晰的画面。

这项任务的难点是找到用户的感受。例如，在"方便存储"方面，它最初被写为"在 15 秒内存储完成"。尽管它非常数字化，非常具体，但人们仍然很难同时感觉到它——大多数人缺乏 15 秒的概念，很难想象 15 秒能做什么。

此外，我认为用户接受计算机的真正痛点应该是"麻烦"而不是"缓慢"，所以我用一个用户接受计算机的场景来代替："收枕头，比收电脑还简单。"这份报告还考虑到我们的用户主要是经常使用笔记本电脑的办公室职员。至此，根据战略分析的过程，我们已经从 0 开始完成了整套产品文案的设计。

精品
爆款营销

从独一无二，到无可挑剔。

THE INTERNET OF MARKETING
STRATEGY BOOK

李贝林◎编著

中国出版集团
中译出版社

图书在版编目（CIP）数据

精品爆款营销 / 李贝林编著. -- 北京：中译出版社，
2020.6

（互联网营销策略全书）

ISBN 978-7-5001-6294-0

Ⅰ.①精… Ⅱ.①李… Ⅲ.①网络营销 Ⅳ.
① F713.365.2

中国版本图书馆 CIP 数据核字（2020）第 070141 号

出版发行：中译出版社

地　　址：北京市西城区车公庄大街甲 4 号物华大厦六层

电　　话：（010）68359376，68359827（发行部）（010）68003527（编辑部）

传　　真：（010）68357870

邮　　编：100044

电子邮箱：book@ctph.com.cn

网　　址：http://www.ctph.com.cn

策　　划：北京瀚文锦绣国际文化有限公司

责任编辑：温晓芳

封面设计：孙希前

排　　版：张元元

印　　刷：三河市宏顺兴印刷有限公司

经　　销：全国新华书店

规　　格：870mm×1220mm　1/32

印　　张：36

字　　数：840 千字

版　　次：2020 年 6 月第一版

印　　次：2020 年 6 月第一次

ISBN 978-7-5001-6294-0　　　　定价：210 元 / 套（全 6 册）

爆款是一种极端的意志力，是一种信仰，是整个企业运转的灵魂！爆款正成为这个时代的商业法则；做爆款则是每家企业都要面临的生死抉择。

爆款是一个信条，即相不相信、有没有魄力只做一个单品，做到这个品类的市场第一。产品线不聚焦难于形成规模效应，资源太分散会导致参与感难于展开。爆款思维是互联网时代必备的产品思维。

在移动互联网时代，爆款代表着专注某一类用户，代表着以用户思维为导向的设计、研发、生产与销售，代表着真的找到了用户的痛点，代表着一款产品可以做到几个亿甚至几十亿。爆款思维不仅是对互联网思维在认知基础上的升华，更是打造并孵化爆品的理念。

"爆款"一词源于淘宝网，原本只是淘宝商户的营销手段，后来被发展归纳为"爆款思维"，即生产企业将资源聚焦到较少的产品，以近乎偏执的态度，打造出能让客户"尖叫"、口碑一流的产品，并迅速占领市场。

"爆款"出身看似"草根"味儿十足，但在诸如苹果iPhone、腾讯微信、宜家家居等大牌明星产品身上，都能隐隐看到它的影子。

如何用"爆款思维"来打造能让人难忘、让客户"尖叫"的产品呢？仔细分析"爆款"盛行的原因，除互联网普及、新媒体崛起等外部因素外，本质上仍要归功于产品自身注重客户体验、硬实力不俗。所以，用"爆款思维"打造大众认可的产品，要做到以下三个方面：

第一，追求完美的产品品质。"爆款"的创造者几乎都带有偏执个性，"不疯魔不成活"，极致追求产品的完美。

如西贝餐饮对制作张爷爷挂面，就要求"面粉用最贵的（内蒙古）河套（地区出产的）雪花粉，老鸡熬汤要超过5小时，西红柿必须发酵，（面条）上桌时面汤的理想温度为57摄氏度，鸡蛋还要圆的"。对产品品质的追求不达完美誓不罢休，只有这样才能做到没有瑕疵。

第二，具备独有的特色产品。特色产品界定了与同业的区别，可以达到"让人一下记住你"的效果，如果说卓越的产品品质是"爆款"让用户产生"尖叫"的基础，那么特色就是"尖叫"的来源。

京东商城靠卖电脑和家电起家，这是它的特色，让客户知道"买电脑家电上京东网"，后起的唯品会、1号店、顺丰优选也都采用了同样的策略，均取得不凡的成功。

第三，呈现差异化的个性服务。"爆款"注重客户体验，只有体验感觉大大超过期望值，才会集聚口碑。而体验是建立在客户心理感受上的，服务体验如何，完全取决于他们自身。因此，企业需要研究客户心理，向客户提供差异化的个性服务。

在《爆款思维》一书中，剖析了打造爆品的有效策略和常见成功与失败的案例，指明了传统工业时代爆品和互联网时代爆品的本质区别：一个是基于渠道利益分配的产物，一个是基于用户需求的流量导入。本书为众多传统企业转型提供了可靠的路径和参考。

Contents

第一章　尖叫点思维

再强大的企业，资源也是有限的，也需要在合适的时间和合适的地点，汇聚核心资源，在向上突破的关键点上实施定点引爆，这就是爆点。爆点思维要求带给用户超值的预期，让其尖叫，而不仅仅是满意。

第一节　爆款界的集大成者——优衣库

把爆款思维运用到销售中，就会产生"爆款产品"。爆款是指在商品销售中，供不应求、销售量很大的商品。也被称为牛品、爆款商品、爆款宝贝、人气宝贝、热卖商品等，广泛应用于网店、实体店铺。

很多人会发现，有某款商品，或许并没有做什么推广，但是当它卖出几件之后，后面的成交就变得越来越多，而且越来越容易。成交量越大的商品，后面的销售情况就会越好，这就是"爆款"的雏形。

买的人多自然是好的商品，这就是消费者的从众心理，也就是我们俗话说的"随大流"。尤其在网购的环境下，商品的展示只是给消费者一种视觉或者听觉上的展示，并不像传统的买卖活动那样，可以接触到实物，然后判断其好坏。

这样，买家可以获得的商品信息就相对较少，很大一部分信息都是根据商品的描述和产品图片获得的。但是由于很多商品的描述和展示图片大同小异，所以在相比之下，买家更倾向于听取第三方的意见，因为之前购买并使用过此商品的人们的评价是最中肯的。

故此，有更多人购买和更多人评价的商品往往更容易得到消费者的青睐，从而进一步地提升销量，慢慢形成了"爆款"。

打造"爆款"的目的，并不是要通过爆款来获得超额利润，而是要爆款扮演一个"催化剂"的角色,可以为店铺吸引更多的客流量,把将要成为"爆款"的商品更好地呈现在消费者面前,刺激买家的购买欲望,促进成交。

优衣库是爆款界的集大成者。如果你想玩爆款的话,优衣库毫无疑问是一个很好的学习对象。售价仅为 1900 日元的摇粒绒外套是优衣库的超级爆款。

这种外套在 2000 年前后由优衣库推出,随后风靡日本甚至全球市场。这款外套推动优衣库在 1999 年到 2001 年的 3 年里,连续实现收入破 1000 亿日元、2000 亿日元和 4000 亿日元的三级跳。

其实,只需要两个简单的算术就能理解优衣库的商业逻辑:

$$30 万 \div 30 \div 1900 \approx 5$$

$$46769 \div 365 \div 5 \approx 26$$

其中,"30 万"指日本厚生劳动省发布的 2000 年日本普通劳动者的月均工资,"1900"是指摇粒绒外套的日元单价。第一个算术式的意思是一个日本普通劳动者一天的收入大约可以购买 5 件优衣库的摇粒绒外套。

"46769"指的是国家统计局发布的 2012 年我国城镇单位就业人员的平均年工资。第二个算术式的意思是以购买力平价计,"中国版优衣库"的摇粒绒外套的价格为每件 26 元人民币。

当然,上述估算我们做了诸多简化。比如说应该考虑城乡的差异、中日两国税制的差异、居民消费习惯的差异等种种因素。但谁都不能否认的是,优衣库的衣服放在日本市场实在是太便宜了。

我们暂且不妨想当然地认为,在中国,把质量尚可的 26 元的摇粒绒外套卖到风靡全国不算难事。但是谁有信心能从这 26

元的标签价格里面挤出利润来？但优衣库做到了。

正因如此，优衣库毫无疑问是一家成功的企业，在截至 2013 年 8 月 31 日的这一财年里，优衣库的收入突破 1 万亿日元，优衣库的净利润也达到了 900 亿日元。而创始人柳井正借助优衣库的成功稳坐日本首富的位置。

答案非常简单，即便售价只有 1900 日元，优衣库的毛利仍然高达 50%。1900 日元、26 元人民币、50% 毛利，在牢记这些数据的前提下，我们再来揣摩优衣库的发展策略：

优衣库的目标是制造出所有人都可以穿的基本款衣服。优衣库每年推出的服装只有 1000 款，而其他同等规模的服装品牌的 SKU（一款商品）都能过万。

20 世纪 90 年代，恰逢中国制造走向世界，优衣库不失时机地把制造业务全部转移到了中国，而当今中国的人口红利日渐消退，现在优衣库正在考虑把生产基地往东南亚国家转移；优衣库的工厂只有 70 家左右，而其他服装巨头的供应商都超过 1000 家；面料一直是优衣库产品研发的重中之重，继摇粒绒外套之后，优衣库又先后推出了羊绒衫、HEATTECH（吸湿发热衣）、超轻薄羽绒服等基于面料的流行服装；优衣库的早期业态是郊区工厂店。

不难发现，优衣库的所有发展策略都集中指向一点：从非标准化的服装行业里面挖掘出标准化的品类，借助全球供应链，利用品牌号召力和研发投入降低产品开发失败的风险，将效率发挥到极致，从而也把价格降低到极致。

了解了以上背景，我们再来归纳优衣库的成功秘诀：它只不过是一台高效运转的爆款制造机。与淘宝上动辄几十万销量的爆款不同，优衣库的爆款销量可以达到上亿件，只是这种爆款要隔几年才能遇到一次。但优衣库的常规单品的平均销量也都在百万件级别。

第二节　不断引发用户尖叫的小米

雷军一直用两点极致的标准来衡量小米的行为：第一是用户会不会为小米的产品尖叫，第二是用户会不会真心地把小米的产品推荐给朋友。因此，在产品方面，雷军通过精益求精，以及"顶配""首发""低价"这样的词语来不断引发用户的尖叫。

小米到目前为止发布了三代手机，每一代在当时都是采用业界的最高配置，即"抢首发"的策略。因为首发，用户会为能够拥有这样一台手机而感到满足，甚至是可以用来炫耀的。

小米1采用的就是国内首家双核1.5G芯片，定了只有1999元的中档价位，性价比超出消费者的预期。小米手机因此一炮打响，产生了"用户尖叫"的效应，而且供不应求。

之后，小米2打的是发烧级四核高性能芯片，首款28纳米芯片，并在主流机器的内存都是1G的时候，小米2将内存标准提升到2G。

作为当时的"最高配置"，依然是1999元的中档价位。小米营造的这种"尖叫"慢慢形成一种惯性，以至于后来的红米、小米3、小米机顶盒、小米电视等一个个新品上市时，都出现供不应求的火爆局面。

2013年9月5日当天，NVIDIA（英伟达）创始人兼CEO黄仁勋受邀为雷军站台，介绍小米3采用的Tegra4处理器，在这场5分钟的登台秀中，黄仁勋非常善于调动现场的气氛，不过，最后看看，只有两句话含金量最高：一是 Tegra4 是目前全球最快的四核处理器，二是选择小米首发。

在随后对高通的介绍中，雷军一开始就拿出了三星的 galaxy note3 作为靶子，对方采用了高通的骁龙 8974 处理器，小米不会与之相同，而是要一个更快的、能够首发的产品，于是就出现了骁龙 8974AB 版本的处理器。

除了定位之外，另外一柄让用户尖叫的利器是定价。据称，一到要开会讨论新产品的定价时，雷军会先提出一个价格，然后仔细观察与会者的脸色变化。

最初，小米电视的定价在 3999 元，很多员工觉得这个价格很有诚意，也足够吸引人，但雷军看完众人反应之后，觉得还不够能引发尖叫，最终又降了 1000 元。

还有一个让用户尖叫的产品点是 MIUI。MIUI 在安卓阵营奠定地位靠的是两个经典版本，一个版本是 MIUI2.3。在早期安卓操作系统界面很差劲的时候，小米的设计团队做了大量改进工作，对安卓系统做了相应的修改、优化、美化等，符合国人使用习惯。

另一个版本是 V5。从 5 个主要的核心应用、18 个小工具、8 个主要的生态系统，包括浏览器、应用商店、主题商店、在线音乐、在线视频、读书等，进行了用户体验的全面优化。

但对用户而言，他们的尖叫点更多来自视觉化元素，比如个性主题、百变锁屏和自由桌面。MIUI 的下一个尖叫点瞄向了NFC（简称近距离无线通信技术），小米发现的一个痛点是用户随身带太多的卡，能否通过手机把钱包里的这些卡整合起来。

MIUI 负责人洪锋认为："尖叫很重要，但是一年让你尖叫一两次就够了，长久以来让你会心微笑更重要。说得俗一些，因为 MIUI 产品是和手机一起，没有自己独特的生存压力，我经常跟产品经理打个比喻，就是你做的是一个爆款产品，你的心态更多平和一些，就是让用户用得舒服。你的心态就是博妃子一笑的心态，而不是去炫耀。"

除此之外，雷军还坚持认为，在今天浮躁的移动互联网世界里，如果你想做成点事，最好静悄悄地低调去做，做出超出用户预期的东西。如果你做了很多广告吹嘘产品，把用户的胃口吊得很高，而实际产品达不到预期，最后用户一定会很失望的。

口碑好不好，并不单纯在于那个地方或者产品的品质究竟怎么样，而在于用户的预期有多高，口碑的真谛就是超越用户的期望值。

2009 年，亚马逊花了 8.47 亿美元收购了一家卖鞋网站 Zappo，雷军刚刚得到这个消息时十分惊讶：凭什么它能值这么多钱？他开始研究这家网站究竟有什么奇特的地方。经过一段时间的了解之后，结果简单得让雷军自己都有些意外。

原来，这家网站最大的利器就是很会调整用户的预期，让用户不断地发出"wow!"的惊叹。他们承诺用户，交易成功之后，鞋子会在 4 天之内送达，但是实际上用户隔天就能收到鞋子。

并且，在这家网站买鞋的用户还能享受一项特权：买一双鞋可以试用三双鞋，然后将不合适的寄回来，当然这是免费的，而这些都是史无前例的。

这家网站的聪明之处不在于能在两天之内将鞋子送到，而是告诉用户需要等待 4 天的时间，而不是两天，所以提前收到鞋子的用户同时还收到了一份惊喜。

雷军听说迪拜的太平洋帆船酒店是全世界最好的酒店，于是，他在一次游迪拜的过程中便决定顺道去那里看看，结果却使他大失所望：整座酒店金碧辉煌的装饰让他感觉很土，他在心中产生了一个大大的问号：这就是传说中全球最好的酒店？这就是排名全球第一第二的酒店？为什么去了帆船酒店的感觉甚至比去海底捞火锅店还要糟糕？人人都知道海底捞是个人多得乱糟糟的地方。

但是海底捞真的比帆船酒店好吗？他发现，这其实是因为自己对帆船酒店和海底捞的期望不一样。因为海底捞的地理位置都很一般，人们不会对它抱太高的希望，但是帆船酒店是全世界数一数二的酒店，那里应该让自己有超乎寻常的不一般的体验。正是因为带着这样的期望，所以就很难满足。这或许就是人们常说的希望越大，失望越大吧！

口碑好不好，并不单纯在于那个地方或者产品的品质究竟怎么样，而在于用户的预期有多高，口碑的真谛就是超越用户的期望值。

这给了雷军很好的借鉴，虽然做到这一点确实不容易。雷军准备创办小米科技时已经是 IT 圈子中的名宿，一旦他出来创业，人们对他的期望值又怎么会低呢？

这个时候，雷军深知，在产品还不成熟的情况下过度宣传，会让用户期望值太高，对产品的口碑没有好处。相反，低调推出产品，让用户获得超出他本来的期望值，反而会收获好的口碑，打造好的产品形象。

于是，在小米科技创办的时候，雷军做了不少保密工作。刚刚开始组建团队，雷军每见一个人，最后说的一句话都是："这件事情暂时保密！严格保密！"

当几十个人将第一款产品做出来之后，他并没有按套路出牌去打广告，而是带头领着一堆人跑去几个论坛发了几张帖子。此时谁也不知道这个产品是软件领域的元老做出来的，一时间，很多人都觉得这软件做得真好，竟然形成了庞大的"米粉"队伍。

单单靠着口口相传的力量，这款产品很快就传到了全世界，甚至还有一个美国博客网站提名让雷军团队做年度产品。

其实得到这个褒奖的雷军有些汗颜：若是大张旗鼓地做产品，不一定能有这样的效果。"其实还是因为别人不知道，用户没有预期，所以一出来就感觉有些意外和惊喜，觉得这个产品很好。"他说。

说到这里，不得不提起小米手机预售过程中一个小小的插曲。按照小米科技当初的规模，税务机关每次只给他们开四五本发票，也就是200多张。这样一来，每卖出200部手机，财务人员就要到税务机关去拿一次发票。

但是小米手机的销量却大大超出了预期，平均每天卖出1.2万部。即便财务人员一直往税务机关跑，发票也是远远不够用的。

结果，很多用户收到的小米手机都没有附带发票，有人开始怀疑小米科技偷税漏税。雷军和公司的高管拿着证明材料和税务机关沟通了好几个月，税务机关才批准他们自己打印发票。于是，一群人匆匆忙忙弄来了16台高速打印机，夜以继日地打了十几天才将发票打印完，并且寄给先前买了手机的用户。

雷军想，中国商业的服务水平现在还很低，还有很大的改善空间，自己或许应该利用这次机会，做好服务。

于是，雷军便和小米团队一起制作了一款温情脉脉的贺卡，上面画着可爱的米兔形象，并附上了一句话："让你久等了！亲，对不起！"然后将贺卡、手机贴膜连同发票一起特快专递了出去。

本来还怀疑小米科技偷税漏税的用户收到信之后非常感动，立即到微博上分享了这件事情。有的用户听说还有贺卡和手机贴膜，将垃圾桶翻了个遍——他将信扔掉了！

这样一来，小米不但将原来因欠着发票给用户造成的不良印象消除了，而且还赢得了很多人的理解和支持。接着，雷军再接再厉，推出了感恩回馈活动，专门为前 30 万小米手机用户制作了感恩卡，还无条件赠送他们每人一张 100 元购物券。

结果，用户的反馈非常好，很多人都在微博上留言说：真没想到，买了小米手机还能享受这样的待遇，竟然还有 100 元购物券！这一切都远远超出了用户的预期，他们很乐意将这件事情和身边的人分享，从而使米粉的队伍不断壮大。

这样的推广手法，不光节省了小米手机市场营销的费用，而且还能使雷军团队看出产品对于用户真正的吸引力所在。"在互联网上，刚刚开始时最重要的不是大规模地做广告，而是做好搜索引擎优化和病毒式营销，尽量压下用户的预期值，专心做好产品，让产品说话。"雷军说。

"一个公司最好的评价是用户口碑，用户口碑是一个公司能够长期生存并发展的生命线。一个公司想要处理负面影响，需要花很多的时间和资金，况且未必能消除影响。但是用户口碑会很快将公司的形象传播出去，用户口碑是电商行业的生存底线。"

在小米内部，雷军要求所有员工，在朋友使用小米手机的过程中，无论遇到任何问题，无论是硬件还是软件，无论是使用方法或使用技巧的问题，还是产品本身出现了 Bug（故障），都要以解决问题的思路，用心地去帮助朋友。

值得一提的是，在用户与口碑的建立上，雷军特别着重强调"人不如旧"的概念。他说："做天使投资时，我总会给老朋友便宜一点的价格。第一次跟着投的人永远最贵。这样，朋友得了实惠，而想要进入这个圈子的新人，贵的价格就是新人的入场券，对用户也是一样。别人都是老用户不停收费，新用户免费。为什么我们不能给老用户免费，对新用户收费呢？这样可能会放慢产品扩张的速度，但照顾好老用户之后，带来的是更加持久的品牌生命力。"

也因此，雷军一直要求小米要相信用户，相信用户口碑，相信一个超级忠诚的用户，能够带来更多的用户。正是这样的极致的产品思维，雷军才让小米一直拥有很高的用户满意度以及良好的用户口碑。

第三节　宝洁让产品不断适应消费者

创建于 1937 年的美国宝洁公司是世界上最大的日用消费品公司，它所经营的 300 多个品牌的产品畅销 140 多个国家和地区，产品包括洗发、护发、化妆品、婴儿护理品、妇女卫生用品等。

宝洁的成功就在于其能够通过广泛的市场调查、科学的市场细分方法，全力推出一种或几种定位的产品，来满足不同消费群体的不同需求，让产品去满足顾客，而不是让顾客去适应产品。

在创业之初，宝洁公司的两位创始人看到当时美国生产的肥皂又黑又粗糙，与其本身的功能极不相称，为了适应妇女和儿童的需求，他们要求自己的产品，一是颜色要美，二是形状要美。于是，一种纯白、圆角的肥皂问世了。

美国人信基督，他们就利用《圣经》中的一段话："来自象牙宫的人，你所有的衣服都沾满了沁人心脾的香气！"给自己的肥皂取名"象牙"牌。

为了打开"象牙"肥皂的销路，宝洁公司请来了美国当时著名的化学家和教授,对其产品进行分析、鉴定,做出权威性的报告,并把关键数字打入广告中,让消费者心服口服。

很快"象牙"牌肥皂享誉全美以至全世界。当宝洁把在美国畅销的洗衣精投向欧洲市场时,很快受阻,经调查发现,原因就在于欧洲的洗衣机只适用固态的洗衣粉,液态的洗衣精加入后,有一部分很快从底部流出。

不久,宝洁就设计出了一种名为"威液球"的产品,当洗衣机的水加满时,才释放出洗衣精,并可重复使用。这种"威液球"很快成为畅销欧洲的产品。

对中国市场的占领也是一样,宝洁针对东方人对头发格外注意的习俗,就把洗发用品作为打开中国市场的先头部队,与香港、广州的3家企业合资成立了广州宝洁公司,生产多种品牌的洗发精。宝洁生产的香皂、牙膏、食品等都因销售地区的不同,而在香味、成分、包装方面有所差异。

配合产品策略,宝洁自20世纪50年代起相继在欧洲、东南亚、拉丁美洲等地建立了外销事业部和科技中心。

为了使产品更贴近顾客,宝洁非常注意日常对客户的访问和调查,此外还首创了"一日回忆法"和查询电话制度。

一日回忆法,即调查顾客对一天之内所接触到和正在使用的生活用品的感受,有何不便之处,有无新的要求。

查询电话制度则要求每天有50位员工从早到晚通过电话来回答顾客的询问,以便从中受到启发,使自己的产品不断得到改进和完善,并及时设计出适合顾客需要的新产品。低热量、不含胆固醇的名牌保健食品欧力宝就是受顾客的启发开发出来的。

如今,进入21世纪,宝洁仍将深入细致的市场调研,作为其营销的基础,宝洁为此确立了三大原则:

（1）要推出的产品在测试阶段就要比竞争者具有明显的优势。

（2）尽早发现一个消费趋势并引导消费者消费。

（3）对消费者需求和偏好进行细致的监测，为了深入了解中国消费者，宝洁在中国建立了庞大的消费行为数据库和完善的市场调研系统，帮助企业一开始就了解中国人的需求及生活习惯。比如，他们洗头及刷牙的方式，对目前产品的意见以及喜欢什么样的宣传等。

把握市场需要，不断推陈出新，是企业竞争胜利的关键所在。尤其对那些只经营单一产品的企业而言，不断推出迎合目标顾客口味、具有时尚概念的新产品，能够使企业在同行业中总处于领先地位，领导消费潮流，并总能以最快的速度，成功地攫取最多的市场利润。

宝洁公司之所以能得心应手地运用各种营销策略，关键是抓住了让产品适应消费者这一主旨。"拥有了顾客，才是拥有了产品，拥有了市场"，宝洁深谙这一道理。

第四节　花王的成功在于信息研究

在日本，多数企业的市场战略是对现有产品的更新换代和市场促销。然而，"花王"却采取了另一种市场战略。

他们认为：市场永远存在机会，消费者的需求在不断变化，企业之间的竞争现在就看谁能发现需求的新趋势和新特点。

为此，"花王"专门成立了"生活科学研究所"，从企业各处调来上百名经济专家和市场调研的能手，总经理常盘文克对他们说："你们的工作就是挖掘和发现新的需求，你们要为整个企业的发展迈出关键的第一步。"

研究所每年都要定期根据不同的年龄层发放调查问卷，问答项目达几百个，而且十分具体。他们把回收的各种答案存入计算机，用于新产品的开发。

现在，研究所每个月要增加近1万条来自消费者的信息。另一层次的调查是邀请消费者担当"商品顾问"，让他们试用"花王"的新产品，然后"鸡蛋里挑骨头"，从他们那里收集各种改进的意见。

来自消费者的信息成千上万，如何分析研究、取其精华，"花王"有其独特的方法。他们把所有信息分为两类：一类是期望值高的信息，即希望商品达到某种程度，或希望某种新产品；另一类是具体的改进建议。

"花王"十分重视前者，这类信息虽然没有具体意见，甚至很模糊，却反映了消费者的期望，是新产品开发的重要启示，而具体的改进意见一旦和高期望值信息结合起来，则能起到锦上添花的作用。

在日本市场最畅销的产品——"多角度清扫器"就是这两类信息结合的产物。清扫用具迄今为止是笤帚和吸尘器的天下，但"花王"在调查中发现，消费者不仅对笤帚早已不满意，对吸尘器也颇有微词，比如后盖喷气使灰尘扬起，电线导致不能自由移动，最麻烦的是一些角落、缝隙、床底很难清扫到，消费者多次反映希望有一种能伸到任何地方清扫的用具。

"花王"研究所集中了上百条有关信息，经过研究分析，提出了新产品的基本概念：多角度、无电线、不喷气、轻便等。几个月以后，新型的"多角度清扫器"终于问世，其销售量突飞猛进。

信息研究的作用在于通过信息把企业与消费者联系起来，这些信息用来帮助经理们分析市场需求，辨别和界定市场营销机会和问题，从而制订出合乎市场需求的市场营销方案。

"花王"之所以能一举成功，主要归功于它在新产品上市前的信息调查。"花王"专门成立的"生活科学研究所"作为信息系统为企业收集并筛选出最有价值的信息，其中"多角度清扫器"抓住了市场机会，弥补了消费者需求的市场空白，它的成功验证了信息研究对企业举足轻重的作用。

第二章　痛点思维

　　一家希望在市场上保持领先的公司，最重要的工作之一，就是了解消费者的"痛点"，并缓解它们造成的痛苦，将痛点进行分类和组合，这就可能成为产品创新的源泉。如何找到用户最痛的那一个点？第一步：找到一级痛点；第二步：找到 1 个痛点的名字；第三步：找到 100 个超级用户。

第一节　痛点是一切产品的基础

一位保险销售员向女企业家推销保险。后者听完介绍后说："有一回我在商城看到了一串白金钻石项链，的确很漂亮，可是30万元一套啊！这套项链我梦寐以求很久了，也去看过好几回了。当我准备付款买下时我问自己，不买会死吗？不会死。有别的东西代替吗？当然有。这次保险，我同样也要这样问自己。如果我不买保险，难道会死吗？"

听了女企业家的话，保险销售员回答说："人不买保险不会死，但如果死的时候会死得很惨。当然不是你死得惨而是那些依靠你的人会很惨。因为你死后你是什么都不需要了，但是活着的人呢，他们万事艰难，什么都需要。保险是唯一能让他们获得最大保障的方法，没有任何东西可以替代。"这一番话，成功地说服对方买了保险。

保险销售员找到了客户的痛点。有时候，极力向客户渲染"不买某件产品的痛苦"，而不是像传统营销方式那样总是推崇"购买产品能得到的良好体验"，反而更能取得意想不到的效果。

移动电话并不是苹果公司发明的，但是，乔布斯认识到，要消除消费者的"痛点"，也就是制造更好的手机，改善消费者的生活。而后，我们看到的结果是，一个以消除消费者的"痛点"为主导的苹果，颠覆了一个以产品功能为导向的诺基亚。

乔布斯就曾经提到，他们一开始并没有想到一定要制造一个iPhone，而是他和公司高管每天坐在一起经常抱怨他们有多痛恨自己的手机时，他们意识到，公司的消费者可能也有同样的问题。

一款产品的成功往往来源于对用户真实需求和场景细节的深刻理解。比如，QQ 诞生初期之所以击败了更早流行的舶来品 ICQ，正源于其一项关键性创新：ICQ 当初将用户资料、好友关系等数据都保存在客户端即电脑上，但在 2000 年前后的中国，用户上网环境多为网吧，一旦换台电脑所有好友就都消失不见了，而 QQ 做出的改变就是将所有资料都保存到服务器上，让用户无须再担心这一点。

现在看来，这是个非常容易得出的结论，不是吗？但轻易得出的事后往往忽略了那些真正在背后起作用的因素：产品经理对未知世界的好奇心，对那些看似不起眼细节的敏锐捕捉等。从一线产品经理的独特视角出发，深度观察三四线地区用户对于移动互联网的需求痛点。

有人调查中国最活跃的手机用户有几个品牌，苹果、小米，还有三星 Note，有的人做深入调研时，做产品经理一定要知道得女人者得天下，你搞定女生用户就能搞定大部分用户王国。产品调查女生为什么会用三星 Note 手机，因为 Note 手机能让女生显得脸小，这是一个很痛点的需求。

优秀的产品经理往往比普通用户对产品本身更加敏感。他们多数会体验更多的应用，也善于从散布的案例中归纳出用户潜藏的呼声。

作为产品的运营和设计者，他们又有渴望、有激情、有机会将自己对产品的体察，将既有产品不完美或者未能解决的问题的感受融入自己的产品中。

一家希望在市场上保持领先的公司，最重要的工作之一，就是了解消费者的"痛点"，并缓解它们造成的痛苦，将痛点进行分类和组合，这就可能成为产品创新的源泉。

第二节　顾客的痛苦是最终的可再生资源

创业者怎样在产品和服务存在之前，就能确认顾客会买账呢？为了回答这个问题，需要先回答另一个问题：为什么人们会买账？这里有两个最基础的答案，人们通常把钱花在两件事上：

第一，他们经常把钱花在对抗痛苦上；

第二，他们把钱花在追求享乐上。

将痛苦和快乐按这样的次序摆在一起是有原因的。所有事都是平等的，当一个痛苦或问题越是深刻沉重，你就越有可能找到一个对抗它的办法。而越能对抗这个痛苦，顾客就越快地购买。

从创业者的角度来看，这意味着"做痛苦的生意"常常要比"做快乐的生意"要好。解决痛苦的生意往往在持久力上也要更好一些。

创业者常在最后将"顾客之痛"作为"顾客需求"或"顾客问题"的代名词。当我们在卖电动小工具或新款衣服的时候以"舒缓顾客之痛"为名，或许有些言过其实和讽刺。但强调"顾客之痛"而不是强调需要或喜好也是为了说明一点：顾客是人。

他们通过经验的棱镜去感受世界。他们能感受到什么事物在挑战或干扰他们——对，他们的痛苦在干扰他们。但人们却常常想不到解决痛苦的方案——这就是建立在痛苦之上的需要。

所以，要把眼光投向痛苦。想想那些让人民感到不安、沮丧、紧急或难受的事，然后带着这些清楚认识并铭记于心的痛苦，开发治疗的方法，并将开发的重点放在"康复痊愈"上。当你尝试去投入一次创业风险，"让痛苦消失"可以作为你的指导。

除此之外，你需要关注的不仅是辨认痛点是什么，还要想清楚人们什么时候认为这个需要是最迫切的。比起解决一些没那么严重的事，解决一个当前剧烈的痛点会更有卖点。举个例子，卖阿司匹林从来会比卖维生素容易。

而人类对终止疼痛的渴望，同样适用于企业客户。

企业普遍在努力做两件事：增加销售量和减少成本。如果你可以让企业客户寻找新市场，制作新产品，甚至可以提高现有产品的价格，那么你就在增加销售量方面解决了他们的痛苦。如果你可以为企业客户提供一个创新的方法帮他们管理劳动力，建立基础架构，那么你就在减少成本上解决了他们的痛苦。

最后一样要考虑的事，是顾客与最终产品使用者并不一定要是同一个人。如果你卖游戏或玩具，你的用户往往是孩子，但实际上那些买下你产品的顾客却很可能是孩子的父母。同样的，如果你是 Google 的用户，但只有你用 Google AdWords 时，你才是 Google 的顾客。

如果你有一个新的创业想法，想验证是否抓住了顾客真正的痛点？这里有一个简单的方法：问自己，你是否可以用寥寥几句就能描述出：你的公司所解决的痛点是什么？为什么别人需要在意这件事？同时，你是否可以用这个简单的解释让你的一位潜在顾客买你的账？

如果这些都可以的话，那么恭喜你，你已经比大部分创业者领先了。那些需要大段文字才能描述市场或说服潜在客户的创新者和创业者，可以说他们并没有将他们的业务充分提炼出来。

想想那些世界上最成功的公司，那些已经被我们作为标杆的公司，你或许能很快地讲出这些公司是做什么的，这往往也是他们解决的顾客之痛。

如果你不能阐明你正在舒缓的顾客之痛，这个事实是否致命呢？它最终可能会的，但它也可能只是意味着你的创业理念还没有完全成形。很多优秀的创业者通过无数次的迭代更新才想清楚他们产品的最佳用途。找到痛点也需要时间。

很多顾客的需求并不能被顾客自己完全理解或表达清楚。为什么要买一个 iPod 而不买没有这么贵的 MP3 播放器？为什么要开雷克萨斯而不是丰田？为什么要在都是人造甜味剂的碳酸饮料里面挑特定的一个牌子？通常这些问题的答案和功能无关，更多和形象、感受和无形资产有关。

举个现实中的例子，服装品牌 AF（Abercrombie & Fitch）在2010 年的时候总收入达到 35 亿美元。它的运动服装商店已有百年历史。是什么让它和其他竞争对手有所区隔呢？他们的重点不在于卖衣服，而是售卖生活方式和承诺。

走进店里，你能看到大画幅的印有穿着衣服的漂亮青年海报，加强你对 AF 的印象。你一直认为变好看需要痛苦的节食和锻炼？这家店给你的信息是，你真正需要的其实是一条 120 美元的牛仔裤和一件 70 美元的 T 恤衫。

当我们将无形资产的需求当作顾客痛苦的一部分时，我们容易变得愤世嫉俗。当然，有些无形资产的需求看起来很傻，但一部分的它们是合情合理甚至是重要的。有时候作为一位创业者，需要懂得这些可能都是需要强调的最剧烈的痛。

创造性的突破往往会导致新的顾客痛点诞生。比如，没有人需要一台汽车直到有人开始生产汽车。没有人需要身份盗窃保护或信用监控直到有人创造了个人信用报告去解决借贷的问题。

苹果首次推出 iPod 的时候正值 Napster 的全盛时期，人们还可以免费地在互联网中分享音乐。但顾客对产品广泛接纳可以说让苹果发现了一个未被满足的新需求：顾客希望能够快速、容易并相对便宜地获得想要的音乐，还有另一个需求可能对他们来说更重要，合法获取。所以 iTunes 诞生，并成为苹果最成功的产品之一。

与此同时，苹果设计的 iPod 只能和耳机一起使用。用户可以用新的方式对音乐进行传输和播放，却不能大声放出来分享。这又是一个新的痛点，所以很多其他公司开始开发 iPod 的配套硬件，例如外部扬声器和基座等。

所以，对趋势和创新提高警惕，但不要像其他创业者那样看到趋势便急急忙忙地做个 copycat 冲进市场，而是将眼光放在每个创业者产生的新痛点上，即使他提供的是和你产品无关的解决方案，你也一定能找到些灵感，因为：

投资者常问创业者的一句话是："用户的痛点在哪里，你是如何解决的"。这句话的实质就是项目是否有市场需求，用户是否愿意买单（没有真正的免费，所谓的免费是用户拿时间和机会在买单）。

今天我们就聊聊如何寻找用户的需求。需求是分层次的，在不同的时期对需求的理解不同，我一般喜欢把需求分成以下两个层次。

第一层需求："止痛片"。

用户明显感觉有痛，渴望有一种产品或服务能帮他们解决问题。比如最近火得不行的打车软件，你就会经常听到有人抱怨打不到车，电话调度中心的效率低下。这类项目一出来，往往就会被接受，关键是解决方案有没有优势。

第二层需求："糖果"。

　　用户已经习惯于已有的方式，没有感觉到有痛，需要你创造一种新的解决方案来优化他们的体验。比如 iPad 出来之前，人们就没想到需要这样的产品。但你看到这样的产品时，发现它提升了你许多用户体验，也提高了你某些工作和生活效率。

　　许多人喜欢用"刚需论"来分析项目，但往往很难套用到所有项目上。比如说我们只知道预订电影票和 KTV 是刚需，但很难说清楚网上订电影票和网上订 KTV 是不是"刚需"。这时我们可以试试"糖果论"，分析一下网上预订是否比传统预订更有效率？

　　大家经常在购买电影票时有等待过一个小时以上的体验，也有选不到好座位的情况。网上预订相比传统买票更让用户有确定性，让大家能在准确的时间到喜欢的位置看电影，而不需要傻等。所以网上订电影票提升了用户体验，这也是目前这块市场几家激烈争夺的需求所在。

　　网上订 KTV 有没有提升用户的体验？传统方式都是直接去，或电话预订 KTV。网上预订优化了用户的哪块体验？没有提升用户体验或效率的事，用户为什么要买单？

　　有一个项目，目标是做汽车维修的新方式，提出"网上买件，网下修车"。模式大概是这样的，用户上他们的网站去订购汽车配件或维修保养服务，同时可以预约维护网点。创业团队都是资深的汽车行业玩家，所以通过自己的方式保证配件和服务的价格都有一定的竞争力。

　　他们也深知目前各个小修车行业务量和信任度不够的痛点，也成功吸引了一批线下的网点加盟。乍一听，是很漂亮的故事。

　　但我问了一个问题，真正会网上下单的人有多少？创业团队答曰 1% 不到，目前主要还是用电话预约，他们正在努力引导客户网上下单。修车毫无疑问是刚需，电商也是业务的方向，似乎

O2O 的修车就成了刚需，那么这个项目的问题出现在哪里呢？

这个项目通过 online 解决了用户需要的实惠标价和信任问题，算是刚需，但有两个关键难点没有解决。一是用户使用成本很高，他需要首先研究自己的汽车需要什么样的配件和服务。第二个难点是线下加盟点的 SOP 管理问题。

汽车后市场非常庞大，需要互联化的技术手段和互联化的管理思维来革新。这里面的痛点有很多，谁能解决好这些问题，谁就掌握了机会。另一个需要考虑的问题就是解决用户痛点或提升用户效率时，要考虑有没有带去额外的麻烦？这也决定了用户愿意为你的产品或服务买单的成本。

找到用户痛在什么地方后，创业者所需要做的，就是专注。解决用户需求，不意味着复杂。抓住用户的这个痛点，用最极致、最低成本的方法帮助用户解决问题。有时就一个点，就可以让您的产品具有爆发性。

第三节　让用户由"痛"变"痛快"

成功的互联网产品，无不都是满足了用户的一个或者多个痛点。微信一开始的成功源于它可以语音发，这点利用了用户懒惰的特性，让用户用起来很方便，继而很爽。

QQ 通讯录的成功源于它可以将通讯录同步到云端，在能进行批量处理通讯录的同时还避免了通讯录的丢失，因此用户用起来也必然很爽。

消费者确实需要新产品、新技术、新功能，但是创新一定要实实在在从消费者的需求出发，产品设计理念应该是面向广大消费者的，要让消费者使用起来方便和放心，而不是一味地标新立异，制造一些不切实际、只有噱头没有实用性的产品。

寻找用户的需求和痛点，是在做产品的时候首要考虑的问题。你的产品满足了用户的哪些需求？用户用起来会不会很爽？如果你觉得找到了用户的痛点，那么就去看看你的产品是不是真的能让用户爽起来。

国外某网盘产品经理想设计一个网盘，但又不清楚产品能不能满足用户的需求。于是，他没有做任何与产品设计相关的工作，只是把此网盘的产品大概形态和操作流程拍了个视频放到网上，统计需要此网盘的用户数量，需求量达到一个数字级别后才开始进行产品设计和开发。这样就避免了产品设计出来后没有人用的恶果。

无独有偶，国内某皮鞋批发商，专门去各个皮鞋批发地拍摄各式各样的皮鞋相片，然后通过邮件等方式发给朋友、网友等，看看哪种皮鞋需求量最大。等有人想购买皮鞋时，这个批发商再去批发，再邮寄给终端用户。

这两个例子充分说明了：我们在设计产品的时候也应该知道，在着手做之前，应该要清楚这个产品成功的概率大不大，用户是不是喜欢，在有一定把握的时候再开始动工！

创新要为顾客带来价值，在流行创新的今天，只有为顾客带来价值的创新才能真正实现市场价值，也才能实现创新的最终目的。

2010年1月27日的苹果公司新品发布会上，当乔布斯穿着那套千年不变的黑衣蓝裤出现在人们眼前时，所有人都将目光聚焦在他手上那看似笔记本电脑，却更像个超大手机的东西。iPad，吸引了所有人的眼球。

平板电脑，作为笔记本电脑的浓缩版，在之前的10年里三星、惠普、宏碁、联想甚至微软都曾经推出过，它的功能强大，试图取代笔记本电脑，但是在市场反应上却是不温不火。

可是，乔布斯成功了，"比笔记本电脑更具亲和力，比智能手机更强大。"这是乔布斯对 iPad 的定位。用 iPad 可以打游戏、听音乐、画画、看电影、写点东西……它如此小巧，680 克的重量，长不到 25 厘米，只有 1.25 厘米的厚度，像一本大书，你可以把它揣在包里，随时拿出来享用。

更重要的是，它解放了你的一只手，你只用一只手就可以完成对它的操控，很多购买者甚至将 iPad 带入厕所，iPad 不仅让人重新衡量了上厕所的时间，更让人重新定义了笔记本电脑。

从消费者角度出发，洞悉消费者内心真正的需求，是在创新产品之前需要做的基础工作，只有这样，新技术才能从科研成果的陈列品中走出来，进入消费市场和大众生活，也才能为企业注入新的活力、带来新的盈利增长点。

第四节 王老吉巧用"情感营销"

时值年末，整个社会的焦点都聚集在春节之上。春节，是中国最传统、最重要的节日，是源远流长的中国文化的集中体现，也是一场全民的狂欢。

春节的重要性无须多言，也正是因为其重要性，春节成了商家的必争之地。从足以秒杀真人秀冠名价格的天价央视春晚广告，到除夕夜满天飞的红包，商家为了搭上"春节营销快车"简直是"无所不用其极"。可以说，如果一家企业在春节期间无所作为，那就是其全年营销战略的失败。

春节之所以能够成为商家们全年营销战略的重中之重，因为春节意味着大规模消费，然而却又不仅仅在消费层面。

对于中国人来讲，春节蕴含了过多的情感在里边。它更是情感上的消费，是表达内心情感的一个重要的机会。谁能深入人心，谁就赢了一半。

如何打好春节情感牌？

情感牌，无非就是要从消费者的情感需要出发，唤醒和激起消费者的情感需求，引起消费者的共鸣，让有情的营销赢得无情的竞争。

其实，在营销过程中，人是"理性的卫道士"，同时也是"情感的俘虏"。当产品成为消费者的情感寄托之时，产品价值已经不能用金钱来衡量了，消费者早已被品牌情感所征服。而春节情感的嫁接需要牢牢掌控营销的痛点：

痛点一：中国人对回家团聚的期盼

回家过年是所有中国人的夙愿，而春运买票难则是中国人无法回避的痛点。春节大迁徙中一票难求的场景每个中国人都不会陌生，在此背景之下，王老吉连续4年开展"让爱吉时回家"公益活动，帮助奋斗在外的游子们返回家乡，与家人共享"吉"时欢聚时刻。

在2016年春节来临之际，王老吉"让爱吉时回家"公益活动再次启动，并创新性地推出爱心专列、爱心大巴等形式，为游子拓宽春节回家绿色通道。仅春运首日，"让爱吉时回家"的爱心列车就顺利帮助1472名贫困大学生及务工青年顺利返乡。

春节，对于消费者来说，没有什么比"吉"时回家更重要；而对于品牌而言，如何抓住"回家""乡愁"这些情感共鸣点，来提升品牌知名度和美誉度，是做好春节营销的关键。

王老吉"让爱吉时回家"彻底帮助消费者解决了"春运回家难"困境，同时通过"送回家吉金"、爱心专列、爱心大巴等形式，王老吉成功地将更加贴心的关怀传递给消费者，从而迅速提升了消费者对于王老吉的好感度和美誉度。不得不承认，"让爱吉时回家"值得同行们学习。

痛点二：中国人的红红火火传统情怀

如果说"让爱吉时回家"是王老吉帮助消费者解决了回家难题，那么"中国红"宣传片则是王老吉为消费者送上的"吉庆"祝福，正中消费者红红火火的传统情怀。

2015年，王老吉春晚预告片——"中国红"宣传片登上央视。"中国红"宣传片，以挂灯笼、放烟花、吃团圆饭等传统民俗为场景，喜庆的"中国红"色调，营造了春节团圆喜庆、吉祥、欢乐的气氛。无论是内容方向还是寓意，皆体现了王老吉"吉文化"的品牌内涵。

红，热情、温暖的中国红，象征着喜庆、热闹与吉祥，是中国人对吉祥如意的精神寄托和吉祥美好生活的一种期盼。正如人们以红为辟邪之色、渴望幸福的夙愿一样，王老吉也代表着趋利避害，对美好、幸福、平安生活的渴望和追求。

自创立以来，王老吉就提出了极具中国本土文化特色的"吉文化"理念，坚持走中国传统文化情感路线，并进行市场传播。而在春节期间，"吉"又贯穿和浓缩了所有中华儿女的期盼和情感，这成为王老吉借力大平台推广"吉文化"的最佳时机，王老吉又用实际行动为我们诠释了如何进行借势营销。

痛点三：中国人走向世界的民族情怀

每个中国人的内心深处都有光宗耀祖、推动中华民族走向世界美好期盼，这是根深蒂固的民族情怀，作为"吉文化"的代表，王老吉也在致力将中国的"吉文化"推向世界。

2015 年 12 月 31 日跨年时分,王老吉将"中国红"点亮纽约时代广场大屏幕,向世界人民献上了新年第一声问候,拉开了中华"吉文化"全球推广的大幕。让全世界领略到了中国企业、中国"吉文化"风采。

2016 年,从"中国红"点亮纽约时代广场大屏幕,向世界人民献上新年第一声问候,到"让爱吉时回家",再到王老吉春晚预告片——"中国红"宣传片登上央视。

王老吉一方面通过一系列线下活动落实"吉文化",一方面不断从形式上和内容上丰富"吉文化",成功传递了"吉庆"迎新年的理念,营造出王老吉"吉文化"的独特魅力与吉庆氛围,不仅更有力地与消费者形成了好感度与黏合度,更在无形中提升了品牌的美誉度。

农历丙申猴年将至,王老吉在微博上发起"猴年吉祥"话题,引发网友的热烈讨论。仅仅几天时间,话题阅读量就超过了 3.3 亿次,讨论量超 20 万。包括刘亦菲、谢娜、胡军、林永健等各路明星大咖纷纷参与进来,发微博送祝福。

营销规律告诉我们,抓住用户痛点,并结合品牌特点,持续不断地进行品牌宣传才能保证信息"过处留痕"。

在即将到来的春节之际,王老吉围绕着春节"回家难""团聚"的传统痛点,用全方位、立体化的品牌营销手段持续进行品牌营销,不仅完美实现了"吉文化"的宣传,营造了"吉文化"的独特魅力与吉庆氛围,更树立了王老吉品牌营销的标杆典范。

第三章　整合思维

IBM 横向整合产业链成为 PC 机时代的蓝色巨人，苹果通过纵向整合成为 21 世纪的创新先锋。在新的互联网时代，团购、众包、众筹……都是整合思维下的"蛋"。

第一节 iPod 整合：重塑音乐界

很多时候，人们沉浸于双方的利益不肯退让而束手无措，整合思维通常在一个更宏观的角度去思考问题，不局限于争执，以一个独特的角度绕开了争议点。

整合思维关注他人所忽略的关注点，想他人之所不想，有严密的思维体系将事情内的要素以逻辑形式联系起来，从而找出问题的关键。

所以，整合思维首先认识到事情的本质内涵，抓住关键要素。由于把握了事情内在要素的逻辑，因此在面对冲突时整合思维选择了正确舍弃与坚持，退让而不回避，绕路超越而不走回头路，看到了优于矛盾点的解决方式。

如何把握事情的本质？首先要正确理解事情的根本目标，深入理解人们的行动方向和目的，从而不拘泥在传统思维模式里。其次，要从整体把握事件，不割裂，不断层，从而促成矛盾双方的相互转化。

如何以独特的视角看待矛盾解决矛盾？正确把握时间的本质后从全局视角看待时间，跳脱出思维僵局，找出矛盾背后的逻辑，即使是矛盾也一定有其本质共同点，找到它就是解决它的第一步。

任正非说："世界上有两次整合是非常典型的成功案例。"第一个案例就是 IBM，IBM 在 PC 机上就是抄了苹果的后路。

在 PC 机上，IBM 有巨大的贡献，但是在新技术产业扩张的时候，IBM 已经应对不过来了，IBM 就发明了一个兼容机，这个兼容机谁都可以去造，你给我点钱就行了，就是它横向把这个 PC 机整合完成了，这个是对人类的贡献，IBM 的横向整合是很成功的。纵向整合我们现在讲的是苹果，它是纵向整合的成功案例。

纵向整合指整个产业链上下游之间进行的整合，与之对应的是横向整合。横向整合亦称水平式合并。生产和销售相同或相似产品、或经营相似业务、提供相同劳务的企业间的合并，如美国波音飞机制造公司与麦道飞机制造公司的合并，法国雷诺汽车制造公司与瑞典伏尔加汽车制造公司的合并，均属横向整合。

史蒂夫·乔布斯的传奇故事显然是硅谷的创世神话：在众所周知的车库中开始创业，然后把企业打造成了世界上最有价值的公司。他并不是很多东西的直接发明者，但是在整合创意、艺术和技术方面，他是一位大师，他用他的方式不断地创造着未来。

在领略到图形界面的魅力之后，他用施乐（Xerox）做不到的方式设计了 Mac 电脑；在享受了把 1000 首歌放进口袋的乐趣之后，他用自己的方式创造出了 iPod 音乐播放器，而拥有资产和传统的索尼却从未能实现这点。

2001 年 10 月 23 日，iPod 正式发布。

尽管用漂亮的外观和惊人的容量赢得了一片喝彩，第一款 iPod 的销售情况却比较一般。一个主要原因是，仅靠从正版 CD 翻录 MP3，不花上大量时间，用户根本填不满 iPod 超过 1000 首歌的惊人容量。

乔布斯意识到，单靠硬件的革命，不足以让数字音乐产业天翻地覆。苹果必须在正版音乐分享的商务模式上来一次前无古人的革命。

天知道乔布斯为什么笃信苹果可以在音乐领域开创未来商业

模式。他的设想听上去很简单——利用苹果的软硬件平台，由用户通过互联网下载正版歌曲，按照下载的单曲数量付钱给苹果。大多数歌曲的定价是0.99美元每首。然后，苹果再和唱片公司分账。

细想起来，这个模式有一个最大的难点：那些靠卖正版CD发家的唱片公司凭什么跟你苹果分账？唱片公司凭什么相信，你苹果就能改变网民此前下载免费MP3的习惯，从他们钱包里掏出钱来？能一张专辑一张专辑地去卖钱，唱片公司凭什么要按单曲下载来收费，每支单曲的价格还这么便宜？

乔布斯凭自己的一张嘴，就足以说动最大的唱片公司和苹果合作。

乔布斯决定，从最大的唱片公司华纳、环球和百代开始谈起。

那一个时期，唱片公司的高管经常飞赴库比蒂诺的苹果总部找乔布斯，仿佛乔布斯是一个炙手可热、各大公司争抢的新出道歌星。当然，乔布斯说服唱片公司也的确很有一套。

比如，iTunes和iPod用户数量不多，乔布斯就说，这么小的用户规模利于尝试新鲜事物，而且，根本不可能搞垮传统唱片业。

再比如，唱片公司对这项合作的前景犹豫不决时，乔布斯就通过各种渠道放出谣言，说苹果正在考虑收购环球。这谣言让其他唱片公司惴惴不安，猜不透未来唱片业的走势究竟如何。

另一些时候，当唱片公司的老总们沉溺于CD唱片的辉煌时，乔布斯就会像个预言家一样告诉这些老总，技术换代迟早要来，没有准备好的公司必将被淘汰。

反正，在谈判桌上，乔布斯把唱片公司的老总们忽悠得团团转，既有怀柔，又有威吓，不出几个月，一张张多米诺骨牌相继倒下，连盛气凌人的索尼唱片也追进来。苹果顺利地得到了几乎所有主要唱片公司的支持。

2003 年 4 月，苹果 iTunes 音乐商店正式上线。iTunes 用户可以直接在网上商店购买歌曲。音乐商店取得了巨大的成功，不但带动了苹果自己的销售，也为唱片公司开辟了全新的销售渠道。

不到 3 年，iTunes 音乐商店就有了 200 多万首正版音乐。今天，欧美几乎所有主流唱片公司都已将 iTunes 音乐商店作为新专辑发布的第一选择，CD 唱片正在淡出人们的视线。

iTunes 音乐商店是苹果从商业模式上改变世界的一次成功尝试。毫不夸张地说，没有苹果的音乐商店，音乐载体从物理唱片到网络音乐的革命至少要推迟 10 年。

在人类科技发展史上，这足以与电影由胶片向数字化的转变，或者图书由纸质向 Kindle 等电子书的转变相媲美。

iTunes 音乐商店的上线甚至震动了乔布斯的老对手和老朋友比尔·盖茨。盖茨在一封题目为"又是苹果的乔布斯"的内部邮件中，不无嫉妒地对微软高管说："乔布斯再次让我们尴尬。"

盖茨在邮件中感叹，乔布斯竟然能说服唱片公司授权苹果运营廉价的单曲下载服务，这简直就是奇迹，除了乔布斯，没有人能搞定类似的合作协议。

音乐商店带动了 iPod 的销售增长。2007 年 4 月，苹果宣布了一个近乎让果粉们痴狂的数字：上市才 5 年半的 iPod 已经在全球卖出了 1 亿台。

2011 年 6 月，一个更让人瞠目结舌的数字诞生了——iTunes 音乐商店在过去的 8 年中，总共卖掉了 150 亿首歌曲！

iPod 成为全世界的音乐潮流，无论是平民百姓，还是明星大腕，都视 iPod 为音乐生活的一部分。电影《哈利·波特》中饰演狼人教授卢平的戴维·休利斯（David Thewlis）就说："我现在对音乐的狂热和 16 岁时相比有过之而无不及。我会花整整一下午去听 iPod 里的歌曲。听 iPod 的感觉太奇妙了，这是 21 世纪最伟大的发明。"2004 年 7 月，美国总统布什的双胞胎女儿送给父亲的礼物，也是一台 iPod。

乔布斯对一个简单的整合手段的坚持造就了令人震撼的产品，而这些产品打上了拥有愉悦的用户体验的烙印。

"软件和硬件的结合正在变得更加彻底，昨天的软件就是今天的硬件。这两个东西正在融合，它们之间的界线正在变得越来越细。我们需要做的众多事情之一就是预测几年后的趋势；尝试就不同科技领域的融合做一些假设和明白客户对高端工具的需求的方式来找到两者的交叉点。"

听起来更像是某位三星或者 Google 的高管刚刚发表一番宏论。但这确实出自 30 年前，那个还没有 Macintosh、微软、图形界面或重要软件的时代。

但这是乔布斯 1980 年的讲话，在 30 多年前，乔布斯就看到了软、硬件整合的大趋势。

创新者最重要的差别就是"整合能力"，即将各个不同领域内看似无关的问题、困难或想法成功地联系在一起的能力。

在经济全球化的背景下，资源环境发生了根本的改变。互联网是这个变局的推动者，它从各个层次和各个角度提高的资源的整合水平，有力地促进了经济的进一步发展。

第二节　众包：让用户制造产品

《连线》杂志记者杰夫·豪威（Jeff Howe）提出，他认为，众包就是"把内部员工或外部承包商所做的工作外包给一个大型的没有清晰界限的社会群体去完成"。

众包的意义不仅在于获得更完美的解决方案，更在于满足消费者需求。当参与者是潜在消费者时，它的独特价值就显现出来了，因为消费者最了解自己想要什么，因此，创意无限、智慧无穷的他们往往能创造出超越世界顶尖公司的好产品。

更重要的是，众包还提供了一个平台，无论是艺术家、科学家、建筑师、设计师还是一个涂鸦者，都能充分发挥自己的想象力，创造一个独一无二的产品，每一个产品都有可能创造一片巨大的蓝海市场。

在崇尚个性的时代，人人都希望自己是产品设计师，拥有自己的专属产品，遗憾的是大多数传统企业仍旧遵循着老套的商业模式，制造并销售自以为创意无限的产品，消费者真正需要什么，他们未必清楚。

个性化是一个不可逆转的趋势，只有让更多的消费者参与到产品设计中来，才能源源不断地涌现令人惊喜的创意，才能满足个体的独特需求。

2000 年，Jake Nickell 在芝加哥在线社区 Dreamless 发起的 T 恤设计大赛中赢得大奖后，就萌发了建立一个 T 恤衫设计社区的念头。

当时，大多数企业都遵循传统的售卖方式：按照事先设计好的模板成批生产 T 恤，但总有一些顾客不喜欢，以至于仓库里总会有整包整包没开封的"旧 T 恤"。

所以，他想，为什么不让顾客在购买之前给 T 恤设计打分，只生产那些分数最高、订单最多的 T 恤呢？这个听起来非常简单的商业想法，却让 Threadless 成为互联网创业的成功典范之一。

Threadless 给全球设计师提供了这样的平台。每周，它都提供不同款式、颜色但没有图案的成品 T 恤，然后邀请设计师创作、提交各种 T 恤图案，放到网站上供访客评分（通常从 0 到 5 打分）、挑选，评分最高的图案最终会被印制在 T 恤上卖出去。

得分最高的设计师除了能获得奖牌、2000 美元奖金和 500 美元礼券外，设计师的名字将印在每件 T 恤上，留下独特的个人品牌烙印。

由于 Threadless 的个性化 T 恤相当便宜，价格仅为 15~20 美元，因此它一推向市场就受到百万年轻人的追捧，其营业额几乎是以每年翻一倍的速度增长，2002 年的销售收入为 10 万美元，但到了 2008 年就已经高达 3000 万美元。

如今，尝到甜头的 Threadless 推出了多个类似的项目，其中包括儿童服装网站、设计墙纸和领带的网站等。鉴于 Threadless 的成功，其他传统企业也纷纷效仿。

PC 制造商戴尔联合 Threadless 推出了 11 款艺术笔记本外壳，消费者只需在原来的价格上加 85 美元设计费用，就能获得个性化的笔记本电脑；HP 联合 MTV 举办了一个名为 "Take Action. Make Art" 的全球创意设计大赛，获得全球设计冠军的精彩作品将制作成 HP 全球限定版笔记本电脑。

众包为人们提供一个很好的解决思路，那就是让 "用户制造产品"。这或许会对生产效率、库存管理提出更高的要求，但有什么比满足消费者的需求更有价值呢？事实上，越来越多的众包企业解决了 "个性化" 与 "规模化" 之间的冲突。

第三节　从不完美到完美

　　传统企业做产品的路径是：不断完善产品，等到完美的时候再投向市场，再修改完善就要等到下一代产品了。而互联网思维则不然。互联网思维讲究的是快，尽快地将产品投向市场，然后通过用户的广泛参与，不断修改产品，实现快速迭代，日臻完美。

　　特斯拉是不断地迭代的，但不是一开始就走这个模式，特斯拉生产第一款车时，没有自己的生产线，那款车的整体结构是从一个英国品牌买到的。

　　由于这个车整体是买一个已有车的结构，所以他没有办法做出一个革命性的电池安置，只好把大块电池塞在车子后部空间。第一款车非常难看，结构设计不合理，好像背部背了一个大炸弹。

　　而到现在已经完美解决了这个问题，他没有服务中心，一旦有问题就派出一个大车，里面装一些工具，把车开过来解决问题，他最开始都没有服务中心，而现在这些中心可以和最好的汽车中心相媲美。

　　所以迭代是颠覆式创新的灵魂，在特斯拉整个发展过程中，迭代起到非常大的作用。

　　于是，互联网产品在推出时，通常显示有测试版，也有封测、公测等概念。互联网会重视用户社区，重视粉丝建设，依靠用户的集体智慧，帮助完善产品，从群众中来，到群众中去。

　　在飞速发展的互联网行业里，产品是以用户为导向在随时演进的。因此，在推出一个产品之后要迅速收集用户需求进行产品的迭代，在演进的过程中注入用户需求的基因，完成快速的升级换代裂变成长，才能让你的用户体验保持在最高水平。不要闭门造车以图一步到位，否则你的研发速度永远也赶不上需求的变化。

2000年，百度完成了第一版的搜索引擎，功能已经相当强大，超过市面上的其他搜索服务。但是单从纯技术的角度来看，第一版搜索程序或许还存在一些提升的空间。

开发人员秉承软件工程师一贯的严谨作风，对把这版搜索引擎推向市场有些犹豫，总是想做得再完善一点儿，然后再推出产品。

当时，对是否立刻将这款并不完美的产品推向市场，百度的几位创始人也仁者见仁，智者见智，大家的意见很不统一。

最后，李彦宏来下结论了："你怎么知道如何把这个产品设计成最好的呢？只有让用户尽快去使用它。既然大家对这版产品有信心，在基本的产品功能上我们有竞争优势，就应该抓住时机尽快将产品推向市场，真正完善它的人将是用户。他们会告诉你喜欢哪里不喜欢哪里，知道了他们的想法，我们就迅速改，改了一百次之后，肯定就是一个非常好的产品了。"

李彦宏说："所以，这个过程中不怕走弯路，但重要的是快速迭代，早一天面对用户就意味着离正确的结果更近一步。"

上线后，百度的新产品果然受到用户的普遍欢迎，当然，从后台观察上百万用户的使用习惯与应用方式，也让大家更清楚用户需求，从而明确了改进的方向，技术部集中力量进行了一轮又一轮的攻关改进，一周之内，功能上已经进行了上百次更新，而这种优化从此便延续下来，直至今日。

如果秉承完美之后再推出的心态，百度可能永远也不会推出自己的搜索引擎，因为用户的需求日新月异，永远都没有最好，只有更好。

今天，百度产品的更新迭代更快了，大家不知道，其实每天都会有上百次更新升级上线，网页搜索的结果页每一天都有几十个等待测试上线的升级项目，失败了不要紧，改过再上。

百度的工程师已经习惯了一个叫"AB test"的开发模式，即如果我们不确定 A、B 两种结果哪一个更符合用户的需求，就让用户来为我们 test，得到结论后迅速调整。

正是这种越来越快的迭代演化使百度在中文搜索引擎的生态圈里永远保持在进化链的最高端。

在一次总监会上，李彦宏详尽地阐述了他的"快速迭代理论"，"这个产品究竟是该这么做还是那么做？用二分法来看，经过 100 次试错之后，你就能从 101 个选择中，找出那个唯一的正确答案"。

在他看来，用户是最好的指南针，任何产品推出时肯定不会是完美的，因为完美本身就是动态的，所以要迅速让产品去感应用户需求，从而一刻不停地升级进化，推陈出新。这，才是保持领先的捷径。

第四节 现在要小步快跑

"天下武功，唯快不破。互联网创业，速度一定要跟上去。"

"要死也要死得快，早死早超生！"

这是雷军做投资那几年常说的话。

在雷军看来，"快"就是互联网创业的利器。一旦速度跟不上，就会面临一系列解决不完的问题。

当时，朱建武的公司刚成立不久，是一个只有五六个人组成的小团队。身兼数职的几人无力应对资金周转的困局。2005年，国内一家非常著名的投资机构原本计划投资乐讯，但是因为当时的市场环境和各种其他因素，最终没有投资成功。

于是，朱建武便通过朋友找到了雷军，两人约定在珠海的一家酒店见面。当时，雷军因为有事，时间安排得很紧。听朱建武讲了一下乐讯的情况之后，雷军就说："移动互联网是未来的发展趋势，你们做得不错，我可以考虑投资，但是不会一次性投很多钱。"

接着，他又跟朱建武解释说："我先投你200万元，如果这个方向做不下去了，我是说如果，我继续投资你200万元。原因很简单，因为我不可能一直看着你半死不活，创业失败是很正常的事情。第一次试，方向不合适，没有关系，早死早超生，我们接着来。我一次性给你2000万元，想死也死不掉，但是200万元要死要活6个月就能见分晓，分晓完了从头再来。天下武功，唯快不破，要死也要死得快！"

雷军发现，互联网行业和其他行业不一样，所有的人都是24小时的，要在最快的时间里解决好问题。于是，在MIUI的开发过程中，小米团队一直紧盯着论坛看有没有新的建议或者问题反馈。这个过程一般要花掉两天的时间，接待100多位用户，接着，再花两天时间开发，两天时间测试，争取在周末将新的成果发布出来。这样一来，MIUI一直都能坚持每周迭代。

随着小米手机的渐渐走红，一系列配套产品也相继推出。最有意思的要数"米兔"——一款戴着雷锋帽、系着红领巾的很可爱的玩具。这款产品在小米网站属于最畅销的产品之一，每天限购 2000 次，不穿衣服的卖 49 元，穿衣服的卖 99 元。

这个产品其实也是雷军"快"字理念的一个体现。雷军开玩笑地说："它叫雷锋兔。你们知道为什么这么叫吗？那是因为它是雷军做的手机品牌。那为什么叫兔子呢？因为天下武功，唯快不破，我们强调快，兔子是跑得最快的。"

互联网产品爆发一般是在 3~7 天，决胜期是 1 个月之内，如果想成功还必须持续创新。所以，在开发的过程中小步快跑，快速迭代是制胜的关键。

在飞速发展的互联网行业里，产品是以用户为导向在随时演进的。因此，在推出一个产品之后要迅速收集用户需求并且及时进行产品的迭代——在演进的过程中注入用户需求的基因，完成快速的升级换代裂变成长，才能让你的用户体验保持在最高水平。不要闭门造车以图一步到位，否则你的研发速度永远也赶不上需求的变化。

互联网是一个快速发展的行业，每天都有新的事物产生，用户需求变化得非常快，竞争也很激烈，一旦速度跟不上，就会被淘汰。

"快速迭代"是对产品的基本要求，能否做得足够快已成为衡量一款产品研发是否成熟的标准之一。

第四章　规划思维

　　规划思维是为了求得生存和稳定发展，对企业市场营销工作做出的全局性、长期性和方向性的谋划，从而实现企业目标、资源能力和经营环境三者之间的动态平衡。

第一节　日立公司的营销计划

日立公司主要从事录像机的生产与销售，该公司的经营十分出色。

由于日立商标名称的知名度很低，日立盒式录像机没有任何显著的产品特征区别，同时日立也难以开发出不易被竞争对手迅速模仿的产品特征。

日立本身拥有的分销商无论在数量上还是在质量上又都不能与它的大多数竞争对手相比，而且大约只有3%的分销商认为日立是一个重要品牌，因此，日立公司的营销形势日趋严峻。但是，这并不表示日立完全没有机会。

（1）在二流消费品制造企业中，没有一家有一个防御市场定位，因此，日立可以把三洋、弗西尔、夏普从它们占领的销售网点中挤出去，取而代之。

（2）顾客调查表明，大多数消费者都对盒式录像机的《使用说明书》不满意。

（3）由于电子消费品零售商店也面临着可怕的激烈竞争，因此它们也乐于接受能给它们带来竞争优势的计划，所以，只要是有利于竞争的计划，它们都会做出积极的反应。

日立公司若想在市场上立足，就必须开展一系列的营销计划。

日立1989年的主要营销目标为：销售额2.1亿美元；毛利5700万美元；毛利率28%；净利润600万美元；市场占有率6.3%。

日立有两个需要解决的问题：其一是它必须建立一个既有顾客又有零售商的防御市场定位；其二是它必须提高产品价格以恢复到原有的利润率水平。

1989年的市场营销企划案以建立一个更强的防御市场定位为中心。对顾客来讲，主要是通过大大改善产品说明书来满足他们的需要；对零售商来讲，主要是开展独一无二的促销运动，来重点满足他们的需要。1990年日立的市场定位应该有所改观，使之作为提高价格的基础。

1．主要行动

日立公司的主要行动和策略如下：

（1）提高产品在消费者心目中的知名度并增加对日立公司产品的支持。

（2）争取零售商对日立盒式录像机产品的支持。

2．具体方案

日立是一家综合性的电子产品生产厂家，它制造适合需要的多种产品进入电子类市场。

（1）《使用说明书》。日立已经委托公司外部的专家与本公司工程部专家一同编制一份新的《使用说明书》。为了使顾客容易理解说明书，日立对盒式录像机进行更新以使其首先做到容易操作。

这些更新正在进行当中，配备易于理解的《使用说明书》的新型盒式录像机于1988年12月准备就绪。日立必须在对新的易于操作的说明书开展一系列活动之前的30天，将新型盒式录像机运到目标市场，以便留出时间让各零售商店妥善处理完店内现存的老式日立盒式录像机。

（2）零售商折扣。在1989年日立仍继续执行对零售商的折扣。

（3）推销人员的培训。对推销人员的培训从 1988 年 12 月 1 日开始，直到新的推销活动开始时为止。

（4）开设 24 小时免费热线电话。从 1989 年 2 月 1 日起，公司开设 24 小时免费服务电话，与顾客讨论日立盒式录像机的问题。

（5）零售商店策略。对零售商店的活动安排包括如下将要执行的策略：

①在新型盒式录像机说明书即将运到零售商手中，即 1988 年 12 月 10 日之前，日立公司提前通知零售商。

②到 1989 年 1 月 15 日，公司的推销员把新的推销活动安排送到每一位销售日立产品的零售商手中。

③凡购买 10 台日立盒式录像机的零售商，将免费获得一份关于介绍产品的店内样品招贴。

④每位销售人员携带一盒录像带，这盒录像带录有顾客对新型盒式录像机和新的操作说明书表现出极大兴趣及反映强烈的内容。推销员把这一录像内容播放给零售商看。

⑤日立公司还编制和印刷一本袖珍销售说明书，以便零售商店的销售人员发给前来光顾的潜在顾客。

⑥店内陈设。店内陈设将委托一家广告代理商设计制作。陈设台将有 1.2 米高，有 20 台盒式录像机，最大限度地利用层次空间，以充分吸引顾客的注意力，使顾客从各个角度都能看到。

（6）宣传展示活动。这一活动将循环在每一个零售商店组织进行。这些突袭宣传活动包括反复播放消费者使用日立盒式录像机的录像和他们对新型日立盒式录像机表现出的极大兴趣，以及对新型易于理解的使用说明书的强烈反响。

录像中还展示日立公司对日立盒式录像机产品所做的全部更新并加以说明，以达到顾客易于理解和便于操作日立盒式录像机的目的。

（7）合作广告。如果零售商在合作广告基金上投资的话，它们将获得购买额2%的收益。不过这些是有条件的，只有它们将广告宣传的内容集中在介绍日立公司新型《使用说明书》方面时，零售商才可以获得这2%的收益。合作广告基金将支付一半的广告费用。

（8）公共关系。公司发布易于掌握的《使用说明书》的新闻，并将新闻送到销售日立盒式录像机的零售商所在地，在有关报刊上发表。

（9）刺激销售商计划。对那些购买日立盒式录像机价值在5万美元以上并付了款的零售商，日立公司将向它们提供一年两次、每次持续一周的激励活动。

案例分析

凭借日立公司的有效计划，日立公司成为早期进入中国市场的少数外资企业之一。目前，日立仅在中国就拥有30家合资、独资企业及50多家集团企业。

最初，日立公司经营出色、发展迅速，但由于市场发展迅速，日立公司的各个竞争对手纷纷崛起，日立公司必须为保护自己的市场份额采取一定的计划。

这个案例是日立公司的一个营销计划书，日立公司首先分析了公司目前的营销状况，即只有3%的分销商认为日立是一个重要品牌，同时，日立的产品无法与其竞争者相比。

然后，日立公司在经过一系列的调查后，发现自己并不是完全没有机会。如进行市场定位，修改《使用说明书》使之符合消费者的心理等，根据这些问题和机会，日立公司制定了一系列的营销策略，并最终获得了成功。

日立公司的案例说明，一个好的营销计划对整个企业的发展方向具有指向作用，所以，任何企业都应根据自身面临的机会和威胁，制订一个合理的计划。

第二节　可口可乐的靶子市场

风行全球 110 多年的可口可乐公司是全世界最大的饮料公司，也是软饮料销售市场的领袖和先锋。其产品包括世界最畅销五大名牌中的 4 个（可口可乐、健怡可口可乐、芬达和雪碧）。

产品通过全球最大的分销系统，畅销世界 200 多个国家及地区，每日饮用量达 10 亿杯，占全世界软饮料市场的 48%。

多年来，可口可乐公司一直稳坐世界软饮料市场的头把交椅。当然起决定作用的因素是可口可乐产品本身独特的配方，但是可口可乐公司良好的市场营销策略也功不可没。

20 世纪 70 年代，可口可乐公司着手开发一个新产品——"休息伴"。"休息伴"的原则应是使用方便、占地不大、可放于任何地方的机售喷射系统装置。

为完成这项计划，可口可乐公司特邀德国博世西门子公司加盟制造这种机售喷射系统装置，同时为"休息伴"申请了专利。

研制出的"休息伴"同微波炉大小相似，装满时重量为 29 千克。顾客可以把自我冷却的"休息伴"连接在水源上或是贮水箱上。

机器上装有 3 个糖浆罐与"休息伴"匹配，同时还配有一个可调制 250 份饮料的罐体，只要一按按钮，水流就从冷却区流入混合管，同时二氧化碳注入就形成了碳酸饮料。

由于每一次触键选定的糖浆量需要配以合适数量的苏打，西门子公司在机器上安装了一个指示灯，在二氧化碳瓶用空时亮灯显示。机器上还装有投币器，在买可乐时，可以投入 5 分、1 角或 2 角的硬币。由于机器输出的饮料只有 0℃，因此也无须另加冰块。

1992 年 7 月，可口可乐公司宣布：该公司在全国范围内的小型办公场所已安装了 35000 个"休息伴"。这种"休息伴"的安装标志着可口可乐公司实现了多年的梦想：办公室工作人员足不出户就可以享用可口可乐饮料。

梦想的实现是由于可口可乐公司成功地开发了这种新型可乐分售机，该机的开发经历了 20 多年的研制过程，并在 30 多个国家推广试用，耗资巨大，被产业观察家称为软饮料史无前例的一项开发。

可口可乐"休息伴"的出现，标志着市场细分的新趋势和大规模的未开垦的办公市场争夺战的开始。由于咖啡饮用量的减少和人们逐渐喜欢上碳酸软饮料，办公市场对饮料公司来说变得越来越重要了。

就像一位产业分析家说的那样："小商标是导致软饮料衰落的部分原因。主要的分销渠道已经饱和，要想增加很少几个销售百分点就得耗用大量资金，而工作场地将是可乐销售的未开垦的巨大市场。"

这种新型的"休息伴"除了对可口可乐公司产生 80 亿销售额的潜在影响外，它显然还会给整个产业界带来某些变化。

1986 年，美国每位市民软饮料的年消费量约为 170 升，已经超过了他们的饮水量。然而，在过去的 10 年里，主要的软饮料市场可供进一步开发的细分市场已所剩无几，新型的替代产品发展迅速，市场上充满了新的商标和商标系列。

由于软饮料的价格不是整位数，零售商常常以各种理由用自己货架上的其他商品代替找零。结果，软饮料商们发现他们主要产品的市场份额在日益缩减，而其销售成本却在急剧上升。

可口可乐公司继续发展着"休息伴"的细分市场。公司一般将糖浆和二氧化碳气瓶用 UPS（联合邮寄服务）运到顾客身边。

然而，公司仍希望发展一种能直接与顾客接触的分送系统。欧洲的瓶递服务为"休息伴"提供了服务。然而，在美国许多瓶递员未能满足公司的要求。因此，咖啡分送员、瓶装水公司和一些小型独立的瓶递组织就提供了最初的服务。

美国的这些服务公司先从可口可乐公司购买机器，将其安装到顾客的工作地点，然后以咖啡和自动售货机类似的方法补充糖浆罐。

分销商可选择售价从 800~1000 美元的机器。可口可乐公司向咖啡分销商推销"休息伴"，使这些分销商提供一种全天的"完全提神系统"，同时软饮料的销售额也弥补了减少的咖啡销量。

"休息伴" 3 年的市场试销，使可口可乐公司在分销渠道的设计、市场的细分等方面积累了大量的经验。在试销过程中，可口可乐公司为寻找"休息伴"的最终目标市场，不断改进其细分策略。

最初的一项调查表明，将"休息伴"置于 20 人或 20 人以上的办公场地可以获得相当的利润，因此公司欲以 20~45 人的办公室作为目标市场。

然而，这就意味着可口可乐公司将丧失 100 多万个不足 20 人的办公室这一巨大市场，显然这一目标市场不合情理。

可口可乐公司通过进一步调研、分析，发现小型办公室的数量大有增长之势，并证明对于那些经常有人员流动的办公室，"休息伴"只需 5 人使用就可盈利。加上分销商还可将机器安装在大型办公室里，使得雇员们随时可以得到可口可乐的饮料。

市场细分实际上是从经营的角度来分析消费者在需求和购买行为等方面的差别，然后把需求和购买行为大体相同的消费者归为一类，每类就是一个细分市场或"子市场"。

这样，就把整个市场分为若干个"分市场"或"子市场"。企业面对错综复杂的市场和需求各异的消费者，不可能满足所有顾客的整体要求，并为其提供有效的服务。

所以每一个企业都要在分析市场的基础上进行细分，并选择一部分顾客作为其服务对象。可口可乐的成功在于进行了正确的市场细分，它的细分是具有可量性、可接近性和可实施性的。可口可乐通过一系列营销活动并不断改进，通过市场细分取得了巨大的成就。

第三节 特步的差异化定位

2001 年，特步公司在充分地分析论证后，开始将企业资源由海外市场转向国内市场。事实上，此时的国内市场竞争已非常激烈，高端品牌有阿迪达斯、耐克、锐步等国际品牌，中间有李宁、安踏、双星等大众品牌。

同时，在三四线品牌阵营中，又有数不清的地域品牌。为了生存与进一步发展，特步选择了差异化生存之道。

特步通过科学的市场定位，通过产品差异化、形象差异化、推广差异化这三大策略，一步步迈向成功之路。

特步改变了运动产品的专有属性和冷冰冰的品牌形象，并根据运动鞋的穿着特点，在行业中独家引进国外技术，让每一双鞋有一股淡淡的香水味，起到祛味、除臭的作用。

在保证产品品质前提下，特步还在产品用色、设计上大胆突破，每年每季均推出自己的主题概念商品如：风火、冷血豪情、刀锋、圣火、先锋、04好玩，款款个性、时尚，其中的第一代风火鞋创下了120万双的中国单鞋销售奇迹，现在已经发展到第五代。

时尚元素融入产品设计当中，在给顾客带去优良产品品质的同时，又满足了消费者对时尚、个性的精神渴求。

特步还是国内第一个采用娱乐营销的体育用品品牌，这非常符合特步作为一个时尚运动品牌的特征。如特步以每年450万元的代价与英皇旗下艺人谢霆锋签约，谢霆锋成为特步品牌代言人和形象大使。

谢霆锋在年轻一代中有非凡的号召力，是"X一代"的核心领导人物，其叛逆、个性、时尚集中体现了特步的品牌特征，此后全国各地谢霆锋的忠实歌迷疯狂抢购特步运动鞋，海报、CD、签名画册曾在全国几度断货。

在代言人深度配合方面，特步也成立了专案组与英皇紧密配合，实施跟踪推广。谢霆锋到内地的每一次媒体见面会，都有特步签售会的身影。

几年来，在全国20多个主要城市进行声势浩大的推广活动，使特步品牌形象深受特步目标消费群的认可。

特步从品牌诞生之日起就占据了传播通路制高点，集中在中央电视台进行品牌推广，抢占强势媒介的话语权，并在招商方面获得大举成功。

随后特步为产品建设全国销售网络服务，吸引了大批分销商加入特步连锁系统，特步专卖店在全国范围内也迅速由省份中心城市辐射到二三级城市以及星罗棋布的中国乡镇。

央视五套在特步的选择下，后面紧紧跟随了大批运动鞋品牌，高峰时期，曾有 30 多个品牌在央视五套投放电视广告。

在市场网络开发成功后，特步减少了中央电视台广告投放力度，开始有针对性做区域性的媒体投放，包括与湖南卫视的《快乐大本营》《娱乐无极限》《金鹰之星》，东方卫视的《娱乐星天地》，光线传媒等娱乐时尚媒介合作推广。

在网站建设方面，特步网站再一次显示了特立独行的品牌主张。特步网站完全基于品牌极致体验、产品完全体验、X 文化社区三大功能架构。整个网站与传统的图片、文字堆砌网站不同，用纯 Flash 制作，让消费者感受耳目一新的体验。

特步每年用于网络媒介投资预算达到 300 万元，并时时更新网站内容，引进新游戏，在门户网站上大力推广，其网站浏览量在运动用品品牌中位居前列，正成为"X 新一代"的精神家园。

2001 年，特步开始进入中国本土市场，短短 3 年用极快的速度取得了令人惊讶的成绩，2003 年销售收入 6 亿元，2004 年销售收入达 8 亿元，如今，特步早已在本土市场上占据一席之地。

通过持续创新，特步已将众多竞争对手远远抛在身后，并正由单一时尚运动品牌，升华为蕴含时尚气息的运动品牌，品牌价值也得到理性的回归和升华。

市场定位的一个很重要的原则就是差异化定位，即企业要根据自身的优势定位。特步的产品和其他运动品牌的差异性在于它已经不再是冷冰冰的运动产品了，它更加人性化、娱乐化。

在功能方面，特步运动鞋起到祛味、除臭的作用。同时特步借助谢霆锋等在年轻人中间有号召力的影视明星做代言人，树立了自己年轻有活力的产品形象。

总之，特步富有创新精神的差异化营销及成功的经营实践，对于中国成长型企业的营销实践，有着诸多的借鉴意义。

第四节　沃尔玛：从低价到时尚

据说世界零售业老大沃尔玛花了 19 年的时间，才让全球消费者记住了它"天天低价"的形象。但 2005 年 John Fleming 出任沃尔玛 CMO 以后，却开始着手针对大众高端消费品的"高价"策略，并且在 2006 年度加速沃尔玛的这一巨大转变——脱离"低价"。

事实上，John Fleming 执行由低价到高价策略的转变是形势使然。沃尔玛的经营理念一直遵循低价原则，而这种优势正在逐渐丧失，2005 年大部分时间，美国沃尔玛旗下店龄超过一年的超市，其销售额增幅都不足 4%。

利润空间的下降、竞争对手的促销导致沃尔玛低价优势很容易被取代。加之，低价导致的压缩成本难以避免地降低了供应商利润，对员工要求苛刻，这些负面新闻曾一度让沃尔玛成了一个乱糟糟的代称，甚至让顾客因为在这里购物而充满罪恶感。

另外，由于美国大众收入的下降，他们更需要消费一些低价格的"时尚品",这些因素为沃尔玛提供了一个转变的机遇和动力。而 John Fleming 正好担当起了这个变革的使命。

事实证明，John Fleming 成功了。2006 年《世界品牌 500 强》中，沃尔玛的排名从 2005 年的第九上升到第二。

对于沃尔玛来讲，以前的天天低价策略针对的是平民阶层，利用低价吸引这些顾客。John Fleming 未到沃尔玛之前，曾经在沃尔玛竞争对手 Target 零售店工作长达 19 年之久。

不同于沃尔玛，Target 专注做高端消费品，相对于沃尔玛的平民策略，Target 更注重高端细分市场上的盈利，它的顾客定位明确而且具备更高的消费能力。

形势的转变给了 John Fleming 带领沃尔玛尝试 Target 销售理念的机会，因为平民化的销售不能给沃尔玛带来较大的利润增长空间。

John Fleming 的这一转变并非置其主要目标客户群——平民消费人群于不顾，而是引导平民消费中的时尚选择。和代表时尚的《Vogue》的两年签约以及在少女杂志《Elle Girl》上登广告，并且和一些受欢迎的流行歌手签约，正是选择了平民中最有可能高消费的人群——年轻和时尚一族。

利润由低到高的转变，无法依赖斤斤计较的家庭主妇，只有年轻和时尚一族才可能花更多的钱，去购买附加值比较高的商品。仍然是针对平民这个消费群体，而不是突兀地转向贵族消费者。

发掘已有消费人群的新需求，既不会彻底丧失原有的消费人群，还能为沃尔玛以后向更高端消费群转变平稳过渡。

在现有的消费者基础上，如何贯彻时尚的概念，如何贯彻流行的概念？即使是在平民中，也有追求时尚、个人品位的需求，而个性的力量被 John Fleming 极其看重。

大众消费品很难获得高附加值，而对于零售商来讲，提高商品价格的一个好方式，就是提高消费者的满意度，从而增加商品的附加值。John Fleming 选用了增加商品个性，具备个性的商品相比千篇一律的大众商品，更容易让消费者自愿掏出更多的银子。

在沃尔玛的广告中，开始倡导"自由自在""随心搭配"，鼓励学生以自己的口味装点宿舍，用个性来诠释时尚。例如其中的 Toyland，也开始更加注重玩具的个性，以此来吸引需求不同的儿童，满足更多的消费需求。

无论是时尚，还是个性，都让消费者在得到商品的同时，更提高了满意度，这些都为沃尔玛提价提供了可能性。时尚、个性的商品，加上沃尔玛原有的便利、花费时间少的优势，John Fleming 让沃尔玛转变得如此顺畅而自然。

第五节　饥饿营销让用户又爱又恨

小米公司近日在其官网开放 2999 元小米智能电视抢购活动，3000 台小米电视 2 分钟内便宣告售罄。

然而，随后有网友称该次"小米电视抢购"存在虚假行为，或是一场骗局。网友"TNITF"发现抢购页面上的"抢购"按钮形同虚设，因为按钮并没有经过 post 请求，而直接生成了"售罄了"页面。"所谓的按钮只不过是把抢购热情高涨的提示框显示出来罢了。"

微博一经发布，立刻在网上引起轩然大波。有网友指责该次抢购为骗局，有网友认为这类抢购是广告不必较真，还有部分网友则对厂家的"饥饿营销"做法表示反感。

饥饿营销是小米公司市场营销成功的法宝之一，但在小米已经变成一家估值100亿美元的大公司后，是否还要坚持这一招数？

不少人以为，小米应该开始学着做一家真正的硬件公司，踏踏实实地生产，踏踏实实地铺货，如果说以前小米的饥饿营销手段是限于产能和资金的话，现在，小米应该已经有实力与之告别。

雷军被米粉们称为雷布斯，他崇拜的苹果公司可以说是"饥饿营销"的鼻祖。但在本土市场，苹果一般很快就会把新品铺遍全美，但小米做不到，它的手机仿佛永远缺货。

饥饿营销虽然使企业受益，但却使消费者徒增苦恼和无奈。比如有网友就抱怨，"厂商到底有没有诚意要卖产品？每次都让买家们挤得头破血流的很有意思吗？就算是粉丝也有放弃的一天吧！"

但就目前来看，小米似乎并没有放弃饥饿营销手法的意思。回顾小米公司的成功，有两点因素不能忽略，一是它的低价，二是社交媒体时代它对口碑传播的成功运用。

但事实上，这两点往往是不能同时存在的。一个消费者如果花低价买了一款手机，他很难有动力向周围的朋友进行口碑传播，而"饥饿营销"则持续制造着这种动力，使得能买到小米手机本身，就很值得炫耀。

从这个角度说，"缺货"就是小米的格调，离开缺货，小米就很容易沦为只是低价的草根产品。

能够持续地把饥饿营销运用到极致，这是小米值得称赞与钦佩之处，但这同时也是在走钢丝。小米一直没有遇到值得一提的对手，试想，如果在小米费尽心机制造饥饿感之后，忽然有一家厂商开始把类似性价比的商品大面积向市场铺货，会有什么后果？周鸿祎很早就看透这一点，所以能仅凭口头虚拟就掀起一场阻击战。

小米是成功的，但是，即便是在社交媒体时代，一间伟大的硬件公司，最终主要还是建立在技术、设计与生产之上。

营销确实很重要，但至少从历史上看，还没有任何一家硬件厂商靠营销发展成巨无霸，当然，在快消领域这类营销驱动的巨头比比皆是，但问题是，小米能把手机做成快消产品吗？

第五章　服务思维

服务是一个老话题，但它时时都具有新含义。互联网赋予服务的新含义是：全天候的每时每刻、无缝隙的网上网下、无分工的全员行动。

第一节　能让人感受到，就是体验

乔布斯曾说："在我们定下的设计标准中，最重要的一点就是，我们要为顾客创造一种不一样的体验，让他们感觉更像是一个大图书馆，带有自然的光线，就像是赠予社会的财富。在完美世界，这是我们想要的苹果零售店。我们不希望一家商店就只有商品而已，而应该具有一系列体验，一系列超乎商店的体验。"

乔布斯曾经反复向苹果员工强调以下几点：

1. 一定不要浪费用户的时间。例如，巨慢无比的启动程序让用户一次次地在超过 50 个内容的下拉框里选择，要学会珍惜用户的时间，减少用户鼠标移动的距离和点击的次数，减少用户眼球转动满屏寻找的次数。

2. 不要想当然，不要打扰和强迫用户，更不要为 1% 的需求骚扰 99% 的用户。

3. 不要以为给用户提供越多的东西就越好，相反，重点多了就等于没有重点，有时候需要做减法。

4. 主动尝试去接触你的用户，和他们沟通，了解他们的特征和行为习惯。

许多客户第一次走进苹果的店面时，最大的感受就是苹果店的环境设计和其他 IT 电子产品的店面完全相异。在看上去朴实无华的桌架上，各种产品的展示、使用都恰到好处。客户购买完毕走出店面时提的购物袋，也可以制造出一种独一无二的购物体验。

前苹果零售高级副总裁罗恩·约翰逊在 2006 年说过："我想象中的零售店是一个属于大家的商店，是所有年龄段的顾客都喜欢的地方，在这里，顾客能感受到他们真正属于这个地方。"

2013 年年底，一家成立不到两年的公司玩了次大手笔，创始人给 5 位高管的年终奖是：每人一辆车。这家一出手就"土豪范儿"的公司，产品却很小清新，它就是在互联网上卖坚果的新贵——三只松鼠。

2013 年三只松鼠销售超过 3 亿，其中仅"双十一"一天就卖得 3562 万，位居天猫坚果类目销售第一。

三只松鼠的产品体验从你买东西的那一刻就开始了。"三只松鼠"给自己设定了一个松鼠漫画品牌形象。每个客服人员都有一个松鼠的形象和名字。

在客服沟通上，三只松鼠也大胆创新，一改过去淘宝"亲"的叫法，改称"主人"。"主人"这一叫法，会立即使关系演变成主人和宠物的关系，客服妹妹扮演为"主人"服务的松鼠，这种购物体验就像在玩角色扮演。

每一个包装坚果的箱子上都会贴着一段给快递员的话，而且是手写体——"快递叔叔我要到我主人那了，你一定要轻拿轻放哦，如果你需要的话也可以直接购买"。

打开包裹后你会发现，每一包坚果都送了一个果壳袋，方便把果壳放在里面；打开坚果的包装袋后，每一个袋子里还有一个封口夹，可以把吃了一半但吃不完的坚果袋儿封住。令你想象不到的还有袋子里备好的擦手湿巾，方便吃之前不用洗手。

当这些包装做到最好时，大家会觉得它在用心做产品，而且能让人感受到，这就是一种体验。这也是为什么虽然它只在网上卖，一年销量就翻了一倍多。

　　三只松鼠通过对用户分析，发现上海地区的消费者买腰果时，更喜欢奶香味，而北京地区的消费者更喜欢椒盐味。通过海量的数据分析，三只松鼠不仅可以指导供应商进行定量生产，而且还可以在口味研发上，做得更快速、准确，从而让用户获得更好的体验。

　　三只松鼠将购物体验做到极致，会卖萌的松鼠代言人、封口夹、试吃装、装果壳的垃圾袋，甚至是小小的湿纸巾它都帮你想到了，还有什么比这更贴心呢？创始人章燎原强调："互联网的好处在于顾客说了算，品牌在于服务过程等细节是否达到了用户的满意度和希望值。"他们关注消费者每天都有什么变化，每天会对 1 万个评价进行分析，从而了解顾客的喜好。

　　谁的体验好，用户就用谁。谁在这个体验当中让用户感受到了用心，用户就选谁。

　　金山网络总裁傅盛说：很多时候，我们的思维逻辑停留在"干了什么"，而不是"用户感受到了什么"。譬如，一做广告宣传，就爱说集中了多少牛 × 的工程师，历时多少年研发而成等，就像雄鸡一唱天下白。而别人可能就两三个人做一款小游戏，结果干翻了所有大企业。如最近在国外特别火的一个游戏，就是瑞典的 10 人小团队做的，已有超过 5 亿的用户，其实就是个消除类游戏。

　　本质上它的消除没什么特别，就是 3 种相同颜色双击一下，但它把朋友间的炫耀和比较、好友的分享与帮助做进去了，抓住了用户的社交关系。而且，游戏里每一个音效、动画都做得很精致，正是这种体验让用户有了极佳的感受，所以很快就流行了。

　　所以，要做让用户有感知的事情。用户很多时候拿到产品一看，这个不懂、那个不会用，甚至很多时候他们连产品的功能都不知道就删除了。比如我们做毒霸免费 Wi-Fi，用笔记本连上网线，其他电子设备就可免费上网。看上去很小的一个点，但对用户来说挺需要的。后来毒霸团队告诉我，这是今年上半年他们做得最有用户感知的一个产品点。

又比如猎豹浏览器首页的变化，在首页左上角增加了一个天气预报功能。当时，我让产品团队加这个功能时，他们总说加不了，还有很多其他重要的事情要干。这是一个工作量极小的活儿，但却被排到他们工作的最末端。为什么呢？因为他们认为自己现在所做的才是重头戏。

可是，用户不会管你用的是三维、及时渲染或多好的算法，如果这个功能他们不点就是零，即使这个功能可能对用户有帮助。

后来，我告诉他们上半年腾讯推过一条新闻，"全中国10个城市都在雾霾以下"，而且是微信头条，那么能上微信头条的新闻一定是全国人民关注的热点。因为天气预报、PM2.5关系到大家的健康。后来终于加上去了，加完以后鼠标点击率提高了50%，就是这么一个PM2.5。

后来我又说这PM2.5做得不够好，如果达到100以上，为什么不标红，而且能不能提醒我说："亲，今天天气不好，不要外出活动啊！"这样是不是很温馨？没想到，就这么一个简单的天气预报，用户就截图放到了微博。

大家想，平常我们做了多少功能，用户会主动截图？就这么一个小点就能让用户觉得产品很贴心，说明它真正打中了用户的体验点。如果这个东西我们不重视，那我们就真的是活在自我的世界里。

所以，你的世界是什么或做了什么，和用户一点关系都没有，他们只关注自己关心的点。小米手机的创始人雷军是谷歌体验式设计的崇拜者，谷歌十诚是雷军要求所有游戏团队的员工必须抄写的。这十诫，第一条就是一切以用户为中心，其他一切纷至沓来。

小米手机抓住了消费者体验的两个基本要点，一个是消费者高品质的应用的需求，另一个是硬件的体验怎么样。雷军说："对于硬件方面，小米手机虽然一直以价格实惠为核心，但是作为用户，其实我们更希望看到的是硬件的稳定性与更好的用户体验性。"

第二节　用"海底捞精神"做好互联网服务

说起海底捞火锅，其无微不至的服务精神，甚至比美味的火锅更有名。那么，海底捞到底是如何做服务的呢？

在饭点，几乎每家海底捞都会有这样的场景：人声鼎沸，等餐的人几乎和就餐的人一样多。等待本就是一件痛苦的事情，饿着肚子、一边看着别人用餐一边等位就更加煎熬了。而海底捞则设身处地站在顾客的角度上考虑问题，硬是将等餐变成了一件愉快的事情。

手持号码等待就餐的顾客一边观望屏幕上打出的座位信息，一边接过免费的水果、饮料、零食；如果是一大帮朋友在等待，服务员还会主动送上扑克牌、跳棋、围棋之类好玩的东西供大家打发时间；趁这个时间来个美甲、擦擦皮鞋也不错，而且这些服务都是免费的；规模大一些的海底捞分店还安排了电脑，等位的工夫也可以去上网。

当客人坐定点餐的时候，围裙、热毛巾等都已经送到眼前了。服务员还会细心地为长发的女士递上皮筋和发夹，以免头发垂落到食物里；戴眼镜的客人则会得到擦镜布，以免热气模糊镜片；服务员看到你把手机放在台面上，会不声不响地拿来小塑料袋装好，以防油腻；如果点的菜太多，服务员会善意地提醒你现在点的已经够了，假如都想尝尝，可以点半份；每隔 15 分钟就更换的热毛巾，卫生间里有牙膏、牙刷、护肤品，餐后还提供薄荷口香糖等。

从很多小细节里，顾客都能感受到海底捞给予的真诚服务。真心实意地为顾客着想，细致地考虑顾客的需要，真诚地去回应每一个细小的需求，这已经成为海底捞全体员工的使命。因此，雷军十分推崇因"服务精神"而声名远播的海底捞，他觉得这种精神在互联网行业也至关重要，他甚至会请小米每一位新员工去吃一顿海底捞，好好体验一下它的服务。

小米在经营的过程中，一直十分重视服务。在小米成立之初，雷军制定了三条军规，其中最重要的一点就是与米粉交朋友。如何落到实处，小米学习的是海底捞。就是把它变成一种全员行为，甚至赋予一线权力。比如，在用户投诉或不爽的时候，客服有权根据自己的判断，自行赠送贴膜或其他小配件。很难想象，在小米 2013 年 700 万台手机销售量里，买了两台到四台的重复购买用户高达 42%。黎万强说：如果能够踏踏实实地维护好一两百万的用户，他们真的是认可我们，对这个品牌的忠诚度、认可度很强，就够了，不要想太多。

因此，为了更好地为小米手机的用户提供服务，雷军投资了 1.2 亿元用于布局"小米之家"，以作为小米手机提货点、小米售后服务点和小米粉丝站。

对于手机的售后服务问题，小米向用户承诺将提供包修、包换、包退服务，即产品售出（以实际收货日期为准）起，7 日内可依据三包服务细则退货、15 日内可依据三包服务细则换货、12

个月内可依据三包服务细则保修。小米手机用户可在线提交退换货申请，也可通过联系小米客服中心办理退换货手续。

2013 年的 3·15 晚会针对苹果手机的售后服务进行了曝光，而且在与包括三星手机的售后服务的详细对比中，小米的售后服务也是最好的，其售后服务政策以及对用户的服务态度，都远远高于其他手机品牌。

在雷军的意识中，小米不需要考虑销量，也不需要考虑营业额和利润，需要考虑的只是每一个消费者，每一个"米粉"在买了小米手机以后，他们用的感觉怎么样，他们遇到了什么困难和问题，小米怎么帮他们解决。这样，对小米而言，把焦点坚实地放在"互联网服务"上，才是最重要、最急需的，至于最终能够卖出多少台手机、赚多少钱，这些都是顺理成章的事情。

实际上，在智能手机时代，产品的更新换代速度变得非常快。市场和舆论有不少唱衰安卓系统的，而小米和 MIUI 一直在安卓阵营。但雷军表示，未来安卓阵营只剩 3 家大公司的时候，混乱局面就能终结。而小米只要专注做好服务、做好产品，就能成为剩下那 3 家手机厂商的其中之一。

在服务精神上，小米要像海底捞学习，做好互联网服务。在雷军的商业理念中，顾客在商家消费的不仅仅是产品本身，更重要的还有服务。

第三节　服务决定成败，服务创造价值

苹果公司是世界知名的手机及 IT 设备营销商，它之所以能

获得高端手机客户的青睐和喜欢，并且作为有地位人士的手机首选和象征，这与苹果公司总裁乔布斯在员工销售培训中的 10 条黄金服务法则是分不开的。以下是这 10 条服务法则的具体内容：

1. 所有笔记本电脑的屏幕必须在开门前以相同角度打开。这一方面是出于美观考虑，但主要目的还是为了吸引用户亲手触摸笔记本。这个角度可以吸引用户调节屏幕，适应自己的高度。苹果员工使用一款 iPhone 应用来统一所有屏幕的打开角度。

2. 顾客可以无限时把玩设备。苹果会专门嘱咐员工，不要给顾客施压，迫使他们离开，目的是培养客户的"拥有体验"。

3. 电脑和 iPad 都必须安装最新、最流行的应用。苹果零售店的电脑都会配备一系列热门应用，与之相比，百思买的电脑屏幕都处于关闭状态。除此之外，苹果零售店内的所有设备都可以接入高速互联网。

4. 每个应聘者都要回答管理者的 3 个问题。其中一个问题是，"他们能否与乔布斯旗鼓相当？"这个问题是为了考查应聘者能否自信地表达自己的想法。另外，管理者还会问，"他们是否展示出了勇气？"以及"他们能否提供利兹 - 卡尔顿酒店那种水平的客户服务？"员工是苹果零售店的灵魂。

5. 如果无法修复技术问题，维修人员必须说"根据目前的情形来看"，而不能说"不幸的是"之类的话，除此之外，苹果还要求员工在谈到"功能"时，要使用"好处"来代替。苹果针对零售店的员工用语制定了严格的规定。

6. 提供一对一培训的员工在未获得用户许可前不得触碰用户的设备这一规定的目的是让用户自己找到解决方案。

7. 超过保修期后，维修人员仍然有权为用户延长保修服务，最长不超过 45 天。为了提升用户忠诚度，苹果在这方面显得很大度。如果超过 45 天，则需要获得管理人员的签字。

8. 员工不拿佣金，也没有销售指标。苹果零售店员工的职责不是推销产品，而是帮助顾客解决问题。

9. 如果客户念错了产品名称，销售人员禁止纠正。为了营造积极的氛围，销售人员不能给顾客留下趾高气扬的印象，所以，必须将错就错。

10. 员工必须在顾客进店后立刻迎接。不仅要欢迎，还要热烈欢迎。如果需要排队，热烈欢迎就会让顾客感觉自己受到了尊重，队伍也就不会感觉那么长了。

上述服务法则让苹果零售店平均每平方英尺（约合 0.09 平方米）每年创收 5600 美元，每周吸引 2 万客流，成为全球盈利能力最强的零售店。

比尔·盖茨说："21 世纪所有的行业都是服务性行业。"现在，服务已不再是狭隘的服务，而是一种大服务观念，它是一种人与人之间的沟通与互动，来源于所有人和所有行业，也就是说，我们每个人都是在从事服务业。

服务决定成败，服务创造价值。一个没有服务观念并且不提供优质服务的企业，必将被同行远远地甩在后面；而一个以服务为经营理念，以服务赢得顾客的企业，必然会遥遥领先于同行。

在 2010 年的一次会议上，任正非进一步指出：在华为，坚决提拔那些眼睛盯着客户，屁股对着老板的员工；坚决淘汰那些眼睛盯着老板，屁股对着客户的干部。

21 世纪初，法国，波尔多，六月天。阿尔卡特董事长瑟奇·谢瑞克（Serge Tchuruk）在自家的葡萄酒庄园接待来访的中国客人——华为总裁任正非。

瑟奇·谢瑞克先生说："我一生投资了两个企业，一个是阿尔斯通，另一个是阿尔卡特。阿尔斯通是做核电的，经营核电企业要稳定得多，无非是煤、电、铀，技术变化不大，竞争也不激烈；但通信行业太残酷了，你根本无法预测明天会发生什么，下个月会发生什么。"

瑟奇·谢瑞克先生是业界广受尊重的实业家和投资家，阿尔卡特更是全球电信制造业的标杆公司。尤其在美国 2001 年互联网泡沫破裂之后，阿尔卡特与爱立信、诺基亚、西门子这几家欧洲电信企业，并肩成为貌似"坚不可摧"的业界巨擘。

欧洲普遍的开放精神不仅快速地培育出几大世界级的电信制造商，而且也造就了一批全球化的电信营运商，英国电信、法国电信、德国电信、西班牙电信、沃达丰……它们不仅在欧洲各国，而且在全世界各大洲都有网络覆盖，而美国、日本以及中国的电信企业，与欧洲同行相比，显然是有距离的。

"领路者"阿尔卡特的困惑与迷茫使任正非格外震惊，回国后，他向公司高层多次复述瑟奇·谢瑞克先生的观点，并提问："华为的明天在哪里？出路在哪里？"

华为内部由此展开了一场大讨论，讨论的共识是：华为要更加高举"以客户为中心"的旗帜。华为能够发展到今天，靠的就是这一根本，华为的明天，也只能存在于客户之中，客户是华为存在的唯一理由，也是一切企业存在的唯一理由。

在之后形成的华为四大战略内容中，第一条就是："为客户服务是华为存在的唯一理由；客户需求是华为发展的原动力。"

《华为基本法》第 25 条规定："华为向顾客提供产品的终生服务承诺。我们要建立完善的服务网络，向顾客提供专业化和标准化的服务。顾客的利益所在，就是我们生存与发展的最根本的利益所在。我们要以服务来定队伍建设的宗旨，以顾客满意度作为衡量一切工作的准绳。"

服务是一个老话题，但它时时刻刻都具有新的含义，具有新的服务观念，也就是不断顺应市场需求变化，提供持续高质量的全方位优质服务。

美国和日本的服务业就很发达，而且还在不断完善中。在日本，不管一个人的出身如何、不管一个人的教育水平高低、也不管一个人的收入多少，大多把基本的服务细节和服务标准深刻于心，而不需要特别的培训。

日本一位经济学家称："优质的服务是回报率最高的投资。"也就是说，服务能够产生价值，服务本身也是一种价值。服务好，顾客不但会再次光顾，而且还很可能介绍更多的人前来；服务不好，顾客就不会再上门，而且也会让周围的人都知道这一点。

服务中蕴含着美好的前景，具有服务观念，做到"用服务赚钱"是时代的声音，时代的要求，也是时代的主流和风尚。

所以，以服务精神善待每一位顾客，服务每一位顾客，就是点亮了一盏吸引顾客的明灯，也为自己照亮了一条通往未来的道路。

是否还记得雷军在发布"米1"的PPT中有一个图片，他是小米客服的001号，而整个小米是全员客服。

提升客户反应速度也很关键，小米的微博客服团队有一条硬性规定：在用户@小米之后，必须在15分钟之内做出反应。要知道，小米的新浪微博自2011年8月上线以来，@小米手机拥有217万粉丝，@小米公司拥有159万粉丝。

此外，小米还对进入的新媒体阵地进行了定位划分，除了共同承担客服的任务以外，基本形成了"微博拉新、社区沉淀、微信客服"等体系化运营架构，以此将每个阵地的属性效果发挥到最大值。

　　"客户就是上帝"的口号是西方人提出的，一部分西方的商业发展史从头至尾贯穿着"客户第一"的伟大理念。道理很简单：企业的目的是赚钱，不能赚钱的企业是没有价值的。

　　然而，赚谁的钱？当然是客户的钱。谁能让客户自愿自觉地掏腰包，让更多的客户掏腰包，让客户长期地掏腰包，谁就有可能变得伟大。

　　百年西方管理学的核心思想，绕来绕去还是离不开一个根本：如何围绕消费者的需求，为公司定位，为管理者定位，为公司的产品定位。

第四节　阿里巴巴做的是服务生意

　　在阿里巴巴，在马云平凡的理念中，也有像天神一样不容侵犯和更改的最高原则，那就是阿里巴巴是一家服务公司，这是对公司最准确的定位，也确定了公司未来的发展方向。

　　马云并不认同"阿里巴巴是一家电子商务公司"的观点，反而更倾向于"阿里巴巴是一家商务服务公司"的说法。阿里巴巴只是将全球的中小企业的进出口信息汇集起来的平台。因此，"倾听客户的声音，满足客户的需求"是阿里巴巴生存与发展的根基。

　　关于什么是电子商务，马云解释道：这几年电子商务被说得越来越神奇。他打心眼里不太愿意参加IT的论坛。人家一说马云是IT的业内人士他就慌了，急忙解释道：阿里巴巴不是一家IT企业，而是一家服务公司。

马云这样说：

我再强调一下，我们公司的定位是什么？我们是一家现代服务业公司。告诉我们所有的员工，阿里巴巴是一家现代服务业公司。说透一句话，我们靠服务吃饭。服务绝对不是这个部门的工作，也绝对不是那个部门的工作，而是每个员工的工作，是每个manager（管理者）的工作。

我特别希望我们阿里巴巴也出现这样一批员工，就像我上次说的，Toyota（丰田）公司，那个老头能够在下雨天去替别人修在马路中间爆胎的汽车。我们员工要捍卫、建立自己这方面的服务品牌。

前段时间，我的电话号码好像被谁公布到了网上，结果各种各样的电话都打过来，昨天晚上还有人跟我打电话，很晚了，我刚从日本回来。他还很激动，是不是马先生？我是阿里巴巴诚信通的客户，在诚信通上面受骗了，来投诉你们的服务人员没有理我，所以我现在要向你投诉。如果我们的渠道不通，电话都打到我这里了。

服务是世界上最贵的东西。世界上什么东西最贵？机器不贵、设备不贵、房子不贵，因为它们都是可买的。只有服务是最昂贵的，服务用的是我们每个人的时间，我们的时间是没有办法买回来的。

现在，星期六、星期天，我们服务人员要值班。请大家做好工作准备，我觉得很快就要建立起来。因为淘宝网啊、支付宝啊、阿里巴巴啊，服务人员休息，客户的生意没法休息。

这里跟大家通报一下情况。最近我们还看到了很多文章，百分之九十的文章都是骂我们的，还有百分之十的文章是我们自己写的。跟我判断的一样，大家不要吃惊。

现在外面百分之十的文章我们也不写了。也确实有我们的对手请了四五家公关公司天天在给我们写不好的文章。我们都知道，说我们今天要破产了，明天要走到一个什么边缘了，后天又要怎么怎么。有些文章我很想拿来和大家分享一下，提高一下抗击打能力。

商业不挣钱是不道德的，但是光为了挣钱也是不道德的。我们还要创造需求，创造市场。如果大家发现外面有什么异常现象，或者有什么不明确的事，立刻写信，立刻跟我沟通，我会把事情跟大家讲清楚的。

"电子商务就是一个工具，阿里巴巴是家服务公司"这一理念，让马云坚定了信心：技术就应该是傻瓜式服务。阿里巴巴能够发展得这么好，主要是因为他们的 CEO 不懂技术。

大批懂技术的人跟不懂技术的人一起工作，会很开心，马云也觉得很骄傲，因为有 80% 的商人跟他一样不懂技术。他要求阿里巴巴技术非常简单，使用时不需要看说明书，一点就能找到想要的东西。技术应该为人服务，人不能为技术服务。

马云说，今天是用电子商务帮助客户成功，如果明天有更好的方法帮助客户成功的话，他一定会扔掉电子商务把它经营起来，客户是最重要的，用什么样的方法并不重要。

未来电子商务的赢家绝对不是纯传统企业，也不是纯网络公司，而一定是能把传统企业和电子商务结合得很好的企业，这正是马云将阿里巴巴做成服务企业的理念源泉。

第五节　要用心来思考产品

从一个技术宅男到腾讯 CTO（首席技术官），从一个 IT 民工到坐拥 20 多亿美元财富的富豪，张志东演绎了"用心去做"的真谛。当年的理想是希望凭着对计算机的爱好，能够做一些给很多人用的东西。

在深圳大学，张志东和马化腾都属于计算机技术拔尖的一拨，但张志东是其中最拔尖的。即便放大到深圳整个计算机发烧友的圈子里，张志东也是其中的翘楚。

张志东基本上没什么特别的业余爱好，下象棋可以说是他唯一的兴趣，但在工作上，他确实是一个不折不扣的工作狂。在黎明网络工作的时候，张志东就非常努力，加班到第二天凌晨两三点对他来说是一件很平常的事情。

QQ 的架构设计源于 1998 年，正是由张志东搭建的。如今十多年过去了，用户数量从以前设计时的数以十万计到现在的数以亿计，整个架构还可适用，实在难能可贵，甚至可以说不可思议。

张志东思维活跃，沉迷于技术，一心希望可以通过技术来帮助别人改变生活。有一次，他去帮一个政府客户进行网络设置，当他尽善尽美地将一切功能都架设完成后，发现对方仅仅使用其中非常小的一部分功能，这对张志东是一个不小的触动。

张志东第一次开始有强烈的用户意识，这也使腾讯对用户一开始就有很强的吸引力和黏住用户的考虑。

什么叫用心？ 360 的周鸿祎说：

优秀的产品经理心里都有一个大我，他不是对老板负责，而是对产品负责，对用户负责，他甚至会把这个产品看成是自己的孩子。

比如说，你如果是一个设计师，除了美化、润色、做方案之外，是不是也要用心去了解这个产品是怎么回事？用户是什么样的人？用户为什么用这个产品？他在什么场景下用？

这个产品给用户创造什么价值？如果说一个技术工程师只满足于堆出一堆代码实现了一个产品功能，但根本没有想过自己在这个过程中通过积极参与可以让产品得到很多改善，或者对于认为不对的地方，也不想提出反对意见，这样的技术工程师就不要抱怨自己是 IT 民工，因为这种思维方式就注定了他一定是一个 IT 民工。

我有几个个人心得，不是因为我有多么成功，而是因为我曾经是最大的失败者。我在用户体验上犯了非常巨大的错误，甚至被别人骂得狗血喷头，大家看到我有投资和参与做的成功产品，那是因为你们没有看到背后还有很多不成功的功能、不成功的产品。所以正是有很多经验教训，我总结出几个简单的心得，就是几个"心"字。

一是说起来最简单，就是用心。

很多人笑了，我们做事不用心吗？很多人原来在公司里只是一颗螺丝钉，很多时候做产品，真是为自己在做，还是觉得在执行老板旨意，还是执行上级的命令，真的在用心吗？

如果一个人把自己看得太小，只把自己看成一个打工的，如果你是这样的层次和胸怀，你不可能成为一个真正能做好产品的产品经理，所以我希望各位听了我的心得，回去在公司上班的时候，也不用管公司是不是你自己的，你拿出一点儿创业精神。

很多人讲我又不是创业者，我干吗要创业精神，难道非要你自己办公司才能把一个产品做好吗？其实在别人的平台上花着老板的钱，用着公司的资源，做不成是公司交学费，如果我们都不能把自己充分调动起来，想把一个产品做到极致，让这个产品在市场获得成功，给自己积累，无论是声望，还是积累人际关系，更多的是积累经验教训。

难道你今天从公司出去拿一笔钱，自己再做一个公司，你真的觉得你做产品的能力就有所提升吗？我跟产品经理讲，你心里要有一个大我，要对这个产品负责任，要把这个产品看成你自己的产品，我认为每个人都是有潜力的，我经常给员工举一个例子，很多产品经理做产品，能挑出很多问题，也尽到了他工作的职责，但是仅仅靠尽到工作职责很难成为优秀产品经理。

在座诸位，我知道北京买房很难，当然来 360 有点机会，我可以告诉大家，我做公司这么多年里，看到很多同事好不容易买一个小房子，然后装修，他们都成了装修专家、瓷砖专家、马桶专家，为什么呢？因为这是他的房子，他每天花很多时间在网上搜索，每天到建材城和卖建材的人斗智，只要拿出装修自己家的精神，一个外行就能够成为瓷砖专家、浴缸专家，没有理由不成为一个产品专家。

很多人问我，我先讲一个大家觉得特虚的用心，即便大家觉得我在产品上有一些心得，实话说每次做一个新的产品，我也不是拿出几个锦囊，也不能在那 3 分钟有灵感，我也花很多时间看同行的东西，去论坛看用户评论，花很长时间用这个产品，每个产品都是要呕心沥血，有时候感觉做一个产品就像一个妈妈十月怀胎生孩子，就算你成功养育了三个孩子，第四个孩子不用十个月，三个月就生出来，可能吗？还是要经历十个月的痛苦的孕育过程，我觉得用心，对自己负责任，对自己做的产品负责任，是做一个产品经理的基本前提。

尽管产品经理在公司的头衔不高，职位不高，但是我认为产品经理就是总经理，就应该把自己当成一个总经理，要敢于说话，要能够表达自己的意愿，敢于对一些意见说不，要能够鼓起勇气去推动很多事情的进展，哪怕非常难。

所以一个人如果在公司里历经很多波折，最后能够把一个产品往前推动，并不意味着一定要冠一个头衔。美国那些创业公司，其实根本没有产品经理这个头衔，主程序员就是产品经理。

换句话说，一个优秀的产品经理，如果有一天想创业，想拥有自己的生意，想拥有自己的事业，如果不能够成为一个优秀的产品经理，坦率地说很难，成为产品经理是一个最重要的前提。

二是将心比心。

我刚才讲完了一个大我，比较自我，敢于承担责任，将心比心讲的是小我、忘我、无我，我们做产品无论有多么好的技术卖给用户，有多么好的设计感觉给用户很酷的设计，其实都要把握一个理论，就是用户体验，什么叫用户体验，为什么不叫产品经理体验不叫老板体验？

因为所有体验从用户角度出发，从用户角度来看产品，你觉得好的产品用户不一定买，用户选择一个产品理由跟行业专家选择一个产品的理由，有的时候是大相径庭的。

用户选择一个产品，有时候非常简单，如何学会从用户的角度出发思考，我觉得对于很多人，说起来是一件很简单的事，但是实际上很难做到。因为每个人不管成功还是失败，随着自己经验的增加、阅历的提升，每个人讲得最多的是什么？是我认为，我以为，我觉得。

我们自我太多了，很多时候做产品，是给自己做。

我们很多时候讨论产品的时候，在激烈争论不下的时候，争论双方可能没有站在用户角度，都认为自己是对的，对方是错的。如何能够让自己将心比心，这在心理学上有种词，叫同理心，从用户角度出发来考虑问题，这对很多人来说不是能力问题，而是一个心态问题。

原来我有一句话，我教育公司里的很多人，像小白领用户一样去思考，思考完了得出结论，像专家一样采取行动。很多人颠倒过来了，像专家一样思考，像白痴一样采取行动。

最近微信产品的负责人张小龙的观点，跟我几年前说的观点是不谋而合的。3年前我在主导这个话题，大道理是一样的，进入白痴状态或者进入傻瓜模式，你们每个人有没有一个按钮，能够快速地进入傻瓜模式，我在公司里很多时候讨论产品，我给产品经理一个挑战，也是因为我能够这么多年被用户骂得多，经常到第一线看用户的帖子，在微博做用户的客服，这不是为了作秀，而是为了保持真正掌握用户的想法。

我最喜欢的杂志不是行业高端杂志，类似电脑迷、电脑爱好者、电脑软件，在地摊上卖的中低用户的普及杂志，上面有很可笑的文章，这么简单的功能早就用了，为什么写一篇文章教育用户，因为用户真的不知道怎么用。

通过不断地历练，我有一个心得，手下做出一个软件，给我用的时候，我好歹也是一个程序员出身，也干了这么多年技术和产品，一个功能多动两下鼠标就找到了，能难得住我吗？

或者说一个按钮文字写得很晦涩，我看一遍，稍微动脑筋一想就明白了，但是另一个白痴的我起作用了，如果看什么东西能够不假思索地去用，我就觉得这个产品很顺畅。

但是，有的时候我亲手设计的产品，设计完了我用的时候就精神分裂了。我马上会告诉产品经理，这个有问题。

我做产品，至少有一半的灵感是从用户那得来的，不是说用户会具体告诉你一个产品应该怎么做，这可不能直接问用户，用户具体需求，一个个案需求不能听，那样会被用户牵着鼻子走。

用户需求同理心，把自己置于用户情景中，用户为什么会这么想，用户为什么会这么来抱怨，这个抱怨的根源是什么，你就会发现，你想得再好的产品，这里也会有很多问题，自觉不自觉，做着做着按照自己想法做。要从用户的思维模式出发，使用户体验找到最好的感觉。

我一直强调用户体验，所有的体验都是要从用户出发，作为我们行业专家，特别是各位最容易犯的一个错，就是因为你在行业里混久了，经常参加行业高端论坛，结果同行讨论问题，往往同行加强，你讲一个道理，你做一个产品，同行一定认同。

但是在中国，往往一个高端人群都很认同的产品，大量的中低端人群很难认同，中国互联网有一个巨大的鸿沟，在高端用户和真正的主流用户上，谁能够跨越这个鸿沟，谁就能够从用户角度出发。

三是处处留心。

很多人觉得在公司工作的时候，在开产品讨论会的时候才叫改善用户体验，下了班或者没事的时候，这事就跟我没关系了，这种人很难成为优秀的产品经理。产品体验无处不在，任何事情都是产品体验。

比如坐航空公司的飞机，整个登机过程，机场安检的流程是糟糕的用户体验。如果不幸摔伤了腿，挂着拐杖去医院，当然很多现代化的医院改善了，但是按传统医院的流程，永远不知道先到哪儿划价，然后再去交费、拍片子，让你楼上楼下跑很多来回。

包括著名的笑话：在北京西直门的桥上，所有司机都会觉得走入了丛林一样。如果去过美国，美国的路牌和中国的路牌相比，中国的路牌总是当你看清楚以后已经上错了道路或者已经到了下一个出口，但是美国路牌会提前提醒你。

在日常生活中体验无处不在，如果能够处处留心，把自己当成一个抱怨的用户，并上升一个层次，抱怨完了之后，想想为什么会抱怨，这个东西怎么改善。如果我是道路设计师，如果我来设计医院，如果我来设计遥控器、手机、车钥匙，会发现这里面有很糟糕的东西，你思考的过程，可以提升自己对体验的感觉。

行业专家容易有行业误区，因为在这个行业里太熟悉了，审美疲劳了，已经形成了惯性思维。有时候做一个用户，没有耐心，很暴躁。在你的行业里，用户用你的产品出错了，你会很不以为然，这有什么大不了的事，程序出错了再重装一遍不就得了。

大家买车的时候对车不了解，听着推销员天花乱坠的介绍，你可能不会关心这个车的某个螺丝是什么做的，可是到自己介绍产品的时候，你巴不得把技术细节都展现给用户，也不管用户懂不懂。很多人买家电，真正懂家电的技术吗？很多人因为家电长得好看，或者现场推销员一顿天花乱坠忽悠了，把彩电买回家，买了很多功能回家，回家自己最常用的还是音量键、开关键和频道键，遥控器上大部分键都摸过吗？

电视机有看照片的功能，你是否把SD卡往里插了呢？你如果插了一次，就会知道这个功能不是给人设计的。

我有时候会说，很多功能做得像找抽型功能，说你没做吧，你做了，功能都有；说你做了吧，用户用起来很难。为什么鼓励大家在不熟悉的领域处处留心，就是为了发现用户感受，培养同理心。

如果在日常生活中，不仅仅是在上班那几个小时，处在一种用户的模式，能让自己不断地发现问题。过去一个好的诗人，不是天天在屋里看唐诗三百首照着抄就能写出伟大的诗篇，而是他有赤子之心，有胸怀，到处采风，游历名山大川，和朋友交往，才能有这种灵感，很多产品的灵感来自产品之外。

　　据说苹果设计师来苹果之前，设计最酷的产品是马桶，很多人觉得很奇怪，怎么设计苹果的人是一个设计马桶的人，你们不觉得在白色上有共同的灵感吗？

　　四是没心没肺。

　　就是脸皮要厚，不要怕人骂，最好的产品不是完美的，而是优美的，是优雅的，能解决用户问题，但是一定不完美。苹果的产品还是有很多缺点，但是有一点或者几点能够对你有强大的诱惑和感动，这就够了。所以没有缺点的产品是不存在的。

　　很多设计师做事要求完美，我做产品要求做到极致，而不是完美，完美不可能，要有这种开放的胸怀，能够听到别人骂。甚至竞争对手雇水军来骂我，再难听我也会咬着牙跟团队说说想想产品有什么改进的，让他骂不出。很多设计师出身的产品经理，有一颗敏感的心，被老板一批评就蔫了，被同行一挑战就说我不跟你讨论了，你不懂。

　　我觉得做一个好的产品经理，要对产品的结果负责，心要粗糙一点儿，要迟钝一点儿，不要管别人怎么说，要能够经受这种失败，因为好的产品，是经过不断地失败，不断地打磨，好的体验绝对不是一次到位，要不断地一点一滴地去改进。

　　当你们今天去谈论苹果的时候，谈论成功公司的产品的时候，一定不要照着今天的成功去模仿，一定要看他刚起步的时候多么粗糙的原型，读读《乔布斯传》，看看苹果的真实历史，第一代苹果手机跟摩托罗拉合作不成功的例子。

　　最终的产品还是要获得大众的认同，不得不多跟大众沟通，跟市场抗争，跟对手竞争，原来很多设计师认为自己很不屑于干这个事，不得不忍受来自市场各种用户的建议、正常的反馈，甚至包括恶毒的攻击。

有时候我觉得自己没心没肺，别人骂多了，刚开始有感触，后来就习惯了。

所以有这样几个心就具备了产品经理的基本素质：用心、将心比心、处处留心、没心没肺。

这是一个产品经理人的时代，只有产品经理人把心思用在产品上，才能做出让用户满意的产品。

第六章　草根思维

史玉柱、雷军、马化腾都是真正的高富帅，但他们都自称"草根"。草根思维是一种从"草根"的角度思考问题和为"草根"用户服务的态度。

第一节　小众营销，就是现在！

20 年前，电影市场的那些"现象级"票房宠儿只属于类似《泰坦尼克号》的"blockbuster"们：巨星阵容、巨额投资、史诗级题材都是彼时好莱坞大片标准统一的定位。

然而今天，传统"大片"常常遭遇营收疲软，像《电锯惊魂》这样用小成本撬动高口碑的案例比比皆是；10 年前，人们正扎堆混迹于各大 BBS 论坛中。

然而今天，各种超细分的社交平台层出不穷，定位为"知识型社交问答平台"的知乎正蓬勃发展，近日来又兴起了针对"雅痞＋智趣"高知女青年的"女性版知乎"玲珑沙龙……

当我们仔细观察这些现象与趋势时，不难发现，世界的面貌似乎从未如此难以用统一的范式来描绘，人们的行为特征与消费习惯也从未如此难以预测。

正如美国经济学教授泰勒·科恩（Tyler Cowen）在《创造性破坏：全球化与文化多样性》中提出的："全球化浪潮对文化的表面破坏带来的不是艺术之死，而是更丰富多彩的文化多样化。"

是的，我们真切确实地观测到了一个越发多元化、部落化的社会，而在商业世界的诸多领域中，颠覆式的分裂与解体也正悄然发生。

在今天供给趋向无限可能的时候，伴随着传媒业的碎片化，消费者的各类原始需求几乎都能得到及时满足，但由此派生的超细分需求也开始凸显。

20 年前营销专家唐·派柏斯（Don Peppers）与马莎·罗杰斯（Martha Rogers）呼唤的"一对一营销"真正能够变为现实，由此，小众营销（Micro-marketing）开始崛起。

"小众营销"之所以在今天成为可能，与全球消费者受到以下几个层面发展趋势的影响相关：

首先是"有闲阶级"的大量产生。社会学中有一本著名的经典书叫作《有闲阶级论》，里面描述了丰饶社会中消费形态的变异，在商品唾手可得的时候，商品的心理价值、形象属性已远远超过物理功能。

社会心理学教授巴里·施瓦茨（Barry Schwartz）提出，当前的丰饶社会下消费者面临"选择大爆炸"，消费观念从功能消费演化至价值观消费，个体选择的权力与自由从未被如此释放；而选择的大爆炸使得人们的表达欲倍加激发，反向派生出更多选择空间。丰饶社会和有闲阶级使得消费者从"consumer"变成了"prosumer（参与生产的消费者）"。

第二层效应是"长尾效应"。当克里斯·安德森（Chris Andersen）在 2004 年第一次提出"长尾"理论的时候，互联网仍处于 PC 时代，而安德森当时创造"长尾"的目的也是用来描述亚马逊、Netflix 等所谓"长尾集合器"网站的商业模式的。

长尾效应指尾部需求趋向无穷。在互联网时代，长尾效应让厂家摆脱了货架供给瓶颈，小众需求由此聚合，从而产生供给与交易的可能。

然而仅有长尾还不能构成小众营销，需要第三层效应的凸显，即"连接效应"：移动互联和 PC 互联最大的区别不是手段的移动，而是"人的互联"。移动互联实现了人与人之间真正的链接，因而能做到最大化地将碎片化的消费者行为、角色打通。

如果说"旧长尾"只能通过打造长尾集合平台做到一定程度的纵向深度，移动互联网时代的"新长尾"可以实现纵向深度和横向圈层的兼顾。新长尾不仅仅是一个个"小众""冷门"的集合器，更具备了互动沟通、深度挖掘甚至一对一定制的基础。

最后一个重要因素来源于"反馈经济"。小众营销之前并未形成营销策略的主流，很大一个原因是小众群体的需求难以洞察与测量，比如如何寻找小众群体、如何确保企业提供的产品和服务解决小众群体的痛点。

而在移动互联时代，企业可以通过社群准确定位小众群体、与其进行深度对话挖掘需求，甚至可以用精益创业的MVP（最小可量化产品）的方式来验证小众群体的需求。

移动互联时代反馈经济可以满足小众营销三大要素："EAR"，分别是：深度（Efficiency），即可以深挖该利基市场的深度需求；敏捷（Agile），即企业要准备好大量的对话内容，在了解消费群的需求与新动向时快速做出反应；响应（Response），即在利基市场形成圈层文化，引导消费者对其共同认同的文化做出回应、引发共鸣、提高忠诚度。

关于小众营销的三个误解：

第一，小众营销不是价值观的营销。

有人说，小众营销是强调价值观共鸣而并不重视产品本身的产物，会伴随价值观这张牌的打完而消退。

的确，越是小众的市场，越需要价值观的共鸣，某种意义上小众营销就是"微点切入，深度挖掘"的模式，深度挖掘的前提是消费者对你价值与价值观的高度认可。

但是，价值观营销只能算作小众营销的要素之一，小众营销衍生并生长的本质驱动力仍然是需求的满足，产品或服务本身的特质和价值观一样重要，否则就像雕爷牛腩或者马佳佳的泡否，缺乏持续性。

第二，小众营销不是大众营销的背面。

有一种说法是小众营销只是一个跳板，以小众获得眼球经济，再逐步迈向大众，从"小而美"逐渐扩张成为"大而全"。

这种思维模式本质是把小众营销与大众营销对立。的确，很多小众营销最后过渡到了大众营销，比如零度可乐、小米手机、Beats 耳机等，它们最开始都是小众化的产品，然而并非所有的小众都能扩张到大众，其背后的前提在于能否借助消费者的圈层效应进行不断演进。

第三，小众营销不是利基营销（Nichemarketing）。

利基营销本质上还是批量生产，利用新科技进展形成的客户化定制，而在实施过程中是企业单向准备内容与客户沟通。

小众营销则强调圈层，强调互动，强调企业和消费者之间围绕细分后的需求点共同创造内容，消费者参与在其中扮演了更为重要的角色。

小众营销落地七步法：

定位理论之父艾·里斯（Al Ries）说过这么一段话："很多公司越把自己聚焦在大众，得到的往往是小众，而把自己聚焦在小众的公司，最后耕耘出来的却是大众。"

真正的市场机会往往是相反中产生的。里斯提出来移动互联网时代更要"聚焦"。对于试图实施小众营销战略的企业来讲，仅仅做到"聚焦"可能还远远不够。

在移动互联时代，最关键的两个战略词汇是——"深潜"与"想象力"，这也是小众营销在企业中实施的核心。

所谓"深潜",就是要比以前更深入地靠近消费者,企业要成为"顾客拥有者",贴近客户,以减少成本,以客户增长取代以前的市场扩张,通过与客户之间的对话、让客户参与来扩大企业的边界,提供更深度的内容。

所谓"想象力",就是在深潜的垂直思维下,以水平思维来进行补充,增加营销的创造力。小众在深潜成功的基础上,要通过想象力打开新的市场空间。

以"深潜+想象力"为基础,我们可以试着将小众营销的战略实施框架分为七大步骤:特定客群、快速连接、产品众创、圈层推介、跨群扩散、分项衍生和附加盈利。

特定客群:小众营销第一步就是要找到特定客群。企业在选择消费群的时候,一般采取的是传统的STP策略,即细分市场、目标市场选择和定位,可是对于小众营销,反过来PTS策略(市场定位 – 目标市场选择 – 市场细分)可能更有效,即先从定位机会入手,倒过来去切割出特定客群到底是谁。

最近香港一个非常热门的网站Giftwell,创始人看到消费者在赠送礼物时困扰于礼物过于大众、重复的问题,于是把机会转化为"小众礼品平台"的独特定位,然后把香港独特的精致小众产品信息归总并达成合作关系,在网上搭建交易平台。

在Giftwell送礼者可轻易获得馈赠挚爱亲朋以及合作伙伴的独特礼物服务。例如可以在The Principal和The PressRoom享受一顿美味佳肴的礼物卡等,Giftwell上市后发展迅猛,品类已经从食品、餐饮扩展到水疗服务、定制旅行等。

快速连接:找到特定客群后,企业要充分利用移动互联网与特定人群进行连接,迅速与目标客户形成可以产生持续交流与交易基础的社区。

由于第一步精准地界定了特定客群，企业可以通过多种渠道来达到迅速实现连接，比如进入"水平鱼塘"，即从别的同等诉求的社区中找到客户，如计划登乞力马扎罗山的客群可以通过马蜂窝、豆瓣来连接；也可以自建社区，还可以通过搭载到平台的方式，来建立自身的社群，比如将产品放在 Kickstarter（众筹网站平台）上，观察先锋人群对其产品的反馈，再将支持者转移到自身建立的社群中。

产品众创：越是精准的特定客群，在实现快速连接后可以更"深潜"地实施产品众创。只要企业能与小众用户产生持续交流与交易基础的社区，后期能实现各种将消费者从"consumer"变成"prosume"的手段，包括之前谈到的众筹、众推，都是众创手段之一。众创可以有效帮助企业在产品生产出来之前，测试到小众消费者的需求。

意大利 Wowcrazy 企业自从 2012 年年底以来，一直推动其 CrowdfundingPortal 门户，承诺给合作者和支持者带来"无尽的时装周（Endless fashion week）"，Wowcrazy 使用者被称为"预先购买模式"，其中项目的支持者可以合作，帮助时装设计师推出新的作品上市，基本上，支持者承诺会预先购买他们所选择的衣服，参与其中提出设计意见，并投资一些钱，如果整个新品上市的经费全部收集好，他们就得到设计师作品的特别折扣。如果整个新品上市经费收集失败，支持者不会收到衣服。

圈层推介：圈层推介这一步和产品众创可能是同步展开的，也可能在产品众创之后，某种意义上讲，众创的参与感本身就是圈层推介的一种手段。

在移动互联时代营销策略很大不同的一点在于，一步接一步的次序性策略可能同时平行开展。圈层推广的核心目的在于最大化地实现小众产品对于小众客群的渗透率，即是否高度认同、是否深度占有、是否有高的客户推荐度。

同时，圈层推介是实现小众营销走到大众市场的一个过渡，很多企业都是先通过小众营销切入客户的生活场景中去，然后再扩大消费群，小米手机最开始的定位是"为发烧友而生"，也是在小众群体中获得影响后，再逐步使得品牌广度传播，占领大众市场。

跨群扩散：当然，并非所有的小众营销都需要走入大众，但是不排除很多企业的决策人有这样的抱负与需求。面对越来越注重健康的现代人，可口可乐公司 2013 年推出了更加低糖的饮品——可口可乐生命（CokeLife），它包装在绿色的罐子里，上有小树叶标志。

可口可乐公司承诺，它比标准的可乐更健康，本来是针对小众群体的产品却在健康风潮兴起的时代，一举变成 2013 年可口可乐在北美市场最畅销的新品。

还有一个典型的案例就是《侣行》，这个节目最开始是张昕宇拍摄后在探险旅行的极客中传播，后来上线到优酷后在不同的社群圈中扩散，目前点击量过亿。

从扩散的基础来看，沃顿商学院教授乔纳·伯杰（JonahBerger）写了著名的《疯传》一书，而我们采取了同样的研究目的，却从不同的视角提出了另外跨群扩散五个要素，这些内容的传播更能帮助企业从小众影响走向大众影响：

·价值观点（ValueProposition）：强调独特的价值观点，可与公司业务无直接关系；

·社会价值（SocialValue）：公司业务所能创造的可感知的社会价值；

·情境互动（Interaction）：基于特定情境下的互动感体验设计；

·随流设计（Grafting）：跟随社交媒体热点，带动自身切入；

·背后起底（Unclose）：对公司或行业内幕的起底，或公司夸张化的功能表达。

分项衍生无论有没有从小众营销走到大众营销，分项衍生都是企业需要考虑的战略布局。前文中给出了"小众营销＝深潜＋想象力"这个公式，产品或服务对客户的需求深潜越深、越窄众，就反而需要通过想象力，增加分项产品的供给来提升企业的供给规模，以扩大企业的利润区。

2014 年，360 公司推出了测谎项链，可穿戴 360 测谎仪通过强大的音波感应功能可以自动鉴定半径 5 米范围内 20~2000Hz 的声波，并对声波进行特殊化的分析，配合手机中的测谎仪应用，你就可以轻松辨别和你交流的人是否在撒谎。

当然，分项衍生存在风险，如果品类关联范围过大，原有小众客群会质疑原有的价值观连接，形成核心客户群流失，这很可能是小米未来所碰到的核心挑战。

附加盈利：附加盈利是实现分项衍生的下一步，也是小众营销战略生态圈的最后一步，要在连接和为小众群体提供产品与服务的基础上，通过分项衍生性的产品或者构建更广泛的生态圈来形成附加性的盈利，这个盈利是建立在小众生态圈基础上的盈利，而非原有的产品或服务提供所获得的利润。

比如"飞常准"App 早期是一个监测航班是否准时的软件，后来在此基础上开发了预订机票、买航空保险的服务，未来更可以通过大数据来向常旅客售卖航空延误保险，基于不同的场景来实现附加盈利。

框架永远都是实施工具，必须为核心理念服务，做好小众营销，本质上还是要对消费者、对消费者需求进行深潜，并赋之以想象力来实现，让无数个零散的碎片聚合到一起。

不仅是简单的加成，更要使其焕发、生长出更大的生态模样，借助社群的力量，让每一颗平凡的微尘都有机会划出不平凡的轨迹。

第二节　小众营销成功的三大要素

小众营销成功的三大要素是：高效、灵活和回应。

大数据年代已经来临，然而大数据不一定带来大市场，而是通过数据更好地掌握不同受众的需求，洞察其所需，或者其所未能满足的地方，发展出能更满足消费者及客户的产品和服务。

良好的循环是大数据带来消费者和客户需求的洞察，通过洞察产生有效的小众营销。小众营销针对的是广大互联网时代客户的长尾，一群在市场上未能找到心仪产品及服务的客户群。只要有合适产品或服务出现，这些消费者自然趋之若鹜，品牌坚持收集消费者回馈，报以创新思维带来的新产品，成就更清晰的品牌形象，及更好的客户契合。

大家千万不要被小众营销的"小众"这个词所误导，在香港的小众当然很少，而在内地的小众可能就很庞大，这是一个相对的说法。

在中国内地一种需求的人非常少，但放眼全世界，人就非常多了。所谓"小众"，不是绝对数目的大小，而是相对比例上的大小。

针对"小众"这个概念，我认为，小众营销成功的三大要素是：高效、灵活和回应。

今天的消费者物资非常充裕，信息渠道爆发，消费者可以在很多的渠道中得到信息。他们要求实时满足，追求有特色，能够表现自我的产品。

营销 1.0 时代谈的是供应，营销 2.0 时代谈的是定位，细分和目标营销，而营销 3.0 时代对于品牌的价值观提出了更高要求。在这样的营销背景下，对于营销人员最大的挑战就是：消费者要求多样化，忠诚度薄弱。

消费者之所以会改变，这是由很多方面来推动的。针对品牌来说，品牌本身可以通过多种方法推出更多新的产品和服务，使小的需求得到满足，比如众筹平台 (crowd funding) 和新型的团购。

众筹本身就有几个不同的方式来做事情，只要有想法，不管是艺术性的、公益性的还是技术性的想法，都可以利用众筹的平台来测试有多少人是精神上支持，有多少人是实质上支持。

其实，小众营销并不等同于利基营销 (Niche Marketing)。利基营销的概念大概出现在 20 世纪 80 年代，利用新的科技进展成大量客制化 (Mass Customication)，品牌准备好大量的内容，由个人决定产品的特质。大量客制化也就是在做一种进阶版的利基营销。但是这样的营销方式存在的问题是做不到极致，主要还是因为产品是批量的，而不是专门打造的。

小众营销的"小众"是人数很少，或者是把大众分成小众，一种深度的细分。小众营销的重点不在数量的多和少，而在于有没有注意到他们的需求。

由于他们的需求很特别，人数通常会比较少。小众的共通点是小众内部有清晰的特定需求，而这需求是品牌或者竞争者没有很好地关注和服务的。

小众营销更多的是一种营销人员及公司心态上的转变，而不是操作上的转变。公司必须了解到，这是真正针对特定需求而设计的产品、服务和方案，与客户需求息息相关。

还要找到一个未饱和、未开发或者关注度不高的市场。小众营销，重点不是一个产品的成功，而是品牌与营销以至企业内部的思想变化。

任何时候的营销，最重视的核心是需求，必须去了解需求。需求洞察不应该只停留在找到客户所想，特别是对品牌而言，还应该包括应用，设立原型和核实，才能商业化构想。

在提到需求洞察的时候，要以开放的心态接受各种想法，同时也要以严谨的精神和数据来决定方向。小众营销，在做好高效、灵活、回应的基础上，进行效果评核，才可能取得成功。

第三节　为什么 MSN 会输给 QQ

投资圈有一句话，80% 的财富集中在 20% 的用户身上，服务好这些人，就可以赚到大钱。事实证明，在中国互联网，服务好草根用户，才是王道。

MSN 曾风光无限。它的用户界面及全球性等特征都成为中国网友特别是白领的首选，也成为互联网免费时代的身份体现。那时中国的小企鹅 QQ 刚刚起步，一个国外顶级品牌和一个国内品牌的 PK 显得实力悬殊。但很快，互联网时代不再以品牌论英雄，不断满足用户体验变成真正的核心竞争力。

2002 年，当时唐骏是微软中国总裁，一份市场调查报告称，

MSN 在中国的即时通信市场份额正在被 QQ 侵吞，且 QQ 的市场增长十分迅速。

报告还指出，QQ 的独特功能"可以和陌生人聊天"是侵吞市场份额的主要原因，这个功能符合中国人的个性，更符合互联网的需求。

唐骏立刻向微软总部递交报告，强烈建议在 MSN 中增加"与陌生人聊天"、离线留言等功能。如果不增加这些功能，MSN 在未来和腾讯 QQ 的竞争中将会失败。

报告讲述了互联网和产品的区别：产品是不断提供新的功能去引导用户，而互联网是不断满足用户的需求。"高举高打"是产品的精英模式，而互联网需要的是"从群众中来到群众中去"的平民草根模式。

唐骏以为能说服微软总部，结果证明他错了。微软总部不同意的理由很简单：第一，全球产品一体化是公司的战略，不可更改；第二，如果要为中国改变，除非能在中国地区保证大量的收费客户。

微软是精英，无论是创始人盖茨还是微软的员工以及微软的产品，无一不展现着一种精英形象和气概，他们用精英模式创造了时代的神话，但互联网时代是平民草根时代，如果坚持用做产品的精英思维方式去从事互联网事业，微软可能还会继续付出代价。

草根是中国互联网最核心的用户，任何一个真正成功的公司，如果没有抓住草根用户，基本上还飘在天上。

反过来讲，这些大公司，其实都是深深地抓住了草根用户的需求，比如百度，什么都能搜到；淘宝，可以让每一个二三线城市卖家都能够活下去；腾讯更是从骨子里就是草根公司。

YY 总裁李学凌说："很多高富帅是互联网的旁观者，真正的草根人员才是互联网的使用者，这两者心态差别非常大。草根是真正的中国互联网的样板和中国互联网真实情况的反映。很多高富帅，在互联网上基本从不花钱。最早做高富帅市场的公司，都想获得广告收入，新浪、搜狐、腾讯、网易都这样。而现在真正大规模的公司，都是打通了直接向用户收费的渠道。"

第四节　得草根者得天下

什么是草根？草根是相对于高富帅而言的，实际上是指低收入人群。这样的人群，就是我们当今社会的绝大多数，也是创造消费奇迹的最大群体，已经是 B2C 市场中绝对的主角。

从市场定位及目标人群选择来看，成功的互联网产品多抓住了"草根群体""草根一族"的需求，这是一个彻头彻尾的长尾市场。

史玉柱等大佬都说自己是草根。互联网知名评论人林军最近写了一篇题为《史玉柱这个高富帅为何主动被草根》的文章，从史玉柱的出道、志向、做的事、政治身份等方面，论证了史玉柱其实是一个高富帅。

不过史玉柱依然要甘居草根，按照林军的话说是互联网商业圈里最喜欢甘居草根的大佬——原因就在于："史玉柱发现，是草根而不是所谓的高富帅开始成为这个国家最重要最有活力的消费主力，正是这些群体对自己的不离不弃，才让自己在媒体的持续质疑下依然能继续前行。"

没有草根，就不能成就今天的互联网。以拥有千万用户的《征途》为例，该款游戏是知名企业家史玉柱带领团队精心打造的一款大型多人在线游戏，游戏同时最高在线达到过百万人的规模，收入规模也早早过亿。

但实际上，该款游戏真正的付费渗透率其实只有百分之几，绝大多数草根用户一起陪着高富帅南征北战，为付费用户打工，进而建立起虚拟的社会关系，在游戏内以家族、帮派、国家的形式来进行管理，游戏外又成立等级分明的游戏公会来进行管理，而正是这种虚拟的结构，形成了最稳定的虚拟社会关系。

正是靠着中国头号草根的精准定位，史玉柱这些年不仅百毒不侵，反而每次拿着草根说事，为其网游产品代言。

季斌是个连续创业者，倒腾过许多事，赶过互联网浪潮，也玩过 SP，再后来，他还成为玛萨玛索的创始股东兼 CTO。现在，他还多了另一个不为人熟知的身份——当红 App "百思不得姐"与"不得姐的秘密"的老板。概括起自己的创业经历，季斌只有一句话："得草根者得天下。"

季斌说，中国互联网最赚钱的业务，都靠草根。游戏、社交、搜索都是赚草根的钱，是草根成就了巨人、腾讯、百度、网易，也是草根成就了 YY 和 9158。

刚开始创业时，季斌和合伙人每天都在想怎么赚钱。每天看着深圳、广州的打工仔人群，他们意识到，像深圳、广州这种外来人多的地方，除了找工作，大家的交友需求一定很强烈。

于是，他们又开发了手机交友的 SP 服务——跟 QQ 会员一样，每个人包月 6 元钱。业务开发流程梳理完后，季斌给之前找工作与订阅报纸的用户发了短信广告，结果是，他们的设想是对的。100 个用户中，大约有 10 个人会订阅这项服务，并且，他们在业务开展的当天收入便超过了之前的一个月。

靠手机交友的草根业务，3个月后，季斌的公司拥有了100万会员，月收入600万。那时候，也有不少VC找过来，不过估值与业务发展却成为一个很大的问题。

那时候，这个月600万收入，和VC谈，按照6000万估值，不少VC说再想想，不过一个月后，它们的用户又变成了300万，月收入1800万，估值应该是1.8亿，于是VC又说，再想想。

这样反反复复几次之后，VC和季斌也都乏味了，再后来，季斌与腾讯、网易、新浪都谈过，最终在2004年年初以1.3亿美元卖给了新浪。

2006年，季斌从新浪出来创业，他和新浪副总裁王彬一起创办了一家订餐网站，试水电子商务。这一次创业，可以称作草根逆袭后的华丽转身，不过，季斌回头看来，电商创业，其实是看似光鲜。两年的痛苦折磨后，这个项目以失败而告终。

回顾起数次创业的经历，季斌最大的感受是：中国互联网"得草根者得天下"。季斌说"得草根者得天下"是中国互联网创业的不二法则，腾讯、阿里、百度、360、盛大文学等，概莫如是。也正是因为如此，2012年移动互联兴起之后，职业创业者季斌再次创业，这样便有了"百思不得姐"与"不得姐的秘密"两个当红App。

"百思不得姐"与"不得姐的秘密"两款App爆红的原因，还在于内容讨草根的喜欢。大俗即大雅，无论时尚杂志如何光鲜华贵，国内最畅销的杂志依旧是《知音》《故事会》与《人之初》。

季斌创业既经历了成功，也经历了失败。成功是因为他抓住了草根用户，失败是因为他高大上。无论是季斌这样的创业者，还是大的互联网公司，要想成功都要瞄准草根用户。

2013 年 6 月开始，余额宝在短时间内聚集了数百亿的资金，成为境内最大的货币基金，也是持有人最多的货币基金，支付宝人士曾经毫不讳言称之为草根的理财工具。

成千上万的草根汇聚成了千亿货币基金，然后货币基金用这笔钱去和银行谈协议存款，去市场上逆回购，购买短期融资券等等，获取比一般人存银行更高的利息。

"草根"群体，喜欢什么、需要什么，只要你在中国做互联网，就必须重点关注。"草根"人群喜欢的等于"人民群众喜闻乐见的"。在中国，只有深入最广大的"草根"群体，才可能做得出伟大的企业。

QQ、百度、淘宝、微信、YY、小米，无一不是携"草根"以成霸业。

第七章 跨界思维

当互联网跨界到商业地产，就有了淘宝、天猫；当互联网跨界到炒货店，就有了"三只松鼠"……由于跨界思维，未来真正会消失的是互联网企业，因为所有的企业都是互联网企业了。

第一节　跨界融合创造的成功机遇

大品牌的跨界产品总能令忠实粉丝趋之若鹜。到范思哲去喝杯咖啡，去 Prada 的酒吧饮杯酒，约朋友在香奈儿的餐厅吃饭，乘坐阿玛尼的游艇，开 LV 的轿车……随着更多大品牌的业务延伸，这样的事情已经不再是异想天开。

Zippo 男装：防风火机巨头跨界服装领域，Zippo 中国首家服饰旗舰店 2012 年 10 月初在青岛万达广场开业，这也是 Zippo 在全球开设的第一家服饰精品店，即 Zippo 选择了中国作为其试水服装业务的首站。

"欧美消费者对 Zippo 的印象已有点固化，通常觉得 Zippo 就是打火机，而根据《环球企业家》杂志专家组的调研，中国消费者对新生事物接受度较高，对 Zippo 的印象也没那么死板。"Zippo 创始人的孙子，现公司所有者兼董事会主席乔治·杜克（George B. Duke）对记者解释说，由于 Zippo1995 年才进入中国，让中国的消费者接受 Zippo 的男士服装、香水、暖手炉等产品，要更容易一些。

Zippo 的计划同样让人吃惊，他们希望到 2013 年年底在中国开设 15 家这样的 Zippo 服饰店，2015 年年底共开设 50 家，而 2017 年这个数字将会达到 80 家。

同样在进行跨界尝试的还有诸多奢侈品牌，扎堆进入酒店、餐厅、咖啡厅等大众消费品行业。古驰（Gucci）在意大利佛罗伦萨和日本东京开了两家咖啡店。香奈儿也把 Beige 餐厅开在日本银座。爱马仕（Hermes）在韩国首尔拥有一家咖啡店，从建筑格调到一张纸巾都保持与品牌一致的设计感。Prada 则于 2008 年年底，在伦敦 Angel 地铁站旁刚开业了一家名为 Double Club 的酒吧。

这是"不务正业"还是未雨绸缪？品牌是否可以无边界地延伸和跨界？

要论跨界做得最知名和值得称道的，或许是以生产工程机械和矿山设备而闻名的卡特·彼勒（Caterpilliar）旗下的工装皮靴及服装。

在 20 世纪 90 年代初，面对工人们提出的在工作环境中，油污和粉尘无法避免，希望公司能配备一些不容易脏和损坏的工服和鞋子的问题，卡特·彼勒的高管们抱着试试看的态度，生产了一批耐磨、防水能力更好且安全舒适的工装鞋和服装。

意想不到的是，这些工装鞋和衣服一经推出，便备受工人群体乃至其他消费者的欢迎，几乎每一个美国工人都以拥有一双卡特·彼勒的鞋子作为他们的职业象征。

在美国流行的关于卡特·彼勒工装鞋的故事这样说："加拿大的一位穿着卡特·彼勒铁头鞋的铁路工人在施工时不幸被脱节的列车碾过脚面，能承受 2500 磅压力的钢头破碎了，但是脚却毫发无伤。"

卡特·彼勒为此专门成立了单独的部门负责此项业务。1994 年，卡特·彼勒正式和世界最大的制鞋企业狐狼（WOLVERINE）签署了 5 年授权协议，开始了狐狼 4000 万美元营销项目，首批 28 款鞋于 1994 年春上市，到 1995 年年底，卡特·彼勒鞋的全球销量由 1994 年年底的 190 万双上升到 320 万双（批发价值为 1.44 亿美元）。

2004 年，小布什参加美国总统大选的时候，也专门穿了一双卡特·彼勒的经典工装鞋，其目的是争取明尼苏达州矿产工人们的选票。

除鞋子之外，卡特·彼勒还拥有服装、玩具、游戏、图书、模型、视频等多个产品线，并统称为 Gifts（礼物），时至今日，其鞋帽和服装生意已经实现了每年约 10 亿美元的销售收入。

随着市场竞争的日益加剧，行业间的相互渗透和融合，已经很难对一个企业或者一个品牌清楚地界定它的"属性"，跨界现在已经成为最潮流的字眼。

这是一个跨界的时代，每一个行业都在整合，都在交叉，都在相互渗透。

2002 年年末，史玉柱开始玩陈天桥的盛大公司开发的在线游戏《传奇》，并很快上了瘾。那时，他每天要花四五个小时泡在《传奇》里。在游戏里，史玉柱是个沉湎其中的玩家，但他从来没有失去作为一个商人的嗅觉和敏锐。他意识到："这里流淌着牛奶和蜂蜜！"

2003 年，史玉柱将脑白金和黄金搭档的知识产权及其营销网络 75% 的股权，卖给了段永基旗下的香港上市公司四通电子，转身投向互联网。

2004 年 11 月 18 日，上海征途网络科技有限公司正式成立，史玉柱始终认为，网络游戏的成功靠的就是两个条件：钱和人。

史玉柱不缺钱，多年保健品业务的积累和投资收益给史玉柱带来了巨大的资金积累，而恰好上海盛大的一个团队准备离开盛大并希望找一个合适的投资伙伴，他们为史玉柱送来了人。

史玉柱一开始就把游戏的玩家定位为两类人：一类是有钱人，他们有钱到为了一件在江湖上有面子的装备根本不在意价格是几千元还是几万元；另一类人没钱但有时间，一听说不用买卡就能打游戏，没有理由不往《征途》里钻。他开了网游免费模式的先河。

2005 年 11 月 15 日，《征途》正式开启内测。史玉柱如法炮制了保健品的推广方式，其推广团队是行业内最大的，全国有2000 人，目标是铺遍 1800 个市、县、乡镇。

在线人数一路飙升，到 2007 年时已经成为全球第 3 款同时在线人数超过 100 万的中文网络游戏，月销售收入已经突破 1.6亿元。之后，巨人网络又陆续推出《征途 2》《巫师之怒》等网游，获得了不菲的利润。

当时认为搞保健品的做游戏纯粹是乱来，多少资深游戏人都给史玉柱的游戏下了一定不行的结论。结果呢？

虽然今天我们说巨人似乎后续的产品也不见得多好，但是游戏行业公认的一点是，《征途》颠覆了游戏的传统商业模式，这个模式已经被人称为中国模式。而后续中国的页游、手游，都延续了这一模式，从按时间付费转为游戏免费、道具付费。

跨界竞争者，不受行业思维局限，敢于求变，一动手就颠覆你的商业模式，往往出其不意。

第二节　怡宝李凯：互联网＋思维人文营销

与趣味营销相比，市场占有率接近 18% 的怡宝选择用人文做切入口。

这个夏天，怡宝以全新的品牌主张"心纯净，行至美"正式上线；把传统文化中最具代表性的水哲学，以老子、王阳明等古代大家传世名句，登上纯净水的包装；再结合到公益活动中，成为夏季营销的主题。

在过去 30 年里，怡宝在中国华南地区属于瓶装水的第一品牌，包括在广东省市场占有率将近 50%，在湖南、四川包括广西市场占有率都是第一位。

一句"你我的怡宝"广告口号更是人人皆悉。怡宝在其 30 年之际推出了全新的品牌理念"心纯净，行至美"。原因在于随着怡宝的全国化布局，此前的广告口号已变得空洞不实，甚至于让消费者摸不着头脑。

怡宝市场营销部总监李凯认为，当下社会消费者的内心早已倦怠不堪，品牌若是能抓住时机，推出一个治愈系卖点，或者说为消费带来正能量，才是合时宜的营销策略。

最新数据显示，怡宝到 2013 年 6 月市场占有率已经接近 18%，全国的布局工作已经完成，现在工作的重头戏是能够逐步提升销量，提高品牌美誉度。

眼球经济时代，抓住消费者的眼球是很多品牌奉行的上上策。如何在消费者看到产品的一瞬间爱上它，都成为品牌们努力的方向。

2013 年夏天，在全球引发可口可乐热潮的"昵称瓶"登陆中国，这个创意席卷各大社交平台。2014 年的"歌词瓶"，再度点燃消费者激情。

怡宝也在瓶身上做文章，他们把道家思想中最具代表性的水哲学，以老子、王阳明等古代大家传世名句的姿态，登上纯净水的包装，并希望这些诗句更多地与怡宝的全新品牌"心纯净，行至美"相呼应。

在瓶身上玩花样更多要与品牌和产品特性相结合。因为对于水来说消费者是所有人群,不仅仅局限于年轻人,相信中国传统文化对中国年轻人影响是深远的,并不是一朝一夕的,怡宝公司希望这样的活动能够通过挖掘中国的传统文化和借助互联网,让消费者更进一步对传统文化产生兴趣。

当消费者对"真心无始,自性清净""上善若水,厚德载物"等中国古典哲学感到好奇时,可以扫码进入"纯心运动",与品牌更深入地对话。

扫完瓶身码,跳转到的可以是官方微信,可以是互动H5页面,或是其他平台。没有与热门影视、视频网站、网络游戏等娱乐化平台进行连接,怡宝另辟蹊径,从源头起与传统平面媒体进行深度合作,运用跨屏手段,将传统与新媒体无缝对接。怡宝将品牌传播当成自媒体来经营,以原创内容为核心,连接全媒介平台。

如何制造原创内容?怡宝的方式是:联手一众意见领袖(汪涵、白岩松、陈一冰、杨锦麟、石述思、蒋方舟等),结合各种时事热点和社会现象,以名人鲜为人知的故事,打造内容,扣住"心纯净,行至美"的主题。

比如汪涵就以首次公开回应《我是歌手》孙楠退赛作为切入点,从多角度立体剖析自己,用他的故事来阐述他所理解的"心纯净,行至美"。怡宝光凭这篇名为《有一种李健叫汪涵》的文章,引发了100多个订阅号相继转载,而汪涵剖析初心的独家采访视频在没有任何硬广的拉动下,点击数在3天内破百万。

走心的内容,具有人文关怀的品牌文化传播,同样也能获得有效传播。一切华丽的概念,如果不能抓住关键点行动起来,也就只是一堆泡沫而已。

如何把"心纯净,行至美"的品牌理念从口号进行落地?怡宝跨界联手汪涵和蒋方舟等社会名人从广州开始，在多个城市举办了"晒三分钟，捐一瓶水"公益活动。

活动有两个入口，一个是微博入口：消费者用 # 美的人已经在晒了 # 为话题，附上创意照片并 @ 怡宝，怡宝将会向需水地区捐出一瓶水。据李凯透露，该话题在不到 5 天的时间，就有超过 1.3 亿的阅读量，逾 10 万网民参与讨论。

至于微信的入口：通过 H5 页面参与活动，在阳光下晒着走 3 分钟，地图上形成轨迹，即可为有需要的人筹集 1 瓶水。

"晒三分钟，捐一瓶水"活动源于之前的冰桶挑战活动。与后者相比，"晒三分钟，捐一瓶水"更希望借助互联网平台与公益组织进行合作，能够让消费者有亲身体验，然后把这种体验通过社交网络分享给身边的朋友。

对于怡宝这样的传统企业来说，互联网更多地应用在市场营销和品牌推广方面，销售方面仍然以传统模式和传统渠道为主。

纯净水即饮产品，铺货渠道更广、让消费者更方便地买到是重点工作。李凯认为，数字化营销更多的是借助互联网跟消费者进行品牌理念的沟通。"互联网是为我们创造一个平台，而这个平台是沟通品牌跟消费者的一个纽带，能够通过互联网更进一步理解这个品牌的理念或者品牌主张。"

第三节　互联网 + 时代

马云说："银行不改变，那就改变银行。"2013 年 6 月 17 日，阿里巴巴旗下支付宝与天弘基金合作正式上线余额宝。

截至 2014 年 3 月，规模超过 5000 亿元，支付宝与基金公司的合作模式为支付宝用户将钱转入余额宝，即相当于申购了天弘增利宝基金，并享受货币基金收益。

用户将资金从余额宝转出或使用余额宝进行购物支付，则相当于赎回增利宝基金份额。此外，余额宝内资金还能随时用于网购消费、充话费、转账等功能。

"我也用余额宝啊，我周围的同事都用。"谈起"余额宝"，在中国银行总行工作的张先生说。

"年轻人手头没什么钱，又想做理财。相比于银行动辄几万元的下限，互联网金融可以说是零门槛。而且存取方便，收益率还比银行理财高。所以，虽然我是银行员工，我也要挺互联网产品。"张先生说。

"说实话，在互联网产品出现之前，四大行格局基本稳定。竞争不足，所以服务态度也不是很好。但是，余额宝这样的产品出来以后，大家开始有危机感了，开始意识到，如果不适应市场，份额可能就会被逐渐蚕食。这倒逼着我们加强创新、提高服务质量。像我们银行，就新成立了网络银行部门。四大行也都推出了类似余额宝的产品，这就是改变。"

三巨头中的腾讯也于 2013 年 8 月初"下手"，腾讯旗下的微信平台、财付通联手华夏基金，推出了对接华夏现金增利货币基金的"活期通"。同时，财付通开始绑定微信平台，以期在互联网金融领域抢占一席之地。

除了传统的互联网公司纷纷染指金融，市场上还涌现了很多互联网金融创业公司。目前，包括京东金融、百度小贷、拉卡拉、融 360、中关村互联网金融行业协会等近百家互联网金融机构，在网络借贷平台、第三方支付、金融电商、众筹融资、商业保理等互联网金融的细分领域掘金。

2013年，互联网界最热门的关键词是什么？不是"上市"，而是"跨界"。互联网跨界硬件，在此之前全球范围内除了谷歌之外还无二家。此前一向低调神秘的乐视网创始人贾跃亭，这次也一反常态地站在第一线为乐视呐喊助威，引得赞赏与争议并起。

几年前，很多人对乐视网并不熟悉，但《甄嬛传》热播之后，这个获得《甄嬛传》网络独播权的网站也开始蹿红。现在，当你要买一台电视时，是否会心中嘀咕——要不要买一台乐视电视？

就在2012年9月19日，乐视网董事长贾跃亭身穿黑色T恤和牛仔裤，第一次站到前台，他宣布："乐视将进军智能电视，研发生产'乐视TV超级电视'，并在未来1~2年中，投入5亿~15亿元巨资。"

尽管玩跨界又炫又时髦，这次宣讲还是被认为是说大话、忽悠。

而在2013年5月7日，贾跃亭再次站到前台，依然是黑色T恤、牛仔裤。这一次，他带来了产品——两款货真价实的电视：一台60英寸，售价6999元；一台40英寸，售价1999元。这一售价远低于市场同类产品。

"跨界创新一直是乐视的一个重要发展策略，这其中包括硬件创新、技术创新、体验创新、营销模式创新以及盈利模式创新。过去10年乐视的发展，就是基于用户不断地进行跨界创新，这也是乐视生态布局的重要思想。"贾跃亭如是说。

互联网跨界者以前所未有的迅猛速度，从互联网领域进入另一个领域，企业的门缝正在裂开，行业边界正在被打开，谁知道下一个被跨界者攻下的城池是哪一个？所以，传统企业家已经有所悟。

2013 年，这一年互联网从金融到教育，从医疗到穿戴，"遇土而入，遇水而化"所向披靡，一一突破传统产业壁垒森严的边界。从产品形态、销售渠道、服务方式、盈利模式等多个方面打破原有的业态，几乎所有的传统行业、传统应用与服务都在借助互联网实现跨界融合，互联网与传统行业进入"核聚变时代"。

1. 互联网 + 金融

2013 年互联网点燃了金融业的熊熊烈火，P2P、第三方支付、大数据金融、互联网金融门户、众筹，一波接着一波……普通大众携着千百万的"零钱"席卷而来，百度百发 4 小时内销售额突破 10 亿，余额宝规模逼近 2000 亿。

让传统金融机构不安的是，在卷走银行储户的存款之后，移动互联网金融的手已悄悄伸向传统金融业务的核心。

2014 年互联网基金理财持续火爆，最大的金融机构银行仅仅服务了 2% 的中小微企业，你可以想见未来面向小微贷款的互联网金融的想象空间有多大。激流之下也有沉沙，在 P2P 等细分领域，不合规和风控差的企业也将逐渐被淘汰。

2. 互联网 + 电视

2013 年，一种叫盒子的东西让曾经势不两立的互联网和电视开始握手言和，让大家放下笔记本电脑重新坐回电视前。这种盒子利用宽带有线电视网，集互联网、多媒体、通信等多种技术于一体，突破互联网与电视之间的藩篱，不仅将互联网内容搬到更大的屏幕之上，还可以实现互动。

最早大力掘金该领域的是雷军的小米，在小米推出盒子后，5 万台乐视盒子在 58 分钟内被一抢而空，爱奇艺联合创维，阿里巴巴联手华数传媒也相继推出各自的盒子产品。

数据显示，2013 年全国有线电视机顶盒用户突破了 2.6 亿，增长幅度超过 20%。开局之战，小米、乐视暂时领先。2013 年，价格战把价格打到谷底，2014 年，互联网电视的热潮更火爆，靠的是技术的突破和服务的升级。

3. 互联网 + 教育

2013 年，BAT 三巨头中的两家百度与淘宝几乎同时发布了各自的在线教育产品——百度教育和淘宝同学。慧科教育推出在线教育平台开课吧，成为互联网教育的黑马。

在电商、社交网络、移动互联逐渐成为竞争红海后，在线教育市场被当作互联网产业最后一片蓝海。有研究预计，到 2015 年在线教育市场规模有望达到 1745 亿元。

虽然俞敏洪判断：在线教育平台和工具创业项目 99% 都会死掉。但是，再狠的"危言"也阻止不了创业者们的求胜之心，他们可能更在意他的后半句话：剩下的 1%，会变成特别有活力的教育公司——经历过春秋战国群雄争霸的时代，剩下的将一统天下。

4. 互联网 + 医疗

2013 年，移动医疗异军突起，移动互联网与医疗这一长青行业展开对接，远程患者监测、视频会诊、在线咨询、个人医疗护理、无线访问电子病历和处方，足不出户即可看病就医。

移动和医疗终端 OEM 厂商、应用软件开发商、系统方案商、ODM 厂商、芯片和模块 OEM 厂商、网络设备提供商，这场对接将给其上下游带来难以估量的商业机会。俗话说"与人方便就是与己方便"，何况是与最舍得花钱的病人方便。

未来 10 年，将是中国商业领域大规模打劫的时代，所有大企业的粮仓都可能遭遇打劫！一旦人民的生活方式发生根本性的变化，来不及变革的企业，必定遭遇前所未有的劫数！

跨界的,从来不是专业的,创新者以前所未有的迅猛,从一个领域进入另一个领域。门缝正在裂开,边界正在打开,传统的广告业、运输业、零售业、酒店业、服务业、医疗卫生等,都可能被逐一击破。

教育、医疗、旅游、家电、汽车、建筑等行业无一例外都将或早或晚或大或小受到互联网的影响,O2O、LBS 等新商业模式也将纷纷出现。

同时,移动互联网和物联网等新兴技术的出现使得传统产业与信息技术的融合范围和深度进一步扩大,融合进程将加速推进。

进入互联网时代的发展新阶段,围绕用户需求和商业利益的最大化,不同领域之间企业跨界将成为一种常态。这是因为,互联网企业的开放平台,与传统实业的产业链制造、物流、服务能力进行对接后,可以释放更多的商业空间。

第四节　战略并购比自己做要更快

2013 年 3 月 10 日,腾讯控股终于在港交所发布公告,其以 2.14 亿美元加上 QQ 网购、C2C 拍拍网及少量易迅股权获得了京东 IPO 前的 15% 股份。双方还另外达成关于未来的承诺:京东首次公开招股时,腾讯将以招股价认购京东额外的 5% 股份,京东有权收购易迅剩余股份。

京东合并易迅等腾讯电商业务后,在国内电商平台仍然居于第二位。2012 年 8 月,宏源证券按照"平台价值 +PS"的估值体系,对苏宁易购的估值为 170 亿~210 亿元。

中国电子商务研究中心最新发布的《2013 年中国网络零售市场十强榜单》显示，苏宁易购以 4.9% 的份额排名中国 B2C 网购市场第三，腾讯电商则以 3.1% 紧随其后，天猫以 50.1% 占据最大份额，京东以 22.4% 排名第二。

本次入股后，腾讯把 B2C 平台 QQ 网购和 C2C 平台拍拍网并入京东，同时京东还获得易迅网少数股权和购买易迅网剩余股权的权利，腾讯总裁刘炽平进入京东董事会。

京东之前包括八大股东，现在算上腾讯，已经有 9 家了。此前的八大股东包括 Max Smart Ltd（下称 "Max Smart"）、老虎基金、HHGL、DST 全球基金、今日资本旗下的 Best Alliance International Holdings Ltd（下称 "Best Alliance"）、Fortune Rising Holdings Ltd（下称 "Fortune"）、阿苏德基金和红杉资本。

对于腾讯联姻京东的主要原因，谢文认为有三点：一是腾讯力图在电子商务上有所进展，通过入股京东和阿里进行正面抗衡；二是推广生活服务基础功能的微信支付，京东的电商优势无疑有助于其电商平台的实现；三是资本运作和产业格局。

资本方面，京东需要在上市前讲更多的故事。京东已通过融资业务"京保贝"和贷款服务"京东白条"为其供应链金融业务加码。此外再傍上腾讯这个巨头，帮助提升估值。

在谈到巨头格局时，谢文表示，如果要预测的话腾讯将暂时领先，其次是阿里和百度。因为巨头现在拼的是平台，成为综合服务平台才能全面领先。

从此次和京东合作来看，腾讯的进攻性更强，旨在成为全网络的生活综合服务平台。虽然之前有电商业务 QQ 商城、拍拍网，包括入股高朋，但是业务很多却没有整合好，缺少单一入口。

"只有一个支付入口，消费者才能全面地享用生活服务，不过腾讯要实现这一目标还有很长的路要走。"谢文如是说。

阿里方面，谢文表示，阿里旨在巩固电商优势，也力图通过圈地成为综合平台。之前是专注于垂直的电商业务，阿里想要成为综合平台，需要实现点到面的扩张，但挑战较大，阿里的技术能力相比较一般，需要补齐在其他领域的弱点。

谢文认为，阿里并没有发挥好电商优势去实现能量的积聚。比如阿里将金融拆分开来，不包含在上市公司里面，但是"这样的战术会让战略变复杂，整合更加困难，更难成为综合服务平台"。

对于之前甚嚣尘上的阿里入股 LINE 传言，谢文认为："这个消息不是很有意义，和成为综合网络平台相比没有多少价值，毕竟 LINE 是日本的公司，很难让阿里控股，包括国内相关政策也受限，所以这个分量是不够的。"

腾讯控股发布公告宣布，中国领先的自营电子商务公司京东集团（以下简称"京东"）与中国领先的、服务于中国最大网络社区的互联网公司腾讯控股有限公司宣布建立战略合作伙伴关系，旨在向中国互联网和移动互联网用户提供卓越的电子商务服务。

腾讯总裁刘炽平表示："我们很高兴在此次战略合作中将我们蓬勃发展和快速增长的电商业务与京东的电商业务结合起来，并支持他们进一步成长，向我们共同的用户提供更优质的电子商务服务。我们与京东的战略合作关系将不仅扩大我们在快速增长的实物电商领域的影响力，同时也能够更好地发展我们的各项电子商务服务业务，如支付、公众账号和效果广告平台，为我们平台上的所有电商业务创造一个更繁荣的生态系统。"

腾讯副总裁、腾讯产业共赢基金董事总经理彭志坚说："其实腾讯一直在做电商，要做这件事情，需要两个方面的积累，一方面是人才；另一方面是业务。从人才讲，投资和收购也是一个很重要的人力资本积累的方式。从业务上讲，阿里系已经规模庞大，C2C 这条路已无法继续走通；而 B-C 方面京东快速崛起，在品类和口碑上的影响力别人也一时难以超越。作为平台型公司的腾讯，并购京东比自己做要更快。"

投资京东比自己做要更快才是腾讯投资的主因。入股京东对腾讯来说，拥有一个成熟电商平台的股权和董事席位，比自行打造一个全资子平台的成本更低，性价比更高，毕竟京东已是具备成熟品牌的成熟公司。

正如某证券类媒体所说："腾讯入股京东'不需要花太多的钱，并且省去了花钱还赚不到吆喝的巨大成本'，而且还能够利用微信这一巨大入口，开辟移动互联网的电商新通道。"

第五节　游戏化思维如何改变营销

随着消费者需求更加多样化，观看渠道不再被垄断，甚至观看比赛本身不成为他们最大的乐趣。随之而来的是，营销形态变得更为多元化。企业在世界杯这样一个大型"娱乐事件"的营销上，有了更多的选择和发挥空间。

本届世界杯上，令人印象深刻的不再是那些大鸣大放的广告，而是真正能让用户参与其中，或者得到意见的表达，或者得到情感的宣泄，或者得到赠予的实惠。

借着世界杯的契机，许多企业也发现自己的"推送式"营销模式正在变得过时，用户愿意接受的是那些有亲切感的"拉入式"

营销。

这种移动互联网时代的营销革新与在西方已流行数年的"游戏化思维"中的许多理念不谋而合。许多时候，营销与设计游戏一样，都需要寻找一个有趣的目标或角度吸引用户参与；都需要在过程中设计一些"诱惑式"的元素让用户逐级深入；都需要用户在其中寻找情感共鸣从而产生长期的依赖。

而真正做得好的营销，与真正做得好的游戏一样，都更善于深入体察目标用户的心理动机，从而为他们提供慰藉或满足。

在瑞典的一家公园里，一个蓝色的 1.2 米高的垃圾桶和其他垃圾桶看起来没有什么区别。但当游客向里扔垃圾时，他们会听到一种奇特的响声：仿佛一个物体从很高的悬崖呼啸着坠落了好几秒，最后"砰"的一声落地。后来的视频显示，许多游客为了感受这种乐趣，竟然会四处找垃圾丢进去。

这个垃圾桶是一群工程师创建的简单系统。他们将运动探测器和扬声器安装在垃圾桶盖子上，这套装置能将 1 米高的垃圾桶模拟成数百米的深度。这只是生活当中无数用游戏的"乐趣理论"改变人们行为的例子之一。

游戏化可以通过创造乐趣来实现自己许多的现实目标，虽然"乐趣"是一个很难把握的概念。以一种有计划、有方向的方式获取乐趣的思维我们就把它叫作"游戏化思维"。

市场营销和战略咨询专家王煜全说："游戏化无外乎是对用户心理和行为需求的理解。怎样设计环节会让消费者高兴，愿意参与进来。"玩家玩游戏是为了达到目的或者获取胜利，而游戏设计者设计游戏的最主要目的是吸引玩家去玩。

如果可以把游戏化思维移植到营销中去，无疑会大大增加用户的参与乐趣和黏性。想做到这一点，给用户制造一个心理动机是非常重要的。

营销与销售行为专家孙路弘认为：一般来说，营销当中能够吸引用户关注的关键因素主要有三个：第一，符合用户的心理；第二，传播内容与用户的情况有具体的联系；第三，传播内容能够诱发用户好奇。其中，满足用户心理的要求完全可以通过游戏化来体现。

"游戏能够让大家乐此不疲，其本质是抓住了人类的心理动机。人类的根本动机一般来说有三个：竞争、成就与地位。人们内心深处有与人攀比的心理，这就会导致竞争，而游戏可以满足这种心理。人们内心总想事业成功，或者达成愿望，获得成就感。如果营销的内容能够让用户参与、体验，并达到他们预期的目的，就能够让他们感觉满足。地位是人们用来衡量自己在社会中的处境的一个标志。这通常可以通过积分、升级等一些标志来实现。"

当然，那些把游戏化思维运用得当的企业，往往能将情感概念、乐趣、玩和用户体验关联起来。

关于如何诱导消费者的动机和行为，行为经济学已经做过了许多研究，在营销学中，最近几年也已经深入到了对视觉、听觉、嗅觉、味觉等综合调动的"神经营销"。

对企业的营销设计者来说，通常做法是把这些概念移植到自己的营销目的和行为中去。而在游戏中，这些对人性心理的把握可以说积淀的时间更久，把握得也更为准确。而且，所有游戏在设计时，就要把营销预埋到进程中去，才能获得比较理想的用户参与数量。

传统营销与新时代的互联网营销之间最根本的改变，孙路弘把它概括为"从被动到主动"的改变。"以前用户的选择少，电视上播放广告，用户唯一的选择就是去洗手间。现在，客户可以看手机，可以吐槽，可以用这个时间来搜索刚才比赛或者内容中的兴趣点。读者可以回忆一下，你今年还记得世界杯赛中的哪个广告？企业应该转变思维，从强制性灌输到智慧型诱导，吸引用户参与，给他们一个双向互动传播的机会，而不是被动地我说你听，给用户一个通路。"

其实，体育本身就是一个巨大的游戏体现。当运动员在赛场上竞技时，观众也希望获得入口、通过思考参与竞技。"调动更多的人参与互动，是这个时代中社交模式最重要的营销思考。营销就是调动大众参与、体验，在过程中是高兴、紧张、兴奋、遗憾的。这才是新的手段层出不穷的思想源泉。新的方法基于这个网络时代的基础性变化，那就是大规模的信息流，点对点的信息流，点对面的信息流，引导信息流推动企业的品牌，簇拥企业的产品，这才是新的方法源源不断的思维模式。"孙路弘说。

据《福布斯》的统计数据，2012 年，每年一届的"超级碗"决赛商业价值已经达到了 4.2 亿美元。而四年一届的 2010 年世界杯决赛的商业价值仅为 1.4 亿美元。而且，超级碗的商业价值仍然在逐年上涨。

不是大家不再热爱足球，而是与超级碗积极运作场内场外热点的商业模式相比，世界杯的持续运作能力稍显不足，也缺乏更多引导观众参与的稳定平台。

从本届世界杯的球迷参与方向和热度也能看出，更多人对比赛八卦外围、社交平台、竞猜参与的关注已经超过了对比赛本身的评价。而为这些球迷提供的出口又不足够丰富。

王煜全说："现在大家的生活节奏越来越快，足球这样 90 分钟只能进一个或几个球的运动显得不够刺激了。世界杯上的明星也早已不如从前那样闪耀。当比赛本身不够那样赏心悦目，持续性刺激不够时，就可以通过更多游戏来进行填补。好比赛马，结果一分钟内见分晓，但赌马背后的运作却随时都在变化，让人想去积极参与。针对世界杯，除了竞猜比分，最佳前锋、最佳后卫，甚至控球时间，都可以设计更多环节，让用户得到持续不断的介入感和体验。"

保持对用户的持续刺激，在游戏中被称作"生命周期管理"。用户进入游戏，可能先在"新手村"慢慢成长，突破的每一关，都会带给人喜悦感和成就感。

在现实的营销中，这样的做法也被大量应用着。飞机旅客计划的积分卡，星巴克咖啡的用户升级概念。但在体育营销中，这样的做法还应用较少。企业是否可以营造这样一个"场"，把线索拉长来讲一个完整的故事。

游戏之所以能做到层层深入，很重要的原因是量化思维和大数据是游戏的基本思维之一。游戏用户被什么元素吸引，从哪里登录，在哪一关、哪一环节上用户流失了，这一细节都可以马上被分析，然后做出修补和改进。

而现实中，大部分企业还不太清楚用户为什么对自己的营销漠不关心，用户是在哪一个环节上流失的。

王煜全认为，企业应该向游戏化思维学习，多在"实时反馈"上下功夫。"游戏中你在哪里掉了血，获得了什么成就，马上就会有所体现。生活中，人们对非实时的反馈越来越不敏感，对广告也越来越缺少兴趣，品牌提升其实是一个比较虚的东西。让用户扫描二维码，你可以马上知道用户的关注如何、参与情况怎样。"

能够真正把营销中的游戏化思维落到实处，不仅是思维的转变，还需要企业的用心运作。孙路弘说："现在是自媒体时代，每个人都有想说的话。企业应该提供一个平台让用户去表达，让他们去反馈，让他们去评价你的产品，甚至指点你的营销都可以。只要用户参与，就有人气，就是一个场，这才是企业真正该有的思维模式。知识竞答、优胜队竞猜、参与积分、提供排行榜、设计进阶等级都是游戏化的营销手段。甚至包括征文、短信互动、微信分享等都可以吸引大众参与，并一波一波地推动企业的社会化营销进程。用社交模式进行传播，比简单的烧钱投放广告要更加持久、更加有效。当然，做这些事情，需要智慧，比起简单砸钱并收取广告代理返佣要费心多了。"

第八章　事件思维

事件营销指企业通过策划、组织和利用具有新闻价值、社会影响以及名人效应的人物或事件，吸引媒体、社会团体和消费者的兴趣与关注，以求提高企业或产品的知名度、美誉度，树立良好品牌形象，并最终促成产品或服务的销售的手段和方式。

第一节　奥运后时代的烽火硝烟

2008 年奥运会结束了，奥运营销却没有。那些奥运会新出炉的冠军们，那些总投入达到 8.6 亿美元的奥运会全球赞助商们，那些别出心裁搭上奥运快车的非赞助商们，仍然在不间断向消费者提醒着奥运与商业与企业之间颠扑不破的关系。

这种关系是否得到消费者认可则是另一回事。

奥运会过后，不同的机构对奥运营销的效果有不同的评估，结果不一。但是成功的奥运营销都呈现以下几个特点。

将品牌精神与奥运精神紧密相连。对于奥运会的赞助商来说，如果仅仅是在广告宣传中表明自己对奥运会的支持，仅仅在名片上印上五环的标志，表明自身的赞助商地位，显然对不起砸进去的巨额赞助款。

奥运会是提升品牌影响力的大好时机，最大化地把握好这个时机，就要将自身的品牌和奥运精神紧紧联系在一起，让消费者对品牌产生正面的积极的印象。

海尔将奥运会视为一个向国内外消费者展示自己品牌的舞台。张瑞敏曾表示："我们的目标就是搞全球化品牌。现在奥运会恰恰是给我们提升了，或者升华了这个步骤、这个过程。"

海尔为了将自身的理念与奥运真正地契合起来，在广告传播中突出了体育大家庭的想法，海尔发言人、亚太区总监张铁燕表示，奥运是一个全球盛事，所有的顶尖运动员都要在这个赛事中拼搏、突破，他们同样也要建立一种友谊的关系，就像一个体育大家庭一样。所以，海尔广告传播中突出的是"一个世界，一个家"的理念。

同时，海尔在 2008 年提出"2008 我们是奥运的主人"的口号，这个口号也成为本年度让人印象最深的奥运营销口号之一。

同时在自身的产品上，海尔努力体现与奥运的更高更快更强一脉相承的精神。海尔为奥运会 31 个场馆提供的 6 万多台产品，大部分都是绿色产品，比如太阳能空调系统，用二氧化碳作为制冷剂的冰箱产品，还有不用洗衣粉的洗衣机等，体现了海尔不断创新不断突破的精神。

这些努力取得了很好的成果，张铁燕曾表示，海尔品牌的知名度和美誉度都有了一定程度的提升，"奥运给品牌的影响持久性会非常长，它对我们未来的业务会有一个比较好的、正面的、非常积极的促进作用"。

与消费者形成广泛互动。现在的消费者对持续的广告轰炸已经有了免疫力，更何况奥运营销中的轰炸此起彼伏，要在顾客心中留下印象并不容易，真正要赢得他们的心，还需要与他们面对面地接触，让他们真正体验到品牌的魅力所在。

比如联想在奥林匹克公园里建立了 1200 平方米的联想数字体验中心，ThinkPad 商务机和 IdeaPad 消费机两大机型，在这里有集中展示。

大家在这里可以和祥云火炬拍照，消费者还可以用笔记本完成慢跑游戏，目睹冲击实验、透水实验等过程，感受联想电脑在受冲击以及潮湿环境下的品质，还可以体验人脸识别等各种新奇科技。

可以说，消费者的参与是奥运营销中必不可少的一个环节。

另一个需要提醒的是，这一点在奥运之后还应该长期持续下去，不应该随着奥运会的结束而结束。

非赞助商的独辟蹊径。虽然在奥运会顶级赞助商的角逐中败给了阿迪达斯，但是李宁公司在奥运营销中异军突起，赢得了更大的胜利。百度"奥运期间网民关注热点"的一份报告显示，李宁成为这届奥运会期间最受关注的品牌。

李宁公司代表了那些奥运会的非赞助商们，只要巧用心思，同样可以在奥运会中分得一杯羹。在李宁公司的创始人李宁点燃圣火之后的第一个交易日，李宁公司的股票逆市大涨，如果说这一点其他非赞助商难以复制的话，李宁的其他做法却是极具借鉴意义的。

李宁赞助了4支国家梦之队，跳水、乒乓球、体操和射击，这4支队伍拿到了25块金牌，占中国金牌总数的近一半。

而且李宁公司赞助的阿根廷、西班牙篮球队，也表现出色，尤其是西班牙与美国篮球队的那场决赛，西班牙球队带给世界目眩神迷的球技的同时，也将李宁的Logo带到了全世界消费者的眼前。

记者穿着李宁服装的手笔也值得称道。李宁公司与中央电视台奥运频道达成协议，从2007年1月1日到2008年12月31日，为中央电视台奥运频道所有栏目及赛事节目的主持人和出镜记者，提供李宁品牌的服装、鞋及配件。

虽然根据奥组委的最新规定，李宁公司和奥运频道的某些合作受到了限制，但是在比赛中，我们还是可以看到李宁的品牌不断通过记者和主持人在向观众展示。

李宁公司的首席运营官郭建新在奥运会后表示："我们的全球认知度被大大提高了，奥运会机遇将实现李宁公司的第二次腾飞。"

应对突发事件。奥运赛场上永远有意外。刘翔的受伤退赛让全球观众愕然，更让他所代言的十几个品牌很受伤：有人统计，刘翔退赛，赞助商的损失超过 30 亿。

虽然有些品牌在赛前就制定了两套方案，无论刘翔是赢还是输，都有相应的营销方案，但是没想到的是，刘翔退赛了。

但是有的品牌在这次意外中的表现让人称道，8 月 18 日中午，刘翔走下赛场，下午，耐克公司就发表了一则官方声明："刘翔是中国最杰出的田径运动员，自 2004 年雅典奥运会夺金及之后打破世界纪录以来，他一直并将继续为中国和世界各地支持者带来激情。耐克为能与刘翔紧密合作而感到自豪。"

19 日，刘翔退赛的第二天，耐克公司就推出了画面为刘翔特写的广告，广告词也让人十分感动："爱比赛；爱拼上所有的尊严；爱把它再赢回来；爱付出一切；爱荣耀，爱挫折；爱运动，即使它伤了你的心。"

这种快速反应赢得了消费者对品牌的好感。

对于第一次在主场进行奥运营销的中国企业来说，2008 年夏天过后，以上这些成功的宝贵经验尤其显得珍贵。

第二节　新飞——以奥运之名"选美"

2008 年奥运会对于家电品牌也是一个千载难逢的品牌传播机会，但是，海尔集团已经率先抢了头牌，成为 2008 年北京奥运会唯一的白色家电赞助商。

于是，众多的家电品牌只能站在奥运之外，来谋划沾奥运之光的策略，新飞电器可以算其中一个典型。

2007年4月4日，新飞电器宣布"新飞2008助威团"全国选拔赛正式启动，还在同期表示启动"非奥运营销战略"。

据悉，这场耗资数千万元的大型选秀活动将打造一支由50名美女模特组成的"2008助威团"，采取为比赛加油喝彩的方式来支持奥运，新飞电器表示，此次活动意在体现"重在参与"的奥运精神。

此次活动命名为"非奥运营销"，是试图通过整合体育与时尚资源直接针对奥运观众的营销手段来推广品牌，新飞并表示这将是自己直到2008年北京奥运会举办之时的营销策略。

新飞电器表示，新飞的"非奥运营销"选择以声势浩大的美丽助威团加油喝彩的方式来支持奥运，明确提出打造一支"2008助威团"，即一支将会最为耀眼的特殊"中国之队"。

"新飞2008助威团"评选是一次以为2008北京奥运会呐喊助威为初衷的大型时尚选秀活动，将在全国20个省级赛区、近300个地级赛区全面铺开，从报名、海选、地区选拔赛、网络人气PK、省级选拔赛、人气拉票到总决赛，活动从2007年4月持续至2008年3月。

选秀活动无论对于营销界还是公众来说都已经不陌生，而且在中国还有风起云涌之势，从蒙牛赞助超级女声，纽曼赞助梦想中国，江中亮嗓赞助红楼梦中人等，"选秀"活动已经成为中国企业品牌传播的一个新平台，也开辟了公众娱乐生活新的参与空间。新飞的选秀活动，也正顺应了当前的娱乐文化的潮流。

不过，新飞电器的选秀活动因为和奥运有关，于是在奥运会开幕之前的这段时期，这个活动的话题就会成为媒体关注的热点之一。

据悉，活动自启动以来，全国170多家电视、报纸、网络媒体进行了宣传报道，26家媒体对"新飞2008助威团"活动进行了高度评价。

新飞的创新性在于，不能成为奥运会的主流营销阵营，干脆自己创建一个与2008有关的营销平台，基于这个平台来传播品牌，促进与消费者的互动，这一点，值得很多希望打"非奥运营销"牌的品牌借鉴。

如何创建一个与奥运有关的新的营销传播平台，是非奥运营销的一个基本切入点，这个平台可以是活动，也可以是某个目标消费群体的组织，关键在于是不是能跟奥运扯上一点关系，同时又带来公众的眼球。

新飞此举主要是要发动全国关注时尚与体育的人群及新飞品牌的拥护者都来关心和参与奥运，通过面向更广泛的奥运人群来体现对奥运的支持。

"新飞2008助威团"评选，主要的参与对象是众多青春、时尚、美丽的中国女孩，目标是选出美丽的代表新飞形象与中国形象的模特。

优胜的50名选手将作为新飞形象大使活跃在2008的赛场内外，前三名更有机会参加2008北京奥运会开幕式，第一名还可赢得10万元大奖。选秀将经过一系列严格的考核、激烈的竞争，争夺最后50个进入特殊的新飞"中国之队"的名额。

借助此次活动，新飞希望把年轻化、时尚化的品牌形象随赛事更广泛更深远地传播出去，新飞人认为，运动给人以活力，体育带给人以振奋也带来激情。

新飞的"2008助威团"选拔赛以时尚选秀与美丽演绎的形式出现，用激情和活力对最初的奥林匹克精神的挖掘进行放大。

新飞还表示，配合此次非奥运营销活动对新飞品牌的推广，新飞将在工业设计上追求更高标准，推出外观更时尚的系列冰箱，以全面提升品牌形象，着力打造国际化白色家电品牌。

其实，"选模特""选美女"跟运动本身没有什么关系，因为运动员更体现的是活力和动态，而美女和模特更倾向于时尚和青春。

不过，由于本次评选出来的美女模特是"2008助威团"的成员，所以公众一方面会自然对于奥运助威的美女选秀产生兴趣，另外一方面也会对于美女模特去当助威团的景象和能够起到的作用充满期待，于是，人们自然就会因此关注新飞品牌。

从这个角度来看，新飞品牌的知名度的拓展应该可以达到，但是如何自然地传递深层次的与奥运有关的元素，在选秀活动中加入奥运的元素，让时尚与奥运结合得更加紧密，或许是新飞在活动中面临的问题，因为2008奥运会的助威团不能仅仅是美女，还应该代表奥运精神，同时也代表中国形象。

因此，奥运会助威团的对象应该是对于体育运动和奥运有深刻了解，同时对于奥运会的礼仪规则也有了解的美女模特，这样的选秀才能和其他的美女模特选秀区分开来，体现新飞赞助这次活动的独特的社会价值，对于其他希望开展类似活动的非奥运营销企业来说，这个问题同样需要引起重视。

另外，由于海尔已经是白色家电的唯一赞助商，对于"2008"这样的称号的使用是不是会伤害赞助商利益也需要考虑，蒙牛在非奥运营销中曾因打"擦边球"过界被奥组委制止。

奥组委表示"08""北京"字样都不能出现在非奥运合作

企业的宣传中，如果出现这样的情况，新飞的选秀活动就会黯然失色。

不过新飞的相关负责人强调，"新飞2008助威团"是中国文体明星奥运宣传助威团的系列活动之一，也就是说，新飞的这个"擦边球"不会涉及法律问题。那留给新飞的问题，就是如何能够将时尚选秀活动真正地和新飞的品牌价值提升结合起来。

选秀节目重要价值在于群体效应，虽然参与群体只有一个，但是那些外围的群体都会因为主要的参与群体而被带动起来，比赛选手的家人、亲友团等都是选秀会链动的群体。

"新飞2008助威团"虽然选的只是年轻的模特、美女，但是所有年龄群体的热情都会被调动，因为人们希望不同层次地参与，有的群体是抱着观赏比赛的角度，有的群体是关心选手的角度，有的群体则是从看别人实现自己年少时候曾经的梦想的角度……

可以说，从选秀的定位角度，新飞电器作为一个全国性的大众化的品牌，无疑将品牌与主要的目标消费群体实现了良好的契合。

不过，值得思考的是，在选秀活动举办的过程中，如何让不同的群体参与进来，这却是需要考虑的细节，例如超级女声在举办过程中，从一些过程中的场景以及新闻点的炒作，都进行了精心的策划。

这样能够将选秀活动掀起一波又一波高潮，才能将更多年龄群体吸引进来，达到更加广泛的品牌传播效果。

一个好的营销平台，一定要能够调动起大众传媒、合作伙伴的参与，这样才能够延伸营销平台的产业价值链。

新飞电器"新飞2008助威团"的"美女奥运"应该说匠心独运，

也是很巧妙的非奥运营销策略。

第三节　向蒙牛学习事件营销

"超级女声"的收视率直逼央视一套，总决赛时 15 秒的贴片广告，报价居然比央视还高。赞助"超级女声"的蒙牛酸酸乳，其销售额也由 2004 年 6 月的 7 亿上升到 2005 年 8 月的 25 亿，同比增长 2.7 倍，20% 的销售终端甚至出现供不应求的现象。

而赞助费用、电视广告、网络宣传、户外广告、促销推广费等，所有费用全部包括在内，大约都只占销售额的 6%。蒙牛的这一事件营销无疑又是非常成功的。

从"打造中国乳都"到赞助春节晚会，从神舟五号上天到超级女声，事件营销似乎成了蒙牛起家和发展的撒手锏。

正如蒙牛老总牛根生所说，一次成功可能谓之偶然，但一次又一次成功就绝非偶然了，其成功背后必有必然的因素。蒙牛如何玩转事件营销，其成功背后的必然因素是什么？

所谓事件营销（event marketing），是指企业通过策划、组织和利用具有名人效应、新闻价值以及社会影响的人物或事件，吸引媒体、社会团体和消费者的兴趣与关注，以求提高企业或产品的知名度、美誉度，树立良好品牌形象，并最终促成产品或服务的销售的手段和方式。利用人们对事件本身的关注，企业至少可以从中获得非常高的知名度。

和硬广告不同，事件营销的本质是公关，如果运用得当，企业可以花较少的钱取得更好的宣传效果，这也是蒙牛尤其青睐事件营销的原因。蒙牛事件营销的成功，有几个关键之处。

首先，在事件的选择上，蒙牛仅仅抓住"公益""公众"这两个关键词。蒙牛所选择的事件都是正面事件，是国家政治经济生活中的大事。

就"超级女声"来说，尽管公益概念不足，但其在公众方面的影响足够大，与公众的贴近性特别强。蒙牛酸酸乳的目标消费人群年龄介于15~25岁之间，而"超级女声"的主要参与人群也是在这个年龄段，两者在目标受众上是非常吻合的。

上届超女季军——个性、自我的代言人张含韵，加上"酸酸甜甜就是我啊"的品牌诉求，对产品的销售会产生非常直接的拉动。

其次，在策略的执行和后期的跟进上，蒙牛有科学的机制和流程。在蒙牛现行的机制下，任何一个项目，起初的论证都很严谨，甚至会有不同意见的激烈冲突，但是，决策层一旦敲定目标，企业所有相关资源都必须向这一目标集中。

在与"超级女声"的合作中，蒙牛的努力是全方位的。电视广告、网络宣传、户外广告、促销活动等，都是及时跟进的。所以，蒙牛酸酸乳这次事件营销的成功，其实也是蒙牛整合营销传播的一次成功。

最后，如何利用多次事件营销成功之后的影响，拉动品牌美誉度向品牌忠诚度的提升？如何打造企业与品牌的核心竞争力？这也是蒙牛如今面临的重大问题。但我们也能从他们的努力中，找到一些思路。

事件营销，是品牌塑造的直接载体。要充分利用好这个载体，就要实现事件营销与品牌两者之间的共鸣与共振。

在"神五"中，蒙牛"强壮中国人"的口号我们还记忆犹新，蒙牛牛奶的品质、蒙牛品牌的诉求，都得到了消费者的认同。

蒙牛酸酸乳，"酸酸甜甜就是我啊"，脍炙人口的广告词也深深打动了不少消费者的心。一个品牌的成长，是满足消费者的结果。产品、营销、品牌，应是企业同时努力的三个方向，任何时候都不能偏废。

事件的选择、策略的执行、后期的跟进，环环相扣，应是事件营销成功的基础。产品、营销、品牌，三方面同时着手努力，企业才能实现知名度到美誉度到品牌忠诚度的升级。

第四节　嫦娥奔月，谁来助推？

2007 年 10 月 24 日 18 点整，随着一阵巨大轰鸣声，受世人广泛关注的中国第一颗探月卫星——嫦娥一号顺利升空。直至今天，"嫦娥"这一热点事件仍是各大媒体重点关注的新闻事件，成为 2007 年为数不多的热点之一。

此次热点事件品牌捆绑大概只有两个牛奶品牌，蒙牛、伊利在此次科技事件中发出了一些声音，其他品牌只是如同在春晚上祝贺般，在网络或区域知名报纸等媒体上刊登祝词，聊表寸心而已。

就事件影响力而言，2007 年的嫦娥一号其实与前两年的神五、2008 年的奥运都是可以相提并论的大事件，可为什么鲜少有品牌和企业借势嫦娥一号，完成自己的助推升空呢？

就营销而言，这是中国企业界的一大遗憾。这几年，营销理论丰富得有些让人目不暇接，中国人在造概念、出点子、提炼理论方面，可以拿奥运冠军，如果——列出，编辑恐怕要跟李某探讨稿费问题。

但为什么在营销理论如此丰富的今天，在品牌营销方面还是鲜有企业借助外力完成突围呢？此次嫦娥一号升空事件不论从影响力、公众关注度、正面性等各方面讲，均符合事件营销对于事件选择的标准，可以说是一个标准的可捆绑事件，为什么中国企业会置若罔闻呢？

中国企业界尤其是中小企业，务实精神不足，务虚精神有余，但在今天探讨的层面，又显得过于务实和眼光短浅了。我们的企业和企业家，在营销创新上花的心思确实不够，一谈推广就认为一定是大投入，花大钱，砸广告，上央视，却忽略了借势登顶这一最大的可能。

打个比方，营销就像追求一名好女孩，有钱有势者众多，长得帅的也不少，即使你有钱，也不能跟人瞎比较，而是应该动点心思，想一想还有什么"花招"能博得女孩的芳心？

事件营销就是最好的"花招"之一。

CBCT多年来一直致力于营销创新应用理论的研究，根据品牌3.0理论，我们认为要做好事件营销，得在以下四个方面下足功夫：在出风头的场合多露脸，让消费者注意你；要有巧妙的创意，才能取得事半功倍的效果；同时借助广告的力量，扩大影响力；还要加强沟通互动，和消费者多交流，多揣摩消费者的心思，全面满足消费需求，从而提高美誉度，于无形中夺得消费者的芳心。

1. 选好事件，出足风头露足脸

根据我们的实践经验，事件营销要想取得最好效果，尤其要注重以下三个特点：时效性、行业相关性、娱乐化。

首先，要抢占时效性。

事件发生的时间是难以预知的，并且不可估量其发展。因此，很多企业仓促上阵，起个大早，赶个晚集，花了大价钱，效果却不容乐观。

当年神六升空时，随着两位宇航员一起进入太空的，还有来自台湾的泥土和几克普洱茶，前者当然是政府对统一大业的夙愿，而后者自然是云南企业想借神六这一事件提升知名度。

但令人失望的是，神六平安归来后，这几克普洱茶便消影遁形了。后续活动支持的缺失，使这一次事件营销虎头蛇尾，并没有达到企业欲借势提升品牌影响力的初衷。更何况这一事件只是品类的一次宣传，没有落实到具体的单体品牌上。

嫦娥一号的升空自然是件绝对的眼球事件，企业为捆绑这一事件在公关上想必也下了大功夫。凡事预则立，不预则废，要想做好事件营销，战略的准备至关重要，企业成立专业的企划部门进行长期跟踪，提前操作，前期的全盘预测、准备，中期的严密周全的规划、坚定的执行，后期做好活动评估，都要步步做好，为收官和下一局做好准备。这样的一套组合拳打下来，才能将事件营销的效力放大到最大价值。

其次，要评估行业相关性。

因为事件具有行业性的特点，细分下来有科技事件、民生事件、社会事件、网络事件等多种类型。如何选择其中合适的事件进行品牌依靠，这就需要对事件的性质与品牌内涵进行匹配性评估。

蒙牛品牌当年捆绑神五一飞冲天，已成为教科书式的经典案例。神五的成功，带给国人的是对祖国的自豪感和对科技的兴趣，这与蒙牛的品牌诉求——"每天一斤奶，强壮中国人"，和大量对于蒙牛产品生产的科技含量的宣传密切贴合，才成就了蒙牛的发展神话。

在事件的选择上，与品牌的契合度是最重要的指标。企业必须选择合适的事件，在操作中提炼出恰当主题，借以黏合事件与品牌。只有品牌与事件内涵吻合、相辅相成，才能够两相激荡，使品牌的注意力吸引最大化。

第三，要注重事件的娱乐化操作。

好的事件，一定不能举轻若重，而要举重若轻，要特别注意让更多的社会人群参与进来一起关注，而不是将影响力局限在某些局部专业人士之内。娱乐化便是这个时代一个重要的特点。

要注意的是，娱乐化不是庸俗娱乐，而是寻求品牌内涵、产品特点、行业热点与事件的互动性和延展性，以内涵带外延，不断以事件刺激社会和媒体的眼球，将事件进行再次传播和放大。

2. 选好创意，决定成败

今天的消费者，不是等待信息，而是摒弃信息。连手机短信也成为新媒体的时代，消费者对于泛滥的信息的态度可想而知。在消费者对资讯处于抵触心理的时期，融化消费者内心的坚冰，靠的就是创意这一根小小的火柴。

事件营销就是注意力经济，选择合适的事件资源后，如何利用它发挥最大功效，吸引最多的注意力，就看创意人的功底了。

阿基米德说，给我一个支点，我就可以撬动地球。在此，事件就是支点，创意就是杠杆，创意越巧妙，杠杆的长度就增加，撬动地球就越轻松。

富亚公司当年为了证明涂料的无毒、环保，欲用小猫小狗喝涂料试验进行证实，结果受到动物保护协会的阻拦，老总一急之下，就自己把涂料给喝了。这一举动轰动了整个北京城，各大媒体争相报道，随之而来就是订单不断，销售业绩大增。

活人喝涂料，这一无毒证明不免过于极端，吸引眼球和提升销量的暂时性目的达到了，可这样的事件传播对于品牌建设是利大还是弊大？事件营销不同于行为艺术，可以走钢丝，创意则必须以品牌为出发点，每一个创意都应该一步一步坚实地走在品牌提升的路上。

再看1985年，张瑞敏怒砸问题冰箱事件，这可以看作一次典型的事件营销案例。海尔因为张瑞敏的这一举动，登上无数媒体、书刊以及高等院校的关于企业质量的教材。

也许那时的张瑞敏，并没有考虑到这一举动在海尔营销上的效应，但此举的切实结果就是，通过这一事件的广泛传播，海尔注重企业管理、注重产品质量的形象被极大地树立起来。

在事件营销上，选择合适的事件进行营销捆绑时，这一捆绑的绳子就是创意所在。入门的选手能够将绳子打成蝴蝶结，让事件与品牌看起来天衣无缝；高段位的选手则可以用创意改变事件的发展走向，为品牌服务，当事件成为社会话题的同时，品牌自然在潜移默化中植入了消费者的内心深处。

3．借力广告，整合传播最重要

因为事件具备新闻的性质，时效短暂，很容易就成为明日黄花，如何使事件营销的生命力更长久一些？这就要利用到广告强化传播的功用。

广告并非不能用，关键是在于如何用到其巧妙之处。

事件营销的最终成功，需要的是策划力与传播力的综合匹配，即事件行销力＝策划力 × 传播力。再好的事件营销构思，再成熟的策划方案，一旦遭遇很差的传播力，结果也不会令人满意。在2004年劲霸男装关于入选卢浮宫的事件营销全过程中，劲霸男装在具体执行策划的过程中就充分把握住了传播力的精髓。

2003 年 10 月，劲霸因款式设计领先，被法国·中国文化年组委会选中，作为唯一入选法国巴黎卢浮宫的中国男装品牌，参与中华民族服饰展演。

但据调查，所谓"入选"不过是一次商业走秀，不具有持久意义，不代表被卢浮宫收藏认可。而时隔一年后，劲霸公司将此拍成广告片，斥巨资在世界杯期间最优时段进行宣传，打出广告语"唯一入选巴黎卢浮宫的中国男装品牌"。

尽管有人对此广告质疑声不断，业内人士也称之为打"擦边球"，但结果是消费者已经对劲霸品牌耳熟能详，而且潜意识里已经将其列为中高端品牌。

劲霸的这一举措证明，在借助事件进行推广时，借助广告进行整合传播，将使事件和品牌更有说服力和震慑力，从而强化事件对品牌的营销价值。

广告的效力自然无法小视，在强化传播方面依然是最强势的渠道，但事件营销的广告传播和单纯的广告宣传自然不同，前者因为具有新闻性的特点，故在传播内容上要求真实可信，还原事件原貌，才能得到消费者的认可。

因此事件营销在传播上就需要区别于以往的广告形式，在媒体的选择、传播形式和内容、传播的强度等各方面，坚持真实可信的原则。

4. 注重互动，强化品牌个性

用事件营销能快速打造品牌，重要的就是因为品牌需要不断跟消费者进行沟通交流，每一次事件营销都会在消费者心目中留下印象。

持续不断的良性互动，连起来就是一条线，赋予品牌以稳定的性格，品牌的张力带来销售的动力，从而促进企业快速成长。

如今的社会也进入了扁平化阶段，全民参与成为时代的潮流，每个人都想成为英雄，而不仅仅是坐在银幕下仰视英雄，科技的发展也使之成为可能。"超级女声""娱乐篮球""梦想中国"等电视节目，正是以平民参与为出发点，才成为社会的导向性话题。

2005年，白沙集团与长沙市青基会在湖南省开展"为构建和谐社会贡献力量，一份爱心决定一所希望学校"的爱心助学活动。活动内容一登出，就得到消费者的广泛关注与踊跃参与，每天接到消费者100多个咨询电话和10余封信件。

与以往企业的公益助学活动不同，大家最感兴趣的是此次的大奖——和谐飞翔奖。这个奖项将从100名"和谐社会奖"和1万名"和衷共济奖"中抽出3名，获奖者将得到希望学校的选址权和命名权，或选择相关学校的配套教学设施的援建。将权利交给消费者，成为这一事件区别于以往公益活动最大的亮点。

白沙此次爱心助学活动的事件营销，因其对消费者参与的特殊关注和对参与环节的设计，从而成功地将白沙和品牌"和谐社会，我心飞翔"的主题推进到公众的心中，完成品牌的深刻植入，成为既结合事件又顾及消费者互动参与的特殊营销事件。

这就是高段位选手的出招，看似平常，却都有些玄妙在内。公益助学这样的公关活动，抛开企业的社会责任不谈，自然也想提升品牌的美誉度，可除了农夫山泉的"每买一瓶水，您就为希望工程捐助了一分钱"还有些影响外，其他多已泥牛入海。

在这样的活动中，全部的关注都投射到受益人身上，而白沙却看到了捐赠人的身影，为什么不能使捐赠人也得到一些回报？白沙的确慧眼独具。但这样的公益事件操作起来须谨慎小心，一招不慎就可能会招致社会道德层面的麻烦。

品牌的知名度、美誉度，都有一个成长的过程，而每一次事件营销的成功运用都可以帮助品牌成功地跨越一大步。

我们相信，事件营销比纯粹的硬广告往往更有穿透力，能用15%的力量，达到85%的效果，这正是事件营销的魅力所在。

缺少了品牌的助推，从事件营销的角度看，嫦娥一号的这次升空显得有些冷清。也许是神五、神六在前，企业界对此次科技事件的敏感度降低。

但细想起来，除了科技与爱国情怀之外，嫦娥、月亮、团圆、爱情等中华民族的传统元素在此次事件中均可借势诉求，无论是快速消费品、家电还是 IT 等行业，都可以找到与之气质相关的连接点，如果找准创意、强化传播、做足互动沟通，或可借此机会一飞冲天。

第五节　"大骨面"玩出营销新花样

脑白金的上市，给人的印象总是神龙见首不见尾。就是这个神秘的保健品，在国内市场上刮起了阵阵旋风，在两至三年内，即创造了十几亿元的销售奇迹。如果按人均每瓶消费计算，全国则有三四千万人吃过脑白金！

脑白金的"撒手锏"是什么？核心点是所谓的新闻传播，具体包括两种手法：

1. 软文开路

软文是脑白金营销最得意的绝技之一。脑白金的精彩问世，是以 5 篇大块软文鸣锣开道，制造一个非常新奇的新闻亮点，引出人体脑白金的话题。

如以美国人的疯狂，引发"人类长生不老？"的话题，从深层次发掘人们求长生的心理。还拿脑白金与克隆技术相比，以宇航员登太空吃脑白金改善睡眠为事件等，抓住热点事件，宣传脑白金的神秘特点。

2. 事件行销

脑白金还善于创造事件，引导热点导向。炒作免费赠送脑白金活动的始末，就是一个典型的案例。1999 年 6 月 30 日，脑白金在上海展览中心举办免费赠送活动。脑白金策划人员紧紧把握了新闻点，及时加大了传播力度。

第一传播活动现场的壮观场面，暗示老百姓高涨的热情；其次传播活动中秩序的混乱，甚至造成十几个市民受伤，借势渲染市民的迫切心情；第三通过对受伤市民的道歉和送礼慰问，传播企业的公德心，树立企业和产品品牌形象。通过这一系列宣传，脑白金在上海的销售高潮迭起！

脑白金在江城——吉林举办免费赠送活动时，正赶上大雨天，几千人在大雨中排队等候领取脑白金。于是策划人员抓住契机，将天时、地利与人和相结合，连续在媒体上大做文章。如《江城万人感冒》等，信息传开后，收到了极好的新闻效果。

新闻传播在脑白金的品牌宣传中，其气势与产生的效果远远超过其他形式的广告软文。因此，逢年过节，当脑白金进入旺销期时，很多销售点出现断档。

策划人员就会围绕这一事件，大报特报老百姓抢购脑白金的疯狂场景，还以新闻追踪的形式，报道消费浪潮、经销商、商家与厂家的热销与加班生产状况，为的是树立产品美誉度，迎合从众心理，更加掀起抢购狂潮。

　　当我们为脑白金迅速崛起而啧啧称赞时，我们是否也深思过，脑白金的成功靠的是什么？其实最关键的还是事件策划！

　　在现今方便面市场整体衰退的情况下，作为河南本土知名品牌的大骨面异军突起，持续热销，凭借在销售淡季也不降反升的销售业绩，成功逆袭，成为方便面食品行业的一匹黑马。

　　随着市场的不断成熟，传统的营销模式已经被打破，创新的营销模式随之应运而生并不断发展。当下，方便面市场营销手段呈现多样化趋势，只有做好营销策略才能制胜。

　　面对纷争的方便面市场，大骨面选择独家冠名具有公益性质的《名嘴 K 歌秀》，主打公益营销，开创方便面营销新模式。

　　为提高品牌知名度，促进销量增长，大骨面进行了各种创新尝试，不仅在产品层面实现了方便面从白水泡面到骨汤泡面的突破，而且在营销方面也进行了创新探索。

　　从 2015 年 4 月的"突破 2 亿包，疯抢百部 iPhone6"消费者回馈活动到 8 月底的"悬赏 10 万猜字谜活动"等，都获得了普通群众、媒体等多方的热烈关注。而这其中最受关注的便是与《名嘴 K 歌秀》节目的合作。

　　《名嘴 K 歌秀》是河南省首档名嘴跨界 K 歌的大型公益节目，在 2014 年大骨面就已经联手 K 歌秀节目组在全省寻找到 10 名家庭贫困但品学兼优的孩子，并募集了公益基金 88 万多元用于改变他们的现状。

　　另外，大骨面还单独为这些孩子捐赠了 10 万元的公益资金和每人一年的大骨面提货卡，帮助这些贫困儿童解决饮食问题。

　　2015 年，大骨面选择继续与该节目合作，在河南 18 个地市的贫困地区寻找品学兼优的贫困儿童，为他们募捐公益基金，向社会传递满满的爱心和正能量的同时，也想通过此活动向消费者传递"大骨面，河南更多人吃的方便面"的信息，提高品牌的知名度与美誉度。

方便面作为一个市场集中度高、竞争白热化的行业，曾经经历了辉煌的发展期。而在现今方便面市场整体衰退的情况下，作为河南本土知名品牌的大骨面却不甘落后、突破创新，选择了公益营销这样一条创新营销之路，开创了方便面营销的新模式。

公益营销有时被称为不是营销的营销，是典型的攻心之策。其本质就在于企业通过公益活动与消费者沟通，树立良好的企业形象，提高品牌美誉度，从而促进销售。

根据英国一家调查公司的数据显示：86%的消费者指出愿意对那些为改变世界做出贡献的企业产生好感，并决定是否购买产品和服务，73%的消费者在购买产品时愿意转向因为参与某项公益活动的企业，61%的消费者表示愿意重新选择到参与公益的零售商店购物。

由此可见，大骨面选择公益营销之路的经营智慧。也因此，据国内领先的市场研究机构（CTR）河南市场消费数据显示：河南省740万户家庭中，大骨面为最近一年（截至2015年3月20日）河南商超渠道消费量第一名的方便面产品，在消费数量、消费金额等各项指标上均超越其他方便面品牌，成为河南更多人选择的方便面。

当把公众的热爱和品牌的诉求高度融合时，对品牌的溢价效应将不言而喻。大骨面独家冠名《名嘴 K 歌秀》是一次针对性的营销创新，通过《名嘴 K 歌秀》给大骨面的品牌带来更大的提升空间，让大骨面走进河南的千家万户，为大骨面的销量桂冠增添更多精彩。

第九章　借力思维

很多时候，我们判断一件事情能不能做到，往往是看自己的能力够不够。其实一件事情结果的达成，谁又规定只能用自己的能力呢？很多成功者并不是他的能力有多强，而是他能整合更多的资源。我们也把这个叫"借力"。

第一节　借力使力不费力

一天，一个小和尚跑过来，请教禅师："师父，我人生最大的价值是什么呢？"禅师说："你到后花园搬一块大石头，拿到菜市场上去卖，假如有人问价，你不要讲话，只伸出两个指头；假如他跟你还价，你不要卖，抱回来，师父告诉你，你人生最大的价值是什么。"

第二天一大早，小和尚抱块大石头，到菜市场上去卖。菜市场上人来人往，人们很好奇，一家庭主妇走了过来，问："石头多少钱卖呀？"和尚伸出了两个指头，主妇说："2元钱？"

和尚摇摇头，家庭主妇说："那么是20元？好吧，好吧！我刚好拿回去压酸菜。"小和尚听到："我的妈呀，一文不值的石头居然有人出20元钱来买，我们山上有的是呢！"

于是，小和尚没有卖，乐呵呵地去见师父："师父，今天有一个家庭主妇愿意出20元钱，买我的石头。师父，您现在可以告诉我，我人生最大的价值是什么了吗？"

禅师说："嗯，不急，你明天一早，再把这块石头拿到博物馆去，假如有人问价，你依然伸出两个指头；如果他还价，你不要卖，再抱回来，我们再谈。"

第二天早上，在博物馆里，一群好奇的人围观，窃窃私语："一块普通的石头，有什么价值摆在博物馆里呢？""既然这块石头摆在博物馆里，那一定有它的价值，只是我们还不知道而已。"

　　这时，有一个人从人群中走出来，冲着小和尚大声说："小和尚，你这块石头多少钱卖啊？"小和尚没出声，伸出两个指头，那个人说："200元？"小和尚摇了摇头，那个人说："2000元就2000元吧，刚好我要用它雕刻一尊神像。"小和尚听到这里，倒退了一步，非常惊讶！

　　他依然遵照师傅的嘱托，把这块石头抱回了山上，去见师傅："师傅，今天有人要出2000元买我这块石头，这回您总要告诉我，我人生最大的价值是什么了吧？"

　　禅师哈哈大笑说："你明天再把这块石头拿到古董店去卖，照例有人还价，你就把它抱回来。这一次，师傅一定告诉你，你人生最大的价值是什么。"

　　第三天一早，小和尚又抱着那块大石头来到了古董店，依然有一些人围观，有一些人谈论："这是什么石头啊？在哪儿出土的呢？是哪个朝代的呀？是做什么用的呢？"

　　终于有一个人过来问价："小和尚，你这块石头多少钱卖啊？"小和尚依然不言不语，伸出了两个指头。"20000元？"小和尚睁大眼睛，张大嘴巴，惊讶地大叫一声："啊？！"

　　那位客人以为自己出价太低，气坏了小和尚，立刻纠正说："不！不！不！我说错了，我是要给你200000元！"

　　"200000元！"小和尚听到这里，立刻抱起石头，飞奔回山上去见师父，气喘吁吁地说："师父，师父，这下我们可发达了，今天的施主出价200000元买我们的石头！现在您总可以告诉我，我人生最大的价值是什么了吧？"

　　禅师摸摸小和尚的头，慈爱地说："孩子啊，你人生最大的价值就好像这块石头，如果你把自己摆在菜市场上，你就只值20元钱；如果你把自己摆在博物馆里，你就值2000元；如果你把自己摆在古董店里，你值 200000 元！平台不同，定位不同，人生的价值就会截然不同！"

这个故事是否启发了你对自己人生的思考？你将如何定位自己的人生呢？你准备把自己摆在怎样的人生拍卖场去拍卖呢？你要为自己寻找一个怎样的人生舞台呢？

不怕别人看不起你，就怕你自己看不起自己。谁说你没有价值？除非你把自己当作破石头放在烂泥中，没有人能够给你的人生下任何的定义。你选择怎样的道路，将决定你拥有怎样的人生。

世界上的事情就是这样奇特。有些人一直在抱怨，自己很想做成某事，但是没有资金，没有客户，没有人脉……什么都没有，根本就做不成。

就这样，在做事之前，已经失去了信心。而犹太人之所以能白手起家成为世界上令人艳羡的富豪，就是因为他们在别人还在埋怨少这少那的时候，已经思考借助什么样的力量来成就自己的事业了。

犹太人用自己的经历向我们阐释：只要想做，就没有做不到的事；没有东西不要紧，只要善于借助别人的力，就能成就一番事业。

"与其待时，不如乘势。"红顶商人胡雪岩曾经说过："顺势是眼光，取势是目的，作势是行动。"在犹太商人的眼中，乘势同样是成功的一个主要因素，所以成功的商人应该是乘势的高手。

乘势在军事上表现为四两拨千斤，而在商场上就是一笔巨大的财富，有人凭借乘势一夜之间成为百万富翁，有人不会乘势，只能眼睁睁地坐失良机。

美国的食品大王鲍洛奇，就是乘势慢慢地成为美国食品界翘楚的。第二次世界大战爆发的时候，战场上的粮食蔬菜供应紧张，鲍洛奇听说日本侨民在花园里生产古老的东方蔬菜——豆芽，对此产生了浓厚的兴趣。

他来到这群人中间，发现将豆子放进钻了孔的木桶中，只要按时给它加水，白嫩嫩的豆芽就会像魔术一般冒出来。于是，他将这一"伟大发现"告诉他的合伙人贝沙，并且告诉他这一发现将会为他们带来无尽的财富。

但是贝沙不这样认为，他觉得这是一笔小生意，而且豆芽是东方食品，能不能在这里打开市场还是一件未知的事情。

但是鲍洛奇却有自己的见解，他认为现在正是战争时期，食品的供应很困难，豆芽的生长不受地点和气候的影响，很有营养，而且成本也不高，是理想的蔬菜代用品。

再说，美国本来就是一个猎奇的民族，豆芽本身具有很悠久的历史和很浓烈的东方色彩，美国人肯定会对其产生浓厚的兴趣，它的卖点确实很多。

于是，鲍洛奇开始经营豆芽的生意，结果果然如他所料，他按照自己的设想一步步走下去，后来真的成了东方食品大王，鲍洛奇的东方食品被美国的食品市场接受，并在传统的食品市场中找到了自己的位置，取得了巨大的成功。

鲍洛奇就是这样凭借战争的时机发财的，他的合作伙伴因为不会乘势，所以成为东方食品大王的是鲍洛奇，而不是他的合作伙伴。由此我们可以看出，借助恰当的时机，一样可以取得令人艳羡的成就。

很多成功的犹太人就是借助恰当的时机成功的，一般人遇到战争就会惊慌失措地寻找一个安全的避难所，只有那些颇具眼光的人才会在战争的背后看见巨大的发财机会。

　　"乱世出英雄"这句话实在是太准确了。只有那些能在战争中发现商机的人，才会在战争中赚到别人赚不了的钱，这就是借助恰当的时机，乘势而上的巨额回报。

　　一位犹太人在美国居住，当美国出现经济危机时，东西便宜得不可思议，经常是用几美分就可以买到不少的东西，而且，由于很多东西卖不掉，人们就直接将其扔在路边。

　　这位犹太人想，虽然现在商品贬值，但是国家肯定会进行宏观调控，过一段时间，东西肯定就会恢复原来的价格，到时候现在这些不值钱的东西肯定会很值钱。

　　于是，在别人纷纷将货物以低价尽快出售的时候，他却将其买回来。他的妻子虽然很不理解，但是他们还是拿出了几乎全部的家产收购这些东西。

　　不久，国家为了稳定物价，实行了宏观调控政策，将商品的价格抬高到原来的价格，这时他觉得时机已经到了，就将手里的东西卖出去，他的妻子觉得如果再等等，说不定价钱会更高，但是他还是按照自己的思路走，将东西全部卖出。

　　不久由于市场饱和，很多商品的价钱逐渐降了下来。这位犹太人趁此赚取了大量的财富。

　　成功人士很早就能看出借助时势赚取财富的大好机会，于是他们在恰当的时机乘势而上，在没有时势的时候，就制造时势，因为时势对于一心想成功的人来说，就是一条通向成功的捷径，谁抓住了它，谁就是明天赢在人生巅峰的佼佼者。

　　一些人之所以总是不成功，不是因为他们不够机智，不够勇敢，有时候就是因为他们没有乘势而上，这样的人实在是太可惜了。成功的双臂已经向他们招手了，就是因为他们没有抓住时机，乘势而上，所以成功就这样与他们失之交臂，这样的例子实在是太多了。

所以，要想成功，就必须会抓住时势，然后乘势而上。只有这样，才能取得梦寐以求的成功。与其坐等时机，不如乘势而上，因为时势是成功人士的摇篮。

第二节　巧动心思，借力打力最省力

三国时候的诸葛亮是"借力"用得最好的人之一。

有一天，周瑜对诸葛亮说："你 3 天之内，给我打造 10 万支箭来。"这是根本不可能完成的任务，诸葛亮还是满口答应。为什么？打造不出可以借嘛！他跟曹操说"我想杀你，借我 10 万支箭好吗？"你肯定会说曹操除非脑子进水了才会答应。

曹操脑子没进水，他真的借给诸葛亮 10 万支箭。在一个大雾蒙蒙的早上，诸葛亮派出几千艘木船，船上扎满了稻草，佯装攻打曹营的样子。曹操一看诸葛亮你真的要杀我呀，我先用箭射死你，命令所有的弓箭手万箭齐发，结果箭一支支射到了船的稻草上。不到一个时辰，诸葛亮就收到曹操送来的 10 多万支箭。这就是小说上著名的"草船借箭"的故事。

谁说借力只能面向"我的同事、我的朋友、我的亲人"，有时候你的竞争对手也是很好的借力对象。突破"我"的局限，世界才会更宽广。

犹太商人认为，任何事业的成功都不是靠一步登天实现的。可是，登天的办法多种多样，善于借助别人的力登天，既便捷又省力。善于借力的人精于借助别人的手打出适合自己的力，这样既可以打出力，又能节省自己的力，何乐而不为？

犹太民族经过战争的风雨洗礼，已经变得一无所有，但是他们懂得借助别人的力来打出自己的拳。他们就这样白手起家，借助别人的势撑起了自己的船，借助别人的力打出自己的拳，从而在金融界越来越富有，越来越有声望和名誉。

犹太大亨洛维格就是一个善于借助别人的力来成就自己事业的人，他最初创业的时候白手起家，就是凭借别人的力他才能成为今天的亿万富翁。

洛维格拥有当时世界上吨位最大的 6 艘油轮，而且他还经营着旅游、房地产和自然资源开发等行业。洛维格做的第一笔生意是将一艘闲置很久、已经沉入海底的约 26 英尺的柴油机动船打捞出来，然后用了 4 个月的时间将它修好，并承包给别人，他从中获利 500 美元。

青年时期的洛维格在找工作的时候处处碰壁，搞得债务缠身，经常有破产的危机。在他快 30 岁的时候，他忽然有了一个赚钱的想法。

于是他向银行借款，希望银行能贷款给他，让他买一艘标准规格的旧货轮，他准备动手将旧货轮改造成性能强的油轮。

但是，银行没有答应给他贷款，因为他没有可以作为担保的东西。于是，洛维格有了一个更为超越常理的想法。他有一艘只能用来航行的旧油轮，他将它租给一家石油公司，然后找到银行的经理，告诉对方自己有一艘被石油公司包租的油轮，这样每月的租金就可以打到银行作为贷款的利息。

银行考虑到有这家效益很好的石油公司的租金，在一番交涉下，终于决定给他贷款。洛维格的计算非常严密，他正是因为看中这家石油公司的效益好，而且石油公司的租金正好够贷款的利息，所以才会有这样的想法。

后来，洛维格用贷款买到了自己想要的油轮，并加以改装，使其变成一艘航运能力较强的油轮，用同样的方式将它租了出去。然后又借了一笔款，又买了一艘船，并又将它租了出去。就这样，他的船越来越多，随着贷款的还清，他的包租船就归他所有了。

洛维格的成功就是因为他能借助别人的力、别人的势，壮大自己。他从最初的一无所有到最后的亿万富翁，让人瞠目结舌。他从石油公司借到势，在银行里借到钱，用借到的钱再壮大自己的势，就这样，凭借良好的循环，他的钱越来越多，资产越来越雄厚。

《塔木德》一直在向犹太人宣扬聪明人应该学会借用别人的势、别人的力，来成就自己的事业。他们的经典名言就是："借别人的鸡，下自己的蛋。"

很多成功的犹太人在一开始创业的时候都是白手起家的，但是，他们可以运用自己的智慧，借助别人的力打自己的拳，这是一种商业智慧，犹太人的这种智慧让全世界的人不得不服。

就像杠杆一样，犹太人就是习惯找准施力点，使用微小的力，撬动比自己大几倍甚至几十倍的东西，这就是聪明的犹太人的思维。所以犹太人能不断地在金融界创造越来越多的辉煌。

当然，借力不仅是一种能力，也是一种勇气，更是一种智慧。

英国大英图书馆，是世界上著名的图书馆，里面的藏书非常丰富。有一次，图书馆要搬家，也就是说从旧馆要搬到新馆去，结果一算，搬运费要几百万，根本就没有这么多钱。怎么办？有人给馆长出了个主意。

图书馆在报上登了一个广告：从即日开始，每个市民可以免费从大英图书馆借10本书。结果，许多市民蜂拥而至，没几天，就把图书馆的书借光了。书借出去了，怎么还呢？大家给我还到新馆来。就这样，图书馆借用大家的力量搬了一次家。

你肯定也想像大英图书馆那样"四两拨千斤"。如果你能发现自己的"四两之力"（图书），并且敢于把"四两之力"用出去（免费借阅），一切就都不是问题。给予，有时也是一种借力。

第三节　凡客的"围脖"营销思维

凡客以网络媒体发布商品的方式起步，兼用其他媒体（邮购目录册、EDM、RSS 邮件边栏广告、搜索引擎广告等），配合自身门户网站，逐渐在网购市场打下了一片天地。

随着 Web2.0 时代的到来，凡客的董事长兼 CEO 陈年又乘着东风之便，在新浪微博开始了新的试验。

由于微博兼具了 IM（Instant Messaging）的个体性、即时性，博客空间的个人信息发布和分享性、社区论坛的话题讨论性，以及 SNS 社区的人际关系纽带性，这使其更像一个天然的口碑传播平台。

由于对这些特点的洞悉，加上灵敏的商业嗅觉和经验，凡客诚品已经把微博驯服成了一个很好的与客户沟通的工具。

凡客诚品的媒介经理李剑雄介绍说，凡客目前的顾客定位在 30 多岁，喜欢创新、新鲜事物，而这正是微博的客户群。

虽然凡客最初并没有抱着太大的预期，但现在看来，随着微博的影响越来越大，客户群越来越多样，微博作为一种营销方式的优势会越来越明显。

凡客是新浪微博的第一批客户，当初动员员工（主要是运营中心的员工）在一个下午的时间里，注册了100多个微博账户。

凡客最初只是把微博作为一个参照，不是严格的要求，而是更注重员工的自由度，另一方面鼓励员工参与对企业的关注。

但没有想到的是，微博之旅开始之后，公司的微博带来一定的管理需求。李剑雄说，他们聘用了一个比较专业的管理员，主要负责微博、博客的发布、更新等工作。

员工一般都会有自己的工作任务，这就让微博的更新频率有些限制。凡客微博的管理员的加入，又有了更多专业的活动。

管理员专门负责收集与凡客相关的资源，包括内部和外部的——不涉及商业秘密的部分，在微博中发布，加上员工不时地关注和讨论，表现出凡客微博的轻松氛围。凡客鼓励员工按照自己的理念经营自己的博客，无须仅仅局限于公司部分。

作为第一个测试新浪微博的用户，凡客借着与新浪合作向注册微博的名人、明星送围脖的活动，给微博起了一个昵称"围脖"。

虽然这次赠送活动的实物——围脖——没有打上凡客的logo，但是受赠者在微博上议论这件事情，晒围脖照片，加上凡客自身粉丝团的活动，提升了凡客微博的人气。

微博也对凡客的服务质量、采纳用户建议等流程带来了很大的便利。比如有的顾客建议凡客提供直接退换货。

凡客研究了可行性后，把以前逐层提交退换货要求，调整为直接退换货。微博让客户和公司直接面对面沟通，大大缩短了客户需求到转化为商品的流程，节约了成本，也更直接地反馈给了客户便利和优惠。

李剑雄很形象地把微博比作一个人，他认为微博加强了人与人的沟通，让销售服务更加人性化，让客户与员工能更方便地参与凡客的管理，使整个内外氛围很轻松而活跃。

李剑雄也有自己的微博，他对微博的评价是，更像一个 QQ 群，不过他是一个不受限制、无限空间的 QQ 群，可以跟更多的人面对面，但它又没有时间的约束性。

凡客也注意在微博中实施一些用户感兴趣的商业行动。比如 2009 年，李剑雄策划了 4 轮秒杀活动，送出 100 件价值 1000 元的衣服。

用户反馈，"我尝试过一次，用 1 元钱买到 1000 元的产品，鼠标点下去的时候确实很紧张。这在企业看来是营销活动，但是对于普通顾客来说，这就是个好玩的游戏，大家乐于参加这样的活动。"看来，用一种互相关注、轻松参与的方式进行微博营销是很合理的。

如果说微博想拿来表达思想，那么很难做到系统，因为微博的文字段在字数限制的情况下，显得比较片段化，有点零碎。

这样一来粉丝们更关注于实际的有效的内容，让大家放下情绪，来认真而积极地专注于每个细节或者说"小事"。正是这些看上去零碎的小事，让凡客看到了粉丝们真实的心声，而积极地去回应他们。

李剑雄认为："过去凡客对粉丝的数量并没有特别的要求，但是现在觉得有必要增加，还需要做一些事情来推动一下。要不断做话题，和焦点新闻、事件结合在一起，做一些抢购以及'盖楼'活动。"

随着时间的推移，凡客发现如果仅仅局限于自身的范围，粉丝的关注是有限的。毕竟仅仅围绕一个公司，话题不多。

为了提高微博的人气，凡客也在微博上发一些美女、美图、名人、新闻等八卦话题，增加微博的吸引力，提高人气。微博有时候很八卦，但这种八卦是粉丝的兴趣所驱使，"不怕事小，就怕没说到"。

微博的内容有时候看起来那么漫不经心，但其实都包含互相之间的关注。而名人效应对微博人气的提高有很大帮助。

韩寒代言凡客的事情，在粉丝中激起了不小的波澜。凡客微博对韩寒到访凡客的情形进行了简单的"文字直播"，这让粉丝们议论纷纷。粉丝们多认为，韩寒的风格和凡客以往规范的风格不同。凡客用韩寒和王珞丹做代言人，让粉丝们更加关注，也让粉丝接受了凡客从规范向其他品牌性格调整的过程。

李剑雄表示，凡客之所以能够达到这样轻松的氛围，完全是考虑了微博的特性和用户的心理，杜绝了官腔和软文体，达到和用户直接"唠嗑"的境界，再加上认真对待用户的想法，极大地满足了用户的主动性心理。

随着微博营销优势的逐渐明显，凡客正考虑在这方面加大力量，让微博成为凡客的品牌结构中一个不可或缺的有用的营销途径。

凡客没有实体店，对用户的体验和服务又很重视，这样一来，具备特殊性质的微博成为凡客方便与客户互动的一个很有效的途径。

微博的介入，让准客户更容易寻找凡客用户的评论、建议、意见。相对于其他之前的网络载体，微博是一个更真实的工具。凡客诚品通过微博的运营塑造了企业的品牌影响力，也兼顾部分客户服务的功能。

2013年9月13日，《中国好声音》学员钟伟强、毕夏、李琦、崔天琪等人的设计款服装将会在凡客官网上售卖，这也是凡客与好声音达成战略合作之后推出的首批好声音学员"个人Style"服装。

与加多宝的一掷 2 亿、搜狐独家网络直播的 1 亿元、百雀羚特约播出权的 7000 万、洁丽雅互动支持的 4600 万相比，凡客花的千万元算是少的，但在制造网络影响力上，凡客 "以小博大" 做足了文章：凡客结合了自身做互联网自有服装品牌的特点，针对好声音品牌做衍生品，打造家喻户晓的文化品牌，帮助其建立品牌产业链支持。

这确实是一次双赢的尝试。毕竟中国好声音的品牌附加价值还没有被充分挖掘出来，目前只是局限在节目本身，它也需要通过 3000 万的凡客用户在日常生活中的真实穿着，在现实生活中对好声音进行二次传播。

从当初的 "凡客体" "挺住体"，到后来的 "有春天无所谓"，为什么凡客的每一次营销都能够获得消费者的热烈反响？这是因为，凡客采用了互联网时代特有的创新营销模式，主要有三点：

第一，魅力人格体是王道。互联网第一次解构了明星和普通消费者的关系，它所产生的去魅效应让明星不再高高在上，也让任何有个性的普通人都能够脱颖而出。

过去，凡客更多地利用了前者，通过将明星拉到凡间，使得他们与普通消费者产生共鸣，从而为 "凡客" 的品牌内涵打下了很好的基础。

而这一次与好声音学员的合作，则更多地凸显了普通人的魅力人格体，凡客签下来的学员不一定是唱歌最好的，而是有着非常强烈个人特点和外在辨识度的，例如钟伟强的老而弥坚、毕夏的乌鸦嗓子、崔天琪的大嘴巴，等等。

这也给了未来希望做好互联网传播的品牌厂商更多的启示：在选择明星代言或者挖掘新人的时候，完美与否不再重要，魅力和辨识度才是王道。

第二，互动营销是关键。"凡客体"之所以能够成功，也是在于它非常利于网民参与，谁都可以通过"凡客体"把自己或者别人编排进去。

这次与好声音学员合作，凡客在推出学员设计款服装的同时，还邀请消费者参加设计款服装的广告语设计，让消费者自己也玩得很 Happy，这种营销方式才有可能起到很好的效果。

第三，植入式内容是趋势。在过去的年代里，中国的营销人被集体洗了脑，认为营销就是做广告，央视的很多广告标王最后的结局都不太美妙。

究其原因，就是他们只是在消费者的心中形成了知名度，而没有形成认可度。而凡客的营销之所以成功，就在于它通过内容植入来做营销，因此才有坚硬的文化内核，也才能够与消费者产生共鸣。这次好声音的合作，同样不是简单的广告，更多的仍然是内容的植入。

通过以上这些创新的营销模式，凡客成就了自己，也给业界树立了一种新的营销榜样。未来，会有越来越多的企业转变自己的思维模式，重构自己的营销模式。

第四节　色彩营销：给竞争对手颜色看

美国营销界总结出"7秒定律"，即消费者会在7秒内决定是否有购买商品的意愿。商品留给消费者的第一眼印象可能引发消费者对商品的兴趣，希望在功能、质量等其他方面对商品有进一步的了解。

如果企业对商品的视觉设计敷衍了事，失去的不仅仅是一份关注，更将失去一次商机。而在这短短 7 秒内，色彩的决定因素为 67%，这就是 20 世纪 80 年代出现"色彩营销"。

"色彩理论"为世界上每一个人、每一个企业，甚至成功的品牌，带来了全方位的超强效果。很多商家抓住商机，运用色彩理论进行产品营销，成功者数不胜数。

近年来，中国的企业也越来越重视色彩在产品营销中的作用。那么，该如何运用色彩进行有效的营销？

设定商品形象。明确商品的消费对象和公司产品的战略位置，同时顾及时代潮流、客户的嗜好等信息，设定商品形象。

在 MP3 播放器市场色彩混杂，令人眼花缭乱之际，苹果公司的 iPod 播放器横空出世，其简洁纯净的外观立即吸引了消费者的眼球。白色意味着极度简约，而 iPod 就胜在简约，成为一代经典。

色彩形象概念。概括上述基本形象概念，同时考虑色彩的组合问题、包装的色彩、商品本身的造型、材料和图案等，选定具体的颜色。

同一个企业会推出不同的产品，出现不同的造型、图案等，但某一具体颜色会成为所有商品的基色，代表了企业的形象，如绿色的"鳄鱼"、红黄色的"麦当劳"、金黄色的"柯达"、海水蓝的"苹果电脑"等。

展开销售计划。销售计划的实施要能给顾客留下深刻的印象，其成功运作要借助于商品本身、包装、宣传资料、说明书、商品陈列等色彩形象策略。

2005 年，港中旅投入巨资打造了在线旅游电子商务平台——芒果网。芒果网大胆采用鲜明的橙黄色和嫩绿色，并以芒果为主要形象，组合成明快易记的形象特征，配以广泛的媒介传播和公关活动，在影院、商场等场所进行会员招募等宣传。

这个新进市场的在线旅游电子商务品牌，一举改变此前携程和Ｅ龙网缺乏明显色彩营销的模式，给消费者留下了深刻印象，迅速在旅游电子商务市场崛起。

建立信息管理系统。收集资料，掌握"什么东西最好卖"和"为什么好卖"两个要点，验证色彩营销策略，同时建立商务信息资料系统，利用色彩营销积累的资料，更有效地为色彩营销策略提供帮助。

通过长年对中国消费者的调研，ＬＧ电子已总结出许多实用性经验。在手机这种接近于装饰品的产品领域，中国消费者已可以接受丰富的色彩和图案。而色彩因素是"巧克力"手机最重要的市场竞争力，其红黑色彩的搭配产生了巨大的视觉冲击力。

这种强大的"色彩差异"让消费者在第一眼看到它时就产生怦然心动的感觉，这种"怦然心动"当然会让消费者将"巧克力"带回家。

外观是商品与消费者最直接的沟通方式，色彩是打开消费者心灵深处的钥匙，往往能引起消费者内心的共鸣。以"色"悦人营销法则的运用，能产生一种无形却又非常有效的沟通作用，会自然地引起消费者的购买行为。

第五节 "饿了么"抓住了消费者的胃

外卖领域竞争的残酷程度，绝对不低于打车软件。当一轮轮的补贴结束后，留下来的往往是产品体验最好、品牌影响力最大的打车软件。

外卖领域也同样如此，外卖软件正在改变用户使用电话订餐的习惯，而当越来越多人开始用手机订餐以后，谁是用户第一个想到的 App，决定着最后的胜出者。

2015 年，整个 O2O 的各种补贴大战轮番展开，一时群雄并起，硝烟弥漫。

2014 年是 O2O 行业的爆发年，打车 App 是这样，餐饮外卖也是。在外卖领域中，进场者不只有已经成立了 7 年时间的饿了么：美团在这一年加入竞争；背靠百度搜索和百度地图的百度外卖上线，试图在餐饮外卖这个刚需品类中抢占一定市场份额；阿里巴巴发布了移动餐饮服务平台"淘点点"，被阿里提到了集团无线战略的高度。

从消费者入口和结算方式上不难发现，如同打车战场一样，百度和阿里旗下的外卖业务是为了借助高频应用推广自己的支付体系，而饿了么和美团外卖则希望能形成商业模式。

对阿里巴巴和百度来说，外卖只是他们整个 O2O 战略的一小部分，但对饿了么来说，这几乎是生死之战。

饿了么是一个起于校园的外卖送餐公司。从上海交大校园到上海市内，最终扩张到全国。如今，饿了么共进行了 5 轮融资，2014 年 5 月，饿了么与大众点评网达成战略合作，并获得大众点评等 8000 万美元的 D 轮融资。2015 年 1 月，饿了么宣布拿到 3.5 亿美元的 E 轮融资。

D 轮融资之前，饿了么还只是一个拥有 200 人和 12 个城市的外送网站。5 个月之后，这个数字翻了 10 多倍，饿了么扩张到了 2500 人和 187 个城市，日订单量从 10 万单增长到 100 万单。

现在其规模已经增长到全国 260 个城市。而"和你一起拼"这句话出现在饿了么推出的首支电视广告中，起用《奔跑吧，兄弟》中的成员王祖蓝作为其代言人，并出演了三支广告片。尽管补贴大战还没有结束，饿了么已经开始了它的第二个阶段——差异化品牌。

1. 从疯狂补贴进入品牌专业化。

在外卖大战中，2015 年以来的营销模式仍然是一轮轮的补贴轰炸。以阿里、百度为首的互联网巨头正在开启一轮轮疯狂的补贴战。

补贴大战不跟进就白白错失了用户黄金增长期，而跟进则意味着大量烧钱。如果按照饿了么去年公布的每日 100 万单和补贴额度算，如果巨额补贴战继续打下去，平均每月将支出约 1.5 亿。按照现在的用户体积，数额远远不止这个数字。

随着市场竞争越来越激烈，消费者也越来越有自己的主见和想法，饿了么意识到不能再通过简单发放补贴的粗暴方式来运作品牌了，而是希望给用户们一些新的品牌感受，获得更多用户认同。

在饿了么看来，互联网外卖行业的营销宣传分为两个阶段：第一阶段是行业通过补贴培育市场，教育消费者养成用 App 来订外卖的习惯；第二阶段是品牌专业化的阶段。尽管补贴战还没有结束，饿了么已经开始了它的第二个阶段。

饿了么给自己找到了新的定位，口号从"叫外卖，上饿了么"变成了"和你一起拼"。徐大钧说："我们发现很多消费者叫外卖并不是因为钱多钱少的问题，而是没有时间。学生拼学业和就业，白领拼事业，还有很多人在拼创业。这是一个全民一起拼的时代，餐饮界的竞争要拼，饿了么也在和竞争者们拼，所以我们用'拼'这个字作为关键字，希望陪伴我们的用户和商户，这样的传递更加走心。"除此之外，饿了么的 App 上也有拼单的功能，所以"一起拼"也有功能上的指向。

饿了么在 2014 年也投放过一些楼宇的广告，在比较系统地重新梳理了品牌定位、品牌内容和品牌传播之后。"和你一起拼"这句话出现在饿了么最新推出的首支电视广告中，起用《奔跑吧，兄弟》中的成员王祖蓝作为其代言人，并出演了三支广告片。"饿了别叫妈，叫饿了么"这句话，是广告主打的概念。

"和你一起拼"的表现形式，不见得一定是励志主题，饿了么希望以一种差异化的幽默方式吸引观众。

所以王祖蓝在其中扮演的"国民老妈"的形象也试图传递一种喜剧效果。这一系列广告已经在优酷土豆、腾讯视频以及分众传媒上进行了投放。

在投放期间，饿了么 App 的日下载量比以往翻倍增长。根据易观智库发布的《2015 年第一季度中国互联网餐饮外卖市场报告》显示，饿了么以 40.07% 的整体市场占有率居首位，App 活跃度方面，以 754.8 万的季度活跃人数领先其他平台。

除了大规模的广告投放，同其他竞争对手一样，饿了么也频频推出社会化营销。6月1日儿童节，饿了么顺势推出一款名为"外卖时光机"的产品，带领用户回忆这些年一起叫过的外卖。用户只需登录饿了么 App，点击"外卖时光机"活动页面，即可参与产品体验。

通过生成的 H5 页面可以看到自己在饿了么的订餐历程，包括第一次遇见饿了么的时间、成功下单次数、花钱总金额等数据。饿了么鼓励用户分享此次活动到微博、朋友圈，最后再对用户进行奖品奖励，实现营销带来的用户的活跃度维系。

6月初，饿了么CEO张旭豪携手SOHO当家人潘石屹身着复联制服发动"大佬送餐"声援广大创业者团队一起拼，引发社会话题关注。

找到新口号、起用代言人、投放电视广告、社会化营销，从这些举动中可以看到这家餐饮O2O平台，正在试图通过建立属于自己的"品牌"，来和竞争对手拉开距离。

2. 联手高端餐饮打造品牌馆

现在饿了么正在努力主导产品摆脱"接单渠道"这一角色，渗透到用户的全部生活场景中去。本地生活服务是一块令人垂涎的巨大市场蛋糕，饿了么希望把周边的商品和服务送上门。

"品牌馆"是饿了么高端餐饮发展部发展了近一年的商户资源，实施高门槛的准入制，饿了么自有物流部分的2000多名配送员就是服务于它们。与高端品牌联手，深耕自己的品牌形象，是饿了么的又一张牌。

饿了么将逐渐与百事可乐、麦当劳、炫迈口香糖、迪士尼等展开合作，把传统快消同互联网及泛娱乐行业和餐饮行业的品牌资源联合跨界整合到一起。

第十章 开放思维

　　"开放"是继"机器替代人工、规模化大生产"之后，第三个具有"普适性"的生产组织方式。就如同 100 年前，创新了流水线生产模式，福特成为伟大公司，今天，理解了开放思维的生产组织方式，同样有机会成为伟大公司。

第一节　只有开放才能共赢

史蒂夫·乔布斯绝对可算是改变现代人类生活的一位划时代人物。他设计了 iPod、iPhone、iPad 系列产品，给无数人的日常生活带来了巨大变化，完全改变了 IT 产业的格局。

使乔布斯获得成功的最大原因可说是"开放的商业模式"。通过观察 iPod 的生产过程就可以轻易看出苹果公司采取了多么开放的商业模式：iPod 的电池、外壳、内存、操作系统、硬盘分别由索尼公司、小林公司、三星电子、Portal Player 和东芝公司生产，而组装则由中国深圳的一家台湾企业负责。

苹果只负责确定核心概念和设计。乔布斯的开放式商业模式随着 iPhone 的上市得到进一步发展。全世界任何人都可以通过开放苹果应用软件获得收益。而开发人员获得 70% 收益的突破性的商业模式也被认为是 iPhone 取得成功的核心因素之一。

不过乔布斯原来并不是这种开放的性格，之前在苹果和麦金塔电脑（Macintosh）的开发过程中都是封闭进行的，而且也固守着苹果开发的产品只用于麦金塔电脑的原则。

乔布斯并不是善于听取他人意见的人。这与竞争对手 IBM 采用 MS-DOS 为操作系统，兼容多种应用程序，并因此取得了巨额销售业绩形成了鲜明的对比。

曾经使固执的乔布斯发生改变的契机是从他接触电影生意开始的。被迫离开苹果的乔布斯收购了卢卡斯影业旗下的电脑动画工作室并更名为皮克斯（Pixar）。之后开发了《玩具总动员》《超人总动员》等许多热映影片，重塑辉煌。

电影生产是在立项的基础上运作的，项目一旦启动，散居世界各地的演员、主创和技术人员就云集一起构成剧组，在完成制作后又分别重新回到各自的岗位。

这与传统的封锁式革新模型，即挑选最优秀的研究人才在杜绝机密泄露的基础上开发出独创技术后再投进市场的模式，有着天壤之别。

乔布斯在电影界有了前所未有的体验，人也变得焕然一新。iPad 是他用来复兴苹果公司的主角，同时也是最具象征性的产品，却并不是苹果公司内部独立开发的。

一天，曾任飞利浦公司工程师的托尼·法德尔（Tony Fadell）带着 iPod 的开发案来到苹果公司。

在这之前他到处碰壁，如果他遇到的是从前的乔布斯，那么他很可能就要吃闭门羹了，然而通过电影产业体会到价值创造模型可贵之处的乔布斯，却大胆地起用这个外人来担任 iPod 开发项目的总监，展现了乔布斯极为开明的态度。

之后法德尔又通过 iPod 开发了在线音乐服务项目"iTunes"，结果产品遭到消费者的疯狂追捧而热卖，现在 iPod 已然成为了 MP3 的代名词。

2007 年 1 月，苹果推出首款 iPhone，带来了多项革命性的理念：首次采用多点触摸界面，将键盘隐去，尤其是对第三方"Web2.0"和各种当地应用程序的支持，使之成为依托在开发商网络基础上的生态系统。

面对这个陌生对手的入侵，诺基亚本来应该在第一时间做出反应，但封闭和自大让它反应迟缓。他们轻蔑地称苹果为"那个加州的水果公司"，在他们看来，这款智能手机不过是在键盘和屏幕上增加了一些新的花样而已。

然而，iPhone 与诺基亚以往推出的智能手机有着本质上的区别，用乔布斯的话说，"iPhone 重新定义了手机"。智能手机是以应用商店来定义的，可以说应用软件有多少，手机就有多"智能"。

iPhone 缔造的是一种全新的生态系统，通过苹果应用商店，让内容提供商与用户通过互联网在苹果的平台上对接，苹果应用商店目前是世界上最大的应用平台。

苹果将 70% 的收入给了开发商，开发商在这里获得的回报要比在其他平台上高得多，因此吸引了更多有实力的开发商。

iPhone 的智能是一种群体智能，它虽然"封闭"了自己的核心硬件和软件，但对于第三方硬件和软件始终是开放的，是开发商们聚集的平台。

从这个意义上讲，它和亚马逊的"网上超市"模式亦无本质的不同。苹果的应用商店之所以做到天下第一，靠的不是开放源代码，而是一种与开发商共享繁荣的佣金制度。

遗憾的是，诺基亚完全误读了 iPhone 带来的革命性影响，对未来手机市场格局的改变更是缺乏想象。

面对苹果发起的智能手机革命，谷歌首先做出反应，联合 34 家其他软件开发商和电信运营商组成了"开放手机联盟"，2008 年 10 月，谷歌公布了为这个平台打造的开放源代码操作系统"安卓"（andriod），用来对抗苹果独家拥有的 iOS 系统。

Google 公司深受欢迎的网络软件如谷歌地图、Gmail、HTML 网页浏览器等被打包在内。三星是最早拥抱安卓系统的成员之一，目前它是 Android 手机第一生产商。

面对 iPhone 的威胁，诺基亚做出的第一反应就是建立一个属于自己的操作系统。也就是说在苹果的 iOS、谷歌的 Andriod 和微软的 Windows Phone 之外建立第 4 个操作系统。

不幸的是，Symbian 是一个过时的生态系统。该系统对触摸屏、多媒体、新操作界面的支持都较差；在同互联网的交互界面方面，更是具有先天的劣势，代码复杂，严重限制了第三方应用程序的开发。

相对三星的快速跟进战略，诺基亚排斥 Android 系统的做法是固执的，代价是高昂的。

永远不要将自己当作中心封闭起来，在互联网时代，企业需要在开放的知识网络的节点上建立一个让第三方加盟的平台，这一点尤其重要。

封闭、保守、独享只会让自己变得越来越小。只有坚持"开放共赢"的理念，才能真正满足已经步入移动互联网时代的产业环境和消费需求。

第二节　吃尽了封闭苦头的华为

互联网精神的本质就是：开放、开放、再开放。只有建立在开放的平台上，才能有平等、共享、去中心这些特点，不管是互联网还是传统企业，一定要在组织内部创造开放的文化。

由于相对封闭，华为没少吃苦头。

2010 年 5 月，华为出资 200 万美元收购了一家美国公司的部分资产。然而，8 个月后，华为接到了美国外国投资委员会（CFIUS）

的通知，建议其撤回收购 3Leaf 特定资产交易的申请。

　　一开始，华为拒绝接受。按照美国的相关规定，如果华为拒绝接受这一建议，需要美国总统在 15 天内做出最终裁决。在此期间，有 5 位美国众议员联名致信奥巴马政府，称华为收购 3Leaf Systems 将对美国的计算机网络构成威胁。

　　"这是一个艰难的决定。然而，我们已经决定接受美国外国投资委员会的建议，撤销收购 3Leaf 公司特殊资产的申请。"后来，华为发表了这样的声明。

　　这样的决定如同 3 年前的情景再现。2008 年 3 月，贝恩资本与华为联合收购 3Com 公司也是因未通过 CFIUS 的审查而最终放弃。由于华为作为中国厂商参与，美国多名议员和政府官员都担心这一交易将导致华为获得美国敏感军事技术。

　　按照以往华为的一贯风格，对于这样放弃收购的行为一般是"不予回应"或"不予置评"。在业界的惋惜中，这一事件很快归于平静。

　　不料，在 2011 年 2 月 25 日，很多网友看到了一封来自华为副董事长胡厚崑的公开信，洋洋洒洒几千字，一口气解释了华为在投资美国的 10 年里所遭遇的误解。这些误解包括"与 PLA（中国人民解放军的简称）有密切联系""知识产权纠纷""中国政府的财务支持""威胁美国国家安全"等。

　　在这封公开信的最后，华为希望美国政府对华为进行调查。"实际上，我们一直希望：美国政府能够就对华为所有质疑给予正式的调查。我们相信，如果能够通过美国的公平与正义的调查流程，能证明我们是一家真正的商业公司。"

　　当然，美国政府并没有真的"应邀"对华为展开调查。据华为一位内部人士透露，美方连最基本的回应也没有。但人们却从这封言辞恳切的公开信中看到，华为公司以及华为人开始变了，变得开放，变得热诚。华为不再选择沉默。

很多人曾经认为华为是封闭、神秘的，但是各位从另外一个视角看华为，就会发现华为可以说是中国企业中开放程度最高的企业。

华为在 1997 年，请 IBM 的顾问进行流程变革，公司开始也有争论，要不要让顾问们对公司进行全面诊断与透视？任正非说："脱光衣服，连裤衩也脱掉。"只有你不遮遮掩掩，顾问才能知道你的病根到底在哪里。

华为在研发方面一开始就对西方公司全面开放。你什么都没有的时候，对外开放最受益的就是"一无所有者"。华为今天在全球有 20 多个研发中心，与全球 200 多所大学共建研发实验室或者有项目合作，华为邀请了全球不少顶尖科学家做研发顾问，华为与客户有联合创新中心，与竞争对手也有许多合作研发。

所以在研发方面，华为可以说是中国企业中最开放的。如果没有互联网带来知识的广泛分享这样一个过去 20 多年的大趋势，也不会有华为的今天，如果华为没有抓住互联网带来的全面开放和全球化潮流，主动迎接，也不会有华为的今天。

其实，华为在进行这样的改变时，高层也有争论，说信息安全怎么办？任正非说，最了解华为的是美国公司，美国人对华为的底牌最了解。

任正非其实很清楚，今天这个时代，所有的牌大家都亮在桌上，技术牌、市场牌都放在明处，甚至共享，这时候比拼的就是你的战略，比拼的是不同的企业精神和各自企业的价值观。

2013 年 3 月，在参观华为深圳总部的过程中，英国《金融时报》记者在华为董事会首席秘书江西生的允许下，翻阅了这些簿册，以了解这些作为华为所有者的员工，以及华为创始人任正非的持股情况。

电信业咨询机构北京博达克咨询公司（BDA China）的董事长邓肯·克拉克（Duncan Clark）表示，向外界展示持股簿册是一个积极的举动。

华为不断加大透明度，主动对外界解读财报，加大高管曝光度，展示其开放的勇气和决心。

3. 开放是彼此共生

在《Facebook 效应》一书中，作者大卫·柯克帕特里克写道："扎克伯格是从刚一触摸键盘起，就一直在构思一个平台。" "希望把 Facebook 设计成某种操作系统，你可以在上面运行各种各样的程序。"

从 2007 年 5 月开始，Facebook 完全停止了应用程序开发，唯一的事情就是维护用户的个人主页和人际网络，而几乎所有的其他服务都由软件开发公司来提供。

截至 2010 年年底，已有超过 100 万的开发者在 Facebook 平台上开发出 50 多万个第三方应用程序。另外，Facebook connect 让任何网站都能挖掘 Facebook 上的用户和好友关系数据，并把用户的活动反馈到 Facebook 上。

开放改变的不仅是平台本身，还有整个互联网生态。在 Facebook 的平台构架上，每个人都能轻易地像微软一样开发应用程序，《魔兽世界》用 6 年的时间取得了 1200 万用户，而《愤怒的小鸟》取得同样的成绩仅仅花了 9 天，Zynga、Rovio 一夜之间成长为游戏巨头。目前，Facebook 平台有 50 家年收入超过 500 万美元的软件公司，开发者的总收入与 Facebook 自身的收入相当。

2007 年 Facebook 宣布开放之后，仍然坚持所有程序都自行开发的 MySpace 就迅速被前者超越，这个曾经的全球社交网站老大目前在美国的访问者已不足 2000 万人，新闻集团意欲出售，却应者寥寥。

Facebook 很有效率地稳步推行着其商业策略，开放正是其所有策略中的精华所在。截至 2010 年年底，Facebook 的应用开发者人数稳定在 100 万左右，遍及全球 190 个国家和地区。

Facebook 的商业策略选择几乎成了互联网行业内的一项事实标准——对于那些拥有高黏性产品服务、并以此获取到大量忠实用户以及流量、同时缺乏足够变现能力的"平台化"公司而言，将自己的 API 开放给第三方已经成为一种必然。

在 Facebook 开放了接口、谷歌 Android 开放代码、苹果的 App Store 变成开发者的创业平台之后，人们意识到大佬的生存法则正是"开放"二字。

无论是腾讯、百度、淘宝、盛大这样的传统巨头，还是 360、新浪微博、人人网、开心网这样的互联网新贵，都纷纷祭起开放的大旗。

金山网络 CEO 傅盛表示："互联网本身就是 open 的，是一个大的'开放平台'，然而，'开放'这个词很好听，但传统'交换流量'的方式其实是对开放的曲解。"开放者与接入者之间的关系应该是共生的、透明的，双方的服务是深度嵌套、彼此依赖的。

不要老是想自己一个人积累好资源，自己一个人去获得多大的市场和成功，更需要考虑的是，如何利用这个生态系统资源，在促进生态系统的进步的同时使自己获得成功。

不要想上下产业链的通吃，不要想自己一个人垄断市场，发挥生态系统的每个角色的积极性，一起做一个大蛋糕吧！

新时代的互联网不再是丛林法则，弱肉强食，更多是犀牛和犀鸟的关系，是彼此共生的良性生态。

李彦宏认为，在移动互联网时代，一家公司单纯依靠自身技术来开发产品的模式慢慢落伍，只有以服务的心态将百度的技术、服务都做成平台化、接口化，让合作伙伴可以平等便捷地接入，才能实现共赢的局面。

以语音识别技术为例，这是一项需要长期积累的专业技术领域，对于普通开发者来说是个很高的门槛，百度把语音生态系统无条件免费开放，帮助普通开发者解决这一难题。大量开发者接入和使用后，又能够促进百度语音识别技术不断提高，生态系统不断完善。

"要以平台化、接口化的思维提升创新效率，建立生态系统。"李彦宏表示，好的平台对任何人都是平等无障碍并且利益共享的，这样合作伙伴才会与你一起建设这个平台，比你更在乎这个平台的成功。

4. 要会做个性化时代的生意

有个性的产品才有人喜欢，所以产品需要赋予一定的虚拟价值。观察一流企业的产品，你就会发现这几乎是一致的"秘密"。

意大利著名时装设计师戴尼斯（Dennis）强调："唯有产品个性是品牌差异化的核心表现"。他为 FORESUN 品牌设计了160 件时装，都是秉持这样的理念设计的。

FORESUN 来自英国，受军队户外生存的历史文化影响，使得它锻造了户外探索性格的设计风格，它让现代生活注入了别样乐趣与探险精神。

不仅满足户外探险者着衣的功能性和实用性需求，而且更贴近男士们对军人情结、沧桑粗犷个性的认知价值。

FORESUN 本着对独有性格的坚持，追求在户外环境中发挥产品的最大实用性与功能性，让户外休闲在生活中蔓延。从而塑造具有军装性格和探索精神的户外生活休闲装。

因此，产品设计中融有欧洲军装的功能性和结构感，这足以满足在户外活动时的实用需求。尤其在专业品类中，强大的功能设计，注重对防风、防雨、保暖、耐磨、轻便等细节上的关注，充分考虑人的皮肤伸展率及人体关键活动部位的空间合理率，提升衣着舒适度与合体性。

在户外品类中，FORESUN 更倾向生活，讲究款式的时尚度与男人气度的结合，着装更注重易搭配性，面料触感更加柔和，且不乏小功能细节设计，如对电子产品的装载口袋设计、肩章设计、立体兜以及束腰效果设计等。

在时装设计的文化基调上面，它引进功能性面料创新及面料搭配、宽松及可调节腰身的版型设计、多口袋款式设计、军事感色调、加强坚固功能的工艺设计；而在基因文化上面，它引用了变异国旗、F 图形识别、F 暗格纹、F 徽章以及独特的迷彩、密码、地标图形等纹样。目前在中国市场终端店提升至 150 家，成为具有军服魅力的领先时尚的军旅休闲品牌。

品牌个性、形象的塑造以及品牌的核心价值观需要通过个性、形象化的传达，改善品牌跟消费者的关系，这一点非常重要。

凡是让目标消费者甚至公众反感的品牌，必然不会受到推崇。从消费者的认知角度来讲，有这么几个纬度，包括知名度、认知度、理解度、美誉度、偏好度、忠诚度。

如果产品没有个性，只是企业内部策划会议上的自说自话，这样的产品是没有忠诚客户群的。

国内企业接触品牌比较晚，很多企业不明白、不理解品牌到底是什么，分不清品牌和产品。如果同时存在着几十个甚至上百个企业，在向消费者提供同一种产品或服务时，其中能勉强称得上品牌的屈指可数。

企业以为自己跟别人一样是在做品牌，其实它们一直努力培植并坚信和依赖的营销力量，只是"产品"两个字。

没有被消费者深入理解的产品品牌，是很难真正进入消费者的内心世界的。产品深入人心，指的就是消费者深刻理解并认同了企业的价值观，从而在内心深处对品牌产生了情感共鸣，将产品文化内化成了自己情感世界的一部分。没有真正的理解，就不可能有真正的美誉，更不会有真正的偏好和忠诚。

手机的品牌定位，各个厂商一直在试图刻画到消费者头脑中，比如商务手机、音乐手机、女性手机等，而小米却跳出了这个圈子，定位成"发烧友手机"，这个超越了性别、年龄、地域、阶层的定位，反而深得人心。

除了创始人雷军是手机发烧友、小米手机可以随意去刷ROM满足发烧友的搞机需求以外，还有什么使这个发烧友的个性定位捧火了小米手机？

发烧友，这可以让他在朋友、同学、家人中彰显他的个性，我们可以想象这样一个用户画面：一个在城市中为了生存忙碌工作的小白领，闲暇时拿出自己的小米手机，秀出自己对机器的若干调整和配置，讲解得头头是道，更让那些"小白"女生惊讶点头，然后他也会晚上一头扎到小米论坛中和志同道合的机友探讨各种性能指标，这一瞬间，高高的生存成本已经可以暂时放在脑后，让他得到间隙的欢愉。

这是一个个性化的时代，个性化的消费主张，在互联网时代，不仅可以彰显出来，而且更可以得到尊重。

只有个性化的产品文化才能印刻在顾客心中，这样的产品文化才能发挥感动营销的特长，感动营销其实是一种全方位的沟通和传播战略。

被 Facebook 以 10 亿美元收购的 Instagram、被华尔街给予数十亿美元估值的 Pinterest，还用迅速蹿红的画画猜词游戏 Draw Something 等，都具有"弱功能、强体验"的特征。

而这里的关键词"体验"，最核心的要素就是个性化。只有满足了用户的个性化需求，才能为用户创造出深刻而独特的体验。

最近，海尔开启了云电视网上定制特别通道，推出个性化定制的服务，消费者可根据不同的消费需求，包括荧屏尺寸、3D 影像、网络功能、超窄边框、安装方式等多个方面进行个性化功能模块选择，定制云电视个性解决方案。

海尔则根据用户的具体定制需求，进行产品设计和研发。业内人士指出，海尔云电视个性定制从个性消费需求出发，驱动着海尔的生产方式发生转换。

互联网行业正在迎来一场大变革。随着移动互联网的崛起，互联网的整体普及速度大大加快，整个互联网正在从工具属性转向个性化，从理性转向感性，产品之间的竞争也正从功能比拼转向看谁能帮助用户创造最好、最个性化的体验。

正是在这样的产业大势之下，各大公司开始自觉或者不自觉地在加入个性化市场的争夺中来，个性化、审美体验这些目前看来相对次要的因素，将成为改变未来互联网格局的重要力量。

我们正要进入并快速拥抱每个消费者的时代，人人都是设计师，人人都是创意师，人人都是裁缝，人人都是销售，人人都是消费者。他们越来越追求个性化，越来越追求自己的消费自己做主，这是一个新的改变。

互联网时代的场景式营销

优化营销格局，从大格局中遇见崭新的世界。

THE INTERNET OF MARKETING
STRATEGY BOOK

李贝林◎编著

CTPH 中国出版集团
中译出版社

图书在版编目（CIP）数据

互联网时代的场景式营销 / 李贝林编著 . -- 北京：
中译出版社，2020.6
（互联网营销策略全书）
ISBN 978-7-5001-6294-0

Ⅰ.①互… Ⅱ.①李… Ⅲ.①网络营销 Ⅳ.
① F713.365.2

中国版本图书馆 CIP 数据核字（2020）第 070139 号

出版发行： 中译出版社
地　　址： 北京市西城区车公庄大街甲 4 号物华大厦六层
电　　话：（010）68359376，68359827（发行部）（010）68003527（编辑部）
传　　真：（010）68357870
邮　　编： 100044
电子邮箱： book@ctph.com.cn
网　　址： http://www.ctph.com.cn

策　　划： 北京瀚文锦绣国际文化有限公司
责任编辑： 温晓芳
封面设计： 孙希前

排　　版： 张元元
印　　刷： 三河市宏顺兴印刷有限公司
经　　销： 全国新华书店

规　　格： 870mm×1220mm　1/32
印　　张： 36
字　　数： 840 千字
版　　次： 2020 年 6 月第一版
印　　次： 2020 年 6 月第一次

ISBN 978-7-5001-6294-0　　　　　　**定价：** 210 元 / 套（全 6 册）

所谓场景营销，就是在把营销方式与人们的生活场景紧密结合起来，从而达到商家的营销目的。通过场景的营造，激发人的某种欲望，甚至重新塑造了人的欲望。在场景感的刺激下，人们将体验到更多的沉浸式购物。

场景营销麻痹了消费者的神经，引起人们深沉的情感共鸣。充分调动消费者的感官，刺激消费欲望。无论是传统的开业商演活动，还是举办新产品的发布会，抑或是互联网公司的线下网红店，都是在打造一种场景，场景营销会极大地增强消费者的代入感，让人们心甘情愿地买单。在各种各样的场景下，商业信息已经从被动的被发现，变成了主动的"勾搭"。零散的产品体验变成身临其境的体验，无数消费者聚集在一起，重塑新的社群关系。移动互联网技术的发展，让场景营销打破了传统的组织枷锁，各种新媒体呼啸而来。营销不再局限于电视广告、海报、促销活动等，而是变得无处不在。

在某种环境下，场景营销最大限度地调动着人们的情感，它可以准确击中人的痛点，从而在某种场景下买单。在场景营销思维中，我们并不关心消费者平时是什么样子，只需要关心他们在购买产品时是希望成为什么样子。比如健身房将好身材的帅哥美女贴满墙壁，刺激消费者强身健体、重塑身材的欲望；珠宝店邀请珠光宝气的明星站台。消费者想要成为谁，代表着他们自身消费行为的期盼和目标，这就是把握场景营销的关键。商家需要做的，就是将人们置于某种场景下，进而"说服"客户。现在的短视频风口也是场景营销的一种，场景营销可能正在经历这种从最粗犷的关联＋触达，到最精准的关联＋触达的转变。而场景营销思维，就是利用现实的场景或自己制造的场景对消费者进行感观刺激，催眠消费者使他进入某种心理状态，从而启动消费行为链条。

　　场景营销既是实体店承接"互联网＋营销"的平台，又是电商结合大数据营销的利器。在本书中笔者结合消费者心理学、互联网产品思维，详细介绍了场景营销的整体思路。从构建场景、使用场景到流量变现，从短视频营销到线下活动策划，全方位阐述了场景营销的理论与实践。对于广大商家来说，塑造场景只是一种新奇方式，但是营销的内核未变。一个触动心灵的营销行为必须是互动的，并且会使消费者在当时的场景中建立一种关系。营销人只有抓住人们心灵中最关键的部分，引起共鸣，才是未来营销的必经之路。

Contents

目录

第一章　场景思维：无场景，不营销

　　场景感的底层逻辑是用户思维，即站在用户的角度来考虑问题，替用户设计解决方案，给予新奇有趣的体验，促使用户选择产品，提升其对品牌的好感。极致的体验将吸引更多的拥趸和免费的传播。走心的产品、走心的渠道分销、走心的文案、走心的服务都是场景。具备场景思维，积极构建场景，将是企业和品牌决战未来的核心能力。今后，无场景，不营销；有场景，才火爆。

第一节 互联网时代，处处皆场景

"场景感"这个词已经成为当今社会最流行的词。在公司的营销会议上，如果你不把场景这个词放在嘴里，你都不好意思开口。当然，每个人对场景的概念的理解也不同。

产品经理说：产品本身就是一个场景，因为产品必须有一种场景感，所以它有故事，有个性，有温度，而且容易变成爆款。

营销经理说：营销是在产品和消费者之间创造一种场景感，重建一个新的零售"人货场"。人们越来越愿意为特定场景的解决方案付费，主流消费逻辑已经改变。

其他人说：这个场景是为了创造新奇和娱乐，宣传产品，吸引消费者。因此，交流是一个场景。在互联网时代，场景无处不在。那么，到底是什么场景？

一、什么是场景感？

"场"是一个场合，"场景"是一个场合给你的感觉，即在某个场合某个情境带给你的感觉。例如，喝酒是一种社交场合。场景是你去哪个餐馆吃饭，你喝什么酒。茅台和江小白都是场景，给人不同的感受。

不同的场景，产生不同的营销效果：有些场景可以制造爆款产品，有些场景可以产生持续性的销售，有些场景可以让品牌获得快速传播……

简而言之，场景思维正在成为企业新的核心竞争力。无论是制造企业、分销企业，还是零售企业，如果没有场景感，就无法做好新形势下的营销工作。无论是产品开发，还是深度分销，场景感都至关重要！

二、消费升级和场景体验

现在，每个人都在谈论消费升级，那么什么是消费升级呢？如何升级消费？一般来说，消费有三个层次。一是注重物质享受，二是注重功能和效用，三是注重精神享受、认同……马斯洛的需求理论也是这个意思，从潜在的生理需求到精神需求就是消费升级。

例如，喝纯牛奶，20年前喝玻璃瓶定制的牛奶，只要是牛奶就可以了，没有人会注意品质；十年前，喝利乐包包装的牛奶。蒙牛、光明、伊利等专注于包装、品牌和服务。我们现在喝什么样的牛奶？特仑苏、金典、纯甄，讲究有机奶，追求的是品质。再举一个例子，人们最初关注的是物质消费，比如食品和服装，这些在人们的支出中占有相对较高的比例。现在人们的非物质消费支出相对较高，比如去KTV娱乐、玩流行游戏、旅游、看电影等。这些大多是精神享受，也是消费升级！

消费升级是从基本消费到质量消费，从物质消费到精神消费，从显性消费到隐性消费

从物质消费到物质与精神消费再到精神消费。随着消费升级，特别是在当前人们普遍重视休闲娱乐的时代，精神消费需求受到刺激，消费者需要体验和交往。为了加强体验感，我们一直强调新营销要有一种仪式感、荣誉感、时间感、介绍感和参与感，以满足体验的需要。场景营销还要懂得社交技巧，和不同职业中地位相同的人交往，认识更多的人。正是因为消费者升级了，消费才需要体验和社交。因此，有必要在营销中创造场景，为消费者提供体验便利和社会便利。因为，场景是体验和社会互

动的最佳载体。用一句话回到主题：没有场景，就没有营销！

三、利用场景感进行营销和传播

对企业营销人来说，场景感在产品、渠道、营销和传播方面有不同的表现。

1. 产品场景

例如，可口可乐有许多绰号，比如"上帝的对手、女朋友、有前途的年轻人、男仆和女仆不能做到的纯洁的男人"。每个昵称就是一个场景，不同的选择是不同的情感表达。珠宝品牌潘多拉的每一件串珠产品都是一个场景，狮子和红灯笼是春节的场景，埃菲尔铁塔、爱情和钥匙是爱情的场景。小罐茶也有场景感，解决了"携带不便、价格不透明、送礼无味"的痛点。海尔的高端洗衣机品牌卡萨尔特的产品也有一种场景感，即其空气洗涤技术解决了"丝绸等高端服装干洗不放心"的场景。这就是具体解决"小支撑、小扩张"的场景的方法。

2. 营销场景

例如，在朝阳欢乐城和K11购物中心，零售和餐饮区都有很多绿地或艺术空间、娱乐休闲空间。在这些空间里，有不同的商品和活动，给人们不同的感受。在选择不同的空间和品牌时，人们会有不同的感受。尤其值得一提的是，朝阳欢乐城的5—9层是按照欧洲小镇的风格建造的。为了给人一个真实的印象，井盖被安装在地板上。在这些楼层上，你会感觉自己身在欧洲的街道上或在郊区。这就是营销场景的设置。

不同的场景被用来演绎不同的生活方式，从而连接不同的消费者。例如，浙江的万向集团曾经设置了一个促销场景：在中央大厅还设立了一个品牌展厅。消费者利用最传统的"剪刀、石头和布"游戏和每个品牌经理PK赢得不同的折扣券。这是一个市场推广场景。十项全能是体育用品的集散地，店内有许多瑜伽、足球和跑步的小场景，也有效提升了消费者的体验和购买相关产品的体验。另一个例子是餐饮企业西贝莜麦面村和珠宝零售企业星光珠宝。为了联系消费者，促进营销，他们分别设置了"亲子私人厨房班"和"珠宝工艺品班"的场景。

3. 传播场景

在 2018 年 2 月，有一个红月和蓝月的天文现象。当大家都在外面等着蓝月亮出现时，微信朋友圈的主题是"你期待的蓝月亮"，这立刻成为一个全国性的刷屏现象。这是场景直播。这种主题会让每个人发笑，并会有意识地传播。蓝月亮品牌借此收到了数亿次免费传播。

4. 渠道场景

所谓渠道场景，是指渠道经销商为解决下游经销商或终端的营销问题而设置的场景。作为分销商，他们都想深入分销渠道并扎根。如果你想扎根，你必须解决下游经销商或终端客户的营销方案。换句话说，你必须为客户做贡献，解决他们的营销问题。而不是压制商品和低价促销！这就是渠道场景的作用。

第二节　场景概念的前世今生

场景概念源于互联网概念。自 2015 年《政府工作报告》提出"互联网 +"以来，互联网给零售业带来了巨大的冲击。例如，2017 年，中国电子商务交易额达到 29.2 万亿元，实体店一度紧张不安。随着时间的推移，互联网公司发现，在互联网上获得客户的成本飙升，几乎与实体店的运营成本相同。为了吞噬线下红利，互联网巨头们加快了线下分销，将积累的资本与线上运营的优势相结合，产生了比实体店更大的收益。例如，截至 2018 年 7 月 31 日，阿里巴巴的"盒马鲜生"有 64 家店铺，日均销售额为 80 万元，单店销售额为 5 万元，所有这些都远远高于传统超市零售终端。

场景营销是一个新概念，它是从"互联网＋零售"的概念延伸而来的。最初的场景营销实际上指定向营销，也就是一种信息淹没策略。例如，我们普通消费者有一天会在网上输入产品信息，企业在获得信息后会对收集到的信息进行整理，然后有针对性地推广类似的广告。信息淹没策略在获得初始红利后很快成为公众批评的对象，因为信息淹没策略有一个无法解决的难题，即消费信息的延迟。例如，我们在网上买了一台冰箱后，商家仍然整天发送其他冰箱的价格信息，这将给消费者带来反感和困惑。因此，智能零售商从实体店的购物环境入手，提出将产品推荐与消费环境相结合，将场景营销与大数据相结合，给消费者创造一个身临其境、口碑相传的体验营销场景，这也是我们今天所谈论的场景营销。

一、为什么要进行场景营销？

我们现在所使用的软件或者电器，很少有人会主动去查看代码功能或者电路图。在没有说明书的情况下，要摸索软件或者电器的功能和用法只能通过持续输入信息来试错，在纠错中最终得到理想的输出信息。这就是软件工程中的"黑箱理论"。

消费者的心理也是一个黑箱。我们每个营销人员的主要工作是通过各种渠道不断试错，不断修正营销路径，逐步探索消费者心理黑箱的实质。在试错的过程中，许多企业都犯了错误，包括许多大品牌和大公司。例如，可口可乐公司曾经推出一种浓缩糊状产品，使用时可以像挤牙膏一样挤出来。因为他们通过市场调查发现消费者常常因为冰箱里没有足够的空间而感到苦恼，所以他们推出了更节省空间的超浓缩饮料产品，但是这种产品没有得到市场的热烈响应，因为消费者在使用产品时会因为产品质量（容易弄脏衣服、地板，味道不新鲜等）而更加沮丧。

在烟草行业，针对女性市场的优质香烟是在推广过程中发现，这种规格的主要消费群体是那些计划减少香烟消费的中年男子。由于我们无法准确判断香烟营销过程中消费者的真实需求，因此有必要为场景营销增加一个试错渠道来收集消费者的反馈。这是品牌，也是运营商必须花费的成本。与传统的电话反馈和问卷调查相比，场景营销在实时使用和反馈产品方面具有更高的速度和准确性。

二、场景营销的核心：你看到我了吗？

消费者心理是一个黑箱，而市场是一个由无数黑箱组成的综合体。逐一探索是非常昂贵的。然而，总的来说，消费心理学仍有相似之处，并遵循一般规律，这也是消费心理学研究的出发点。消费心理学认为，消费过程中的心理变化既是社会的，也是主观的，既是心理过程，也是个人的选择。例如，一位囊中羞涩的女性消费者看中了自己非常喜欢的一件衣服。尽管在外人看来她似乎很安静，但事实上，她内心正在发生四个变化：

1. 注意节点

这件衣服太漂亮了，我想买下它。

2. 分析节点

但是价格有点高，我目前的收入水平难以承受。

3. 帮助节点

我可以请我的男朋友帮我买这条裙子吗？

4.决策节点

这种畅销商品肯定会被别人买走，我永远不会和那些人竞争衬衫。

由这四个节点组成的心理变化过程称为行为链。链中任何节点的任何变化都会影响消费者的最终决定。例如，销售人员介绍衣服的更多价值，男朋友承诺购买，商店给出折扣提示。然而，我们已经注意到，无论什么样的行为链，如果没有起点，就不会有其他的下一步。因此，场景营销应牢牢把握"注意力"这一节点。

三、场景营销的起点：你是谁？

我们在市场上会遇到各种各样的消费者。有些人购买自用，有些人为他人购买，还有一些人集体购买。虽然消费者的行为多种多样，但主要分为以下几个角色。

在实际的消费行为中，每个人都扮演一个或多个角色。场景营销的核心是认识消费者所扮演的角色，这对于我们设计场景、推荐产品和安排促销活动非常重要。

例如，当我还是一名客户经理时，我曾经从一位客户那里收集了一个案例：一个在其他商店销售不佳的香烟产品在这家商店销售得非常好。通过观察，我们得知一个工人经常帮助其他工人购买香烟，并且店主在推荐这种销售不太好的香烟产品时总是给他一些额外的礼物。在这个案例中，消费者扮演了影响、决策和购买三个角色。在场景营销中，如果我们不认识消费者的角色和"你是谁"，我们将无法全面掌握如何启动和影响整个行为链。

四、场景营销的关键：你想成为谁？

在大数据营销理论的指导下，我们经常使用消费者过去的行为痕迹作为参考来判断他们未来的消费行为。在数据量足够大的前提下，这对引导宏观市场确实有一定的效果，但在微观市场做具体的营销工作仍然缺乏指导意义。在微观市场中，消费者聚集得越多，就越容易失去消费理性。数据勾勒出的模糊轮廓无助于向消费者推荐品牌。例如，在"双 11"购物节期间，消费者在网上疯狂购物，而在淡季期间，消费者在价格比较上讨价还价，这是无法通过数据分析预测和准确判断的。

另一方面，场景营销思维着眼于微观市场，利用现实场景或自己制作的场景来刺激消费者的感官，引导消费者进入某种心理状态，从而启动消费行为链。在场景营销的思维中，我们不在乎消费者是"死肥宅"还是"土肥圆"，我们只需要关心他们在购买产品时是希望成为"肌肉男"还是"白骨精"。

在现实中，这种场景营销思维尤为明显。例如，健身房的墙上贴满了英俊的男人和身材好的漂亮女人，以刺激消费者的欲望，从而达到推广健身课程的目的；珠宝店邀请知名的明星站台；培训机构邀请行业顶尖专家为自己做广告，以消费者为目标来推广他们的业务。

消费者想要成为谁，就是对他的自身消费行为的期盼和目标。因此，把握好消费者的心理状态，明确品牌能够满足消费者的什么需求，进一步探索消费者心理动机产生的状态，是把握场景营销的关键。

简而言之，场景营销是零售业的热门话题。因为它不仅是实体店进行"互联网 + 营销"的平台，也是电子商务弥补大数据营销在微观市场反应迟缓的利器。

第三节　场景营销与传统营销的优势比较

在当今信息爆炸的互联网时代，广告已经深入到我们生活的方方面面。而通过网络搜索获取信息，也已经一种不可忽视的生活需求。简而言之，信息和广告对今天的生活是不可或缺的。乘地铁上班时的自动广告牌、十字路口红绿灯处的大屏幕广告、休息时打开手机时的应用广告、飞机和高铁上的杂志广告等。在主动或被动的广告信息传递过程中，个体在适当的生活场景或不合理的时间段被带入广告场景，影响和刺激消费和购买行为。

这种营销方式发展到今天，逐渐演变为场景营销。场景营销方式的出现不仅是传统营销发展的产物，也是一种永远不会改变营销本质的方式。要理解场景营销的新特点，首先要理解传统营销的特点。

一、传统营销

在传统营销中，消费行为遵循着"需求、购买和使用"三步走原则。消费者的三种行为完成之后，营销就结束了。直到消费者意识到自己又有了新的需求，或对品牌和产品有积极的购买冲动，这三个步骤才会再次发生。随着这个过程不断重复，围绕产品价格、性能和售后表现，逐渐形成了品牌商誉。

传统的营销方法大多遵循"丛林战争"的规则，也就是"适者生存"，即谁的产品更好，价格更便宜，服务更周到，消费者就会快速转向谁。这种"弱肉强食"法则指出了市场竞争的激烈和残酷，很多曾经火爆一时的品牌都在竞争中烟消云散了。

由于竞争和市场需求的不确定性，以及品牌本身的发展变化，要想长期保持品牌声誉并不容易。有必要指出的是，品牌生存和延续的关键是市场和消费者的培育。如果营销缺乏针对性，即使花费大量金钱和精力也是徒劳的，因为市场和消费者没有同情心。此外，个性化消费和年轻消费者的新特征进一步说明了一个真理：一切都是发展的，营销也是如此。

二、新的营销方法

传统营销无法一劳永逸地获得市场和消费者的拥戴，营销方式必须随着时代的改变而改变。于是在互联网时代，场景营销模式应运而生。

首先，要真正理解场景营销，我们必须从场景问题入手，找出消费者需要什么产品（服务）。消费者的认知和态度受多种因素影响，任何与企业和产品相关的细节都可能改变他们的态度。

其次，进行场景营销，我认为最关键的一点是要建立一个对各种场景要素的综合思维，根据消费者的需求建立场景，并通过环境和氛围的对比提供场景下所需的产品和服务，从而使消费者能够产生相应的情感共鸣，引起购买和消费的欲望。

最后，满足消费者的情感需求，从消费心理学的角度来看，这是个人精神需求的基准要求。因此，利用语音短视频、网络平台投放广告引发消费者共鸣，激发情感，走情感路线，赋予产品和服务特殊的情感意义，让消费者能够触摸到场景，有情感去消费。（毕竟，情感是一个人们无法抗拒的因素，但如何准确切入消费者的情感需求并引爆情感，是我们在场景营销中需要考虑的问题。）

三、场景营销的成功案例

最初是年轻单身男女的光棍节，通过市场营销，已经变成了一个天猫购物狂欢节。（当然，这个案例也是节日营销的经典案例。)淘宝以此为背景，为网民，尤其是 80 后和 90 后的年轻人，创建了一个购物节。"买买买"的购物体验被用来获得情感上的满足，从而获得一种心理上的释放和精神上的愉悦。尤其是对女性来说，没有什么比想买就买更快乐的了。此外，营销活动中的低价折扣和促销活动导致了互联网消费行为的爆发。

在第一次成功营销之后，淘宝在每年的 11 月 11 日推出购物节促销活动，形成自己的独特品牌形象，打造"双十一，购物嘉年华"。今天，双十一购物节比光棍节被更多人熟知。这是巧妙运用场景营销带来的成功。它将单一节日与疯狂购物结合起来，使消费者产生情感共鸣，引导消费行为。在这个过程中，它形成了特定的品牌文化节，促进了品牌凝聚力的提升和品牌价值的增长。

四、场景营销应注意的问题。

通过以上对场景营销的分析，我们可以总结出场景营销中需要注意的几点经验。

1. 洞察消费者的心理，明确产品给消费者带来的需求，这种需求会来自什么样的心理动机，当这种动机产生时，消费者处于什么样的心理状态。只有正确理解消费者的心理，我们才能制定有针对性的营销计划。

2. 设置特殊场景。在了解消费者心理后，通过场景设置将消费者带入营销的心理状态，给消费者以心理刺激。例如，"饿了吗"是一个外卖应用软件，当你饿了的时候就可以想起它。此外，它在同类型的软件中也有自己独特的功能，即"预订早餐"功能，这有助于为许多没有时间购买早餐解决痛点。这也是它的场景营销方法。

3. 使用互联网和其他媒体手段。如今，许多互联网公司拥有大量的用户数据和丰富的场景条目。他们可以利用这些数据来分析消费者对各种产品的需求和爱好以及可能的情感共鸣，然后利用互联网植入广告来刺激消费者的心理并产生购买欲望。

简而言之，基于场景的营销不仅在广义的时间和空间意义上考虑目标用户，而且通过对特定情境下对用户的调查，将用户带入场景，激发用户自身的替代感，产生情感共鸣，激起对产品的特定心理需求，最终刺激消费。

第四节 场景怎么做，生意才能火

场景营销是大势所趋，无论是实体店还是网店，品牌还是产品，平台还是垂直电商，门户网站还是内容 App，社交还是娱乐，主流媒体还是自媒体，都在构筑不同的消费场景。然而，场景受到许多因素的影响，效果是不同的。许多企业在"产品包装"上花了很多钱，但效果并不理想，这是因为场景不对。那么，场景营销的秘密到底是什么？

一、场景营销的类型

从应用的角度来看，有三种场景营销形式，即消费场景、用户（即时）场景和使用场景。其中，消费场景（包括线上和线下）是场景营销的重点。无论何种形式的场景营销，其本质都是利用场景元素来触发和连接顾客的需求。场景越具体、详细和真实，用户就越容易被带入其中，需求也就越容易被激发。我们对用户痛点掌握得越多，用户的转化率就越高。根据用户连接性（黏性）和转换率（购买率），我们可以把场景营销的效果分为以下四种类型：

1.连接性和转换率低的场景为无效场景。例如，商店的受欢迎程度低，而连接率是转化率的前提。这种场景主要是定义不清，缺乏吸引力和趣味性，在现实中比例很高。

2.花哨的场景是具有高连接性但低转换率的场景。例如，购物中心已经成为一个"试衣间"和一些"烧钱"的平台。这样的场景很有趣，但是缺少价值点和沸点（交易点）。

3.连接性低但周转率高的场景，可称之为"缺氧场景"。虽然这些场景可以在短时间内吸引顾客，但它们的用户体验差、黏性弱、顾客流失率高，比如一些在短时间内很受欢迎的网红店。有些客观上属于低频场景，但更多的是"缺氧"——缺乏内容、质量和密度，"铁打的营盘，流水的兵"，无法有效锁定客户。

4.高效场景是具有高连通性和转换率的场景。这是一个四点场景（观看点、兴趣点、沸点和超点）。这不一定是一个高频率和沉重的场景，但它必须是一个有温度和密度的场景。

二、场景定义与场景营销的起源

场景定义是指对场景的内涵、类别和意义的定义，即找出场景的"灵魂"，我们想创造什么样的场景，我们给顾客什么样的人生和价值体验，以便有效地吸引和联系顾客。场景定义的本质是顾客价值或生命意义的命题，是品牌或产品定位的直观反映，或者本身就是品牌或产品定位的一种方式。例如，宜家的定位是"家"，其场景可以定义为"简单、环保和热爱家庭生活"。

场景定义是一个战略场景，而不是战术场景。场景定义代表了一种精神上的先发制人。客户想到某个场景就会将其与某个品牌或产品联系起来。一旦场景的定义清楚了，就不要轻易改变它。虽然特定的场景可以有多种形式，但是场景的核心和意义应保持不变。

1. 准确的场景定义来自对目标市场的洞察

准确的场景定义来自对时代背景下人们生活方式的审视，来自对用户未满足需求（痛点）的洞察，以及基于市场细分的目标市场的把握。一个好的场景定义不是以自我为中心的诉求，也不能局限于产品的功能或形式。相反，它应该通过产品看到消费的目的或意义，以便它具有某种态度或生活方式的意义。

例如音频分享平台喜马拉雅，旨在满足人们"充分利用时间"（目标市场）的需求，开发"新的声音"场景，并将"聆听"从娱乐发展为学习、社交和娱乐。从早上醒来的音乐闹钟到开车时的有声小说，再到晚上播放的催眠音乐，这已经成为一种生活方式。

2. 场景定义创新将形成新的市场类别和新的潜在能源

随着移动互联网时代的到来，几乎每个行业都面临着重新定义场景的可能性。不同的场景定义代表不同的价值观和生活意义。比如说，百货商店不是简单的购物场所，而是时尚＋社交＋娱乐，景点售票处不是简单的售票，而是旅游＋休闲，酒店不是简单的餐饮场所，而是美食＋文化＋社交等。再比如，书店的消费场景开始与生活方式结合在一起。总之，场景营销的出发点和中心都是针对顾客的痛点。跨界思维和创新场景越来越受到欢迎。例如，日本的古屋书店不仅是卖书的地方，也是一种"知识、时尚和个性化的生活方式"。其经营范围包括咖啡馆、游戏、音像、儿童玩具、美容、医疗、餐馆、宠物公园、自行车店等。

新的场景代表着新的消费体验、新的产品类别和新的流量。如果场景定义准确，可以在产品和顾客之间迅速建立连接点和引爆点，形成强大的营销潜力。

第五节　因为场景，让用户触手可及

随着互联网的发展，企业在营销中与用户越来越触手可及。而要达到这个目标，一个更重要的因素是"场景"，我们称之为"战场"。因为有了应用场景和市场，数据自然会生成，这也将推动技术发展和人才的跟进。计算能力和大数据是可以复制的，但市场和人才是不可复制的，这是场景营销能否发扬光大的一个核心问题。

"此刻，我和你在一起"是一个以前难以想象的消费场景，但现在它已经成为创造特殊体验的起点。场景营销将打开一个全新的开放世界，每个人都将有自己的阿拉丁神灯，区别在于，你甚至不需要特意擦亮神灯，它就知道你的需求，并以你最满意的方式实现它。

让用户触手可及的移动社交时代

人们可以一周 7 天、一天 24 小时在线，但营销人员仍然无法找到他们的目标受众进行深入沟通；看电视时可以瞄准手机，看视频时可以发送弹出屏幕，看 Kindle 也可以分享注释，每个人拥有和使用的屏幕数量在增加，但时间和注意力在不断被侵蚀，所有精心创造的交流都可以被关闭，就像一只鸡和一只鸭子一样。或者更糟，从一开始就被忽视；我们如何无缝连接观众？

根据消费者所处的时间、地点和环境，利用随时可能出现在消费者周围的媒体和其他服务，提供信息、产品或服务，以满足不同消费者在不同时间地点的实时特定需求；当我们进行场景营销时，我们实际上是在做一个量变。

当我们依据年龄、性别、爱好、地区、收入等指标把握消费者的需求时，我们关注的是消费者自身。然而，当我们通过特定场景把握消费者的需求时，我们关注的是客观环境。换句话说，我们不再关心消费者在大的时间和空间尺度上的"我是谁"，而是关注特定小场景中的"我是谁"。由于信息技术的发展，这一重点已经实现。因此，在移动互联网蓬勃发展的时代，场景营销注定会非常流行。

一度受到技术的限制，我们将消费者的体验之旅分为"需求—购买—使用"三个步骤。营销也面临着分离的尴尬。所有的努力基本上都集中在"让消费者意识到他们有这个需求"和"当他们下次在渠道购物时，他们可以召回我的产品和品牌"。例如，中央电视台5套超级联赛决赛的直播之夜绝对是黄金时间。其中，罗纳尔多代言的去屑洗发水广告给你留下了深刻的印象。也许是因为罗纳尔多的广告创意，你没有换频道，而是看了整个广告。也许在下个月，你会经常在电视、户外广告牌、地铁、杂志和其他媒体上看到这种洗发水的广告。你被这个广告追逐的感觉是无路可逃，似乎到处都是这款洗发水的味道。但是当你用完洗发水去超市的时候，可能是几个月之后了，你还会记得它吗？经过这么多的营销努力，依靠在你心中留下的一点点印象，你可能终于拿起这瓶洗发水，放入购物车，没有被竞争产品的包装搞混，没有被竞争产品的促销所吸引。

第六节　为什么要强调场景营销

在营销过程中，我们为什么一定要设置场景？设置场景的目的，是开发新产品，解决企业或消费者的痛点，并给消费者一个更好的体验。理发店免费为顾客提供洗发水，这是为了解决"顾客进入理发店后，发现太多人会流失"的商业痛点。因此免费洗发水是为了延长您的等待时间，并保留新的服务体验的客户。

为什么现在许多购物中心都有亲子厕所和母婴室？人们发现，让孩子独自上厕所会使父母不放心，但带他们去男厕所或女厕所又不合适。许多母乳喂养的女性在带孩子去购物中心时不能以母乳喂养他们——这些都是隐藏的痛苦。考虑到消费者的这些痛点，商场设置了亲子厕所和母婴室，以解决消费者的痛点，增加服务体验，延长顾客停留时间。

一、基于场景开发新业务

每个人都知道海底捞的服务很好。提高服务质量的逻辑是防止客户流失并解决业务难题。张勇在建阳开火锅店时，店很小，座位不够。后来客人不想等了，导致营业额相对较低。为了防止顾客流失，增加了擦鞋、美甲和免费水果等六项免费服务。后来，海底捞总是每天排队，而附近店的顾客变得更少，且不愿意等很长时间。因此，海底捞开发了一个应用程序，顾客可以通过该应用程序直接预订、选择菜肴和下订单，并可以在指定时间内直接在商店用餐。

盒马鲜生是新零售的标杆。最初从事互联网的侯毅为什么创办盒马？他发现了一个消费场景痛点：在内陆城市，海鲜消费价格高，且品质不能保证。消费者从市场买海鲜，价格实惠但烹制不行，到酒店消费价格高且品质不放心。

为了解决这个痛点，盒马鲜生有两个场景：新鲜超市的场景选择，价格低廉，质量可见；现场烹饪，你看到的就是你得到的。经过一段时间的运行，他发现周围的居民需要大量的实时服务，如更换灯泡、儿童散热贴、成人尿布等。因此，他将盒马鲜生重新定义为"社区服务提供商"，并在30分钟内满足了居民的消费需求。海底捞和盒马鲜生这两个例子，都是基于场景开发新业务的典型案例。

二、用乐趣增加品牌亲和力

在英国的伦敦，一些公交候车亭的座位被改成了秋千，仅仅是因为顾客对等车感到厌烦。等车的时候荡秋千很有趣，可以消除无聊。甚至有些人是专门来荡秋千的。事实上，摇摆座椅也可以安装在商场里。目的是使消费者享受快乐，让等待不再无聊。荡秋千时，你会自发地增加对公共汽车公司的好感。公交公司的品牌无疑增加了它的亲和力。

同样是混合的米饭，但是餐馆给混合的米饭增加了一个造型场景，这也会给用餐者留下良好的印象。甚至商超产品的创造性展示也会增加品牌的趣味性。海尔洗衣机特别推出了在洗衣机上折叠硬币的游戏挑战，以证明其静音效果。这种有趣的活动无疑增加了品牌的亲和力。

三、替消费者表达

场景营销另外一个典型的特点，就是强大的表达能力，能够说出消费者心中所想，从而引发强烈的共鸣。比较典型的案例是江小白酒，营造了一种"小餐小聚小时刻"的消费场景。在这个场景里，情侣、朋友、同学的聊天内容，都被设计成了表达瓶。于是，江小白的酒瓶就成了替用户表达的道具，喝酒变得更有文艺范。

还有一个例子是在抖音等社交媒体上非常火爆的网红奶茶：表白茶、解忧答案茶之所以走红，是由于它代表消费者表达以及它的娱乐和传播。尤其是表白茶，对于很多人来说，看到女神或男神是极度紧张的，如何表达爱情呢？现在你可以送一杯茶来表达你的感受。再比如，有时你会感到沮丧，不妨买一杯回力奶茶，这杯奶茶的内涵是缓解你的忧虑，安慰你。

四、病毒营销

有时利用普通场景植入广告会导致病毒式营销。例如，H5的广告"我的丈夫在哪里？"是基于一个常见的夫妻在微信上聊天的场景：丈夫说如果有事发生他不会回来——他的妻子怀疑——一个熟人验证——每个人都怀疑——最后确认（在购物中心给他妻子买一个品牌的商品），其中很多都是内部游戏。就像一部小电影，它感动了许多人，引发人们疯狂传播。

五、惊喜体验

2017年圣诞节的时候，潘多拉珠宝在上海的KII商店里放置了一大棵圣诞树。消费者可以使用虚拟现实眼镜来体验视频"刚才，陈柏霖和我表白了"。这个视频中的男神，是一个非常害羞的小男孩。为了向心爱的女孩表白，他徘徊在女孩的门前，反复练习各种表白方式。当女孩突然打开门时，男神拿出潘多拉首饰盒，以示爱意，缓解尴尬。这种身临其境的体验让女性粉丝尖叫。

再例如，重庆一家购物中心的楼梯被改成了钢琴键，当人们走上楼梯时，灯光和音符会响起，吸引很多人去体验。附近有电梯的人都不愿意乘电梯，而愿意走钢琴楼梯。这个场景不仅带来了体验感，也成为客户交流的纽带。有了场景感，客流和交流日益增多。许多人来到这个商场，甚至只是为了来体验这个楼梯。

第七节 如何创造场景感

我们已经明白了场景在营销中的重要性，那么该怎样来创造场景感呢？正确答案是：以用户体验为核心，想办法走进消费者的生活和工作场景，并尽最大努力去模拟这些场景，包括购买场景、使用场景、工作场景和生活场景。换句话说，就是找到用户的痛点，然后设计产品、服务和特殊的体验场景。

构建场景需要注意三个方面：一是具有导向功能，实现商业目的；二是顺应用户的生活习惯，更好地联系用户；三是，内容应该有吸引力，并能增强用户黏性。简而言之，场景营销的目的是让用户行动、参与和被感动。

场景营销的建设还需要整合资源，如大数据、移动互联网工具、互动广告技术、LBS 技术、H5 等软资源，以及硬件投资，如线下氛围建设、无线网络设备、虚拟现实 / 现实设备、人工智能和交互入口建设。在构建场景时，还应考虑以下问题。

一、在这个场景中我能做什么？向消费者提供什么？

杜蕾斯发现避孕套也可以在夏天的暴风雨中当鞋子穿，于是在官微上发了一个杜蕾斯可以像这样使用的微博，结果引发了全民传播。再比如，滴滴出行发现在高峰时间很难打车，于是设计了一个按钮，可以给出租车司机发红包。对于有紧急事情或不想等待的顾客，他们可以通过给司机发红包提前预订出租车。

还有，周大福珠宝与购物中心合作，在女神节这一天，安排了 8 名国外帅哥给珠宝区所有路过的女士送玫瑰和鲜花，还可以免费合照。通过这个场景，周大福告诉女性消费者：今天，你是女神和皇后，周大福想给你尊重和爱。

还有，情人节的场景是鲜花。山东的一家珠宝店买了 10000 朵鲜花，免费赠送给公众。每朵花都带有一张卡片，将花的语言和珠宝结合在一起。例如，一条项链代表彼此相爱。因此，情人节销售额同比增长了 90%。

请记住这个场景设置逻辑：在这个场景中我能做什么？向消费者提供什么？

二、这个场景的难点是什么？如何解决它？

小米科技发现，消费者不仅需要电源插座，还需要购买配线架。此外，家中有小孩的父母非常担心电源插座的安全性。因为孩子们喜欢玩耍，好奇心很强，他们有时会把手指或金属物体插入带电的插孔，这会导致触电事故。为了解决这些棘手的问题，小米在开发插板时增加了 USP 插座。电源插座的保护门也经过精心设计，形成双孔联动。只有同时分两个阶段插入才能打开防护门，有效避免儿童触电的危险。

你吃过三只松鼠坚果吗？购买坚果后，你会收到一个脱壳器、一条湿纸巾、一个装壳袋和一张温馨提示卡。因为，三只松鼠发现了吃坚果的痛苦之处：剥坚果需要大量的工作，收集坚果壳麻烦，而且手很容易弄脏。于是，购买坚果后的礼物成功解决了这个场景中的痛点。例如，当你在中秋节购买大闸蟹时，一些品牌会给你一整套工具和黄酒来吃螃蟹。这也是解决吃螃蟹问题的一个难点。让我们再举一个餐饮业的例子。西贝莜面村发现孩子们不喜欢吃东西，父母也不经常做饭。父母的亲子时间太少了——这也是痛点。西贝专门设置了两个"烹饪"场景，根据行业特点提供解决方案。

A. 亲子私人烹饪课程——家长注册并带孩子去西贝师傅那里

学习烹饪。

B. 儿童搓面比赛——报名参加，孩子们和其他孩子一起玩，一起社交，一起比赛。

无论是和厨师一起学习烹饪，还是儿童搓面条比赛，一经推出，都非常受欢迎：亲子私人厨房每周都被抢购一空！为什么会这么受欢迎，因为这个场景里有体验、娱乐、温度和社交。谁会买它？第一，父母。购买后周末带家人和孩子去西贝学习体验，同时享受亲子时光；也可以送亲戚朋友，增加与亲戚朋友的情感联系。甚至有些单位也前来购买，单位主要作为福利发放给员工或顾客，这体现了单位的人文关怀。顾客在西贝的亲子私人厨房课程还有一些意想不到的收获：销售厨房用具和配料。学习时，许多家庭想买和西贝一样的厨房用具和食物材料。因此，西贝的厨房用具和食品原料也开始畅销。

三、在这种情况下，消费者如何参与或选择？

饿了么在北上广深和杭州的著名商业圈和地铁站选择了 10 个地点，并与著名餐厅必胜客和海底捞合作，打造了一个"饿了么"连锁店场景，与消费者互动。在这个场景中，消费者在扫码时会给奶茶、蛋糕等商品。

阿迪达斯在上海南京路的四个公交候车亭设置了互动广告。当人们走近红外感应范围时，液晶广告屏幕上的阿迪达斯门将会打开，代言人彭于晏将出现在门里，微笑着邀请你参加这项运动。我们不妨再举两个例子：加油站提供免费洗车服务，当你来我的加油站加油时，你可以免费洗车，这就是你选择我的原因。在有的高铁站，你可以找到按摩椅。在等车的时候，你可以用硬币或扫码付费，享受按摩服务。这是场景设置的第三个逻辑：在这个场景中，让消费者主动参与或选择。

四、考虑消费者的购买场景、使用场景或产品的生产场景

在很多购买场景中都有一个支付链接，一些购物中心还设置了互动设备。你向机器挥手，机器就会给你反馈。你是英俊还是美丽，你的脸值多少钱？你能享受多少折扣？或者设立一个挑战门，通过不同的门享受不同的折扣。你看，这些场景都是非常有趣的，有趣不但能吸引人，还会触发自动传播。再例如，盒马鲜生的服务内容，就是根据消费者的购买场景和使用场景来设计的。网上购买，盒马鲜生将在30分钟内送到你家门口。在网下商店购物，自己付款。如果你想回家做饭，付钱后离开商店。如果你不想自己做饭，可以在盒马选择烹制方法，有西餐、中餐供你选择。

星光珠宝，是一家风靡全国的专业珠宝连锁店。有人利用消费者使用产品的环节设置了一个霸屏求婚场景。当消费者购买钻石戒指后，销售员会提出一个浪漫的建议——这是产品的使用场景。为此，星光珠宝在各大商店的玻璃幕墙上安装了特殊的照明技术，购买克拉钻石的消费者可以在这里求婚和表白。数千平方米的霸屏广告，辅以花瓣和烛光，这无疑是一个浪漫而难忘的广告，将让人终生难忘。于是，在情人节、520和其他节日，每天都有几对夫妇来做广告，甚至需要排队，后来这个广场也被人称为爱情广场。此外，商家还利用珠宝产品的使用场景、营销场景和生产场景建立了大量的体验式营销：如答谢掌上明珠、为爱选择一切、克拉恋人、珠宝工艺品类等。

最后，我们再看看快消品如何利用场景传播，引导消费选择。

场景：知识分子各种工作场景。

场景传播：经常用脑，常喝六个核桃。六个核桃。

场景：吃火锅、烧烤、熬夜。

场景传播：怕上火，喝王老吉。王老吉

场景：早晨睡懒觉，没时间吃早餐。

场景传播：早上来一瓶，精神一上午。营养快线。

场景：开车累了困了。

场景传播：来一罐东鹏特饮。东鹏特饮。

场景：小饿小困。

场景传播：来杯香飘飘奶茶。香飘飘

场景：小撑小胀。

场景还播：消食乐。消食乐山楂爽。

总而言之，场景感的底层逻辑就是用户思维，即从用户的角度考虑问题，为用户设计解决方案，并给出新颖有趣的消费体验。各种场景的设计，会促使消费者选择产品，提升对品牌的好感，极端的体验将吸引更多的粉丝和免费传播。走心的产品、疯狂的分销渠道、疯狂的文案和疯狂的服务都是解决用户痛点的场景。在未来的商战中，拥有场景思维和积极构建场景将是企业和品牌的核心能力。在将来，无场景，不营销。有场景，才火爆。

第八节 场景式营销重构商业模式

长期以来，许多企业都把目标消费者作为研究对象，人为地将营销行为与消费者分离开来。事实上，一个触动人们心灵的营销行为必须是互动的，并且会使当前的环境和消费者在当时的场景中建立一种关系。场景激发了人们的欲望，甚至塑造了人们的欲望，而人们的参与正在改变着场景。

场景营销解决了什么问题？时间和空间的变化，互动的变化。在移动互联网时代，无线上网无处不在，手机随时在线，各种直播平台非常流行，互动方式越来越直接。随着虚拟现实和其他技术的发展，我们将在不久的将来体验更多的沉浸式购物。

场景营销，将离线真实场景与在线互动相结合，充分调动消费者的感官，刺激消费欲望。商业信息已经从被动的被发现变成了主动的"勾搭"。零散的产品体验变成身临其境的体验。消费者信息不再丢失，而是从一开始就聚集在一起。

移动互联网技术为场景营销带来更多机遇。随着移动互联网技术的普及，许多无法触摸的场景变成了具有商业潜力的场景。例如，客厅已经从一个家庭休息玩耍的地方，变成了一家三口都可以通过手机和电视的多屏幕互动场景来满足自己需求的地方。

场景营销打破传统的组织枷锁。新媒体、活动营销、广告和海报等，这些基于物质产出的劳动分工，仍在以旧的方式运作。营销不是一个接一个地抛出信息，而是为消费者创造一个感觉被替代的场景。围绕我们希望消费者获得什么样的体验，我们将知道何时何地做什么样的事情，并共同构建一个微妙的消费场景。场景营销是在更广的范围内做重要的事情。在移动互联网时代，每个用户都需要在任何时间和地点形成一个特定的场景。

错过场景营销意味着错过一个时代。继互联网之后，场景营销的兴起再次给企业带来了挑战和机遇。几乎每个人都已经看到了场景营销的价值和前景，但是如何去做却让很多人找不到方向。关于场景营销的前景，我们主要从以下几个方面进行分析。

1.信息碎片化带来的营销闭环。场景可以帮助我们在复杂的信息世界中提高信息接触的有效性，快速抓住用户接触信息的短期心理效应，抓住商机。

2.智能手机带来的信息实时获取。手机成为人们生活中不可或缺的一部分。手机的应用功能与场景完全融合。技术的发展加强了场景与手机的关联性，从而实现了以用户手机为中心的场景营销。

3. 场景技术带来的用户行为场景。如蓝牙交互、跨屏幕交互、代码扫描交互、图像交互、声音交互、地理位置和在线交互，能够更好地指导用户消费行为。

4. 场景是场合和场景的结合，包括六个要素：人、时间、地点、环境、动作和结果。

5. 场景的本质是人类在物理环境中产生的综合场景，包括自然存在和人工创造两种基本形式。场景的行为由"时间＋空间＋人"组成。我们必须根据用户需求的痛点来设计、开发、生产和销售产品。请记住"产品是铁，情感是钢"。

6. 场景具有自然连接"人"和"商业目的"的功能，具有"媒介"和"内容"的属性。场景的机会包括时间（促进营销闭环的产生）、空间（创造营销/沟通氛围）和人（促进营销目标用户的准确搜索）的机会。

7. 场景营销是场景机会和营销目标的结合。它是多种场景的有机结合，通过利用场景机会将营销行动加入场景，直至促进行动的完成以实现营销目标。

8. 做好场景营销，要注意两个方面：效果和效率。结果必须是最优的，成本必须是最优的。为此，我们需要进行深入的场景机会分析、准确的场景营销规划、适当的效果优化管理和准确的项目需求分析。

9. 场景营销计划主要针对目标人群和商业目的。

10. 场景营销可以使产品和服务成为人们的一种生活方式，与用户进行更深层次的交流和沟通，加强相互联系和信任，从而使买卖双方形成长期的合作和依赖。

11. 人和智能硬件的结合是最大的场景营销。在移动互联网时代，场景更能代表人、时间和亚文化。由于智能硬件打破了空间的限制，亚文化更容易形成"内容为王，社区为王"的社区交流，更能塑造人与人、人与产品、人与场景的紧密关系。

12. 对于场景营销，重点不是用户数量，而是用户的口碑传播。我们通过互动活动调动每个人的积极性，通过口碑赢得朋友，通过口碑击败对手，通过口碑建立品牌力量，让每个用户成为传播者，让潜在用户知道你的场景。

移动互联网技术的不断发展迎来了一个新的时代场景，这引发了新一轮互联网业务革命，并成为未来的核心竞争力。今天，每个行业都深受场景时代的影响，这给每个人带来了新的商业常态和新的财富思维。事实上，场景的概念相对来说比较大，所以我会缩小范围。例如，我现在所在的房间就是一个场景。这是什么场景？这个房间经常用于会议，所以它的作用是满足场景，所以它有会议和讨论的过程。什么是"会议"？会议一般在一个房间里，而且是这个房间在"讨论"吗？不，是人们在"讨论"。我们在周五下午、周日和海外会议上开会，所以给我们的感觉是场景是这样的组合。

也可以说，一个场景是一个定义某个功能的地方，一个可能在固定空间触发的东西。如果我们翻译它并把它移到场景中，它实际上是六个要素：谁，何时，何地，在什么情况下，做了什么，产生了什么样的结果。如果我们有一个完整的词语表达来表达清楚，我们可以非常清楚地描述无数的场景。

（1）场景思维：把握场景思维，培养场景思维，拥抱场景时代，把握从 IT 到 DT 时代的新机遇，抓住移动互联网的下一个出口。

（2）场景构建：在线场景、线下场景、消费场景和支付场景在一个场景中切入构建，实现有效的商业模式构建。

（3）场景营销：分析场景营销、社区营销和O2O营销的新方法，以"兴趣引导＋大众曝光＋门户营销"为线索，构建新的网络营销模式。

（4）场景实战：场景营销已经被越来越多的企业所采用，并且效果非常明显，通过实际案例来告诉你场景营销的具体实施方法。

在移动互联网时代，构建用户场景是企业的核心竞争力，因此场景营销适用于移动互联网时代的所有商业应用。

第九节　一场全新的营销革命即将来临

如今，人们已经悄然进入了移动互联网时代。微信、淘宝、QQ、支付宝……网络像一个巨大的天网覆盖了人们生活的方方面面。互联网在给人们带来极大便利的同时，也颠覆了固有的思维，从根本上改变了人们的购物和消费习惯，并引发了营销领域新一轮的变革。

自古以来，营销不仅从未改变产品，也从未改变消费者的信任。要获得消费者的信任，最好的方法是通过线上和线下的链接来搭建一个真实的生活场景，让消费者能够在场景中增加自己的消费体验，接受信息，无压力地完成消费。

一、场景营销代表着新链接、新体验

我们通常理解的"场景"，是指小说、电影或电视剧中特定人物在特定时间和空间的行为，或者是由人物之间的关系形成的特定生活场景。这里的"场景"是场合（社会环境）和风景（自然环境）的叠加。本书中的场景特指以风景为背景，能够激发人们的生产方式、日常习惯和习惯思维的生活空间。其内涵类似于景观建设中的"场景"。

在移动互联网时代，场景在移动智能设备、社交媒体、大数据、传感器和定位系统的基础上，获得了极大的自由空间。可以说，场景重建了人与人、人与市场、人与世界万物之间的联系。在互联网技术的加持下，场景可以是产品、服务或无处不在的体验。随着新场景、新链接、新体验和新时尚的创造，各种营销手段层出不穷。随着人们认知水平的提高，互联网给人们带来了一种新的生活方式，即无处不在的场景式消费体验。

举一个简单的例子，当一个人穿着"可穿戴智能终端设备"时，传感器会根据用户最喜欢的颜色、质地、款式、价格等信息，结合用户平时在网络上留下的行为轨迹、消费偏好和消费习惯，在屏幕上快速显示出最适合用户的服装，让用户选择。场景时代是现代科学技术的综合体，也是社会发展和进步的重要标志之一。基于移动互联网的智能设备与电子商务、文化娱乐、金融保险、信息通信等传统产业的连接和融合，悄然改变了人们的生活方式，将人们的生活嵌入到一个特定的场景中。

二、场景营销的特点

场景营销是一个创造特定场景，与消费者形成互动体验，并通过消费者所处的场景和特定的时间和空间完成消费行为的过程。移动互联网的发展，标志着新购物时代的到来。方便的购物场景，高效的购物链接，零碎的购物时间……随时随地购物和消费已经成为人们的高频行为。其主要特点是：越来越多的购物场景影响和改变了消费者的消费决策过程。简而言之，生活充满了场景，我们每个人都生活在场景中！

全国知名的火锅店"海底捞"，在非常有限的店面里设立了大量区域来提供免费水果和美甲服务。营销专家对此感到困惑，但海底捞的经营业绩大幅上升，规模迅速扩大。专家们没有想到的是，海底捞没有追求高额利润，而是在服务方面提供了足够的空间，为来到店中的顾客提供了极端的基于场景的体验。仅仅通过支付少量的运营成本，却赢得了 100 倍甚至 1000 倍的口碑传播，这是海底捞成功的秘密之一。

智能手机的普及彻底改变了人们的生活。最明显的变化是时间的碎片化，"刷手机"已经成为人们的一种自然习惯。移动互联网高度整合了碎片化时间，让人们充分利用碎片化时间，形成虚拟互联网与现实生活相互渗透、融合、互动的场景。当人人沉浸在手机世界的时候，虚拟和真实之间的差距越来越小。

2014 年 10 月，阿里和优酷发起了一项名为"边看边买"的视频购物活动。这是一个成功的场景营销：在看电视时，用户可以点击收集或购买视频中出现的产品。借助影视资源，对购物场景进行改造，实现与感兴趣用户的互动，从而有效利用用户的注意力资源，同时允许用户在不暴露营销痕迹的情况下消费。

三、传统营销的巨大变革

在过去的 20 年里，传统营销发生了翻天覆地的变化。营销思维的核心从"以产品为中心"到"以消费者为中心"。这是中国营销思维的历史性飞跃，而场景营销是基于"以消费者为中心"的又一次飞跃。

在消费层面，移动互联网对人们的革命性影响，主要是消费场景的变化。场景空间的增加、消费价值观的多样化和场景意义的深化，本质上导致了消费动机的变化。

我们怎样才能更接近消费者？在这方面，星巴克为场景营销开了一个好头。

早在 2009 年，星巴克就试图将基于移动智能终端的场景营销策略扩展到实体店的购物场景，以增强消费者的体验效果。2013 年，星巴克的移动交易超过 10 亿美元，共有 1000 万使用移动支付的消费者。通过移动支付，消费者可以方便快捷地使用星巴克的应用程序进行消费。2015 年 7 月，星巴克还宣布支持手机应用订购咖啡，允许消费者去商店购买咖啡。持有星巴克卡的消费者在进入商店拿走咖啡时只需出示二维码，从而避免了一系列交易环节，比如不需要再专门下订单。

社会互动的本质是人与企业之间的联系。社交网络、移动互联和大数据技术的完美结合，将企业、产品或服务与消费者之间的"弱连接"变成了"强连接"，重塑了以"去集中化"和"去中介化"为特征的商业关系和商业规则。

移动互联网的出现，给场景提供了三个决定性因素：消费时间、消费空间和消费需求。时间决定了消费者的生活是固定的还是不断变化的；空间决定了消费者在哪里度过他们的一生；需求决定了消费者想要消费的原因。

传统广告不会消亡，但传统广告商会！在场景营销的背景下，营销行业的竞争更加激烈。淘汰将在短时间内到来，缓慢的运动将迅速被蓝色海洋漩涡掩盖。

四、场景营销的四大法则

场景营销之所以能够获得巨大成功，主要是遵循了四大法则。营销人员只要按照这四个法则去设置场景，就能够实现营销目的，获得消费者的青睐。

1. 关注细节

生活本身是由无数的细节组成的，场景营销也是如此，营销场景也包含无数的细节。在营销场景的构建中，在发现真实的生活场景并找到真正能激发消费者购买欲望的因素后，如何将产品植入场景并转化为场景语言或图片，从而使营销场景新鲜并受消费者欢迎，每一个细节都将起到至关重要的作用。

2. 在线整合和离线整合

从消费者体验开始，将在线和离线联系起来，与消费者建立真正的沟通，并向消费者准确传达产品或服务信息。基于场景的营销是基于移动智能终端的普及。通过跨境多场景技术布局，实现了用户与网络上整个场景的无缝覆盖。消费者被一个接一个地置于营销场景中，真实的生活场景贴近用户，从而深化产品或服务体验。

3. 巧妙地整合产品

将产品整合到场景中，"让广告不像广告，让营销隐形"，可以"润物细无声"地传播品牌信息，诱导消费者产生消费行为。生活服务场景应该有所不同，这取决于消费者所处的环境和服务类型。例如，如果消费者在餐馆等着吃饭，不排队是用户的直接需求。吃饭的时候，我不知道吃什么。食物推荐是用户对这一场景的需求，这些需求也是产品或服务营销的最佳机会。

4. 立体化场景

在场景营销中，很多场景的设计并不是单一的，而是不同场景的多维组合，是基于不同元素组合的立体场景。比如，2015年11月底，国美的"国美塔店"重新装修并正式开业。新店打破了基于品牌展示的传统店铺结构，将品牌分为两类：随机购买的小家电和根据不同消费需求的定向性强安装家电。不仅如此，展厅还区分了体验区和销售区，快速切换的三维场景满足了不同消费者的购物体验。

第二章　场景入口：

土豪请进来

　　互联网时代，流量如大漠狂沙一般聚散无常，很多时候，客户就像沙子里的珍珠，你必须花尽心思，才能在茫茫人海中找到他们。这就要求我们的业务人员，必须练就一双火眼金睛，时刻观察、处处留意，从而建立起真正有效的客户识别系统。

第一节　链接真正有效的客户

从事营销工作，其主要任务是赢得更多的客户。当营销人员接触到新产品时，他们必须面对的第一个问题是：顾客在哪里？

有句谚语说"错误的选择会造成浪费"。如果客户定位不准确，目标消费群体不明确，销售成功的机会就非常小。

尤其是对新入职的销售人员来说，如果没有顾客的积累，一切都需要从头开始，这就更加困难了。据统计，从事营销第一年的营销人员 80% 的失败来自"消费者群体"的定位和对潜在客户的不充分搜索！

为了提高绩效和突破营销难题，必须通过一些方法来寻找客户。虽然找到客户的方法很多，但也与业务人员自身的能力密切相关。因为客户名单、联系信息、家庭地址等仅仅是简单的客户信息，我们寻找的不仅仅是这些，还有合格的潜在客户。

具体来说，为了准确描述你的客户范围并最终确定你的潜在客户，应该从以下几点开始。

一、熟悉你的产品

寻找客户之前，营销人员的首要工作是熟悉产品并掌握更多关于产品的知识，因为这些知识将帮助你更准确地描述客户群。一般来说，销售人员需要了解产品名称、产品内容、使用方法、产品特性、售后服务、交货日期、交货方式、价格和付款方式、生产材料和生产流程，以及了解同类产品和相关产品。

只有掌握了这些，你才有信心找到潜在的客户。

二、形成自己的方法

寻找潜在客户有很多方法，这需要营销人员不断总结和积累经验，形成自己的一套方法。一般来说，销售人员寻找客户的常用方法是以下几种。

1. 线下拜访寻找新客户

为了开发新客户，必须首先确定客户来源。例如，可以在潜在客户集中的地方清扫街道和建筑物。

拜访客户时应该做更详细的记录。建立更详细的客户信息。尽可能多地留下客户的电话号码，以了解客户当前的意图。在这个过程中，我们将尽可能多地与客户沟通。今后，我们应经常给客户打电话，与他们交流更多信息，以便有效地推广我们的产品。

2. 广告搜索法

这也是常用方法。基本步骤如下：（1）向目标客户群发送广告；（2）吸引客户前来开展业务活动或接受反馈开展活动。

此外，如果有足够的资金，可以通过媒体发布广告，介绍产品功能、购买方法、位置、代理和分销方法，然后在目标地区开展活动。

3. 相互介绍法

营销人员可以通过熟人和朋友等社交关系，也可以通过业务伙伴和客户介绍为自己找到新客户。主要方法包括电话介绍、口头介绍、信函介绍、名片介绍、口碑效应等。这一方法可以由他人直接介绍或通过他们提供的信息进行搜索。聪明的销售员也会寻找有一定影响力和良好声誉的人、认同自己产品的人、人脉广泛的人……邀请这些人做向导会事半功倍。

此外，我们不妨抓住一些关键客户，让他们推荐客户。这样，顾客可以成为朋友，情感交流和信息传递可以真正实现。营销人员也可以委托特定的人通过付报酬的方式为自己的业务领域或客户群收集信息，从而了解客户、市场和地区等信息。

4. 数据查询法

通过数据检索寻找客户，不仅可以提高可靠性，还可以减少工作量，提高工作效率，同时还可以最大限度地减少业务工作中的盲目性和客户阻力等。

销售人员经常使用的信息包括：相关政府部门提供的信息，相关行业和协会的信息，国家和地区的统计数据，企业黄页，工商企业的目录和产品目录，电视、报纸、杂志、互联网等大众媒体，客户发布的新闻、产品介绍、内部出版物等。此外，还有一些组织，特别是行业组织、技术服务组织、咨询单位等。

第二节　实现场景营销的关键环节

随着互联网时代的到来，尤其是移动互联网的兴起，时间和空间得到了无限扩展。我们生活在生动的真实和虚拟的场景中。可以说，媒体，尤其是手机，极大地丰富和激活了场景营销，加速了真实场景和虚拟场景的互动，为我们创造了更多的营销想象空间。

一、营销领域最核心的思维变化

过去 20 年来，营销领域最核心的思维变化是从以产品为中心转变为以消费者需求为中心。在茫茫人海中为某种产品寻找合适消费者的时代早已过去。现在需要的是首先发现消费者的具体需求，然后根据需求开发和生产产品。

为了实现场景营销，你还需要向前迈进一步。当你找到需求时，你需要获得更深入的信息来帮助你准确地理解"为什么我的消费者在这个时候、这个地方和这个环境中有这样的需求"？只有当需求恢复时，我们才能真正理解某种消费需求。营销人员将不再单纯地进行静态研究，也不再制作极少数消费者的样本，而是将持续动态地理解、更新、判断和预测所有消费者。只有这样，产品才能成为这些消费者场景中自然和不可或缺的部分。

二、以情感为对象的场景营销

场景营销最重要的是唤起情感，而不是传递信息；消费者在众多场景中几乎不可能冷静下来，耐心地听你的信息，然后根据逻辑做出理性判断。美国道德心理学家乔纳森·海特的一项研究发现，人们总是先有直觉，后有战略推理。因此，能促使他们做你期望的事情的是情感。所有功能兴趣点的信息描述只是为下订单的立即行动提供更多证据。只有了解情感在消费者行为过程中的重要性，才能解决许多营销人员心中的困惑："什么是品牌建设真正的建设"；品牌建设是一种你可以立即在消费者心中引发的专属情感。也许技术功能会被模仿，产品会不断更新，但当消费者看到你的品牌标志，想到你时，他们心中的强烈情感就有可能与他们联系起来。

很多商家发出这样的疑问："为什么我的产品比竞品好，营销方式比竞品更华丽、更漂亮，消费者也认为我的很好，但他们仍然购买竞品？"因为你已经被消费者发了一张"好人卡"，你是一个诚实的人，拥有世界公认的各种优势。但是很不幸的是，消费者们更喜欢选择一个在某些领域可能不如你的品牌，因为他们与之相处的每一秒都是美妙而深刻的体验。

三、数据驱动的场景营销

得益于大数据技术的发展，营销人员获得了前所未有的数据和信息财富。是看着那些数据静静地停留在电脑里，还是挖掘他们的巨大价值？数据驱动业务的能力将决定未来营销的成败。过去，我们获得的数据是单一的、部分的和缺乏联系的。经过分析，我们经常带来两种尴尬："重复已知的结论"和"制造无用的信息"。人们谈论了多年的沃尔玛啤酒纸尿裤的案例，也似乎只是一个美丽的传说。

数据的不精确性，使得我们的消费者只是一个模糊的整体术语；诚然，被某个品牌吸引的消费者肯定有相当共同的特征。但就他们不同的需求、购买和使用场景而言，这些人唯一的共同特征可能是购买你的产品。这种循环论证不能帮助我们为消费者提供更好的产品和服务。只有将消费者定义为一个人，才有可能提供准确的场景营销、一对一的沟通、高度定制的产品和服务，从而最大限度地简化消费者获取需求的渠道。因此，场景营销需要数据驱动，消费者数据的不断更新使得整个营销过程能够持续优化。

第三节　向线下渗透，场景成破局利器

随着互联网红利不再，在线流量成本上升，互联网正在进入下半场。与此同时，用户离不开线下服务，线下服务趋势突出，线上线下联系日益紧密。因此，在线营销继续渗透到线下。场景营销开辟了在线数据和离线数据，已成为各大企业新的营销选择。场景营销通过互联网改变了传统的线下营销，是互联网在营销领域的集中体现。

一、互联网已经进入下半场，现实环境推动了场景营销的发展

在推进结构转型升级、寻求创新驱动发展的形势下，企业

营销需求增加，要求更加严格，品牌和效果评价并重。场景营销为企业提供了新的选择。随着中产阶级的迅速崛起，其文化娱乐需求和消费增长都在上升。这对营销的内容和形式提出了新的要求。相对单一的广告内容和形式已经过时，场景营销内容受到欢迎。大量的线下智能设备，如无线网络和网络摄像机，使得定位、识别和跟踪人们的线下行为成为可能，为场景营销提供了新的场景输入和数据。

　　无论是互联网还是移动互联网，网民数量的增长率正在放缓，人口红利不再。经过几次大的合并，互联网门户已经变得集中化，互联网流量的基础已经改变，在线流量的成本很高，在线和离线流量的成本趋于一致，整个行业迫切需要挖掘新的流量。在完成用户增长的阶段性目标后，企业开始回归商业本质，寻求变现。场景营销成为拥有丰富场景入口、用户数据和媒体资源的互联网企业的最佳选择。在在线营销中，流量、媒体资源和广告商预算都在向移动端转移。根据艾瑞咨询的数据，2016 年移动营销规模将占在线营销规模的 55.8%。移动端程序化购买的发展促进了移动营销的智能化、精准化和实时化。同时，DMP 作为支持程序化采购的核心部分，其应用越来越成熟，数据处理能力不断提高，为场景营销的发展提供了动力。交通、数据和算法、场景营销的各种要素已经一个接一个地出现，场景营销的进一步发展是可能的。

　　二、场景营销优势明显，产业链上下游越来越完善

　　在场景营销中，商家通过对用户数据的挖掘、跟踪和分析，将用户的在线和离线行为联系在一起，并在一个由时间、地点、用户和关系组成的特定场景中，理解和判断用户的情感、态度和需求。在此基础上，就可以为用户提供实时、有针对性和创造性的信息和服务。所以，你经常会感觉到，在刚好有需求的时候，商家就及时出现了。

目前，场景营销以移动终端为主要交付渠道，未来将扩展到奥特终端，交叉屏幕是最终的发展方向。围绕提高转换率这一核心目标，场景营销包括以无线 SSID 广告为代表的新广告形式和以晃动红包为代表的激励性互动营销方式。

1. 与单一营销方法相比，场景营销有明显的优势

随着各种硬件设备的发展，可以量化用户的离线行为。在线和离线数据的结合使营销服务提供商能够更准确地预测用户的行为。

延续了计划性购买的特点，以"受众购买"为立足点，围绕用户需求制作营销内容。因此，场景营销内容往往具有良好的体验，更容易通过用户的自发互动引爆社交网络。

营销行为的紧密性可以有效提高购买率，优化对网络营销效果的监控。

便利店、餐馆和娱乐场所的数字营销需求得到了极大的满足。

2. 与传统的在线营销相比，场景营销产业链不仅包括广告主、营销服务提供商和媒体，还包括离线场景数据收集平台、离线场景应用平台等。

目前，在 DMP 等细分领域仍存在市场缺口。根据场景营销的发展，产业链中主要参与者的角色可以分为：离线场景入口、在线场景入口、场景和用户数据平台以及场景营销服务提供商。

离线场景入口主要包括：离线场景应用平台和离线场景数据采集平台。

在线场景门户包括：智能操作系统门户、支付平台门户、消

费和生活服务平台门户以及其他媒体门户。

场景和用户数据平台包括：场景数据平台、财务数据平台、用户行为数据平台等数据平台。

这些平台作为场景营销的核心参与者和积极推动者，通过连接广告主和媒体，在场景营销产业链中发挥着承上启下的作用。

三、数据解读，预测未来的用户行为

我们的生活将进入大数据时代，智能手机和各种传感器将记录和存储人类的一言一行。人类生活的社会将成为一个巨大的数据库。技术的发展为预测人类行为提供了可能性。场景营销发展的核心是预测用户行为。用户每时每刻生成的数据将被场景营销产业链中的各个环节的企业用于用户细分研究、用户行为研究、用户保持研究、用户媒体接触习惯研究等，以更好地服务营销行为，提高营销效率。

国内企业对客户数据一直持相对保守和谨慎的态度，由此产生的数据孤岛现象制约了场景营销的发展。场景营销的进一步发展，依赖于数据的开放和共享。随着网络营销的快速发展，数据在营销产业链中的作用将逐渐加强。

当传统企业意识到，在收入和利润的驱动下，开放而不是关闭的数据可以带来更多的价值时，数据的开放和共享将会带来一场破冰。未来，随着数据交换的发展，企业间的信息和数据协作将继续深化，场景营销将成为营销的新常态。

在即将到来的物联网时代，各种信息传感设备与互联网的结合，将形成一个覆盖广泛的场景、一个庞大而复杂的网络。语音识别、图像识别、体感交互和情感感知等技术的发展有望实现人的全面感知。同时，随着虚拟现实／现实／磁共振技术的发展，离线场景和在线场景的界限将逐渐模糊。这两者高度融

合，真实和虚拟交织在一起，到时候，一个新的场景将构建起来。这将为场景营销的体验带来颠覆性的变化，这在未来都将成为可能。

第四节　场景营销给实体店带来了什么

在移动互联网时代，购物场景带来的愉悦消费体验将进一步增强。传统的基于活动的营销越来越难以接触到消费者，而基于场景的营销在未来将真正实现其价值。假设一名消费者走进一家购物中心，她并不急于购买任何东西，而是在手机搜索框中搜索她想购买的商品。根据她的位置，搜索结果会给她反馈。在整个购物中心，她还可以按销售额、价格、折扣强度等进行排序。在完成整个过程后，她可以进行有针对性的购买……以上场景体验给了你一种颠覆认知的感觉吗？在移动互联网时代，上述购物场景带来的愉悦消费体验将进一步增强，场景营销的威力和未来潜力也将清晰可见。

一、优化店内购物体验

1. Urban Outfitters

Urban Outfitters 是美国平价服装品牌，这个品牌开发了一个本地 App 名为 Urban On（UO），它为用户提供许多个性化服务。例如，当用户进入商店时，UO 会提醒用户登录社交媒体。用户进入试衣间后，UO 将鼓励用户与朋友分享他们的服装照片。

如果分享照片成功，用户将获得一定的折扣。试衣间外面有一个照相亭，供用户自拍。用户还可以在购物时收听 UO 电台。这款 App 的最新版本还更新了产品页面，允许用户查看更清晰的产品地图和相关产品信息。

2. Rebecca Minkoff

Rebecca Minkoff（瑞贝卡·明可弗）包包专卖店联合 eBay 推出了互动试衣间，试衣间和陈列室安装了智能屏幕。用户可以点击屏幕浏览商品，查询商品信息和下订单。在试衣间里，用户可以调节室内光线，点击屏幕查看试衣间效果，而不用把一堆衣服带进试衣间。

在这里的每件衣服上，都有一个射频识别标签，用户可以快速检查是否有库存。当用户点击所需的尺寸和颜色后，工作人员会将它们送到试衣间。这些智能屏幕还可以通过连接软件识别顾客，并知道他们购买了什么，他们的消费历史和他们的消费偏好。店员可以利用这些数据为顾客提供更好的个性化服务。

3. Marc Jacobs

奢侈品牌 Marc Jacobs 发起了一次活动，只要用户在标签 #Marc Jacobs# 下发布推文，他们就可以从新开的雏菊香水闪光商店收到礼物。如果附有店内照片，会有更大的礼物。每天，最好的创意内容将会得到一个免费的马克·雅可布手袋，这大大提高了品牌的影响力。

二、"体验为王"：移动营销的未来

1. 品牌与消费者的联系增加

在传统营销方式中，产品和消费者联系有限，电视、互联网、杂志、广告和户外广告等媒体通常通过广告投放渠道来观看。然而，从场景营销的角度来看，消费者的需求存在于发现、探索、购买、使用和分享品牌的全过程，并根据消费者的需求场景进行深入分析和挖掘，因此联系是无限的。

2. 要真正解决用户的问题和痛点，并与用户形成良好的价值交换

当消费者学会识别和回避广告时，传统的广告营销方法将变得越来越不可行。消费者需要的是能够真正解决他们需求的产品和服务。然而，基于场景营销为用户解决当前的问题，用户和品牌之间可以形成良性循环。品牌在适当的时间和地点为用户提供他们需要的信息和服务，这不仅帮助了用户，而且由于更好的体验而提高了用户的黏性。用户的使用数据进一步促进品牌积累和发现用户需求，从而提供更好的服务。

3. 目标消费者不再局限于静态人口统计属性的定义

在传统营销实践中，品牌是否是目标消费者通常是根据消费者的人口统计属性来定义的。然而，当从需求场景考虑产品的目标群体时，可以意外地获得更多的潜在用户。例如，一个针对女性经期管理的应用程序，基于希望在特殊时期得到男孩照顾的女孩的需求，软件供应商专门开发了针对女性经期的男性版本的软件，以便男孩能够关心和照顾女孩。该软件去年已经拥有 10% 的男性用户。

三、品牌战略下的场景营销

要确定正确的品牌战略，无论是传统广告营销还是场景营销，人们都不能忘记最重要的仍然是确定自己品牌的定位。所有场景营销和消费者互动都应注重强化品牌形象和品牌价值。考虑到重新组织营销活动的过程，基于场景的营销要求营销人员迅速洞察消费者的需求。小而及时的按需供应，可能比长期规划的"大创意"更能有效地吸引消费者。

基于不同场景的消费者需求通常是分散的，需要技术团队将这些不同的信息集成到一个管理平台中。充分利用基于互动需求生

成的大数据，通常可以帮助品牌营销人员找到消费场景的需求。此外，还需要重点分析包含时间序列信息的数据，如消费路径。

让我们举一个简单的例子。例如，在一次同学聚会上，那个说他永远不会结婚的男孩现在孩子都可以打酱油了。每个人都想知道，是什么样的女孩征服了他。他告诉同学们自己的求婚场景："在我女朋友生日那天，她吃蛋糕时突然吃到了一枚钻戒。我对她说：'我想娶你！'然后我们结婚了。"每个人都说这很浪漫，但这个男学生叹了口气："是的，即使是我也不能拒绝一个用自己的钱买了一枚钻戒并把它藏在蛋糕里的女孩。"

场景营销必须建立在用户体验基础上，创造一种特定营销环境。根据当前形势下消费者的需求，为消费者提供相应的内容，并获得强烈的替代感。正如美国心理学家、传播学创始人勒温提出的场理论：个人与其活动之间的空间是一个心理场，在这个心理场中，个人的行为是个人与其生活环境共同作用的结果，让你无法拒绝。所以现在我们不再关注消费者在大的时间和空间尺度上的"我是谁"，而是关注一个特定的小场景"我是谁"。

第五节　用场景思维设计营销计划

随着场景营销时代的到来，人们每天生活在不同的场景中。消费者需求已经从以前的产品和服务转向场景体验，这要求营销人员使用基于场景的思维来设计营销方案。在市场营销中，需要更加注重满足消费者对场景价值的需求。

用户的消费行为是在特定场景中进行的，用户也通过该场景识别产品。用户在不同的场景中有不同的需求。产品的卖点与用户的需求相联系，有效地触及用户的痛点，激起消费者的情感共鸣，刺激购买欲望，从而形成消费者的黏性和忠诚度。用户通过场景感知产品，不同场景下用户对产品体验后的感受和记忆是不同的。同样的一餐，你在路边摊和五星酒店的经历完全不同，即使是同样的菜肴，但它给你不同的感受。因此，如果你想创造一个好的用户体验，你必须首先以用户为中心，构建一个完整的场景。场景赋予产品生动的含义。

在进行场景营销时，为了深入了解消费者需求，了解用户的生活方式和价值观，有必要先对用户画像进行调查。分析消费者习惯和消费行为，真实再现消费者生活场景，勾画出消费者理想的生活场景，然后将产品嵌入场景，从而打动消费者，激发消费者购买欲望。为了做好产品营销，商家创造了"白色情人节""女神节"，电商打造的"双十一""双十二""五二零"等节日就是利用了场景营销的手法。

用场景来做营销，这个场景一定是大家的刚需。过去，人们习惯站在路边招手叫出租车，在恶劣天气或需求高峰地区，如机场和车站，很难叫到出租车。滴滴解决了人们乘坐出租车的痛苦，让乘客和车辆信息通过互联网快速适配。乘客的需求是随时随地的，车辆的响应也是随时随地的。如果路上有乘客，他们可以拼车，这是解决供应问题的好办法。用户的行为可以被引导。因此，我们需要在用户和产品之间架起一座桥梁，建立联系，给客户一个购买的理由——这座桥的名字叫作"场景"。

让产品＋场景不知不觉地进入消费者的认知，让用户在一个固定的场景中思考你的产品，从而刺激他们购买。在场景营销之前，让我们回忆一下工作中经常发生的事情。领导想让你帮他做一件事，他会告诉你：什么时候，你去哪里，你再找谁，然后你和他一起做什么。没错，为了做好这项工作，这是你必须得到的信息。让我们看看这些信息包括什么，什么时候（时间），在哪里（地点），你再找谁（人），做什么（事件）。事实上，这也是场景的基本要求：什么时候，在哪里，谁（目标群体）做了什么。坦率地说，它是时间、空间、人物和事物的组合，我称之为场景的四个要素。因此，场景营销就是根据用户的场景进行营销。在那个时间和空间，用户会做什么，他们会怎么想？为了实现我们的目标，我们可以使用什么方法来增加曝光率、影响曝光率和减少骚扰。

用场景化思维来做营销活动

为了更好地理解场景营销的价值所在，让我们先看一个案例。之前，我们为一家酒店做了一次营销活动，以吸引顾客参与抽奖，然后转换销售额。活动过程非常简单。你只需要扫码进入H5页面，你将有机会赢得真正的奖品。活动二维码放在酒店前台、大堂入口、餐厅桌子和床头柜上。现在，让我们来看看这四个地方的场景。

1. 大堂入口：人流很多，但大多数人都匆匆而过。他们可以留下来关注易拉宝，但参加活动的人不多。此时，用户要么匆忙入住／离开商店，要么冲出去，待在门口感觉就像把门堵住一样。

2. 酒店前台：前台的大多数用户都要办理进出酒店的手续，或者要求一些东西，因此他们专注于自己的工作，完成后想离开，可能会有人排队。如果没有服务员主动提醒，客人通常没有太多时间扫码参与活动。

3. 房间的床头柜：房间是用户停留时间最长的地方，但主要用于睡觉。醒着的时候有看电视、看书、聊天、玩手机等太多令人分心的选择，床头的二维码可能会被忽略。

4.饭店的餐桌：在饭店吃饭的人数没有前三个人多，餐桌上的时间也没有房间多。然而，通常桌面上有两种吸引用户注意力的选择：玩手机和聊天。而且它仍然是一种相对悠闲的状态，所以很容易注意到板卡上的广告。此时，在同样的10分钟内，看到活动二维码的可能性非常高，与其他3个地方相比，投入的单位时间也将增加。现在回顾一下，让我们了解什么是场景。清楚了吗？

在营销渠道、宣传材料和产品形式规划中，我们需要考虑场景，即用户在那个时间和空间会做什么以及他们会怎么想？简而言之，我们可以用什么方法来增加曝光率、影响曝光率、减少骚扰以及实现我们的目标。乍一看，这不是移情吗？是的，情境思维就是首先把你自己放在那个场景中，看看你会有什么样的行为和反应，然后把你自己推向别人，思考用户最需要什么，从而验证和推理设计的合理性，达到更好的效果。

最近最流行的做法之一是将用户加入微信（个人微信或公共号码），并建立私人域名流量池。用户必须添加你，因为你能给他们提供价值。让我再举一个例子。对于餐馆来说，我们如何用场景思维来实现更好的粉丝添加的目标？当用户进入商店时，他们最需要了解的菜单和活动是什么？我们现在可以增加微信来介绍他们（但是现在商店里有介绍，有点多余），还是可以增加微信来送菜？看完菜单后，是点餐，加微信建立自助点餐，避免排队点餐。等待上菜的过程是漫长的。在此期间，可以在桌子上放置一个二维码符号。

为了让大家更清楚地理解，如何用场景思维来解决营销的痛点，在这里我继续举一个例子。不久前，一个学生带了一个老板来问我关于他们产品的促销情况，很明显他们的产品卖得不好。

我很直接，让他开门见山地介绍一下产品情况：这是一种以葛根提取物为主要原料的养肝护肝茶，已经通过小额商业渠道销售了半年，销量不佳。名字叫××甘井葛根茶，宣传口号是"从现在开始健康生活"。

说实话，看了包装介绍后，我相信葛根、三七、土豆茶等类似产品没有问题。毕竟，保健茶比茶更有营养。我问，这种茶有什么作用，对谁最合适？他们说这种茶有很好的解酒效果，喝酒后，喝它能很快醒来而不头痛。当然，它也可以在日常生活中用作保健茶。经过这次谈话，我只对缓解宿醉感兴趣。后面的保健茶太普通了。也许是因为我经常喝酒，虽然没醉，但这也是一个确切的目标。他问我该做什么，现在该如何调整？我从场景思维的角度为他分析了两个关键问题。

1. 采购场景

产品功能和目标群体不明确。虽然我对这种葛根茶还不太了解，但它除了解酒之外还有别的价值吗？没有没关系，因为我唯一感兴趣的是"清醒过来"。我反复问，现在卖的主要群体是喝酒和社交的人，那为什么不明确指定这个群体呢？让我们想象其中一个场景。当一个饮酒者（或者他的妻子）在超市看到这种产品时，他能马上认出它吗？它对他有用吗？不，因为包装上没有写"解酒，清醒"或适合饮酒者的字样，而且商标也不明显。

如果我们害怕上火，为什么不喝王老吉；如果我们经常动脑筋，为什么不喝六个核桃；如果我们的孩子容易感冒，为什么不喝三种精华双黄连。比如，喝酒不伤肝，不呕吐，家里总有×××；有了×××，我父亲不再害怕社交聚会了。

当消费者选择购买时，宣传口号都需要考虑场景：他们能快速识别、区分和找到他们想要的东西吗？显然，所有的包装和产品说明都必须改变。

2. 使用场景

产品形式不方便体验，他们的产品都是袋装的，就像挂袋的绿茶，从泡茶的角度来看很方便，但是最关键的一点被忽略了。在使用场景中，消费者的心理是不同的。绿茶可以与他人分享和公开冲泡。我问他们市场上其他类似产品的形式是什么。他们说胶囊是最常见的。我认为是对的，胶囊很容易携带。我把它放在我的手提包、钱包和裤兜里。当我进了门，当我进了电梯，我就可以拿出一个扔进我的嘴里，省时省力，而你的茶包显然没有考虑目标用户的使用场景和体验。

营销产品是一个必然的趋势，也就是说，当产品还在设计时，营销应该在生产之前被考虑，而不是像过去那样等待产品被生产出来才是营销部门的事情。因此，场景思维不仅在营销推广中非常重要，在产品设计中也非常重要。如今，场景不仅指离线的物理空间，还延伸到在线空间，如直播、微信群、朋友圈等，都是在线场景。特别是网络直播，扩展了购物消费场景，成为一种新的营销方式。淘宝、京东、唯品会等大型电子商务平台都开通了直播频道。许多店主／模特当场试穿衣服并点评，这是一个生动的场景。观看的用户可以直接在页面上购买和交易。这提高了营销效果，也是场景思维的应用之一。这不是一个产品稀缺的时代，也不是一个不需要营销的用户争相消费的时代。现在产品和营销必须深入挖掘用户的需求，而场景营销是从用户的角度挖掘用户的痛点。

第六节　摆脱单纯导流作用的玩法

在我们的生活中，实际上有一个典型的场景营销：打车软件，滴滴实际上是一个场景营销的实验图。阿里和腾讯花了很多钱构建了一个用户使用支付工具支付打车费用的场景，并取得了巨大的成功。我认为这个案例最大的价值不在于说什么已经被成功挖掘，而在于发现消费者的可塑性，让"场景"进入公众的视野，成为一个可以在商业层面上努力的方向。从消费者的角度看，假设你在 APM 购物，你的手机连接到商店的无线网络，或者你已经安装了商店的专业应用程序。当你通过 GAP 时，你的手机会自动向你推送 GAP 优惠券和促销推荐屏幕。这是基于购物场景营销（生活 / 购物场景的一个分支）。

在新媒体环境下，在线客流量相当于商家过去的客流量，对销售额有直接的促进作用。事实上，基于场景营销的核心目的是实现交通流量。内部逻辑是离线场景被转化为在线流量，从而促进销售或传播。是的，它也是一种 O2O。然而，要做好场景营销，关键是在正确的时间和地点向消费者提供正确 / 有效的信息。

场景营销最开始提出的时候，属于 1.0 时代。那时候大数据并没有全面展开。场景营销更多地依赖于位置服务技术，并根据地理位置简单地推送相关信息。商场和网吧的 WiFi 接入端口已经成为营销战略的重要战场。许多公司已经开始整合他们的门户网站，为客户提供免费的 WiFi 网络，然后通过硬件收费、广告宣传、内容运营、商家服务等获取利润。如商用无线网络，在一定程度上满足了用户的联网需求，而联网用户可以转化为可兑现的流动资源。在这个时代，场景营销仍然具有"软广告"和"嵌入广告"的特征。虽然它能达到精确营销的目的，但它似乎还是有点僵硬。

场景营销 2.0 具有很强的数据挖掘水平和技术手段。当然，在英美离线场景布局的东风之下，场景营销有很多方式。通过对用户需求和痛点的深度挖掘，对场景下的人群进行标记、数据分析和刻画。然后进行 RTB（实时竞价）精准广告投放，完成营销互动，并在投放过程中进行持续实时优化，提高投资回报率。

坦率地说，这仍然是一种广告行为。然而，在不断突破技术壁垒的过程中，生活场景不断被提炼，出现了许多有趣的游戏和真正的互动营销游戏。例如，每个人在饭店等待上餐的时候都很无聊。在这种情况下，商家能做什么？我能扫描二维码，玩一个 H5 游戏，得到一张代金券，并送给朋友吗？或者扫描二维码，找出餐馆里其他美味的食物？消费场景包含很多，这是一个很大的命题。场景能有多详细？饿了么推出了一个非常有趣的小功能，大家一起点菜，外卖送上门，谁会得到呢？在这种情况下，很多人都愿意玩。

场景营销本身也可能成为炒作的热点。例如，肯德基的"手机自助点餐"是肯德基基于排队场景的卖点。这种"营销方法"开始走向市场，它已被广泛应用于地铁、出租车座位后面的电视以及购物中心和自动扶梯的两侧。还与《周一见》节目合作，让马天宇在综艺节目《周一见》中充当了一次肯德基点餐员，教会顾客如何使用手机自助点餐。还有很多"现场营销"，我觉得更有营销经验。比如雨景：在街道上喷上防水涂料的二维码广告，通常是隐形的，下雨时出来引诱人。

世界自然基金会在地面上烹饪食物。导游观察并品尝了食物，这样每个人都可以直接感受到全球变暖的问题，这通常不容易察觉。还有运动场景：在运动过程中，很难找到你喝过的水。想喝水了你只能打开另一个瓶子，造成浪费。因此，阿尔山在原来的瓶贴上添加了特殊的油墨涂层，让消费者可以在瓶体上留下自己的标识……在传统营销越来越难以触及消费者的时代，基于给消费者带来实用价值的场景营销可能是另一个新的战场。

在移动互联网时代，每个人都在谈论基于场景营销，而"基于场景的用户需求洞察和营销"已经成为企业首席执行官在大会上演讲的必要"口号"。然而，当人们真正实施所谓的场景营销时，他们只是做一个 H5，计划一个活动或者在你去餐馆的时候给你一个"精确的"信息推送。显然，当我们说场景营销时，它不应该是唯一的一个。

所谓场景营销是指在特定的真实场景中，洞察消费者的心理状态或需求，从而有效实现企业目标的营销行为。也就是说，所谓场景营销的核心应该是满足特定场景中消费者的心理状态和需求，而场景只是唤醒消费者某种心理状态或需求的一种手段。为什么是一个场景？营销的核心是需求管理，包括需求的洞察、识别、刺激和满足。

在过去，当我们管理营销数据时，我们受到技术手段的限制，只能使用人口统计指标，如年龄、性别、爱好、地区、收入等。我们通过这些指标细分目标消费者，然后选择我们的目标消费者，围绕他们开展营销活动。然而，对于特定的需求，这些指标中的任何一个都过于间接和宏观，并且需求定义的准确性太低。即使我们综合运用多个指标，也只能抽象出一个数学意义上的模糊数字，这不利于我们真正有效地识别和刺激消费需求。事实上，除了维持生命的生理需求外，人们的需求都是对环境的压力反应。

例如，当你去参加一个鸡尾酒会时，你只会在"鸡尾酒会"的外部环境中感到压力，并产生对漂亮晚礼服的需求。这种需求不是由我们的生理需求产生的，与年龄、性别、爱好、地区、收入等没有很大关系，而是直接受到"鸡尾酒会"现场的刺激。因此，大多数人的需求实际上与特定场景直接相关。不同的场景会刺激消费者不同的心理状态，使消费者表现出不同的自我，进而产生不同的需求动机。

当我们进行场景营销时，我们实际上是在做一个量变。当我们从年龄、性别、爱好、地区、收入等指标来把握消费者的需求时，我们关心的是消费者自己。然而，当我们通过具体场景把握消费者的需求时，我们关注的是客观环境。由于信息技术的发展，这一重点已经逐步实现（因为它要求对消费者数据进行更多、更完整和更准确的收集和处理）。因此，在移动互联网蓬勃发展的时候，场景营销非常流行。

做好场景营销的关键是把握消费者的心理状态。企业需要清楚地知道他们的产品能满足什么样的需求，这种需求背后的心理动机是什么，以及这种心理动机让消费者产生什么样的心理状态。在此基础上，企业可以用真实的场景或自己的场景来刺激消费者进入一定的心理状态，从而启动消费行为链。也就是说，场景营销的本质是针对消费者心理状态的营销，而不是特定的场景。场景只是刺激消费者的一种手段。它们可以是一篇文章，一个 H5，一个事件，或者一个真实的场景。

具体来说，我们可以通过以下四个步骤实施场景营销。

第一步：心理洞察。消费者的需求是由企业的产品来满足的，企业需要明白消费者的需求会产生什么样的心理动机，以及消费者为了产生这种心理动机需要什么样的心理状态。心理洞察力是场景营销的出发点和核心。

第二步：场景设置。根据消费者的心理动机，设置或选择场景，使消费者达到营销所需的心理状态。场景设置的重点是场景中的交互设置。只有通过互动，消费者才能真正进入现场，给消费者及时的心理反馈，才能更有效地刺激消费者的心理。

第三步：心理力量。为了让消费者进入某种心理状态，激发某种需求动机，他们需要足够的心理力量。这种强度可以通过交互设置的节奏来控制。例如，同样是文章，一篇500字的文章可以激发一些精神状态，而一篇1500字的文章可以激发一些精神状态。

第四步：行为指导。在成功地将消费者带入某种心理状态之后，消费者的行为链就可以开始了。此时，我们需要引导消费者的行为来实现我们的营销目标。

第七节　特殊场景里的话题营销

薛之谦在微博上宣布，他和前妻高磊鑫破镜重圆，粉丝们给他发了近87万条短信。后来，网上爆出了薛之谦诈骗钱财的丑闻。当时，网上有很多猜测。媒体对此进行了集中报道，吃瓜群众也很乐意刷他们的屏幕。在这个时代，每个人都生活在一个支离破碎的话题中，每天都在刷他的手机和热点，话题变得像空气和水一样不可或缺。就这样，话题营销成为许多品牌必备的营销技巧。那么，应该如何进行话题营销呢？主要包括以下步骤：创意话题、品牌植入、实施计划、沟通控制和效果评估。

一、话题的创建

在产品信息传播之前，我们需要为产品创造一个话题，让每个人都能发现、讨论、传播，最终达到四两拨千斤的传播效果。

1. 话题创建和形式。首先，我们应该确定这个话题的目标是什么，然后分析当前相对较大的舆论环境，每个人都在谈论什么，或者在目标领域人们会注意什么，并构思出好的创造性话题，最好是新颖、有趣等。

2. 这个话题是通过口头流传的。因此，一旦你有了焦点，你就应该掌握洞察力。如果它能让人们产生共鸣，甚至发泄他们的情绪，那么私人话题将会扩散到公共话题，这将会引发更大规模的后续关注。这种洞察力可能适合特定的群体，也可能成为社会的痛点。例如，台湾必胜客出版了《教你如何吃下必胜客》，该书嘲笑了人们吃东西的心理。一个名为"空沙发活动"的沙发品牌看到某人的妻子举起她的名片抗议她的另一半加班后没有回家。她被加班的普遍痛苦所困扰。

3. 根据创意话题的特点，设计沟通形式。举个例子，比如papi酱流传出来的小视频，富有新意，表达出了当代年轻人的心声，他们为自己代言，做出了一系列有趣的小视频，最终圈粉无数，吸引了广泛网友的关注。

二、品牌的核心吸引力被巧妙地植入

在内容传播的过程中，我们需要在话题中植入品牌信息，给品牌赋予强大的吸引力，让用户在不断的讨论中，对品牌的信任度逐渐加强。

1. 在有了话题目标和想法之后，还应该巧妙地植入自己的品牌，或者在讨论中捆绑自己的产品。在推广过程中突出其优势和核心需求。

2. 技能和曝光时间的结合非常重要。有些话题是病毒性的，传播过程可能在半天内就结束了，这使得人们很难关注消费者多变的注意力。或者简单而粗略地将话题与品牌一起直接介绍，这让观众感到非常难受和不满。因此，我们应该谨慎选择品牌曝光的方式，其实最重要的是这件事是否足够吸引人。

3. 为了确保话题的顺利进行，需要一个详细的实施计划。该计划不应偏离话题，并应尽可能详细。许多通信点通常是小的甚至是浮动的细节。如何抓住它并以某种方式展示它是一个非常具有挑战性的环节。计划包括沟通的酝酿期、初始期、中期、后期和结束期。我们应该清楚地知道在早期阶段我们需要投入什么资源，谁将受到影响，谁将参与到后期阶段，以及将取得什么结果。

4. 只有极少数话题会出人意料地流行起来。现实情况是，在千千万万个话题中可能只有一个流行开来。然而，在媒体中有一种"声音"，包括意见领袖（KOL），即明星、互联网名人、大 V 等，以及传统媒体、互联网媒体和各种媒体。因此，有必要充分利用这些资源，让话题得以传播和深化。当然，这也可能需要更多的预算投入。

此外，在传播过程中需要及时添加"辅助材料"，否则单个话题很容易"失速"。比如，在京东掀起价格战之前，刘强东就宣布家电一定要比苏宁便宜，然后又宣布招聘苏宁价格代理商等，一步一步地升温了话题。

5. 灵活调整和效果评估。在沟通过程中要进行舆论监督，并根据话题的进展情况进行灵活调整，"釜底抽薪"或"添新火"。

三、营销结束之后的复盘

话题营销结束后，进行效果评估和简单总结。它产生了什么样的效果，在这个过程中做得好和不好的是什么，给出一个结论。

当前，场景营销兴起、网络营销衰落、线上线下紧密联系、网络人口红利丧失以及网络流量成本上升；与此同时，离线服务的趋势日益突出，在线＋离线连接越来越紧密。因此，网络营销正在不断地渗透到线下，而场景营销开辟了在线数据和线下数据，成为营销产业链各方一种新的营销选择。

第三章 磁场效应：放大产品吸引力

　　场景能够放大产品的吸引力，让客户在某种情境下对产品爱不释手。为了达到最佳效果，我们需要理解和使用客户喜欢的沟通方式。选择他敏感的方式来介绍你的产品，可以强化产品对他的吸引力，达到现场营销的效果。

第一节　从登门拜访到请客上门

在生活中，我们可以看到这样一个现象：一流的医生不出去找病人，而是病人自愿来找，因为一流的医生拥有一流的医疗技术和一流的医德；同样，一流的营销人员并不寻求世界各地的客户，而是客户积极寻求营销人员，因为一流的营销人员拥有一流的营销技能和一流的商业道德。这是营销的最高境界！

因此，在许多企业的营销过程中，吸引客户前来洽谈是重中之重。据统计，客户主动上门营销的成功率可达 80% ~ 90%，营销成本仅为异地营销的 5% ~ 10%。至于营销技巧，我相信没有哪个企业比麦肯锡更了解其本质。麦肯锡从未在大众媒体上放过广告，更不用说让营销人员拜访客户了，但麦肯锡从未缺少客户——让客户主动来到麦肯锡是营销的成功。

对麦肯锡来说，成功的营销不是自愿推销自己，而是识别客户需求，创造客户需求，然后利用企业的优势和专长来满足客户需求。

巧合的是，通用汽车的大老板也非常善于营造一种顾客自愿来到企业的氛围。例如，当他们想在一个地方建一个工厂时，他们绝不会去全国推销这个计划。相反，他们会在底特律宣布，他们将选择一个地方建一个工厂。自然，各州政府将蜂拥而至，通用汽车将充当裁判，决定谁将为通用汽车提供有资格建厂的场地。

随着市场竞争的加剧，不同的企业都在想方设法加大广告和促销的力度，努力传播企业和产品的信息，以吸引更多的用户。

正因为企业间的营销方式趋于相似，营销的边际效用不断下降，尤其是广告的效率直线下降。许多行业在营销方面面临困难——他们只能依靠价格战来突破。然而，许多企业采取了"走出去，引进来"的营销策略，让顾客自愿上门。

案例研究

快闪店是一个品牌游击队商店，不会在同一个地方停留很长时间。它是指在商业发达地区设立临时商店，让零售商在相对较短的时间内推广自己的品牌，并抓住一些季节性消费者。但是不要认为"临时"两个字限制了快闪店的影响。

一个高质量的快闪店相当于一个知识产权展览，两个电影院或六家连锁餐厅！购物中心普通品牌的租赁期约为3年，大型商场的租赁期可达8至10年。另一方面，快闪店具有明显的短期租赁特征，65%的快闪店租赁期在10天内，86%在一个月内。移动品牌的改变确保了消费者对购物中心的新鲜感，然后演变成购物中心的驱动力。

在各方互利共赢的趋势下，越来越多的品牌加入了"快闪店"大军，其中北京三里屯"知乎"开设的"不知道诊所"尤其受欢迎。在"不知道诊所"开业之前，知乎首先开始网上传播。主要视觉要素，如吃豆人、心脏、问号等，对应六个在线诊所的主题。

预热H5丰富的动画细节和每个诊所展示的"大脑洞问题"，激起了人们对这个诊所的好奇和期待。诊所开馆期间，从早上十点开馆到晚上十点闭馆，永！远！在！排！队！据说队伍已经排到了苹果店门口，其火爆势头完全不输网红店。

"不知道诊所"已经将总共140期知乎杂志"转移"到网下，进行场景和内容还原。在这个场景中到处都有细节，每一个细节都能感受到创意的内涵和浓浓的知乎风格。深入到"不知道诊所"体验大厅，丸状的挂号室格外醒目，而六个诊室"外科""口腔学""心理学""五官科""放射科"和"内科"分别对应着目前年轻人最关心的"时尚""美食""心理学""电影""摄影"和"学习"。每个诊所都有"相关设施"，为"病人"提供"对症下药"。你也可以在"不知道诊所"里看到手机"充电"的休息区，它模拟了盐水注射的场景，在"诊所"里，NPC 的医生和护士会突然"播放"你的表演。总之，"不知道诊所"设立的各个科室的诊疗措施可以让"病人自己痊愈"。

在产品同质化和竞争激烈的情况下，企业的品牌影响力和营销方式的差异化往往成为顾客是否购买的决定性因素。聪明的企业知道怎样在客户需求不明确的情况下创造需求，在客户有多种选择时引导需求，最终通过专业技能为客户创造价值，满足客户需求，从而实现双赢。为了成功吸引顾客，营销过程可以分为五个步骤。

第一步，收集目标客户信息，大部分来自中小型出口企业名单、各种电子商务网站、行业协会信息等。

第二步，直接向决策者进行电话营销，如企业主、总经理、营销经理、进出口经理等，以吸引决策者的注意力和对产品和服务的兴趣。

第三步，通过网络平台向客户提供产品和服务信息，使客户能够清楚地了解产品和服务的优势和好处；同时，电话跟踪，了解客户疑虑，解决客户疑虑，明确关注感兴趣的客户。

第四步，邀请顾客来讨论。当进一步宣传产品和服务的优势和好处时，顾客会被吸引来订购更有说服力的产品样品。

第五步，督促客户当场或通过传真在账单上签字，并跟进资金的收取，完成后续工作。

第二节　不靠销售，靠吸引

如果你能赢得不止一个忠诚的女性顾客，你就能通过这个渠道接触并赢得她周围的许多消费者，从而扩大营销战场。因此，了解女性消费心理并根据她们的特点进行现场营销的营销人员，一定能够像拓荒者一样开发出令人惊讶的"处女地"。对于不同特点的客户，我们应该采用不同的现场营销方式进行营销。

大多数女性都有激情、细腻和联想丰富的心理特征。有些女性，基于尴尬的现实，喜欢把幻想与她们的现实生活联系在一起，并且经常把幻想视为现实的一部分。如果企业经营者能够在营销中巧妙地运用女性特有的这种不完全的幻想，给她们留有发挥想象力的空间，同时满足她们的幻想和实用价值的要求，使她们梦想成真，就非常容易诱使女性购买行为。

一些化妆品经营者巧妙地利用这一点，将各种自然的香味融入化妆品中，让女性能够通过化妆品的香味感受大自然。目前，化妆品的香型已经从花香型发展到幻想香型。国外许多高级香水都是根据著名音乐或诗歌和绘画的主题和意境来配制的。例如，"巴黎之夜"香水使人们似乎进入了著名歌曲"巴黎之夜"的情境，产生了美丽而繁荣的城市之夜的幻觉。另一个例子是"雾的早晨""永恒的光辉""爱的良宵""美的梦乡"等等。所有喜欢化妆品的女性都能从联想、幻想中得到美的享受，结果当然会让女性花光所有的钱去买它。如果我们能把中国古曲《春江花月夜》《翠湖春晓》《二泉映月》的意境融入化妆品的香型中，该是何等绝妙的境界！

一些女性消费者比男性消费者更有可能对环境模式和与商品及服务相关的情感诉求表现出兴趣。由于女性在心理人格上比男性具有更强的情感特征，她们往往通过感官的直接感受形成对商品和服务的偏好，尤其是年轻女性顾客。名称、外观、颜色、声音、温度、气味和不同的建筑风格、装饰布局等，都会成为她们喜欢的场景。在购物、餐饮和娱乐环境中会引起某些独特的情调渲染。在这种独特的情感诉求中，她们极易冲动和诱发购买行为，并经常因这种"情感诉求"的感染而接受高价。

例如，每年的 2 月 14 日是西方的"情人节"。近年来，在中国主要城市的花市和礼品店，每年情人节都会掀起购物狂潮。虽然玫瑰和巧克力价值加倍，但作为爱情的象征，人们喜欢它们所代表的浪漫和纯洁。敏感的运营商抓住这一情感消费的机会推出"粉色情人节""浪漫情人节之夜"等消费项目。正如一位年轻女士所说："我就是喜欢这种心情！"的确，当女性被柔和的烛光、朦胧的色彩、优雅的舞步和强烈的爱所陶醉时，消费支出水平不再是她们考虑的焦点。

美国跨国公司吉列公司（Gillette Company）推出透明男性剃须用具后，出现了一个令人困惑的场景——大多数买家都是女性！事实证明，女性认为透明象征着爱情。作为妻子或情人的女性顾客，她当然应该对爱情慷慨大方。因此，在营销策划中，经营者可以通过有效地匹配颜色、声音、温度、气味等创造一些独特的情感诉求，引导人们消费。难怪欧美一些著名商店的宏伟立面装饰、巧妙的铺装设计、丰富的柜台设计和协调的照明布置令人叹为观止。它们是一个完整的整体，就像一座艺术殿堂，它让顾客感觉很高兴，并以艺术家的方式欣赏它们，从而享受它们。女性在这种场景下，购物的冲动自然产生。

由于女性在家庭中的特殊地位，大多数女性乐于通过自己购物来保持家的舒适、温暖和有序。对创造力的渴望是大多数女性购物的主要动机之一。她们通常不想买现成的毛衣，而是买各种各样的羊毛，然后用她们熟练的双手把它们编织成独特的"母子"和"情人"服装。

她们也热衷于光顾街头摊点，购买一些便宜又好看的商品，电商兴起后她们又爱上了淘宝。通过购物，她们热衷于用温暖、舒适和有趣来装饰一个家。如果企业管理者能够准确把握女性独特的心理特征，给她们留下创造的空间和展示自己才能的空间，诱发女性的创造欲望，企业一定会实现自己的营销目标。

在美国纽约市中心，有一家专营女性产品的商店。门口总是堆满了凌乱的织物、衣服、装饰品等，吸引许多女性顾客寻找宝藏，挑选自己的产品。有些人很困惑，问老板为什么他没有把货物摆放整齐。老板一针见血地说："那样的话，这些女士就没有那么大的兴趣和精力了。"这位老板完全了解女性消费者想要自己发现的心理特征。

爱美是女人的天性。尽管由于年龄差异，她们会有不同的审美观点，但她们通常更注重自己的身材和穿着，总是希望自己变得更苗条、更漂亮或穿着更得体，因此她们特别喜欢美容、健身、减肥和其他能让她们看起来又好又苗条的产品和服务，并渴望购买衣服、珠宝、随身携带的产品和其他能增强美感的产品。企业营销人员了解女性向往美的心理特征，已经策划了美容热、健身热、减肥热以及各种时尚的流行趋势，这些当然也带来了实质性的好处。

美国谢菲德裤袜公司通过市场调查发现，40%的美国女性因为肥胖而有不穿裤袜的自卑感。经过长时间的研究，他们终于设计并推出了一款名为"胖妈妈"的连裤袜，并推出了相应的广告：三个胖乎乎的女孩站成一排，笑得很灿烂，高昂着头，不仅没有肥胖的感觉，而且让人觉得自己真的很幸福，很健康，对生活充满信心。广告上写着："胖妈妈，你真漂亮！"广告播出后，一个月内就收到了 7000 多封来自女性消费者的赞扬信。"胖妈妈"连裤袜的独特设计迎合了女性对美的热爱，销量大幅上升，奠定了公司在美国女性裤袜市场的重要地位。

第三节　扩大文化产品的吸引力

在手机上的各种社交媒体上，每个人都以不同的方式表达和接收信息。为了达到最佳效果，我们需要理解和使用客户喜欢的沟通方式。选择他敏感的方式来介绍你的产品，可以增加你的产品对他的吸引力，达到现场营销的效果。

多注意顾客描述事物的方式，你会发现主导他们的主要感官。如果他喜欢使用颜色、清晰、明亮和黑暗等词语，那么他可以被视为一个注重视觉的人。如果他喜欢描述音乐、风、树叶的沙沙声、汽车的嘟嘟声，那么他就是一个敏感的人。

如果你能更多地了解这五种感觉并很好地调动它们，尤其是支配顾客的感觉，你就能更好地与他们交流和互动。可以扩大你推销的产品的吸引力。

如果你想买车，请听下面三个介绍，你会喜欢哪辆车？

第一辆车的外形被设计成流线型，非常漂亮和闪亮，外观是一个完整系列的欧洲车。它非常吸引人，但并没有过分夸张。你可以从车罩的流线型弧度和尾巴翘起的行李箱中看到，它非常符合流体力学。整车内外的配色也非常和谐。整个车身的金属板没有任何难看的凹凸不平。想象一下，春天开着这样的车去郊外春游。汽车的高品质和你的高格调会让路人羡慕地看着你。这是第一辆车。

第二辆车和第一辆不同。当车门关闭时，在关闭过程中，你可以听到汽车安全而稳定的声音。当你启动引擎并踩下油门时，你会听到像赛车一样的低引擎声。想象你开着一辆如此强劲的汽车在高速公路上飞驰。尤其是当你听到从欧洲进口的顶级汽车立体声音响用 10 个扬声器播放你最喜爱、最舒适的音乐时。当你加油并换挡，汽车呼啸而过，呼唤着你振奋的心情，你是多么惬意。这是第二辆车。

让我们再来谈谈第三辆车。这辆车的内部非常豪华。整辆车的弧度与你的体形相匹配。当你坐在车里时，你会感到很舒服。汽车内部装饰着最高档的进口小羊皮，表面非常光滑柔软，所以你会情不自禁地触摸它两次，欣赏它的风格和质量。汽车的仪表盘由最优质的胡桃木制成，表面光滑。当你发动引擎，开到街上，当你加速和转弯时，你会感觉到车轮的抓地力非常好，这种感觉可以用四个字来形容——"人车合一"。

如果你是顾客，你想要哪辆车？事实上，这是同一辆汽车，但它是以三种不同的方式介绍的。如果你喜欢第一辆车，那么你主要通过视觉接受外界信息。对你来说，使用更多的视觉词汇可以吸引你的兴趣。如果你喜欢第二辆车，你更喜欢听，因为很多通过听来表达的词在介绍中使用。如果你选择了第三辆车，那么你就是一个感性的人，因为当你介绍第三辆车时，会用到很多触觉和情感的词汇。

场景营销为了更有效地展示产品，给客户最好的感觉，并吸引他的兴趣，一定要了解对方的接收方式。用客户喜欢的方式进行沟通，会收到意想不到的效果。

"赢家优势概念"被认为是人类成就的一个重要原则。这个概念意味着"能力的轻微提高可以大大提高效果"，这意味着，只要你在一些关键的营销领域做出小小的改进，你的业绩就会大大提高。一旦你开始学习或尝试新事物，这可能是你营销生涯中最重要的突破。我们以赛马来打个比方：一匹冠军马仅以一鼻之差险胜了亚军马，但却赢得了十倍的奖金。难道这表示，以一鼻之差赢得冠军的马比亚军的速度要快十倍吗？当然不是！它仅以一鼻之差险胜，但却可以换来十倍的奖金。

同样，一个推销员为他的公司和他自己赢得了一笔生意，并因此获得了全额佣金。这是否意味着他的产品肯定比竞争对手的产品更好或更便宜？当然不是！他的产品可能没有竞争对手的产品好，但无论如何，他赢得了生意。在许多方面，成功的营销者不一定比失败者更好。他只是抓住了顾客的心理，最大限度地发挥了产品的优势。

第四节　客户画像对你很重要

美国曾经做过一项统计，结果显示，所有没有人参与而达成交易的营销，只占总营销活动的3%。由此可以看出，通过传单、信件、报纸、杂志和电视，所有这些不经过人而进行直接营销的方式，其营销成功所占的份额，其实是很低很低的。

除了这个比例，其余97%的营销是如何实现的？经过调查，你会发现每个人都要经过别人的介绍。如果只有那些广告，比如图片、文字和材料，并不足以令人信服。因此，场景营销最重要的是通过人的传达，因为我们的需求希望被人满足。

那么现在让我们做一个假设。假设你先面对一个好朋友，然后是一个非常讨厌的同事。你有什么不同的感觉？显然，面对好朋友，心态放松和舒适，而面对烦人的人，心情变得沉重和非常沮丧。由此我们发现，不管我们和谁有关系，最终影响我们关系的是我们心中的感觉。恨或喜欢，是由内心的感受决定的。

于是我们会发现人际关系的质量，实际上取决于感觉。有些人我一见到他们就讨厌，虽然我从未和他有过任何关系，但我们似乎是上一辈子的敌人。有些人我一见到就喜欢，虽然我以前不认识他们，但看到他们就像蜜蜂看到糖。原因是什么？仍然是感觉！你喜不喜欢取决于你内心的感受。

如果今天有同一个公司销售同样的产品，同样的质量，同样的价格和同样的售后服务，并且有销售人员甲和乙同时销售，大多数顾客想从甲处购买，但不愿意从乙处购买，为什么？决定是什么？这是他们的关系。是什么决定了这种关系？是他们的感觉。只有一个原因，顾客会告诉你：我对 A 感觉更好！

此外，顾客可能还会给出许多其他原因，但我们发现，事实上，人们在理性地解释之前往往先会有感觉。首先是感觉决定了我是否做某事，做完之后，你问我为什么，我会理性地告诉你很多答案。让我们再次体验做一件事的整个过程。你会看到，事实上，在我决定做这件事的那一刻，我心里没有那么多理由。然而，我这样做只是因为我觉得我应该这样做。我总是凭直觉和反应来总结原因。事实上，如果我感觉不到，我就不会去做。当我们决定去做的时候，许多事情并不取决于我们的大脑，而是取决于我们的感觉。

有些人不同意，说他们买东西的时候总是理性的，而且只有充分的理由才买东西。好，现在让我们看看我们身上所有的东西，包括衣服、皮鞋、手表、珠宝、眼镜、手机、钱包等。好吧，让我们仔细考虑一下。当我们去买这些东西时，是什么原因最终决定你去买它们。你会说是"喜欢"，你为什么喜欢它？当然是"感觉"。你凭什么感觉到它？它漂亮、时尚、款式好、质量好、价格便宜吗？

那么，当你买衣服时，为什么选择这件衣服而不选择另一件呢？为什么有这么多品牌，你只选择这个品牌而不选择其他品牌？"那个推销员真烦人。这个推销员有多好，所以我不在那里买，我只在这里买。"好的或坏的东西和推销员之间有什么关系？你有没有发现当我们旅行时，我们特别喜欢买东西。有时价格明显高于正常价格，但我们仍然会购买它们。当我们买的时候，我们感到满足，是这样吗？

我们刚才提到的原因，有 80% ~ 90% 表明我们买东西的原因是出于感觉，对吗？仔细想想，这些原因中哪一个是纯粹理性的？因此，我们发现，当一个消费者今天买东西时，他通常是情绪化的，而不是理性的。如果只是必要的话，你为什么要在架子上的所有衣服中选择这件呢？归根结底，感性比理性更重要。因此，也就很容易理解，为什么我们做营销活动时，场景对我们如此重要。如果顾客对我们营造的场景感觉良好，事实上，我可以很容易地向他介绍我的东西，他也可以很容易地接受我的东西。

第五节　分析客户的购买动机

场景营销的关键是理解顾客的心理。顾客购物心理是指在交易过程中发生的一系列极其复杂和微妙的心理活动，包括顾客对交易的数量和价格、如何支付以及选择何种支付方式的想法。顾客根据自己的需要去商店购买消费品。在这种行为中，有许多心理想法驱使他们采取不同的态度。它可以决定交易的数量，甚至交易的成败。

因此，我们必须高度重视顾客的心理需求。

1. 求实心理

这是顾客的共同心理动机，尤其是在中国。当人们购买商品时，人们首先要求商品必须具有实际使用价值和实用性。

2. 求新心理

这是追求商品的超时性和新颖性的心理动机。人们在购买商品时注重"时尚"和"奇特"，以便赶上"潮流"。在经济条件较好的城市，这种现象在人群中更为常见，在西方国家的一些顾客中也很常见。例如，一对在我国旅行的瑞士夫妇穿着奇怪和不寻常的衣服。当售货员向他们介绍古装时，他们非常高兴，立即买了两套，并解释说他们回家后会在生日派对上穿，这让所有的客人都很惊讶。

3. 爱美心理

爱美是人类的一种本能和普遍要求。它指追求商品的欣赏价值和艺术价值，这在中青年女性和文艺界更为普遍，在经济发达国家的消费者中更为普遍。在选择商品时，人们特别注重商品本身的形状和色彩之美、人体的美化和环境的装饰，从而达到艺术欣赏和精神享受的目的。

4. 求名心理

这是一种购买心理，其主要目的是显示一个人的地位和声望。人们热衷于谈论名牌。有这种心态的人在社会各阶层都很普遍，尤其是在现代社会。由于名牌效应的影响，吃、穿、用名牌不仅提高了生活质量，也反映了一种社会地位。因此，这也是越来越多的"名牌追逐者"出现的原因。

5. 求利心理

这是一种"少花钱多办事"的心理动机。核心是"便宜"。有逐利心理的顾客在购买商品时，往往会仔细比较同类商品之间的价格差异，也喜欢购买打折商品。当销售人员向他们介绍一些轻微受损的打折商品时，他们通常会更感兴趣。只要价格优惠经济，他们就会买。有这种心理动机的人大多是那些经济收入较低的人。当然，也有经济收入较高的人已经习惯于储蓄，在预算上很谨慎，并且尽可能少花钱。一些想从购买商品中获得更多利益的顾客对商品的颜色和质量感到满意，他们无法放下手中的东西。然而，由于价格较高，他们目前还不能下定决心购买商品并相互讨价还价。

6. 偏好心理

这是一种购买心理，旨在满足一个人的特殊兴趣和爱好。偏爱心理动机的人更喜欢购买某些类型的商品。例如，一些人喜欢花，一些人喜欢集邮，一些人喜欢摄影，一些人喜欢书法和绘画，等等。这种偏好往往与某种专业、知识、对生活的兴趣等有关。因此，偏好购买的心理动机往往更理性，方向更稳定，具有规律性和连续性的特点。

7. 自尊心理

有这种心态的顾客在购物时既追求商品的使用价值，又追求精神的满足。在购买之前，他们希望他的购买行为受到销售人员的欢迎和热情接待。通常情况下，一些顾客带着希望走进商店，一看到售货员冷若冰霜的脸，就转身去其他商店，甚至拒绝再光顾那家"冰冷"的商店。

8. 模仿心理

这是一种从众心理动机，其核心是不愿意落后或"超越他人"。他们对社会氛围和周围环境非常敏感，总是想跟上潮流。具有这种心理的顾客往往不是因为迫切的需求而购买某种商品，而是为了赶上和超越他人，从而获得心理上的满足。

9. 隐秘性心理

有这种心理的人在购物时不想被别人知道，经常采取"隐蔽行动"。一旦他们选择了一种商品，而没有其他人在看，他们就能迅速达成交易。当年轻女性购买卫生用品，而年轻男性为异性朋友购买女性用品时，情况往往如此。一些外国政府官员或富有的商人在购买高端商品时也有类似的情况。

10. 疑虑心理

这是一种先想后买的心理动机。其核心是害怕被"欺骗"。在购买商品的过程中，他们对商品的质量、性能和功效持怀疑态度。他们害怕不容易使用，害怕被欺骗，因而充满疑虑。因此，他们反复询问销售人员，仔细检查货物，并非常关心售后服务工作。在他们心中的疑虑消除之前，他们不会购买。

11. 安全心理

有这种意识的人需要确保他们购买的物品在使用过程中和使用后的安全，尤其是食品、药品、洗涤用品、卫生用品、电器和交通工具，没有任何问题。因此，他们非常重视食品的保质期、药物的无副作用、洗涤产品中是否存在化学药剂以及电器是否存在漏电可能。只有在销售员解释之后，他们才会放心地购买。

第六节　挖掘进一步成交的可能

对客户场景营销的过程，就是激发顾客占有欲的过程。怎样才能调动顾客的潜意识，对顾客成功实施场景营销呢？通过形象化的语言，可以充分调动顾客的想象。所以一个成功的销售员，首先应该是一个沟通专家。在与客户交流时，你不仅希望你的客户能够听到，同时也希望他们能够"看"到你说的话。客户在头脑中"看到"才会有感觉，才会调动起想象来。这就是场景营销的开始。

如果我告诉你："你现在手里拿着一个绿色的柠檬，现在你用刀子把它切开，然后把一半放在你的嘴上。你用力挤压，绿色的柠檬汁滴落在你的舌头上——"当我说到这里，你会觉得酸吗？显然会的。无论是真实的还是想象的，只要顾客能"看到"它，他就会产生想象。当想象力被创造出来，场景营销就开始了。

如果一个普通的销售员去销售柠檬，他可能会告诉客户说"买我的柠檬吧！"或是"柠檬大拍卖！"但是你如果运用场景营销，你会说："看看这些漂亮的柠檬，把它带回家，一切开，就会看到阳光的影子，你可以享用最新鲜、充满维生素的柠檬汁！"你不得不承认，听到后一种说法时，就像亲自尝到柠檬汁的感觉。这就是要引起客户使用产品时的感觉，调动他们的潜意识，激发他们的购买欲望。

当人们听到或看到某物时，他们经常下意识地画出该物，然后根据该图片做出判断。假设您正在销售一台割草机，当您的客户使用这台割草机时，他会是什么样子？或者，你可能在卖彩电，你能想象顾客和他的家人一起看电视吗？你能用心灵的眼睛看到并描述它吗？如果你想在会议上做一个成功的演讲，该怎么办？
你表现如何？观众有什么反应？所有这些事情，首先，你必须用
心灵的眼睛"看"，然后说出你所看到的。在顾客心中画一幅美丽
的图画，唤起顾客的美感，用特定的语言对他们进行场景营销。

在场景营销中，销售人员往往利用构图技巧，有效刺激客户
的购买欲望。为客户构造出一幅幸福、美满的画面，画面越有吸
引力，越能打动客户，激起客户对这幅美丽图画的向往，从而接
受你的产品，进而产生购买行为。

为了营造场景的真实性，你必须让顾客感受你的产品，让他
陶醉于你的产品，让他闻到产品的味道，触摸产品的触感，让他
从特定的角度欣赏产品。你应该让顾客充分感受产品，让他操作
或尝试产品，以唤起他强烈的购买欲望。

对客户进行场景营销，要尽可能将客户模糊的幻想变得具体
化。想要调动他们的想象，你要尽可能地调动他们多方面的感觉
器官。

你可以用触摸的方法。例如，当你卖化妆品的时候，你可以
让她把化妆品擦在脸上，然后告诉她，"这瓶化妆品会不会让你觉
得脸上很光滑但不油腻，你的皮肤看起来更白更嫩了呢"如果你在
卖纸，你可以让客户摸摸，看看这张纸的质地是否光滑；你还可以
让顾客撕开一张纸，看看里面的纤维是否均匀，闻闻是否有新鲜的
纸香味。

眼见胜于耳闻，触摸胜于眼见。对于那些需要操作的产品，
你最好让顾客自己去操作一下，你只需要站在一边，做好引导和
解释。事实上，让顾客自己做，他会找到感觉，会有第一手经验，
这比你的演示更有说服力。在这个过程中，你只需要准备一些支
持信息，包括广告传单、图表、小册子等，有足够的证据帮助你

解释。让顾客自己动手演示的好处是激发顾客购买的欲望，进行全方位的感官场景营销。愿意尝试该产品的人，至少有一半愿意购买。如果你想出售度假胜地的门票，也可以通过场景营销的方法，通过构图调动顾客的感官世界，从而激发顾客的想象力。

听觉——"你可以听到海浪冲击的声音，还有海鸥的叫声。"

嗅觉——"你可以闻到松树或刚刚收割的稻秆香气。"

味觉——"你可以去逛逛那里的乡村商店，拿起那里的草莓，尝一粒——那酸酸、甜甜、花蜜般的味道。"

触觉——"你取来一支独木舟的划桨，那木头十分平滑，而且手握起来十分舒服，让你觉得充满活力。"

场景营销的作用是将客户头脑中的图像具体化，使它们更加生动和清晰，然后成为他们所期待的梦想。一旦一种商品成为实现工具，顾客购买它的可能性就会大大增加。那么，如何运用组合方法对顾客进行场景营销？首先问问你自己，"顾客将如何使用这种产品？"接着想你的产品会如何影响这个客户。换句话说，顾客会用产品做什么，顾客想从产品中得到什么。简而言之，使用该产品有什么好处。其次，问问你自己，"当顾客使用这个产品，享受它的效果并获得它的好处时，会有什么样的快乐景象？"

你只需要在脑海里想象出一幅有趣的、具体的、能打动人心的图画，然后再化为文字、语言，然后像放电影一样有声有色地描绘给你的客户听，你的客户就可能被打动。

第七节　场景沉浸：客户买的是感觉

场景沉浸是我们日常体验中的一种场景营销方法，它是运用语言描述我们在心里创造的一些图像、声音、气味、感觉等。以前古代的说书人都擅长这一招，他们讲一个故事能描述得活灵活现，把人物的表情、动作、声音乃至兵器、坐骑都很生动形象地描述出来。这样就紧紧地抓住了别人的注意力，并能运用语言的魔力把听众的情绪不断地调动起来。你有没有想过你午餐吃什么，晚上回家做什么？当你遇到顾客时，你有没有在脑海中演练过如何与他们沟通？你听过朋友描述如何炒菜吗？在此期间，你已经进入场景沉浸状态，即轻度到中度的场景营销状态。我们在销售中的一切努力，也是要帮助客户进入这种状态。

有人概括了销售的秘密：你推销的是自己的影响力；销售的是产品的好处。客户买的是感觉，你出售的是价值。实际上，顾客购买的不仅仅是有形的东西，还是一种无形的感觉和价值。一位香水业巨头在晚年的一次晚宴上透露了他的商业秘密：人们不买产品，真正想要的是感觉。一朵花不值多少钱，但是一个年轻的女孩会珍惜她男朋友送给她的花。为什么？去用心感受。名牌服装确实比普通中高档服装好得多吗，恐怕不一定。但是人们想要的是一个名牌，他们想要的是他们穿着的尊严感。

所以，仔细研究你的产品或服务。从形象、声音、品味、感受等方面描述它能给顾客带来的感受。他们有了这个产品后会有什么好处？他们能听到什么（比如别人的赞扬等）？他们能看到什么（流线型的身材、夏天最流行的颜色、梦幻般美丽的脸等等）？他们能感受到什么（头等人物的感受等）？他们能闻到或尝到什么（"家庭咖啡，给你带来家的味道"等等）？

现在我们再来谈一些具体的方法。在一个销售行为中，销售人员要让客户舒服地、自愿地购买，最常用的办法是和客户成为朋友。当销售人员与客户的关系如同被绳子绑在一起时，当销售人员发生改变时，客户会不会发生改变？当然会！

那么，如何才能够让别人更好地接受你，并最终达成自己的销售？

一、站在距离客户最近的地方

沃尔玛百货有限公司由美国零售业的传奇人物山姆·沃尔顿先生于1962年在阿肯色州成立，目前已成为世界上最大的连锁零售企业。山姆·沃尔顿先生在视察他的店面时，总是喜欢站在门口的位置。他说，公司究竟存在什么问题，客户对公司有什么看法和意见，这一定要站在门口的位置才能发现。例如一家酒店最容易出现问题的地方一定是它的大堂，所以一个酒店一定要有一个大堂副经理，这个大堂副经理的职能就是替酒店经理去观察这个市场。可惜实施情况是：很多大堂副经理通常只是坐在电脑跟前写公文或看文件。一个称职的大堂副经理一定要站到大堂的中间去观察整个的大堂，看它发生了什么事情，就像美国沃尔玛的老板那样，站到门口去观察客户。所以，销售人员应该跟市场接近，应该站在销售的最前线时刻观察市场中发生了什么事情，注意客户在想什么，只有如此，才能了解到客户的真实需求，并从中寻找成交的机会。

二、从客户的角度出发去思考

一个合格的销售员一定要明白的道理就是：闭门造车，关起门来做出的决策，并不能代表客户所想。针对一件产品，它在客户眼中是什么样子的？客户对它的功能了解如何？产品定位是否能得到客户的认可？这些问题都不可能坐在办公桌前通过查阅资料就能得出答案，而是必须要与客户有深层次的沟通和交流，才能从中了解到客户对于产品的真实想法。因此，要把思考力放在客户身上，这是洞悉客户内心的首要前提。

　　所以一个优秀的销售人员要注意培养销售工作中的三种能力——思考能力、决策能力和执行能力。在日常生活中，人们常常闭门造车，凭借想当然来推断事情的发展，关起门来做决策，用自己的想法去代替市场的实际情况来下判断、做决策，这显然是不对的。我们要仔细分析市场，清楚地掌握客户在想什么，把全部的注意力放在客户身上。这样才能做出更符合实际的决策。

　　很多销售人员推销失败，并不是因为自己的产品不好或衣冠不整，大多数情况下是因为完全站在自己的立场上，根本不替对方考虑。他们恨不得一股脑地把自己知道的产品信息"复制、粘贴"到客户脑子里，而不是耐心的循序渐进地切入话题。如果不考虑客户的感受，不理会客户是否真的需要，那么即便客户肯花时间听你介绍，也会左耳听、右耳冒，不会记在心里。

第四章　场景搭建：为成交创造机遇

　　场景的搭建主要通过三个关键点，首先是调查和分析，全面利用场景环境；其次是利用好工具，让场景中的用户互动更有趣；最后是整合资源、创意、技术，对场景进行深度改造，从而为成交创造机会。

第一节　设置连续说"是"的语境

营销的本质不是卖出产品，而是创造客户。生意场上，无论规模大小，卖出的都是智慧。要记住，跟顾客交流的目的是说服对方，达到你所要的目的。如果你是一名礼品营销人员，你和顾客之间的谈判，最终要达成的目的是成交。在沟通中，你应是主动者，在你充分驾驭自我、统筹谈判局面的同时，还得紧紧把握客户，使他（她）的思维朝有助于实现你的目的的方向行进。把握准客户思维的有效途径，离不开语言。在与客户沟通的时候，我们要学会利用肯定设置使客户说"是"。

面对潜在客户，你应该首先用积极热情的态度感染他们，用肯定的语言向客户介绍产品的功能和好处，以此来敦促对方说"是"。一旦顾客进入你设定的"是"的情境，他就会有意识或无意识地陷入同意的思维，这肯定会增加他进一步同意的可能性。越多的同意，就越容易进一步达成一致。那么，我们该如何建立这种同意场景呢？

很简单，只要你用让客户回答"是"的问题就行。如：

·今天是五月一日，对不对？

·您是马先生，对不对？很高兴见到你。

·人们都愿买有很好服务保证的产品，对不对？

·这种礼品很上档次，您说对不对？

当然，在要求对方回答"是"时，要保证这些问题能代表客户的需求，而这些需求你又能满足他！

你不妨拿出一张纸，写出十个以上回答是"是"的问题，注意这十个问题要包含以下几方面：开始交谈；建立需求；结束交易。接着可以练习使用这一方法，看能否"把握客户"。发挥你的创造力，用这种让对方说"是"的问题帮助你获得更多的生意。

另外你可以应用场景式营销中的重复技巧，给你赢得生意。到过海边的人都有这种感觉：海浪拍打海岸时，那些流动的、有节奏的声音，给人场景式营销的作用。于是，许多成功的销售员运用有节奏的重复性的话语引导客户，以唤起客户的欲望与兴趣。

重复性话语有利于防止客户被别的事所干扰，如在营销脑白金你可以说：

现在人们对健康的重视程度越来越大，越来越大。送礼的时候还是送些对人们身体有好处的。送礼送健康嘛！对不对？

强调礼品的档次时，你可以说：

这一款礼品，显得非常上档次，非常上档次。

这种礼品是今年最流行的，非常适合你这个身份的人，非常适合。

相信通过有效的方法，可以让你击中顾客的软肋，顺利地赢得生意。

第二节 寻找能给你带来效益的客户

客户购买一种产品，其实就是他们的需求得到满足的过程。那么作为营销人员，怎样才能让他们购买呢？最好的办法就是抓住顾客的心理，通过他们的言行举止，发现他们潜意识里到底希望得到的是什么。好多人都听过下面这样的一个故事。

主持人将几个人分成若干小组做一个小游戏，他让每个小组发挥集体的才智，做一头猪。等各小组完成后，大家一起参加一个猪产品的展销会，然后把自己的展品销售出去。

"猪"做出来之后，每个小组都说自己的"猪"是最好的，有的说是绿色食品，没有任何污染；有的说产自海外，品种优良；有的说白色可爱，可当宠物养；有的说……各式各样。但是主持人告诉大家他们的销售都是失败的。理由是他们只管销售，却并不了解顾客的需求和想法。

不了解客户就开始销售，等于蒙着眼睛打靶——乱开枪。

当你带领顾客去看你的楼盘的时候，你应该在温馨的气氛中，经过闲聊观察客户在潜意识中最关心的是什么，最想要的是什么。观察他们潜意识中关心什么，而不是你认为他关心什么。你认为最好的，对于客户来说并不一定非常喜欢。想把产品卖出去，就必须了解客户是怎么想的，客户真正的需求是什么。

请看下面这个小故事。

在一个售楼处，一对老夫妇来看房子。当售楼员把他们带到房间时，发现房间的地板非常破旧而且不平。但是当他们走到阳台上，看到院子里一棵茂盛的樱桃树时，两个老人立刻变得非常高兴，这一切都被售楼员看在眼里。

在谈到房子价格的时候，老妇人对售楼员说，"你的房子太破旧了，看，地板还坏了。"售楼员看到了他们对樱桃树的喜爱，于是对顾客说："我们可以用新的地板来替换，最重要的是院子里的樱桃树一定会让你的生活更加平静和舒适。"售楼员说着话，看见老人的眼睛转向外面的樱桃树，老人看到樱桃树立刻变得开心起来。

当他们去厨房时，两个老人看到许多厨房设备已经生锈了。在顾客抱怨之前，售楼员对他们说，"这也没关系。我们将用新的厨具替换掉所有的。同时，最重要的是院子里的樱桃树会让你喜欢这里。"当售楼员每次提到樱桃树时，顾客的眼睛立刻闪烁着喜悦的光芒，很显然，樱桃树是顾客买房的"关键点"。

在这个小故事中，售楼员通过观察顾客表情的变化，敏锐地注意到顾客潜意识中对樱桃树的喜爱。他能够抓住这一点，充分利用这一情况，并向客户提出各种建议，给他们一个购买的理由。哪里有需求，哪里就有购买行为。该售楼员能够及时发现、激发甚至创造顾客对产品和服务的内在需求，并对其进行适当的场景营销，结果取得了成功。

顾客内心的需要，就是顾客购买商品的理由。对顾客进行场景营销，就要做到你要什么我给你什么，而不是像平常的销售一样我给你什么，你不要什么。平常的销售中存在的问题就是：不是客户不想买，而是没有了解客户的需求。没有哪一个人喜欢被别人销售，销售给人的感觉是自己不需要而被迫接受。普通的销售方法中，大多数业务员都是这样做的。他们滔滔不绝地介绍自己的产品，说自己的东西是最好的，但客户却不以为然。你认为最好的，客户不认为对他是最合适的。只有客户认为最好的，才是最重要的。

普通销售员的销售步骤是：首先介绍产品，也不管客户有哪些问题；介绍完毕后问客户要不要购买，然后听客户的反应；如果客户不感兴趣，他还会再次介绍一下产品的特点。

而场景营销的方法则有些像医院里的医生，医生们的销售步骤：第一是倾听，听你说一些症状，身体有哪些问题；第二，中医讲究望、闻、问、切，医生通过周全的了解，知道你产生症状的原因；第三才是对症下药。所以对于医生的销售，客户们没有抗拒。

要对客户进场景营销，首先要了解客户的需求是什么，他们的期望是什么，然后针对问题，通过暗示等手段，对他们进行场景营销。

第三节　营造一个愉悦的氛围

在房地产界，流传着这样一则有趣的案例。

一老板开车路过某楼盘时，尿急无奈，跑到售楼中心上了趟厕所。出来后，热情的售楼小姐迎上前向他介绍起自己的楼盘。一番交谈后，老板被深深打动。

结果，他当场付了定金买下一套房子。

表面看起来，这似乎是一个非常偶然的故事，但经过进一步的分析我们会发现并非如此。在这个例子中，销售小姐无意中使用了场景营销的方法。一般来说，上完厕所后，一个人的精神和生理都处于放松状态。如果一个人在这个时候和他们进行一次很好的交谈，他的信息接受能力就相对较高。加上这位顾客刚好又有买房的需求，于是下定金买房便顺理成章了。很多看起来偶然的事情，其实都有必然的结果。

场景营销之楼盘销售，实际上就是一种心理暗示。通过观察客户言行举止的细节，包括说话的语气、站立及行走的姿势、翻阅楼书观望沙盘时的神态等等，对客户性格及潜意识进行初步揣摩，之后，销售人员有针对地给出信息，这样的楼盘介绍是最有感染力的。

例如，同样是在售楼处，有的客户走路有力、面部肌肉略显紧张、面部表情变化很大，这种看起来很强硬的顾客往往更情绪化。这时，销售员只需要迎合他的个性，直接问他想要什么样的房子，然后向他推荐符合要求的房子，并详细介绍，往往可以取得更好的效果。相反，那些表面嘻嘻哈哈、有一搭没一搭地和售楼小姐闲扯，看起来像逛超市一样的顾客，反而最难对付。当售楼员介绍房子时，必须仔细捕捉他的行为和语言中偶然显露出来的兴奋，并通过对话来扩展它。

同时，对顾客动作的刻意模仿也会起到一定的"场景营销"效果：尽量跟客户的脚步保持一致，模仿客户双手交叉的样子、客户抖脚时跟着打拍子等等，都会让客户产生一种莫名的亲切感，从而增加交易成功的可能性。为了说明场景营销之楼盘销售的优越性，我们不妨将它和传统销售对比一下。

首先，是场景营销之楼盘销售的场景。

售楼中心宽敞明亮，十分安静。除了耳畔回荡着的轻松的音乐外，听不到门外的车马喧嚣。迎上来的售楼小姐微笑着向客户问好，并递来一本楼书。

在客户来回翻阅楼书时，售楼小姐会一直站在不远处等待。阅毕，售楼小姐会带领客户来到洽谈区。

顾客已经放松地坐在沙发上，喝着服务员端上来的热咖啡。销售小姐以温和的语气开始她的介绍："当你进入住宅区的大门时，我们的保安会在门口向你敬礼。然后你会看到一条两边种着银杏树和樟树，铺着青砖的小路。沿着小路走，你会到达装饰精美的门厅，墙上贴着米色瓷砖，角落里摆放着精心挑选的盆景。"

客户渐渐被吸引，听得很仔细。售楼小姐微笑着继续说："坐电梯很快来家门口，开门后，可以闻到房间里有阳光的味道。这时候，你可以坐在看得到江景的房间，翻看一本小说，感觉非常舒服……"于是，客户对该楼盘的好感油然而生。

请注意，一般销售人员都会说到的地段、户型、小区配套等，该售楼小姐并没有提及，在交谈时，她的目光也一直没有偏离客户。

接下来，再看一下传统的销售方式。

在售楼中心，由有机玻璃制成的方形茶几和椅子放在沙盘旁边，放着轻缓的背景音乐。销售小姐的第一句话是："您好，请问想买什么样的房子？"

然后她拿出户型图，开始介绍房产："我们家离××商圈只有15分钟的路程，周围有××家超市和××家医院……如果两个人住在一起，这个应该适合你，因为面积适中，结构良好……我们的物业管理是××，是业内知名的……"

两相比较之下，场景营销之楼盘销售与传统销售的优劣立判。音乐使人安静，软绵绵的沙发会让人有不想离开的感觉，热腾腾的免费咖啡，则激发了享用者心里"无故得到后希望弥补"的潜意识，即使不买房子，也愿意坐着听完介绍。

在这样的环境下，顾客在接收信息时的主观性相对较强。此外，销售人员可以通过行为观察发现客户属于理性的类型。因此，她只创造了一个愉快的生活氛围，这种氛围可能发生在买了房子之后，而没有过多地谈论建筑的硬件。所有这些都符合场景营销的方法。

而第二个楼盘所采用的，则是传统的房产销售。它的效果，自然无法和场景营销相比。如果你是购房者，听到这些枯燥的介绍，只怕也提不起兴趣吧？

第四节　客户性格不同，搭建不同场景

虽然人的性格复杂多样，但并不是没有规律可循。这里谈及了十二种性格，并对其进行分析，给场景营销人员以合适的销售方式。

一、忠厚老实型

有这类性格特征的顾客一般会在心中设定"拒绝"的界限，不过如果销售人员能够客气并且说得句句在理的话，他们通常很容易点头称是，并逐步放松对销售人员的警惕。由于他们一般对人都充满同情心，即使场景营销人员对商品的说明都含混带过，他们也会在一知半解之后而进行购买。作为场景营销人员面对此类顾客，一定要抓住机会，打破他们的拒绝界限。而且场景营销人员要保持一定距离不能陷入友情局面，这样才可以次次都有收获。当然不能因为觉得对方忠厚老实而放松警惕，也要组织好会谈并坚定而有礼貌的结束会谈。在会谈时最重要的就是让他们点头说是，等到关键时刻，可以通过反问："您看这么好的产品，不买多可惜呀，您不想买吗？"这种关键时刻反问的效果有利于瓦解他们的防御心理，让他们不知不觉中完成交易。

二、自我吹嘘型

当你听到"哈哈，我和你们领导是好朋友"；"你们的业务我非常熟悉"等这类让你觉得他无所不知的人时，一般就可以断定他们属于自我吹嘘型的人。此类型的顾客一般喜欢自吹自擂，夸耀自己见多识广，总想让别人觉得自己上知天文下知地理，并且和很多大人物相交甚密。由于这个特点，一般情况下他们都喜欢打断别人的话，通过更多的自我表述而让别人了解自我。因此，作为场景营销人员抓住这类型的顾客特点后，应该首先当一位忠实的听众，津津有味地听，时不时地点头夸好，为对方喝彩。当他们的虚荣心得到满足后便十分开心，买销售人员的产品也就变得十分自然。若销售人员认为非要给这种人一个下马威，让他们的脸上挂不住，那么只能是让别人不开心，自己也很难达成销售目标。既然这样，能做到双赢的话，何乐而不为呢？

这类顾客一般会因为自己的高谈阔论而使自己多买很多东西，因为拒绝对方就会突然让氛围突然变得尴尬。不过他们也很明白，吹牛归吹牛，仅凭自己对物品的理解肯定赶不上专业的销售人员。所以作为场景营销人员，遇到这类顾客的时候还要掌握的一个要领就是不但要吹捧他们，还要让他们了解自己对产品的了解也很到位，让他们知道自己是有备而来。和他们交往的一个技巧就是把握好时间，在说明自己的产品之后要及时收尾。场景营销人员可以说："真是荣幸和您这么有见识的人交流，不过，我不想过多的打扰您的时间，您看您想要多少我们的产品呢？"

三、冷静思考型

一般而言，冷静思考型的顾客遇事冷静、沉着、思维严谨，外界人或事很难干扰他们的判断力。冷静思考型的顾客表现出现的特征一般为双方初次见面时，顾客只会与场景营销人员握个手、寒个暄，仅此而已。在交谈过程中，他们通常都是扮演听众的角色，他们思索，以犀利的怀疑眼光打量着销售人员，打量着产品，适时的提出很多问题。见到这种人，有经验的场景营销人员就知道是遇到了冷静思考型的顾客，尽管他们感觉上给人很大压力，可是他们却不是真正厌恶场景营销人员，不过是不愿意表露出自己的心态而已，思索只不过是他们的行为习惯而已。面对此类顾客，作为销售人员应该从介绍产品开始，认真仔细地从各个方面、各个角度来论证产品的优点，以获得顾客的理性支持，在经过他们理性的思考和分析后，他们便会作出理智的选择。在销售过程中，场景营销人员一定不要表现出一种迫不及待的样子，而是要十分真诚、十分有分寸地介绍产品的性能特征，一旦从源头上打断了他们对产品质量和产品售后服务的顾虑，他们则会逐步开始建立起信任。

四、冷淡严肃型

冷淡严肃型的人通常分为两类情况：外冷内热型和冷淡傲慢型。无论是哪种情况，他们一般表现出来的都是一副冷淡而不在乎的样子，而且一般表现得十分让人难以接近，在他们还没有了解产品对自己的重要性时更是冷冰冰的，若场景营销人员勉强销售，只能造成被厌恶。通过分析可发现外冷内热型的顾客虽然从表面上看十分冷漠，其实在他们的内心却十分渴望与人交往，甚至希望别人了解他们的愿望；而冷漠傲慢型的顾客则是真正的冷漠，是高傲孤僻、不善与人交往、不重感情、没有爱心并且轻视别人的人。

面对冷淡严肃型的顾客，销售人员一方面首先探知对方具体属于哪一种情况，若顾客是外冷内热型的，那么销售人员完全可以通过对产品的谨慎说明诱导出他们购买产品的热情和冲动情绪。在让他们对产品感兴趣并和他们建立了友善的关系后，他们就是长期的合作伙伴。若是另外一种情况，销售人员也不应该就当机立断的认为自己很倒霉丢失了机会。虽然很难向这些不礼貌甚至刻薄的顾客销售，但是也可以通过激将法引起他们的辩驳，并通过最终购买的行为来证明他们是什么样的一种人。

五、内向含蓄型

和外冷内热型的人有点相似但却又在很大程度上不同，内向含蓄型顾客在外表上安静冷漠的同时还局促、拘束，不愿应酬，甚至有些神经质，在妇女中较多。他们的特征是坐立不安，不敢与人眼神交流，总会东张西望等。一方面自卑，没有自信，对任何事情都不是太感兴趣；另一方面十分害羞，怕见生人，在遇到销售人员的时候他们会有很多问号在心里出现。这主要是由于他们过于内向。因此场景营销人员如果在销售时遇到这类顾客，就应该谨慎稳重，细心观察他们的情绪以及行为方式的变化，坦率地和他们交流。在与其交流时要适时地选择合适的话题，让他们消除紧张，建立起值得信赖的友谊。

六、先入为主型

有些顾客在还没有行动时貌似就有了准备。"我只看看，不想买"这种表述的人明显就是"先入为主"型的典型。许多营销人员认为遇到这样的顾客就表明销售成功的希望变得十分渺茫，其实不是这样。越是这样的顾客，越是容易成交。要知道，顾客出现这种心理反应多半是因为他们知道自己心理抗拒薄弱，这种先入为主其实并非他们的真正想法。因此即使他们一开始说不买，销售人员也不用理会。面对他们只要真诚的接近再在条件允许的情况下给予一点优惠，让他们动心，他们就会否定自己原来的态度而变成只要条件允许就会购买。

七、豪爽干脆型

豪爽干脆型的人一方面开朗乐观，做事积极决断力强。对待场景营销人员，他们也不例外，十分的豪爽。不等到场景营销人员多说，直接嚷着看货，看中了就直接买下，不用多说二话。这种性格有其好处，但是就如同最典型的张飞性格，也同样缺乏耐心和比较容易感情用事，很容易轻率。因此场景营销人员要是遇到此类性格的顾客，行动就一定要符合其性格特点，不能拖拖拉拉，在举止言行上要显得豪爽奔放，不能啰唆个没完却没有重点。只要简短的介绍完产品的用途和特点，然后坦率的提建议即可，而不需要对顾客东拉西扯。最后以一句话结尾："买不买，一句话。"这会使顾客觉得销售人员十分"够意思"，买个产品交了个朋友。

八、滔滔不绝型

有一种人爱说话，被人们称为"十分能侃"。只要他们开口就很难再停止，他们口若悬河，谈起来没完没了。即使是第一次见面的场景营销人员也不例外，可以拉着销售人员足足说上半天。无论场景营销人员表露出什么态度，他们都会在最后表现得十分"恋恋不舍"，想要以后保持联系。应对这种类型的顾客，场景营销人员就要保持一定的耐心，顾客心情高涨时切不可打断；虽然这类顾客很费时间，让场景营销人员很有可能忘了主题成了陪聊，但这总比粗暴打断对方惹来对方的怨恨好。面对这类型的顾客，销售人员需要抓住时机，找准谈话机会，将谈话人引回到自己要谈及的话题中。

九、圆滑难缠型

比滔滔不绝型的人更糟糕的是还有类人十分的世故难缠，他们老练圆滑，即使许下诺言也不一定能够实现。他们不但向场景营销人员索要各种各样的资料，更会不断提出各种尖刻的问题，或者不断地拖延、砍价，但是至于他们买不买，却很难判断。其实这类人的做法一般有几个最简单的目的：实在无聊，想通过试探来检查销售人员的水平或者吃饱了没事干，正好碰到个人可以聊聊自己不知道的产品；第二种则是确实想获得一定的购买优惠，死磨硬缠想获得最终的优惠。因此对于这类型的顾客场景营销人员一定要具慧眼，不能上套。场景营销人员要针对情况制造些紧张氛围，让顾客认为只有当机立断购买才有利可图。这种紧张氛围的制造一方面可以测出这种顾客的目的到底是什么，另外也不至于造成担心顾客离开而主动提出降价。而对于顾客的尖锐问题，场景营销人员要尽量避开，不予正面回答。不过，场景营销人员要既要学会制造紧张局面，让顾客进入紧张氛围，也需要学会缓解紧张气氛，毕竟让顾客最终购买产品才是重点王道。

十、感情冲动型

感情冲动型的人很容易受外界因素的影响，当心情舒畅时，他们可以将心里话掏出来与人分享，对人十分热情；心情不好时则郁郁寡欢，如果再糟糕点甚至可以朝人无端发一通脾气。这类人行事一般不顾及后果，他们可以打断销售人员的话语，随着自己的性子妄下断言，情绪上来了反悔自己原先的承诺和话语也不是没有可能。因此面对这类顾客时，场景营销人员一定要抓住他们的性格及情绪波动情况。抓住他们心情舒畅的机会引导他们做出决定；而当他们心情抑郁时则尽量避免，争取不在这种时候和他们接触。

十一、吹毛求疵型

吹毛求疵型的人通常都喜欢挑毛病，鸡蛋里头能挑出骨头来。他们认死理，争强好胜，不认输。那么该如何抓住他们性格的软肋呢？

其实这种吹毛求疵的人一般都是死不服输，自以为是。他们自尊心强，不愿意承认别人是正确的，希望通过攻击别人来挣得优越感。作为场景营销人员，没有必要和顾客引起争议，即使是生意不做了也不应得罪顾客，引起负面效应。另外，任何人都不完美，场景营销人员不是和他们去过日子，只不过是销售自己的产品而已，因此即使无法说服他们，也没有关系。但是场景营销专家可以通过迂回战术，先是假装争辩，然后赞美对方，让对方觉得自己在双方辩论上已经赢了面子，再忍受一下顾客的发泄，让他们彻底觉得自己真的很高明。直到他们自己也觉得过意不去甚至表现出不好意思，场景营销人员就可以趁势进入销售主题，最终敲定交易。

十二、生性多疑型

这种人在家庭、工作等各方面都充满不满，尤其是在某方面上过当受过骗之后更是不愿意相信别人。面对场景营销人员，他们心中只有一个概念："骗子。"一朝遭蛇咬，十年怕井绳描绘的就是这类人，他们的典型特征就是对周围的任何事情都信不过，对场景营销人员，他们上下打量，恨不得看透场景营销人员的脑袋里装的是什么；对于场景营销人员介绍的产品更是左看右翻，总想找出其中的问题，找不出来对于他们来说才不正常。面对此种类型的顾客，销售人员一定要亲切以待，不可施加压力，千万不能与其争辩。在进行产品说明时，态度言语一定要以顾客的情绪为重点，首先让其缓和心态，然后再用十分有说服力的语言如权威评价让其信服。因此面对此类顾客，场景营销人员一定要在专业知识上做足功课。

　　以上各种性格类型的顾客都是在日常生活交往中经常遇到的，无论哪种，作为场景营销人员都应该要熟知并能自如的运用心理知识，针对不同类型采取不同的措施，最终出售自己的产品。

第五节　化妆品，塑造美丽梦境

　　怎样让客户在琳琅满目的化妆品中对你的产品怦然心动？怎样才能让她们花了钱还心情舒畅？怎样让她们对你的产品趋之若鹜？关键在把握好她们的心理，实施"心理营销"。

　　虽然在营销实践中不少企业已经开始了心理营销的征程，但心理营销在营销界还是一个比较新的话题，很多企业虽然已经利用了这种营销方式，然而由于客户消费心理数据较难获取，不少企业常常在缺乏有效的市场调研的基础上主观揣测顾客心理，其结果当然适得其反，无法形成有效的心理营销优势并拉动客户消费，这也是心理营销无法在企业界推广的重要原因。心理营销必须结合市场的现实情况展开，这是一个艺术性较强的操作模式，企业必须在进行充分市场调研的基础之上展开，否则将适得其反。

爱美之心人皆有之，美女总是令人怦然心动，每个女人都希望自己能够有一张美丽的脸庞，正因为如此，化妆品遍布在我们生活当中。

大部分女性每天都离不开化妆品。早晨起来，我们需要护肤霜，以保护我们的皮肤；晚上睡觉前，我们需要清洁用品，以清洁我们的皮肤；烈日炎炎，我们需要防晒霜，以防晒伤皮肤。除此之外，我们还需要唇膏、洗发水、清除雀斑等化妆品，以对付干裂的嘴唇、弄脏的头发或难看的雀斑。在一些特殊的场合，如晚会、文艺演出等，我们可能还需要用一些美容和修饰类的化妆品，如口红、眉笔、胭脂等，使我们看起来容光焕发、光彩照人。

怎样才能让你的产品给客户留下深刻的印象呢？那就是要好好利用运用暗示、诱导。

既然销售的是化妆品，我们一定要对客户强调美丽对于女人的重要性。所有的女孩子都喜欢美丽，所以我们要暗示她们，美丽对女人是必不可少的。尽可能地诱导、许诺以及煽情，强化女孩们的"美丽"梦想。这在许多化妆品广告中做得很好，例如：

·女性的自信，来自成熟的魅力。某某系列丰乳器用自然的方式，帮你创造自信满胸。

·什么都可丢，青春容颜不能丢！无论是年龄、肌肤、个性，某某都给您最清纯的呵护！——抗皱去皱每日贴广告

·青春不是永无止境，生活并非完美无缺；某某把青春的梦想，生活的追求，柔成永恒的美……——丰乳器广告

·飘柔就是这样自信——飘柔洗发水广告

·十足女人味——太太口服液广告

·明星风采，纯纯关怀——美加净广告

· 今年二十，明年十八——白丽美容香皂广告
…………

这其实就是一种心理暗示。它会给那些爱美女人一种"场景营销"效果。几乎每一个化妆品广告都告诉你，"美丽"对你至关重要，因为它关系到你的爱情，关系到你的自信，关系到你的个性，甚至关系到你的追求。

当我们在销售产品的时候，不要忘记用美妙的语言来激发顾客的想象力。我们有许多方法可以激发一个人的想象力，例如，你可以用"冰肌玉肤"来形容女孩子的皮肤，用"沉鱼落雁，闭月羞花"来赞美对方的美貌，用"青春永驻""肌肤永远柔嫩""颜如玉"来称赞女人的年轻，用"还您一副娇嫩的皮肤，使您再现青春的活力"来推广化妆品。用你能想到最得体的语言来描述吸引她们的使用效果，以吸引买家。

在化妆品销售中，你首先应该注意你的举止和服装。你必须干净整洁，给人意气风发的感觉。其次是对产品的了解，并根据客户的皮肤质量进行介绍。这取决于人家是想买什么化妆品，是彩妆还是护肤品，护肤品中的哪一种，是洁面的，还是护肤霜？是美白保湿的，还是去痘消痕的。

当你赞美一位女士时，可以说："王女士，你真漂亮！""王女士，你的皮肤很好！""王女士，你的眼睛真漂亮！""王女士，你的衣服很漂亮！你的皮鞋很受欢迎！"……虽然对方嘴上不说，但心里一定很受用，如果你批评她："王女士，你的皮肤实在太差了！"她会生气地盯着你，怒斥一句："说什么呢？"销售人员必须记住：赞美是最好的武器，你不习惯赞美，并不意味着别人不喜欢听赞美。

赞美，就是将对方身上确实存在的美好东西强调给对方听，

尤其是你欣赏她的地方。尽管她有时自己都没有注意到这些。比如，她穿了一套新衣服，也许你觉得并不怎么样，但如果你能说一句："你的新衣服真漂亮，在哪儿买的？"对她而言就非常受用。另外，赞美并非一定是语言，有时一个眼神、一个手势或一个动作，也可以传递出同样的赞美对方的含义。比如当一名美女用欣赏的眼神看一个男人时，对方就会感到无比得意。

心理学研究表明，赞美有不可思议的力量。当你与客户一见面的时候就要赞美对方，赞美女性可以赞美对方的发型很美，肤质很好，鼻子很漂亮，眉毛画得很好，嘴巴很性感，眼睛很有神，衣服很漂亮，皮鞋很流行，手机很特别，声音很甜美，身材很好，很有气质——从头到脚都可以赞美。总之，赞美女性要多赞美细节和她身上的一些饰物，一定要很真诚，并告诉她你的感觉！

第六节　怎样"俘获"女人的芳心

请看下面这一则材料：

商家营销抓住"女人心"

春节消费高峰短暂回落后，各大商家开始准备庆祝妇女节。在这一段时间，季节性销售的营销策略再次掀起消费高峰。为什么妇女节这么受重视？一项调查显示，超过70%的社会购买力掌握在女性消费者手中。在许多商业营销教材中，都有一个类似的内容，即如果你想激活消费市场，你必须首先洞察时代女性的消费心理，并把准女性的消费脉搏。

在妇女节前的某个时候，某城的商人就开始宣传这个节日。在很多重要的商业区，随处可见"打折""清货""迎妇女节"等广告。与此同时，根据女性的特点，商品促销已成为商家最近共同采用的一种"策略"——银行宣布推出专门针对女性的信用卡，保险公司打出"健康女性保险"的广告，化妆品销售部门宣布推出专门针对女性的某款笔记本化妆品"轻又薄"。据报道，在房地产市场，50—80平方米的小公寓非常受欢迎，而且规模正在逐渐扩大。很大一部分买家是单身人士，其中30%以上是单身女性。原因是当今女性的社会地位和经济实力明显提高，这种商品房能够满足女性消费者购房和投资的双重要求。

为什么女性会在消费市场传来比男性更具有影响力的"声音"？如果从消费对象考虑，女性有以自己为对象的消费和以儿女、丈夫为对象的消费，后者也可以说是家庭消费。

如今，女性多掌握着家庭的财政权，很多消费过程也是由女性出面实施的，所以，女性在家庭消费中掌握着较强的支配权。而在这样的过程往往能让女性感到一种个性的释放，她们会觉得在家庭和社会中具有较高的地位。

另外，女性心理与男性有很大不同。正如很多观点显示的，无论在个人消费还是家庭消费过程中，女性都会表现出"冲动"和非理性，也就是说，女性购买欲望受直观感觉影响大，容易因感情因素产生购买行为。例如，女性在购物过程中容易受到环境的影响；她们比男性更容易被广告的宣传打动；她们对商家的促销非常敏感，所以，一旦商家有打折的活动推出，总是不难见到女性消费者出现。

做这一行，你得时刻研究女人想要什么，琢磨女人的心。最挑剔也是最有品位的还是女性白领们，时尚、活泼、大方都是她们要求的元素。一定要抓住女人心，我们提醒想要投资的人，平时要经常关注时尚杂志，流行元素的电视节目等等，一定要站在时尚的最前沿。

"嗯，这种化妆品这里有啊，那天我在杂志上刚看到，很流行的，不错。"当你的顾客在你的店里这样称赞的时候，你也就成功了。

第七节　只卖给客户真正需要的东西

每个客户都会有不同的需求，每一件产品也都有着不同的产品性能和特性。如何从众多繁杂的产品特性中挑出客户感兴趣的特点来向客户介绍，是销售人员最需要也是最难掌握的一项技巧。因为这首先需要销售人员对于客户的情况有全面的了解，只有真正了解客户的需求，才能在介绍产品的时候有所取舍，有所侧重，真正有目的性地把产品的优点精确地反映给每一位客户，这才是最有效率的产品介绍方法。

那么，我们销售人员应该如何去掌握这项技巧呢？

一、通过交谈了解客户需求

销售人员要想做到"投其所好"地向客户介绍产品，就必须首先通过和客户交谈，对他们的偏好大致上有一个判断。例如，如果对方在意性能，那我们就跟他谈产品的技术性能；如果他在意价格，我们就谈产品的性价比有多高；如果他在意外形，那我们就重点介绍产品的设计，用设计上的精巧来打动他。人和人之间都有差异，单靠同一角度的宣传很难打动所有人，面对客户必须灵活起来，投其所好。

了解客户需求，要从关心客户、了解客户问题入手。这需要销售人员在拜访客户、与客户交流之前，充分、认真地分析客户实际的、最强烈的需求，去寻求突破点。如果一开始就抓住了客户急需解决的问题点，客户必定愿意将话题继续下去，相反，如果销售人员与客户初次见面，就是十足的"商业气味"，只会千篇一律的讲解产品，那么客户基本上就不会购买你的产品，甚至不会给你机会让你背课文似地"背完"开场白。

二、善于寻找共同点作为突破口

有这样一个销售事例，一个销售经理按照约定来到客户办公室，洽谈一个业务订单，在与客户沟通的过程中，他发现客户似乎对自己并不太感兴趣，话题也是有一搭没一搭，似乎看不到订单的成功希望了。这时，这位销售经理突然看到客户书架上有很多中国古籍，特别是有很多关于《诗经》的书籍，于是在与客户聊天的过程中，他谈起了自己爱好读书并且偏爱古典文学这件事情。客户一听就来了精神，说他也最喜欢《诗经》。于是两个人就从《诗经》谈到业务，谈的甚至忘了时间，晚上还一起吃了晚饭。

很显然，由于这位销售经理善于仔细观察，找到了与客户之间的共同点，并采取策略，投其所好，顺利打开了交谈的思路。当然，投其所好也必须跟自己的兴趣爱好相结合，自己对此要有兴趣，还要有研究，否则，即使发现了客户的兴趣点，你对此却一知半解，没说两句就"卡壳"了，那么不但对你们的谈话无济于事，反而会让客户觉得你不懂装懂，不值得信赖。可见，培养广泛的兴趣，对于销售人员而言，是面对不同客户做到"投其所好"的必备功课。

三、寻找客户共同点的技巧

面对客户，要想做到投其所好，找到自己与客户之间的共同点，就必须要掌握下面这几条手段。

首先，对于那些摸不清底细或者初次见面的客户，不妨采用试探的方法来寻找共同点。

譬如，有时候，为了打破初次见面时的沉默局面，必须想办法打开话题，因为不说话不沟通是什么也做不成的。当然也有一部分销售人员会通过听客户的说话口音、言辞，观察客户情况；有的以动作开场，一边帮客户做某些急需帮助的事，一边以话试探；有的甚至借火吸烟，也可以发现客户特点，从而找到与客户之间的共同点，打开话题。

其次，我们要善于观察客户表情动作上的细节。通常情况下，一个人的心理状态、精神追求、生活爱好等等，都会或多或少地在他们的表情、服饰、谈吐、举止等方面有所表现，只要我们善于观察，总会发现与客户之间的共同点。

此外，也可以通过步步深入的手段，挖掘共同点。大多数时候，发现与客户之间的共同点其实是非常容易的，但是，这只是与客户谈话的初级阶段所需要的。随着交谈内容的深入，共同点会越来越多。为了使交谈更有益于客户，必须一步步地挖掘深一层的共同点，只有这样才能如愿以偿。

还有就是，要学会揣摩与客户之间的谈话，探索共同点。为了发现客户同自己的共同点，我们可以在客户同别人谈话的时候留心分析、揣摩，也可以在客户和自己交谈时揣摩他的话语，从中发现共同点。特别是你和某些作为高层的客户洽谈的时候，不可能一味地去问一些问题，许多信息都要自己去亲自揣摩和挖掘。

其实，寻找与客户之间共同点的方法还有很多，比如，共同的生活环境，共同的工作任务，共同的行路方向，共同的生活习惯等等，只要仔细发现，与客户无话可讲的局面是不难打破的。此外，还有一个方法也能帮助销售人员寻找到与客户共同的话题，引起客户的好感，那就是相似性。人们都喜欢与自己在某些方面相似的人交流，不管是观点、动作、语气、个性、背景、生活方式等各个方面，只要有相似性双方都会产生好感。

　　要想了解客户真正需要什么，就必须首先了解客户，并想办法找到与客户之间的共同点或者相似点，只有掌握了这门技巧，我们才能准确判断出不同客户与我们的共同之处，从而进一步沟通了解客户真正的爱好兴趣等话题。而了解了这些内容，我们在面对客户的时候才能真正做到"投其所好"，想客户之所想，满足客户之所需，与每一位客户都能够打成一片，顺利签单。

第五章　O2O 场景：

线上线下手

牵手

世界上伟大的奇迹是靠营销创造的！有不少著名企业认为，如果不懂营销，你就无法成为一个称职的总裁或者优秀的管理人员！那么，营销的精髓、秘诀究竟在哪里？如何快速建立信任，找出客户真正的需求，使他们像听从医生的话那样听从你的推荐呢？事实上，场景式营销就是要达到这样一种效果。

第一节　重复播放的广告语

　　我们已经对场景营销有所了解，那么场景营销应该怎么做呢？它有什么魔力？在解释这一切之前，我们不妨先做一个小实验。

　　下面是一组排比句，请读出内容，不管是真是假。

　　1. 脑白金是最棒的送礼产品

　　2. 脑白金真的很棒

　　3. 大家都说脑白金很棒

　　4. 巷子口的小摊贩都说脑白金很棒

　　5. 昨天有位小姐跟我说脑白金很棒

　　6. 听说报纸今天有报道脑白金很棒

　　7. 昨天电视新闻好像有讲到脑白金很棒

　　8. 你有听过脑白金是一种很棒的产品吗？

　　怎么样，你认为脑白金现在是一种很棒的产品吗？如果你不相信，没关系，制造商可以继续用800种方式告诉你"脑白金是最好的"。

　　如果你们不相信，他们可以再重复800次，直到你相信。"今年过节不收礼，收礼还收脑白金"电视和报纸上大量的广告就证明了这一点。

　　这种方法也是一种场景营销，即通过不断的解释和宣传，使用各种表达方式，从不同的角度，通过不同的媒体，让消费者真正相信这件事。

比如历史上曾参杀人的故事，就很能说明问题。

曾参是古代一位君子，学问好，人品也好，以孝顺名闻天下。有一天，曾参出去做生意。他的母亲正在家里织布，突然一个男人走过来对她说："曾参杀人了！"曾参的母亲非常相信她的儿子，她摇摇头笑着说："这不可能。曾参不会杀任何人。"

过了一会儿，另一个人跑过来对曾参的母亲说："曾参杀人了！"

曾参的母亲很震惊，但她还是说："不可能，曾参可不会杀人……"

但连续两个人都这么说，这让她开始有些怀疑。虽然她仍然宁愿相信曾参，但她无意编织，开始等待曾参回家。

很快又有一个人进来了，这次是曾参的邻居。他匆忙对曾参母亲说："曾参真的杀人了！已经被官府逮捕了，据说现在正在受审，你赶快想办法看看该怎么办。"

曾参母亲真的相信曾参杀了人，他的母亲因为害怕卷入其中，正准备爬墙逃跑。这时候曾参突然回来了，吓了他母亲一跳，惊讶地问："儿子，你不是因为杀人被捕了吗？你为什么现在回来了？难道你杀的是坏人所以不用偿命吗？"曾参听到这里，哈哈大笑起来，说道："我怎么能杀人呢？只是凶手碰巧和我姓名一样。"

你看，一件没发生的事如果说三遍，错误的信息就会变成事实。更重要的是，如果重复 800 次，它能成为事实吗？这也就是所谓的"众口铄金，积毁销骨"

产品的质量在很大程度上取决于消费者的口碑。对消费者来说，用户的一句话胜过制造商的数千句广告语。只要有很多人推荐你的产品，那么你的产品就真的很好。

在具体的营销过程中，营销人员还可以利用心理暗示来改善消费者从众心理的表现，从而使产品成功销售出来。语言是营销人员向顾客进行场景营销的重要工具。古代的说书人擅长这个。他们讲述故事时，能把人物的表情、动作、声音甚至武器和坐骑"说"得生动形象，从而牢牢抓住别人的注意力。结果，观众每天都来听讲故事的人讲故事，并为他们的"服务"付费。

简而言之，"场景营销"很强大。在场景营销状态下，人们注意力高度集中，变得愿意倾听，他们的抵触情绪也逐渐减轻。这时，营销人员的销售会唤起顾客的消费潜意识，更容易促成交易。

一些销售人员在推销洗涤和化学产品时会使用场景测试来证明他们产品的质量和效果。这种方法是有效的。眼前的事实会让他们相信面前这种产品的效果，而且使他们有着良好的印象和消费心理。这种测试实际上增强了客户对产品的信任，实际上是一个场景营销过程。

但并不是所有的商品都可以通过场景来检验，那么我们如何增加顾客的信任，并根据他们的心理进行场景营销呢？我们可以充分准备具有视觉效果的产品。例如，产品照片、顾客使用产品前后的照片，以及顾客的推荐信、感谢信和专家推荐等。

强有力的顾客见证会让你的顾客产生极大的好奇心和信任，对他们实施场景营销，并督促他们立即行动。宝洁公司产品畅销的原因在于，它成功地对用户进行了暗示性和基于场景的营销，使客户信任他们的产品。我们可以通过看它的电视广告来感受这一点。例如：

洗衣粉广告要求一些女性以实际采访的形式拿出衣领上有油渍的白衬衫，然后用其产品将衣领上的油渍完全去除。通过场景实例，告诉你他们产品的好处——去除污渍更方便。洗发水广告也是如此。飘柔、潘婷、海飞丝等邀请章子怡、张曼玉、张柏芝等电影明星来做广告。这些都是名人，会产生更好的场景营销效果，顾客会觉得这些名人都在使用或称赞这个产品，所以我当然也可以使用它。

有证据表明顾客不一定相信，但没有证据表明他们肯定怀疑。如果你想让你的顾客接受你的产品，向他证明这一点非常重要，因为没有人想成为"第一个吃螃蟹的人"。我们可以用许多方式证明我们产品的效果。

一、名人见证

顾客更喜欢使用名人使用的产品，这将产生良好的场景营销效果。它可以提高产品的可信度，让人们觉得名人都用这个产品，因此质量不会错。这也是为什么现在的广告多由名人拍摄。

二、媒体见证人

报纸、杂志、电视和其他媒体的报道也将为消费者产生更好的场景营销效果。

三、权威证人

谁开发了某某产品，是某某专家，某某科研机构，等等。

四、熟人的见证

如顾客的邻居、同事和朋友。当一个顾客认识使用我们产品的人时，这种信任就建立起来了，并且很容易对他进行场景营销。

五、产品照片、剪报和其他相关信息

一些营销人员会在活页夹中收集与产品相关的各种证人、照片和剪报，以便随时拿出来作为证据。事实上，这些都是打包的场景。"听觉是空的，眼见为实。"顾客能看到的所有这些材料和证据将产生良好的营销效果，增加顾客对产品的信任。

第二节　吸引顾客的注意力

场景营销要想成功，你必须引导顾客进入一个让顾客开心和放松的环境。宽松的环境是场景营销的基础。如果客户总是被束缚着，就很难放松警惕，甚至更难达到交易目的。在这种轻松的环境中，你可以先问顾客一些问题，因为这些问题会改变顾客的注意力，并引导顾客进入积极的情绪状态。一旦顾客进入状态，他们会有一种良好的感觉，然后你就可以谈论产品了。在谈论你的产品之前，让顾客感到高兴，这样顾客会在积极美好的感觉和你的产品之间建立一种联系，也就是说，当顾客看到你或你的产品时，他会非常高兴或兴奋，自然愿意和你做交易。

场景营销的第一个目的，是控制和引导顾客的注意力。保持变化的目的是吸引顾客的注意力，而不是让顾客"徘徊"。因此，当与顾客沟通时，关键不是你说什么，而是是否吸引顾客。如果你总是保持单一的语气和令人厌烦的讲解方式，顾客会对你的讲解感到厌烦，这将无法更好地理解产品和达到营销的目的。

营销要成功，主导交谈的局面是成功的关键。如果你不能掌握大局，当好"导演"，交谈就会成为一场糟糕的"演出"。为了达到一定的效果，作为一个"导演"和"主角"，你必须尽你所能来吸引顾客的注意力和兴趣，并让他主动配合你把戏演好。因此，只有紧紧抓住客户的注意力，让客户随时跟随你的思路，交易才能更好地完成。

一、引导客户而不是被客户引导

作为销售人员，想要做好销售，就必须要掌握一定的销售技巧，其中，引导客户是销售技巧中最重要的技巧之一。只有合理巧妙的引导客户需求，才能够使客户对你的产品产生兴趣，甚至是依赖，从而达成短期或者长期的销售关系。

一名优秀的销售人员，在销售自己的产品时始终是占主导地位的，总是他在引导客户，而销售能力一般的销售人员则总是被客户的问题所引导，试想，一个销售人员在销售产品时总是不知道如何向客户表述，或是不知道从哪个角度去跟客户讲自己所卖商品有什么卖点和好处，这种情况下的销售是很难取得好的结果的。作为销售员，不仅要有专业详尽的产品知识以应对客户的提问，也要有丰富的应变经验来引导客户的想法和问题，这样才是一个优秀的销售人员。

二、销售人员应该如何去介绍产品

那么，一个优秀的销售人员应该如何介绍产品，才能做到主动引导客户，而不是被将客户引导呢？

其实，绝大部分客户对商品的认识是空白的，如果客户在产品知识方面比销售还专业，那么销售的存在就失去了价值，销售人员面对客户的时候，不要急于介绍产品的具体性能参数，而是首先告诉客户一个产品的好坏标准是什么，都要从哪几个方面来判断，销售人员在介绍产品的过程当中，一定要掌握一个原则，即所有的介绍都是为了加深客户对我们产品的印象。当我们介绍产品的时候，应该围绕以下原则：讲到产品时，嘴说到，手指到，让客户感觉你所说的是有依据的，从说到手指，都是让客户体验产品的功能和好处。

所以作为销售人员我们自己一定要弄清楚判断产品的好坏标准是什么，从哪些方面去向客户讲解最为省力，这样的话，你所讲的判断产品好坏的理由就会给客户感觉到是有依据的，而不是凭空捏造的，这样对于客户来说说服力更强些，可信度也高些，所以在销售商品的时候，一定要遵循说到手要指到并让客户感受到商品的优点所在。在这个过程中，作为销售人员必须要掌握一定的引导技巧，要想引导客户，不仅要掌握丰富的产品知识和相关标准，也要掌握介绍产品的技巧和策略，不然很难引导客户。

销售人员介绍产品要遵循一定的规律，在给客户介绍产品时，首先我们要激发客户了解产品的好奇心和兴趣。有时候我们可以采取自己提问题，自己来回答的策略。回答问题的时候，不妨使用问的形式，比如用什么材质？或产品有什么设计用什么技术有什么特点？我们的产品有什么卖点和好处是和别的厂家是不一样的？这种不断提问的介绍方式不仅引导着销售人员自己的产品介绍，也引导着客户的思维和思考问题的方向，在讲的过程中，每个卖点或者你的每个说法都是有依据的，最好就是在现场让客户体验到产品的好处。这里需要提醒的是，当销售人员提出问题的时候，哪些问题是自问自答的，哪些问题是引导客户回答的，一定要做到心中有数，按部就班，什么样的情况下可以让客户来回答呢？也就是保证客户回答的答案是你所想要的答案的时候，大部分都是属于封闭式的问题，或是明显的 AB 选择题；问题设计想要的答案很明显，答案有明显的偏向性。比如说："先生你是买个质量好的还是买一个质量差一点的价格特别便宜的呢"这样的 AB 选择题，让客户回答，答案就很明显，这样才能在不知不觉中引导客户的思维。

三、不同的客户要用不同的引导方法

对于那些"墨迹型"的客户，他们即便有意购买，也不喜欢迅速签下订单，而总要东挑西拣，这边看看那边转转，在产品的颜色、规格、式样甚至是交货日期上不停地问这问那。这时，聪明的销售员就要改变策略，不能操之过急，要把订单的问题先放到一边，转而热情地帮对方挑选颜色、规格、式样，仔细商定交货日期等，一旦上述问题解决，你的订单也就落实了。

而对于那些明显对某产品有浓厚兴趣的客户来说，要充分利用他们的心理弱点。人们通常对越是得不到、买不到的东西，越想得到它、买到它。所以，销售员可利用这种"怕买不到"的心理，来促使这样的客户迅速确定订单。例如，销售员可对客户说："这种产品只剩最后一个了，短期内不再进货，您不买就没有了。"或说："今天是优惠价的截止日，请把握良机，明天您就买不到这种折扣价了。"这样一来，客户出于"怕买不到"的心理，就会很快放弃价格方面的念头，而迅速确定购买。

还有一种小心翼翼的客户，他们总是对产品充满怀疑，既想要买你的产品，可又对产品没有信心，这个时候，我们可建议对方先买一点试用看看。只要你对产品有信心，虽然刚开始订单数量有限，然而对方试用满意之后，就可能给你大订单了。这一"试用看看"的技巧可以帮助那些犹豫的客户快速下决心购买。

如果遇到那种没有主见的客户，尽管一再出现购买信号，但客户仍然犹豫不决拿不定主意时，可果断采用"二选其一"的技巧。譬如，销售员可对客户说："请问您要那部红色的还是黑色的呢？"或是说："请问是星期二还是星期三给您送货方便呢？"这种"二选其一"的问话技巧，看起来是客户在选择，其实就是你帮他拿主意，帮他下决心购买罢了。

许多公司或商场培训的销售人员只会机械地说："您好，我能为您做什么？"如果顾客说"不需要"或者"四处看看"，通常销售人员就无话可说了。这是因为销售人员缺乏随机应变的能力，也缺乏对客户反应的充分准备。营销艺术的核心是在意想不到的情况下获得预期的结果。换句话说，说服的艺术是一种灵活且适应性强的艺术，所以死记硬背只是死路一条。成功的关键在于提问。提问是营销人员的基本技能。不提问意味着不做营销。提问的功能不仅在于了解需求，还在于积极引导客户、改善沟通、鼓励参与、控制访问、理解接受和建立专业形象。毫不夸张地说，提问是营销中的重要武器。

第三节　激发客户的危机意识

心理学认为：危机意识是个体遇到新奇事物或处在新的外界条件下所产生的注意、操作、提问的心理倾向，是一种非常有推动力的人类天性。在销售工作中，销售人员可以适当利用人们的危机意识，从而激发客户想要进一步了解产品的欲望。通常来说，一旦客户对产品产生了危机意识，就会主动去进一步的了解产品，对于销售人员来说，这正是向客户详细介绍产品的大好时机。因此，在销售产品时利用一些小技巧激发客户的危机意识，也是一项很重要的销售技巧。

那么，我们应该采用哪些手段去引起客户的好奇心，从而激发客户对产品的了解欲望呢？

一、向客户提问

小时候与小伙伴做游戏的时候我们就知道，获得某人注意力最简便的方法就是说："猜猜看？"这也是向对方提问题的一个例子，这使得人们会情不自禁地想："到底是什么？"我们也可以换一种方式，比如对客户说："我能问个问题吗？"其效果也是一样的，你所要询问的对象一般都会回答"好的"，同时他们还会自动设想你会问些什么，这是人类的天性。在向客户介绍产品的时候，无论是在一开始吸引客户注意的时候，还是在介绍过程中向客户介绍产品特性的过程中，都可以利用这个小技巧来让客户主动了解产品，往往可以起到很好的效果。

二、不要一次告诉客户全部的产品信息

有不少销售人员非常勤奋的了解产品知识，学习销售技巧，致力于成为客户面前的百科全书，为他们解答一切有关产品的疑问，这无疑是种好的想法，但是却并不是聪明的想法。因为他们想的只是如何去满足客户的危机意识，却很少想过要努力激起客户的危机意识。他们的看法是自己的价值存在于自己为客户所提供的信息，所以就四处拜访，不厌其烦地向客户反复陈述自己产品的特征以及能给客户带来的利益。这诚然是一种勤奋的销售方法，也会有不错的效果，但是，我们何不尝试更加省力而高效的方法呢？

因为，过快满足客户的危机意识会大大降低他们进一步参与的欲望。不妨试想：如果你所要拜访的客户已经掌握了他们想要了解的所有信息，他们还有什么理由非见你不可呢？同样，如果客户在跟你第一次见面中就已经了解了有关产品的所有问题，他们已经拥有了所有自己需要的信息，或者他们从你的陈述中获得了所有必需的信息，就没有必要再进行下一步了，这样的情况往往意味着，要么第一次见面就搞定订单，要么就没有第二次见面的机会了，这对于销售人员来说，显然不是一件好事。

当然，也有些销售人员并不赞成这种观点。他们认为这么做会破坏销售的完整性，并影响到他们自身的专业形象。这种想法是不够全面的，因为，作为销售人员，一般第一次与一个普通客户交往时不可能拥有太多的讲解时间，客户都有各自要忙的事情，何况只是一个初次联系的销售人员，是不可能给我们充分的时间让我们把自己的产品的详细信息完整的讲解给他们听的，所以，事实就是，不管你愿不愿意，你都只能传达部分信息。那么，你是选择提供全部信息满足客户的危机意识，还是只提供部分信息进一步激发他们的危机意识呢？

如果你希望客户和潜在客户主动找你了解更多产品信息，那么不要一开始就把所有产品信息都告诉他们，一定要有所保留，这就意味着你可以在以后提供更多信息，从而激起客户的危机意识。

三、暗示客户产品的潜在价值

激发客户危机意识的另一个方式就是，在介绍产品的过程中运用暗示的手段，让客户知道产品将会带给他们很大的价值和收益，但是并不直接说明价值和收益具体是什么情况。这也是一个很有效果的策略。因为在客户面前晃来晃去的价值就像是诱饵一样使他们想要获得更多的信息。如果客户开口询问，你就达到了主要目的：成功引起客户好奇，使客户主动邀请你进一步讨论他们的需求和你所能提供的产品和解决方案。这种技巧实际上就是利用技巧性的问题提供部分信息让客户看到产品价值的冰山一角，从而引起客户更大的危机意识。

例如，我们不妨这种通过询问的方式激发客户的危机意识："如果我们的产品能帮助你节约成本30%，你有兴趣看一次具体的演示吗？""稍微改进一下，你就可以极大提高投资回报率。你希望我详细说明一下吗？""有客户通过我们的产品节省了大量开支，你想知道有多大吗？"事实上，谁不想知道如何省钱、提高产量或投资回报率？不管问上述哪个问题，客户都很自然地想要了解更多情况，这样我们就有了一个愿意给予我们时间和注意力的好奇客户，下一步的产品介绍也就水到渠成了。

同样，我们还可以用这个技巧来确定客户有什么问题，并暗示他我们的产品可以解决他的问题，从而激起他们进一步了解我们产品的欲望。这样的销售技巧如果运用得当，可以让销售工作更加轻松、省力。

在销售过程中运用技巧，巧妙激发客户对于产品以及产品服务的危机意识，激发他们对于产品所带来潜在价值的期待和渴望，都会大大节省我们把产品介绍给客户的难度和劳动量，与其滔滔不绝的给客户大讲产品特性却得不到重视，不如直接告诉客户产品带来的收益会有多么巨大，就像抛出一个诱饵，对这个诱饵感兴趣的客户自然会主动产生进一步了解欲望。

第四节　让顾客感到满意

每一次圆满的销售，都以客户满意的签单为结局。而销售人员的最终目标，就是让每一位客户都得到满意的产品，虽然实际销售中会遇到客户签单却并不是百分百满意的情形，但是作为销售人员，我们一直在追求客户的完美体验和百分百满意。在销售工作中，我们要用心做好销售的每一个步骤和环节，争取做到水到渠成，让客户能够满意签单，从而为下一次的销售打下良好基础。

一、什么是满意

作为销售人员，我们最常说的一句话估计就是让客户满意。客户满意几乎是每个销售人员的常用术语，人人都说知道，但很少有人真正理解。通常来说，客户满意的概念不仅限于物质产品，也与客户在购买过程中所享受的服务等无形产品的体验有关。同样是达成订单，有些客户觉得成交的过程是一种享受，而有些客户却被订单折磨的心力交瘁，显然，前者必定对这次销售过程非常满意，而后者一定不满意。可见，销售、服务以及处理客户所关心的事对于获得客户满意来说同样重要。

同时，我们不能只把客户满意理解为是针对零售客户而言的。在公司与公司的交易中，客户满意更为重要。因为同样作为公司，更能够了解在争取客户满意的过程中所作出的种种努力，各个管理部门必须承担使客户满意的责任和义务。一个成功的公司，必须认识到客户满意度对于公司发展的意义，争取让所有客户满意，应成为公司最优先考虑的事。

二、如何令客户满意

让客户满意这件事情，简单地说，就是必须站在消费者、使用者立场上，而不是站在生产者、销售者立场上考虑和处理销售过程中所遇到的问题。

我们必须意识到，客户的价值不在于他一次购买为我们和企业带来的利润，而在于客户一生能给企业带来的利润总额，其中包括他自己的消费，以及对亲朋好友的口碑效应。客户满意度与企业利润存在着因果关系，忠诚客户越多，企业利润就越高。实践表明，有90%以上的企业利润来源，其中约一成由一般客户带来，三成由满意客户带来，六成由忠诚客户带来。所以让客户满意，拥有大量满意、忠诚客户是企业生存发展的基础。

要想做到真正让客户满意，必须站在客户的立场上，运用最直接深入客户内心的方法，找出客户对我们公司以及产品的期望，并努力达成他们的愿望。客户满意是日积月累的，在接触我们公司任何一个部门的时候都可能产生，在客户询问产品的时候，在我们送货的时候，在产品安装的过程中，还有进行售后服务的时候……在任何与客户打交道的时候。销售人员是公司服务的化身，销售员与客户接触程度最高，他的行为直接影响客户所感受到的服务品质，进而影响整个公司的信誉。服务卓越的公司往往都非常重视客户的满意程度，并始终追求更高的客户满意度，以此凝聚全体员工，推动客户服务。

三、那些让客户满意的小细节

在日常销售中，面对不同的客户，我们必须牢记两句话，一句是"每一次都是第一次"，一句话是"让客户从满意到感动"。第一句讲的是我们对待客户的态度，第二句讲的服务客户的目标。只有销售人员把每一次对客户的服务都当成第一次来对待，才会保持自己的服务激情和服务品质。而让客户感动的前提是客户对于产品和服务的满意。客户什么时候最容易感呢？是提供优质的服务？还是提供极具竞争力的价格？都不是，这些最多让客户满意。而感动则需要超乎客户的想象。一般而言，是提供客户期待之外的服务。

让客户感动最简单的办法就是在销售结束之后，这时候客户已经对你完全没有期待了，以为签单付款便意味着销售的结束，因此，你给予的一切对客户而言是意外惊喜，所以最容易被感动。比如说客户买完产品，付完钱以后，你再送一个小礼品，客户自然会很高兴。而如果是卖完产品后的两天之后，客户收到你的快递，里面有一张总经理签名的感谢卡，再附上一份精美的小礼品，客户一定会被感动。同样的事情，如果是在客户付费之前做这些，客户会认为这些是理所当然的，而不会有那种"天上掉馅饼"的感觉。由此可见，获取客户的满意度，提供服务的时机选择也很重要。

总体来说争取客户满意所要做到的就是：思想、工具、制度的融合。让所有客户都满意是一种思想，提升满意度需要站在企业战略的高度上去看，另外，如何让客户满意，不是一句空话，我们需要实实在在的付出，才能真正实现这个目标。

四、学会赞扬客户

有些时候，客户心中已经同意购买，但在许多情况下，他们还是有点不放心，有些不安，甚至会有一点神经质的紧张。对于销售人员来说，这是一个非常重要的时刻，沉着应对对销售人员来说是非常必需的应对策略。客户在这时往往抱着一种等待的心态，看接下来会发生什么状况，他们在观察销售人员，看自己的决策是否完全正确，看销售人员是否会"卷起钱就走"。现在，客户通常比以往任何时候都需要友好、真诚的安慰，去帮他们度过这段难熬的时间。成交之后，销售人员应立即跟客户握手，向他们表示祝贺。记住，行动胜过言辞，握手是客户确认成交的表示。一旦客户握住了你伸出来的手，他要想再改变主意就不体面了。从心理上说，如果客户握住你的手，那么就表示他不愿意反悔。销售人员在与客户握手的同时，要向他们表示祝贺，对客户的明智之举表示称赞。例如："梁先生，祝贺您……您做出了明智的决策，不仅您所有的亲友会羡慕你，而且您购买的产品价值也会大大增加。""祝贺您，张先生……您得到了一件质量上乘的产品，您会享受到它的好处的。"这样的赞赏往往会令客户非常受用，从而进一步巩固与客户之间的关系。

从客户的角度来说，经营企业的唯一目的就是满足客户的需要并使客户完全满意。而满意的客户服务其实就是我们自己想得到的服务。我们作为销售人员必须明白：客户通常都是以自己的标准来衡量事物的价值的，要想令客户满意，就必须以客户的眼光来看待企业提供的商品、服务。作为一名销售人员，如果决心致力于成功处理与不满的客户之间的关系，那么，工作重心就应该在客户身上，而不是在销售上。将每一位客户都视作长久的合作伙伴，而不是暂时的客户来对待，是做销售的最高境界，也只有做到这一点，才能真正令客户满意。

第五节　把客户拉进有利于交易的场景

"如果你找到了与潜在客户的共同点，他们就会喜欢你，信任你，并购买你的产品。"——杰弗里·吉特默。事实证明，人们通常更愿意与容易相处的人做生意，尤其是与客户初次见面的时候，销售人员如果能够快速找到恰当的切入点，就能够很快消除彼此的紧张感和陌生感，从而为下一步的沟通创造良好条件。

场景之所以如此重要，是因为它能够让客户沉浸其中，从而产生购买的冲动。所以我们在销售的过程中，应该想方设法把客户拉进有利于交易的场景中来。比如，营销人员经常会遇到情侣一起买东西，于是就可以把他们带进温馨浪漫的场景中。

当销售人员遇到的顾客是夫妇时，应如何利用这种关系和他们的心理来帮助销售？当你遇到一对夫妇时，千万不要忽视妻子。即使你正在向她的丈夫销售产品，你也应该时不时地问问他的妻子，因为许多决定往往掌握在妇女手中。特别是，一些妻子在外表、言语和行为上都很强势，而她们的丈夫看起来并不掌权。显然，只要你把他的妻子哄好，成功交易的机会就相当高。在讨论中，我们可以用这种关系来引导丈夫买东西，并在话语中设置一个场景。例如："先生，这种产品非常适合您。如果您真的喜欢，就买下它。您妻子也认为这很好。给您妻子买吧。难得两个人都看上同一件商品，这也是心灵相吸的结果吧。"

因为你的话把妻子拖进了购买决定的场景，而在这个时候，丈夫通常不好意思拒绝你的提议，因为拒绝你就等于拒绝他的妻子，所以聪明的丈夫会问妻子，看妻子的意思，或者看妻子的表情来决定是否购买。这时，如果妻子不说话，那么丈夫就没有办法不买下它。

这种心理战术非常适合与夫妇打交道，因为它维护着夫妇之间的关系，所以通常，只要对女士们的公关良好，丈夫就不会提出异议。灵活运用这些微妙的心理活动可以帮助你完成交易。

在销售活动中如果双方都没有诚意，那么交易的成功将成为空谈。真诚也是做人的基本原则，只有坚持"诚意"，双方才能推进谈判进程，在问题出现时积极共同努力寻找最佳解决办法。在谈判中，如果一方失去诚意，一切努力都将是徒劳的。

如果"真诚"是前提，"耐心"就是交易成功的必要条件。只有当这两个条件都满足时，双方才能举行会谈。只有有了"耐心"，双方才能互相理解，坐在谈判桌上，互相交流，当出现分歧时，就把事情说出来，解决它，促进双方更好的合作。如果没有耐心，一旦一方有异议，另一方立即反驳，双方把谈判桌当作战场，那么谈判成功的概率几乎为零。

诚实、耐心、考虑双方的利益，而不仅仅是只考虑自己的算计，这样才能使交易成功，真正实现双赢。在谈判的任何时候，气氛都不应该变得紧张，而应该保持一种放松和稍微愉快的环境，这更有利于谈判的成功。

对双方都有利是交易最深刻的意义，即双方都达到了自己的目标，得到了自己想要的东西。俗话说，双赢就是赢。这句话绝对正确。只有双方达成共识并获得利润，交易才能真正达成。如果一方不顾另一方的需要，想获得所有的利益，那么很可能会导致谈判失败。因为当你吃肉的时候，你甚至不想给对方一点汤，这真的让人难以忍受。同样地，如果一方胡言乱语，随意抛出价格，也会引起卖家的不满，合作也难以达成。

有一个案例，一家外国公司来我国谈论合作茶叶产品。他们认为他们拥有先进的技术和设备，对我们提出了许多苛刻的条件，完全无视我们的利益。针对他们的傲慢，我们的一位领导人在谈判中说了一些精彩的话，并给了另一个漂亮的回答："指南针、造纸术、印刷术和火药是中国的四大发明。她无条件地将这些发明贡献给全人类，从未想过要收取任何专利费用。而炎黄子孙，从没有埋怨过，也没有叫嚣着向其他国家要专利权。因此，现在中国正在与其他国家合作，不要求他们无条件转让专利权。我只希望你能给我一个合理的价格。我们绝对有很多钱给你。"这番有理有据的话引起了对方的共鸣，也赢得了对方的赞赏。经过思考，他们最终放下架子，与我们达成了共识。在互利的条件下，双方签署了合作协议。

第六节 为双方树立共同的敌人

俗话说，鹬蚌相争，渔翁得利。如今，为了不让这种事情发生，许多企业联手击败共同的敌人，这种方法使双方迅速团结，相互信任，促进双方的合作，共同面对强大的敌人。因此，为了使双方的合作尽快取得成功，可以想办法制造一个共同的敌人。即使只是一个想象中的敌人，也能成功地转移对方的注意力。

事实上，这只是一种假设，它会使对方产生一种错觉，认为敌人确实出现在他面前。为双方建立共同的敌人是谈判者经常使用的方法。通过这种方法，双方可以迅速拉近彼此，在同一个战壕中创造一种战友之情。这种朝着共同目标前进的场景将缓解双方的防御心态，让沟通变得更加容易。在这种情况下，谈判将朝着对双方都有利的方向发展。

现在竞争激烈的中小企业，往往会出现你死我活的紧张局面。在合作谈判中，双方经常会因为利润分配而产生争议。这时，如果有一方说："让我们冷静下来，如果这种情况继续下去，恐怕××公司会跑在我们前面！"听到这句话后，对方很可能会冷静下来。考虑到××公司可能会抓住机遇，抢占市场，夺走自己的利益，会使双方做出让步，达成共识，共同对付××公司。结果，在团结敌人的气氛中，合作自然成功了。有时这种"共同的敌人"可能是捏造的，并不存在，而只是作为一种方法来引导对方与自己站在同一立场上。

许多顾客的购买心理并不坚定。他们左右摇摆，犹豫不决，没有自己的想法。这些客户需要营销人员来帮助他们做出决策。对于这些客户来说，营销人员最常用的方法之一是"权威演讲"法。此时，如果你用一些名人或伟人的言辞来说服他们，他们的天平自然会向你倾斜。

有许多心理学实验可以验证"权威观点"的方法是非常有效的。让我们用一个实验来证明上述观点：心理学家让两个人听同一首歌，告诉第一个人这首歌是由一个著名歌手唱的，同时告诉第二个人这首歌是由一个不知名的网络歌手唱的。之后，让他们谈谈听这首歌的感觉。第一个人很自然地称赞了这首歌，认为它真的是一首罕见的好歌。而第二个人提出了很多批评，认为网络歌手应该再接再厉，这首歌不太好。由此可以看出，第一个人受到"名声"的影响，认为歌曲来自名人，自然非常好听，而人们经常被这种"权威"所愚弄。

我们经常在超市看到这样的场景。一群家庭主妇围着一个摊位争夺某种产品。他们不看价格或它是什么，只是争夺它。有时候你过去问他们中的一个是否值得买，她会告诉你她不知道，但是每个人都在买，她也会跟着买。显然，商品不一定便宜，但每个人都觉得别人在买它，如果他们不买，他们会吃亏。这种随大流的"从众心理"占了上风。

所以营销人员在销售产品的时候，可以告诉对方："大家都买了，您就不要犹豫了。"或者说："这款产品特别好卖，都已经断货了。"但是事实上，没有人知道其他人是否购买了这种产品。你说"每个人都在购买"，只是为了刺激消费者购买你的产品。

第七节　让对方在小范围内进行选择

在选举中，让选民在一个不如自己的候选人和自己之间进行选择，这是候选人通常的做法。这种方法的好处是给选民一种错觉，认为除了这两个人别无选择。

美国著名演说家赫拉曾经说过这样一句话："在政见民表会上，对那些正在犹豫该投票给谁的选民说：'选择我，还是选择对方？'这种两者择一的方法并不高明，而是应该对选民说：你们是要选我，让这个社会更为繁荣呢？还是要选择反对派的那名候选人，而使经济变得更为萧条呢？"很明显，在这个时候，选民就可以清楚地看到，选择他显然更合适。当然，选民应该被恰当地告知对手的缺点是什么。通过将这一缺点与他自己的优点进行比较，选民将会立即知道他们应该投谁的票。

在商场上亦是如此，例如，营销人员可以告诉顾客，伊利和蒙牛的奶制品是品牌产品，受到了高度赞扬。此时，消费者的目光将只盯在这两个品牌上。在第二阶段，营销人员可以谈论一个的优点和另一个的缺点，诱导消费者选择我们推销的品牌。

肯定还会有更好的，这是人的潜意识里存在的思想。他们总是认为没有必要担心，一定有"更好的"。就像柏拉图的麦穗故事一样，当他在麦田里遇到第一个麦穗时，他会认为后面会有更好的麦穗。当他遇到更好的麦穗时，他会认为会有更好的麦穗在后面。而当他来到麦田的尽头，发现第一个麦穗是最好的。许多顾客的心理也是一样的，他们认为这种产品不是最好的，一定有更好的，更符合他们意愿的，这时就会影响购买决策。

因此，当顾客犹豫时，往往是因为"可能有更好的"。这种想法阻碍了顾客的购买行为，并导致交易失败。作为一名优秀的推销员，应该及时发现顾客的这种想法，并想办法立即打断和阻止它。如果推销员能在短时间内打破这种心态，那么交易就有可能成功。营销可以通过一些提示来鼓励顾客下定决心购买，例如："这个村庄之后就没有这样的商店了。""我们这些书明天会恢复原价。"

这种暗示不仅在价格上起作用，而且还能使一些商品销售数量大增，如："前 10 名买家可以得到免费礼物。""立即购买可享受 2 年保修。""购买 100 英镑可享受 50% 的折扣。"有很多这样的例子，都是用心理战术来促使你的交易成功。使用这些方法，顾客将不再"犹豫"，而是果断行动完成购买。让顾客有一个利用消费的概念，就像一些"限量商品"在营销过程中非常受欢迎一样。因为人们认为只有足够幸运的人才能买到它。假设这种产品不是独一无二的，且可以在很多地方买到，那么"一定有更好的东西"的想法将会阻碍购买行为。

第六章 社交场景：做客户最信赖的人

在场景营销的过程中，营销者要学会塑造自己的人设，让自己成为客户最信赖的人。你可以把自己视为顾问、学者、助理和指导老师，但不管你把自己定位为什么角色，最重要的是你应该让自己成为一个问题解决者。

第一节　顾客有时奢侈，有时吝啬

在许多人的印象中，富人比穷人挣得多，销售人员向富人销售商品应该更容易，但事实上，这些财大气粗的大客户并不容易接触。许多推销员在拜访这些顾客后，不禁抱怨道：富人太挑剔了，不管我如何努力解释，他总能找到拒绝我们产品的理由！

毫无疑问，这些客户有巨大的购买潜力。但是为什么他们拒绝付款呢？症结何在？如果你经常接触这些大客户，你会发现一个非常有趣的现象。他们总是给人一种矛盾的印象。一方面，他们非常有经济头脑，你无法说服他们去买一件毫无价值的商品。另一方面，他们非常富有，很容易被说服在某些场合花钱。事实上，这种现象对我们来说并不陌生，也许你自己也有这种特征。

例如，在日常生活中，人们可能因为缺钱而节俭，但在娱乐和送礼物时，他们可能会为了炫耀和引人注目而花大价钱。另一个例子是，一些家庭生活节俭，甚至为了让孩子上大学而负债累累。但许多家庭为了建造一栋像样的房子，而倾其所有，这样的例子数不胜数。

人们在不同的消费领域采取了两种不同的消费观，并利用一方的节俭来支持另一方的消费。换句话说，他们的消费策略是首先让他们生活的一部分变得富有。

因此，我们发现顾客的消费生活中有两个领域：一个是首先需要致富的领域，另一个是仍然需要节俭的领域。换句话说，人们通过储蓄、抑制和延迟其他领域的享受，支持在特定领域早日实现消费享受。它体现在以下三点。

1. 顾客在消费领域（装饰、家具、电话、手机、服装）往往是奢侈的。按照时尚和"面子"的标准，在外人不知道的领域（饮食），他们通常很吝啬。

2. 父母通常会先满足孩子的消费水平（如教育消费），而自己的消费水平则被放在后面，这样可以节省金钱。

3. 在人际交流和消费中，大客户往往采取慷慨好客的策略来保持"面子"，避免因"吝啬"而影响形象。另一方面，在私人消费中，自我克制是可能的。在这方面，富人和穷人之间没有本质的区别。即使那些富有的人也不都那么慷慨，他们在某些领域甚至非常吝啬。

在这里，大客户在两个不同的领域采用了两种不同的消费策略：节俭策略和享乐策略。节俭策略是抑制欲望，将需求降低到最低或更低的水平。享乐策略是跟上消费的潮流和时尚，追求消费生活的质量。

总之，大客户行为的本质是什么？一半是"吝啬"，一半是"奢侈"。如果我们能抓住大客户的命脉，在他们愿意花钱的领域说服他们，我们一定会事半功倍。我们需要做的是通过分析来判断哪些领域是"奢侈"的，哪些是"吝啬"的。然后根据不同的特点，对症下药。

第二节 丰富多样的打折优惠

随着经济快速发展，市场经济已逐渐成熟，供不应求的现象早已不复存在，为了在竞争激烈的市场里占有一席之地，越来越多的企业注重消费者的利益，并将"顾客是上帝"作为企业的座右铭。既然顾客是上帝，那么我们对待上帝，自然要客气，照顾周到。

为了更好地照顾"上帝"，很多企业推出了打折计划，7折、8折屡见不鲜，甚至有些企业推出了折上折的方式来吸引客户。但是这种千篇一律的生硬打折的方法已经过时了，客户很难因为这种方式而心动不已，想要吸引客户的眼球，还需要有更多的妙招才行。

让我们看看这家航空公司是怎么做的吧。

有一位先生走进该航空公司的售票处，他对售票员说："我需要两张去英国的机票。"

售票小姐微笑道："好的。不过，现在我们公司做活动，购买去英国的机票可以享有折扣，种类不同，折扣额不同，不知道您需要哪一种呢？"

"优惠？不知道都有什么种类呢？"

"你是英国人吗？"

"哦，不是。我是美国人。这跟优惠有什么关系？"

"哦，是这样。我们这里有一种优惠是，如果英国本地人购买去英国的机票，那么我们可以给您40%的减价优惠，但是您是美国人，恐怕只能给6%的减价了。"

"原来是这样。那你们还有其他的优惠项目吗？"

"有，如果您是去英国探亲并可以出示证件来证明这一点的话，我可以给您减价10%。"

"看来，这个也不符合我。还有其他的吗？"

"当然有，如果您是与您的太太一起去英国旅行，那么我们不但有一份特别的礼物送给你们，还会给你们减价15%。"

"唉，我还没有结婚呢。"

"是这样啊，太巧了，我们这里还有一个优惠项目，那就是如果您是单身，并且准备在 3 个月内再次去英国旅行，那么下次的机票可以有 20% 的优惠。"

"这个不好说啊。看来没有一项符合我的。"

"别着急，对了，先生，如果您现在还是学生，或者属于待业人员，我航特别提供 50% 的折扣。"

"便宜这么多？唉！可惜我已经毕业了，现在还有一份不错的工作。看来我真的是一项都没有赶上。算了，小姐，您就给我那 6% 的减价吧，非常感谢您的耐心。"

从上面的案例中，我们可以看出，丰富多彩而种类繁多的优惠政策让客户兴趣倍增，虽然没有找到符合自己的优惠项目，但是他以后很可能会多关注这家航空公司，看看以后是否会出现对自己有用的优惠。航空公司不但让客户满意地买走了机票，也同时宣传了自己。

在心理学上，"首因效应"是非常重要的，也就是销售员给客户的第一印象。客户会从销售员的穿着打扮、说话方式以及说话态度等方面给营销人员打分，这些分数直接影响顾客对一个营销人员的信任程度，而决定最终交易的结果。

营销人员一定要在顾客面前表现得成熟稳重，自信而诚恳，很多顾客会受到对方的影响，而决定是否购买产品。许多销售人员在客户面前表现得不自信，而这种情绪会让客户对他的产品产生怀疑，如果连卖的人都不觉得这个东西好，买的人当然也不是傻子，自然不会去购买了。所以销售员要非常自信，坚信他的商品是最棒的，真诚地向客户推荐自己的东西，这样原本犹豫不决的顾客很有可能选择相信销售人员，决定购买。

这种方法比较适合于那些好说话，不自负的顾客，当销售人员用诚恳的语气和他们进行交易的时候，一般情况下只要把话说到点上，让他们感觉这个东西确实是他们需要的，那么顾客就会购买。但是，对那些自我感觉良好，非常自负的顾客，销售人员不能上来就推销自己的产品，可以讲一些其他的趣事来吸引客户。客户对你说的趣事产生好奇，在跟你闲聊的时候，你可以找机会来推销你的商品，但不可过于直接，而应该让对方意识到这是一个特殊的机会。比如说你可以告诉他，你不是随便给人推荐东西的，只给那些符合条件的特殊人群推荐。这个时候，客户很有可能表示自己就是符合条件的人选，而购买你的东西。

第三节　二八定律在营销中的应用

二八定律，又称巴莱多定律，是意大利经济学家巴莱多在 19 世纪末 20 世纪初发现的。他认为任何一组事物中最重要的只是一小部分，大约 20%，其余的 80% 虽然是多数，但都是次要的，所以叫作"二八定律"。

"二八定律"是营销活动中的一条普遍法则。如果一个销售人员足够谨慎，他会发现 80% 的业务收入通常是由 20% 的客户创造的。在营销公司，20% 的销售人员带回了 80% 的新业务，等等。"二八定律"和"黄金分割"一样普遍。

例如，如果一个销售人员有 50 个客户签署订单，全年有 500 万个订单，那么每个客户产生的订单数量将非常不均衡：其中 400 万个订单应该只来自 10 个客户，而其余 40 个客户总共只贡献 100 个订单。然而，销售人员的工作时间似乎是平均分配的——如果每个顾客产生的订单数量基本相等。但事实上，这种"均匀"的分配对我们的重要客户来说是非常不公平的，因为他们贡献了 80% 的订单，只获得了 20% 的营销时间。似乎平均分配时间导致宝贵的资源没有得到最大限度的利用。

对于一个营销人员来说，只要他拥有 20% 的高质量客户群，他就拥有一半的业务。因此，你必须特别关注这 20% 的大客户和关键客户群，用 80% 的精力来服务、巩固和发展这 20% 的客户，他们将提供我们 80% 的目标业务。

事实上，许多成功的营销公司都遵循"80% 的业务收入来自 20% 的主要客户"的法则。一些公司还设立了大客户部门，直接为这 20% 的最佳客户提供贵宾式服务，以留住他们，提高他们的忠诚度，进一步提高经济效益。

对于营销中的"二八定律"，即使销售人员没有这方面的理论知识，也不难从自己的实践中总结和发现。然而，事实上，有许多销售人员不遵守这条规律，许多不成熟的营销会有意或无意地在这 80% 的客户身上浪费太多时间。

如果你想在营销活动中很好地运用"二八法则"，你必须知道如何合理分配你的时间。

首先，善于分析和总结，在短时间内准确判断哪些客户是高收益客户。将 80% 的精力用于频繁拜访是值得的，而普通客户只需要保持一定的联系频率。

其次是克服自己的心理障碍，敢于将时间和精力投入到困难但重要的客户身上。愈挫愈强不服输，最终将其拿下。

总之，"二八定律"在场景营销中的运用，就是要把 80% 的时间用在正确的事情上。如果营销人员想要快速提高绩效，他们必须努力找到自己的目标客户群，避免营销资源的重复无效浪费。从你的市场生涯一开始，你就必须努力寻找"合适的"客户，知道如何选择客户，并找到"锁定"他们的方法。你必须用80%的精力去寻找20%的客户，然后用80%的服务去满足这20%的客户。如果你能做到这一点，你的成绩肯定会迅速提高。这项定律在许多营销行业都是有效的，每年都有许多人的营销统计数据来验证它。

第四节　成为客户的贴心顾问

一般来说，在协调性营销的过程中，你可以把自己视为顾问、学者、助理和指导老师，但不管你把自己定位为什么角色，最重要的是你应该让自己成为一个问题解决者。你必须学会不断地向对方提出好的问题，倾听他们的声音，然后通过一系列的方法帮助他们更好地解决遇到的问题。比如当你向客户销售金融产品时，你必须将自己定位为"营销专家"。然后向客户推销你的财务管理理念，并集中精力向客户解释当他们购买你的产品或服务时，他们公司的财务状况会有什么改善。

一般来说，作为一名顶级营销人员的客户，他们常常会将这些营销人员看作一名专业的顾问。"他们就像是我们的一名员工，但跟我们的员工有一点不同，就是他们不需要付工资。"客户们经常这样评价他们，"我的立场他能够真正地理解。"

为了成为客户的专业顾问，在营销的初始阶段，如果你对客户的公司一无所知，不知道如何开展营销工作，你可以先通过问一些问题了解目标客户公司的基本情况，比如客户公司的营销和支出是如何形成的；成本和费用是如何产生的，是如何盈利的？只有站在公司老板或 CEO 的立场上思考问题，真正对客户公司负责，为他创造经济效益，才能真正把握目标客户的心理，得到目标客户的认可，从而得到他们的信任。

例如下面这个例子。

小燕脸上有许多斑点，她和朋友小宇去了商场，希望他们的问题能得到解决。当走到化妆品区时，总有人上前向小燕推荐祛斑产品，这让小燕很尴尬。当她走向其中一个品牌的柜台时，销售人员并没有推荐化妆品，这让她松了一口气。销售人员苏女士微笑着问她需要什么，小燕回答说："我们随便看看。"

苏女士没有放弃这个顾客，而是微笑着对小燕说："正好赶上有款产品我们今天有活动，让我向你介绍一下我们的产品吧。"苏女士在介绍这款产品时，很注意小燕的感觉。她对"雀斑"只字未提，这让小燕很放松。这时候，苏女士推荐了一种面膜，她说，"我以前用遮瑕膏治疗痤疮。后来发现这不能解决根本问题，开始注意使用面膜补水。用了一段时间后，我发现效果很不错，许多问题也不再困扰我……"小燕问苏女士如何使用面膜，苏女士耐心地告诉她方法……最后，小燕在苏女士那里购买了很多化妆品。

在营销中，销售人员应该创造一个轻松的场景，让顾客放松，也让自己看起来放松。要达到这样的效果，你必须首先注意你的语气和态度，让自己成为客户的贴心顾问。在上面这个例子中，当小燕开始询问如何使用它时，就是达成交易的强烈信号。

要成为一名优秀的营销专家，你需要不断向客户推销你的产品，并用各种事实证明你的说法是正确的。如果他们听从你的建议，并通过你的建议进一步实现他们自己和公司的目标，那么他们就会把你定义为他们的贴心顾问，可以帮助他们解决问题。你需要一遍又一遍地向你的客户解释你的产品或服务实际上是"免费的"，因为他们肯定会收回成本并从中获得更大的利益，这是"横向营销"的重要方法。

第五节　发挥语言的魔力

场景沉浸是我们日常体验中的一种场景式营销方法，它是运用语言描述在我们心里创造一些图像、声音、气味、感觉等。不要等到顾客上门了才开始思考你的用词，平时就要百遍千遍地研究与练习你创造场景沉浸状态的语言技巧，或称为创造感觉的语言艺术。

现在举一个例子让大家看看如何利用场景沉浸做销售。

有一次，有个朋友告诉作者一个营养品的效果。在作者家里，朋友绘声绘色地告诉作者一个本来面色浅黄的女孩，吃了一个营养品之后脸色是如何开始变得红润娇嫩起来的，还有精神也开始变得振奋。本来作者只是姑且听之，听着听着自己都觉得心动不已了——"给我带一瓶吧，拜托。"就这样，作者被自己常提及的招数给击中了。这就是创造感觉的语言艺术的魅力，明知人家是在运用技巧引导你，还是心动得想试一下。

在与顾客交谈之前，你不仅要考虑不同场合的每一个词，而且在表达时要更加注意你讲话的语气和语调。因为你的声音不同，你们彼此之间不会有相同的感觉。比如"讨厌"这个词。一个女孩和一个陌生人讲与和她的男朋友撒娇，是两种完全不同的感觉。这就是声调和语调的不同。

请用不同的语调读出下面的三句话，仔细体会一下声调语气的变化给人不同的感觉。

· 你真坏！（无奈、玩笑、撒娇、痛恨）

· 你说呢？（疑问、取笑、生气、关心）

· 我理解你！（同情、不耐烦、嘲讽、口是心非）

声音是语言表达中最重要的工具。在介绍产品的过程中，尽量运用语调、速度和语言三方面的变化，使表达更生动自然。没有激情的营销很难给客户留下深刻印象。很难感染客户，更谈不上"场景式营销"了。

如果你是一家商场的柜台营业员，当一名顾客进入你的柜台，你走上前跟他沟通的时候。你要保证，你说的每一句话都要使客户感到悦耳、动听、舒适，这样顾客才会愿意并喜欢和你沟通。否则的话，客户很可能根本不会听你说什么。想要了解自己的声音是否具有吸引力，可以把自己的话录下来然后仔细听，你就知道自己的声音是什么样子了。经过反复说和反复听，你很快就会发现，自己的声音是否有感情色彩或语调变化，以及你的嗓门听上去是高了还是低了。你的口齿是否伶俐，吐字是否清晰？弱音、重读是否能区分得出来？如果不是，那就加强练习。

在表达中，如果你想强调某句重要的话，一个最好的办法就是将这句话的最后几个字轻柔地讲出来。让我们以下面这句话为例来验证一下这个技巧。你可以用正常的音量和语调来讲这句话的前半部分，然后用轻柔的语调把最后的几个字说出来。

"如果我想强调哪一部分，我就——轻轻地，说出来。"在运用这一技巧时，你可能发现客户常常会向前倾，以听清楚你在说些什么。这证明你已经完全赢得了客户的注意。

另外一个场景式营销的常用手法是停顿。它能增强你说话的语气，令你更好地思考，以及让听众更有效地聆听、领会和记住你所说的话。此外，你还可以利用停顿来观察你的听众是否对你已经理解和认可。

在表达中，如果你在某个地方停顿一两秒，你将发现这能大大增强你的表达效果。读下面这句话，在"那么"一词之后停顿一下。"如果我想引起对方注意，那么——我会停顿一下。"在你停顿之后，你会发现对方给予了热切的关注。因为这种停顿唤起了他继续听取下文的兴趣。

在与客户沟通时，要保持热情、自信、风趣的状态，这样的肢体语言会让客户觉得你是一个精明能干而且很专业的营销人员，他们就会相信你的推荐，和你成交的可能性就很高。一定要注意，客户很在意你给他的感觉，他会根据你给他的影响而决定是否购买你的产品。

在场景式营销中，沟通不在于你说什么，而在于你怎么说，并让客户感觉到什么。语言是一门艺术，沟通表达更要讲技巧，不同的语言会产生不同的效果。引起客户的兴趣是所有营销的开始。再好的产品，如果客户不感兴趣就不会购买，更何况现在同类产品众多，要想赢得客户的青睐和信任，首先你必须要让对方注意你及你的产品并产生兴趣。

在与客户沟通之前，你要问自己下列问题，并分别用一句话来回答。

· 我要说什么？我的策略依据是什么？
· 我要表达的中心是什么？
· 哪一种表达方式最有可能达成目的？
· 我能否充分论证这一表述？
· 是否还有其他与此相适应或相关联的必要表述？

·这一表述是否与我的客户的需要和兴趣相关？

要揣摩客户的心理，客户没有时间反复和你讨论过程，他只关心结果；客户没有时间反复和你交流沟通，他只关心自己的利益和好处。麦肯锡公司要求每一位咨询顾问要在 30 秒之内，说明你的意图并将你的方案销售给客户，你能做到吗？

杰·亚伯拉罕是一位世界级的营销大师，在他为一家国际训练机构做课程推介时，采用了一段非常有效的广告语："为什么有人会比自己成功十倍，收入多百倍乃至万倍，难道真是他们比自己聪明那么多倍，运气好那么多倍吗？显然不是。那么，你想不想知道他们是如何做到的？"当你看到这段话，你是不是热血沸腾？希望翻看这份 DM 看看后面的资料，看看里面说的是什么秘诀和方法。

你必须对你自己的产品、服务、建议、方案等十分了解，同时也要对你的客户非常了解，以确保你能在 30 秒内清晰而准确地将自己销售出去。如果你有很多建议，就选择最重变化的语言表达出来变化能为你的语言增加情趣。缺少变化的语言会使场面显得呆板而沉闷，而你所说的一切也将变得枯燥乏味和苍白无力，因此你也不会受到客户的青睐。

人们在一定的语意流中只能捕捉到有限的信息量。这就意味着，即使客户有时间听你讲话，他也不可能把你说的话完全吸收进去。因为听众的持续注意力只有 30 秒。环视你的房间，把注意力集中在一盏灯上，不出 30 秒，你的注意力就会转移到其他的东西上。假使这盏灯可以跳动或者发出声音，也许能重新引起你的注意。但是在静止不动或没有任何变化的情况下，它就无法继续吸引你，使你失去对它的关注。这种规律被广泛运用于广播和电视广告当中，几乎所有的电视或广播广告，其节目长度都是

30秒，这就是"30秒注意力原理"。

　　一个人听你说话的注意力持续时间是30秒，这也就意味着如果你想让他们一直保持兴趣和注意的话，那么每隔30秒你就要有些变化。

　　如果你想吸引客户的兴趣，那你自己必须变得很有趣。营销高手都能适时调整他们的谈话风格、声调、措辞、手势和谈话的距离，以便与客户合拍。你必须是一个细心的观察者，你需要眼观六路、耳听八方，不断尝试改变你的沟通策略。你可以微笑、打手势、往前移动、变换位置、大声讲、轻声说、语速增快、语速降慢、停顿、设问以及使用幽默、夸张或情感渲染等表达手段。这些东西都能够激发顾客的想象力，增加你的吸引力，这是场景式营销过程中必不可少的。

　　在你刚开始试着让自己的语言和动作有所变化时，你可能会觉得有些不自然，但只要你勤学多练，一定会大大提升你的语言影响力。顶尖的营销高手是能不断变换手段的变色龙。

　　不同的词语是具有不同的暗示作用的，有些词语可以帮助你对客户进行场景式营销。如"当你使用它的时候……"这句话具有暗示的效果，具有场景式营销的作用。在客户的潜意识里灌输他已经购买这个产品，你现在是在教他怎样使用产品，而不是说服他购买。当客户在潜意识里认可了这个产品，就会激起对产品的占有欲，从而产生购买的欲望。

　　和客户沟通要习惯说"当"，而不要说"如果"或"假如"。比如"当你使用这台笔记本电脑的时候，它会大大提高你的办事效率，并给你带来最好的效果，我敢肯定你一定会非常喜欢并乐于使用它"。这样能挑起客户的占有欲，并引起兴趣。而如果你说"假如你有这样一台笔记本电脑，你使用起来会非常方便"，这样的语言会使客户感觉——我也许会拥有它，也许不会。

成交高手喜欢用"我们来——"句型刺激客户的购买欲望。因为这会营造一种合作的气氛，表示"你"和"我"站在同一阵线，而不是相互对立。如果你说"我们来做某某事"，客户就不会产生压力，甚至会认为这就是双方的共识。如果对客户说"我们来看看，如果你今天购买产品，你能得到哪些额外的优惠"，这远比平铺直叙地说"你今天购买产品，一定物超所值"舒服多了。其实两种说法的结论是一样的，但是"我们来——"句型让客户更容易接受。

"我们现在要向你证明，这种服务'如何'为你节省更多的钱"作为开场白，绝对优于"采用我们的服务，绝对可以帮你省钱"。因为"如何"一词引起了客户的好奇心，是开启客户心灵的一把钥匙。"想不想看看某种东西'如何'运作？"相信任何人都会感到好奇，忍不住靠向前去听听他们还要说什么。

去翻翻销路最好的流行杂志，数数上面的标题用了几个"如何"。再观察其中的广告和文章，算算有多少"最新"和"即可"，因为大家都喜欢"最新"的方式，享受"即可"的满足。因此，建议你在营销过程中，常用这些词汇。

在设问中，"感觉"是个很温和的字，"认为"比较强硬，而"依你之见"则是最肯定。当你问"依你之见，这是不是解决你问题的最佳选择？"你就是在请这位客户提出最确定的立场。假如他是肯定的，他就会决定买。

也有些话语会勾起客户对过去购买某样东西的不好的回忆，这些词语我们就要尽量避免使用：不要说"买"，要说"拥有"；不要说"卖"，要说"参与"或"帮助"；不要说"生意"，应说"机会"；不要说"消费"，要说"投资"；不要说"很便宜"，要说"很经济";不要称对方是"客户",要称"服务对象";不要说"你的反对意见是什么?"而要说"你的疑惑是什么?"

经常使用刺激消费的用语,会让你的营销业绩成倍增长。

很多词语都能够表达强烈的言外之意,这些词语都是一些具有场景式营销性的词语。在营销时使用这些具有关键意义的充满感情色彩的词语,会增加语言的感染力,有助于调动客户的情绪,促进成交。

营销的"风格"比"技巧"更重要,而经过千锤百炼的场景式营销用语,正是营造这种"风格"的关键。所以平时要养成收集各种词汇的习惯,这是精通表达技巧的第一步。

场景式营销用语能够鼓舞客户,吸引客户,更能够娱乐客户,引导客户点头称是。只要平时多加练习,一定让你的说服力大增,进而大幅提升你的营销业绩。

第七章 共鸣式互动：让消费者爱上你的产品

　　在竞争激烈的营销市场中，向来是服务为王。卖产品不如卖服务，已经成为很多营销高手的共识。良好的服务水准，可以让你的客户对你的产品产生不可言说的愉悦体验，让他在无意中喜欢上你的产品。

第一节　描述使用场景，让客户有参与感

如果只允许顾客观看，感觉有点像"雾里看花"，这容易让人感到厌烦，更不用说让客户产生"沉浸在场景中"和"忘我"的状态了。相反，如果让顾客参与进来，他们会发现新事物并保持热情，并将专注于你所介绍的产品，这离"场景营销"的目标就不远了。

以一些美容院或健身中心为例。他们会免费给顾客一些护肤美容卡或体验优惠券，让顾客亲身体验美容护肤或快乐健身的感觉，并看到美容健身的效果。通过个人的参与，它会给顾客留下深刻的影响。顾客会下意识地认可和接受这些美容产品或健身服务，从而达到"场景营销"的目的，从而购买更多的美容产品或健身服务。

在汽车营销过程中也是如此。在你的整个营销过程中，你应该让客户尽可能多地参与知道整个演示过程。顾客参与的越多，他们就越觉得自己是主人，就越认同你的产品，就越容易决定购买。因此，在与客户沟通时，你应努力让客户参与进来，并发挥参与的影响力。多问客户一些问题，让客户多说，以了解对方的需求，造成和客户之间的互动。一场20分钟的独白，远远不如10分钟的对话更容易吊起客户潜意识里购买的欲望。请看下面这样一个营销场景。

一个年轻时尚的销售员充满活力，微笑着将顾客带到车前。

销售人员：这辆车是流线型的，最适合年轻人驾驶，尤其是

这种银灰色，这是今年最流行的颜色。开车又凉爽又明亮。（示意他摸一下）

　　顾客：看起来不错。（顾客打开门，关上，砰！）销售人员：你可以看到这辆车有多结实。这辆车的结构非常安全。从关门的声音中，你可以看到它有多坚固。（推销员再次打开车门，将客人迎进车内。）

　　销售人员：你进来的时候有没有紧张的感觉，开车的时候，你会觉得很安全。然后你看着发动机，踩下油门。你听到吼声了吗？仿佛在跟我们说，我想要出去跑了！

　　顾客：是的！我感觉到了！

　　销售人员：当你拥有这样一辆车时，你肯定会得到朋友们更多的赞赏，并且非常适合你的身份。

　　顾客：嗯，那就要这辆车吧。

在这个案例里，汽车销售人员通过让顾客触摸车身、开关车门、坐在车里等方式来满足顾客的参与感，激发了他购买汽车的潜意识欲望。通过强调汽车的舒适性和拥有汽车后顾客的感受，顾客的想象力被充分调动，从而激发了顾客的占有欲。他不停地想要那辆车，最后买下了那辆车。

　　每个人都有一种潜意识的欲望。在爱情中，男人和女人最有可能表现出占有欲。如果你发现你的女朋友和一个帅哥在一个地方愉快地聊天，你会有什么感觉？如果你是一个女孩，有一天发现你的男朋友正和一个漂亮的女孩散步，你会生气吗？这些都是人们占有欲的表现。当人们面对商品时也是如此。在营销中，如果你能通过你的言行激发顾客的想象力，并唤起顾客对产品的占有欲，你就成功了一半。

　　那么，在推销产品时，我们如何才能激发顾客的想象力，让他们感觉很棒呢？有两种方法可以做到这一点。首先是让顾客自己体验它。另一种方法是用你的语言来构建他拥有产品后的场景，让他们感觉拥有产品后会更好。当然，当你说这些话的时候，你应该尽量压低声音，慢慢说。此外，注意要有足够的自信，让他们觉得你在这方面是权威。然后他们会相信你所说的一切。

例如，如果你在推销跑步机，你可以这样说："当你早上起床，穿上运动鞋和休闲服，打开窗户，深呼吸新鲜空气，阳光照耀着你，然后你踏上跑步机，轻松舒适地开始跑步。你的速度会从慢变快。当你微微出汗时，它会提醒你是时候了。然后你开始洗澡，梳洗整齐，穿上新熨好的服装，满怀信心地走出家门，精神焕发地开始一天的工作。"

这个方法也可以用来介绍产品的功能。例如，你是一名打印机的销售人员，你可以看着你的顾客，慢慢地说："如果你家里有这样一台多功能打印机，它会给你带来很多快乐和方便。客户打电话需要发传真，你只需要按下按钮就可以收到传真，而不是去找传真机。如果你需要在电脑里放一些重要的图片，不要找扫描仪，只要把图片放好，按下扫描按钮，数据就会输入到你的电脑里。如果你需要很多信息，你不需要出去复印，你可以自己打印。此外，你还可以用它来制作你喜欢的各种照片，生动的图像会让你爱不释手。"

作为一名销售磁疗寝具的销售人员，你可以让顾客舒适地躺在你的产品上，然后慢慢地告诉他："我们的时间对我们每个人来说都非常宝贵。即使我们感觉不舒服，也很难有时间去看医生，但是疾病就是这样慢慢积累起的。突然有一天你摔倒在路上，这是家里的不幸，我们的磁疗寝具不需要你刻意使用，不占用你的时间，不占用你家里的空间，只要你把它铺在床上，每天睡觉就会使你保持健康。"

我相信在听了你生动的描述后，很少有顾客会不动心。这种生动的描述实际上比枯燥的介绍有用多了。因为它能让顾客在拥有这个东西后感到快乐和幸福。如果你这样做销售，你就不会半途而废。因此，无论销售什么产品，你仅仅清楚地介绍它们是远远不够的。你必须让顾客通过你的语言来看、听、尝、嗅和感受，让他们全方位感受你的产品，让他们意识到产品会给他们带来更好的感觉。这种做法实际上是对顾客设计的"场景营销"。

第二节　购买是一种情绪状态

购买过程实际上是一个心理过程。人们从你这里购买产品是因为你能让顾客进入一种情绪状态，如喜欢、惊讶等情感体验，可以让顾客打破平衡，做出购买决定。一些电视广告就是这种情况。在产品或品牌名称出现之前，电视广告经常通过声音或图片让你进入兴奋或惊讶的不同状态。再加上反复播放，随着时间的推移，你看广告时的情绪状态与产品本身联系在一起。当再次看到这种产品时，一个人的内心会重现最初的情感体验，这将鼓励一个人不由自主地选择这种产品。

反复播放广告，直到你将自己的情绪状态与产品联系起来，这将促使你购买他们的产品。以麦当劳为例。为什么许多孩子非常喜欢麦当劳？不是因为麦当劳的食物特别美味，而是因为麦当劳公司擅长营销，它将快乐与麦当劳联系在一起。

麦当劳有这样一个广告。

一个坐在摇篮里的婴儿，当它升起时会笑，落下时会哭。为什么？原来，当摇篮升起时，孩子们会在窗外看到麦当劳巨大而明显的"M"标志，但当摇篮落下时，他们就看不见了。这是快乐和"麦当劳"的结合——看到麦当劳让你快乐，想到麦当劳让你快乐。这是心理学中的一种场景营销，看到某样东西或场景会有某种特定的感觉。

苏联科学家巴甫洛夫做了一个有趣的条件反射实验：他把几只狗关在笼子里饿了很多天，这些狗非常饿。一天，巴甫洛夫在笼子旁边拿着一块烤肉。这些狗能看见和闻到它，但它们吃不到它。他们会有生理反应——流口水。当这些狗流口水时，巴甫洛夫摇摇铃，每次流口水时，他都摇摇铃。经过几次相同的场景，他喂了所有的狗。当狗吃饱了，巴甫洛夫突然按响了门铃。狗开始莫名其妙地流口水，尽管它们已经吃饱了。为什么？因为巴甫洛夫将铃声与这些狗建立了神经联系，将铃声与流口水联系起来。不管狗是不是吃饱了，它们一听到铃声就会流口水。

这是每个人都经历过的潜意识心理的反应。例如，当你看到五星红旗升起，你会感到一种民族自豪感。当你听到一首非常熟悉的歌，你会有一种特殊的感觉。只要一个人在特定的情绪状态下持续接受特定的刺激，他就会将当时的情绪与他潜意识中看到或听到的刺激因素联系起来。只要刺激出现，你就会产生那种情绪状态。这种刺激可以被看到、听到或感觉到。在市场营销中，我们应该尽力让顾客看到我们的产品时感到兴奋和高兴。如果你这样做，你达成交易的概率会非常高。

在你的营销过程中，你可以有意创造一个愉快的谈话氛围。当顾客微笑时，你可以让他的眼睛看着他前面的汽车。当顾客再次大笑时，你可以再次指着方向盘对他说："你摸一摸手感多好，舒服得很呢！"这种情况重复几次之后，当顾客再看到这辆车时，他会说：

"我怎么感觉如此喜欢这辆车呢？"这次你的情景营销成功了。

如果营销要取得成功，顾客必须被引导到一个愉快和放松的环境中。否则，顾客很难放松警惕，人们也很难做出购买决定。如果你想让他们看到你的产品时感到高兴，引导顾客逐渐进入"沉浸在场景中"的状态，你的营销成功率就会大大提高。如果你在营销中没有与客户建立和谐愉快的氛围，顾客的感觉是冷淡而不是兴奋的。你最好先不要谈论买卖，因为它往往事半功倍。你可以先问顾客一些问题，利用这些问题改变顾客的注意力，并引导顾客进入积极的情绪状态。一旦顾客进入状态，他们会有好的感觉，然后你就可以谈论产品了。在谈论你的产品之前，你让顾客感到高兴，这样顾客就会把积极美好的感觉与你的产品联系起来。这样，顾客自然会愿意和你做交易。

第三节 是客户要求太高，还是你的服务太少？

学会察言观色，是一个优秀的销售人员所必须具备的专业素质。无论是人来人往的商店，还是剑拔弩张的谈判桌前，销售人员的终极目的其实只有一个：就是洞悉客户的真实想法，达成交易。要达到这个目的，必须掌握察言观色的技巧，面对诸多客户，哪些是有可能成交的？哪些仅仅是闲逛的？在短暂的沟通交流中通过察言观色来确定真正的客户，把有限的时间和精力放在那些最有可能成交的客户身上，是一个优秀的销售人员必须牢记的行为准则。

一、目的性强的客户要"盯"

首先，面对客户，我们要知道：真正有购买需求的客户不会盲目的四处张望，他们的目光会有明显的焦点，会很有目的性地停留在某一类产品上。一个人是有目的地寻找还是无目的地四处张望，我们很容易就能分辨出来。有目的寻找的目光会有明显的停顿过程，而且在发现目标产品之后，他们往往会有向目标产品走过去的行为或者意图。如果发现面前的客户有上述表现，那么很显然，我们行动的时刻到了。反之，如果客户的目光飘忽不定，没有任何焦点，视线随意转动，那么我们基本上可以放弃这个客户了。

而当我们与客户进行进一步交流的时候，必须通过各种细节以及客户的反应来仔细观察，确定不同客户的不同特点。这有利于我们更加彻底的了解客户。

二、彬彬有礼的客户要"细"

有的客户态度很和善，处处表现出谦谦君子的风度，不会很刻薄地反驳挖苦，也不会一言不合立刻翻脸。他们通常会很专心并且表现出浓厚的兴趣听你解说产品。他们永远保持着一种虚心学习的态度，甚至连拒绝也会表现得对你很抱歉的样子，似乎是自己对不住你。从内心上来讲，这是因为他们觉得你的工作很负责很真诚。这种类型的客户往往最受销售人员的喜爱，这是因为销售人员有一种被尊重和受重视的的感觉。

但是我们也不能高兴过头，这样的客户也不是全无缺点的。他们大都优柔寡断，对待一件商品，无论贵贱，在买与不买之间总要思考好久。他们耳根子软，别人的意见往往能令他们立刻变卦。所以，对于这样的客户，还是需要稳扎稳打。在成交之前，要避免自己高兴过早。这样的客户永远不会怀疑你的解说，甚至对你列举出来的各种市场相关资料都全盘接受，而且还对你抱着一种感谢的想法——因为你让他了解了这么多的知识。但是他们的犹豫不决又令我们抓狂。很多时候，他们的确很想买，但是，又因为种种原因让他们下不了决定。总之，理由还不够百分百充分就是了。这个时候我们就得耐心的与他们沟通交流，找出他们迟疑的原因，通常便能轻易找到解决的方式。因为这种客户，通常烦恼的都不是什么严重的大问题。不过，我们必须注意和牢记的一点就是：只要随便一个人指出产品的某个缺点，他们就会立刻再次陷入两难的犹疑中。对付这样的客户我们需要注意的地方是：客户一旦决定购买，就立即确认单子尽快完成交易，否则，客户有可能下一分钟就又改变主意了。

三、言语刻薄的客户要"捧"

当然，也有让销售人员头疼的客户，这样的客户通常喜欢自我夸耀，他们总觉得高自己人一等，自视甚高，有一点成就便得意扬扬，恨不得大家都把他捧上天，这样的客户最令人难以忍受。然而，作为一名优秀的销售人员，还是应该暂时收起主观上的好恶之心，诚心诚意地为客户提供帮助。这样的客户表面上看似高不可攀，很难使他信服，因为他们有一套属于自己的独特看法，并且还引以为豪。但其实这类型的客户还是有着个性上的弱点。举例来说，他们爱被人捧，那我们就把他捧上天。只要能让他们高兴，觉得你真的认同他的社会地位和观点，他们就会聆听你的讲解。这种客户我们最好还是多尊称他的头衔。而且，试着找出他自认为最高的帽子，并附和他言谈中透露出的理论，千万别和他起冲突，要知道，这种客户，辩论起来是最执着且难对付的。

只有让他觉得你是真心推崇他，他的自尊心才会得到充分的满足，这才是他成为我们客户的开始，成交的可能性同时也大大提高了。表面上看来，我们这么隐藏自我低声下气地去求一张定单，似乎是在向人乞讨，期待别人的施舍。但是换个角度来想，是我们在施舍自尊给客户，只要稍微满足一下他的自尊心，他就能欣喜不已，马上签下订单。交易成功，这才是我们真正的目的所在。

四、忽冷忽热的客户要"忍"

还有另外一种客户，看起来他好像没有意向购买产品，但却又跟你纠缠不休，不停地探究产品的一些细节问题。感觉到他可能有兴趣要购买了，可是又看他一副爱买不买的样子。这样的客户，你很难琢磨他们心里究竟在想些什么。这必将是一场艰苦的买方、卖方拉锯战。也许对身为销售人员的我们是辛苦了些，但是对对方而言，他们却以此为乐，因为他充分享受这种谈话的乐趣。不过，为了订单成交，这一切都不算什么，就当是一个崭新的挑战。这种客户有一个特色，就是爱挑剔，甚至故意反驳你的意思。你所有辛苦准备的产品目录、解说资料、市场调查数据等等，在他面前全然不具任何意义。这样的客户几乎不会赞同你的意见，甚至不断地出言反驳。面对这样的客户，我们千万不要有任何情绪上的波动。因为这对于他们来说是最大的禁忌，即使你在口舌争辩上赢过了他，但最终也将失去交易，所以，我们必须压抑自己的情绪。不过，我们也不全然是处于被攻击的弱势。偶尔，也可以委屈地讲一些损自己的幽默话，化解一下他嚣张的性格，用幽默化解正面的冲突，客户也有可能因此对你更感兴趣。只要你能包容他怪异的性格，让他满足其征服的欲望，也就是他成为我们最终客户的时机了。

无论什么样的客户，只要我们细心留意，在与客户的交流中善于察言观色，都能够从种种细节中洞悉他们的性格特点。掌握了客户的性格特点，我们就可以据此推断出他们的倾向，并且更进一步的了解客户的心理细节，并实时调整我们对待客户的方法策略，尽最大可能去促进订单的成交。可见，察言观色，是销售人员一项非常重要的能力和技巧，必须掌握。

第四节　在细节上做得出色

当我们将场景营销的课程提供给多家公司时，得到的回答往往是："对于你们这类培训我们这里不需要，我们这里的每一位员工在营销方面都非常有经验。"通常，对于这类拒绝理由，我们的回答也很简单。"那好吧，请让我们对您营销团队里的营销人员做一个关于营销基本知识的简单测试，如果能通过，那么这些人就不需要参加额外的营销培训了。"但事实上，我们发现没有人通过这个测试。

虽然这个测试只是一个简单的选择题，但是很少有人能用他们的市场营销基础知识通过。这个结果表明，如果接受更好的培训，那些在市场营销方面做得好的人可能会比他们现在做得更好，而那些没有接受过培训的人可以通过这种培训改变他们未来的生活。

一、AIDA 营销模型

这个模式描述了营销的基本过程。在市场营销领域，它已经得到了广泛而持久的应用。AIDA 中的四个字母分别代表了注意（Attention）、兴趣（Interest）、欲望（Desire）和行动（Action），无论在任何时候、任何情况下，只要你在营销中遇到困难，这四个环节中的一个环节就一定有问题。让我们详细讨论这四个环节。

二、让潜在客户听你的——注意

这是模型中的第一个词。它要求你在开始向某人销售之前吸引他的注意力。你必须让顾客听你的话，让他们关注你。事实上，现在每个人都很忙，所以对你来说，这通常是一种外来工作对客户的干扰。

为了吸引顾客的注意力，你必须提问或提出一些想法来表明你的产品或服务能够很好地满足顾客的特殊需求。当你开始与潜在客户交谈时，你必须回答的第一个问题是"为什么对方想听你说话？"例如，当你向客户销售时，你可以问，"你想听我说一个想法来帮助你的公司节省运营时间和金钱吗？"

这个问题几乎存在于每个商人的心中。在与客户交谈时，如果你能向潜在客户展示他们可以从中获得什么样的收益，同时帮助他们节省时间和金钱，那么这个开场白将会从谈话一开始就牢牢抓住他的注意力。

不管你从事什么行业的产品营销，你都有办法设计一个问题或陈述来吸引潜在客户的注意力。然而，有一点，你的问题或评论必须针对潜在客户想要实现的实际目标，避免不切实际的愿望和目标。

三、潜在客户的兴趣

在 AIDA 模型中，第二个字母表示"兴趣"。换句话说，我们可以向潜在客户展示产品或服务的特点，或者告诉他们我们的产品或服务将如何改善他们的工作和生活，从而激发他们的浓厚兴趣。

通过展示产品很容易引起顾客的兴趣。对你提供的服务的描述——告诉对方你的服务能给他们带来什么好处——将使顾客保持这种兴趣。每个人都有好奇心，顾客也不例外。他们经常对学习新产品和服务感兴趣。然而，仅仅感兴趣是不够的。你的介绍和展示必须与客户的需求相联系，这样客户才会购买你的产品，否则对方只会保持兴趣。

四、刺激对方的购买欲望

AIDA 营销模型中的"D"代表"欲望"。这一点主要体现在你的营销推广上：当顾客使用你的产品或服务时，他们能得到什么好处。虽然产品的特性能引起顾客的兴趣，但如果想促使顾客下订单，他们必须有购买的欲望。一旦你的潜在客户对你说，"我会考虑的"。他的话的另一个含义是："你这次的介绍没有激起我足够强烈的购买欲望，我不想买你的产品。"

能否实现营销的关键是你是否有能力发现产品对潜在客户的积极影响，或者他们的购买欲望。接下来，你要做的是寻找渴望获得这些好处的潜在客户。

在大多数情况下，有几种可能性可以刺激顾客的购买欲望。

1. 节约成本或增加收入。

2. 提高效率或节省时间，或更方便。

3. 产品更健康、更安全、更时尚、更令人羡慕。

4. 在一定程度上，改善客户的个人或业务状况。

你应该做的第一件事是找到你的产品特征和潜在顾客的购买欲望之间的匹配点。然后，想办法说服客户，让他相信当他使用你的产品或服务时，他的愿望会得到满足。

五、完整的营销

现在我们来谈谈 AIDA 模式中的最后一个字母"A"，意思是"行动"。毫无疑问，任何事情和任何想法只有付诸实践才能实现。前三个环节是"行动"的铺垫。这是最后一个环节，也是最关键的一个环节，因为在营销过程中，这个环节要求你让客户做出明确的购买决定，并对你的建议做出最终回应。在此链接中，您将完成整个营销过程。

到目前为止，对你来说最重要的是知道什么是 AIDA 模式，你必须在营销过程中遵循正确的顺序。因为在真正的营销中有一个非常令人惊讶的现象——许多营销人员混淆四者，或者打乱他们的秩序，不按照正常程序"玩牌"，有时甚至忽略一些部分。然而，这四个链接是紧密相连的，就像你打开锁的步骤是一样的。即使你打开锁的每一步都是正确的，一旦你扰乱了他们的秩序，那就不会有任何效果。

要成为顶级营销者，你必须成为所有四个领域的专家。你必须学习和实践这些营销阶段，直到你可以自由而轻松地使用它们。你可以用以下方式练习。

首先在四页纸的顶部分别写下 AIDA 模型中的每个单词。然后，在每一页上，列出 10 条将推动潜在客户购买产品或服务的陈述。然后为你自己的每个部分逐一打分，并评估你今天的表现。同时，你也可以让你的同事和营销经理给你打分。最后，仔细分析哪些技能对你最有帮助。

见客户之前，设计一个能吸引潜在客户注意力的开放式问题或陈述。听完你的开场白后，对方会有兴趣听你继续说下面的话。如果有必要，你可以对问题或陈述做一些修改，这样当你第一次见到潜在客户时，就能立即引起他的兴趣。

达成合作后，不要忘记继续跟踪客户并提供服务，以了解客户使用你的产品后最大的好处是什么，以及哪个是最重要的。用一句简单的话总结这些主要的好处，并在以后的工作中经常重复。

第五节 提供给客户价值

事实上，最有效的产品介绍必须简单快捷。如果你在介绍产品时对顾客说了很多话，没有重点和逻辑，甚至连自己也不知道说了些什么话，这种介绍根本就没有说服力，也无法让顾客认识到你产品的价值所在。向客户介绍产品必须在准确了解客户的问题和需求之后进行，如果你在了解客户的想法之前向客户介绍你的产品。顾客很难有深刻的印象，因为你说的可能不是他们感兴趣或想要的。有许多品牌与你的产品相似，为什么顾客会选择你的产品，除非你给顾客留下深刻印象。

因此，你必须首先准确了解客户的需求，这是有效引入产品的先决条件。在了解客户的需求和问题后，可以使用以下要点来介绍产品。

1. 清楚地告诉客户你的产品或品牌的最大优势和主要特点

事实上，只要你善于发现和思考，就不难发现你的产品的优势和特点。请注意，对于你产品的定位，在目标客户的概念上必须具有比较优势。

你们怎么卖实木家具？你可以这样告诉顾客："我们产品的最大优势是 100% 真实的材料，这是每个人都认可的。"此外，我们的家具还有另一个特点，那就是绝对环保，可以充分保护你及家人的健康。

像这样介绍产品很简单，也很有力，几句话就能告诉顾客你的优势和特点。只要你注意表达技巧，顾客就会很容易被打动。

2.在销售家具的过程中，你应该善于利用顾客提问的机会

当顾客自己观察家具时，通常很难听到你说的话，即使听到了，也不会被深深打动。营销专家知道什么时候该闭嘴。当顾客问你一个问题，你回答他时，他肯定会竖起耳朵听你说话。此时，你说的每一句话都会让他对你的产品有印象，包括好的和坏的。

顾客通常会问你"你的产品是什么品牌的？""它是哪里制造的？""为什么这么贵？""它是用什么材料制成的？"等等这些问题。事实上，这些都是你说服顾客的好机会。平时，写下顾客经常问的问题，给出简单的答案并记住它们是非常重要的。

3.观察顾客的行为，有针对性的介绍产品

当顾客用手触摸产品时，你不应该说你的服务很好；当顾客用手敲打产品时，你不应该说你的价格非常优惠。当顾客用鼻子闻的时候，如果有任何气味，你不要说你是哪里制造的……也就是说，根据顾客的行为或心理，你应该说出他现在想知道的。

第六节　增加商品的附加值

接待顾客是一门非常深奥微妙的学问。商业服务有自己的规则，如果违反了这些规则，就很难达到营销的目的。柜台工作人员如何在商业中吸引顾客？这需要履行以下职责，以不断扩大业绩并吸引回头客。

1.问候：注意"二轻"的语气，即轻柔但不做作，轻柔但不深沉。

2.定睛注视：不是目不转睛地盯，而是保持一种真诚的热望

的目光，给顾客以尊重、稳健的感觉。

3. 接近顾客：当顾客来的时候，销售人员应该主动接近顾客，不要让顾客感到被冷落，但也不应该过于热情而使顾客感到害怕。

4. 询问客户的要求（如希望、喜欢等）：耐心、细心、认真、善良、友好，不要让顾客感觉被欺骗（关键是真诚）。

5. 向顾客展示商品：你应该双手交出来以示诚意。在介绍产品时，要得体大方，不要让顾客觉得你手脚不听使唤。

6. 商品说明：简要说明和解释商品的特性，如有必要，做进一步的全面说明（注意专业）。

7. 允许顾客选择商品（交易）：耐心细致，不要表现出不耐烦的样子。

8. 收款：微笑并说"谢谢！"

9. 敬礼：看着顾客离开并说"欢迎再来！"顾客走远了，向顾客挥手。

顾客对商品有许多需求，但其中必有主要要求。能否满足主要要求是促使顾客购买的最重要因素。最能引起顾客购买的商品特征被称为营销卖点。

成功的产品介绍的关键点。

一、保持简短扼要

我们应该尽可能清晰简洁地表达我们的想法。尽可能避免使用一些行业术语和一系列初始词。这些术语和词汇通常只有我们自己和我们的同伴才能理解，而对大多数其他人来说毫无意义。买家并不像我们一样熟悉这些行业术语，但他们不明白我们在说什么时他们通常不会告诉我们。我们此时面临的主要风险是，人们通常不会购买他们不了解的产品。

最后，一次只解决一个问题，并且不断需要客户的反馈。只有这样，你才能大大增加被理解的可能性，从而增加获得订单的可能性。注意：谈话不是营销，我们应该用最简洁、清晰、易懂的语言与客户沟通。

二、视觉手段

视觉手段的使用可以帮助我们清楚地展示我们的产品和服务，并帮助我们的客户从视觉上理解他可以获得的好处。如果你把这些视觉材料放在活页夹里，你必须熟悉它们的摆放顺序，这样你就能快速找到你所拜访的顾客所需要的信息。产品样本和试验方法非常有助于帮助客户了解他们的需求是否能够得到满足。然而，不要在这一方面花费太多的时间，拖延时间越长，得不到订单的风险就越大。

三、第三方实例的使用

所谓的第三方实例是指成功使用我们的产品或服务来满足其需求的客户。这些例子不仅可以使我们的演示更加生动，还可以帮助我们的客户形象地理解我们的产品或服务可以给他们带来的好处。此外，它还能帮助我们建立信誉。在介绍第三方的例子时，我们可以使用共同的代词"其他人"，或者使用特定公司或个人的名称来说明他们的需求与客户的需求一样，已经通过我们的产品或服务得到了满足。

当引用第三方的例子时，如果你想使用特定的公司或个人名称，你应该告诉客户你可以引用该例子。如果你不这样做，你的客户将确信你会告诉每个人你的客户的情况。没有人愿意和一个不为他人信息保密的人做生意。因此，在获得许可之前，不要引用任何第三方的具体例子。这样，当你使用这个强大的营销工具时，你可以大大降低你可能遇到的风险

四、解释特点、功能和用途

专业营销人员可以使用的另一个非常重要的工具是向客户介绍产品或服务的特点、功能和用途。

我们应该从客户的具体需求开始。

特色——介绍"什么"，即客户需要什么产品？

功能——该产品能做什么？

目的——它能满足顾客的什么需求？

大多数营销人员的主要问题是，他们不知道如何区分功能和用途。除非我们能学会去做，否则我们将面临这样的问题：只关注于介绍我们的产品或服务能做什么，而忽视介绍它们能满足顾客的需求或解决顾客的问题。所谓使用是指顾客的需求能够得到满足。

第七节　如何处理异议

在你的营销中，有时你的客户会情不自禁地提出反对意见。有经验的营销人员喜欢客户有异议。因为他们知道，嫌货的往往才是买家。如果他们能够满足客户的真正需求，他们将朝着达成这项订单的方向迈出重要一步。

一、从客户的角度出发

在我们倾听客户讲话时，不要分心，要站在客户的立场上专注倾听客户的呼声以及客户对相关产品的需求，并寻找恰当的时机进行互动，同时跟客户确认自己对于客户所说的内容的理解是否有偏差。我们这种专注倾听的姿态就能激起客户讲出他内心更多想法的欲望。例如有客户提出要购买产品，但又担心价格太贵，我们就不能武断地说他怕买贵的、产品物有所值等等，而应站在该客户的立场上，耐心听取他的诉求，了解他使用产品的目的、方式以及购买产品的具体用途和客户在经济预算上的承受能力等。这样设身处地为他着想，为他选择最适合的产品，客户往往就能接受你的建议。

二、打断客户最不可取

倾听客户讲话的时候，一定要让客户把话讲完，不要随便打断客户的话，并记下重点。我们必须记住：你是来了解客户信息、满足客户需求的，同时，你也是为给客户带来利益的。只有让你的客户充分表达他的真实想法和迫切诉求以后，你才能真正满足他的需求。例如客户打算购买我们的产品，但是却在产品性能以及使用过程方面有着种种怀疑和疑虑，你就不能打断客户的话，而强调我们的产品质量多么多好，多么多么耐用等等，这样一方面是对客户不尊重的表现，另一方面可能因此打断客户的思路，从而影响销售的实现。我们应该耐心地询问他，为什么有这样的担心，是否使用过类似的产品，以及使用过程中是否遇到过某些问题，并根据实际情况介绍产品的质量以及使用中需要注意的问题，这样一来，客户的担心就会烟消云散了。

三、倾听客户要保持豁达心态

倾听客户意见的时候，我们要以一种豁达的胸怀来对待客户的意见和建议，不能心存偏见，只听自己想听的或是以自己的主观倾向判断客户的想法。无论客户的意见是好的还是不好的，我们都要记下来。好的、有利于工作的我们要继续发扬，不好的、不利于工作的我们要迅速改进。对客户所说的话，不能有戒备之心，更不要排斥，应该给客户营造一个畅所欲言的环境，坚持认为客户的意见和建议是对我们工作的最好帮助，兼听则明。特别是当客户说到我们产品的质量问题或服务欠缺时，我们更应认真听取，而不应强调客观原因，做不必要的申辩和解释，以免引起客户的反感。若客户说的问题确实存在，我们就应先向客户致歉，并答应即行纠正，改进服务。

四、用真诚的态度倾听客户

倾听客户意见的时候，要秉持真诚、友善的态度。要掌握客户的真正想法，态度尤为重要。只有你态度真诚、话语诚恳、热情、友善，客户才会视你为知己，才会把真实的想法告诉你。否则，客户就会防范你，对你敬而远之或厌而避之，他们也许会用借口或虚假的理由搪塞你，或为了达到某些目的而声东击西，或不愿言明。因为客户的不配合和不买账，你会发现原本一个非常简单的问题，处理起来就可能很棘手，若是解决不好，还将会留下后遗症。如果态度真诚、友善，虚心倾听，即使棘手问题也能迎刃而解。

许多成功的营销人员，在销售工作中跟其客户都成了朋友。把生意当作友情来经营，让你跟客户都感到开心。这样既谈成一笔生意，又多了一个始终信赖自己的朋友。一个优秀的销售人员如何面对来自客户的投诉和批评，不仅可以折射出企业的经营作风，更关乎企业的生存和发展。曾经有一位大企业的老总这么说过："我们的服务水准是被客户逼出来的，客户的抱怨无异于天使的声音。"

五、倾听有助于我们赢得客户

学会倾听客户，即便我们什么都不做，依然可以从倾听中得到下面的收获，第一，体现了你对对方的尊重，让客户感觉到被重视，被尊重；第二，获得了更多成交的机会，客户愿意对你说出他们的想法，表明他们愿意与你沟通，而与客户顺畅的交流是下一步销售展开的有力保障。

而我们倾听的时候，也要有自己的侧重点和分析，这样才能最大限度地发挥倾听客户的功效。掌握客户内心真正的想法不是一件容易的事情，在倾听客户意见的过程中，我们不妨多问问自己：它代表什么意思？他说的是一个事实，还是一个意见？他为什么要这样说？他这样说的目的是什么？从他的谈话中，我能知道他的需求是什么吗？从他的谈话中，我能知道他希望的购买条件吗？你若能随时注意上述5点，就能把客户了解得更加透彻，并能够根据客户的具体反映来调整自己的销售策略，从而赢得更多的客户。

到目前为止，即使你做得很好，如果你不征求订单，你也可能仍然无法获得它。虽然你都相信你的产品或服务能够满足客户的需求，但决策过程仍可能在很大程度上引起客户的紧张，使他们无法立即做出决定。此时，你的角色是帮助客户克服这一困境。现在的问题不是客户是否愿意购买你的产品或服务，而是你如何帮助客户完成这个决策过程。只有让客户的决定尽可能简单，你才能获得最大的利益。在营销过程中，只要你运用适当的技巧，有效利用顾客的潜意识，就能产生多米诺效应，一个场景营销，带动一串。

第八章　场景沉浸：

触发购买

意向

　　物超所值的产品，总能在第一时间吸引客户。因此，增加产品的附加值，无疑是一种非常可行的营销策略。很多营销人员正因为掌握了这一技巧，从而使得营销业绩加倍增长。那么，怎样才能让客户感到物超所值呢？这里面的技巧可谓是千变万化。

第一节　将信息存入潜意识

场景营销是为了调动顾客的潜意识。对于潜意识来说，人们无法控制它，但它可以进行独立的思维活动。一旦顾客的潜意识被唤醒，就可以引导他们不由自主地选择你的产品。

外国一位广告商曾经在电影院进行了一项奇怪而有趣的广告实验。他和一些助手使用了一种叫作"连续训练器"的设备。在电影放映过程中，他们一直以 1/3000 秒的速度在屏幕旁边，每五秒钟重复一次。下面两个广告词不断闪现："饿的时候请吃爆米花，渴的时候请喝可口可乐。"因为闪现时间极短，所以不会干扰观众观看电影。

直到电影结束，没有一个观众意识到他们看到了上面的两个广告词。然而，令我们非常惊讶的是，电影结束后，观众都涌向电影院去买爆米花和可口可乐。在为期六周的试验中，电影院的爆米花销量比平时增长了 57.7%，可口可乐销量增长了 10%。

这个广告实验表明，在看电影的过程中，附着在屏幕上的商品广告作为一种弱刺激的信息，已经进入并储存在观影人员的潜意识中，并对他们未来的行为产生直接影响。因此，当顾客想购买你的商品时，你也应该唤醒他们的潜意识，给他们适当的提示。

例如，当一个孩子买一种食物时，你可以告诉他："这种食物味道很好。现在的孩子都喜欢吃。"当一个女孩试穿一件衣服时，你可以在她旁边说："这件衣服就像是专门为你设计的。它非常适合你。"为了达到预期的效果，你可以说几次。相信根据你的引导，即使是她自己也会觉得这件衣服非常适合她。

从这里也可以看出为什么今天的广告大多采用"星球大战"战略，广告信息轰炸消费者的眼睛和耳朵。许多人鄙视甚至嘲笑这些广告。然而，无法控制的广告信息通过视觉和听觉进入大脑皮层，并存在于大脑的潜意识中。消费者产生购买动机后，大脑会在记忆中寻找商品品牌。这时，已经存在于潜意识中的信息被唤醒，出现在消费者的显性思维中，以达到广告的目的。

第二节　创造独特的吸引力

如何最大化场景营销效果？答案是成功来自细节。魔鬼藏在细节中，每个小细节都向顾客展示了无限的想象空间。他们悄悄透露你的现状，悄悄告诉人们你的故事。

如果和你打交道的销售人员张嘴时能让你看到满嘴的大黄牙，而且他的牙齿里有绿色的蔬菜叶子，他嘴里的异味让你感到窒息，你会向他购买产品吗？一些营销人员没有注意到鼻毛从鼻孔中伸出来。夏天，女人穿短袖衬衫或连衣裙，举起手臂露出黑色的腋毛，有许多男人的深色西装布满像雪花一样的头皮屑。这些令人厌恶的细节可能没有被你注意到，但是你已经在顾客面前清楚地暴露了它们。顾客哪里还有心情听你解释产品？唯一的想法是让你尽快离开。

在营销实践中，你会很快发现一张悲伤的脸注定要失败。每次进入潜在客户的办公室之前，建议你用几分钟回忆一生中最感

激的事情，然后在进入办公室之前自然地露出由衷的微笑。微笑
必须发自内心，否则人们会觉得微笑不真诚。你可以想象一些快
乐的事情，让自己真诚地微笑。微笑是可以练习的。一家航空公
司训练空姐这样微笑：用一张纸盖住她的下半部分，只露出她的
眼睛，照照镜子，看看你是否能给对方微笑的感觉。大多数人不
会让别人觉得他在微笑，因为他的嘴会机械地移动，而他的眼睛
和脸上的其他肌肉保持不变。俗话说，"睁着眼睛笑，嘴角翘起"。
眼睛是心灵的窗户。最生动的微笑也在眼睛。让你的眼睛微笑，
这种微笑最有感染力，最生动。分布在眼睛周围的肌肉只有在真
正快乐的时候才会做出反应。让眼睛充满快乐，这种微笑有一种
感人的力量，它会使别人无法抗拒

　　好的开始是成功的一半。一个好的或不好的开场白几乎可
以决定一次营销拜访的成败。例如，一名销售人员向第一次进
入超市的女性顾客销售化妆品。"现在有很多化妆品，每个人都
说他们的产品是最好的。如果我给你介绍我们的产品，我肯定
会说我们的产品比任何人的都好，但是我知道最好的不一定是
对你最好的，因为每个人都有不同的皮肤质量和不同的生活习
惯，所以对化妆品的要求是不同的，只有适合您的才是最好的。
我的意思是，你不需要立即购买（消除顾客的担忧和抗拒）。您
只需要先试试——我们将为您提供免费美容服务，让您亲自感
受，然后决定是否购买。如果您感觉不好，您没有浪费一分钱。
如果您感觉不错，再买也不算晚。"在正常情况下，顾客都会决
定试一试。

　　当顾客尝试时，你可以这样说："我们的产品在做完脸部的
护理后感觉很好，皮肤显得很白嫩润滑，您感觉是不是？刘小姐
您相信吗，任何一件好产品都不会立刻变得非常有效，除非是含

有激素的产品，我相信像您这样有品位的人不是为了单纯的反应，改变需要一个过程，这也是对自己负责，刘小姐您给我的感觉是一个对自己非常负责的人（赞美的作用不可忽视）。这样好的产品不是用完就有效的，至少要有半年或三个月的体验。刘小姐，您看您是先用三个月还是半年呢？"

通常顾客会考虑是否购买，然后你应该趁热打铁，把门踢开。"刘小姐，一开始你不需要买很多，你只需要先买一套就行了。"这种完全以客户为导向的营销策略，总能赢得客户的认可。这样，他们会从心里更容易接受你的产品。

第三节　输入潜在的"意向"给客户

一般来说，"意向引导"在买卖交易中可以发挥很大的作用。"意向引导"是一种诱导消费者在头脑中产生错觉的方式，它能使消费者改变想法，认为这种交易非常有益，也很划算。因此，客户在整个购买过程中变得非常活跃，迫不及待地想看到交易尽快成功。此时，消费者的角色不再是被动的卖家，而是主动的攻击者。

事实上，你计划和安排了"意图引导"的整个过程。然而，顾客认为他们提前设计好了一切。整个交易过程是按照他们的意图一步一步进行的。即使交易成功后，他们仍沾沾自喜。这种方法不是即兴创作的结果，而是销售人员在开始销售之前就做好了充分的准备，从一开始，他就有意无意地给顾客一个积极的心理暗示，促使他们一步一步进入你设置的"场景"。让我们举个例子来理解这种方式。

　　假设你在向一位家长介绍保险业务："我们公司现在正在实施一项新的投资计划，这是一个巧合。如果你现在只做一点点投资，你就能获得超高的回报。想象一下，几年后，你的钱将能够支付你孩子的大学费用。到那时，你再也不用担心你孩子的学费了。你想想，那是多么巨大的一笔钱。现在大学的费用如此之高，几年后将更加难以想象。您说，那时候再去发愁学费的问题，困难是多么难以想象啊。"

　　但是切记，在给顾客输入上述暗示以后，一定要留给他们时间去思考，不可急功近利，这反而会造成他们的反感。销售人员需要做的是细水长流，让你的暗示逐渐渗透到他们的心里，让他们自然而然地相信你的布局，心甘情愿地接受你的提议。

　　销售人员也需要知道何时采取主动。如果你认为现在是进一步鼓励顾客并询问对方是否需要购买的最佳时机，那么你可以大胆地问他们这样的问题："可怜天下父母心，我相信每个父母都爱他们的孩子，希望他们的孩子能接受最好的教育。谁不想他们的孩子好，他们的孩子成功，但是你有没有考虑过在未来学费越来越高的时候，如何避免如此高的学费压力？现在，解决方案已经摆在你面前。对我们公司的小小投资就能完全解决你将来的担忧。你认为我是对的吗？"

　　当然，顾客在决定是否支付套餐费用时会非常谨慎，因此他们也可能对你的提议有疑问，或者会深入思考是否应该购买。然而，如果你的建议在早期就做得很好，顾客不会想太多，所以当你的购买意向再次触底时，他们会再次受到你的建议的影响，并坚持他们的购买意向。推销人员应该知道顾客讨价还价是正常的，这可能会使你的谈判时间过长。此时，销售人员最需要表现出理解和耐心，千万不能冲动，而是应该在价格讨论中热情地与客户合作，并不断强调他们的购买行为来自他们自己的真实意图，直到交易成功。

优秀的营销人员都知道，在谈判时，他们绝不能处于被动地位，受顾客的引导。相反，他们必须主动出击，积极寻找突破口。这一点尤其重要，尤其是当顾客犹豫不决，不知道是否要买时，你应该帮他一把，让他迅速掏出钱包付账。

这里有一个方法。你可以问一些假设性的问题，这些问题只有在达成交易时才会出现。不要低估这些问题，它们可能对你有很大帮助，因为你问的问题只是假设性的，所以对方在回答时会觉得"不负责任"，所以在轻松愉快的环境下回答这些问题通常会为进一步的交易铺平道路。

如果你是一名保险工作者，你需要说服对方购买你的保险。

假如此时客户已经显示出一些同意的迹象。这时，你可以问："如果你签署了这份保险，你认为受益人应该填写谁的名字？"如果顾客正在决定是否购买你的产品，你还可以这样问："如果你想购买，付款是用支票支付吗？"你可以用这种方式来促使对方购买，你可以提供两个选项，并迫使对方在两者之间做出选择。

假设你销售的是大型货物，在物流方面，公司提供 2 吨和 4 吨服务。当顾客有购买意向但还没有做出最终决定时，你可以问："这两种服务都很好，但运输 4 吨是否更好？"或者，在商务谈判中，一切都进行得很顺利，只是付款期限还没有决定。这时，你可以问："你认为分期付款的最后期限是五年还是三年？"

这种选择题的方法可以经常使用。你不仅可以在选择中控制对方的回答，而且还可以牢牢掌握主动权。此外，当你已经感觉到对方愿意购买并推测对方最终会同意达成交易时，你可以在这个时候问："好吧，我明天早上来找你。你们公司的工作时间是早上 9 点？"因此，可以肯定的是，另一方将更坚定地同意交易。

第四节　如何盘活存量市场

从本质上说，场景营销通过互联网改变了传统的线下营销，是"互联网＋"在营销领域的集中体现。环境促进了场景营销的发展。从宏观角度看，中国经济正面临"L"型增长。在推进结构转型升级、寻求创新驱动发展的形势下，企业营销的需求越来越高，要求也越来越严格。品牌和效果评价并重。而场景营销为企业提供了新的选择。

随着中产阶级的迅速崛起和消费的升级，其文化娱乐需求和消费增长呈现井喷趋势。这对营销的内容和形式提出了新的要求。相对单一的广告内容和形式已经过时，场景营销现在更受欢迎。大量线下智能设备的使用，如无线网络和网络摄像机，使得定位、识别和跟踪人们的线下行为成为可能，为场景营销提供了新的场景。

随着移动互联网的发展，网民数量的增长率已经放缓，网络人口红利不再存在。如何盘活存量市场已经成为关键。经过几次大的合并后，互联网门户已经变得集中化，互联网流量的基础已经改变，在线流量成本增高，在线和离线流量成本趋于一致，整个行业迫切需要挖掘新的流量。在完成用户增长的阶段性目标后，企业将开始回归业务性质，寻求商业变现。

场景营销是拥有丰富的场景门户、用户数据和媒体资源的互联网企业的最佳选择。在互联网营销中，流量、媒体资源和广告预算都在向移动端转移。移动营销规模在网络营销规模中的比重将会越来越高。移动端的发展促进了移动营销的智能化、精准化和实时化。与此同时，DMP作为支持程序化采购的核心部分，其应用越来越成熟，数据处理能力不断提高，为场景营销的发展提供了动力。流量、数据和算法，场景营销的各种要素，已经被一个接一个地提供，场景营销的进一步发展是可能的。

相对于传统营销方式，场景营销优势明显，数据汇、线上线下在场景营销中紧密相连。基于对用户数据的挖掘、跟踪和分析，将用户的在线和离线行为连接在由时间、地点、用户和关系组成的特定场景中，理解和判断用户的情感、态度和需求，为用户提供实时、定向和创新的信息和内容服务。

以展览业为例，近年来，中国会展业已基本成型。其中，随着展会专业化、市场化和国际化水平的提高，涌现出一批具有国际影响力的知名品牌展会，如广交会、浙江交易会等。网上展会为企业产品营销、形象推广和对外合作决策提供了良好的平台，对企业发展起着重要作用。在高端技术的支持下，服务质量对展会质量有很大的影响。除了会议的主题设置和内容设置通常是事先确定的以外，与会者感知的会议服务对会议效果有很大影响，如会议地点的选择、与会者的食宿安排、场景会议支持等诸多问题，直接导致会议出席情况。同时，由于其灵活性高，数据监控困难，导致会议活动和背景数据混乱，也为场景营销管理提供了机会。

二维码场景的应用开辟了线上和线下会展业一码结合的多场景管理功能。依托大数据，根据企业需求智能分配代表身份的专属二维码，即取车安排、酒店入住、场馆划分、座位分配等信息，包含在身份二维码中。组织者可以根据一个简单的二维码安排大量的会议管理场景服务，如场景接待、场景签到和活动福利。通过平台的智能数字化会议管理手段，真正实现了一票多场景管理和实时数据监控，简单明了，大大提高了会议活动的质量，实现了不同场景差异化数据的独立统计分析。

第五节　数据分析在场景营销中的作用

今天，数据分析已经成为互联网时代企业管理和决策的重要工具。准确的数据分析可以帮助企业将先进的信息技术合理地应用到企业的发展中，从而使企业具有灵活运用信息的能力。通过信息的智能开发和数据的深入分析，企业可以增强竞争力。因此，当今社会越来越多的企业开始使用数据分析方法，并使其成为决定经营成果的关键方法。与单一的营销方式相比，场景营销具有明显的优势。

1. 随着各种硬件设备的发展，量化用户的离线行为成为可能。用户在线数据和离线数据的结合使得营销服务提供商能够更准确地预测用户的行为。

2. 延续程序化购买的特点，以"受众购买"为立足点，围绕用户需求制作营销内容。因此，场景营销内容往往具有良好的体验，更容易通过用户的自发互动引爆社交网络。

3. 营销行为的紧密性可以有效提高购买率，优化对网络营销效果的监控。营销未来发展的核心在于通过数据分析预测用户行为。随着互联网的飞速发展，信息的传递越来越便捷，需求也日益突出。纵观整个互联网领域，大数据被视为继云计算和物联网之后的又一次颠覆性技术革命。毫无疑问，大数据市场是一座有待开采的金矿，其价值不言而喻。可以说，谁能掌握并合理利用用户大数据的核心资源，谁就能在随后的技术变革中进一步发展壮大。未来，人类将进入大数据时代。智能手机和各种传感器将记录和存储人类的一言一行。人类生活的社会将成为一个巨大的数据库。技术的发展使得预测人类行为成为可能。

场景营销发展的核心是预测用户行为。用户每时每刻生成的数据将被场景营销产业链中的各个环节的企业用于用户细分研究、用户行为研究、用户保持研究、用户媒体接触习惯研究等。更好地服务营销行为，提高营销效率。随着大数据产业的发展，企业越来越重视数据的开发和应用，从而获得更多的市场机会。

一方面，大数据可以显著提高企业数据的准确性和及时性；另一方面，它还可以降低企业的交易摩擦成本。更重要的是，大数据可以帮助企业分析大量数据，进一步挖掘市场细分机会，最终缩短企业产品的研发时间，提高企业在商业模式、产品和服务方面的创新能力，大大提高企业的商业决策水平，降低企业运营风险。大数据是看待现实的新角度。它不仅改变了营销、生产和制造，还改变了商业模式。数据本身就是价值的来源，这意味着新的商业机会。未来没有哪个行业能够避开大数据。

目前，在数据爆炸的时代，如何获取这些数据并对其进行有效的分析尤为重要。各种企业和机构之间的竞争非常残酷。如何根据过去的运营数据预测未来的运营模式，以便提前做好准备或加以利用和调整，对许多企业来说是一个生死攸关的问题。这种情况也适用于国家一级。

正因为如此，大数据的研究和部署目前正在企业和国家层面进行。在即将到来的物联网时代，各种信息传感设备与互联网的结合将形成一个覆盖广泛场景的庞大而复杂的网络。语音识别、图像识别、体感交互和情感感知等技术的发展有望实现对人的全面感知。同时，随着虚拟现实／现实／磁共振技术的发展，离线场景和在线场景之间的界限将逐渐模糊。在虚拟现实的高科技作用下，真实与虚拟交织，两者高度融合，共同构筑出新的场景。技术革新将会给场景营销的体验带来颠覆性的变化。可以毫不夸张地说，谁掌握了数据结合场景的营销方法，谁就掌握了打开数据挖掘时代大门的钥匙。

第六节　场景中的故事营销

场景营销这个词本质上是指"时间＋地点＋行动"。例如，吃小龙虾，这个场景可能是：晚上去龙虾店吃小龙虾。然而，场景的本质不是这些维度，而是在这种时空和动作下，消费者肯定会有的特定需求／问题，品牌干预的重点是这些需求。

例如，加多宝一直在展示"吃火锅"的场景和早期广告中的产品之间的联系。同样，海飞丝说要采访头皮屑，红牛说要熬夜喝红牛，无数消费品品牌长期以来都采用场景关联的方式——使用传统广告的逻辑。在广告说服的逻辑中，所谓的场景实际上是消费者的痛点。根据消费者的决策模式，如果你的产品击中了消费者的痛点，就意味着你的产品和他有最大的关联，这当然是消费者在未来某个时候记住你的产品并购买它最可能的方式。

想象一下这个场景：你早上起来刷牙，刷完牙后发现牙龈出血，然后人工智能牙刷自动提示"请购买××品牌牙膏，防止牙龈出血"……在这种场景下，你很乐意付钱。这种分析消费者需求甚至隐私的营销迟早会出现。然而，这实际上是最原始手段的技术更新。总而言之，场景营销可能正在经历从最粗略的联想+触摸到最精确的联想+触摸的转变。

一、好的内容意味着讲一个好故事

在营销圈里流行一个词叫 storytelling，直译成中文就是"讲故事"。营销者经过包装，把自己的故事用别人喜闻乐见的方式表达出来，激发受众的阅读兴趣，搭建起品牌和客户之间的桥梁。扎心的乐评、深夜的番茄炒蛋、周杰伦的 2000 万个故事，999 的有人偷着爱你……营销圈从来不缺走心的故事，亲情、友情、爱情，我们也从来不缺真实感人的素材。NewBalance 讲了一个李宗盛《致匠心》的故事，使其品牌格调又陡然升了一截。

褚橙讲了一个褚时健老当益壮的故事，就将其他千千万万的橙子落下不知几条街。海尔只讲了一个砸冰箱的故事，让人们了解海尔，相信海尔产品的质量。如果钻石本身算一个品牌，它讲述了 20 世纪最好的故事："钻石恒久远，一颗永流传。"从此，钻石成为忠贞爱情的见证。有什么比讲一个精彩的故事更吸引人和迷人的呢？场景营销离不开好内容，好内容背后的价值观必须是能够与观众交谈，与观众产生共鸣，并形成认同感。

二、多元化的传播模式催生多元化的场景

这个时代的公众很聪明，有着强烈的挑战精神。因此，除了内容核心和观众之间的良好对话之外，观众还需要看到新的展示形式，因此展示形式需要不断创新，甚至根据每个项目的目标观众的风格进行设计。图片可以让用户通过视觉方式瞬间记住广告

中的产品和创意。例如，1931 年的百雀羚长图广告符合手机用户的使用习惯，并形成了刷屏效果。

虽然现在短片已经成为主流，但 H5 仍然不可阻挡。比如朋友圈中的《穿越故宫来看你》这个 H5。H5 采用了皇帝说唱模式的理念。H5 的形式很容易被朋友圈传播。古代人物、现代科技互相穿插的内容成功引爆了关于故宫的大量转发讨论，朋友圈不断刷屏。还有一个例子是一个名为"她挣扎了 48 个小时，死了，没人知道"的慈善 H5，它通过图片引起人们对濒危动物的深思。

形式上的一些创意突破，很容易带来新鲜感，从而带来一些意想不到的效果，比如公众号的文章内出现弹幕、阅后即焚、点击可见等"特效"。然而，无论什么样的传播方式和手段都服务于内容。根据内容选择最佳的传播方法和手段，可以为用户使用场景、消费场景和互动场景创建最合适的场景，从而带来"身临其境"的内容体验。

三、场景营销和视频传播

随着"互联网+"逐渐深入人心，IP、PGC、VR、爆款这些新词开始出现在人们眼前。这些都曾经是文娱圈的关键词，而在今天，这些词更多变成了短视频、直播、网综、MCN、游戏等，"新文娱"的概念也由此催生。在"新文娱"时代，用户的触媒习惯、内容偏好、付费意愿都会呈现全新的特征。

与此同时，人工智能技术正在引起信息传播方式的革命性变化，首先是生活信息内容大爆炸。然而，正在传播的内容正变得基于视频，短视频变得无处不在，并且有"没有视频，就没有网络"的趋势。随着新技术和用户行为的整合，内容营销模式也在迅速变化。

在移动互联网时代, 用户更喜欢可以直观体验的内容。视频娱乐, 例如电影、电视、短视频、直播等, 成为偏好程度最高的类型, 音乐和音频排名第二。

随着 5G 时代的到来, 手机视频不但可以实时高清渲染, 也大幅度降低了设备对本地计算能力的需求。5G 技术不仅可满足超高清视频直播需求, 还能让 AR/VR 对画质和时延要求较高的应用获得长足发展。在视频内容类型方面, "短视频" 和 "直播" 已经成为最大的内容形式, 视频营销显示了一个大爆发的情况。由于视频服务占娱乐支出的最大比例, 大量 UGC 内容的产生为品牌供应商和广告商的 UGC 营销创造了新的空间。

在此背景下, 如何充分挖掘视频内容的商业价值, 是把握视频营销的关键。我们可以想象一下, 在超高清场景下, 体育直播、体育转播会在现场感、沉浸感上得到很大提升, 更有临场感、更加身临其境。5G 技术还能融合文字、图片、音频、视频、位置等综合信息, 并在特定场景下提供企业与个人用户之间的信息交互接口。企业可通过文字、语音、选项卡等富媒体方式向用户输出个性化服务与咨询, 从而实现业务的转化。

自从网络视频诞生以来, 无论播放的格式和时长如何, 如何从视频业务中获利一直是首要问题。然而, 看看十年前的发展模式, 与现在的几乎没有实质性的区别。视频娱乐最初是用户所需要的, 但它已经发展了几年。尽管行业结构和用户规模正在发生变化, 但商业模式已经很长时间没有升级了。这种现象在整个互联网经济中是非常罕见的。

但视频的不断发展为场景营销提供了更多可能, 场景营销是一种以 "心理体验" 为核心的营销方法, 它为视频场景设置广告, 自然吸引用户对特定场景的注意力, 激发用户的自我想象,并通过商品的引导，在潜意识层面激发用户的欲望，从而实现广告营销的目的。现在人工智能广告业务已经非常精通，并且已经成功地利用人工智能技术在视频广告领域取得了情境突破，实现了大规模的商业应用。

普通广告的场景营销，通常要求广告商花费大量时间和精力分析节目内容，并通过这些分析结果，想象目标用户的人口统计特征，如年龄、性别、地区、观看偏好等。然后根据分析数据投放广告。这种方法与视频内容的清晰度和用户需求的相关性太低，不仅耗费大量的时间和精力，而且不能保证获得更具立体感的用户需求全景图。

相比之下，最新的视频营销技术可以使用其巨大的视频样本储备，并使用人工智能技术来构建视频数据。它可以准确、快速、智能地识别视频内容中的明星（面孔）、品牌、场景和对象。结合视频标签数据库，建立广告与场景之间的强相关性，然后推荐相应的视频广告投放节点，为广告主提供更加直观的投放解决方案。

场景营销不仅在广义的时间和空间意义上考虑目标用户，而且通过对特定情境下用户的调查，将用户带入特定情境，进而将用户带入场景，激发用户自身的替代感，产生情感共鸣，激起对营销产品的特定心理需求，最终刺激消费。例如，当视频中播放一个餐馆场景时，相应的场景可能是一次快乐甜蜜的浪漫约会，或者是一次快乐的家庭晚餐，或者是一次期待已久的女友聚会。通过情境氛围的对比，用户更有可能融入情节，从而被带入心理体验。对"此场景"设置的认可得到确认，这使得用户的心理和场景之间产生关联，刺激购买欲望。

总之，视频广告的痛点在经历了内容和形式的各种变化后并没有得到解决。现在看来，只有当人工智能技术爆发时，它才能创造变革的机会。而如今视频场景广告这种模式的诞生，对于这个变革的推动，有百利而无一害。